HUMAN
RESOURCE

娄秋琴　徐小媛／著

这样做HR最有效

企业劳动人事合规管理全书

第八版

法律出版社
LAW PRESS·CHINA
北京

图书在版编目(CIP)数据

这样做HR最有效：企业劳动人事合规管理全书／娄秋琴，徐小媛著. --8版. --北京：法律出版社，2022

ISBN 978-7-5197-6604-7

Ⅰ. ①这… Ⅱ. ①娄… ②徐… Ⅲ. ①企业管理-人力资源管理 Ⅳ. ①F272.92

中国版本图书馆CIP数据核字(2022)第052921号

这样做HR最有效(第八版)
——企业劳动人事合规管理全书
ZHEYANG ZUO HR ZUI YOUXIAO (DI 8 BAN)
—QIYE LAODONG RENSHI HEGUI GUANLI QUANSHU

娄秋琴　徐小媛　著

策划编辑 朱海波
责任编辑 朱海波
装帧设计 汪奇峰

出版发行 法律出版社
编辑统筹 法律应用出版分社
责任校对 邢艳萍
责任印制 刘晓伟
经　　销 新华书店

开本 710毫米×1000毫米 1/16
印张 32.75　**字数** 600千
版本 2022年6月第8版
印次 2022年6月第1次印刷
印刷 固安华明印业有限公司

地址：北京市丰台区莲花池西里7号(100073)
网址：www.lawpress.com.cn
投稿邮箱：info@lawpress.com.cn
举报盗版邮箱：jbwq@lawpress.com.cn

销售电话：010-83938349
客服电话：010-83938350
咨询电话：010-63939796

书号：ISBN 978-7-5197-6604-7　**定价**：98.00元

凡购买本社图书，如有印装错误，我社负责退换。电话：010-83938349

第八版修订说明(代序)

随着《劳动合同法》《个人信息保护法》等法规的陆续出台和不断规范，以及崇尚自我意识和个人权利的“95后”“00后”渐渐成为职场的主力军，再加上时代、政策、市场的快速变化，劳动关系面临各种新局面，新问题也层出不穷，HR的工作面临越来越高的挑战。如何帮助企业HR做到最有效，是撰写本书的初衷。从2009年第一版到2022年第八版，《这样做HR最有效》已经走过了十四个年头，并成为数万HR手中常备的参考书和法律指南，这让我备受鼓舞。

在2017年本书第七版出版之后，为了自我沉淀，我在工作十几年之后又回到学校继续读博深造，由于读博期间学业繁重，没能抽出时间对本书进行修订再版，在这几年的时间里，关于劳动方面的很多法律、法规和政策也发生了很大的变化，新冠肺炎疫情的爆发和国际形势的变化对劳动关系也产生了很大的影响，国内企业合规监管日益趋严，推进企业合规制度建设已成为趋势，劳动用工的合规管理也在其中。为了让本书适应最新形势，更好地帮助HR做好人力资源管理，我在博士毕业后开始着手对本书进行修订。

本书的此次修订仍然延续前七版的体例编排和章节设计，以“招聘录用—合同订立—合同变更—合同解除、终止与续订—劳动争议处理”的劳动人事管理流程为主线，涵盖试用期、规章制度、企业培训、商业秘密、休息休假、薪酬管理、五险一金、特殊用工方式等模块；在内容和撰写安排上，本书紧扣《劳动法》《劳动合同法》《劳动合同法实施条例》及其他劳动法律法规，围绕企业劳动人事管理实务和需求，选用和更新大量典型案例进行分析，力争做到语言深入浅出，内容详尽生动。除此之外，本次修订在第七版的基础上还增加了大量的新内容，并对原有内容进行了修正和完善，主要体现在以下几个方面：

第一，修改本书的副标题为《企业劳动人事合规管理全书》，呼吁HR对合规的重视。近年来，企业合规已经成为一个炙手可热的话题，受到各界广泛关注。尤其是随着越来越多的中国企业走出国门，在海外受到严格的合规监管，遭受制裁的案例越来越多，这引起了我国企业和政府的高度重视，尤其是在2018年中兴通讯被美国商务部开出10亿美元罚金外加4亿美元保证金的巨额罚单事件之后，我国社会各界开始意识到合规制度对企业经营管理、社会治理及国家经济发展的重要性和迫切性。在国内，国家的合规监管也在趋严，开出的罚单金额也越来越大，同时还要求企业进行全面整改，加强内控合规管理。为了推行企业合规制度，国家不但出台了一系列的合规管理指引，还在探索以合规换取宽大行政处罚或刑事处罚的激励机制。为此，最高人民检察院于2020年3月启动了涉案违法犯罪依法不捕、不诉、不判处实刑的企业合规监管试点工作。2021年3月8日，探索督促涉案企业合规管理写进了最高人民检察院工作报告。由此可见,不管是从国际社会的经验还是从国内目前的现状来看,也不管是从理论的支持还是从司法的践行来看,“要我做合规”在外界环境因素的驱动下,已经形成广泛共识,推进合规制度建设已是大势所趋。

第二,增加了《企业用工的底线——劳动刑事合规指南》一章的内容,阐述了企业在用工方面不可触碰的底线以及如何进行劳动用工刑事风险的防控。有些企业家认为劳动用工方面即使不合规,至多也只是发生民事纠纷或者受一点行政处罚,认为这个环节不会有刑事风险,容易掉以轻心,认为出了事用钱就可以解决。事实上,劳动用工不合规不仅会引发民事赔偿和行政处罚的风险,还会引发诸如拒不支付劳动报酬罪、雇用童工从事危重劳动罪、强迫他人劳动罪或者强令职工违章冒险作业罪等刑事风险。

第三,在《巧做企业的“法律斗士”》一章中增加《数智赋能严控风险》一节,鉴于劳动争议案件逐年上涨,HR 处理劳动争议案件压力剧增,第八版举例肯耐珂萨,阐述企业运用人力资源管理 SaaS 系统,通过系统提供的数智化服务,实现劳动用工的合规管理和风险管控的路径。

第四,在《工作时间与休息休假》一章中修改了婚假、产假和事假的内容,并且增加了育儿假和独生子女护理假的内容,在《警惕薪酬管理中的陷阱》一章中增加了新冠肺炎疫情防控期间的工资支付内容,使得文章内容符合最新的法律法规与政策。

第五,根据最新的各地方政策法规,对《不容忽视的强制性义务》一章中的全国部分城市基本养老保险、基本医疗保险、失业保险、生育保险的缴费基数和缴费比例进行了新年份(2021 年)的数据更新,突出了时效性的优势,增强了实用性能。

第六,在《如何用好激励机制》一章中,由于《上市公司收购管理办法》《上市公司股权激励管理办法》以及相应的法律法规和规章制度都做了相应的修订,所以对文中内容也进行了较大幅度的修改。

第七,结合法律规定及审理口径更新情况修改了文中相应的内容,并对已经被修改或废止的法律规定予以更新或者说明,如《民法典》于 2021 年 1 月 1 日开始实施,《民法通则》和《合同法》同时被废止,《民事诉讼法》《安全生产法》《工会法》于 2021 年被修正,《反不正当竞争法》于 2019 年被修正,《职业病防治法》于 2018 年被修正,最高人民法院《关于审理劳动争议案件适用法律问题的解释(一)》于 2021 年 1 月 1 日开始实施,最高人民法院《关于审理劳动争议案件适用法律若干问题的解释(四)》等司法解释废止,最高人民法院《关于审理侵犯商业秘密民事案件适用法律若干问题的规定》于 2020 年 9 月 12 日开始实施,北京市人力资源和社会保障局《关于调整北京市 2021 年最低工资标准的通知》和上海市人力资源和社会保障局《关于调整本市最低工资标准的通知》也都做了调整。

第八,为了让本书具有更强的适时性和实用性,为了避免法律法规变更产生的滞后性和提供更多的法律法规查询,第八版删除了《常用工具一箩筐》一章中法规类具体的内容,替换为二维码,读者扫码即可查阅,一旦法律法规发生变更,我们亦将适时更新，同时二维码中也收纳了更多常用的法律法规。此外，书中的常用文书、表单也都全部附注了二维码，让读者看到就能用上，扫码即可使用，力求更加实用、更加便捷。

企业劳动人事管理是一门说起来简单但做起来复杂又烦琐的工作，笔者希望本书通过形象生动的案例分析和别开生面的读者互动解答，让 HR 从事这份工作时能够更加有趣。十四年来，面对肯定与感谢，我们备受鼓舞；面对错误与质疑，我们积极改正；面对问题与困惑，我们努力解答。但由于学识有限，书中难免还有疏漏欠妥之处，敬希读者一如既往地予以指正赐教。

娄秋琴

二〇二二年五月一日

目　录 CONTENTS

第十六章 如何用好激励机制
——员工持股与股权激励

第十七章 巧做企业的“法律斗士”
——劳动争议与合规的处理技巧

第一章

把好招聘录用关

——迈好用工管理的第一步

招聘和录用是人力资源选育用留的第一个环节，相当关键，因为『选好人』是『用好人』的首要前提，企业HR不仅要具备一双火眼金睛百里挑一，同时还应当具有一定的法律意识，避免在招聘和录用的环节掉入陷阱，陷入被动局面，引发法律风险。

第一节　招聘“陷阱”的规避

一、避免就业歧视

就业歧视一直以来都是社会广泛关注的热点。所谓“就业歧视”，是指用人单位没有合法依据，对未来潜在的就业人员自行作出各种限制，从而剥夺了本该符合相关职位就职条件的人员平等就业权的一种现象。由于就业歧视侵犯了劳动者依法应当享有的平等就业的权利，我国多项立法包括《劳动法》《就业促进法》等都明确禁止民族、种族、性别、宗教信仰、年龄、身体残疾等形式的就业歧视。但在实务中，就业歧视现象仍然很严重，其表现形式五花八门。但概括起来，主要体现在以下几个方面：

1. 年龄限制。大多设在 25 岁、28 岁、30 岁、32 岁、35 岁等年龄上。

2. 学历限制。主要设专科、本科、硕士和博士这几个层次。

3. 性别限制。这一点主要是针对女性就业者而言，有的单位明确要求不要女性，有的单位则虽不明确规定，但不要女性是其“潜规则”。

4. 身高限制。这种限制一般表现为对男性要求身高 165cm 以上，对女性要求身高 158cm 以上，有的则更高。

5. 长相限制。如要求英俊、漂亮、有气质等。

6. 区域限制。如在北京的一些工作岗位要求中，明确表示北京户口优先，或者是只招收北京生源等。

7. 工作经验或年限的限制。很多单位对求职者要求具有相关工作经验，或者要求工龄达 2 年、3 年或 5 年。

8. 有无疾病的限制。一般是要求应聘者无乙肝等传染性疾病。

9. 婚育状况的限制。有的单位甚至对应聘者的婚姻状况和生育状况进行限制。

除以上常见的限制外，有的单位在招聘时还对应聘者有无出国背景，第一学历、专业及毕业大学是否为重点或“211”“985”“双一流”大学等进行限制，有的甚至还对应聘者的生肖、星座、血型、口音、姓名等进行限制，十分荒唐。

用人单位在招聘过程中对应聘者实行以上形式的限制，如果不是基于工作岗位客观的内在需要，就可能被认定为“就业歧视”。这种非理性的歧视，不但可能将具有真才实学的人才拒之门外，还可能会对用人单位自身的形象造成一定程度的损害，影响其公信力和声誉。当这些“歧视”上升到诉讼层面时，用人单位甚至还可能遭遇法律纠纷，承担相应的法律责任。

为了防范相应的法律风险，用人单位在招聘的过程中应当尽量避免非理性的就业歧视，主要从以下几个方面入手：

1. 招聘广告或招聘简章内容要合法

用人单位在招聘的过程中，通常会发布招用人员简章或招聘广告，这时要特别注意简章或广告的内容，要保证其不含有各种各样的歧视性条款。在实务中，用人单位发布招聘广告可能会通过多种途径，如网络招聘、大型招聘会、报纸广告等，应尽量保持不同途径、不同形式所发布的招聘广告内容一致。

同时还应注意到，部分地方法规对于就业歧视行为作了明确的禁止性规定，例如，《深圳经济特区性别平等促进条例》第 16 条规定："用人单位在招聘、录用人员时，除国家法律另有规定外，不得设置性别要求，不得以性别、婚姻、生育等为理由拒绝招录某一性别或者提高某一性别的招录标准。但是根据性别比例平衡指导意见以及有关法律、法规的规定对某一性别采取优先、优惠措施的除外。"该条第 2 款还规定了违反的法律后果："违反前款规定的，由人力资源和社会保障部门责令限期改正；逾期拒不改正的，处三千元以上三万元以下的罚款。"

2. 合理设置岗位，明确岗位需求

抵制就业歧视，并不是表明用人单位不能实行任何差别对待，也不是要用人单位作无条件的牺牲。如果差别对待是基于工作岗位客观内在需要的，就不属于就业歧视。比如，招个邮递员，需要跑很多路，这时提出不招残疾人，就不会被认为是歧视。但如果是招一个计算机信息录入员或者会计，一个腿有残疾的人是没有任何问题的。因此，为了避免就业歧视引发的法律风险，用人单位在招人时，一定要合理地设置岗位，并明确各个岗位的职责和需求。

3. 提高法律意识，加强社会责任感

用人单位享有用人的自主权，但招人的自主权不是绝对的。用人单位在招聘的过程中，一定要提高法律意识，自觉抵制就业歧视，这不但是出于法律风险防范的需要，也是企业贯彻以人为本管理理念的选择，更是企业承担社会责任、追求可持续发展的必然要求。

[场景回放]

高先生原本就职于上海一家软件公司，后来，他接到了北京一家通讯技术有限公司部门经理的电话，邀请他到该公司担任结构设计工程师，他欣然接受了。随后，高先生办理了辞职手续来到北京，可等待他的竟然是该公司的拒绝录用，理由是该公司在体检中得知高先生为乙肝"小三阳"，因此拒绝与其签订劳动合同。为此，高先生一纸诉状将该公司告上了法庭，要求其赔偿相应损失。

[审理结果]

北京市朝阳区人民法院作出一审判决，认为通讯技术有限公司因高先生乙肝"小三阳"而拒绝录用的行为已经违反了平等就业原则，据此判处该公司向高先生书面赔礼道歉，并赔偿其经济损失、精神损害抚慰金共计 19,000 余元。

[法条链接]

《中华人民共和国劳动法》

第三条 劳动者享有平等就业和选择职业的权利……

第十二条　劳动者就业,不因民族、种族、性别、宗教信仰不同而受歧视。

第十三条　妇女享有与男子平等的就业权利。在录用职工时,除国家规定的不适合妇女的工种或者岗位外,不得以性别为由拒绝录用妇女或者提高对妇女的录用标准。

《中华人民共和国就业促进法》

第三条　劳动者依法享有平等就业和自主择业的权利。

劳动者就业,不因民族、种族、性别、宗教信仰等不同而受歧视。

第二十六条　用人单位招用人员、职业中介机构从事职业中介活动,应当向劳动者提供平等的就业机会和公平的就业条件,不得实施就业歧视。

第二十七条　国家保障妇女享有与男子平等的劳动权利。

用人单位招用人员,除国家规定的不适合妇女的工种或者岗位外,不得以性别为由拒绝录用妇女或者提高对妇女的录用标准。

用人单位录用女职工,不得在劳动合同中规定限制女职工结婚、生育的内容。

第二十八条　各民族劳动者享有平等的劳动权利。

用人单位招用人员,应当依法对少数民族劳动者给予适当照顾。

第二十九条　国家保障残疾人的劳动权利。

各级人民政府应当对残疾人就业统筹规划,为残疾人创造就业条件。

用人单位招用人员,不得歧视残疾人。

第三十条　用人单位招用人员,不得以是传染病病原携带者为由拒绝录用。但是,经医学鉴定传染病病原携带者在治愈前或者排除传染嫌疑前,不得从事法律、行政法规和国务院卫生行政部门规定禁止从事的易使传染病扩散的工作。

第三十一条　农村劳动者进城就业享有与城镇劳动者平等的劳动权利,不得对农村劳动者进城就业设置歧视性限制。

第六十二条　违反本法规定,实施就业歧视的,劳动者可以向人民法院提起诉讼。

二、抵御求职欺诈

面对激烈的就业竞争,一些应聘者在应聘时往往会对自身条件、学历、资格、工作经历等个人信息进行夸大或者虚构,或者隐瞒自身的一些不利因素,甚至提供虚假文件进行佐证,用人单位如果没有及时识破,就有可能导致招用的员工无法胜任工作,不符合用人要求,还可能增加用人单位的招聘成本,给单位带来诸如延误工作等经济损失。为此,用人单位应当事先积极抵御应聘者的求职欺诈,主要从以下几个方面入手:

1. 在招聘广告或招聘简章中声明坚决抵制求职中的一切虚假、不实行为,用人单位将会对应聘者的工作经历、相关证书等进行验证核实,若有虚假将依法处理。

2. 在招聘过程中,要主动询问应聘者与劳动合同直接相关的基本情况,并做好证据固定工作,如要求应聘者本人如实填写《个人基本信息登记表》《求职申请表》或者《入职登记表》,内容可以包括应聘者的基本情况、身体状况(包括是否有大病史以及是否患有某种传染病)、职业技能、工作经历及职务、目前的服务单位以及离开原因、职业规划、对公司的要求(如薪酬水平、其他要求)、到职时间等。除此之外,用人单位还可以要求应聘者入职时在个人简历、《个人基本信息登记表》、《入职登记表》中签字并申明确保其真实性,还可以在劳动合同中约定或者要求应聘者专门签订一份诚信承诺书。

3. 决定录用前,对拟聘用人员做好背景调查,核实相关资料的真实性。对于高级管理人员和高级技术人员,这项工作尤为重要。调查核实的途径主要有:向拟聘用人员曾经服务的用人单位、客户调查核实;将拟聘用人员提供的相关资格证书送至专业机构验证;通过教育部网站核实学历证书等。此外,有些律师事务所或者私人侦探所也可以提供背景调查服务,用人单位可以视情况与这些专业机构进行合作。

三、把好入职体检关

在招聘时,有些用人单位为了节约体检费用,往往对入职员工不进行严格的体检。等到劳动合同签订后,才发现员工患有潜在的疾病或者职业病,这将给用人单位带来巨大的风险。鉴于招聘身体不健康的员工后所付出的巨大成本,用人单位在员工入职前一定要把好体检关,审查其是否患有潜在疾病。把好体检关,需要从以下几个方面入手:

1. 就体检时间而言,应当安排在员工入职前。因为录用通知书发出后或者员工入职后,用人单位已经丧失了是否录用员工的主动权,如果此时才发现员工患有某些疾病,就无法简单地以此为由不予录用或解除劳动合同,否则不仅有就业歧视的嫌疑,还违反了相关的法律规定。在发出录用通知书之前或者员工入职前,用人单位掌握录用主动权,可以根据体检结果决定是否录用拟聘用人员。

2. 就体检内容而言,应当根据岗位特征和职位要求合理地确定体检项目。尤其是一些容易引发职业病或对身体条件有特殊要求的岗位,更应进行严格的体检。

3. 就体检机构而言,为了避免不必要的纷争,最好由用人单位指定体检机构或医疗机构。

[拨云见日]

问:员工入职后,劳动合同签订前,经体检发现不符合公司体检要求的,此时公司能否决定不予录用?

答:员工一旦入职,即使没有签订劳动合同,双方的劳动关系也已经建立,此时不存在是否录用的问题,而是涉及劳动关系的解除问题,应当严格按照《劳动合同法》执行。如果用人单位与劳动者约定了试用期,同时将"没有不适宜从事本岗位工作的疾病"明示为录用条件的,那么,在试用期内,员工经体检发现患有不适宜从事本岗位工作的疾病的,用人单位可在试用期内以不符合录用条件为由解除劳动合同,除此情形外,用人单位不得随意单方解除劳动合同。

四、避免连带赔偿责任

根据《劳动合同法》第 91 条的规定:"用人单位招用与其他用人单位尚未解除或者终止劳动合同的劳动者,给其他用人单位造成损失的,应当承担连带赔偿责任。"据此,用人单位应当严把招聘关,对拟招聘人员严格进行入职审查,避免双重或多重劳动关系引发连带赔偿责任,具体应注意以下几点:

1. 招用应聘者时,要求其提供与前一个用人单位解除或者终止劳动合同的证明,这是最直接的方法。

2. 应聘者无法提供相关证明时,可以要求其提供原用人单位的联系方式、负责人或者证明人,以便进行背景调查,避免招用尚未与原用人单位解除或者终止劳动关系的人员。

3. 如果非要招用尚未与原用人单位解除或者终止劳动合同的人员,应当要求该劳动者的原用人单位出具同意其入职的书面证明。

4. 可以在劳动合同中约定,劳动者保证其与用人单位签订劳动合同时已经与其他用人单位解除或者终止劳动合同,若由此引发法律纠纷,由劳动者自行承担法律责任。这种约定虽然不能直接免除用人单位的连带赔偿责任,不能直接对抗第三人,但可以作为日后向劳动者追偿的依据。

[法条链接]

《中华人民共和国劳动法》

第九十九条　用人单位招用尚未解除劳动合同的劳动者,对原用人单位造成经济损失的,该用人单位应当依法承担连带赔偿责任。

《中华人民共和国劳动合同法》

第九十一条　用人单位招用与其他用人单位尚未解除或者终止劳动合同的劳动者,给其他用人单位造成损失的,应当承担连带赔偿责任。

第二节　录用条件的管理

一、什么是录用条件

录用条件,是指某一应聘者符合某一职位的具体要求所包括的全部条件,也是用人单位最终确定正式聘用应聘者的唯一条件。绝大多数的用人单位在招聘员工时,并没有制定清晰的录用条件,而只制定了招聘条件,招聘条件,是指用人单位招收员工的基本条件,包括学历、经历、职称、技术资格、年龄、身高等条件。

招聘条件与录用条件的不同之处在于:

首先,二者成立的前提不同。招聘条件是用人单位用工自主权的体现,由用人单位单方确定即可,而录用条件虽然也由用人单位制定,但必须告知劳动者并由劳动者确认才对其生效。其次,二者的适用主体不同。招聘条件是面对不特定多数的潜在应聘者,而录用条件则适用于符合招聘条件拟进行试用的具体应聘者。再次,二者的适用阶段不同。招聘条件适用于招聘阶段签订劳动合同前,录用条件则适用于签订劳动合同后试用期结束前。最后,二者的法律性质不同。招聘条件仅在于设定招收员工的初步资格,招聘一结束即失去意义,即使是员工不符合招工条件,但招聘者愿意将其招收进来,一旦签订了合同后,用人单位不得再以不符合招聘条件为由将其辞退,而录用条件是确定用人单位是否最终正式录用聘者的唯一标准,即使已招收进来的员工,如果不符合录用条件,仍然有权将其辞退。

二、为什么要制定录用条件

绝大多数的用人单位没有意识到招聘条件与录用条件的不同,仅制定了招聘条件而没有制定录用条件,或误认为招聘条件就是录用条件。而一旦用人单位以劳动者"试用期被证明不符合录用条件"为由进行辞退,如果用人单位没法提供录用条件,或者虽提供了录用条件但没有经劳动者的确认,裁判机关很可能以招聘条件作为录用条件,或者认为用人单位没有录用条件,因此无法证明"试用期被证明不符合录用条件",从而承担不利的后果。

[场景回放]

甲公司新开发了一款产品,为打开市场,欲招聘一名销售经理,招聘广告中规定必须符合"大学本科以上、三年以上同行业工作经历、吃苦耐劳、有进取心及较强开拓市场的能力",其中前来面试的应聘者乙基本符合"大学本科以上、三年以上同行业工作经历"条件,并自称本人在该行业有很多人脉,能协助公司尽快打开销路,一季度可以保证300万元的销量。甲公司领导见其口若悬河、滔滔不绝,面试印象非常好,于是确定聘请乙为销售经理,合同期限为2年,试用期为3个月,底薪为1.5万元,试用期满后底薪2万元,且有销售提成,但双方并未约定录用条件。孰料3个月试用期快到了,乙完成的销量不足50万元,远低于其保证300万元销量的承诺,还报销了数万元的费用。公司领导经打听,才得知乙所吹嘘的种种均为不实,且在前一公司就是因不能胜任工作而被炒了鱿鱼。公司领导一气之下,以"不符合录用条件"为由让乙走人。不料乙反而到劳动争议仲裁委员会提起仲裁,要求甲公司支付经济补偿金与代通知金。在庭审中,面对仲裁员询问"乙的录用条件是什么?有何证明?"甲公司的人事经理支吾半天答不出来,陷入了非常被动的局面。

[律师说法]

本案的争议焦点在于"甲公司解除乙的劳动合同是否合法",甲公司以"不符合录用条件"为由解除乙的劳动合同,而问题是,在本案的事实中,甲公司根本没有与乙约定录用条件,甲公司只规定了招聘条件,既然没有录用条件,更谈不上不符合录用条件。其实,如果甲公司懂得录用条件的重要性,其完全可以在入职前将"一季度达到

300万元的销量”约定为乙的录用条件之一，这样当试用期结束时，刚好是一个季度，完全可以以“不符合录用条件”为由即时合法解除劳动合同，无须任何补偿或赔偿。由此可见，在试用期内证明劳动者不符合录用条件是用人单位避免招错人的最佳利器，而确定具体职位的录用条件则是打造这一利器的充要材质，用人单位应当充分予以利用。

[法条链接]

《中华人民共和国劳动合同法》

第二十一条　在试用期中，除劳动者有本法第三十九条和第四十条第一项、第二项规定的情形外，用人单位不得解除劳动合同。用人单位在试用期解除劳动合同的，应当向劳动者说明理由。

第三十九条　劳动者有下列情形之一的，用人单位可以解除劳动合同：

（一）在试用期间被证明不符合录用条件的；

（二）严重违反用人单位的规章制度的；

（三）严重失职，营私舞弊，给用人单位造成重大损害的；

（四）劳动者同时与其他用人单位建立劳动关系，对完成本单位的工作任务造成严重影响，或者经用人单位提出，拒不改正的；

（五）因本法第二十六条第一款第一项规定的情形致使劳动合同无效的；

（六）被依法追究刑事责任的。

第四十条　有下列情形之一的，用人单位提前三十日以书面形式通知劳动者本人或者额外支付劳动者一个月工资后，可以解除劳动合同：

（一）劳动者患病或者非因工负伤，在规定的医疗期满后不能从事原工作，也不能从事由用人单位另行安排的工作的；

（二）劳动者不能胜任工作，经过培训或者调整工作岗位，仍不能胜任工作的……

三、如何制定录用条件

制定具体职位的录用条件应当因人而异。由于每一个人的情况及条件均不相同，劳动关系的确定本身就是劳动者与用人单位协商达成一致的结果，不同的应聘者享受不同的待遇，当然可以制定不同的录用条件。

录用条件应当包括资质条件、工作能力条件以及职业道德条件三个方面的内容，也就是“做事与做人”两个方面。资质条件包括但不限于学历学位、工作经历、技术职称或资格、外语水平等硬件设施；工作能力条件是指在试用期内完成工作任务的能力，可以从“质”和“量”两个方面进行设定；职业道德条件则无须解释，一个人的品德往往比其工作能力更重要，对此蒙牛集团总裁牛根生有很精辟的见解：“有德有才，破格重用；有德无才，培养使用；有才无德，限制使用；无才无德，坚决不用。”

录用条件又可以包括客观条件与主观条件两个方面，如资质条件基本是客观条件，而职业道德条件基本是主观判断，工作能力条件则界于两者之间。制定录用条件应当尽量将主观性较强的条件诸如"工作能力较强、工作积极性较高"等含糊的条件进行量化，以可以考评的要件代替，这与绩效考核是一致的。同时，如果涉及无法直接评定或判断是否合格的情形，还应当规定参考标准或计算方法，以利于评定时有章可循。在前面所列举的案例中，如果甲公司将"每季度销量不低于300万元"作为乙的录用条件之一，并由其本人确认的话，甲公司就可以理直气壮地在试用期满时依据《劳动合同法》第21条与乙解除劳动关系。

然而，在人力资源实际管理中，情况往往较为复杂，这就需要各用人单位根据自身的具体情况，制定不同的录用条件。例如，《劳动合同法》第10条规定了签订劳动合同有1个月的宽限期，但如果有的劳动者入职后，在签订劳动合同过程中出现不能提供有关证明或不同意按用人单位的劳动合同版本签订合同等情况，用人单位如何应对？又如，招用员工后在试用期内发现其患有某种疾病，不再适合在录用的岗位上工作，双方又无法就协商岗位达成一致，而如果按《劳动合同法》第41条的规定，必须在医疗期满后（这时往往已经试用期满了）不能从事原工作且不能从事用人单位另行安排的工作，用人单位才能解除劳动合同且需要支付经济补偿金，那么用人单位有没有办法做到既解除劳动合同又不需要支付经济补偿金呢？再如，当用人单位招用外籍员工后，发现因某种原因无法办理就业证，用人单位为避免非法用工应如何处理？这一系列的问题，都可以通过制定录用条件来解决，将一定的条件设定为录用条件，不符合条件的均可依据法律的规定予以解除劳动合同而无须承担法律风险或经济补偿金、赔偿金。

用人单位通常可以设定以下一些常用的录用条件：

1. 不具备政府规定的就业手续；

2. 无法提供用人单位办理录用、社会保险等所需要的证明材料；

3. 不能胜任用人单位安排的工作任务和用人单位规定的岗位职责；

4. 患有精神病或按国家法律法规规定应禁止工作的传染病；

5. 与原用人单位未依法解除、终止劳动合同或劳动关系；

6. 与原用人单位存在竞业限制约定且甲方在限制范围之内；

7. 通缉在案；

8. 未经用人单位书面许可不按本合同约定时间到岗；

9. 入职后不同意购买社会保险或不按用人单位制定的劳动合同版本签订劳动合同；

10. 有其他不符合用人单位规定的具体岗位的录用条件的情形。

另外，关于试用期满的考评期限问题，由于考评必须在试用期结束之前，因此用人单位还必须对试用期结束前的具体考评期限进行约定，以明确考评的时间点，以免产生纠纷。

用人单位制定出录用条件后，拟聘用某员工时，在签订劳动合同之前应当制定《录用条件确认函》，也可以直接约定在《劳动合同》中。《录用条件确认函》除列举上述录用条件之外，还应当写明如在试用期内被证明不符合录用条件，用人单位可以随时解除劳动合同，并由员工签名确认。

第三节　录用通知书的发放

经过招聘面试后，通过考核与审查，对于录用者，用人单位在签订劳动合同前一般会发放录用通知书（Offer Letter），向员工告知录用决定以及报到时间等具体事宜。需要注意的是，录用通知书是具有法律效力的，一旦发出便会产生相应的约束力，如若操作不当便会使用人单位陷入被动局面，引发法律风险。

[场景回放]

某公司经对卢某多次面试，决定聘请其担任采购经理，并于2021年6月1日向其发出了一封Offer Letter，确定卢某的职位为公司采购部部门经理，月薪为8000元人民币，同时可享有公司提供的住房津贴及公司其他福利，并享有每年不少于15天的年休假。该Offer Letter还写明，卢某须在2021年6月15日以前到公司报到，公司届时将与其签订劳动合同。卢某接到通知后即表示同意，辞去了原来的工作，准备签约。但是不久，该公司接到举报，称卢某曾向一些供应商索要好处，这使该公司非常震惊，决定不再聘用卢某。为此双方发生争议。

[针锋相对]

卢某认为，自己是在接到该公司的录用通知并确认了之后才辞去了原来的工作，准备与该公司签约。该公司不能单方面宣布Offer Letter无效，由此给卢某造成的损失，应该由该公司全部赔偿。该公司则认为，公司和卢某之间并没有签订劳动合同，尚无有效的合同约束，并且公司是在接到有关卢某曾向一些供应商索要好处的举报之后，才决定不与卢某签订劳动合同，因此该劳动合同不能签订是由于卢某的原因所致，卢某应该对自己的行为负责，公司不应该承担任何责任。

[审理结果]

劳动争议仲裁委员会认为，该公司向卢某所发的Offer Letter是一个内容具体确定的要约，于送达卢某时即已生效，用人单位就应该受到该要约全部内容的约束。卢某接到该通知后的同意即表明双方已就该Offer Letter的全部内容达成了合意，该合意对双方当事人均产生法律约束力。本案中，卢某为了签约而辞去了原来的工作，完全是基于对该通知的合理信赖。由于该公司并不能举证证明卢某确曾有向一些供应商索要好处的行为，仅凭道听途说就决定不再聘用卢某，应承担违约责任。

[律师点评]

本案是因Offer Letter的发放引发的纠纷，争议焦点集中在Offer Letter的性质和效力问题上。对于这些问题，《劳动法》及其他劳动法律法规虽然没有规定，但是根据《民法典》的相关规定，Offer Letter在法律属性上属于“要约”，是用人单位对求职者发出的招聘要约。

根据《民法典》合同编的一般原理，一份合同的订立要经过要约和承诺两个程序。所谓"要约"，即希望和他人订立合同的意思表示。所谓"承诺"，是指受要约人作出的同意要约内容以成立合同的意思表示。承诺通知到达要约人时生效，合同成立。

本案所提及的 Offer Letter 由该公司向卢某发出，要约人与被要约人都是特定的；同时 Offer Letter 中明确了卢某的报到时间、工作岗位、薪酬福利，并且还明确表示公司将与卢某签订劳动合同。根据《民法典》合同编的原理，该份 Offer Letter 完全符合要约的特征。卢某接到 Offer Letter 后即向该公司表示同意其中的内容，愿意签约，属于对该公司发出要约的承诺，至此，Offer Letter 对公司和卢某都产生法律约束力，任何一方违反都将承担违约责任。因此，该公司在无确切证据证明卢某曾向供应商索要好处的情况下拒绝与卢某签订劳动合同，属于违约行为，应当承担相应的违约责任。

那么，是否所有的录用通知书都是不可撤销的呢？答案是否定的，录用通知书的形式或所记载的内容不同，其法律性质也会有所不同。

[场景回放]

2020 年 9 月，一家大型广告公司招聘一名 HR 经理，猎头公司推荐了一名原在民营房地产公司做 HR 的张小姐。尽管这家广告公司给出的待遇不如原公司，但张小姐看中了它的发展空间和前景。面试了两次后，双方比较满意，广告公司向张小姐发出了书面的录用意向书，其内容为："……我公司对您的表现非常满意，希望您能在 2020 年 10 月 8 日前来我司共同商讨聘用事宜。"张小姐遂向原公司辞职。但就在张小姐辞职后不久，广告公司告诉她，因原本辞职的员工不走了，所以没了空缺，因此暂时不录用张小姐了。张小姐顿时从一个"香饽饽"变成了失业者，于是向广告公司主张赔偿，但该公司认为，公司向张小姐发出的录用意向书属于要约邀请，并不必然代表公司将与张小姐签订劳动合同，张小姐因辞职所造成的损失是由于其自身不慎重造成的，与公司无关，因此拒绝承担赔偿责任。

[律师点评]

本案的争议焦点在于录用意向书的性质。根据《民法典》合同编的一般原理，该意向书属于要约邀请。所谓要约邀请，是指一方邀请对方向自己发出要约的意思表示。要约邀请是当事人订立合同的预备行为，并不对发出邀请方或接受邀请方产生任何法律效力，在发出要约邀请后，要约邀请人撤回邀请，只要没有给善意相对人造成信赖利益的损失，要约邀请人一般不承担法律责任。

在司法实践中，通常可以根据当事人所表达的意愿、订约提议的内容、是否包括了合同的主要条款以及交易习惯等方面来区分要约与要约邀请。要约体现了要约人订立合同的意思表示，内容相对明确具体，通常包含了合同的主要条款；而要约邀请则不具备这样的特点。

根据上述分析，本案中所涉及的录用意向书，从内容上来看，该广告公司尚未决定聘用张小姐，仅仅表示了聘用的意向，并邀请张小姐前来商讨；而且意向书中对于张小姐的职位、工作地点、工作待遇等内容也都没有明确，由此可见，该意向书属于要约邀请，该公司不受其约束。张小姐轻率地从原单位辞职，自己应当承担相应的损失。

通过对上述两个案例的分析，我们发现录用通知书可以根据形式和内容的不同，分为具有要约性质与具有要约邀请性质两种。为了保留最终是否签订劳动合同的决定权，建议用人单位应按照要约邀请的特征制作录用通知书，尽量少用具有要约性质的录用通知书。如果发放具有要约性质的录用通知书，应当从以下几个方面应对相应的风险：

其一，在录用通知书中逐一列明不予录用的除外情形，以保留一定的录用主动权。

其二，录用通知书一旦发出，如果尚有撤回或撤销的机会，应当予以把握。在录用通知书到达拟录用人员之前，用人单位可以撤回录用通知书，需要注意的是，撤回录用通知书一定要先于录用通知书到达拟录用人员或同时到达；在拟录用人员作出承诺之前，用人单位可以撤销录用通知书，但是撤销通知书必须在拟录用人员作出承诺之前到达，且不具备下列不可撤销的情形：(1)用人单位确定了拟录用人员作出答复的期限或者以其他形式明示该录用通知书不可撤销；(2)拟录用人员有充分合理的理由认为该录用通知书是不可撤销的，并已经为履行合同做了准备工作，如向原单位辞职。

其三，录用通知书一旦发出便具有法律效力，除非依法撤回或撤销，用人单位不得单方面变更其中的内容，如工作岗位、薪酬、福利待遇等。

其四，录用通知书不等同于劳动合同，用人单位一旦录用员工，仍应依法及时与其签订劳动合同，避免承担相应的法律后果。劳动合同中约定不明的，将按照录用通知书中的相关内容执行。

[读者来信]

娄律师：

应届毕业生在找工作的时候，和单位签的 Offer，有很多都是没有具体工作环境、任职要求、工资等情况的，特别是薪酬这一部分，这是属于要约邀请吗？双方都签订之后，具有法律效力吗？而三方协议又有什么作用呢？怎样才能尽最大的可能保证学生们的权益？

读者：jiangsu99lina

— **回复** —

你好！请仔细看一下本书第一章中第二节录用通知书的发放，用人单位发出的 Offer 属于要约还是要约邀请，要根据 Offer 的形式和记载的内容来确定，通常可以根据当事人所表达的意愿、订约提议的内容、是否包括了合同的主要条款以及交易习惯等方面来区分。如果 Offer 并没有约定具体工作环境、任职要求、工资、薪酬等内容，只是表达了愿意与你商讨聘用事宜的愿望，那就属于要约邀请。这样的 Offer 发出后，即使你签字了，单位仍然可以撤回邀请，而且只要没有给善意相对人造成信赖利益的损失，单位一般都是不承担法律责任的。

所以，应届毕业生在找工作接到 Offer 时一定要看仔细，确定你所接到的 Offer 是要约还是只是要约邀请。如果只是要约邀请，就不要盲目拒绝其他的工作机会，而是待与单位谈妥聘用事宜并签订正式劳动合同后再定夺。如果你接到的 Offer 明确了报到时间、工作岗位、薪酬福利等，那就属于要约，你只要签字承诺了，合同就成立了，具有法律效力。

三方协议是《全国普通高等学校毕业生就业协议书》的简称，它是明确毕业生、用人单位、学校三方在毕业生就业工作中的权利和义务的书面表现形式，能解决应届毕业生的户籍、档案、保险、公积金等一系列相关问题。一般情况下，三方协议在毕业生到单位报到、用人单位正式接收后就自行终止了。为了最大限度地保护同学们的合法权益，毕业生到单位报到后，应尽快与单位签订一份正式的书面劳动合同，尽早确定双方的劳动关系。

[法条链接]

《中华人民共和国民法典》

第四百七十一条　当事人订立合同，可以采取要约、承诺方式或者其他方式。

第四百七十二条　要约是希望与他人订立合同的意思表示，该意思表示应当符合下列条件：

（一）内容具体确定；

（二）表明经受要约人承诺，要约人即受该意思表示约束。

第四百七十三条　要约邀请是希望他人向自己发出要约的表示。拍卖公告、招标公告、招股说明书、债券募集办法、基金招募说明书、商业广告和宣传、寄送的价目表等为要约邀请。

商业广告和宣传的内容符合要约条件的，构成要约。

第四百七十四条　要约生效的时间适用本法第一百三十七条的规定。

第四百七十五条　要约可以撤回。要约的撤回适用本法第一百四十一条的规定。

第四百七十六条　要约可以撤销，但是有下列情形之一的除外：

（一）要约人以确定承诺期限或者其他形式明示要约不可撤销；

（二）受要约人有理由认为要约是不可撤销的，并已经为履行合同做了合理准备工作。

第四百七十七条　撤销要约的意思表示以对话方式作出的，该意思表示的内容应当在受要约人作出承诺之前为受要约人所知道；撤销要约的意思表示以非对话方式作出的，应当在受要约人作出承诺之前到达受要约人。

第四百七十八条　有下列情形之一的，要约失效：

（一）要约被拒绝；

（二）要约被依法撤销；

（三）承诺期限届满，受要约人未作出承诺；

（四）受要约人对要约的内容作出实质性变更。

第四百七十九条　承诺是受要约人同意要约的意思表示。

第四百八十条　承诺应当以通知的方式作出；但是，根据交易习惯或者要约表明可以通过行为作出承诺的除外。

［专家说法］

——刘继承律师*

招聘录用环节是用工管理的首个环节，用人单位选人选得准不准，直接关系到日后的管理能否顺畅进行、能否实现招录目的等。但是在实践中，招聘录用环节又恰恰是人力资源管理最容易忽视法律风险的环节，原因在于招聘录用的环节中，即使用人单位存在不规范甚至违法的行为，诸如就业歧视、发出录用通知后变卦、试用期违法解雇等，由于劳动者维权的成本与其维权所能获得的合法收益不成比例，导致实践中很少有人愿意走法律途径进行维权，因为耗不起，这也是为什么就业歧视现象普遍存在，但为被歧视维权甚至能够维权成功的少之又少的原因。

招聘录用阶段的案件少但是纠纷并不少，涉及的法律问题更是层出不穷。除本章所涉及的内容之外，还有很多的问题值得我们去研究和讨论，比如，录用条件与招聘条件的区别是什么？发出录用通知书后不予录用应承担的法律责任是什么？劳动合同约定的试用期是否能够协商延长？用人单位如何进行试用期员工的管理？招聘中不得就业歧视与用人单位用工自主权的关系如何理解等，这些问题都非常值得理论的研究和实务的探讨。

同时，随着社会的发展，对用人单位的招聘录用的管理不断带来新的挑战，例如，最近微信朋友圈中热炒的"员工列入失信名单被用人单位炒鱿鱼"的新闻就是一例，用人单位必须面对这样的新问题，如果员工被列入失信名单导致无法正常出差和履职，用人单位该如何处理？入职前已列入名单的和在职员工新被列入名单的，两者如何区分进行管理？如何在招聘录用的管理中及时改进企业的流程和指引？只有不断解决这一个又一个层出不穷的新问题，企业的人力资源管理才会越来越规范、越来越完善！

---

* 刘继承律师：北京大成（广州）律师事务所合伙人，广州市政协委员，全国律协劳动与社会保障法专业委员会委员，第九届、第十届广东省律师协会劳动法律专业委员会主任，广东省法学会劳动关系研究会副会长，广东省工商联法律委员会委员、广州仲裁委仲裁员，广东省劳动人事争议调解仲裁专家咨询委员会首批咨询专家，广东省劳动法律事务律师专家库首批专家。

第二章

依法订立劳动合同

——劳资关系的重中之重

劳动合同是用人单位与劳动者之间建立劳动关系最基本的法律凭证。依法订立劳动合同，不但有利于保障劳动者的合法权益，发挥劳动者的积极性和创造性，同时对于企业合理使用劳动力，增强企业活力，提高劳动生产率等也具有非常重要的作用。但因企业用工灵活性的客观需求与劳动合同书面化之间的矛盾频现，也使劳动合同管理成为劳资双方发生争议的易燃区域。企业应当如何订立劳动合同才能保障合同符合法律规定呢？本章将为你一一述来。

第一节 信息披露与担保禁止

一、签约中的信息披露

劳动合同的订立是基于用人单位和劳动者双方当事人的相互了解、相互选择。为了使双方当事人在缔结劳动合同时能够充分了解对方，确保劳动合同的订立建立在双方真实意思表示的基础之上，用人单位和劳动者在劳动合同的订立过程中都有向对方充分披露与缔结劳动合同相关信息的义务，换句话说，双方当事人在劳动合同订立过程中都享有充分的知情权。

《劳动合同法》第8条对此作了明确规定："用人单位招用劳动者时，应当如实告知劳动者工作内容、工作条件、工作地点、职业危害、安全生产状况、劳动报酬，以及劳动者要求了解的其他情况；用人单位有权了解劳动者与劳动合同直接相关的基本情况，劳动者应当如实说明。"

（一）用人单位的披露义务

1. 披露的内容

根据《劳动合同法》的规定，用人单位应当向劳动者披露的信息有以下几个方面：

（1）工作内容，即工作岗位及职责范围、工作任务等。

（2）工作条件，即与工作相关的硬件及软件条件，如办公条件等。

（3）工作地点，一般而言，用人单位所在地即劳动者的工作地点，若需要劳动者在异地工作的，应当事先说明并得到劳动者的同意。

（4）职业危害，《职业病防治法》第33条第1款明确规定："用人单位与劳动者订立劳动合同（含聘用合同，下同）时，应当将工作过程中可能产生的职业病危害及其后果、职业病防护措施和待遇等如实告知劳动者，并在劳动合同中写明，不得隐瞒或者欺骗。"

（5）安全生产状况。

（6）劳动报酬，包括工资、奖金、福利等。

（7）劳动者要求了解的其他情况，如工作时间、假期、劳动合同期限、培训计划等与订立劳动合同相关的其他情况。

用人单位应当向劳动者披露的信息是与劳动合同订立相关的信息，与劳动合同订立无关的信息，用人单位没有义务披露，如商业秘密等。

2. 披露的方式

用人单位向劳动者披露信息的方式多种多样，《劳动合同法》对此并无限制，可以是口头形式，也可以是书面形式。为了事后便于举证，**建议用人单位采用书面形式告知劳动者相关信息**。在此提供几种披露方式以供参考：

（1）在劳动合同中明确各项内容。由于用人单位应披露的信息范围多属于劳动合同的必备条款，因此，可以将这些信息融入劳动合同，以达到信息披露的效果。

(2)信息披露同时做好书面谈话记录,并由双方签字确认。

(3)就披露内容签订书面协议,作为劳动合同附件。

3. 不履行义务的后果

用人单位不但有向劳动者披露与劳动合同订立相关信息的义务,还有真实披露的义务,不履行这些义务,即不依法进行信息披露或者披露信息不真实的,用人单位应当承担相应的法律责任。概括而言,主要包括以下几个方面:

(1)劳动者有权拒绝接受。针对用人单位未向劳动者披露或与披露内容不一致的相关要素,劳动者可以拒绝接受。如劳动者发现存在职业危害但是并没有被事先告知的,劳动者可以拒绝从事有职业危害的工作。

(2)劳动者有权解除劳动合同。用人单位披露信息不真实的,劳动者可以依据用人单位未按照劳动合同约定提供劳动条件或劳动报酬为由解除劳动合同,用人单位不仅不得拒绝,还应当向劳动者支付解除劳动合同经济补偿金。

(3)劳动者可以向用人单位索赔。若用人单位不依法披露信息或披露不实信息,导致劳动者遭受损失的,用人单位还应当承担相应的赔偿责任。

(4)导致劳动合同全部或部分无效。隐瞒重要信息或披露信息不真实都属于欺诈,导致劳动者在违背真实意思表示的情况下订立劳动合同的,劳动合同无效或者部分无效。

(二)劳动者的披露义务

1. 披露的内容

《劳动合同法》并没有列举劳动者应当披露的信息范围,只是概括表述为"与劳动合同直接相关的基本情况",实践中主要包括下列各项:

(1)劳动者的基本信息,如年龄、婚姻状况、文化程度、有效联系地址等。关于年龄,主要看是否已经年满16周岁,避免涉及非法用工或者影响劳动关系的成立。预先登记劳动者有效联系地址,是为了避免劳动者不辞而别导致用人单位无法向其送达法律文书。

(2)劳动者的身体状况,主要内容为是否患有不适宜从事本岗位的疾病、是否患有传染病等。

(3)劳动者的专业知识及工作技能。

(4)劳动者的工作经历及工作业绩。

(5)奖惩情况。

(6)劳动者的就业现状。

劳动者仅对与劳动合同直接相关的基本情况具有披露义务,对于与劳动合同无关的信息,如劳动者的个人隐私(如与劳动能力无关的生理缺陷、女性胸围等)用人单位无权了解,劳动者可以拒绝披露,用人单位不得以此为由不予录用。

2. 披露的方式

同用人单位信息披露方式一样,为了便于固定证据,用人单位可以要求劳动者采用书面方式披露信息,形式既可以采用《求职申请表》,也可以是用人单位惯用的《个人履历表》。

3. 不履行义务的后果

劳动者向用人单位披露的信息大多属于重要信息，这些信息必须真实、完整。劳动者隐瞒相关信息或者披露虚假信息的，应当承担以下法律后果：

（1）劳动合同无效。劳动者隐瞒相关信息或提供虚假信息，属于欺诈，若足以影响劳动合同订立，劳动合同无效或者部分无效。

（2）用人单位可以解除劳动合同。用人单位可以将劳动者的重大隐瞒或提供重要虚假信息的行为规定为严重违反规章制度的行为，一经证实可以解除劳动合同。**需要注意的是，不可“一刀切”地将所有隐瞒与提供虚假信息的行为都规定为严重违纪行为。**虽然用人单位具有自主权决定将哪些行为规定为严重违纪行为，但是规定必须合理，对于劳动者因疏忽大意（如笔误）而提供无伤大碍的虚假信息的行为则不宜规定为严重违纪行为。

（3）赔偿损失。劳动者的隐瞒或欺诈行为导致用人单位遭受损失的，应当承担相应的赔偿责任。

[场景回放]

王女士于 2017 年 7 月 5 日入职北京甲公司，担任商业专员，并签订了《劳动合同》，期限自 2017 年 7 月至 2019 年 7 月。王女士在《应聘人员求职登记表》和《员工入职登记表》上填写的均为未婚。王女士于 2011 年 11 月称自己已怀孕并有流产征兆，向公司请假 2 周，并提交医院的诊断证明。2012 年 12 月，甲公司向王女士发出《解除劳动合同通知书》，以王女士入职时提交的相关材料与事实不符为由，依据双方签订的《劳动合同》及《员工手册》与王女士解除劳动关系。

2018 年 10 月，王女士向劳动争议仲裁委员会提交仲裁申请，要求甲公司继续履行劳动合同，支付 2017 年 12 月至 2018 年 5 月的工资及社会保险费用。后仲裁委员会作出裁决，判令甲公司继续履行与王女士之间的劳动合同，并支付王女士工资损失若干。

[律师点评]

上述案件是典型的双方建立劳动关系时因信息披露而产生的纠纷。王女士与甲公司建立劳动关系时已处于“已婚”状态，但在其入职时却告知甲公司“未婚”，即其存在未如实披露信息之情形。但关键是王女士未如实告知用人单位其真实婚姻状况，是否构成违反前述劳动者的信息披露义务，甚至是否构成其对甲公司的入职欺诈呢？结合本案，婚姻状况系劳动者的个人隐私，用人单位无权探知，也不属于劳动者必须告知之事项，因此信息与甲公司的工作要求或劳动合同履行不具有关联性。但如果甲公司招聘的工作岗位或内容涉及的安全生产可能会影响女职工的生育，从保护劳动者的角度来看，劳动者此时方才有向用人单位如实披露其婚育情况的义务。换个角度来分析，如果用人单位在招聘时要求应聘者“未婚”或“未育”，而这个要求又与其所招聘的岗位工作内容无关，那么用人单位就涉嫌就业歧视了。因此，即使王女士没有如实告知真实的婚姻状况，也不属于对信息披露义务的违反。

（三）用人单位与劳动者的保密义务

用人单位与劳动者的信息披露义务具有特定性，即仅向劳动合同对方当事人负有信息披露义务，用人单位与劳动者对于对方披露的信息应当保守秘密，不得对外泄露。用人单位泄露劳动者披露的信息，可能会侵犯劳动者的隐私权；劳动者泄露用人单位披露的信息，则可能会侵犯用人单位的商业秘密。

二、签约中的担保禁止

当今的劳动力市场人员流动非常频繁，为了确保员工的稳定性，避免自身权益遭受损失，很多用人单位存在通过各种方式向劳动者收取抵押金、保证金，或者要求劳动者提供担保人等现象。这种用人单位利用自身强势地位侵犯劳动者合法利益的行为，是法律所禁止的。《劳动合同法》第 9 条明确规定："用人单位招用劳动者，不得扣押劳动者的居民身份证和其他证件，不得要求劳动者提供担保或者以其他名义向劳动者收取财物。"

［场景回放］

案例一：张某应聘到一家医疗器械销售公司做销售，劳动合同签订前，公司便向张某指出，由于销售工作的特殊性，入职后张某应当向公司交 2000 元的风险抵押金，张某为了得到这个工作机会便答应了公司的要求。随后双方签订了为期 3 年的劳动合同，劳动合同中注明公司向张某收取风险抵押金 2000 元，并约定张某离职时，在张某与公司不存在任何经济纠纷的前提下，公司向张某退还风险抵押金。

案例二：某工厂招聘了 30 余名女工，这些女工入职第一天，工厂向女工发放工服时，向她们每人收取了 500 元的服装押金。其后，一些女工因不堪忍受繁重的工作任务提出辞职，向工厂退还工服后要求返还服装押金，该工厂以各种理由久拖不给。

案例三：李某被某私营商店招聘为售货员，月工资为 2000 元。但在第一个月发工资时，李某只领到 1600 元工资，于是找总经理询问为何少发 400 元。总经理回答："由于以前有些员工私拿货款或损坏货物后不辞而别，给商店造成很大损失，因此，商店决定每月给售货员发工资时，先发 80%，剩下的 20% 在售货员离职时一次付清。只要工作中不出事，这些钱迟早会发给你们，但是如果发生丢货、少货或货物毁损现象，需要个人赔偿时，就要从这 20% 的工资中扣除。"后由于父亲生病急需用钱，李某向总经理提出预先提取扣留部分的工资，总经理拒绝，理由是商店规定只有在员工离职时才能提取扣留部分的工资，由于李某尚未离职，所以不能预先提取。

案例四：刘某应聘到某快递公司做派送员，该公司对刘某各个方面的条件都表示满意，但由于刘某是外地人，所以要求刘某必须找一个当地人提供担保方能正式录用刘某。刘某一人孤身在外，在当地并没有亲属朋友，因此刘某非常苦恼。

[律师点评]

上述四个案例中,用人单位采取不同形式要求劳动者提供担保,违反了担保禁止的规定,严重侵害了劳动者的合法权益。

案例一中,医疗器械公司直接向张某收取2000元的风险抵押金,这是企业要求员工提供担保最典型的形式。虽然该公司与张某在劳动合同中对此有所约定,但是由于国家在多项立法中明令禁止用人单位向劳动者收取押金或其他财物,因此,该劳动合同中的抵押金条款因违反国家强制性规定,实属无效。该公司应当向张某退还风险抵押金。

由于国家曾经一度对入职抵押金问题比较重视,劳动监察部门对此加大了查处力度和执法力度,使大多数企业不敢明目张胆地向劳动者收取入职抵押金。于是,一些企业开始采取变通的方式和手段,变相向劳动者收取抵押金,案例二和案例三皆属此类。

案例二中,工厂向女工收取服装押金,看似合理,实属违法,诸如此类的还有设备押金等。用人单位有义务向劳动者提供劳动工具,包括工服、劳动设备等,用人单位不得就此向劳动者收取使用费、押金等。对此,劳动部办公厅、国家经贸委办公厅《对"关于用人单位要求在职职工缴纳抵押性钱款或股金的做法应否制止的请求"的复函》中也明确规定对用人单位向职工收取"劳动保护物品及生产工具使用(承包)抵押金"等行为应予以制止。

案例三中,商店每月扣押李某20%的工资实属克扣工资的行为。根据工资支付相关规定,用人单位应当按月向劳动者发放工资,除非法定情形,不得克扣或拖欠。本案中商店每月扣押员工20%的工资,缺乏法律依据。李某不仅可以要求商店支付扣留部分的工资以及扣留工资额25%的经济补偿金,还可以商店拖欠工资为由随时解除劳动合同,并要求商店支付解除劳动合同经济补偿金。同时,由于扣留的20%的工资具有担保性质,还违反了《劳动合同法》中禁止担保的相关规定,除上述法律后果外,该商店还应承担违反担保禁止规定相应的法律后果。

案例四中,快递公司要求刘某提供担保人,这也是担保的一种形式,亦属法律禁止之列。即使刘某提供了担保人,该担保人与快递公司达成的担保协议也是无效的。虽然担保人与快递公司之间的担保协议属于民事关系,不受劳动法的调整,但是由于该担保协议存在的前提是为刘某与快递公司之间的劳动关系提供担保,是法律所禁止的。正所谓皮之不存,毛将焉附?

为了阐明担保禁止的规定,笔者仅挑选了以上几个典型案例进行说明,实践中,用人单位要求劳动者提供担保的方式五花八门,不仅限于上述四个案例中所提到的方式。如扣留劳动者身份证、学历证书,收取定金、抵押物等,这些都是法律所禁止的。在此还需要指出的是,用人单位招用劳动者时,也不得以任何名义收取任何费用,如培训费、报名费等。

国家多项立法明文规定用人单位招用劳动者时,不得扣押劳动者的居民身份证和

其他证件，不得要求劳动者提供担保或者以其他名义向劳动者收取财物，用人单位应该严格遵守，否则不仅无法实现预期的目的，还要承担相应的法律后果，表现如下：

1. 退还财物。用人单位违反担保禁止条款的，由劳动行政部门责令限期将扣押的居民身份证等证件、档案或向劳动者收取的其他物品退还劳动者本人。

2. 接受处罚。扣押劳动者居民身份证的，根据《居民身份证法》第 16 条的规定，由公安机关给予警告，并处 200 元以下罚款，有违法所得的，没收违法所得；以担保或者其他名义向劳动者收取财物或者扣押劳动者档案或者其他物品的，由劳动行政部门以每人 500 元以上 2000 元以下的标准处以罚款。

3. 赔偿损失。用人单位违反担保禁止条款，给劳动者造成损失的，应当承担赔偿责任。

由此可见，用人单位违反担保禁止条款，实在是得不偿失。要确保员工的稳定性，避免员工不辞而别给企业造成的损失，用人单位应当通过加强内部管理来解决，而不能简单地采用要求员工提供担保的错误方式。

[法条链接]

《中华人民共和国劳动合同法》

第九条　用人单位招用劳动者，不得扣押劳动者的居民身份证和其他证件，不得要求劳动者提供担保或者以其他名义向劳动者收取财物。

第八十四条　用人单位违反本法规定，扣押劳动者居民身份证等证件的，由劳动行政部门责令限期退还劳动者本人，并依照有关法律规定给予处罚。

用人单位违反本法规定，以担保或者其他名义向劳动者收取财物的，由劳动行政部门责令限期退还劳动者本人，并以每人五百元以上二千元以下的标准处以罚款；给劳动者造成损害的，应当承担赔偿责任。

劳动者依法解除或者终止劳动合同，用人单位扣押劳动者档案或者其他物品的，依照前款规定处罚。

《关于严禁用人单位录用职工非法收费的通知》

有些用人单位在录用职工时非法向劳动者收取费用，把缴费作为录用的前提条件，其名目有集资、风险基金、培训费、抵押金、保证金等。更为严重的是，个别用人单位根本没有新的工作岗位，而把录用职工仅仅做为筹集资金的渠道，被录用的职工长期不能上班，严重损害了这部分劳动者的合法权益。这种在录用职工中非法收费的行为必须予以纠正。

……

《中华人民共和国居民身份证法》

第十六条　有下列行为之一的，由公安机关给予警告，并处二百元以下罚款，有违法所得的，没收违法所得：

(一)使用虚假证明材料骗领居民身份证的；

(二)出租、出借、转让居民身份证的；

（三）非法扣押他人居民身份证的。

第二节 合同订立的基本要求

一、合同订立的形式要求

劳动合同是用人单位与劳动者确立劳动关系，明确双方权利义务的协议。《劳动法》早已规定，“建立劳动关系应当订立劳动合同”，但没有限制订立劳动合同应当采取的形式，换句话说，按照《劳动法》的规定，订立劳动合同可以采用书面形式，也可以采用口头形式。但鉴于口头协议具有不确定性以及实务中用人单位通常不愿签订劳动合同的实际状况，《劳动合同法》在《劳动法》的基础上，进一步明确规定了用人单位与劳动者订立劳动合同应当采用书面形式，并确定了用人单位不签署书面劳动合同的法律后果。广大 HR 应当及时掌握法律的变化，避免因不知法而引发法律风险。

书面形式相对于口头形式，更具有确定性，有利于稳定劳动关系，维护用人单位与劳动者双方的合法权益。实务中，书面劳动合同可以表现为多种形式，既可以是企业常用的“劳动合同”，也可以是“聘用协议”，只要内容符合《劳动合同法》的规定即可，法律对具体采用什么形式或什么名称没有限制。**但是需要注意的是，录用通知书不能等同于劳动合同，**即使录用通知书中包含了工作岗位、薪酬待遇等主要内容，因为录取通知书只是用人单位单方意思表示。因此，用人单位向劳动者发出录用通知书，劳动者接受以后，双方还是需要签订书面劳动合同。需要注意的是，录用通知书虽然不能视为劳动合同，但劳动者在入职时填写的《入职登记表》，如果上面记载了劳动合同期限、工作岗位或内容、工资标准等劳动合同的必备条款，则有可能被视为具有劳动合同性质的法律文件。可见，劳动合同的形式体现可以多样化。

但原则上而言，用人单位与劳动者订立劳动合同应当采用书面形式，但也有例外，那就是在非全日制用工状况下，双方当事人可以不采用书面合同而订立口头协议。

二、合同订立的时间要求

（一）劳动合同订立与劳动关系建立的时间

根据《劳动合同法》第 10 条第 2 款和第 3 款的规定，“已建立劳动关系，未同时订立书面劳动合同的，应当自用工之日起一个月内订立书面劳动合同。用人单位与劳动者在用工前订立劳动合同的，劳动关系自用工之日起建立”，用人单位与劳动者订立书面劳动合同，可以在用工前、用工开始的同时或者用工之日起 1 个月内。第三个时间点是法律的底线，换句话说，**用人单位最迟必须在用工之日起 1 个月内与劳动者订立书面合同。**

[读者来信]

娄律师：

您好！我买了您撰写的这本书，感觉收获很大。但是还有一个问题没有解决。就是如果我到一家公司连续全职工作了一年多，没有签合同。由于上一个单位拒绝给我出具解除劳动关系证明（事实上没有解除，但是最终没有给工资），那么我与新单位形成的是一种事实劳务关系，还是事实劳动关系？谢谢！

读者：Jinsong Xiao

— **回复** —

你好！事实劳动关系是指无书面合同或无有效书面合同形成的劳动雇佣关系以及口头协议达成的劳动雇佣关系。本案中，你与该公司未签订合同，但存在劳动雇佣关系，属于事实劳动关系。

需要指出的是，书面劳动合同的订立与劳动关系的建立不是一一对应的，也就是说，书面劳动合同订立了，并不意味劳动关系就已经建立了。《劳动合同法》第7条规定，用人单位自用工之日起即与劳动者建立劳动关系。据此可以看出，劳动合同的签订以劳动关系存在为前提，劳动关系的存在则以用工的开始为标志。如何识别“用工”，通常以劳动者来报到并开始为用人单位提供劳动、接受劳动管理为起始。例如，有些用人单位为了防止人才流失，在确定录用后便与劳动者订立了劳动合同，此时，劳动关系还没有建立，建立的时间应当从正式用工之日起算，即劳动者入职之日。反之，书面劳动合同没有订立，也不代表劳动关系就没有建立。用人单位只要开始用工，就与劳动者建立了劳动关系，而不以劳动合同的订立为转移。

对于续订劳动合同，也应遵守上述时间规定，企业应当在原劳动合同期限届满次日起1个月内与员工办理劳动合同续订手续。

[场景回放]

某通信公司招聘一名软件工程师，经过层层考察，最终确定录用陈某，向陈某发放了录用通知书并要求其于2018年4月7日报到。陈某于规定时间到公司报到，该公司称过两天公司搬家，因此双方先签订劳动合同，等搬到新的办公地点后再通知陈某正式上班时间。陈某表示同意，于报到之日即4月7日与该公司签订了劳动合同。4月11日陈某接到公司的电话，让其4月14日正式去上班。陈某按要求于4月14日去该公司上班。那么，陈某与通信公司劳动关系从哪天起建立？

[律师点评]

要确定陈某与通信公司劳动关系建立时间，首先要确定用工开始时间。陈某虽然于4月7日到公司报到，并与公司签订了劳动合同，但在当日并没有正式上班，直到4

月 14 日才开始正式上班，因此陈某用工之日应该是 4 月 14 日，根据《劳动合同法》的规定，陈某与通信公司的劳动关系应当从 4 月 14 日起建立。

[法条链接]

《中华人民共和国劳动合同法》

第十条　建立劳动关系，应当订立书面劳动合同。

已建立劳动关系，未同时订立书面劳动合同的，应当自用工之日起一个月内订立书面劳动合同。

用人单位与劳动者在用工前订立劳动合同的，劳动关系自用工之日起建立。

第九十七条　……

本法施行前已建立劳动关系，尚未订立书面劳动合同的，应当自本法施行之日起一个月内订立。

(二)选择订立劳动合同的最佳时机

前面我们分析了用人单位与劳动者订立书面劳动合同，有三个时间点可以选择，即用工前、用工开始的同时或者用工之日起 1 个月内。那么选择哪一个时间点订立劳动合同对用人单位最有利呢？由于各个用人单位需求不同，招用员工的具体情况也各异，用人单位只能根据彼时彼刻的具体情况来选择签约的时间。

但一般而言，由于在用工之前以及用工之时，用人单位尚掌握一定的主动权，员工一般比较配合，所以如果**在用工前一两天或用工当日签订劳动合同，用人单位的风险会相对小一些。**

需要注意的是，《劳动合同法》自 2008 年 1 月 1 日起施行，如果用人单位与劳动者在 2008 年 1 月 1 日前已经建立劳动关系，但尚未订立书面劳动合同的，则可以在 2008 年 1 月 1 日起 1 个月内订立，而不是以用工之日起 1 个月内为限。

[场景回放]

2019 年 3 月 11 日，某健身公司招聘赵某做健身教练，双方约定月工资为 4000 元。赵某入职时正值公司正在修订劳动合同版本，公司 HR 考虑到如果现在与赵某签订劳动合同，等到公司合同新版本出来后还得重新签订一次，非常麻烦。于是向赵某说明等公司新版劳动合同定版后再签订劳动合同。2019 年 4 月 9 日，劳动合同修订完毕，公司 HR 找赵某签订劳动合同，赵某说先把合同拿回去让学法律的朋友看过之后没有问题再签订，公司 HR 虽然不情愿但也只好答应。因公司 HR 疏忽，直至 5 月 14 日，公司 HR 才再次找到赵某，赵某却对合同中的工资条款提出异议，赵某以学员太多、工作量太大为由要求加工资，公司 HR 好说歹说赵某就是不在劳动合同上签字。其后，公司 HR 与赵某所在部门领导分别与赵某协商，但仍未达成一致，双方因此僵持着。一晃 4 个多月过去了，由于赵某平时工作也不太积极认真，2019 年 7 月 22 日，公司解除了劳动合同。

[针锋相对]

赵某提起仲裁，认为公司擅自解除劳动合同属于违法，且公司没有依法与其签订劳动合同，因此要求公司向其支付解除劳动合同赔偿金 4000 元，并支付入职后没有签订劳动合同的双倍工资的差额部分计 17,700 元。

公司辩称，赵某不认真工作属于违纪行为，公司因此解除劳动合同并不违法。此外，公司没有与赵某签订劳动合同的原因是赵某拒绝签订，一切法律后果应当由赵某承担。

[审理结果]

经审理，劳动争议仲裁委员会认为，公司主张赵某不认真工作属于违纪行为，却无法提供相关事实依据和制度依据；同时，公司也没有向仲裁委员会提供相关证据证明没有签订劳动合同的原因是赵某拒绝签订，因此裁决公司向赵某支付违法解除劳动合同的赔偿金 4000 元，以及因没有及时签订劳动合同应支付的双倍工资的差额 13,287 元（计算方法为 $4000 \times 3 + 4000 \div 21.75 \times 7 = 13,287$ 元）。

公司不服仲裁裁决，向法院提起诉讼，最后，在法庭主持下双方达成和解，公司向赵某支付 10,000 元，双方解除劳动关系。

[律师点评]

在本案中，健身公司与赵某没有及时签订劳动合同，是由于赵某拖延时间并提出无理要求，而不是公司的原因，从情感上看，仲裁委员会最后裁决由公司承担法律责任确实有点冤。但是法律讲究的是证据，客观事实要转变为法律事实，必须有完整的证据链来佐证。本案的健身公司正是由于丧失了签订劳动合同的最佳时机，又缺乏证据意识，才导致最后成了“冤大头”。

（三）用人单位不签订书面劳动合同的后果

用人单位与劳动者建立劳动关系，不但应当订立书面的劳动合同，而且还应当在法律规定的期限内订立。当用人单位与劳动者原已签订的劳动合同到期后，无论固定期限或以完成一定工作为期限，双方均应及时依法续订劳动合同，或者依法办理劳动合同终止手续。根据《劳动合同法》及其实施条例的规定，用人单位自用工之日起超过 1 个月没有与劳动者订立书面劳动合同，应当承担以下法律后果：

1. 用人单位自用工之日起超过 1 个月但不满 1 年未与劳动者订立书面劳动合同的，自用工之日起满 1 个月的次日至补订书面劳动合同的前 1 日应当向劳动者每月支付二倍的工资，并与劳动者补订书面劳动合同。

[读者来信]

娄律师：

在进入单位工作后，如试用期为3个月，可是1个月后，还是没有签订就业协议，这时候，是单位默认为无固定期限合同了吗？在补签劳动合同的时候，是必须要签无固定期限合同了吗？

读者：jiangsu99lina

— 回复 —

如果试用期是3个月，劳动合同期限至少是在3年以上，不管是否过了试用期，用人单位在用工之日起1个月内都必须与劳动者订立书面劳动合同。如果用人单位在用工之日起超过1个月但还不满1年才与劳动者订立书面劳动合同的，那么超过1个月的工作时间，劳动者每月可以获取二倍的工资；但并非表明单位默认签订无固定期限合同。只有自用工之日起满了1年仍未签订书面劳动合同的，才视为用人单位与劳动者已订立无固定期限劳动合同。在补签劳动合同时，除劳动者提出订立固定期限劳动合同外，应当订立无固定期限劳动合同。

2. 用人单位自用工之日起满1年未与劳动者订立书面劳动合同的，自用工之日起满1个月的次日至满1年的前1日应当向劳动者每月支付二倍的工资，并视为自用工之日起满1年的当日已经与劳动者订立无固定期限劳动合同，应当立即与劳动者补订书面劳动合同。

[拨云见日]

问：当用人单位在建立劳动关系后未及时与劳动者签订或续订劳动合同时所产生的二倍工资差额的支付责任，现行司法实践中是如何操作的？

答：实践中主要要解决支付的工资基数和支付责任的期限这两大问题。对于应支付的二倍工资基数，是以劳动者每月应发工资为标准，包括劳动者正常工作时间的劳动报酬及加班费，一般不包括用人单位按季度或年度支付的奖金，但具体操作还应参考当地劳动司法政策，因为司法政策会因地而不同。对于应支付责任的期限，自其应签订劳动合同而未签订的第2个月的第1天起至第12个月的最后1天止，而且要受到1年仲裁申请时效的限制，这在《劳动争议调解仲裁法》第27条有明确的规定。

例如，张三于2018年4月1日入职甲公司，但双方迟至2020年12月31日仍未签订书面的劳动合同。那么，甲公司因其未与张三签订劳动合同而向张三支付二倍工资差额的期限为2018年5月1日起至2019年3月31日止（计11个月），双方于2019年4月1日起被视为已签订无固定期限的劳动合同。如果张三于2019年3月31日向仲裁机构提出未签劳动合同的二倍差额的仲裁请求，则其请求会被全部支持，但如果张三于2020年3月31日才向仲裁机构提出未签劳动合同的二倍工资差额的仲裁请求，则因其请求刚好超过仲裁申请期限而可能不被支持。

3. 用人单位故意拖延不订立劳动合同，由劳动行政部门责令改正。

4. 给劳动者造成损失的，用人单位还应当承担赔偿责任。

由此可见，《劳动合同法》及其实施条例的颁布，加大了对用人单位违法不与员工订立书面劳动合同的惩罚力度，致使许多企业积极与原员工补签劳动合同，对新员工也能做到及时签订劳动合同，这是很好的现象，也是新法发挥的威力。但是仍有部分企业以身试法，为了自身利益故意不与劳动者订立劳动合同，一旦发生纠纷，最终受损的肯定是企业。

[法条链接]

《中华人民共和国劳动合同法》

第十四条　……用人单位自用工之日起满一年不与劳动者订立书面劳动合同的，视为用人单位与劳动者已订立无固定期限劳动合同。

第八十二条　用人单位自用工之日起超过一个月不满一年未与劳动者订立书面劳动合同的，应当向劳动者每月支付二倍的工资。

用人单位违反本法规定不与劳动者订立无固定期限劳动合同的，自应当订立无固定期限劳动合同之日起向劳动者每月支付二倍的工资。

《中华人民共和国劳动合同法实施条例》

第六条　用人单位自用工之日起超过一个月不满一年未与劳动者订立书面劳动合同的，应当依照劳动合同法第八十二条的规定向劳动者每月支付两倍的工资，并与劳动者补订书面劳动合同……

前款规定的用人单位向劳动者每月支付两倍工资的起算时间为用工之日起满一个月的次日，截止时间为补订书面劳动合同的前一日。

第七条　用人单位自用工之日起满一年未与劳动者订立书面劳动合同的，自用工之日起满一个月的次日至满一年的前一日应当依照劳动合同法第八十二条的规定向劳动者每月支付两倍的工资，并视为自用工之日起满一年的当日已经与劳动者订立无固定期限劳动合同，应当立即与劳动者补订书面劳动合同。

《中华人民共和国劳动法》

第九十八条　用人单位违反本法规定的条件解除劳动合同或者故意拖延不订立劳动合同的，由劳动行政部门责令改正；对劳动者造成损害的，应当承担赔偿责任。

《违反〈中华人民共和国劳动法〉有关劳动合同规定的赔偿办法》

第二条　用人单位有下列情形之一，对劳动者造成损害的，应赔偿劳动者损失：

（一）用人单位故意拖延不订立劳动合同，即招用后故意不按规定订立劳动合同以及劳动合同到期后故意不及时续订劳动合同的……

[拨云见日]

问：用人单位的总经理、人力资源总监、HR 经理等负责或者分管劳动合同签订职责的人员如果存在劳动合同未签订或未续订之情形,用人单位是否应支付其二倍工资的差额?

答:这类纠纷的处理在各地存在争议,即使在同一地,也存在不同时期同案不同判的情形。认为应当支付的理由是,《劳动合同法》所规定的二倍工资差额支付责任,是以双方未依法签订劳动合同为前提,不能因劳动者的身份不同而区别对待。认为不应当支付的理由是,这些人员就是负责或分管劳动合同签订的,劳动合同没有签订,是他们自己工作失误造成的,甚至不排除故意为之,如果工作失误不仅不承担责任,反而有所获利,属于法律适用之不公。可见,不管是支持还是反对,均有其合理之处。企业HR风险源之一即是司法政策之波动和差异。企业所能做的就是风险控制,唯有加强管理,方能防患于未然。

(四)防范劳动者久拖不签劳动合同

《劳动合同法》要求用人单位与劳动者建立劳动关系必须订立书面劳动合同,并且分配给用人单位较多的举证责任,如果劳动者久拖不签劳动合同,用人单位又不能积极应对,很可能使用人单位陷入被动地位,前面谈到的健身公司与赵某的纠纷就是一个典型案例,如果健身公司操作得当,就有可能转被动为主动。为了防范劳动者不签劳动合同给用人单位引发的法律风险,用人单位可以从以下几个方面应对:

1. 固定和保留劳动者不签合同的证据

如果用人单位能够举证证明是劳动者久拖不签劳动合同,而不是用人单位的原因,则由劳动者承担相应的法律责任。为此,用人单位应当固定和保留相关的证据,以下三方面的事实需要用证据加以证明:其一,劳动合同文本已经交付给劳动者,劳动者已经了解合同的内容;其二,自用工之日起1个月内,用人单位已经以书面形式向劳动者提出签订劳动合同的要求;其三,劳动者拒绝签订劳动合同。固定证据的方式根据实际状况确定,例如,让劳动者在劳动合同签收单上签字确认、发送邮政快递、制作谈话记录、进行谈话录音等。

需要注意的是,《劳动合同法》所规定的未签订或未续订劳动合同的二倍工资差额支付责任的承担,是不考虑双方当事人的过错或责任,即只要存在劳动合同不签订之结果,则用人单位均应承担二倍工资差额的支付责任,即使存在劳动者故意拖延之情形。前述的证据固定和保留的目的,只是为用人单位以劳动者拒不签订劳动合同为由终止劳动关系的合法性理由,而不是其免于二倍工资责任承担的抗辩。

2. 及时与劳动者终止劳动关系

根据《劳动合同法实施条例》的规定,自用工之日起1个月内,经用人单位书面通知后,劳动者拒不签订书面劳动合同的,用人单位应当书面通知劳动者终止劳动关系,且无须向劳动者支付经济补偿;劳动者自用工之日起超过1个月不满1年,拒不签订书面劳动合同的,用人单位应当书面通知劳动者终止劳动关系,但应当按照劳动者的工作年限向其支付经济补偿。需要注意的是,用人单位要终止劳动关系,必须采取书面通知的形式,并且按照第1点的要求固定和保留相关证据。

[拨云见日]

问：自用工之日起超过1年，用人单位没有与劳动者签订书面劳动合同，此时，用人单位提出补订书面劳动合同，劳动者拒绝，用人单位能否终止劳动关系？

答：根据《劳动合同法》的规定，自用工之日起超过1年，用人单位没有与劳动者签订书面劳动合同的，视为双方订立了无固定期限劳动合同，所以此时用人单位提出补订书面劳动合同，即使劳动者拒绝，用人单位也不得终止劳动关系。

[法条链接]

《中华人民共和国劳动合同法实施条例》

第五条　自用工之日起一个月内，经用人单位书面通知后，劳动者不与用人单位订立书面劳动合同的，用人单位应当书面通知劳动者终止劳动关系，无需向劳动者支付经济补偿，但是应当依法向劳动者支付其实际工作时间的劳动报酬。

第六条　用人单位自用工之日起超过一个月不满一年未与劳动者订立书面劳动合同的，应当依照劳动合同法第八十二条的规定向劳动者每月支付两倍的工资，并与劳动者补订书面劳动合同；劳动者不与用人单位订立书面劳动合同的，用人单位应当书面通知劳动者终止劳动关系，并依照劳动合同法第四十七条的规定支付经济补偿。

……

(五)避免出现无合同的事实劳动关系

如果用人单位与劳动者建立劳动关系，但又没有按照法律规定的期限订立书面劳动合同，用人单位将要承担很大的违法成本。实践中，用人单位没有按时订立劳动合同，有的是有意而为，有的则是因为疏忽大意。为了避免产生无劳动合同的事实劳动关系，用人单位应当事前做好预防、事中加强管理、事后积极补救。具体而言，以下措施可供实务借鉴：

1. 抓住有利时机及时订立书面劳动合同

在实践中，有些用人单位与劳动者通常采取"先进门，后签约"的模式，即劳动者先入职工作，然后双方再签订劳动合同，这种模式容易造成劳动者久拖不签劳动合同的现象，引发用人单位承担法律责任的风险。为了防范这类风险，笔者建议采取"先签约，后进门"的模式，即先签订劳动合同，然后再让劳动者入职工作，因为劳动者在入职工作以前一般比较配合。

2. 加强劳动合同管理，建立合同预警机制

很多用人单位由于管理上的漏洞或者疏忽，使劳动合同期限届满时没有及时与劳动者终止或续签劳动合同，最终形成了事实上的劳动关系。针对这类情况，笔者建议用人单位应当加强合同管理，并通过相关软件建立合同预警机制，在劳动合同期限届满前提前发出预警和提示，使用人单位能够及时应对。

3. 设置合同到期自动顺延条款

为了避免劳动合同期限届满后事实劳动关系的出现，用人单位可以在劳动合同中

设置合同到期自动顺延条款,使得劳动合同期限届满后劳动合同自动顺延。

4. 及时补签合同或终止劳动关系

对于用人单位而言,有效避免事实劳动关系的出现,应当在事前做好预防和管理工作,但是百密一疏,一旦用人单位没有在法定期限内与劳动者签订劳动合同,用人单位应当积极进行补救,积极与劳动者协商,及时补签劳动合同。劳动者拒不补签的,要及时与劳动者终止劳动关系,以免产生更大的法律风险。

5. 严格规范使用劳务派遣用工

在使用劳务派遣用工的情形下,如果劳务派遣单位没有与被派遣劳动者签订劳动合同,也没有依法为其缴纳各项社会保险,实际用工单位和被派遣劳动者之间很可能被认定形成事实劳动关系,使实际用工单位面临法律风险。因此,在使用劳务派遣用工时,用人单位应当严格监督劳务派遣单位与被派遣劳动者的合同签订情况以及社会保险的缴纳情况,规范劳务派遣用工。

三、合同成立的必要条件

作为合同的一种,劳动合同也需要当事人双方依照法定程序在合同文本上签字或盖章才能生效。只有一方的签字或者盖章,劳动合同就不能生效。不仅劳动合同如此,用人单位与劳动者之间签订的任何协议都需要双方的签字或者盖章,常见的如培训协议、保密协议、竞业限制协议等。

劳动者一方,必须由劳动者本人在劳动合同上签字,确实因为特殊情况劳动者本人不能在合同上签字的,也可以委托其他有民事行为能力的人在合同上签字。需要提醒各位 HR 注意的是,若劳动者当时不方便在合同上签字而委托他人签字的,一定要让受委托人提交由劳动者本人签字的委托书,单位应当将委托书同劳动合同一起妥善保存,待到方便时最好还是与劳动者本人再补签劳动合同。

用人单位一方,一般由法定代表人在合同上签字,也可以由法定代表人委托的其他负责人进行签字,在签字的同时一般都要加盖单位的印章。如果合同上只有法定代表人或负责人的签字,没有加盖单位印章,或者只加盖了单位公章,没有法定代表人或负责人的签字,只要是代表了用人单位的意志,也都是可以的。但是从形式完善的角度出发,笔者建议用人单位在劳动合同上既加盖单位印章,同时也要求法定代表人或负责人签字,这也有利于权力监督。

[场景回放]

于某于 2016 年进入某软件公司做编程工程师,双方签订了为期 3 年的劳动合同,合同将于 2019 年 8 月 31 日到期。2017 年 11 月底,于某被公司派往美国进行为期 3 个月的培训。2017 年 12 月底,为了应对《劳动合同法》的出台,公司统一与员工改签新版的劳动合同,新版劳动合同中明确约定了严重违纪的情形,其中包括连续旷工 3 天。由于于某当时身处国外,公司 HR 便找同事代于某在新版劳动合同上签了字。随后于某从国外归来,公司也没有找于某补签合同。2018 年 6 月 9 日、6 月 10 日、6 月 11

日，于某擅自缺勤，公司于2018年6月12日以于某连续旷工3天，构成严重违纪为由解除了劳动合同。

于某提出异议，称从未见过有关连续旷工3天为严重违纪的公司规定，公司不得以此为由解除劳动合同。公司便拿出当时由同事代于某签字的劳动合同，指出其中的规定。于某称该合同并非他本人签字，对他不具有约束力。

那么，在这件事情上究竟孰是孰非？

[律师点评]

在本案中，软件公司的操作存在两点重大失误：其一，在未得到于某同意的情况下便找人代替于某在劳动合同上签字，代签人没有得到于某的委托；其二，于某回国后公司没有及时与于某补签劳动合同。以上这两点失误，最终导致本案所涉及的劳动合同对于某不具有约束力。

[法条链接]

《中华人民共和国劳动合同法》

第十六条　劳动合同由用人单位与劳动者协商一致，并经用人单位与劳动者在劳动合同文本上签字或者盖章生效。

……

四、合同须有中文文本

用人单位与劳动者订立劳动合同，必须用中文书写，也可以同时用外文书写，但中外文必须保持一致，不一致的，以中文文本为准。很多外资企业习惯只与员工订立外文劳动合同，还有一些企业对于外籍员工，也通常选择与其只签订外文劳动合同，这种只签订外文劳动合同文本的做法不符合我国关于劳动合同必须用中文书写的强制性规定，而且一旦发生纠纷，外文合同的证据力也存在问题。因此，即使企业要与员工签订外文合同，也应当同时签署一份中文合同。当然，不只是劳动合同应当如此，用人单位与劳动者签订其他协议，如保密协议、培训协议等都应当遵守这个规定。

[法条链接]

劳动部办公厅《关于贯彻〈外商投资企业劳动管理规定〉有关问题的复函》

……

二、关于劳动合同和集体合同（以下简称合同）中的有关问题

1. 企业与职工签订合同，须用中文书写，亦可同时用外文书写，但中外文必须一致，中文合同文本为正本。合同鉴证机关只鉴证中文文本合同。

……

五、合同文本各执一份

劳动合同作为合同的一种，理应由合同双方当事人各执一份，这在《劳动合同法》中也有明确的规定。有些用人单位在劳动者签完字后便将所有劳动合同文本全部收回，有的甚至让劳动者在空白劳动合同文本上签字后将合同收回，然后根据用人单位的利益在合同空白处随意填写内容，这些做法严重违反了合同应当协商一致的原则以及《劳动合同法》的相关规定。《劳动合同法》明确规定了劳动合同文本应当由用人单位和劳动者各执一份。因此，劳动合同签订后，用人单位应当及时将其中一份劳动合同文本交付劳动者持有。此外，《劳动合同法》还规定，用人单位未将劳动合同文本交付劳动者的，由劳动行政部门责令改正；给劳动者造成损害的，应当承担赔偿责任。

[法条链接]

《中华人民共和国劳动合同法》

第十六条　……劳动合同文本由用人单位和劳动者各执一份。

第八十一条　用人单位提供的劳动合同文本未载明本法规定的劳动合同必备条款或者用人单位未将劳动合同文本交付劳动者的，由劳动行政部门责令改正；给劳动者造成损害的，应当承担赔偿责任。

六、建立职工名册备查

为了规范用工管理，保障劳动者的合法权益，《劳动合同法》增设了用人单位应当建立职工名册备查的规定。职工名册的内容应当包括劳动者姓名、性别、公民身份证号码、户籍地址及现住址、联系方式、用工形式、用工起始时间、劳动合同期限等内容。用人单位如果违反《劳动合同法》有关建立职工名册规定的，由劳动行政部门责令限期改正；逾期不改正的，由劳动行政部门处2000元以上2万元以下的罚款。

[法条链接]

《中华人民共和国劳动合同法》

第七条　用人单位自用工之日起即与劳动者建立劳动关系。用人单位应当建立职工名册备查。

《中华人民共和国劳动合同法实施条例》

第八条　劳动合同法第七条规定的职工名册，应当包括劳动者姓名、性别、公民身份号码、户籍地址及现住址、联系方式、用工形式、用工起始时间、劳动合同期限等内容。

第三十三条　用人单位违反劳动合同法有关建立职工名册规定的，由劳动行政部门责令限期改正；逾期不改正的，由劳动行政部门处2000元以上2万元以下的罚款。

七、合同订立注意事项

用人单位与劳动者建立劳动关系后应当签订劳动合同，此常识已深入人心，但如何签订劳动合同，还需要谨记以下八项注意事项：

第一项：切忌为签订劳动合同而签订

签订劳动合同虽然可以避免用人单位应签订而未签劳动合同而支付二倍工资差额的法律风险，但签订劳动合同不能单纯地为签而签，还应当同时将企业可能遇到的未来的灵活或者弹性用工等预先在合同中进行约定，避免日后产生争议而使自己陷入被动局面，如工作地点可以包括未来可能搬迁的地点、约定临时性工作安排、工作岗位调整等内容。

第二项：劳动合同内容及其更新

除劳动合同期限、工作内容、工资标准、工作地点等法定内容需要由双方协商确定外，合同中的正常工作时间劳动报酬（即加班费计算基数）、生产经营确需时的工作岗位或内容的调整等也需要根据企业的具体情况明确约定，照搬照抄《劳动合同法》条文没有实质意义且可能作茧自缚。何况《劳动合同法》的适用也常受时局、政策等方面的影响，所以企业使用的劳动合同模版也应当及时更新，与时俱进，不能"坚持"十余年如一日使用同一版本。

第三项：劳动合同约定应与企业劳动人事制度、集体合同、实际履行协调统一

在处理劳动纠纷时，企业常见症状之一是劳动合同约定、制度规定、集体合同、实际履行各行其事，甚至相互矛盾，不但会给员工造成困惑和疑虑，也容易产生劳动纠纷等风险。

第四项：劳动合同签名应确保真实性

在劳动纠纷处理中经常出现企业持有的劳动合同的员工签名不真实，导致劳动合同不能被认定，这对员工规模较大的企业尤显重要，如何确保签名的真实性，关系到企业的管理问题。

第五项：劳动合同应确保完整性

常见的劳动合同多是企业自行复印并由双方在最后一页签名或盖章，这在诉讼证据上完全存在被某一方换页的可能，尤其是当事人对此提出抗辩时。为确保完整性，前述形式的劳动合同至少应由企业加盖一份骑缝章。

第六项：勿将企业劳动人事制度作为劳动合同的附件

将企业劳动人事制度作为劳动合同的附件，可有效解决制度的送达困境，但企业劳动人事制度的制定、修改等系由企业与职工代表或工会之间完成，劳动合同则由劳动者与企业间协商确定，若制度作为附件并属劳动合同的组成部分，则企业将来制度的修改或解释等则应按劳动合同变更处理，大大增加了企业的负担。

第七项：空白劳动合同不可任性

企业常要求员工签订空白的劳动合同，当双方出现纠纷时，企业常有任性的冲动。在空白证据中的添加或修改，除可能造成证据被否定外，企业还可能承担因妨碍民事

诉讼而产生的司法处罚。

第八项:孤本劳动合同要小心

劳动合同是双方履行劳动责任或义务的重要依据,对双方均有约束力。孤本劳动合同由企业持有,员工不知晓,更无法体现出约束的价值,且徒增员工对企业的怀疑和不信任,更不利企业的管理。

第三节　合同的主体、内容与期限

一、劳动合同的主体

劳动合同的主体就是指劳动合同双方当事人,即用人单位和劳动者。与其他合同一样,主体适格也是劳动合同生效的必要条件。如果主体不适格,将导致劳动合同无效的法律后果,给对方造成损失的,有过错的一方还应当承担赔偿责任。需要注意的是,因主体不适格导致劳动合同无效的,关于劳动报酬等问题依然可以按照合同中的相关条款执行。

(一)用人单位

根据《劳动合同法》及其实施条例的规定,用人单位的范围主要包括中华人民共和国境内的企业、个体经济组织、民办非企业单位等组织、依法成立的会计师事务所、律师事务所等合伙组织和基金会。国家机关、事业单位、社会团体采用合同制或聘用制用工时,也属于劳动法意义上用人单位的范畴。

此外,根据《劳动合同法实施条例》的规定,对于上述用人单位的分支机构,依法取得营业执照或者登记证书的,可以作为用人单位与劳动者订立劳动合同;未依法取得营业执照或者登记证书的,受用人单位委托也可以与劳动者订立劳动合同。例如,对于子公司而言,由于其具备独立法人资格,具有独立的用工权,可以直接以子公司的名义与员工订立劳动合同。对于不具备独立法人资格的分公司而言,如果其取得营业执照或者登记证书的,可以作为用人单位与劳动者订立劳动合同;如果未取得营业执照或者登记证书的,受总公司委托也可以与劳动者订立劳动合同。对于公司的职能部门而言,由于其不具备独立的民事行为能力,因此不享有独立的用工权,不能以部门名义与员工签订劳动合同。

以上的规定是针对设立以后的企业等用人单位而言的,如果企业尚处在设立过程中,设立组织与工作人员的关系该如何界定呢?由于设立过程中的企业尚未成立,不具有劳动法意义上的用工主体资格,因此设立组织与工作人员之间不属于劳动关系,只能用劳务关系来界定。企业一旦成立,应当及时与劳动者签订劳动合同。

[读者来信]

娄律师：

我公司是国资委下属某集团的三级以下控股公司（非全资），为做好我公司项目，我公司的直接控股公司从集团内部派来一高管。高管的工资由我公司每月直接发放，但社会保险等法定福利由集团公司每月代垫代缴，年底仍由我公司支付给集团。高管本身与集团的劳动合同仍然存在，同时我公司事实用工也存在。

这种情况下，作为 HR 的主管，我应当建议公司、集团和该高管履行何种用人手续才能没有法律风险？包括：是否与高管本人签订劳动合同？劳动保险如何缴纳？前提是高管不想解除与集团的劳动合同。恳请娄律师予以指点！谢谢！

读者：jiangbohuai

— **回复** —

如果高管与集团的劳动合同没有解除，严格来讲，贵公司与这位高管并不存在所谓的事实劳动关系，该高管来贵公司工作，实质上是在完成集团对其安排的工作任务，与该高管直接建立劳动关系的是集团。为了控制风险，避免不必要的麻烦，建议贵公司不要直接给该高管发工资，而是将该高管的工资及社保成本等费用以业务指导费的形式支付给集团，再由集团自己给高管支付工资、缴纳社会保险。

[法条链接]

《中华人民共和国劳动合同法》

第二条　中华人民共和国境内的企业、个体经济组织、民办非企业单位等组织（以下称用人单位）与劳动者建立劳动关系，订立、履行、变更、解除或者终止劳动合同，适用本法。

国家机关、事业单位、社会团体和与其建立劳动关系的劳动者，订立、履行、变更、解除或者终止劳动合同，依照本法执行。

《中华人民共和国劳动合同法实施条例》

第三条　依法成立的会计师事务所、律师事务所等合伙组织和基金会，属于劳动合同法规定的用人单位。

第四条　劳动合同法规定的用人单位设立的分支机构，依法取得营业执照或者登记证书的，可以作为用人单位与劳动者订立劳动合同；未依法取得营业执照或者登记证书的，受用人单位委托可以与劳动者订立劳动合同。

劳动部《关于贯彻执行〈中华人民共和国劳动法〉若干问题的意见》

（一）劳动合同的订立

……

14. 派出到合资、参股单位的职工如果与原单位仍保持着劳动关系，应当与原单位签订劳动合同，原单位可就劳动合同的有关内容在与合资、参股单位订立劳务合同时，明确职工的工资、保险、福利、休假等有关待遇。

15. 租赁经营（生产）、承包经营（生产）的企业，所有权并没有发生改变，法人名称未变，在与职工订立劳动合同时，该企业仍为用人单位一方。依据租赁合同或承包合同，租赁人、承包人如果作为该企业的法定代表人或者该法定代表人的授权委托人时，可代表该企业（用人单位）与劳动者订立劳动合同。

（二）劳动者

作为劳动合同另一方当事人，劳动者依法应当具备下列条件：(1)应当达到法定年龄。根据《劳动法》的规定，用人单位不得雇用未满16周岁的未成年人（即童工禁止原则）。因此，只有年满16周岁的成年人才具备劳动者的资格。(2)具备劳动行为能力。完全丧失民事行为能力（如精神病患者）或因伤病完全丧失劳动能力的人都属于无劳动行为能力人，不具备劳动者的主体资格。要正确、全面地把握劳动者的主体资格，除了以上两个通行条件之外，还应当重点把握以下几个方面针对特殊群体的特殊规定：

1. 对于未成年工，我国劳动法实行特殊保护。未成年工是指年满16周岁但不满18周岁的劳动者。用人单位不得安排未成年工从事矿山井下、有毒有害、国家规定的第四级体力劳动强度（即Ⅳ级体力劳动：8小时工作日平均耗能值为11,304.4千焦耳/人，劳动时间率为77%，即净劳动时间为370分钟，相当于“很重”的强度劳动）的劳动和其他禁忌从事的劳动，并应对未成年定期进行健康检查。若用人单位违反前述对未成年工的保护规定，侵害其合法权益的，由劳动行政部门责令改正，处以罚款；对未成年工造成损害的，应当承担赔偿责任。

2. 对于达到退休年龄的人员处理（一般是指男职工年满60周岁，女职工年满50周岁，连续工龄满10年，特殊岗位除外），则应视其是否享受退休待遇而有所不同。

对于达到退休年龄且已开始享受退休待遇的人员（即退休人员）而由用人单位进行返聘的，双方不属于劳动关系，不能签订劳动合同。但是根据《关于实行劳动合同制度若干问题的通知》的规定，用人单位聘用已享受养老保险待遇的离退休人员，应当“与其签订书面协议，明确聘用期内的工作内容、报酬、医疗、劳保待遇等权利和义务”。

对于达到退休年龄但没有享受退休待遇的人员与企业之间因就业而产生的法律关系，最高人民法院虽然认定为劳动关系，但各地的司法政策并不完全统一，如广东省就将此视为劳务关系而不作劳动关系处理。此类人员进入劳动力市场，虽然在某种程度上可以满足企业灵活用工的需求，甚至因法律争议而可能减少用工成本支出，但也会因司法政策的波动或不统一而使企业承担不确定的法律风险。

[场景回放]

孙某出生于1941年5月23日，已从某研究总院办理了退休手续。而后孙某于2004年4月29日与智能公司签订《劳动合同书》，约定孙某在智能公司负责总工工作，每月基本工资为2800元，岗位工资为5200元。孙某于2004年4月29日到智能公司工作,同年6月智能公司向孙某发放了工资7000元。2004年7月26日,智能公司发出内部调整通知,孙某改任公司技术顾问。7月底,孙某离开智能公司,智能公司没有向孙某发2004年5月和7月的工资。孙某向劳动争议仲裁委员会提出仲裁申请,要求智能公司发放工资及补偿金。

[审理结果]

劳动争议仲裁委员会以退休人员不具备《劳动法》规定的主体资格为由,驳回了孙某的申诉请求。

孙某不服,向法院提起诉讼。法院经审理认为,孙某属于退休人员,不具备《劳动法》规定的劳动者主体资格,被用人单位聘用后,双方之间形成劳务关系。孙某向智能公司提供劳务,有权按劳务的数量和质量向智能公司主张相应的劳动报酬。根据双方签订的合同约定,智能公司应每月向孙某发放8000元的报酬,但智能公司没有按约定履行,因此对孙某要求智能公司支付2004年5月和7月的工资及6月未发放的1000元工资的诉讼请求予以支持。因孙某与智能公司之间并非劳动关系,故对孙某要求支付拖欠工资及解除劳动合同的经济补偿金的请求不予支持。法院最终判决:智能公司向孙某支付2004年5月的劳动报酬8000元、6月的劳动报酬1000元和7月的劳动报酬8000元,共计17,000元,驳回孙某的其他诉讼请求。①

[律师点评]

本案的争议焦点在于孙某是否具备《劳动法》意义上的劳动者主体资格。由于孙某已经达到法定退休年龄,并且已经在原单位办理了退休手续,因此不具备《劳动法》意义上的劳动者主体资格。当事人双方虽然签订了劳动合同,但是该合同因为主体不适格而不能产生劳动法意义上的效力,不得按照《劳动法》的规定对两者之间的权利义务进行裁决,因此孙某要求智能公司支付经济补偿金的诉求缺乏法律依据,法院不予支持。

对于孙某的工资请求,由于孙某向智能公司提供了劳务,智能公司应该向其支付劳动报酬。至于劳动报酬支付的标准,虽然本案中劳动合同因主体不适格而不具备劳动法意义上的效力,但是该合同仍然是当事人双方之间自愿、协商一致的意思表示,可以构成双方之间的劳务合同,其中对于工资的约定,可以作为公司向孙某支付劳动报酬的依据。

3. 在校学生进入劳动力市场的认定或处理,也要视不同的情况而定:

对于利用业余时间勤工助学的在校生,根据原劳动部《关于贯彻执行〈中华人民共和国劳动法〉若干问题的意见》的规定,不视为就业,未建立劳动关系,可以不签订劳动合同。但是,对于那些带薪上学或停薪留职上学的非在岗人员,仍具有劳动合同主体

① 本案例引自北京市海淀区人民法院民事审判一庭编:《劳动争议75案》,中国法制出版社2008年版,第28页。

资格，用人单位与之建立劳动关系的，应当签订劳动合同。

对于参与实习工作的在校学生，则应根据实习类别的不同，按照教育部、财政部、人力资源社会保障部等于2022年1月修订的《职业学校学生实习管理规定》的相关规定，认真履行学校、实习单位、在校学生各自的权利义务及法律责任。

对于即将毕业的在校生，如果以就业为目的进入用人单位，虽然尚未毕业，但只要年满18周岁并接受企业的劳动管理，则双方仍可能构成劳动关系。

[场景回放]

小明系北京某学院的大四学生，甲公司于2012年1月到小明所在的学院进行招聘，后小明即被招聘进入该公司工作并担任财务顾问，负责市场业务开发，双方约定试用期为3个月，试用期底薪850元，提成另计，第4个月转正，底薪提高到1850元。甲公司当月以工资形式支付小明工资789元，但小明于次月因甲公司拖欠工资而离开。后小明向劳动争议仲裁委员会提起了仲裁申请并要求甲公司支付拖欠的工资。

仲裁委员会认为，小明属于未取得毕业证的在校生，其于在校期间到甲公司从事工作，只能作为参与社会实践的活动，其不属于《劳动合同法》中规定的劳动者，与甲公司之间不构成劳动关系，并以此为由驳回了小明的仲裁申请。后小明不服向法院提出诉讼，要求甲公司支付工资。法院认为，劳动者与单位建立劳动关系，付出劳动，应当从单位取得相应的劳动报酬。在本案中，甲公司确认小明为其工作，法院予以确认。甲公司招聘小明时其已满16周岁，符合《劳动法》规定的就业年龄，且现无即将毕业的大学生就业的禁止性规定。小明在进入甲公司时并未隐瞒其在校学生的身份。甲公司辩称，小明在该单位属于实习，但因该公司确定了小明的工作岗位及内容、工资标准等，对小明进行了劳动管理，且实际支付了1月的工资。法院据此认定双方存在事实的劳动关系而非实习就业，并据此支持了小明的诉讼请求。

[律师点评]

前述案件系真实案件并略作整理。对于在校学生就业，无论是勤工俭学还是实习，均应从其实际情况来认定双方之间的法律关系。若企业对在校学生进行劳动管理、接受了学生的劳动并支付了劳动的对价(即工资)，且在校学生的劳动成果也汇集成为企业经营的组成部分，当双方就法律关系的认定发生争议时，仲裁委员会或法院不会仅凭企业所主张的系在校学生、未取得毕业证等理由来作出有利于单位的裁判。

4. 对于外国人在中国就业的，根据《外国人在中国就业管理规定》的规定，应当持有就业许可证。如果外国人未经许可在中国就业，则其与企业之间就业因违反前述规定而不构成劳动关系。

[法条链接]

《中华人民共和国劳动法》

第十五条 禁止用人单位招用未满十六周岁的未成年人。

文艺、体育和特种工艺单位招用未满十六周岁的未成年人,必须依照国家有关规定,履行审批手续,并保障其接受义务教育的权利。

劳动部《关于贯彻执行〈中华人民共和国劳动法〉若干问题的意见》

(一)劳动合同的订立

……

6. 用人单位应与其富余人员、放长假的职工,签订劳动合同,但其劳动合同与在岗职工的劳动合同在内容上可以有所区别。用人单位与劳动者经协商一致可以在劳动合同中就不在岗期间的有关事项作出规定。

7. 用人单位应与其长期被外单位借用的人员、带薪上学人员以及其他非在岗但仍保持劳动关系的人员签订劳动合同,但在外借和上学期间,劳动合同中的某些相关条款经双方协商可以变更。

8. 请长病假的职工,在病假期间与原单位保持着劳动关系,用人单位应与其签订劳动合同。

9. 原固定工中经批准的停薪留职人员,愿意回原单位继续工作的,原单位应与其签订劳动合同;不愿回原单位继续工作的,原单位可以与其解除劳动关系。

10. 根据劳动部《实施〈劳动法〉中有关劳动合同问题的解答》(劳部发〔1995〕202号)的规定,党委书记、工会主席等党群专职人员也是职工的一员,依照劳动法的规定,与用人单位签订劳动合同。对于有特殊规定的,可以按有关规定办理。

11. 根据劳动部《实施〈劳动法〉中有关劳动合同问题的解答》(劳部发〔1995〕202号)的规定,经理由其上级部门聘任(委任)的,应与聘任(委任)部门签订劳动合同。实行公司制的经理和有关经营管理人员,应依据《中华人民共和国公司法》的规定与董事会签订劳动合同。

12. 在校生利用业余时间勤工助学,不视为就业,未建立劳动关系,可以不签订劳动合同。

二、劳动合同的内容

(一)劳动合同的必备条款和约定条款

根据《劳动合同法》的规定,制定劳动合同,有些条款是必备的,有些条款是可以经双方约定的。

1. 必备条款

根据《劳动合同法》的规定,劳动合同必须具备以下条款:

(1)用人单位的名称、住所和法定代表人或者主要负责人;

(2)劳动者的姓名、住址和居民身份证或者其他有效身份证件号码;

(3)劳动合同期限;

(4)工作内容和工作地点;

(5)工作时间和休息休假;

(6)劳动报酬;

(7)社会保险；

(8)劳动保护、劳动条件和职业危害防护；

(9)法律、法规规定应当纳入劳动合同的其他事项。

2. 约定条款

除上述必备条款外，用人单位与劳动者还可以就试用期、培训、保守秘密、补充保险和福利待遇、劳动纪律等事项进行约定。这些条款，不是必须具备的，可以在劳动合同中约定，也可以不约定。但一旦约定了，还要遵守相应的法律规定，笔者将用接下来的几章进行详细解析。

(二)劳动合同条款的制定

在实务中，有些企业通常直接将当地劳动局制作的劳动合同范本作为自己企业的劳动合同范本，这虽然可以减少工作量，也能确保劳动合同的内容符合法律规定，但由于劳动局制作的劳动合同范本是针对所有用人单位的共性而制作的，一旦具体到不同个性的用人单位或者劳动者，经常会出现无法有效适用的尴尬局面。因此，为了使劳动合同管理起到事半功倍的效果，笔者建议用人单位还是应当结合企业或者劳动者的个性制作劳动合同。

一方面，根据用人单位行业、文化等特征，制作最能有效服务本企业的劳动合同。例如，对于技术信息保护需求较大的科研性质的企业，可以在合同中强化商业秘密保护条款；对于制作行业的企业，可以在合同中加强操作安全规范方面的约定；对于销售行业的企业，可以在合同中对薪酬提成等方面加重笔墨。

另一方面，根据员工的不同背景和特点，设计最能有效维系双方劳动关系的劳动合同文本。例如，对于高级管理人员、高级技术人员等，为了避免其"跳槽"到竞争单位给公司造成损失，企业在与其签订劳动合同时可以强化竞业限制条款。此外，不同员工的工作能力、发展潜质以及他们对未来的规划、对福利的要求都有所不同，企业可以有针对性地制定出几类不同的劳动合同文本，在与劳动者签订以及续签劳动合同时，通过对每个劳动者的调查、了解，针对不同的对象，根据不同的情况，签订不同的劳动合同。

下面举一例说明，行政主管部门制作的范本劳动合同通常约定："除劳动者不胜任工作岗位外，用人单位变更劳动者的工作岗位、工作内容应协商一致，并签订书面补充协议。"按照这个约定，其实只是重复了《劳动合同法》关于劳动合同变更等法律条文。当企业因生产经营需要而拟调整员工工作岗位或工作内容时，即使调整前后的工资基本相当，但员工通常也可以以前述约定为由不接受企业的用工调整，企业会因此而陷入被动的局面。所以，企业在提供劳动合同文本时应当根据企业的特点依法确定劳动合同的内容，并与员工协商一致后签订，比如，关于岗位调整可以这么约定："企业因生产经营需要而调整员工的工作岗位或内容，只要调整前后工资基本相当且不具侮辱性或者惩罚性等，员工应当予以服从。"

另外，需要注意的是，在制作劳动合同条款时，也要综合考虑企业的整体管理，避免因小失大。比如，为解决《员工手册》等规章制度的送达问题，企业通常会在劳动合同之“其他约定”中约定，企业员工手册为本合同的组成部分并与劳动合同具有同等效力。这样的约定虽然解决了企业制度的送达问题，但却可能给企业的管理带来更大的弊端。因为在企业劳动管理制度的制定过程中，虽然有民主程序的要求，但更多体现的是企业的意志或要求。而劳动合同则是双方平等协商一致达成的。如果企业主动将其劳动人事规章制度作为其劳动合同的组成部分，那么，当企业劳动规章制度日后需要修改，企业如何按照劳动合同的约定与每一个员工进行协商并取得一致后方可成事呢？

[法条链接]

《中华人民共和国劳动合同法》

第十七条 （略）

三、劳动合同的期限

根据《劳动法》的规定，劳动合同的期限分为三种：固定期限、无固定期限和以完成一定工作任务为期限。与此相对应，劳动合同根据期限的不同，也分为三种类型，即固定期限劳动合同、无固定期限劳动合同和以完成一定工作任务为期限的劳动合同。

（一）固定期限劳动合同

所谓“固定期限劳动合同”，是指用人单位与劳动者明确约定劳动合同终止时间的劳动合同。用人单位与劳动者协商一致的，可以订立固定期限劳动合同。

[法条链接]

《中华人民共和国劳动法》

第二十条 （略）

《中华人民共和国劳动合同法》

第十二条 （略）

第十三条 固定期限劳动合同，是指用人单位与劳动者约定合同终止时间的劳动合同。

用人单位与劳动者协商一致，可以订立固定期限劳动合同。

（二）无固定期限劳动合同

所谓“无固定期限劳动合同”，是指用人单位与劳动者约定无确定终止时间的劳动合同。无确定终止时间，并不是表明“**无固定期限劳动合同就无法终止**”，也并不表示“**无固定期限劳动合同就是铁饭碗**”，这是实务中对无固定期限劳动合同的误解，无固定期限劳动合同只是没有确定的终止时间，一旦发生法定的终止情形（如劳动者依法享受养老保险待遇、死亡或用人单位破产等情形），无固定期限劳动合同也会终止。除法定终止情形外，用人单位还可以与劳动者协商一致解除无固定期限劳动合同，在法定单方解除情形出现时，用人单位也可以单方解除无固定期限劳动合同。用人单位应当走出这些误区，无须把“无固定期限劳动合同”当成洪水猛兽。

根据法律的规定，无固定期限劳动合同的订立存在以下三种情形，即约定订立、法定订立和视为订立。

1. 约定订立

用人单位与劳动者在平等、自愿的前提下，经过协商一致可以订立无固定期限劳动合同。

2. 法定订立

根据《劳动合同法》的规定，有下列情形之一，劳动者提出或者同意续订、订立劳动合同的，除劳动者提出订立固定期限劳动合同外，应当订立无固定期限劳动合同：

（1）劳动者在该用人单位连续工作满 10 年。

第一，如何理解“连续”？所谓“连续”，即不间断。如果某个员工在一个单位工作满 3 年，然后从该单位离职去别的单位工作了 1 年，之后又回到了第一个单位，并在这个单位又工作了 7 年，该员工在该单位累计工作了 10 年，但由于其间有 1 年的间断，因此不符合“连续工作满 10 年”的条件。

第二，“10 年”从何时开始起算？根据《劳动合同法实施条例》第 9 条的规定，连续工作满 10 年的起始时间，应当自用人单位用工之日起计算，包括劳动合同法施行前的工作年限。通俗来讲，就是从员工进入单位工作的第一天开始计算，包括 2008 年 1 月 1 日之前工作的时间。

第三，用人单位有无选择权？在此种情形下，只有劳动者具有是否订立无固定期限劳动合同的选择权，用人单位不得拒绝续订劳动合同，也不得拒绝签订无固定期限劳动合同。

（2）用人单位初次实行劳动合同制度或者国有企业改制重新订立劳动合同时，劳动者在该用人单位连续工作满 10 年且距法定退休年龄不足 10 年的。在这种情形下，需要满足两个“10 年”的要求，既要在该用人单位连续工作满 10 年，还要距法定退休年龄不足 10 年。如果用人单位不是初次实行劳动合同制度或者不是国有企业改制重新订立劳动合同的情况，劳动者只需要满足在用人单位连续工作满 10 年的条件。

（3）连续订立两次固定期限劳动合同，且劳动者没有法定解除情形，续订劳动合同的。

第一，“连续两次”从何时开始起算？根据《劳动合同法》的规定，连续订立固定期限劳动合同的次数，自 2008 年 1 月 1 日《劳动合同法》施行后续订固定期限劳动合同时开始计算。

第二，连续订立合同有什么种类要求？连续两次订立的合同都必须是固定期限劳动合同，如果用人单位与劳动者连续订立的合同有一次不是固定期限劳动合同，而是以完成一定工作任务为期限的劳动合同，就不符合本情形规定的条件。

第三，要求劳动者不具备哪些情形？要求劳动者没有《劳动合同法》第 39 条和第 40 条第 1 项、第 2 项规定的情形：①在试用期间被证明不符合录用条件的；②严重违反用人单位的规章制度的；③严重失职，营私舞弊，给用人单位造成重大损害的；④劳动者同时与其他用人单位建立劳动关系，对完成本单位的工作任务造成严重影响，或者经用人单位提出，拒不改正的；⑤以欺诈、胁迫的手段或者乘人之危，使用人单位在违背真实意思的情况下订立或者变更劳动合同的；⑥被依法追究刑事责任的；⑦劳动者患病或者非因工负伤，在规定的医疗期满后不能从事原工作，也不能从事由用人单位另行安排的工作的；⑧劳动者不能胜任工作，经过培训或者调整工作岗位，仍不能胜任工作的。

第四，用人单位是否有续订选择权？用人单位与劳动者连续两次订立劳动合同后，用人单位具有是否续订劳动合同的选择权，此问题在实务中存在很大的争议。根据《劳动合同法》第14条的立法本意，只要劳动者享有与用人单位签订无固定期限劳动合同的权利，一旦其向用人单位提出要求，用人单位实际上并无选择权，只能与员工签订无固定期限劳动合同。因劳动法律的适用存在较明显的区域差异性，敬请读者及时关注本地的司法政策变化等。

[读者来信]

娄律师：

我前段时间购买了您的《这样做HR最有效——最新企业劳动人事管理全书》，感觉内容特别好，相关的法律法规解读也很详细，对像我这样初入HR的人来说非常有益。现在工作中遇到一些问题，在书中没找到相关案例，不知可否向您讨教？

我刚刚开始从事HR，公司的劳动合同都是一年一签，也就是说，很多人已经续签了超过两次有固定期限的劳动合同，按照《劳动合同法》的规定应当签订无固定期限的劳动合同，不知我们现在需要怎样做才可以避免可能的人事合同纠纷？如果劳动者本身不同意签订无固定期限的劳动合同，取得书面证明是否可以继续签订有固定期限的劳动合同？

期待您的回复。

祝工作顺利！多出好书！

读者：linda108来信

— 回复 —

你好！根据《劳动合同法》第14条第2款第3项的规定，用人单位与劳动者连续订立两次固定期限劳动合同，用人单位又不具有单方解除劳动合同情形的，劳动者提出或者同意续订劳动合同的，用人单位则应当订立无固定期限劳动合同。但是如果劳动者本身不同意签订无固定期限劳动合同，或者明确提出订立固定期限劳动合同，则仍然可以订立固定期限劳动合同。向劳动者取得相关的书面证据，可以避免这方面的劳动纠纷。

3. 视为订立

除约定订立和法定订立两种情形外，法律还规定了一种默认的方式，即用人单位自用工之日起满 1 年(含 1 年)不与劳动者订立书面劳动合同的,视为用人单位与劳动者已订立无固定期限劳动合同,这也是用人单位不依法与劳动者订立书面劳动合同的一种法律后果。

[律师说法]

用人单位只要具备以上法定订立或视为订立的情形之一的,就应当与劳动者订立无固定期限劳动合同,如果违反法律规定不与劳动者订立的,自应当订立无固定期限劳动合同之日起向劳动者每月支付二倍的工资。

从规定上来看,法律并没有直接给用人单位提供“拿钱打发人”的路径,用人单位欲不与劳动者订立无固定期限劳动合同的,只能通过与劳动者协商的途径解决。

[拨云见日]

1. 员工在不同的具有关联关系的用人单位工作累计满 10 年的,是否符合“连续工作满 10 年”的条件?

答:这需要分情况而定。如果是基于行政命令、业务划转等非劳动者方面的原因,劳动者转到新用人单位工作并重新订立劳动合同的,劳动者在原用人单位的工作年限应当合并计算为新用人单位的工作年限,其中比较典型的便是公司安排的调动;如果劳动者转到新的用人单位工作是基于劳动者方面的原因,工龄则不得合并计算,例如,劳动者从前一家单位辞职,重新自主择业转到新的单位,即使前后两家单位有关联关系,工龄也不得合并计算。

2. 劳动者在用人单位连续工作满 10 年,劳动合同尚未到期,劳动者提出订立无固定期限劳动合同,用人单位应当如何处理?

答:在这种情形下,劳动者提出订立无固定期限劳动合同的,由用人单位与劳动者协商变更劳动合同期限,协商不一致的,继续履行原劳动合同,但是劳动合同期限届满时,劳动者提出订立无固定期限劳动合同的,用人单位则不得拒绝。

[法条链接]

《中华人民共和国劳动法》

第二十条 (略)

《中华人民共和国劳动合同法》

第十四条 无固定期限劳动合同,是指用人单位与劳动者约定无确定终止时间的劳动合同。

用人单位与劳动者协商一致,可以订立无固定期限劳动合同。有下列情形之一,劳动者提出或者同意续订、订立劳动合同的,除劳动者提出订立固定期限劳动合同外,应当订立无固定期限劳动合同:

(一)劳动者在该用人单位连续工作满十年的;

(二)用人单位初次实行劳动合同制度或者国有企业改制重新订立劳动合同时,劳动者在该用人单位连续工作满十年且距法定退休年龄不足十年的；

（三）连续订立二次固定期限劳动合同，且劳动者没有本法第三十九条和第四十条第一项、第二项规定的情形，续订劳动合同的。

用人单位自用工之日起满一年不与劳动者订立书面劳动合同的，视为用人单位与劳动者已订立无固定期限劳动合同。

第八十二条　……用人单位违反本法规定不与劳动者订立无固定期限劳动合同的，自应当订立无固定期限劳动合同之日起向劳动者每月支付二倍的工资。

第九十七条　……本法第十四条第二款第三项规定连续订立固定期限劳动合同的次数，自本法施行后续订固定期限劳动合同时开始计算。

《中华人民共和国劳动合同法实施条例》

第九条　劳动合同法第十四条第二款规定的连续工作满10年的起始时间，应当自用人单位用工之日起计算，包括劳动合同法施行前的工作年限。

第十条　劳动者非因本人原因从原用人单位被安排到新用人单位工作的，劳动者在原用人单位的工作年限合并计算为新用人单位的工作年限。原用人单位已经向劳动者支付经济补偿的，新用人单位在依法解除、终止劳动合同计算支付经济补偿的工作年限时，不再计算劳动者在原用人单位的工作年限。

第十一条　除劳动者与用人单位协商一致的情形外，劳动者依照劳动合同法第十四条第二款的规定，提出订立无固定期限劳动合同的，用人单位应当与其订立无固定期限劳动合同。对劳动合同的内容，双方应当按照合法、公平、平等自愿、协商一致、诚实信用的原则协商确定；对协商不一致的内容，依照劳动合同法第十八条的规定执行。

第十二条　地方各级人民政府及县级以上地方人民政府有关部门为安置就业困难人员提供的给予岗位补贴和社会保险补贴的公益性岗位，其劳动合同不适用劳动合同法有关无固定期限劳动合同的规定以及支付经济补偿的规定。

（三）以完成一定工作任务为期限的劳动合同

所谓“以完成一定工作任务为期限的劳动合同”，是指用人单位与劳动者约定以某项工作任务的完成为期限的劳动合同。用人单位与劳动者协商一致的，可以订立此类劳动合同。需要注意的是，订立此类合同，要求工作任务必须明确，并且能够清晰界定工作任务完成的时间，否则可能会因约定不明而转化为无固定期限劳动合同。

[法条链接]

《中华人民共和国劳动合同法》

第十五条　以完成一定工作任务为期限的劳动合同，是指用人单位与劳动者约定以某项工作的完成为合同期限的劳动合同。

用人单位与劳动者协商一致，可以订立以完成一定工作任务为期限的劳动合同。

（四）用人单位应当如何合理选择劳动合同期限

究竟选择哪种合同期限对用人单位最合适？这是HR普遍关注的问题。对于用人单位而言，判断劳动合同期限是否合适，一般可以从以下几个方面来考虑：是否有利于劳动关系的稳定、能否避免劳动关系的僵化、是否便于管理、人力资源成本能否控制到最低等。下面笔者将从以上这些方面通过表格的形式对三种劳动合同期限的优劣进行比较(见表2-1)。

表2-1 三种劳动合同期限优劣对比

劳动合同期限类型	优势	劣势
固定期限劳动合同	1. 劳动关系灵活性较强; 2. 对员工的激励作用较大	1. 劳动关系稳定性不及无固定期限劳动合同,特别是短期劳动合同; 2. 员工的归属感较低; 3. 需留意劳动合同到期时间,管理工作量大; 4. 受"连续工作满十年"以及"连续订立两次"之限
无固定期限劳动合同	1. 劳动关系稳定性强; 2. 员工的归属性强; 3. 劳动合同便于管理,工作量最小	1. 劳动关系灵活性最小; 2. 对员工的激励作用较小
以完成一定工作任务为期限的劳动合同	劳动关系灵活性最强	1. 劳动关系最不稳定; 2. 员工归属感最低; 3. 由于终止时间比较特殊,相对于固定期限劳动合同而言,劳动合同更不便于管理; 4. 适用范围较小,受工种之限

对于用人单位而言,选择合适的劳动合同期限,应当根据三种劳动合同期限的优劣性,结合用人单位的自身特点、需求、岗位特征、员工个性等各方面因素综合考虑,一般而言:

1. 对于高级管理人员、高级技术人员、核心员工以及其他在单位发挥重要作用的员工,他们一旦离职将给用人单位造成很大麻烦,可以考虑与他们签订无固定期限或者期限较长的劳动合同,以保证这些人员的稳定性。

2. 对于一些替代性较强岗位上的员工以及非核心员工,可以选择签订期限较短的固定期限劳动合同。

3. 对于背景不太了解的新员工,最好选择与其签订为期1年甚至更短期限的劳动合同,使用人单位具有对其进行充分了解和考察的空间,然后根据考察结果再决定是否与其续订劳动合同以及续订合同期限的长短。

4. 对于下列情形,用人单位可以充分利用以完成一定工作任务为期限的劳动合同:

(1)因季节原因需要临时用工的,如针对中秋节剧增的月饼快递业务,快递公司临时聘用快递员,可以以完成中秋节快递任务为期限;

(2)因用人单位经营管理需要临时用工的，如某公司为提高员工的办公效率，临时聘用人员研发办公软件的，可以以软件开发完毕为期限；

(3)为完成承包项目需要临时用工的，如某装饰公司承包了一个装饰工程，为这个工程而临时聘用施工人员，可以以工程任务结束为期限；

(4)其他因完成单项工作任务需要临时用工的，可以以完成该项工作任务为期限。

第四节　合同约定不明的法律处理

用人单位与劳动者之间订立的劳动合同应当尽量明确具体，这样可以避免日后产生不必要的纠纷。但在实践中，有时也不可避免地出现约定不明或者在实际履行过程中出现一些状况，企业 HR 应当适时把握相关的法律处理方式以便做好应对或者事后进行补救。

一、劳动合同约定不明的处理

因双方没有签订书面的劳动合同，或因双方已签订的书面劳动合同主要条款缺失等原因，导致企业与员工在劳动关系存续期间可能出现工作内容、劳动报酬等约定不明的情况，根据《劳动合同法》第 11 条、第 18 条等规定，可按以下方式来处理：

1. 企业未在用工的同时订立书面劳动合同，与员工约定的劳动报酬不明确的，则：

(1)新招用的劳动者的劳动报酬按照集体合同规定的标准执行；

(2)没有集体合同或者集体合同未规定的，实行同工同酬。

2. 劳动合同对劳动报酬和劳动条件等标准约定不明确，引发争议的，则：

(1)企业与员工可以重新协商；

(2)协商不成的，适用集体合同规定；

(3)没有集体合同或者集体合同未规定劳动报酬的，实行同工同酬；

(4)没有集体合同或者集体合同未规定劳动条件等标准的，适用国家有关规定。

二、与集体合同或企业规章制度不一致时的处理

劳动合同是企业与员工经协商一致后形成的书面协议，而集体合同是企业或企业代表与作为职工的代表组织的工会协商一致后形成的书面协议。因集体合同是群体间的合意并具有劳动基准的作用，所以，如果劳动合同约定的标准低于集体合同的约定，则约定无效。例如，某公司的集体合同约定本企业的最低工资标准为 2100 元，但张三与公司所签订的劳动合同约定的工资标准为 1895 元，则张三的工资标准因低于集体合同约定的最低工资标准而无效。

根据《劳动合同法》的规定，涉及员工切身利益的劳动规章制度符合下列条件后即可作为调解处理双方争议的依据：(1)经过民主程序；(2)已告知员工；(3)不违反法律的强制性规定。但当企业与员工之间的劳动合同约定的劳动条件高于企业规章制度时，或约定与企业规章制度的规定不一致时，从保护劳动者的角度出发，劳动合同的效

力高于企业制定的规章制度。

三、合同实际变更后约定不明的处理

根据企业与员工协商一致的原则，可以变更劳动合同的内容，变更的劳动合同应当采用书面形式。但在实际中，经常会出现的情况是，虽然劳动合同有约定，但劳动合同履行过程中已实际发生了变更，但双方没有签订书面的变更协议。在此种情况下，一般的处理原则为：

1. 这种未签订书面协议的变更，只要双方已履行超过了一个工资支付周期，且员工没有异议的，则视为已变更。若员工以此变更未签订书面变更协议而主张解除劳动关系并要求企业支付经济补偿金的，司法机构不予支持。

2. 当虽没有签订书面变更协议但已实际履行超过至少一个工资支付周期的劳动合同期限届满，用人单位同意续订劳动合同，则此时用人单位提供给员工的劳动条件应以变更后的劳动合同为准，而不是以变更前的书面劳动合同约定的劳动条件为依据，这是判断用人单位对于劳动者不同意续订时是否应支付经济补偿金的标准。举例来说，员工和企业双方劳动合同约定工资为6000元，后来工资调高至8000元，但没有签订书面变更协议。合同到期后，如果企业以8000元工资标准与员工续订劳动合同，但员工不同意续订的，企业不需要支付经济补偿金，如果企业以6000元工资标准与员工续订劳动合同，员工不同意的，企业则需要支付经济补偿金。

[场景回放]

张某于2005年3月入职中山某公司，并担任财务经理，每月工资为11,000元，双方据此签订了劳动合同。后公司于2014年3月1日调整张某担任总经理助理，每月工资为8000元，张某对此没有意见并就任新工作。但张某于2014年8月1日以公司未经协商一致单方调整其工作岗位并克扣工资为由解除与公司的劳动关系，并要求公司支付经济补偿金104,500元及工资差额15,000元。

[审理结果]

本案经过一裁二审，中山市中级人民法院最终驳回了张某的全部诉讼请求，理由是公司于2014年3月调整了张某的工作内容及工资标准，但张某已以实际履行的方式予接受，并持续长达近5个月，且张某始终没有异议，并据此视为双方的劳动合同已实际变更。张某在此情形下根据《劳动合同法》第38条所提出的要求解除劳动关系没有事实依据。

[律师点评]

本案处理历时近3年，虽经广东省高级人民法院再审，但仍维护了二审法院的处理结果。法院在处理过程中在充分考虑员工权利的同时，更加重视劳动关系的稳定及双方之诚信，有效地平衡了劳动合同约定与实际履行变更之间的关系。

第五节 劳动合同无效的法律处理

用人单位与劳动者建立劳动关系，应当订立具有法律效力的劳动合同，如果因缺乏有效要件而导致劳动合同全部或部分无效的，不但不能有效地发挥劳动合同的作用，还可能给双方当事人带来法律风险。

一、合同无效的原因

根据《劳动法》《劳动合同法》等法律法规的规定，有下列情形之一的，劳动合同无效或部分无效。

(一) 以欺诈、胁迫的手段或者乘人之危，使对方在违背真实意思的情况下订立或者变更劳动合同的

订立劳动合同，与订立其他合同一样，都应当遵循自愿、协商一致、诚实信用的原则。因此，用人单位与劳动者双方意思表示真实、平等自愿是劳动合同生效的基础。任何一方采用欺诈、胁迫的手段或者乘人之危，致使对方违反本意与其订立或者变更劳动合同的，订立的劳动合同或变更后的劳动合同无效。

所谓欺诈，是指"一方当事人故意告知对方虚假情况，或者故意隐瞒真实情况，诱使对方当事人作出违背真实的意思"的行为。实务中最常见的欺诈行为包括劳动者提供虚假的学历证书或夸大工作经历求职、用人单位虚假承诺向劳动者提供福利待遇而引诱劳动者就职等。

所谓胁迫，是指"以给劳动者及其亲友的生命健康、名誉、荣誉、财产等造成损害，或者以给用人单位的名誉、荣誉、财产等造成损害为要挟，迫使对方作出违背真实的意思表示"的行为。如用人单位以劳动者拒不补签劳动合同就不发奖金为由相威胁。

所谓乘人之危，是指"一方当事人乘对方处于危难之机，为牟取不正当利益，迫使对方作出不真实的意思表示"的行为。在实践中，乘人之危的情形一般比较少见。

值得注意的是，当事人一方存在欺诈、胁迫或者乘人之危的行为，并非一定导致劳动合同无效，只有在一方实施上述行为并致使对方在违背真实意思表示的情况下订立或者变更劳动合同的，劳动合同才会被认定为无效。如果一方实施的欺诈、胁迫或者乘人之危等行为情节显著轻微，不足以影响对方违背真实意思的，不能以此为由认定劳动合同无效。例如，劳动者入职时隐瞒其已经结婚的事实，骗取订立劳动合同，但由于婚姻状况原本就不应作为是否聘用劳动者的条件，劳动者隐瞒婚姻状况的欺诈行为不足以影响用人单位的真实意思，因此，不能由此认定双方签订的劳动合同无效。

(二) 用人单位免除自己的法定责任、排除劳动者权利的

订立劳动合同不但应当遵循自愿、诚信原则，还应当遵循公平、平等原则，即合同双方当事人的权利和义务应当对等。用人单位利用强势地位免除自己的法定责任、排除劳动者权利的劳动合同，依法应当认定为无效。其中最典型的便是劳动合同中的"生死条款"，有些用人单位为了免除自己的工伤赔偿责任，排除劳动者享受工伤待遇

的权利，于是在劳动合同中约定“用人单位对劳动者工作过程中发生的伤亡事故概不负责”之类的条款，都应认定为无效条款。

需要注意的是，除了用人单位免除自己法定责任、排除劳动者权利的合同无效外，如果限制劳动者法定权利、加重劳动者法定义务，情节严重的，也可能被认定为无效。用人单位应当特别加以注意。在实务中，劳动者与用人单位签订的劳动合同一般多是由用人单位事先制作好的格式合同，用人单位利用这样的优势地位，可以为了最大限度维护自身利益，在合同内容的设置上有所取舍，有所选择，但必须把握法律的尺度和分寸，如果走极端采取“一边倒”的方式，减轻或免除自身的法定义务，限制或排除劳动者的权利，都是不可取的，即使在合同中写明也是无效的。用人单位在制作劳动格式合同时应当特别注意这一点，可以在法律允许的范围内选择对用人单位有利的内容，但不能超越法律的极限。

(三)违反法律、行政法规强制性规定的

内容合法是劳动合同生效必不可少的要件，违反法律、行政法规的强制性规定，必然会导致劳动合同无效。这种合同无效的理由，一是必须违反强制性的规定，即合同双方当事人合意排除法律、行政法规强制性规定的适用，如果排除的是任意性规定的适用，不能认定为无效；二是必须违反法律或者行政法规的规定，如果仅违反的是部门规章、地方性法规或者其他规范性文件中的强制性规定，不能认定为无效。

在实务中，常见的被认定为无效的条款主要表现为违法约定劳动者支付违约金的条款、违法约定低于当地最低工资标准的工资条款、超过法定期限的试用期条款等。这些条款由于违反了法律、行政法规的强制性规定，应当认定为无效。

[法条链接]

《中华人民共和国劳动合同法》

第二十六条　下列劳动合同无效或者部分无效：

(一)以欺诈、胁迫的手段或者乘人之危，使对方在违背真实意思的情况下订立或者变更劳动合同的；

(二)用人单位免除自己的法定责任、排除劳动者权利的；

(三)违反法律、行政法规强制性规定的。

……

《中华人民共和国劳动法》

第十八条　下列劳动合同无效：

(一)违反法律、行政法规的劳动合同；

(二)采取欺诈、威胁等手段订立的劳动合同。

……

《中华人民共和国民法典》

第一百四十八条　一方以欺诈手段，使对方在违背真实意思的情况下实施的民事法律行为，受欺诈方有权请求人民法院或者仲裁机构予以撤销。

第一百五十条　一方或者第三人以胁迫手段，使对方在违背真实意思的情况下实施的民事法律行为，受胁迫方有权请求人民法院或者仲裁机构予以撤销。

第一百五十一条　一方利用对方处于危困状态、缺乏判断能力等情形，致使民事法律行为成立时显失公平的，受损害方有权请求人民法院或者仲裁机构予以撤销。

第一百五十三条　违反法律、行政法规的强制性规定的民事法律行为无效。但是，该强制性规定不导致该民事法律行为无效的除外。

违背公序良俗的民事法律行为无效。

二、合同无效的常见形态

在实务中，无效劳动合同通常表现为以下几种：

1. **主体不适格的合同**。主要表现为招用未满16周岁的未成年人签订的劳动合同，这在餐饮、游艺等服务业比较普遍；与离退休人员或与取得就业许可证的外国人签订的劳动合同；由企业的职能部门与劳动者签订的劳动合同等。这些合同由于当事人一方不符合《劳动法》意义上的主体资格，应认定为无效。

2. **条款违法的合同**。如违法约定的违约金条款、写明不给劳动者缴纳社会保险的条款、违反最低工资规定的工资条款、约定加班不给加班费的条款、抵押金条款等，这些条款即使有双方当事人签字确认，也将因为违反了法律、行政法规的强制性规定而无效。

3. **“一边倒”的合同**。一些用人单位与劳动者订立劳动合同，不与劳动者协商，而是片面地从自身利益出发，使用完全倒向用人单位一方的条款，这些条款很多是属于减少或免除用人单位责任、限制或排除劳动者权利的情形，严重侵犯了劳动者的权益，应属无效。

4. **真假合同**。某些用人单位为了应付劳动行政部门的监督管理，与劳动者签订真假两份合同，即俗称的“黑白合同”。一方面以符合有关规定的“假合同”应付劳动行政部门的检查；另一方面按自己意愿与劳动者订立的不规范甚至违法的“真合同”来约束劳动者。

5. **以合法形式掩盖非法目的的合同**。如某公关公司以招聘公关人员的合法形式招聘了一批女员工，并与她们签订了劳动合同，事实上却强迫这些女员工提供色情服务，这样的劳动合同当属无效。

6. **附带保证合同**。部分企业为约束劳动者的行为，在与劳动者订立劳动合同的同时，硬性要求劳动者还必须签订一份“保证书”，其内容是强迫劳动者接受一些不合理、不合法的规则和条件，并把该保证书作为劳动合同附件来约束劳动者，这些不合法的附带条款也是无效的。

三、合同无效的认定

一般来说，劳动合同一经用人单位和劳动者双方签字或者盖章即具有法律确定力，不得随意推翻。因此，劳动合同无效或者部分无效，既不能交由用人单位或者劳动者自行认定,也不能交由其他机关认定,而是应该由劳动争议仲裁委员会或人民法院依法认定。

若劳动合同双方当事人对劳动合同的效力产生异议,应当按照劳动争议处理程序来解决,即在法定期限内(争议发生之日起1年内)向当地的劳动争议仲裁委员会提起仲裁,任意一方对仲裁裁决不服的,可在法定期限内(仲裁裁决送达之日起15日内)向人民法院提起诉讼。劳动争议仲裁是前置程序,未经仲裁程序便向人民法院提起诉讼,人民法院可以不予受理或者直接驳回起诉。

[法条链接]

《中华人民共和国劳动合同法》

第二十六条 ……对劳动合同的无效或者部分无效有争议的,由劳动争议仲裁机构或者人民法院确认。

《中华人民共和国劳动法》

第十八条 ……劳动合同的无效,由劳动争议仲裁委员会或者人民法院确认。

四、合同无效的法律后果

劳动合同无效分为劳动合同全部无效和部分无效两种情况,无论是全部无效,还是部分无效,无效的部分从订立时起,就不具有法律效力。我国法律针对这两种无效的情况规定了不尽相同的法律后果。

(一)劳动合同全部无效

1. 劳动关系归于消灭

劳动合同的订立违背了当事人一方或双方的真实意思,或者违反了法律、行政法规的强制性规定,这样的劳动合同被认定为全部无效的情况下,双方当事人之间的劳动关系自然归于消灭。

2. 劳动者已付出劳动的,用人单位应支付报酬

劳动合同被确认无效,无论是哪一方的过错,只要劳动者已经付出劳动的,用人单位就应当向劳动者支付劳动报酬,但是劳动者与用人单位恶意串通,共同损害国家利益、社会公共利益或者他人合法权益的除外。劳动报酬的数额,可以参考用人单位相同或相近岗位劳动者的劳动报酬确定;用人单位无相同或相近岗位的,按照本单位职工平均工资确定。如果用人单位与劳动者在合同中约定了工资条款的,除工资条款违反国家法律、法规的强制性规定,或者双方当事人恶意串通侵害社会公共利益的情况外,只要当事人约定的工资条款是双方真实意思的体现,劳动报酬的数额可以按照双方约定的条款确定。

3. 有过错的一方承担赔偿责任

劳动合同被确认无效,给对方造成损害的,有过错一方应当承担赔偿责任。

4. 用人单位为劳动者提供合同被确认无效以前的各项福利待遇

如果用人单位对劳动合同无效有过错的,用人单位应当向劳动者依法提供劳动合

同被确认无效以前的各项福利待遇，包括各项社会保险和住房公积金等，但是劳动合同因主体不适格而无效的除外。如果劳动合同无效是因为劳动者的原因，用人单位则无须向劳动者提供各项福利待遇。

[场景回放]

2012年8月23日，张某与A公司签订劳动合同，双方约定合同有效期自2012年8月23日起至2015年8月22日止，试用期3个月，张某担任该公司行政总监。合同中约定：张某保证在签订合同时，已完全终止与其前任雇主的任何工作关系，与任何其他单位也不存在任何劳动关系，同时约定试用期间张某的月薪为税后12,000元，张某日后工资的调整和奖金，将取决于其工作表现与业绩，A公司每月10日以前以货币形式支付张某工资。此外双方还约定：违约解除劳动合同的一方，应当向守约方支付违约金，违约金相当于张某3个月的工资之和。2012年11月25日，A公司向张某送达解聘通知，以张某不符合岗位的聘用条件，且未向公司提供真实的个人履历资料为由解除劳动合同。

[针锋相对]

张某不服A公司的解聘决定，故诉至劳动争议仲裁委员会，要求：(1)A公司支付2012年11月的工资12,000元；(2)A公司支付解除劳动合同的经济补偿金12,000元以及50%的额外经济补偿金6000元；(3)A公司按合同约定支付违约金36,000元。

仲裁委员会裁决如下：一、A公司向张某支付2012年11月的工资9306元；二、A公司向张某支付解除劳动合同经济补偿金9715元；三、驳回张某的其他诉求。

裁决后，A公司与张某均不服仲裁裁决先后诉至人民法院。张某坚持原来的各项请求。A公司请求：(1)确认双方的劳动合同无效；(2)参照公司同岗同期职工的工资标准确定张某的劳动报酬，并要求张某返还多发的工资；(3)驳回张某的其他请求。

[审理结果]

法院经审理查明：张某与A公司签订劳动合同时，其因与上一家用人单位B公司发生劳动争议向C区劳动争议仲裁委员会提起仲裁，要求B公司支付工资、加班费、解除劳动合同经济补偿金，C区劳动争议仲裁委员会经审理于2012年10月裁决B公司向张某支付工资及加班费，但是以张某未能提供双方解除劳动合同的证据为由裁决驳回张某要求支付解除劳动合同经济补偿金的请求，张某与B公司都没有向法院提起诉讼。法院认为，根据C区劳动争议仲裁委员会下达的生效裁决，法院可以认定，张某在未与原用人单位解除劳动关系的情况下即与A公司签订了劳动合同，故张某与A公司签订的劳动合同无效，且张某对此有过错，所以张某要求A公司支付解除劳动合同经济补偿金的请求，法院不予支持。虽然张某与A公司之间的劳动合同被法院认定为无效，但是鉴于张某已为A公司提供了劳动，故其有权向A公司主张相应的劳动报酬，因双方就张某的工资数额及发放办法具有详细约定，故法院认定以此约定确定张某的劳动报酬。A公司要求参照公司同岗同期职工的工资标准确定张某的劳动报酬,从而要求张某返还工资的请求,法院不予支持。

综上,法院判决:一、A公司与张某于2012年8月23日签订的劳动合同无效;二、A公司于本判决生效后7日内支付张某2012年11月的工资9306元;三、驳回张某的其他诉讼请求。

[法条链接]

《中华人民共和国劳动合同法》

第二十八条　劳动合同被确认无效,劳动者已付出劳动的,用人单位应当向劳动者支付劳动报酬。劳动报酬的数额,参照本单位相同或者相近岗位劳动者的劳动报酬确定。

第八十六条　劳动合同依照本法第二十六条规定被确认无效,给对方造成损害的,有过错的一方应当承担赔偿责任。

第九十三条　对不具备合法经营资格的用人单位的违法犯罪行为,依法追究法律责任;劳动者已经付出劳动的,该单位或者其出资人应当依照本法有关规定向劳动者支付劳动报酬、经济补偿、赔偿金;给劳动者造成损害的,应当承担赔偿责任。

(二)劳动合同部分无效

劳动合同部分无效,是指劳动合同的部分条款虽然被确认无效,但并不影响其余部分的效力。在部分无效的劳动合同中,无效条款如果不影响其余部分的效力,其余部分仍然有效,对双方当事人仍有约束力。在实务中,劳动合同无效更多地体现为部分无效。劳动合同部分无效将会导致以下法律后果:

1. 调整无效部分使之有效,调整的效力可溯及于劳动合同订立之时

根据法律的规定,无效的劳动合同,从订立时起,就没有法律约束力。如果依法对劳动合同无效的部分进行调整,使之有效,这种效力则可以追溯到合同订立之时。如合同规定的劳动报酬低于当地最低工资标准的,该条款无效,应当按照当地最低工资标准执行或者由当事人双方另行约定,并且应当补足以前的差额部分,同时还应当支付相当于低于最低工资标准部分25%的经济补偿金。

2. 有过错的一方承担赔偿责任

劳动合同被确认无效,给对方造成损害的,有过错一方应当承担赔偿责任。

[法条链接]

《中华人民共和国劳动法》

第十八条　……无效的劳动合同,从订立的时候起,就没有法律约束力。确认劳动合同部分无效的,如果不影响其余部分的效力,其余部分仍然有效。

《中华人民共和国劳动合同法》

第二十七条　劳动合同部分无效,不影响其他部分效力的,其他部分仍然有效。

《违反和解除劳动合同的经济补偿办法》

第四条　用人单位支付劳动者的工资报酬低于当地最低工资标准的，要在补足低于标准部分的同时，另外支付相当于低于部分25%的经济补偿金。

[专家说法]

——江点序律师[*]

从1994年出台的《劳动法》至2008年生效的《劳动合同法》，很多劳动权利早已成为普通劳动者的基本常识，劳动合同制度也早已深入人心。《劳动合同法》所倡导的劳动合同书面化、劳动关系长期化也与时下热议的企业用工灵活、成本控制等相遇，引发公众热议。

通过大量劳动争议案件处理的复盘分析，可以发现：因劳动合同直接引发的劳动争议案件简单明了，剑锋直指因企业在员工入职时未及时签订劳动合同、期满未及时续订劳动合同、未依法签订无固定期限而产生的二倍工资差额的支付责任，但为众所不知的，更多的劳动争议最终能否妥善处理，则以企业劳动合同管理制度的完善程度为基础前提，如劳动报酬类案件中加班费基数的约定、工作岗位调整类案件中的协商一致和用工自主权的合同约定平衡、企业搬迁与工作地点约定等。

从企业HR管理角度来看，作为企业与员工个体之间的权利义务的书面约定，劳动合同只是其中一部分，双方的书面约定还包括专项培训、竞业限制、劳动关系解除协议等多项合意类文件。每个员工的个体劳动合同也需与企业的劳动人管理规章制度协调统一，更受制于企业与全部员工代表组织之间的集体合同约定的限制。一份区区数页的劳动合同是企业HR管理系统中的重中之重，牵一发而动全局。

从员工入职到离职的全过程中，劳动合同时刻相伴：劳动合同的签订、履行、变更、解除或终止。初涉企业HR者，则从了解劳动合同开始。企业HR管理者，则以精炼于劳动合同为目的。

---

* 江点序律师：北京大成（广州）律师事务所高级合伙人，中华全国律师协会劳动和社会保障法律专业委员会委员，大成中国区劳动与人力资源专业委员会主任，先后担任过广东省律师协会劳动法律专业委员会秘书长、广州市律师协会劳动与社会保障法律专业委员会主任、广州市总工会维护职工权益律师团团长、广州市劳动人事争议仲裁委员会仲裁员、广州市黄埔区（广州开发区）劳动人事争议仲裁委员会仲裁员等。

第三章

用好试用期这把“双刃剑”

——警惕试用期“陷阱”

试用期是法律赋予企业在劳动合同生效后进一步考察员工是否符合录用条件，并再次进行选择的窗口期。企业使用得当，有利于甄选人才，及时更换不合格的员工；但如果使用不当，甚至滥用，又会使企业陷入极大的法律风险。为了能最大限度地发挥试用期的作用，不掉进试用期“陷阱”，企业HR就应当厘清试用期误区，严格按照法律规定对试用期进行约定，并且依法在窗口期行使试用期内的解除权。

第一节　试用期不是“白干期”

试用期是用人单位和劳动者为相互了解、选择而约定的一段时间的考察期。根据《劳动法》的规定，劳动者在试用期间被证明不符合录用条件的，用人单位可以解除劳动合同；劳动者在试用期内可以随时通知用人单位解除劳动合同。由此可见，约定试用期的目的是让用人单位和劳动者互相考察，以决定是否继续建立劳动关系。使用得当，对用人单位和劳动者是个“双赢”的结果。

但近年来，企业滥用试用期以规避对劳动者的法律责任等现象愈演愈烈，主要表现为：(1)试用期过长，很多工作本来不需要试用太长时间就能判断是否符合录用条件，可是有些单位动辄规定3～5个月，甚至半年以上的试用期，使劳动者总是处于一种不稳定的状态；(2)试用期工资待遇过低，一些企业把试用期的职工当作廉价劳动力，使劲压低基本工资；(3)随意解除合同，试用期内用人单位任意解除合同的现象严重，有的用人单位在试用期间走马灯式地更换试用工，好像永远在招聘；(4)有的用人单位换一个岗位约定一次试用期，多次约定试用期。

由于以上现象比较突出，试用期成为《劳动合同法》关注的热点问题之一。2008年1月1日开始施行的《劳动合同法》对试用期的期限、次数、工资待遇、合同解除情形等问题作出了更加细致的规定，限制企业滥用试用期。对此，用人单位要特别加以注意，扭转对试用期的传统观念，加强对新法新规的学习，有效规避法律风险。

第二节　如何约定试用期

不论是《劳动法》还是《劳动合同法》，它们都规定了用人单位和劳动者可以在劳动合同中约定试用期。“可以”二字表明，劳动合同中约定试用期不是必备条款，而是协商条款，是否约定以及如何约定由用人单位和劳动者协商确定。如果企业的HR对试用期不能进行准确的理解和操作，不但会使试用期不能发挥应有的功效，还可能给企业造成束缚。如何合法、合理地约定试用期，加强员工在试用期的管理，充分发挥试用期的功效，成为广大HR关注的问题。

一、约定试用期的方式

在实践中，通常可以采用两种方式约定试用期，这两种方式都是可行的，用人单位可以根据自身需要自由选择。

1. **在劳动合同中约定试用期条款**，即在劳动合同中设立一些条款约定试用期的相关内容，这种方式比较常见。

2. **签订试用期协议**，即用人单位与劳动者在劳动合同之外单独签订一份试用期协议，作为劳动合同的附件，详细约定双方当事人在试用期内的权利义务。相较于在劳动合同中约定试用期条款，这种方式对试用期的约定在内容上更为详尽具体。

需要注意的是，如果用人单位与劳动者采用签订试用期协议这种方式时，必须同时签订劳动合同。若只有试用期协议而没有签订劳动合同，试用期协议则被视为劳动合同，其中有关试用期的约定无效。

在实践中，很多用人单位在劳动者入职时只与其签订试用期协议而不签订劳动合同，无非是担心双方一旦签订了劳动合同便没有回转余地，其实这样操作是极端错误的。签订劳动合同看似固定了劳动关系，但实际因为有了试用期条款或者试用期协议而又变得灵活；但如果只签订试用期协议，看似用人单位获得了主动权，但实际上却因为试用期约定无效使用人单位被"套牢"。

无论采用哪一种方式，用人单位与劳动者约定试用期时，还必须同时约定劳动合同期限，而试用期则是包含在这个劳动合同期限内的。如果只约定了试用期，没有约定劳动合同期限的，则试用期不成立，该期限视为劳动合同期限。这是《劳动合同法》中的新规定，用人单位要特别加以注意。

[法条链接]

《中华人民共和国劳动合同法》

第十九条　……试用期包含在劳动合同期限内。劳动合同仅约定试用期的，试用期不成立，该期限为劳动合同期限。

二、试用期条款的内容

不论是劳动合同中的试用期条款，还是试用期协议中的条款，一般都包含以下内容：

1. 试用期期限；
2. 录用条件；
3. 试用期工资，如果采用在劳动合同中约定试用期条款的方式，试用期工资一般在工资条款中约定；
4. 在试用期内劳动合同解除的条件和要求，如果采用在劳动合同中约定试用期条款的方式，该项内容一般在劳动合同解除条款中约定。

上述四项内容是常规内容，在实务中，一般劳动合同或试用期协议中都会包含。除上述内容外，试用期协议还可以包含以下内容：

1. 劳动者在试用期应当遵守的工作纪律；
2. 试用期需要考核的相关内容；
3. 员工申请转正的程序；
4. 双方约定的其他内容。

三、约定试用期的期限

（一）试用期的法定上限

试用期期限可以由用人单位与劳动者协商一致确定，但是不能突破法律对试用期期限所作的上限规定。《劳动法》对试用期的最长期限只笼统地作出了“不得超过六个月”的规定，而《劳动合同法》在试用期最长不得超过6个月的前提下，又根据劳动合同期限的长短，分别规定了试用期的期限(见表3－1)。

表3－1　试用期的法律要求及操作建议

劳动合同期限	法律规定试用期期限	操作建议
3个月(不含3个月)以内	不得设置试用期	不设置试用期
3个月(含3个月)~1年(不含1年)	不超过1个月	可以约定1个月或短于1个月的试用期
1年以上(含1年)不满3年(不含3年)	不得超过2个月	可以约定2个月或短于2个月的试用期
3年以上(含3年)	不得超过6个月	可以约定6个月或短于6个月的试用期
无固定期限合同		

[法条链接]

《中华人民共和国劳动合同法》

第十九条　劳动合同期限三个月以上不满一年的，试用期不得超过一个月；劳动合同期限一年以上不满三年的，试用期不得超过二个月；三年以上固定期限和无固定期限的劳动合同，试用期不得超过六个月……

(二)试用期的缩短和延长

在实践中，经与员工协商一致，用人单位可以根据情况的变化缩短试用期，缩短对员工的考察。即用人单位满意劳动者的表现，在试用期尚未届满前决定提前结束对劳动者的考察。从法律上讲，“提前转正”属于缩短试用期，也必须经过劳动者本人的同意。因为试用期不仅是用人单位对劳动者的考察期，也是劳动者对用人单位的考察期，劳动者在试用期内享有更为自由的解除合同权，如果提前结束就意味着劳动者的这项权利将丧失。因此，未经劳动者本人同意，用人单位也不得单方擅自决定让劳动者“提前转正”。尽管在实务中，劳动者对“提前转正”一般都会欣然接受，但用人单位还是应当注意这一点。

但是，用人单位能否延长试用期在实践中存在争议。一种观点认为，员工与协商一致，且变更后的试用期期限不得超过法定上限，可以延长试用期。另一种观点认为，试用期一经约定，不得延长。《劳动合同法》第19条第2款规定，同一用人单位与同一劳动者只能约定一次试用期。如延长试用期应视为第二次约定试用期，延长后的试用期无效。

因此，从避免法律风险的角度来考虑，笔者建议用人单位在约定试用期期限时，可用足试用期的法定上限，而不宜采取先约定较短期限再延长至法定上限的做法。如要缩短试用期,提前转正,也需要经过劳动者本人同意。为了避免日后纠纷产生取证难的风险,笔者建议用人单位采取书面形式征求劳动者的意见,劳动者本人同意的,让其签字确认。如果劳动者本人不同意的,用人单位不得单方面让劳动者"提前转正"。

(三)约定合适的试用期期限

与劳动者约定多长的试用期更合适?这是企业在试用期管理中经常会遇到的问题。要解决这个问题,用人单位应当:

1. 把握两个原则:一是试用期期限由用人单位与劳动者协商一致确定,任何一方不得单方面决定;二是试用期期限不得超过法定上限。

2. 明白一个道理:试用期并非越长越好。在试用期内,用人单位和劳动者的权利和义务是对等的,用人单位享有较为自由的解约权的同时,劳动者也享有限制较小的辞职权。因此,如果用人单位想要留住优秀的人才,并非"试用期越长越好"。

3. 要注重个性化。在实践中很多企业对全体员工适用相同期限的试用期,这样固然省时省力,但是却不能有效地发挥试用期的功效。针对不同的劳动者、不同的岗位、不同的劳动合同期限,试用期的设置也应该实现"个性化"。如对于那些实际情况不是很了解的新员工,可以约定劳动合同期限所对应的最上限的试用期,甚至可以直接约定一个为期 6 个月或者为期 1 年的劳动合同直接取代试用期;对于那些经过前期背景调查较为熟悉的劳动者,则可以根据用人单位的需要设置一个中、短期的试用期。

4. 要注意特殊规定。在实践中,与《劳动合同法》相比,有一些地方性规定可能更有利于劳动者。此时,为规避法律风险,当地的用人单位应当按照有利于劳动者的原则,适用该地方性规定。

[法条链接]

《中华人民共和国劳动合同法》

第十九条　劳动合同期限三个月以上不满一年的,试用期不得超过一个月;劳动合同期限一年以上不满三年的,试用期不得超过二个月;三年以上固定期限和无固定期限的劳动合同,试用期不得超过六个月……

《北京市劳动合同规定》

第十六条　……劳动合同期限在 6 个月以内的,试用期不得超过 15 日;劳动合同期限在 6 个月以上 1 年以内的,试用期不得超过 30 日;劳动合同期限在 1 年以上 2 年以内的,试用期不得超过 60 日;劳动合同期限在 2 年以上的,试用期不得超过 6 个月……

《上海市劳动合同条例》

第十三条　……劳动合同期限不满六个月的,不得设试用期;满六个月不满一年的,试用期不得超过一个月;满一年不满三年的,试用期不得超过三个月;满三年的,试用期不得超过六个月……

四、约定试用期的限制

为了保护劳动者的合法权益，法律对试用期作了以下限制，用人单位在与劳动者约定试用期时应当注意：

（一）约定期限

如上所述，一是双方协商一致，二是不得超过法定上限。

（二）约定次数

同一用人单位与同一劳动者只能约定一次试用期，即使工作岗位或工种发生变化，或者劳动者离职后重新入职，都不得再约定试用期。这是《劳动合同法》第 19 条第 2 款的规定。根据这一规定，如果某员工在 A 企业工作 3 年后跳槽去了 B 企业，1 年后再回到 A 企业工作，A 企业不得与其重新约定试用期，即便岗位调换了，也仍然不可以。在实务操作中，企业 HR 还应当结合当地劳动争议仲裁委员会和法院的操作规则和习惯来考虑，如有些地方的劳动争议仲裁委员会和法院认为：员工离开某企业后 1 年内重新到该企业就业的，该企业不得重新与其约定试用期；若员工超过 1 年后重新回到该企业就业的，则该企业不受此限。

（三）适用范围

具有以下情形之一的，用人单位不得与劳动者约定试用期：

1. 用人单位与劳动者签订的是以完成一定工作任务为期限的劳动合同；

2. 劳动合同期限不满 3 个月的（若劳动合同期限正好 3 个月的，可以约定不超过 1 个月的试用期）；

3. 非全日制用工的。

（四）工资待遇

试用期的工资由用人单位与劳动者协商一致确定，但必须同时遵守以下两条规则，这是《劳动合同法》针对实务中试用期工资过低的现象增设的条款：

1. 试用期工资不得低于用人单位所在地的最低工资标准。这里的"最低工资标准"是按照用人单位所在地的标准确定，用人单位所在地包括用人单位注册地或经常经营地。但是根据《劳动合同法实施条例》的规定，如果劳动合同履行地与用人单位注册地不一致的，最低工资标准原则上按照劳动合同履行地的标准执行；如果用人单位注册地的最低工资标准高于劳动合同履行地的标准，且用人单位与劳动者约定按照用人单位注册地的标准执行的，则按照用人单位注册地的最低工资标准执行。关于最低工资标准，还需要特别注意劳动者个人依法应缴纳的社会保险费和住房公积金是否作为最低工资标准的组成部分。如北京市、上海市均明确规定，劳动者个人应依法缴纳的社会保险费和住房公积金不作为最低工资标准的组成部分，用人单位应按规定另行支付。

举个例子来说，某公司注册地与主要经营地都在 A 市，其在 B 市设有办事处，黄某在该公司设在 B 市的办事处工作，那么公司所在地是 A 市，劳动合同履行地是 B 市。黄某与该公司签订的劳动合同中约定黄某试用期的工资按照 A 市最低工资标准执行。

(1)假设A市最低工资标准为2680元/月,B市最低工资标准为2730元/月,由于A市最低工资标准低于B市,那么当事人双方关于试用期工资的约定属于无效,黄某在试用期的工资不得低于劳动合同履行地B市的最低工资标准,即不得低于2730元/月;

(2)反之,假设A市最低工资标准为2730元/月,B市最低工资标准为2680元/月,A市最低工资标准高于B市,那么根据劳动合同的约定,黄某试用期的工资按照A市最低工资标准执行,即2730元/月;

(3)假设劳动合同中仅约定黄某试用期工资按照"当地最低工资标准"执行,同时A市最低工资标准2730元/月高于B市最低工资标准2680元/月,那么黄某在试用期的工资就应当按照劳动合同履行地B市的最低工资标准执行。因为根据《劳动合同法实施条例》的规定,在这种情形下,如果要适用用人单位注册地A市的标准必须要经过当事人双方协商约定,否则即便A市的最低工资标准高于B市,也只能适用劳动合同履行地B市的标准。

2.试用期工资不得低于本单位相同岗位最低档工资的80%或者不得低于劳动合同约定工资的80%。这两个条件只要满足其中一个即可,以下三种情形都满足本条之规定:其一,试用期工资不低于本单位相同岗位最低档工资的80%,但是低于劳动合同约定工资的80%;其二,试用期工资不低于劳动合同约定工资的80%,但是低于本单位相同岗位最低档工资的80%;其三,试用期工资不低于本单位相同岗位最低档工资的80%,同时也不低于劳动合同约定工资的80%。

[场景回放]

2018年8月7日,张某应聘到甲公司,并与该公司签订了"试用员工工资、奖金制度"协议。协议约定:张某应聘任润滑油的销售工作,试用期为3个月,基本工资为2000元,奖金在公司所派任务完成的情况下每桶提取10元。如未完成销售任务每月结款10桶润滑油,公司有权给予处罚或者不发试用期基本工资。张某称,他从合同签订之日起便开始上班,但是由于任职期间他未能推销出润滑油,公司拒绝向其支付工资。9月18日,张某申请辞职。后向劳动争议仲裁委员会提出仲裁申请,要求公司支付工资,仲裁委员会裁决支持了张某的请求。甲公司不服向法院提起诉讼。

[审理结果]

法院经审理认为,甲公司有关协议违反了《劳动法》关于用人单位支付给劳动者的工资不得低于当地最低工资标准,工资应当按月支付给劳动者本人,不得克扣或者无故拖欠劳动者工资的规定,裁定该条款的约定不具有法律效力,甲公司应按协议约定2000元每月的标准向张某支付试用期工作期间的工资。

[律师点评]

最低工资标准制度是维护劳动者取得劳动报酬的合法权益,是保障劳动者个人及其家庭成员基本生活而建立的基本劳动制度。根据《劳动法》和《最低工资规定》的有关规定,用人单位支付劳动者的工资不得低于当地最低工资标准。低于当地最低工资标准支付劳动者工资的,由劳动行政部门责令支付劳动者的工资报酬、经济补偿,并可以责令支付赔偿金。试用期的工资虽然可以适当低于试用期满的工资,但也不能低于当地最低工资标准。本案中,甲公司以张某试用期未完成销售任务而不发试用期基本工资,违反了最低工资标准的法律强制性规定,归于无效。

(五)福利待遇

福利待遇分为两类:一类是法定福利,另一类是非法定福利。对于试用期的员工,享有和正式员工同等的法定福利,即社会保险、公积金、休息休假等,不能因为试用期的身份而排除劳动者权利。实践中,经常有用人单位试用期转正后才为劳动者缴纳社会保险、公积金,这样产生的法律风险极大,体现在以下几个方面:(1)如试用期出现工伤,工伤保险责任全部由用人单位承担。(2)劳动者有权以用人单位未依法为劳动者缴纳社会保险费为由单方解除劳动合同并要求用人单位支付经济补偿。但对于非法定福利,如奖励旅游、节日补贴等,则由用人单位自主决定试用期员工是否享有,但如果单位的规章制度或者劳动合同等书面文件中没有排除试用期员工,则用人单位也应当一视同仁。

[法条链接]

《中华人民共和国劳动合同法》

第十九条　劳动合同期限三个月以上不满一年的,试用期不得超过一个月;劳动合同期限一年以上不满三年的,试用期不得超过二个月;三年以上固定期限和无固定期限的劳动合同,试用期不得超过六个月。

同一用人单位与同一劳动者只能约定一次试用期。

以完成一定工作任务为期限的劳动合同或者劳动合同期限不满三个月的,不得约定试用期。

试用期包含在劳动合同期限内。劳动合同仅约定试用期的,试用期不成立,该期限为劳动合同期限。

第二十条　劳动者在试用期的工资不得低于本单位相同岗位最低档工资或者劳动合同约定工资的百分之八十,并不得低于用人单位所在地的最低工资标准。

第七十条　非全日制用工双方当事人不得约定试用期。

《中华人民共和国劳动合同法实施条例》

第十四条　劳动合同履行地与用人单位注册地不一致的,有关劳动者的最低工资标准、劳动保护、劳动条件、职业危害防护和本地区上年度职工月平均工资标准等事项,按照劳动合同履行地的有关规定执行;用人单位注册地的有关标准高于劳动合同履行地的有关标准，且用人单位与劳动者约定按照用人单位注册地的有关规定执行的，从其约定。

第十五条　劳动者在试用期的工资不得低于本单位相同岗位最低档工资的80%或者不得低于劳动合同约定工资的80%，并不得低于用人单位所在地的最低工资标准。

《中华人民共和国社会保险法》

第五十八条　用人单位应当自用工之日起三十日内为其职工向社会保险经办机构申请办理社会保险登记。未办理社会保险登记的，由社会保险经办机构核定其应当缴纳的社会保险费。

《社会保险费申报缴纳管理规定》

第八条　用人单位应当自用工之日起30日内为其职工申请办理社会保险登记并申报缴纳社会保险费。未办理社会保险登记的，由社会保险经办机构核定其应当缴纳的社会保险费。

用人单位未按照规定申报应缴纳的社会保险费数额的，社会保险经办机构暂按该单位上月缴费数额的110%确定应缴数额；没有上月缴费数额的，社会保险经办机构暂按该单位的经营状况、职工人数、当地上年度职工平均工资等有关情况确定应缴数额。用人单位补办申报手续后，由社会保险经办机构按照规定结算。

北京市人力资源和社会保障局《关于调整北京市2021年最低工资标准的通知》

一、……下列项目不作为最低工资标准的组成部分，用人单位应按规定另行支付：

……（三）劳动者个人应缴纳的各项社会保险费和住房公积金……

上海市人力资源和社会保障局《关于调整本市最低工资标准的通知》（沪人社规〔2021〕18号）

一、……下列项目不作为月最低工资的组成部分，单位应按规定另行支付：

……（三）个人依法缴纳的社会保险费和住房公积金……

五、违法约定试用期的法律后果

用人单位应当严格按照《劳动合同法》及《劳动合同法实施条例》以及其他法律法规的规定，与劳动者约定试用期，如果无视法律法规对试用期的限制，违法约定试用期，可能要承担以下法律后果：

1. **由劳动行政部门责令改正**。经劳动者举报或劳动行政部门自行检查，一旦发现用人单位违法与劳动者约定试用期的，由劳动行政部门责令改正。这一般是用人单位在违法约定的试用期尚未履行的情况下承担的法律后果。

2. **支付赔偿金**。如果违法约定的试用期已经实际履行的，则由用人单位以劳动者试用期满月工资为标准，按已经履行的超过法定试用期的期间或法定不得约定试用期的期间向劳动者支付赔偿金。

3. **补足差额逾期不支付的，加付赔偿金**。若约定的试用期工资低于法定标准的，劳动行政部门有权责令限期支付其差额部分，逾期不支付的，责令用人单位按应付金额50%以上100%以下的标准向劳动者加付赔偿。

[法条链接]

《中华人民共和国劳动合同法》

第八十三条　用人单位违反本法规定与劳动者约定试用期的，由劳动行政部门责令改正；违法约定的试用期已经履行的，由用人单位以劳动者试用期满月工资为标准，按已经履行的超过法定试用期的期间向劳动者支付赔偿金。

第八十五条　用人单位有下列情形之一的，由劳动行政部门责令限期支付劳动报酬、加班费或者经济补偿；劳动报酬低于当地最低工资标准的，应当支付其差额部分；逾期不支付的，责令用人单位按应付金额百分之五十以上百分之一百以下的标准向劳动者加付赔偿金：

（一）未按照劳动合同的约定或者国家规定及时足额支付劳动者劳动报酬的；

（二）低于当地最低工资标准支付劳动者工资的；

……

第三节　试用期内的解约

试用期是用人单位与劳动者相互了解的考察期，既然是考察期，为了保障双方的自由选择权，法律赋予了当事人双方在试用期内享有相对自由的解约权。在试用期内，当事人双方不仅可以在一般的法定情形下解除劳动合同，还可以根据试用期的特殊规定解除劳动合同。本节主要介绍根据试用期的特殊规定解除劳动合同的情形。

一、劳动者在试用期内解除劳动合同

根据《劳动合同法》的规定，劳动者在试用期内提前3日通知用人单位，即可解除劳动合同。

（一）劳动者解约的条件

劳动者在试用期内享有解除劳动合同的任意解除权，不需要任何理由，只需要提前3日通知。试用期任意解除劳动合同是法律赋予劳动者的权利。用人单位企图通过规章制度或劳动合同限制劳动者在试用期内的任意解除权都是徒劳的。在实务中，有些企业规定劳动者必须完成正开展的工作或做完工作交接才能辞职，这种限制违反了法律规定，应属无效。

（二）劳动者解约的程序

劳动者在试用期内解除劳动合同，只需要履行提前3日通知用人单位的程序，就可以解除劳动合同。可见，试用期内劳动者解除劳动合同的提前通知期远远短于其转正后解除劳动合同的提前通知期，因此，HR在平时的工作安排上应区别对待，尽量不要给试用期的员工安排一些连续性较强、不易交接、比较重要的工作，以防患于未然。

至于劳动者通知用人单位的方式,法律没有作出强制性规定,可以由用人单位与劳动者协商确定,既可以采取书面的方式,也可以采取口头的方式。但从实务操作来看,无论是对于劳动者,还是对于用人单位而言,采取书面的方式都更为有利、有效。

(三)劳动者解约的后果

1. 用人单位出资对员工进行专项培训,员工在试用期内提出解除劳动合同,单位可否要求员工支付违约金或赔偿培训费?

这是笔者平日工作中接待咨询最多的问题之一,也是探究劳动者在试用期内解约责任最典型的最具代表性的问题。对于这个问题,原劳动部办公厅《关于试用期内解除劳动合同处理依据问题的复函》(劳办发〔1995〕264 号)曾作了明确规定:“用人单位出资(指有支付货币凭证的情况)对职工进行各类技术培训,职工提出与单位解除劳动关系的,如果在试用期内,则用人单位不得要求劳动者支付该项培训费用。”虽然这个文件已经被人力资源和社会保障部《关于第二批宣布失效和废止文件的通知》(人社部发〔2016〕34 号)以“已有新规定”为由宣布废止,可见文件的精神实际已经被《劳动合同法》所吸收。因此,劳动者提出与单位解除劳动关系的,如果在试用期内,用人单位不得要求劳动者支付该项培训费用。

基于这种情形,笔者建议用人单位在制作培训计划时应当分阶段选择培训对象,在试用期内的员工主要进行一些入职培训和简单的上岗培训,而由单位出资的旨在提高员工技能的专项培训则最好放在试用期结束后再进行。

2. 用人单位出资招用员工,员工在试用期内解除劳动合同,用人单位能否要求员工承担赔偿责任?

这是探究劳动者试用期内解约责任的另一个需要明确的问题。对于这个问题,用人单位可按照《违反〈劳动法〉有关劳动合同规定的赔偿办法》(劳部发〔1995〕223 号)第 4 条第 1 项的规定向职工索赔。也就是说,用人单位出资招用的员工在试用期内解除劳动合同的,应当赔偿用人单位招收录用其所支付的费用,包括猎头费用等。

[法条链接]

《中华人民共和国劳动合同法》

第三十七条　……劳动者在试用期内提前三日通知用人单位,可以解除劳动合同。

《违反〈劳动法〉有关劳动合同规定的赔偿办法》

第四条　劳动者违反规定或劳动合同的约定解除劳动合同,对用人单位造成损失的,劳动者应赔偿用人单位下列损失:

(一)用人单位招收录用其所支付的费用;

(二)用人单位为其支付的培训费用,双方另有约定的按约定办理;

(三)对生产、经营和工作造成的直接经济损失;

(四)劳动合同约定的其他赔偿费用。

二、用人单位在试用期内解除劳动合同

在试用期内，用人单位只能有条件地解除劳动合同。根据《劳动合同法》第 21 条的规定："在试用期中，除劳动者有本法第三十九条和第四十条第一项、第二项规定的情形外，用人单位不得解除劳动合同。用人单位在试用期解除劳动合同的，应当向劳动者说明理由。"

(一) 用人单位解约的条件

根据《劳动合同法》第 21 条的本意，劳动者具有《劳动合同法》第 39 条和第 40 条第 1 项、第 2 项规定的情形之一的，用人单位才可以解除劳动合同。换句话说，用人单位要解除劳动合同，劳动者必须具有以下情形之一：

1. 劳动者在试用期间被证明不符合录用条件的

这是用人单位在试用期内解除劳动关系常用的"撒手锏"，要使用好这个"撒手锏"，则必须事先明确"录用条件"的标准，如果没有明确的录用条件，那么"证明劳动者不符合录用条件"就丧失了标准和前提，用人单位以此为由解除劳动合同就可能陷入被动地位。在实践中，很多用人单位对录用条件不够重视，通常只是草草地对学历、工作经验等硬性条件提出要求，在试用期内对员工的考察往往只是凭借领导的主观喜好，这种做法是极端错误的，容易给企业带来法律风险。

(1) 录用条件的内容。

一般而言，用人单位通常可以从以下几个方面来设定录用条件：一是工作能力方面，如学历、工作经验、专业技能、职位要求等，主要结合岗位需求来确定；二是身体状况方面，如没有不适宜从事岗位工作的疾病等；三是工作态度方面，如遵守工作纪律，也可从反面列举不符合录用条件的情形，如几次违纪或违纪的程度等；四是法律规定方面，如与其他任何单位不存在劳动关系、不存在竞业限制义务、按照公司要求及时提供办理社会保险各项手续，以及不存在其他导致用人单位存在违法用工风险的情形等；五是特殊需求方面，可根据用人单位的特点、岗位设定特殊的条件。

(2) 录用条件的效力。

用人单位不但应当设定明确的录用条件，还必须保证设定的录用条件合法有效，违法无效的录用条件不能作为考核劳动者的标准。

一方面，各项录用条件的内容应当符合法律的规定，不得存在就业歧视，不得侵犯劳动者的基本人权。例如，不得将性别、民族、身高、是否携带乙肝病毒等因素设定为录用条件，也不得将保证不结婚、不生育作为录用条件，前者是就业歧视，后者侵犯了劳动者的婚姻权和生育权，均违反了法律的规定，用人单位均不得以此为由解除劳动合同。

另一方面，录用条件设定后应当向劳动者公示，未经向劳动者公示的录用条件不得作为考核劳动者是否符合录用条件的标准。录用条件公示的方式多种多样，可以通过招聘广告公示或者在聘用函中明示，也可以通过员工签字确认，还可以在劳动合同、试用期协议或者内部规章制度中约定或规定并向劳动者公示等。一般来说，为了避免

日后产生纠纷无法举证已向劳动者公示录用条件而陷入被动，用人单位公示录用条件最好采用书面方式，并尽可能让员工签字确认。

（3）不符合录用条件的证明。

用人单位要以劳动者在试用期内不符合录用条件为由解除劳动合同，必须举证证明劳动者不符合录用条件，这种证明不能仅凭单位领导个人的主观喜好，必须经过认真地考核以及客观地评价，并且还要有相关的证据加以支持。最高人民法院《关于审理劳动争议案件适用法律问题的解释（一）》（法释〔2020〕26 号）（以下简称《新劳动争议司法解释（一）》）第 44 条规定，因用人单位作出的开除、除名、辞退、解除劳动合同、减少劳动报酬、计算劳动者工作年限等决定而发生的劳动争议，用人单位负举证责任。

因此，HR 在平日的管理中应当树立证据意识，加强相关证据的收集和固定。

[场景回放]

孟某于 2021 年 1 月 12 日入职某银行，双方签订了自 2021 年 1 月 12 日起至 2023 年 1 月 11 日止的固定期限劳动合同，约定担任客户经理岗位，试用期为劳动合同的试用期自 2021 年 1 月 12 日起至 2021 年 7 月 11 日止，试用期内银行将评价孟某的工作技能和工作表现以决定乙方是否符合其岗位相关要求及录用条件。2021 年 4 月 12 日，某银行发出《关于解除劳动关系的通知函》，以试用期不符合银行对有关岗位的录用条件为由，解除孟某和银行的劳动关系。孟某不服，提起劳动仲裁，要求银行支付解除劳动关系的经济补偿金。

[针锋相对]

孟某认为，银行以其不符合录用条件为由解除劳动合同的理由不成立；银行提交了《劳动合同（附件一）》，证明职责范围；《2021 年度个人理财经理绩效计划》及孟某 2021 年 3 月的业绩完成情况，证明孟某 2021 年 3 月未达到规定指标。

[审理结果]

仲裁委员会审理后最终裁决：鉴于双方一致认可解除劳动合同处于试用期内，孟某对银行提交的证据真实性均认可，银行解除劳动合同的行为符合《劳动合同法》第 39 条第 1 项的规定，不属于应支付经济补偿金的范畴，故驳回孟某的仲裁请求。

[律师点评]

本案是一起用人单位以劳动者不符合录用条件为由解除劳动合同引发的案件，争议的焦点在于该公司能否提出足够的证据证明孟某不能胜任工作，如果能够证明，公司则可以单方解除劳动合同；如果不能证明，公司单方解除劳动合同的行为就是违法的。在本案中，公司既提交了证明孟某所担任职位及职责范围的证据，又提交了判断孟某是否符合录用条件的考核标准、考核结果，有充分的事实和制度依据，故仲裁委员会裁决驳回孟某的诉讼请求。可见，用人单位以“不符合录用条件”为由解除劳动合同时，提前告知劳动者录用条件，保留录用条件及考核指标等规章制度，以及考核过程及结果等相关证据的重要性。

[拨云见日]

①吴某到某公司应聘出纳，该公司在招聘广告中注明该职位需要本科学历，但是吴某只有大专学历。在求职过程中，吴某如实向公司告知了学历，但是经过面试，公司对吴某非常满意，破格录用了吴某。那么，在试用期内，公司能否以吴某不具备本科学历，不符合录用条件为由解除劳动合同？

答：虽然公司在招聘广告中规定了“具备本科学历”是录用条件之一，但是公司明知吴某只有专科学历却仍然录用吴某，表明公司已经变更了录用条件，默许具备专科学历也可以，因此，公司不得再以吴某不具备本科学历，不符合录用条件为由解除劳动合同。

②某公司同时招聘法务主管和法务专员，在招聘广告中注明法务主管岗位需要3年的相关工作经验，法务专员岗位需要1年的相关工作经验。刘某曾在某合资企业做了2年法务工作，看到招聘广告后便到该公司应聘法务主管。经过层层考察，公司最终决定聘用刘某任法务主管，并向其发放了录用通知书，其中注明岗位为法务主管。刘某入职后，经双方协商，刘某的岗位调整为法务专员。试用期内，由于公司对刘某的工作能力不太满意，于是以工作年限不够要求、不符合录用条件为由解除了与刘某的劳动合同。请问，公司解除劳动合同的行为是否合法？

答：虽然刘某应聘的是法务主管，公司一开始也是招聘其做法务主管，但是由于后来刘某的工作岗位已经调整为法务专员，因此，公司便不得再以法务主管的录用条件来考核刘某，而应当以法务专员的录用条件进行考核。刘某的相关工作经验为2年，而法务专员岗位只要求具备1年的相关工作经验，刘某完全符合，因此，公司以工作年限不够要求、不符合录用条件为由解除与刘某的劳动合同是不合法的。

[律师说法]

如果劳动者在用人单位实际担任的岗位与招聘时或求职时的岗位不同的，用人单位应当以其实际担任的岗位所对应的录用条件进行考核，而不得再依据招聘时的岗位所对应的录用条件进行考核。此外，劳动者入职后变换工作岗位的，企业也必须同时向其公示实际担任岗位所对应的录用条件。

(4)解除合同的时间。

根据《劳动合同法》的规定，只有在**试用期届满前**才能以“不符合录用条件”为由解除劳动合同，一旦试用期满，用人单位便不能以不符合录用条件为由解除劳动合同。这在原劳动部《对〈关于如何确定试用期内不符合录用条件可以解除劳动合同的请示〉的复函》中就有明确规定。

[场景回放]

陈某于2018年3月3日与某公司签订了为期3年的劳动合同,并约定了3个月的试用期,即从2018年3月7日至6月6日,同时约定陈某经考核合格后转正。6月10日,由于对陈某的工作表现不甚满意,公司向陈某下达了不予转正的通知,并以"试用期内不符合录用条件"为由解除劳动合同。

[律师点评]

所谓"转正",通俗而言,就是指通过试用期。根据法律的规定,试用期届满,劳动者仍然在用人单位工作,那么从试用期满次日起,劳动者便自动转正。在实务中,很多用人单位认为劳动者是否转正由用人单位决定,完全取决于用人单位的意志。这一看法非常片面,在试用期内,若劳动者不符合录用条件,用人单位可以决定不让其转正;但是试用期一旦届满,劳动者便自动转正,无须用人单位同意,即便劳动者不符合录用条件,此时用人单位也不能以不符合录用条件为由解除劳动合同。本案中,在2018年6月10日,陈某的试用期已经届满,此时,陈某已经"自动转正",因此,公司不得再以"试用期内不符合录用条件"为由解除劳动合同。

对于用人单位而言,对劳动者的试用期考核一定要在试用期满前进行,一般在试用期满1周之前进行。一旦劳动者被证明不符合录用条件,用人单位应当在试用期满前及时通知解除劳动合同,而不要拖到试用期满以后。试用期结束后,即使用人单位有证据证明劳动者不符合录用条件的,也只能按照《劳动合同法》的规定,给劳动者调整工作岗位或者进行培训,劳动者仍不能胜任工作的,用人单位可以解除劳动合同,但须提前30日通知,并依法支付经济补偿金。

2. 劳动者具有过错性解除情形之一的

劳动者具备下列情形之一的,用人单位可以解除劳动合同,不论是在试用期内还是在试用期满后:(1)严重违反用人单位规章制度的;(2)严重失职,营私舞弊,给用人单位造成重大损害的;(3)同时与其他用人单位建立劳动关系,对完成本单位的工作任务造成严重影响,或者经用人单位提出,拒不改正的;(4)以欺诈、胁迫的手段或者乘人之危,使用人单位在违背真实意思的情况下订立或变更劳动合同致使劳动合同无效的;(5)被依法追究刑事责任的。可见,劳动者不论是具备以上哪一种情形,都是由于其自身具有一定的过错,因此简称为"过错性解除情形"。

3. 劳动者具有非过错性解除情形之一的

劳动者自身没有过错,但由于患病、负伤或者工作能力等原因不能胜任工作的,用人单位在试用期内也可以解除劳动合同,主要有以下两种情形:一是劳动者患病或者非因工负伤,在规定的医疗期满后不能从事原工作,也不能从事由用人单位另行安排的工作的;二是劳动者不能胜任工作,经过培训或者调整工作岗位,仍不能胜任工作的。

(二)用人单位解约的程序

根据《劳动合同法》第21条的规定,劳动者只要具备上述条件之一的,用人单位便可以解除劳动合同,无须提前通知劳动者,但是应当告知劳动者解除劳动合同的理由。至于告知的形式,法律并没有作出强制性规定,但是为了规范管理和证据保留,建议用人单位最好采用书面形式,并将告知书送达劳动者。另外,如设立了工会,根据《劳动合同法》第 43 条的规定,试用期用人单位解除劳动合同,还应当事先将理由通知工会。

(三)用人单位解约的后果

根据《劳动合同法》第 21 条的规定,劳动者只要具备上述条件之一的,用人单位便可以依法解除劳动合同,无须向劳动者支付赔偿金或者解除劳动合同经济补偿金。如果劳动者不具备上述条件之一,用人单位单方违法解除劳动合同,则劳动者有权要求继续履行劳动合同或支付赔偿金。相对而言,劳动者选择赔偿金的,法律风险相对较小。而劳动者选择继续履行劳动合同的,用人单位将面临更大的法律风险。

[场景回放]

2014 年 11 月 3 日,某科技公司与蒋某签订劳动合同,劳动合同期限为 2014 年 11 月 3 日至 2017 年 11 月 4 日,试用期为 2014 年 11 月 3 日至 2015 年 2 月 2 日,工作岗位为技术部相关岗位工作,执行标准工时制,月工资按照公司下达的《人事通知单》执行,试用期工资为 2 万元。2015 年 1 月 5 日,某科技公司对蒋某进行试用期员工阶段考核,考核结果为试用期不合格。2015 年 1 月 6 日,某科技公司以试用期不符合录用条件为由单方解除劳动合同。

2015 年 1 月 21 日,蒋某向劳动争议仲裁委员会申请劳动仲裁,要求解除劳动合同支付经济补偿金 10,000 元及代通知金 20,000 元。2015 年 5 月 6 日,蒋某撤回仲裁申请。同日,蒋某申请劳动仲裁,要求撤销解除通知书,继续履行劳动合同,并要求支付 2015 年 1 月 10 日至 2015 年 4 月 30 日的工资 89,000 元。

[针锋相对]

某科技公司提供《试用期员工阶段考核表》。该表载明:员工姓名蒋某,考核时期自 2014 年 11 月 3 日至 2015 年 1 月 5 日;入职 1 个月的主要工作收获,开始了解电台设计;本月的最大体会,公司融入困难;个人评分 78 分;导师评分 63 分;导师评语,工作不积极主动,技术水平很难再提高;用人单位负责人评语,工作不积极主动,正常上班时间闲事过多;考核结果,试用期不合格。同时,该表显示有"被考核者对考核结果确认签名",但该处未显示有蒋某签名。某科技公司表示:蒋某自己填写"开始了解电台设计",说明其以前未接触过电台设计,其自己表示"融入困难";蒋某上班时间闲事过多表现为上班时经常离开工位接打电话。蒋某不认可该证据的真实性,但表示"开始了解电台设计;公司融入困难"是其填写的。同时,蒋某表示其未见到过考核结果,否认试用期不合格。

[审理结果]

2015 年 8 月 10 日,劳动仲裁委员会作出仲裁裁决:撤销解除劳动合同决定,继续履行劳动合同,并要求某科技公司支付2015年1月10日至2015年4月30日的工资73,793.1元。双方均不服仲裁裁决,起诉至人民法院。2015年11月2日,一审法院作出民事判决书。一审法院认为,某科技公司是以蒋某试用期不符合录用条件为由与蒋某解除劳动合同。首先,某科技公司就其录用蒋某时的录用条件并未提供相应的证据证明。其次,蒋某在《试用期员工阶段考核表》填写的工作收获、个人体会,亦不足以证明蒋某不符合录用条件。此外,某科技公司认为蒋某不符合录用条件的依据是部门领导对蒋某的评语,该评语是"工作不积极主动、技术水平很难再提高、工作上班时间闲事过多",上述评语更多的是考核人的主观评价,缺少相应的客观事实依据,且某科技公司针对作出上述评价的客观依据亦未提供相应的证据证明。鉴于上述情况,某科技公司与蒋某解除劳动合同的行为显然不符合法律规定,构成违法解除,故法院对于蒋某要求继续履行劳动合同的诉讼请求,予以支持。双方均不服一审判决,上诉至中级人民法院。2016年3月30日,中级人民法院作出二审判决,维持原判。之后,蒋某又提起第二轮劳动争议,主张2015年5月1日至2016年4月30日的工资24万元,亦先后获得仲裁委员会及人民法院的支持。

[律师点评]

本案中由于用人单位未能有效设定录用条件,也未能有效固定员工不合格的相关证据,考核过程欠缺量化指标、过于主观,结果被认定为违法解除劳动合同。而且在员工变更仲裁请求时(由支付赔偿金变更为继续履行劳动合同),缺乏警惕性,未能及时调整应对策略,最终导致用人单位需要按照正常工资标准支付员工仲裁、诉讼期间的工资损失。

除上述用人单位解除劳动合同的情形外,如果具备法律规定的其他情形的,如客观情况发生重大变化导致劳动合同无法履行,当事人双方无法就变更劳动合同达成一致的,或者发生裁员情形的,用人单位仍然可以按照法定程序解除试用期内与劳动者的劳动合同,只是在程序和后果上有所区别,如必须提前30日书面通知劳动者,并且依法支付解除劳动合同经济补偿金。

[法条链接]

《中华人民共和国劳动合同法》

第二十一条　在试用期中,除劳动者有本法第三十九条和第四十条第一项、第二项规定的情形外,用人单位不得解除劳动合同。用人单位在试用期解除劳动合同的,应当向劳动者说明理由。

第三十九条　劳动者有下列情形之一的,用人单位可以解除劳动合同:

在试用期间被证明不符合录用条件的……

最高人民法院《关于审理劳动争议案件适用法律问题的解释(一)》

第四十四条　因用人单位作出的开除、除名、辞退、解除劳动合同、减少劳动报酬、计算劳动者工作年限等决定而发生的劳动争议,用人单位负举证责任。

第四节　试用期管理的误区

在实践中，用人单位在试用期管理过程中存在很多理解和操作上的误区，这些都是劳动争议的多发地带。前文中已经或粗或细地对一些误区作了阐述，本节再集中阐明试用期管理的各个误区，以期引起广大 HR 的重视。

一、只约定试用期不约定劳动合同期限

很多用人单位因为害怕被"套牢"，因此在用工之初只与劳动者约定试用期，而不约定劳动合同期限；或者只签订试用期协议，而不签订劳动合同。这都是极端危险的操作方式。根据《劳动合同法》第 19 条第 4 款的规定，在这种情形下试用期约定无效，试用期期限为劳动合同期限。

正确操作：用人单位在与劳动者约定试用期的同时，一定要与劳动者约定劳动合同期限，试用期期限包含在劳动合同期限内。

二、单方面"延期转正"或"提前转正"

一些用人单位认为，既然用人单位拥有管理自主权，那么完全可以根据管理需要单方面延长试用期或让劳动者"提前转正"，劳动者必须服从。这种观点大错特错，延长试用期可能被定为再次约定试用期，存在无效风险。"提前转正"属于对试用期期限的变更，因此必须要与劳动者协商一致，未经劳动者同意，用人单位不得单方强行变更。

正确操作：准备让劳动者"提前转正"前，应当征求劳动者的意见，并及时签订变更协议。试用期内，一旦劳动者被证明不符合录用条件，用人单位就应当及时与其解除劳动合同，而不宜延长试用期以观后效，以免节外生枝。

三、试用期满后迟迟不给劳动者"转正"

在实务中有这样的情形：试用期届满后，用人单位继续留用劳动者，但是由于对劳动者表现不甚满意或者毫无理由故意拖延，迟迟不给劳动者"转正"，仍然按照试用期期间的标准向劳动者支付工资和其他各项福利待遇。这就违反了法律规定，侵害了劳动者的合法权益，应当予以改正。

正确操作：从法律上看，试用期届满，劳动者便自动"转正"，而无须用人单位批准或同意。自试用期满的次日起，劳动者便应享受"转正"后的待遇。若试用期内劳动者被证明不符合录用条件，用人单位应当在试用期届满前便及时解除劳动合同，而不应拖到试用期满后。一旦试用期届满，用人单位不得再以不符合录用条件为由解除劳动合同。

四、试用期内可以随意解除劳动合同

很多用人单位普遍有这样一种观点：既然试用期是用人单位与劳动者相互选择的考察期，那么，在试用期内，一旦用人单位对劳动者的表现不满意，便可以无条件地解

除劳动合同。其实,法律从未赋予用人单位在试用期内无条件的解约权,只有满足法定条件,用人单位才可以依法单方解除劳动合同,即便在试用期内也是如此。

正确操作:即便在试用期内,用人单位解除劳动合同也应当十分谨慎,不仅要严格掌握用人单位在试用期内解除劳动合同的相关规定,同时还要注意保留和收集相关的证据,避免因违法解除承担法律后果。

[专家说法]

——付勇律师*

试用期管理环节是继招聘录用环节之后用工管理的第二个重要环节。在这个环节,用人单位还有机会通过有效设定录用条件这张筛子再次对员工进行合法筛选(解除劳动合同无须支付经济补偿)。但这种筛选不是任意的、无条件的,而是法定的、有条件的,需要用人单位充分掌握自主用工权的边界,“扎硬寨、打死仗”。

就法律角度而言,有效的试用期管理至少应当包括以下组成部分:1. 窗口期(试用期期限)设定合法有效;2. 录用条件(包括正面及反面)设定有效;3. 录用条件已经明确告知劳动者;4. 对员工行为能够进行有效的监督和管理;5. 及时发现劳动者存在不符合录用条件的情形;6. 用人单位在窗口期关闭前(试用期届满前)告知员工解除理由;7. 如有工会,用人单位还需要事先征求工会意见。而且,由于法律明确规定解除劳动合同的举证责任由用人单位承担,因此,用人单位的试用期管理必须牢牢树立证据意识、窗口意识,前述 7 个要件需要做到一气呵成、严丝合缝,方可最大限度发挥试用期的功效。任何一个要件掉链子,都可能让用人单位的试用期管理变成“夹生饭”,让用人单位遭受损失。

可能会有企业担心,这样高标准的要求对于用人单位而言是不是不能承受之重。这样担心固然不能说是不合理的,在经济下滑的形势下,司法实践中也出现了“适当放松试用期管制”的声音。但是,无论如何,有效的管理应当是内生的,用人单位不能把宝全押在变化不定的风向上。对于企业而言,相对有效的试用期管理方式应是在专业人士的指导下,结合企业实际情况制定《试用期管理办法》及操作指南,并适时更新,并内化成有效流程。如用人单位尚在流程再造的过程中,由于各种原因尚未能调整到位,甚至已经直接面临仲裁、诉讼的,特别是试用期员工提出继续履行劳动合同的诉求时,则需要借助专业人士的帮助,及时有效地进行化解,避免久拖不决,给用人单位造成更大的损失。

---

* 付勇律师:北京大成律师事务所高级合伙人,北京市劳动和社会保障法学会会员,北京律协劳动和社会保障法律业务委员会委员,大成劳动与人力资源管理专业委员会秘书长。著有《劳动合同争议处理法律依据与案例指导》《企业人力资源管理:文书范本、风险提示、实例精要》《企业人力资源管理法规速查大全》《常用合同签约技巧与范本大全》等著作。

第四章

善用王牌条款“规章制度”

——企业与员工之间的“法律”

《劳动合同法》及其实施条例的出台，不论是对劳动者还是对用人单位而言，都将产生深远影响。虽然新法秉承向弱势的劳动者倾斜的立法精神，使企业劳动用工受到诸多规制，违法用工成本大大增加，但它在加强对劳动者利益保护的同时，也为企业设置了一些『王牌』条款，依法保护企业的利益，其中最为突出的就是规章制度条款。如果企业能够善于用好这些企业与员工之间的『法律』条款，就能使其在劳动用工管理中占据主动地位。

第一节　规章制度的法律地位

[场景回放]

李某于2016年应聘到某物业公司工作，双方未签订劳动合同，也未书面约定过工作岗位和其他相关待遇。2020年9月底，该物业公司口头通知李某“十一”后交接工作。在交接完毕后，物业公司为其结算了工资并告知李某已被公司辞退，但没有支付经济补偿金。双方就此产生争议诉至劳动争议仲裁委员会。

[针锋相对]

李某诉称，公司以各种理由不与其签订劳动合同，为此他向有关单位投诉，要求公司签订劳动合同，补缴各项社会保险。公司知道后找他谈话，无视他的合理要求，对他表示不满，第二天便将他辞退。这种行为是违法的，公司应该向其支付解除劳动关系经济补偿金3400元。

物业公司辩称，由于李某在公司工作期间严重违反劳动纪律，公司依法解除劳动关系，不需要支付经济补偿金。

在仲裁庭审理过程中，双方围绕着李某是否违反了用人单位的劳动纪律进行了举证质证。物业公司提供了调查笔录一份，说明李某就职期间私自与煤气公司达成协议买卖煤气罐，违反了公司的劳动纪律。李某对于买卖煤气罐的事实没有异议，但是认为单位没有禁止性规定，不能认为自己违反了劳动纪律。

[审理结果]

劳动争议仲裁委员会认为，对于李某买卖煤气罐的事实双方予以认可，仲裁委员会不持异议，但因物业公司没有提供相关企业规章制度，以违反劳动纪律为由解除与李某的劳动关系没有依据。因此裁决物业公司支付李某解除劳动关系经济补偿金3400元。

[律师点评]

这起劳动争议案件以用人单位败诉而告终，而单位败诉的根本原因就在于其没有建立健全的规章制度。

不论是1995年的《劳动法》，还是2008年的《劳动合同法》，它们在第4条都明确规定了用人单位应当依法建立和完善劳动规章制度，保障劳动者享有劳动权利、履行劳动义务。由此可见，劳动规章制度对于劳动者而言，具有保障劳动者享有劳动权利的功能，对于用人单位而言，又具有保障劳动者履行劳动义务的功能，这两种功能是相辅相成的。具体而言，用人单位的劳动规章制度具有以下作用：

一、帮助企业实现规范化管理

企业规章制度是企业管理措施的具体化，作为我们论述的核心——劳动规章制度，是企业为加强劳动管理，在企业内部实施的规范劳动者劳动义务、保障劳动者行使劳动权利的行为准则。依法制定科学规范的劳动规章制度，是企业进行人力资源管理的重要依据，不但可以帮助企业实现规范管理运作，而且对企业的正常运营、生产、长远发展都具有重大作用。

二、保障劳动者的合法权益

由于劳动规章制度是用人单位与劳动者之间的“法律”，它不仅规范劳动者的行为，同时也规范用人单位的行为。规章制度一经制定生效，不仅劳动者受其约束，用人单位也应当严格遵照执行，不得任意妄为，以便保障劳动者依法行使劳动权利，保障劳动者的合法权益。在上述案例中，由于物业公司并没有相关规章制度规定“私下买卖煤气罐”属于违纪行为，就不得以李某违反劳动纪律为由随意解除劳动关系。

三、作为确定双方权利义务的依据

根据《劳动法》《新劳动争议司法解释（一）》的相关规定，用人单位依法制定的规章制度，已向劳动者公示的，可以作为确定双方权利义务的依据。在上述案例中，如果物业公司在规章制度中明确规定员工私下不得买卖煤气罐，并将该制度进行了公示，那么就可以作为确定双方权利义务的依据，劳动争议仲裁委员会或者人民法院在审理劳动争议案件的过程中也可以直接把这个规章制度作为审理的依据。

[场景回放]

2016 年 5 月 20 日，公司收到员工举报，内容为 2016 年 1 月 13 日，食堂员工 A 用公司食堂洗菜盆清洗经期内衣裤。后经公司食堂负责人、员工取证确认了此事，A 也予以认可。该事件发生后，在公司引发恶劣影响，数名员工因此事前往医院进行身体检查，几十名员工写联名信要求彻查此事并开除 A。公司食堂连续十多天无人用餐，公司只能临时给员工订餐来弥补 A 造成的影响。公司认为，A 在公司食堂工作多年，理应知晓食品卫生人员操作规范，其行为超出常人理解范围。鉴于上述多种原因，公司为了避免出现更大的事件，将 A 予以开除。在仲裁期间，仲裁委员会以公司未提供制度依据为由认定公司解除劳动合同系违法解除。

[律师点评]

上述争议是一起因企业规章制度约定不明而导致违法解除劳动合同的典型案例。根据《劳动合同法》第 39 条的规定，劳动者严重违反用人单位规章制度的，用人单位可以解除劳动合同。但是何种违纪行为达到了严重的程度，《劳动合同法》对此没有也无法作出明确规定。因此用人单位既然主张员工违反了规章制度，那么就需要由用人单位的规章制度对劳动者的行为加以明确。

在本案中，虽然员工A的行为违背公序良俗、严重违反其职业道德，但是用人单位是以劳动者严重违反用人单位的规章制度为由解除的，就需要提供劳动者严重违纪的证据。既然用人单位举证不能，而且解除劳动合同又是对员工最严厉的惩罚，那么用人单位就需要承担相应的不利后果。同时从本案中也可以看到，公司本身存在一定问题，无论是在人事管理上，还是在制度建设上都有巨大漏洞，由此可见，制定合法有效的规章制度至关重要。

[法条链接]

《中华人民共和国劳动法》

第三条　……劳动者应当完成劳动任务，提高职业技能，执行劳动安全卫生规程，遵守劳动纪律和职业道德。

第四条　用人单位应当依法建立和完善规章制度，保障劳动者享有劳动权利和履行劳动义务。

《中华人民共和国劳动合同法》

第四条　用人单位应当依法建立和完善劳动规章制度，保障劳动者享有劳动权利、履行劳动义务……

最高人民法院《关于审理劳动争议案件适用法律问题的解释(一)》

第五十条　用人单位根据劳动合同法第四条规定，通过民主程序制定的规章制度，不违反国家法律、行政法规及政策规定，并已向劳动者公示的，可以作为确定双方权利义务的依据。

用人单位制定的内部规章制度与集体合同或者劳动合同约定的内容不一致，劳动者请求优先适用合同约定的，人民法院应予支持。

第二节　规章制度的生效要件

劳动规章制度作为企业内部的“小法律”，要有效调整用人单位与劳动者之间的劳动关系，必须同时具备两方面的要件：一是实体要件，即主体适格，内容合法、合理；二是程序要件，即制定程序和公示程序均符合法律规定。缺失其中任何一个要件，致使企业规章制度在效力上存在瑕疵，都可能会导致企业在劳动用工管理中四处碰壁，在劳动争议仲裁、诉讼中“栽跟头”。

一、实体要件

(一)主体适格

前面提到过，《劳动法》和《劳动合同法》都明确规定了用人单位应当依法建立和完善劳动规章制度，可见，劳动规章制度的制定主体应当是用人单位。如果是用人单位的某个部门制定和发布规章制度，一旦发生劳动争议，可能会无法产生预期的法律效果。因此，为了防止这种效力风险，即便是企业的某个部门制定的规章制度，建议最好还是以企业的名义进行发布。

（二）内容合法

用人单位规章制度内容合法是实体合法的一个重要指标，这里的“合法”应当作广义理解，是指内容要符合国家所有法律、法规和规章的规定，不违反上述法律明令要求或禁止的强制性规定。换句话说，企业规章制度不得逃避法律明令要求的义务，也不得规定法律明令禁止的内容。如果用人单位规章制度违反法律、法规和规章的规定，不但对劳动者不具有约束力，如果给劳动者造成损害的，用人单位还应当承担赔偿责任。在实务中，笔者常常遇到许多企业由于制定的规章制度内容不合法，导致在劳动争议处理中处于不利地位的情形，下面这个案件就说明了这一点。

[场景回放]

员工甲为A企业的业务主管，月薪4000元，由于工作的需要，2017年3月、4月员工甲加班共22小时，其中16小时为延时加班，6小时为双休日加班，A企业共向其支付加班费300元。2017年5月甲提出离职，并要求企业补发加班工资，企业以员工手册中明确规定员工每月加班工资不得超过150元为由拒绝支付。员工甲一气之下提起仲裁，劳动争议仲裁委员会以A企业员工手册上述内容违法为由，支持了甲的申诉请求，裁决A企业向员工甲补发加班费560.4元。

[律师点评]

上述是一起企业规章制度因违法而无效的典型案例，《劳动法》第50条明确规定了用人单位不得克扣或者无故拖欠劳动者工资，同时在第44条又明确了加班工资的计算方法，企业应当按照这些规定，根据员工实际加班的时间计算并支付加班工资，不得克扣。A企业员工手册中规定加班费的上限，实际上已经违反了上述《劳动法》的强制性规定，劳动争议仲裁委员会也正是以此为据认定A企业员工手册中的相关规定无效。

（三）内容合理

用人单位企业规章制度的内容不但要符合国家法律、法规和规章的规定，还应当符合常理。何为常理？这是一个很模糊的概念，用人单位应当根据同等情况下的普通要求进行善意的判断，这也是仲裁员及法官判断一项制度是否合理的标准。需要注意的是，针对不同情况，判断一项制度是否合理的结果也是不一样的。例如，企业在规章制度中规定：“员工在办公区抽烟，一经发现企业即可解除劳动关系。”对于该项规定是否合理，应当区分情况进行判断，如果对于一个无消防特殊要求的工作区而言，上述规定显然过于苛刻，有失合理；如果对于一个消防重地，如存放易燃易爆物品的仓库，上述规定则十分必要，并不为过。

在实践中，很多企业可能都存在一个认识上的误区，简单地认为只要企业规章制度中有明确规定，企业就可以依照该规定处理劳动关系。因此，为了节省人工成本，企业往往在规章制度中尽量作出对企业有利的规定，甚至超出法律的限度，超出合理的范围。但是我们要知道，依据这种不合法、不合理的规章制度调整劳动关系，所导致的法律后果又怎能合法、合理呢？

二、程序要件

程序正义是实现实体正义的保证，从某种意义上看，程序合法还是实体合法的前提。《劳动法》与《劳动合同法》都对规章制度作出了程序上的要求，即民主与公示。相较于《劳动法》，《劳动合同法》对企业规章制度从民主和公示程序上提出了更高的要求，在新法背景之下，考察一项规章制度是否有效，不仅要从内容上考察其是否合法合理，更应从程序上分析其是否符合民主与公示的要求。

（一）民主程序

《劳动合同法》第4条第2款规定："用人单位在制定、修改或者决定有关劳动报酬、工作时间、休息休假、劳动安全卫生、保险福利、职工培训、劳动纪律以及劳动定额管理等直接涉及劳动者切身利益的规章制度或者重大事项时，应当经职工代表大会或者全体职工讨论，提出方案和意见，与工会或者职工代表平等协商确定。"该条第3款还规定："在规章制度和重大事项决定实施过程中，工会或者职工认为不适当的，有权向用人单位提出，通过协商予以修改完善。"上述规定确定了制定、修改企业规章制度的民主程序，而这种民主协商的程序已经成为企业规章制度生效的一个重要条件。

相较于《劳动法》，《劳动合同法》对民主程序提出了更高的要求，也作出了更细致的规定，特别明确了职工代表大会和工会这两大组织在民主程序中发挥的重要作用。虽然法律当前并没有明确要求用人单位必须组建职工代表大会或工会，但是基于这两大组织在规章制度的制定和修订过程中所发挥的不可小觑的作用，企业最好能主动组建职工代表大会或工会，这是十分必要的，尤其是对于一些规模较大的企业。

[拨云见日]

1. 能否由各部门领导提出人选担任职工代表？

答：不能。职工代表的选举必须民主，由全体职工民主表决来选举职工代表，而不能由企业进行指定。对于规模较大、人数较多的企业，如果由全体职工民主选举难以实际操作，可以分部门开展民主选举。

2. 企业职工没有组建工会，会影响规章制度的生效吗？

答：不会。工会是企业职工自愿结合的组织，法律并不强制企业必须建立工会。如果企业职工没有组建工会的，制定和修改规章制度可以与职工民主选举的代表平等协商，不会影响规章制度的效力。

3. 企业制定或修改规章制度时，仅与工会进行了协商，能否视为该规章制度已经经过了民主程序？

答：不能。企业制定或修改规章制度的民主程序分为两步：第一步是与职工代表大会或者全体职工讨论，提出方案和意见；第二步是与工会或者职工代表平等协商确定，这两步过程缺一不可。如果仅与工会进行协商，而没有与职工代表大会或者全体职工讨论，并不能视为已经经过了民主程序。根据法律规定，我们发现工会仅参与民主程序的第二步，但是职工代表可以参与民主程序的全过程，因此，当企业一定要在组建工会或组建职工代表大会中选择其一的话，企业可以考虑先组建职工代表大会。

（二）公示程序

《劳动合同法》第4条第4款规定："用人单位应当将直接涉及劳动者切身利益的规章制度和重大事项决定公示，或者告知劳动者。"俗话说"不知者不为过"，企业规章制度的公示或告知是规章制度得以执行的保证，规章制度没有经过公示或者没有告知劳动者的，对劳动者不产生约束力，就无法发挥规章制度的效用。

[场景回放]

员工甲于2015年9月1日到A公司担任某部门经理，约定试用期为3个月，试用期工资为每月6400元。员工甲在该公司工作至2015年11月25日。甲主张其在该公司工作期间存在加班，于是向劳动争议仲裁委员会提起仲裁，要求A公司补发其加班工资共计5500元。

[针锋相对]

员工甲为证明其存在加班的事实，向仲裁委员会提交了其加班的打卡记录以及员工加班登记表。A公司认可在加班登记表上签字的均系该公司员工，但认为根据公司管理制度的规定，因签字人并非员工甲的主管领导，没有审批加班的权利，故不能证明员工甲存在加班事实。就此，该公司向仲裁委员会提交了考勤管理制度。员工甲对该制度不予认可，认为公司就该制度未向其进行过明示。

[审理结果]

仲裁委员会经审理认为，A公司主张该公司的考勤管理制度规定："员工如需加班，必须事先填写加班申请单，经主管上级领导核实签字后方可生效。"但员工甲对该制度不予认可，且公司未提供该制度已向甲进行过明示的证据，故仲裁委员会对该考勤管理制度不予认可，该制度对甲不具有约束力。甲提供的加班登记表所载明的加班记录有公司员工签字确认，故仲裁委员会认定甲进行了加班工作，A公司应向其支付加班工资。

[律师点评]

本案的争议焦点是A公司的考勤管理制度对员工甲是否生效，员工甲的加班事实是否成立。根据《劳动合同法》的规定，企业应当将直接涉及员工利益的规章制度予以公示，未经公示的规章制度对员工不具有约束力。由于公司并未向员工甲告知考勤管理制度的内容，因此该制度对员工甲不具有约束力，公司认为加班单因没有主管领导签字而不生效的主张不成立。员工甲提供的加班登记表所载明的加班记录有公司员工签字确认，因此员工甲的加班事实成立。

在办案实务中，笔者所接触的大多数企业虽然都已知晓规章制度公示的重要性，在管理过程中也就各项制度对员工进行了公示，但由于公示方式欠妥，为事后在劳动争议处理中的被动地位埋下隐患。例如，许多企业往往将各项规章制度挂在企业局域网上或者在企业的公告栏中进行公示，这两种办法十分便捷，但是存在举证难的问题，事后员工一旦否认，企业就会显得非常被动。因此，为了避免规章制度效力争议，引发败诉的风险，企业最好事先保留相应的证据，在进行规章制度公示时尽量采取便于举证的方式方法。下列公示方法可供参考：

1. 对于规模不大，人数较少的企业，可以在公示规章制度时制作签收记录，让每一位员工签收。

2. 对于规模较大，人数较多的企业，可以分部门或分小组开展规章制度培训会，参会人员在出勤表上逐一签字，对于因故未到会的个别员工，可以采取签收方式作为补充。

3. 在每一位新员工入职时，就其入职前存在的规章制度进行签收。

[法条链接]

《中华人民共和国劳动合同法》

第四条 ……用人单位在制定、修改或者决定有关劳动报酬、工作时间、休息休假、劳动安全卫生、保险福利、职工培训、劳动纪律以及劳动定额管理等直接涉及劳动者切身利益的规章制度或者重大事项时，应当经职工代表大会或者全体职工讨论，提出方案和意见，与工会或者职工代表平等协商确定。

在规章制度和重大事项决定实施过程中，工会或者职工认为不适当的，有权向用人单位提出，通过协商予以修改完善。

用人单位应当将直接涉及劳动者切身利益的规章制度和重大事项决定公示，或者告知劳动者。

第八十条 用人单位直接涉及劳动者切身利益的规章制度违反法律、法规规定的，由劳动行政部门责令改正，给予警告；给劳动者造成损害的，应当承担赔偿责任。

《中华人民共和国劳动法》

第八十九条 用人单位制定的劳动规章制度违反法律、法规规定的，由劳动行政部门给予警告，责令改正；对劳动者造成损害的，应当承担赔偿责任。

第三节 规章制度的制定

“工欲善其事，必先利其器。”好的劳动规章制度能够保障企业用工管理有序、规范地运转，还能最大限度地减少劳资纠纷，降低企业的违法成本。实践证明，成功的企业都有一个共同的秘诀，那就是拥有适合本企业优良的规章制度。究竟如何能够制定出最适合本企业的规章制度呢？这是困扰无数 HR 的问题。

一、制定原则

用人单位制定劳动规章制度，应当坚持以下几个原则：

（一）保证规章制度的有效性

企业制定规章制度应当保证规章制度具有法律效力。不具有法律效力的规章制度，在施行过程中存在较大的风险。如存在侵犯劳动者权益内容的规章制度，不仅在发生纠纷时得不到认可，不予适用，还可能受到劳动行政管理部门的处罚。因此，企业 HR 在制定规章制度时一定要熟悉了解相关的法律、法规，保证制定的规章制度在内容上合法、合理，不得违反法律、法规的强制性规定。此外，在制定规章制度时，企业还应当完善民主程序，将民主落到实处而不是流于形式，避免因程序不合法导致规章制度无效。

（二）确保规章制度的实际可操作性

在与企业接触的过程中，笔者发现很多企业不是没有规章制度，相反各种规章制度都有，而且内容很全，几乎囊括了相关法律法规的所有规定。但一旦发生纠纷，却很难找到与个案相契合的规定，从表面上看很多规定都可以用，但实际上什么规定都不好用，这表明这些规章制度缺乏实际可操作性。不具有实际可操作性的规章制度不能发挥应有的效用，与没有规章制度并无二致。因此，企业在制定规章制度时应当确保其具备实际可操作性，不能仅仅是对法律的罗列，而应当结合本企业的实际情况，将法律的规定细化，争取内容上做到全面、具体、明确。

（三）注意各项规章制度间的统一性

很多企业会针对不同的事项或主题制定不同的规章制度，此时应当特别注意保持各项规章制度之间相互统一，协调一致，避免在内容上发生冲突，导致无法适用。除了企业内部的各项规章制度应当保持统一以外，还要保证规章制度与劳动合同、集体劳动合同的统一，防止因相互冲突、相互矛盾给企业造成的不利后果。根据《新劳动争议司法解释（一）》第 50 条第 2 款的规定，如果用人单位制定的内部规章制度与集体合同或者劳动合同约定的内容不一致，劳动者请求优先适用合同约定的，人民法院应予支持。劳动合同是劳动者与用人单位就劳动权利义务达成的协议，只要不违反法律、法规，就具有法律约束力，用人单位不能通过规章制度单方面变更劳动合同的设定。所以 HR 要注意规章制度、集体劳动合同、员工个人劳动合同之间对同一事项规定的一致性。

二、制定内容

《劳动合同法》列举了企业制定劳动规章制度涉及的内容，包括劳动报酬、工作时间、休息休假、劳动安全卫生、保险福利、职工培训、劳动纪律以及劳动定额管理等。当然，劳动规章制度的内容也不仅限于此，企业可以根据实际需要，就任何事项或主题制定规章制度。

三、制定步骤

1. 立项。企业根据实际需要,确定规章制度的主题、预期目的、负责人、时限,并做好其他准备事项。

2. 调查。在制定一项规章制度之前,应当以预期目的为向导,对企业管理现状进行充分调查,调查内容包括现实情况、现存问题、预期达到的目的、平时管理习惯等;调查的方式可以是问卷调查、开会讨论等。

3. 起草。在前期调查基础之上起草规章制度的内容,确保规章制度内容符合企业实际情况、实现管理目的,同时清晰、明确,具备可操作性。

4. 讨论。与职工代表大会或全体职工讨论。

5. 协商确定。与工会或职工代表协商确定。

6. 公示。把最后确定的规章制度向全体员工进行公示。

[专家说法]

——王文涛律师*

企业规章制度是用人单位进行有效劳动用工管理的重要依据,直接影响用人单位相关决定的合法性和有效性。企业规章制度的制定,不仅是要做到程序合法,同时也要做到内容合法、合理。同时为了应对可能发生的仲裁诉讼争议,更要注意保留上述程序履行的相关证据。

在实务中,经常会出现规章制度未履行民主程序、公示程序等“大问题”,同时也会遇到内容不合理、员工签字不真实、内容不具备可操作性等“小问题”。但是不论是“大问题”还是“小问题”,在每一个具体案件中,都会成为直接决定案件结果的致命问题。

《劳动合同法》对于用工管理的规定相对原则,无法具体到每一个行业、每一个企业,因此在实际的用工管理中,用人单位是无法直接适用法律、法规对劳动者进行管理的。除了法律、法规等国家规定、政策,规章制度就是企业内部实现用工管理的“帝王条款”。同时规章制度可以由用人单位根据其自身情况进行制定,充分符合用工管理的实际情况和需求,因此在制定之前,履行必要的“尽调”程序是必不可少的。

随着企业规模的扩大,集团公司、总公司与子公司、分公司之间,为了规范管理、统一形象,要求适用同一的规章制度。但是因为劳动关系具备相对性,不同

---

* 王文涛律师:北京大成(青岛)律师事务所合伙人,大成劳动法与人力资源专业委员会副秘书长,工业和信息化部中小企业志愿服务专家,青岛创客大街创业导师,青岛市律师协会人力资源与社会保障委员会副主任,山东省律师协会人力资源与社会保障委员会委员。

的用人单位，对应着不同的劳动者。因此集团公司、总公司制定的规章制度并不能当然适用于子公司、分公司，而是需要子公司、分公司同样再行经过民主程序、公示程序后，方可成为其用工管理的合法依据。

第五章

避免培训的“投资风险”

——如何防止受训员工过河拆桥

知识经济时代，企业竞争的焦点不仅是资金、技术等传统资源，更是建立在人力资本基础之上的创新能力。加强对员工的教育培训，提升员工素质，使企业人力资本持续增值，从而提升企业业绩和实现企业战略规划，成为企业界的共识。然而，企业一旦对员工进行培训使得员工身价倍增，又可能引发员工跳槽，使企业“赔了夫人又折兵”。如何既能通过培训有效提升企业的竞争力，又能避免培训的“投资风险”，成为困扰广大企业HR的一大难题。本章将从法律规定和实务操作两个方面着手，以期在这一问题上给广大HR提供一些帮助。

第一节　用好服务期与违约金两大法宝

一、如何界定服务期

服务期是指用人单位为劳动者提供某项福利而与劳动者约定的劳动者应当为用人单位服务的期限。

服务期以当事人双方之间存在劳动关系为前提，若双方不存在劳动关系，那么就谈不上服务期的约定。但是服务期又不同于劳动合同期限：

1. 两者适用情形不同：用人单位与劳动者一旦建立劳动关系，就必须约定劳动合同期限，劳动合同期限是劳动合同的必备条款；而相较于服务期而言，双方当事人不得随意约定，只有满足法定情形时才可约定服务期。

2. 两者法律后果不同：劳动者只要提前 30 日书面通知用人单位便可解除劳动合同，无须承担违约责任；服务期则不同，劳动者一旦与用人单位约定了服务期，就必须严格遵守，服务期尚未届满，劳动者解除劳动合同，或者用人单位因劳动者的过错而解除劳动合同的，劳动者必须按照约定支付违约金或者承担赔偿责任。

二、约定服务期的情形

[场景回放]

2018 年 1 月 30 日，唐某与某出版社签订了劳动合同，约定唐某在该出版社任文字编辑。2018 年 2 月 13 日，唐某入职上班第一天，该出版社安排业务骨干对唐某及其他新入职人员统一进行了为期 1 周的培训，培训内容涉及编辑的一般知识和规则。为此，出版社要求与唐某及其他新入职人员签订培训协议，约定了为期 2 年的服务期，并约定若唐某等人违反服务期协议，应当向出版社支付违约金 5000 元。2018 年 6 月 20 日，唐某以寻求个人发展为由提出解除劳动合同，出版社以唐某违反服务期约定为由要求唐某支付违约金 5000 元。唐某认为，出版社对其进行的是一般的入职培训，不得约定服务期和违约金，因此拒绝支付。考虑到对其他员工的示范效应，出版社提起劳动仲裁，要求唐某支付 5000 元违约金。劳动仲裁委员会经审理认为，出版社有义务对唐某等人进行入职培训，不得因此约定服务期和劳动者违反服务期的违约金，因此裁决驳回了出版社的申诉请求。

[律师点评]

本案的争议焦点在于出版社对唐某进行了入职培训后，能否与唐某约定服务期。要回答这一问题，首先要明白究竟在哪些情形下，用人单位才能与劳动者约定服务期。对此，《劳动合同法》第 22 条明确规定："用人单位为劳动者提供专项培训费用，对其进行专业技术培训的，可以与该劳动者订立协议，约定服务期。"

[拨云见日]

1. 如何正确理解"专项培训费用""专业技术培训"？

答:《劳动合同法》中并没有明确这两个概念,原本大家都寄希望于《劳动合同法实施条例》,希望《劳动合同法实施条例》能够对此进行界定,以使该条更具可操作性。然而由于种种原因,《劳动合同法实施条例》也回避了这一问题。因此在法律尚无明确之前,大家应该密切关注当地仲裁委员会或者法院对相关案件的操作实务及处理结果。

一般而言,可以通过以下两点把握:

第一,由用人单位承担培训费用;

第二,不属于用人单位基于履行法定义务而对劳动者进行的培训。

并不是只要用人单位对劳动者进行了培训就可以约定服务期。用人单位对劳动者进行培训,一般可以分为福利性培训与义务性培训两种。福利性培训是用人单位基于自愿向劳动者提供的一项特殊福利,用人单位出资对劳动者进行福利性培训的,不论是在岗培训还是脱岗培训,都可以约定服务期;义务性培训即法律规定用人单位应当对劳动者进行的培训,用人单位对劳动者进行义务性培训的,不可以约定服务期。福利性培训一般包括:(1)学历教育;(2)委托全日制大中专院校、科研院校、培训中心、职业学校代培学生;(3)旨在提升劳动者能力的培训,如外语培训、专业技术职称(晋级)培训、劳动技能培训等;(4)出国或异地培训、进修、研修、做访问学者等。义务性培训一般包括上岗培训、转岗培训、安全卫生培训等。

上述案例中,虽然唐某在培训协议上签了字,但是由于出版社有义务在唐某入职时对其进行基本的编辑知识和规则培训,出版社不得与唐某就此约定服务期,因此双方对于服务期的约定无效,出版社不得以唐某违反服务期约定为由要求唐某支付违约金。

2. 用人单位通过实习的方式对劳动者进行培训,能否约定服务期?

答:在实务中,为了提升劳动者的专业技能,用人单位往往会安排劳动者在单位内部各基层岗位实习,指定相关领域有经验的人员对其进行指导,或者安排劳动者去国外关联公司通过参与工作的方式进行培训。在这种情况下,只要用人单位因此出资了,提供费用了,便可以与劳动者签订服务协议,约定服务期。

3. 用人单位为劳动者提供住房、解决户口或提供其他福利的,能否与劳动者约定服务期?

答:根据《劳动合同法》的规定,用人单位只有在为劳动者提供专项培训费用、进行专业技术培训时,才可与劳动者约定服务期,问题中所述情形不符合《劳动合同法》的规定,用人单位不得因此与劳动者约定服务期。

需要注意的是,在《劳动合同法》施行以前,很多地方立法规定了用人单位为劳动者提供特殊福利等可以约定服务期。以上海为例,《上海市劳动合同条例》规定,用人单位出资招用、培训劳动者或者为劳动者提供其他特殊福利待遇的,可以与劳动者约定服务期。而《劳动合同法》对可以约定服务期的情形作出了严格的限制,《劳动合同法》实施后,各地规定与其不一致的,应当以《劳动合同法》为准。

用人单位与劳动者约定服务期基于两大条件:一是当事人双方协商一致;二是属于法定可以约定服务期的情形。用人单位尤其应当注意第二个条件,用人单位只有在为劳动者提供专项培训费用、进行专业技术培训时,才可与劳动者约定服务期,否则,即便当事人双方协商一致,服务期的约定也会因违反法律规定而无效。

根据《劳动合同法》的规定,对于用人单位向劳动者提供住房、解决户口或提供其他特殊福利的情形,用人单位不可再与劳动者约定服务期。为了留住和激励人才,更好地保障用人单位的利益,用人单位应当积极寻求其他解决途径。其中,通过**设置债权消灭的条件**来确保劳动者的服务期限不失为一种好办法。例如,用人单位为了留住核心员工,向员工提供购房补助的,可以与员工签订一份借款协议,约定将员工为企业服务多少年作为债权消灭的条件,一旦员工为企业服务满约定的年限,企业则放弃债权。

[法条链接]

《中华人民共和国劳动合同法》

第二十二条　用人单位为劳动者提供专项培训费用,对其进行专业技术培训的,可以与该劳动者订立协议,约定服务期。

……

三、如何约定服务期

[场景回放]

2015年9月1日,胡某与某体育用品有限公司签订了为期3年的劳动合同,劳动合同将于2018年8月31日终止。2017年1月,由于胡某表现突出,公司决定将其派往欧洲学习4个月,双方因此签订了培训协议,约定培训结束后胡某应为公司工作服务满3年,否则胡某向公司支付违约金10万元。2017年5月,培训结束后胡某回到公司继续上班。自2018年1月以来,胡某的业绩表现一直不是很好,于是到了2018年8月31日,公司终止了劳动合同。胡某提出根据培训协议,劳动合同到2020年5月才到期,公司在2018年8月31日时终止劳动合同属于违法,因此胡某向当地的劳动争议仲裁委员会提起仲裁,要求公司支付违法终止劳动合同的赔偿金。目前该案件正在审理过程中。

[律师点评]

本案比较具有典型性,案件争议的焦点在于服务期长于劳动合同期限该如何处理。要回答这一问题,首先要厘清培训协议与劳动合同的关系。培训协议属于专项协议，就专项协议与劳动合同关系而言，原劳动部《关于实行劳动合同制度若干问题的通知》第6条规定："专项协议作为劳动合同的附件，具有与劳动合同同等的约束力。"专项协议与劳动合同约定不一致的，视为对原劳动合同内容的变更，只要变更后的内容不与法律相冲突，就是合法有效的。因此，如果培训协议中约定的服务期限长于劳动合同期限时，视为对劳动合同期限的变更。对此，《劳动合同法实施条例》第17条也明确作了规定：劳动合同期满，但是用人单位与劳动者约定的服务期尚未到期的，劳动合同应当续延至服务期满；双方另有约定的，从其约定。

本案中，公司与胡某约定的劳动合同期满时，服务期尚未到期，同时双方又未对如何处理两个期限的矛盾作出约定，因此，劳动合同期限应当续延至服务期限届满时，即2020年5月，所以公司在2018年8月31日终止劳动合同违反了法律规定，应当依法向胡某支付违法终止劳动合同的赔偿金。

在实务中有些HR认为，服务期是劳动者单方承诺的服务期限，因此对于用人单位而言，可以不受其约束，用人单位可以单方放弃要求劳动者服务至服务期结束的权利。这种认识有失偏颇，根据《劳动合同法实施条例》的规定，服务期限长于劳动合同期限的，视为对劳动合同期限的变更，这种变更对于劳动者和用人单位都有约束力。当劳动合同期限届满，服务期尚未届满时，劳动者与用人单位任何一方都不得终止劳动合同，否则劳动者要根据约定承担违约责任，而用人单位则要承担违法终止劳动合同的赔偿责任。但是，《劳动合同法实施条例》对此还作了一个例外规定，即"双方另有约定的，从其约定"，这为用人单位变通操作提供了窗口。

[拨云见日]

1. 服务期期限如何确定？

答：有关服务期期限的长短，即多长时间、花费多少的培训可以约定多长的服务期，法律对此并没有作出规定，由用人单位与劳动者协商确定。但是这并不意味着双方可以随意约定很长的服务期，双方应当按照平等、公平、自愿的原则，根据用人单位为劳动者培训的时间长短、费用多寡来合理约定服务期，如果约定显失公平的，也无法得到法律的支持。

服务期的期限不受劳动合同期限的限制，可以长于劳动合同期限，也可以等同于劳动合同期限，还可以短于劳动合同期限。在实务操作中，为了更好地保障企业自身的利益，用人单位与劳动者约定的服务期一般都长于劳动合同期限。

2. 服务期从何时开始起算？

答：用人单位与劳动者约定服务期时，不仅要约定服务期限的长短，还要明确约定服务期的起算时间，以便清晰地确定服务期。有关服务期的起算点，法律并没有对此作强制性规定，由用人单位与劳动者协商确定。一般而言，可以下列时间点作为服务期的起算点：培训开始之日，培训结束之日，劳动合同期限届满之日。在实务中多以培训结束之日作为服务期的起算点。

[读者来信]

娄律师：

您好！我是您《这样做HR最有效》的忠实读者，这本书给我带来了很多知识和案例。书的写作也非常务实，不会枯燥，写得非常好，谢谢您！

同时在看书时有个问题，也是我一直没弄明白的问题，想咨询您，不知道能否得到您的专业意见？就是关于培训协议，我们和员工签订的协议（包括书中后面的参考表格）都会约定服务期内辞职的补偿方法，而服务期都是从培训结束开始算起。但如果员工是在培训期间就辞职呢？我们可以要求他们全额赔偿学费吗？这样做有没有法律依据？（如英语培训、六西格玛培训等，是每周上一两次课，持续数个月的这种，有时学员是在培训期内辞职）谢谢您，再次感谢您的著作！

读者：Chen Li Bin

— 回复 —

你好！用人单位与劳动者约定服务期限时，也要约定服务期的起算时间，可由用人单位与劳动者协商确定。虽然实务中多以培训结束之日作为服务期的起算点，但双方也可协商以培训开始之日作为起算点。如果约定服务期是从培训结束开始起算，那么单位可以在培训前和员工约定，如果员工在培训期间辞职的应全额赔偿相关学费，这个约定只要双方达成合意就是可以的；如果服务期是从培训开始之日起算，那么双方可以约定违反服务期的违约金，如果员工违反服务期约定的，单位可以要求员工支付违约金，但不得超过单位提供的培训费用。

3. 服务期长于劳动合同期限，劳动合同期限届满时，当事人双方是否需要办理劳动合同续订手续？

答：需要办理。劳动合同期满，服务期尚未到期的，即使双方不续订劳动合同，按照《劳动合同法实施条例》的规定，劳动合同也应当续延至服务期满。因此，对于用人单位而言，无论是否续订劳动合同，都无法阻碍这种“续延”，但如果不续订劳动合同，可能会使用人单位与劳动者之间处于“无书面合同”状态，由此产生不必要的法律风险，得不偿失。还需要注意的是，在续订劳动合同时，用人单位不得降低劳动者的劳动条件，如不得降低工资或职位、不得增加劳动强度等。

用人单位与劳动者约定服务期时要注意以下几点：

1. 约定要明确。不仅要约定服务期的长短，还要明确约定服务期的起算时间。

2. 约定要合理。应当根据培训时间的长短和单位所支出的培训费用的多寡合理确定服务期长短，在实务中，一般约定3年或5年的服务期较为常见。

3. 巧用例外规定。在实务中，经常会有这样的情况：用人单位与劳动者约定了长于劳动合同期限的服务期，后来因为各种原因，用人单位又打算放弃服务期，想在劳动合同期限届满时就终止劳动合同，在这种情形下，用人单位在约定服务期时便可以充分利用例外规定，提前约定用人单位可以放弃服务期的情形，如此操作，属于“双方另有约定的，从其约定”的情形，一旦约定的条件满足时，用人单位便可以放弃服务期，在劳动合同期限届满时及时终止劳动合同，而不必等到服务期届满。

[法条链接]

《中华人民共和国劳动合同法实施条例》

第十七条　劳动合同期满，但是用人单位与劳动者依照劳动合同法第二十二条的规定约定的服务期尚未到期的，劳动合同应当续延至服务期满；双方另有约定的，从其约定。

四、如何确定违约金

[场景回放]

刘某是某大学理工科的大学生，毕业后与某通信器材公司签订了劳动合同，岗位是系统部技术员。由于刘某工作积极，公司很器重他，出资5万元让他去国外进行培训，并签订了一份补充协议，补充协议中约定：刘某接受培训后必须为公司服务5年，提前辞职需要支付5万元违约金。培训结束后，刘某的技术水平上了一个新台阶，在新岗位工作了2年后，发现工作比较清闲，而他认为这样会让自己产生惰性，不利于提高自己的技能。于是，经过一番思考，刘某以“无事可做，有很大的危机感”等为由提出辞职。而公司方觉得刘某是个不可多得的人才，极力挽留刘某，但刘某坚持要走，公司见无法挽留，便提出因刘某服务期未满就提前解除劳动合同，是违约行为，需支付5万元才可以离职。最后，劳动争议仲裁委员会裁决，刘某需赔偿公司3万元培训费。

[律师点评]

本案的争议焦点是违约金数额该如何确定。《劳动合同法》明确规定用人单位要求劳动者支付的违约金不得超过服务期尚未履行部分所应分摊的培训费用。本案中，公司所支出的培训费用是5万元，服务期为5年，刘某培训结束后为公司服务了2年后才提出辞职，未履行的服务期为3年，所分摊的培训费用是3万元(5万元÷5年×3年)，因此，刘某只须支付3万元的违约金。

[拨云见日]

1.培训费用包括哪些项目？劳动者在培训期间企业支付的工资、社保费用、培训补贴是否可以计入培训费用中？

答：《劳动合同法实施条例》采用列举加概括的方式明确了培训费用所包含的项目：用人单位为了对劳动者进行专业技术培训而支付的有凭证的培训费用、培训期间的差旅费用以及因培训产生的用于该劳动者的其他直接费用，如食宿费等。

至于劳动者在培训期间企业支付的工资和各项社保费用,是基于劳动者与企业之间的劳动关系,不是基于培训产生的,也不属于因培训产生的用于该劳动者的直接费用,所以不应计入培训费用中。

至于培训补贴,是用人单位向劳动者提供的培训期间的特殊补助,属于因培训产生的用于该劳动者的直接费用,所以可以计入培训费用。

2. 约定违约金的数额与要求劳动者实际支付的违约金数额各有什么限制?

答:《劳动合同法》明确规定用人单位与劳动者约定的违约金数额不得超过用人单位提供的培训费用总额;用人单位要求劳动者实际支付的违约金数额则不得超过服务期尚未履行部分所分摊的培训费用。

根据上述规定,用人单位与劳动者约定违约金时,可以约定等同于培训费总额的违约金,待劳动者实际违约时,则应根据违约时间长短来具体确定劳动者应承担的违约金数额,而不是简单按照合同约定的数额来确定。

通过上述分析,我们发现培训费用对违约金数额的确定有着非常重要的作用,用人单位应当注意以下两点:

1. 在培训协议中应当明确约定培训费用的构成项目以及数额,对于签订协议时不能确定数额的项目,如差旅费、住宿费等,可以要求由劳动者预先垫付,培训结束后凭有效票据报销;

2. 应当妥善保管各项培训费用的支出凭证,为可能产生的讼争保留证据。

[法条链接]

《中华人民共和国劳动合同法》

第二十二条 ……劳动者违反服务期约定的,应当按照约定向用人单位支付违约金。违约金的数额不得超过用人单位提供的培训费用。用人单位要求劳动者支付的违约金不得超过服务期尚未履行部分所应分摊的培训费用……

《中华人民共和国劳动合同法实施条例》

第十六条 劳动合同法第二十二条第二款规定的培训费用,包括用人单位为了对劳动者进行专业技术培训而支付的有凭证的培训费用、培训期间的差旅费用以及因培训产生的用于该劳动者的其他直接费用。

五、支付违约金的情形

[场景回放]

某公司新招聘两名工作人员于某和李某,公司与这两名新进人员签订了3年的劳动合同,试用期为3个月。试用期内于某和李某表现都不错,公司也缺乏高级技术人员,于是公司决定为于某、李某各出资1万元进行为期15天的专业技术培训,并分别与二人签订了培训协议,协议中约定二人必须为公司服务至劳动合同期限届满,否则应向公司支付违约金1万元。但是,于某在试用期届满前的5天通知公司要解除劳动合同,李某在试用期过后的1个月也通知公司要解除劳动合同。公司对二人的答复是:解除劳动合同可以,但必须向公司支付违约金。于某和李某都拒绝支付。于是公司向劳动争议仲裁委员会提起仲裁,仲裁委员会裁定于某无须向公司支付违约金,李某应向公司支付1万元的违约金。

[律师点评]

为什么于某和李某同时接受公司的培训,结果却截然相反?要厘清这一问题,首先需要明确哪些情形下劳动者应当支付违约金,哪些情形下劳动者不须支付违约金?分清这一是非,上述问题便可迎刃而解。

[拨云见日]

1. 哪些情形下劳动者应当支付违约金?

答:根据《劳动合同法》的规定,劳动者违反服务期约定的,应当按照约定向用人单位支付违约金,具体包括以下三种情形:

(1)服务期尚未届满,经劳动者提出双方协商一致解除劳动合同的;

(2)服务期尚未届满,劳动者因个人原因单方解除劳动合同的;

(3)服务期尚未届满,用人单位因劳动者有下列情形之一而依法解除劳动合同的:①严重违反用人单位的规章制度的;②严重失职,营私舞弊,给用人单位造成重大损害的;③同时与其他用人单位建立劳动关系,对完成本单位的工作任务造成严重影响,或者经用人单位提出,拒不改正的;④以欺诈、胁迫的手段或者乘人之危,使用人单位在违背真实意思的情况下订立或者变更劳动合同的;⑤被依法追究刑事责任的。

上述案例中,李某在试用期结束后,服务期尚未届满时单方解除劳动合同,属于第二种情形,因此李某应当向公司支付违约金。

2. 劳动者以用人单位存在违法行为为由解除劳动合同是否须支付违约金?

答:《劳动合同法实施条例》明确规定,劳动者依照《劳动合同法》第38条的规定解除劳动合同的,即以用人单位存在违法行为为由解除劳动合同,不属于违反服务期的约定,用人单位不得要求劳动者支付违约金。具体情形包括:①未按照劳动合同约定提供劳动保护或者劳动条件的;②未及时足额支付劳动报酬的;③未依法为劳动者缴纳社会保险费的;④规章制度违反法律、法规的规定,损害劳动者权益的;⑤以欺诈、胁迫的手段或者乘人之危,使劳动者在违背真实意思的情况下订立或者变更劳动合同致使劳动合同无效的;⑥法律、行政法规规定劳动者可以解除劳动合同的其他情形。

3. 试用期内劳动者解除劳动合同,是否需要支付违约金?

答:根据原劳动部办公厅《关于试用期内解除劳动合同处理依据问题的复函》的规定,用人单位出资对职工进行各类技术培训,职工提出与单位解除劳动关系的,如果在试用期内,用人单位不得要求劳动者支付该项培训费用,因此也就不得要求劳动者支付违约金。上述案例中，由于于某是在试用期内提出辞职，因此无须向公司支付违约金。

4. 服务期长于劳动合同期限，劳动合同届满续订劳动合同时，用人单位降低劳动者的工资，劳动者因此不同意续订劳动合同，这种情形下，劳动者是否需要支付违约金？

答：不需要。服务期长于劳动合同期限，劳动合同届满时，用人单位与劳动者应当按照公平、平等、诚信原则续订劳动合同，用人单位单方降低劳动者工资的行为违反了诚实信用原则，劳动者因此不同意续订劳动合同，不属于违反服务期约定，因此无须向公司支付违约金。

5. 服务期短于劳动合同期限，服务期届满但是劳动合同期限尚未届满时，劳动者解除劳动合同，是否需要支付违约金或偿付培训费用？

答：不需要。因为支付违约金是针对违反服务期约定而言的，既然服务期已经届满，劳动者此时提出解除劳动合同，就不需要支付违约金，也不需要偿付培训费用。

6. 服务期期间劳动合同到期的情况下，用人单位是否有权终止劳动合同？

答：可以终止劳动合同。用人单位提供专项费用并对劳动者进行专业技术培训，使劳动者通过提升技能而获益，这一做法的目的在于确保劳动者经培训后能够在相对较长时间内为用人单位提供更有价值的劳动，故《劳动合同法》第 22 条规定，用人单位为劳动者提供专项培训费用，对其进行专业技术培训的，可以与该劳动者订立协议，约定服务期。《劳动合同法实施条例》第 17 条规定，劳动合同期满，但是用人单位与劳动者依照《劳动合同法》第 22 条的规定约定的服务期尚未到期的，劳动合同应当续延至服务期满。该条规定是在劳动合同期满情况下对劳动者离职的限制性规定，是对用人单位期待利益的保护，故是否续延劳动合同至服务期届满是用人单位的权利而非义务。

《劳动合同法》增大了企业的违法成本，体现之一便是企业一旦违反法律规定，不依法提供劳动保护的条件、不按照约定支付工资、不依法缴纳社会保险、强迫劳动等，员工因此解除劳动合同的，不仅员工无须向用人单位支付违约金，企业反而还要向劳动者支付经济补偿金。因此在实务中，各企业一定要严格遵照法律规定和劳动合同约定办事，否则便会鸡飞蛋打。

企业在安排员工培训时，尤其要注意试用期的特殊规定，由于劳动者在试用期内享有无责解除权，因此建议企业尽量避免在试用期内对员工进行出资培训，以免落入为他人做“嫁衣”的尴尬境遇。

[法条链接]

《中华人民共和国劳动合同法》

第二十二条　……劳动者违反服务期约定的，应当按照约定向用人单位支付违约金……

《中华人民共和国劳动合同法实施条例》

第二十六条　用人单位与劳动者约定了服务期，劳动者依照劳动合同法第三十八条的规定解除劳动合同的，不属于违反服务期的约定，用人单位不得要求劳动者支付违约金。

有下列情形之一，用人单位与劳动者解除约定服务期的劳动合同的，劳动者应当按照劳动合同的约定向用人单位支付违约金：（略）

劳动部办公厅《关于试用期内解除劳动合同处理依据问题的复函》

……

三、关于解除劳动合同涉及的培训费用问题

用人单位出资（指有支付货币凭证的情况）对职工进行各类技术培训，职工提出与单位解除劳动关系的，如果在试用期内，则用人单位不得要求劳动者支付该项培训费用。如果试用期满，在合同期内，则用人单位可以要求劳动者支付该项培训费用……

六、如何追索培训费

[场景回放]

某公司与黄某签订了无固定期限劳动合同。公司因工作需要准备出资送黄某去参加业务培训。黄某表示自己正在自费学习业务课程，不必再另行培训，但要求公司给予报销费用。公司为省却另行培训的手续，同意了黄某的要求，给予报销费用2万元。但培训结束1年后，黄某向公司提出辞呈。公司极力挽留，但黄某心意已决，无奈之下，公司只有要求黄某赔偿培训费。黄某认为，公司只是报销了一些费用，并未对自己进行过培训，双方也没有签订培训协议，公司要求自己服务5年没有依据，且自己是按规定辞职，因此不应承担赔偿责任。于是公司向劳动争议仲裁委员会提起仲裁。仲裁委员会经审理裁决黄某应赔偿公司16,000元培训费。

[律师点评]

本案争议焦点是，在双方未就培训事项签订协议也未约定服务期限的情况下，员工辞职是否应当承担赔偿公司培训费用的责任。根据原劳动部办公厅《关于试用期内解除劳动合同处理依据问题的复函》的规定，用人单位出资对职工进行各类技术培训，职工提出与单位解除劳动关系的，如果试用期满，在合同期内，用人单位可以要求劳动者支付该项培训费用，具体支付方法为：约定服务期的按服务期等分出资金额，以职工已履行的服务期限递减支付；没约定服务期的，按劳动合同期等分出资金额，以职工已履行的合同期限递减支付；没有约定合同期的，按5年服务期等分出资金额，以职工已履行的服务期限递减支付。

可见，用人单位出资对劳动者进行培训，即使双方没有签订培训协议，没有约定服务期，劳动者提出解除劳动关系，用人单位仍然可以要求劳动者偿付培训费用。

本案中，公司报销了黄某的培训费用2万元，可以认定公司出资对黄某进行了培训；双方未就培训后的服务期进行约定，按规定可以作5年服务期计算，每年的培训费应为4000元。黄某经公司培训后工作1年即提出辞职，还有4年的服务期限没有履行，因此应当赔偿公司培训费用16,000元。

尽管法律规定没有培训协议，企业也可以依法向提前离职的员工追索培训费，但笔者还是强烈建议企业对员工进行出资培训之前，与员工签订书面培训协议，明确约定培训费用、服务期以及违约责任等，以便双方遵照执行，节省诉争成本。

[法条链接]

劳动部办公厅《关于试用期内解除劳动合同处理依据问题的复函》

……

三、关于解除劳动合同涉及的培训费用问题

用人单位出资(指有支付货币凭证的情况)对职工进行各类技术培训，职工提出与单位解除劳动关系的……如果试用期满，在合同期内，则用人单位可以要求劳动者支付该项培训费用，具体支付方法是：约定服务期的，按服务期等分出资金额，以职工已履行的服务期限递减支付；没约定服务期的，按劳动合同期等分出资金额，以职工已履行的合同期限递减支付；没有约定合同期的，按5年服务期等分出资金额，以职工已履行的服务期限递减支付；双方对递减计算方式已有约定的，从其约定。如果合同期满，职工要求终止合同，则用人单位不得要求劳动者支付该项培训费用。

第二节　培训协议签订技巧和注意事项

用人单位出资对劳动者进行培训，为了明确培训相关事宜，尤其是服务期、培训费、违约金等重要事项，用人单位应当与劳动者签订培训协议，以便双方遵照执行，也为争议解决提供依据。用人单位与劳动者签订培训协议应当注意以下事项：

一、慎重选定参训人员

在实务中，员工接受培训后便跳槽的情况时有发生，因此，企业应当慎重选择参加培训的人员。在选定参加培训的人员之前，企业应当对候选人进行充分的考察，考察内容涵盖其工作能力、工作态度、业绩表现、职业规划、诚信度、道德品质等各个方面。

此外，在确定参加培训的人选时，尽量不要选择尚处于试用期的员工，因为试用期内员工解除劳动合同无须承担违约责任和赔偿责任。

二、准确把握签约时机

在实务中，企业一般都是在培训开始前便与受训员工签订培训协议，但是也有一些企业因为各种原因在培训结束后才要求与受训员工签订培训协议，这样操作的风险比较大，员工往往会因为不愿受服务期和违约金之限而拒绝签订。所以把握签订培训协议的时机非常重要。一般来说，培训开始前是签订培训协议的最佳时机，因为在这一阶段，为了得到培训机会，员工往往更容易接受培训协议的各项内容。如果员工拒绝签订，企业仍有是否对其进行培训的决定权。

三、协议内容明确具体

培训协议的主体内容一般包含以下几大部分：

1. 培训的基本概况。包括名称、内容、形式、详细起止时间等。

2. 培训费用所包括的项目、数额。培训费用数额事先不能确定的，还应当明确培训费用的确定依据，如约定培训费按照培训机构提供的有效票据凭证确定等。如果企业承担食宿费和差旅费的，还应当明确消费标准。

3. 服务期。不仅应当明确服务期的长短，还要明确服务期的起算时间。

4. 员工在培训期间的待遇，包括培训期间的工资、福利待遇、补贴等。培训期间，企业与员工可以依法对工资、福利待遇作出变通约定。如员工脱产培训期间，由于其没有为企业提供劳动，可以约定企业不向其支付工资，但是由于双方仍然保持劳动关系，企业仍应为员工缴纳各项社会保险。

5. 培训期间双方当事人的权利义务。为了更好地保障企业的利益，有必要约定员工承担如下两项义务：第一，"应企业要求就培训内容对其他员工进行培训"，这样可以增加培训收益；第二，"以书面形式定期向企业汇报培训学习情况"，这样不仅可以考核员工的培训成果，也可以固定企业对员工进行了培训的证据，以备后患。

6. 违约责任。就企业一方而言，主要是企业违反约定未提供培训给员工造成损失的，应当承担赔偿责任；就员工一方而言，主要包含两方面的违约责任：一方面是员工违反服务期约定的违约责任，就此，培训协议应当明确约定员工支付违约金的情形，以及违约金的数额或计算方式；另一方面则是员工违反培训协议的违约责任，主要是指其怠于履行培训协议约定义务的违约责任，既可以是按照企业规章制度进行处罚，也可以是取消培训资格等。

[场景回放]

张某于2018年11月3日进入山东某公司工作，担任人事行政总监。2019年5月14日，双方签订了期限从2019年5月14日起至2034年5月13日止的《劳动合同》，约定张某担任人事行政总监。同日，双方签订了《借款协议》，协议第2.1条约定："贷款。在本协议所载条件和条款的前提下，甲方(即公司)同意向乙方(即张某)提供人民币6,686,500元的贷款。"第6.1(1)条约定："由于乙方主观原因终止合同，乙方应于劳动关系解除或终止之日起10日内按照第5.1条规定的利率，一次性偿还所借款项和利息。"2021年4月2日张某提出离职。公司认为，张某在离职后未能按照《借款协议》第6条的约定一次性返还借款和利息，故要求张某返还房屋贷款本金4,237,430.55元并按照同期中国人民银行一年期贷款利率的四倍支付自2019年5月14日至实际还款日止的贷款利息。

[审理结果]

一审法院认为，公司与张某签订的《借款协议》系双方真实意思表示，并不违反法律规定，双方应按约履行。同时，双方在解除或终止劳动合同情况下，对借款如何处理在《借款协议》中进行了约定，现双方在履行劳动合同中，张某向公司提出解除劳动合同，并于2021年4月2日离开公司处。在此种情形下，根据《借款协议》第6.1(1)条的约定，由于张某主观原因终止合同，张某应于劳动关系解除或终止之日起10日内按照第5.1条规定的利率，一次性偿还所借款项和利息。显然，现由于张某的原因造成目前《借款协议》无法再继续履行，根据该协议约定，张某应返还公司的借款及承担相应的利息。

有关张某应返还公司的借款数额及应承担的利息可按照双方的协议履行，但根据《借款协议》第7.1条的约定，张某在公司处连续工作满15年的，公司同意免除张某本协议项下的全部还款和付息的义务。说明公司借给张某的款项双方约定了服务期，如张某按协议履行完服务期，则无须返还公司全部借款，因此，公司向张某提供的借款实际上是一种特殊的福利待遇，根据合同履行的对等原则，张某返还公司的借款应按照其在公司处已履行的服务期按比例折算，有关张某的服务期应从双方借款协议签订之日起计算至张某离职之日即2021年4月2日。

[律师点评]

本案的争议焦点在于培训服务期协议与借款协议发生冲突的情况下，违约责任如何认定的问题。培训服务期协议是用人单位对劳动者进行管理、约束的重要手段。鉴于法律对用人单位主张违约责任的情形予以限制，因此，用人单位为了能够达到约束员工流动的目的，通过民间借贷、安居乐业等方式约定了其他违约责任。在本案中，用人单位为劳动者提供了购房借款，但是约定了服务期和违约责任。对于民间借贷，只存在借款期限，不存在服务期限的问题，一般情况下更不存在免除还款义务的情形。但是对于培训服务期协议，通常会约定培训费用、服务期限和违约责任，而且在劳动者满足服务期限的情况下，是无须返还培训费用的。正是由于上述双方两者之间的差异，以致本案中借款协议与培训服务期协议发生混同，最终法院认定借款协议无效，用人单位本金、利息均遭受损失。

四、注意担保禁止义务

《劳动合同法》明令禁止用人单位向劳动者收取保证金，或者扣押劳动者的身份证、学历证书等，企业与员工签订培训协议时也应当严格遵守该规定，不得在培训协议中约定由员工提供担保。为了防止员工接受培训后跳槽，企业可以与员工约定服务期和违约金尽量减少损失，当然更重要的是创建积极的机制，主动留住人才。

五、积极创建留人机制

虽然培训协议对于控制员工离职，减少企业损失具有一定的积极作用，但是这也只是一种治标的方法，不能治本，其作用是有限的。在实务中，很多员工为了逃避违约金往往会不辞而别，留下企业对着培训协议独自惆怅。可见，企业要想留住人才，仅依靠一份培训协议、依靠服务期和违约金还是远远不够的，更为关键的是要创建积极的留人机制。

1. 实行“人性化”管理。企业管理是以人为中心的管理，管企业其实就是管人，管好了人就管好了企业。实行“人性化”管理，就是一种顺应人性的管理，也是留住人才的一大法宝。“人性化”管理体现在对员工的日常关怀、营造和谐的工作环境，等等。

2. 旧环境与新能力不匹配容易导致员工产生离职念头。培训结束后，用人单位应当对员工培训成果进行考核，并根据考核结果对员工的工作岗位、工作任务、薪酬福利等作出合理的变更，以与员工的新能力相吻合。

3. 结合员工的职业规划“投其所好”。当前员工的注意力已经慢慢从劳动报酬转向个人职业发展，结合员工的职业规划为其安排培训和工作不失为留人的妙招。

[专家说法]

——王文涛律师*

培训服务期协议中，用人单位提供专项费用并对劳动者进行专业技术培训，使劳动者通过提升技能而获益，这一做法的目的是确保劳动者经培训后能够在相对较长时间内为用人单位提供更有价值的劳动，同时法律也是允许用人单位约定违约责任的。

在目前的实务操作中，很多用人单位对培训服务期协议存在误区，如培训费用如何界定、何为专业技术培训、如何约定服务期限、违约责任如何确认等，当然还有很多用人单位对于培训协议项下双方的权利义务约定不清楚、不明确，使得培训流于形式。

培训服务期协议的目的是提升员工的技能，进而提升企业的竞争力，而不是简单地限制员工的流动。但是很多企业将侧重点放在了限制员工流动上，而没有从企业文化、员工关怀等方面来凝聚员工。目前企业为了达到限制员工流动的目的，会设计借款协议、安居乐业等方案。但是在目前的实务中，一旦借款协议套用了培训协议的模板、约定了服务期限，那么法院在认定违约责任的前提下，会对出借款项的本金进行折算，同时利息约定也会受到限制。因此，建议企

---

* 王文涛律师：北京大成（青岛）律师事务所合伙人，大成劳动法与人力资源专业委员会副秘书长，工业和信息化部中小企业志愿服务专家，青岛创客大街创业导师，青岛市律师协会人力资源与社会保障委员会副主任，山东省律师协会人力资源与社会保障委员会委员。

业在设计类似的特殊待遇方案时，避免与培训协议发生混同，以免本金、利息遭受损失。

当然，在司法实务中也有法院对借款协议中的本金和利息进行支持的，那是因为在协议中，还款义务并不是与服务期限直接挂钩，而是与绩效目标是否兑现进行对接。在绩效目标没有兑现的情况下，用人单位仍然有权利主张本金及协议约定的利息。因此，用人单位在设计培训服务期协议时要综合予以考虑。

第六章

警惕身边的泄密者

——如何运用法律手段
保护商业秘密

企业之间的竞争有时候就是核心技术秘密的竞争，保护商业秘密不被窃取和泄露成为各企业的一项重要工作。然而，“家贼难防”，在实务中商业秘密的泄密者大多是企业的员工。企业员工在工作中不可避免地会接触和了解企业的商业秘密，如何避免员工泄密，便成为企业不得不面对的问题。笔者将从《劳动法》的角度，寻求保护企业商业秘密的措施和技巧。

第一节　按照管理流程合理设计保密程序

从目前的现实情况来看，近八成的商业秘密泄露事件是在员工流动过程中产生的。因此，为了防止员工泄露商业秘密，用人单位应当按照管理流程，针对员工招聘、入职、日常管理到离职等各个环节，有针对性地采取防范措施。

一、严格招聘审查，确保新员工与原单位已解除劳动合同，且不负保密义务

[场景回放]

毕某于2019年3月被某资产管理公司录用，在该公司担任副总经理、董事。双方签订了为期1年的劳动合同，合同明确约定了员工的保密义务，制定了保密条款和措施。2019年11月，毕某提出辞职申请，并与公司签订《离职协议书》，约定毕某离职后，不得披露或者泄露在任职期间获悉的任何与公司相关的商业秘密（包括但不限于基金发行情况、客户信息、销售渠道信息、产品结构、相关协议等）。

2019年11月，毕某成为某基金公司的股东，自毕某到了该基金公司之后，其利用在管理公司工作期间了解掌握的经营信息、经营诀窍等商业秘密，以基金公司的名义，推出了与管理公司相同或相似的基金产品，委托贷款银行相同，《合伙协议》《基金募集说明书》等也与管理公司文件相同或相似，与管理公司的客户建立实际交易关系。

后管理公司向当地法院提起诉讼，要求毕某停止使用并销毁其掌握的商业秘密，登报道歉，承担案件的律师费，基金公司承担连带责任。

[审理结果]

法院判决：(1)毕某、基金公司立即停止侵犯管理公司客户名单的行为；(2)毕某、基金公司连带赔偿管理公司的律师费3万元。

[律师点评]

从判决结果来看，要求基金公司承担连带责任是有法律依据的。毕某于2019年11月从管理公司离职后，负有保守商业秘密的义务。但毕某离职后当月即以变更股东的方式成为与管理公司经营相同业务的基金公司的大股东，并且基金公司在经营过程中以低于管理公司贷款利率的条件与客户建立了实际的交易关系，构成对管理公司商业秘密的侵犯。

此外，基金公司明知毕某的违法行为，仍使用该商业秘密，违反了《反不正当竞争法》的相关规定，侵犯了管理公司的商业秘密，给管理公司造成损失，应当予以赔偿。

虽然法律没有禁止企业招收对原单位负有保密义务的员工，但是招用这类员工会很容易涉及对其原单位商业秘密的使用，从而导致企业自觉或不自觉地侵犯员工原单

位的商业秘密，由此给企业带来讼争风险。因此企业在招用员工时，一定要注意以下几点：

1. 确保员工已经与原单位解除劳动合同，对于涉密性较强的员工除了让其提供原单位出具的离职证明，还应与原单位核实其离职情况及是否负有保密义务，以免企业糊里糊涂地承担连带赔偿责任；

2. 企业吸引人才必须通过正常途径，不得采取不正当的手段"挖"人才，更不能利诱或胁迫员工泄露原单位的商业秘密；

3. 对于在原单位涉密性较强的员工，应当让员工书面承诺在本企业不泄露或使用原单位的商业秘密，并且明确员工违反承诺的责任。

[法条链接]

《中华人民共和国劳动法》

第九十九条　用人单位招用尚未解除劳动合同的劳动者，对原用人单位造成经济损失的，该用人单位应当依法承担连带赔偿责任。

《中华人民共和国反不正当竞争法》

第九条　经营者不得实施下列侵犯商业秘密的行为：

（一）以盗窃、贿赂、欺诈、胁迫、电子侵入或者其他不正当手段获取权利人的商业秘密；

（二）披露、使用或者允许他人使用以前项手段获取的权利人的商业秘密；

（三）违反保密义务或者违反权利人有关保守商业秘密的要求，披露、使用或者允许他人使用其所掌握的商业秘密；

（四）教唆、引诱、帮助他人违反保密义务或者违反权利人有关保守商业秘密的要求，获取、披露、使用或者允许他人使用权利人的商业秘密。

经营者以外的其他自然人、法人和非法人组织实施前款所列违法行为的，视为侵犯商业秘密。

第三人明知或者应知商业秘密权利人的员工、前员工或者其他单位、个人实施本条第一款所列违法行为，仍获取、披露、使用或者允许他人使用该商业秘密的，视为侵犯商业秘密。

……

二、签订保密或竞业限制协议，提供合同保障

员工入职时，企业应当与位于涉密岗位的新员工及时签订保密协议，或者在劳动合同中增设保密条款，对企业的商业秘密、员工的保密义务、赔偿责任等相关事项作出明确约定。保密协议不仅可以在平时用来约束掌握商业秘密的员工，预防商业秘密被泄露，而且一旦商业秘密被泄露，还可以作为要求员工承担赔偿责任的依据。

对于负有保守企业商业秘密的员工，尤其是涉密性特强的员工，若其离职后去竞争单位工作，不可避免地会涉及对企业商业秘密的使用，因此很有必要对此作出限制。

所以在其入职时，企业还应当与之签订竞业限制协议或者约定竞业限制条款，在其离职后一段时间内限制其从事与本企业业务相同或类似的业务。

三、制定保密制度，为商业秘密提供制度保障

企业应当依法建立并完善保密规章制度，规范员工的日常行为，指引员工如何保守企业的商业秘密，并明确泄密行为的处罚措施。保密制度一般应从两个方面来规范员工的保密行为：

1. 划定保密范围和领域，包括：(1)对生产区域或厂区的保密；(2)对生产设备、过程的保密；(3)对原材料、模具的保密；(4)对文件的保密，明确企业相应的文件管理、借阅、复印、销毁办法，以及外发文件的审阅办法；(5)对计算机的保密以及对废弃物的保密，明确计算机操作与安全规程，明确对废弃物的处理措施等。

2. 对涉密人员采取适当的管理和监督措施，包括：(1)内部人员保密管理，不让无关人员随便进出保密区域，如技术部、产品开发部、资料室等高度涉密区域；在公司内部严禁串岗游岗，把涉密人员控制在绝对范围内。(2)离职职工清退资料的保密管理。(3)外来人员的驻留保密，建立外来人员登记措施，禁止外来人员随意进入办公区域，尤其是涉密区域等。如果员工违反保密制度，企业可给予相应处分。保密制度属于公司规章制度的一部分，应经过民主程序，向员工公示或向员工送达。

四、强化保密教育，提高员工的保密意识

有了法律、制度和合同的保障，还不足以有效地保护企业的商业秘密，树立和提高员工的保密意识以及加强对员工的保密教育才是根本和关键。定期召开培训、讨论会，使企业员工了解哪些信息是需要保密并纳入保护体系的，对哪些信息保护还不够周全，哪些是属于企业重要的知识产权，哪些信息最易被外界取得，以便员工在外人来企业参观、对外洽谈公务时保持高度警惕。

在涉密员工离职时，除应办理交接手续外，企业还应当明确告知保密的义务和保密的范围。

五、加强日常管理，堵塞商业秘密泄露缺口

员工在工作过程中不可避免地要使用和接触到企业的商业秘密，因此，企图让员工与商业秘密完全绝缘以达到保护商业秘密目的的路线注定是行不通的，保护商业秘密只能从规范商业秘密的使用入手，在商业秘密使用的各个环节加强对商业秘密的保护。

1. 明确什么是商业秘密以及商业秘密的具体范围，明确接触人员的范围，以让员工心里有数，同时为解决纠纷提供依据。有条件的企业还可以根据秘密性的强弱以及对企业重要性的大小对商业秘密进行分级，针对不同密级的商业秘密确定不同的保密措施。对企业的重要文件、资料应及时确定其保密级别，加盖保密章，予以存档或销毁。

2. 建立商业秘密使用审批制度，要求员工使用商业秘密，尤其是对企业至关重要

的商业秘密时，应当说明理由并得到相关领导的批准。

3. 建立商业秘密使用备案制度，对员工使用商业秘密的相关情况进行登记，包括使用人、用途、使用方式、使用范围、使用期限、预计归还时间等。

4. 严格监督员工对商业秘密的使用，防止员工泄密。尤其要对商业秘密上网持谨慎态度，并在现阶段突出抓好计算机信息系统的技术防范和管理，强化保密监督检查，要随时组织对各涉密岗位保密情况进行检查，以便及时发现问题及时整改。对于涉密文件，应当禁止员工通过QQ、微信等在线沟通工具传递。规范员工使用公司邮箱，对外传递涉密信息必须使用公司邮箱，同时注意邮箱密码的修改和更新。

5. 建立商业秘密归还记载制度，对于无正当理由逾期不返还商业秘密的，应当责令其立即交回商业秘密。

六、建立健全泄密补救措施和侵权索赔机制

一方面，建立商业秘密泄露的补救措施。商业秘密的秘密性一旦遭人破坏，一般很难恢复到圆满状态。因此，当发现商业秘密遭到侵害时，企业可结合实际情况，针对特定的商业秘密考虑转用专利等其他方式进行权利保护，即“转地下保护为地上保护”。当然，申请专利并非保护技术的唯一途径，对于那些一旦申请专利就会泄密的技术，还是应该通过加强企业自身的保密措施与保密制度予以保护。

另一方面，建立健全侵权索赔机制。对于企业来说，一旦遭遇商业秘密纠纷，要搞清商业秘密的范围，是否具有可靠的书面、电子等材料，商业秘密遭受侵犯的范围、程度，侵权者采用的行为等。然后有针对性地保留和收集相关证据，并且及时采取诉讼手段进入索赔或追究责任的程序，避免因证据不足或怠于行使权利而导致索赔困难。

七、在新法条件下，企业还能否约定脱密期

《劳动合同法》实施以前，国家和地方立法都对脱密期作出过相关规定。如1996年劳动部《关于企业职工流动若干问题的通知》第2条规定：“用人单位与掌握商业秘密的职工在劳动合同中约定保守商业秘密有关事项时，可以约定在劳动合同终止前或该职工提出解除劳动合同后的一定时间内(不超过六个月)，调整其工作岗位，变更劳动合同中的相关内容。”《上海市劳动合同条例》第15条规定：“对负有保守用人单位商业秘密义务的劳动者，劳动合同当事人可以就劳动者要求解除劳动合同的提前通知期在劳动合同或者保密协议中作出约定，但提前通知期不得超过六个月。在此期间，用人单位可以采取相应的脱密措施。”《江苏省劳动合同条例》第16条规定：“用人单位与知悉商业秘密的劳动者，可以在劳动合同中约定保密条款或者另行签订保密协议。保密条款或者保密协议可以就劳动者要求解除劳动合同的提前通知期和相应的经济补偿作出约定，但提前通知期不得超过六个月。”

以上提到的提前通知期就是脱密期，所谓脱密期，就是指掌握商业秘密的员工在离职前必须提前通知用人单位，并为用人单位再工作一定期限，该期限届满，员工才可以正式离职，在这段时间内，用人单位可以将员工调换至不须保密的工作部门，以确保

员工不再获知新的商业秘密。

2008 年 1 月 1 日开始施行的《劳动合同法》并没有对脱密期作出规定。那么,脱密期的约定是否依然有效,存在不同认识。有观点认为,《劳动合同法》规定提前 30 日书面通知用人单位即可解除劳动合同,如果要劳动者提前更长的时间通知用人单位,实际上增加了劳动者的义务,违背《劳动合同法》的立法精神。也有观点认为,脱密期不超过 6 个月的约定是合理、有据的。对此,我们认为,从倾向于劳动者角度的方向考虑,在新法的条件下,企业不宜再对负有保密义务的员工设立超过 30 日的脱密期。

第二节　签订保密协议的技巧及注意事项

保密协议,即用人单位与劳动者之间约定的,劳动者承担保守用人单位商业秘密的义务,劳动者因过错造成用人单位商业秘密被泄露或被侵权,则由劳动者承担赔偿责任的协议。用人单位与劳动者签订保密协议,可以用来约束掌握商业秘密的劳动者,防患于未然;一旦商业秘密被泄露,还可以据此要求违约员工承担赔偿责任,实施事后补救。用人单位与劳动者签订保密协议,有以下几个问题需要明确:

一、是否可以随意界定商业秘密的范围

[场景回放]

王某于 2009 年 11 月入职维远公司,担任销售工程师,双方签订了 3 年的劳动合同,合同约定王某应保守维远公司的技术机密及商业机密,商业机密包括客户名单。2012 年双方劳动合同到期,王某离职,在办理离职手续时王某将客户资料交接给马某。

马某于 2010 年 7 月入职维远公司,担任销售工程师,双方签订了 3 年的劳动合同,合同约定马某应保守维远公司的技术机密及商业机密,商业机密也包括客户名单。

莱特利公司于 2012 年 4 月成立,陈某(马某丈夫)和龙某(王某父亲)为公司股东,王某为该公司监事。2012 年 12 月,莱特利公司与浙江某制药公司签订合同,出售两台设备,金额 20.4 万元,王某代表莱特利公司签字。

维远公司认为,王某、马某违反劳动合同约定,披露、使用并允许他人使用其所掌握的客户浙江某制药公司的信息资料,损害了其经济利益,故向法院提起诉讼,要求王某、马某、莱特利公司连带赔偿其经济损失 20 万元。

[审理结果]

一审法院认为,王某、马某、莱特利公司共同侵犯了维远公司的商业秘密,判决王某、马某、莱特利公司赔偿维远公司 20 万元。王某、马某、莱特利公司不服一审判决,提起上诉,二审法院认为,维远公司的客户名单不属于商业秘密,撤销一审法院判决,驳回维远公司的诉讼请求。

[律师点评]

本案中维远公司的败诉，是值得我们深思的。本属于自己的核心秘密，被他人侵犯，却得不到法律的保护。维远公司败诉的根本原因就在于没有把客户名单转化为法律意义上的商业秘密，因为只有符合法律规定的商业秘密才能得到法律的保护。

2017 年《反不正当竞争法》将商业秘密定义为“不为公众所知悉、能为权利人带来经济利益、具有实用性并经权利人采取相应保密措施的技术信息和经营信息”，2017 年该法修订时表述变为“不为公众所知悉、具有商业价值并经权利人采取相应保密措施”，2019 年修正后进一步将商业秘密定义为“不为公众所知悉、具有商业价值并经权利人采取相应保密措施的技术信息、经营信息等商业信息”。根据上述的规定，信息只有同时具备以下三个条件，才属于法律意义上的商业秘密。

一是不公开性，即该信息不为公众普遍知晓，不能从公开渠道直接获得。

二是价值性，即该信息具有商业价值，能够为权利人带来现实的或潜在的商业价值。

三是保密性，即权利人对该信息采取了保密措施，签订保密协议属于采取保密措施的一种表现。

一项信息要被认定为商业秘密，以上三个要件缺一不可。本案中，虽然维远公司对客户名单采取了保密措施，但客户名单没有反映客户的交易习惯、意向、内容等特殊信息；名单中的制药公司并非维远公司保持长期稳定交易关系的特定客户，因此该客户名单不属于受法律保护的商业秘密。

[拨云见日]

1. 企业能否在规章制度或保密协议中随意界定商业秘密的范围？

答：有些企业认为只要在培训协议或规章制度中规定某项信息属于商业秘密，那么该项信息就一定是商业秘密。这种观点有失偏颇。

商业秘密具有“三性”，因此无论是在规章制度中，还是在保密协议里，界定商业秘密的范围时都应当受这“三性”的限制，不可随意约定。如果缺失其中任何一项特性，即便协议或企业制度中明确规定其为商业秘密，也仍然不受法律保护。在实务中，由于签订保密协议或制定保密制度本身就是对信息采取保密措施的一种表现，因此界定商业秘密主要需要考察信息是否具备“不公开性”和“价值性”。

2. 企业的商业秘密一般包括哪些内容？

答：由于每个企业的生产、经营内容不同，因此商业秘密的范围也不尽相同。概括而言，与企业经营管理有关的不为公众普遍知晓的信息或资料都属于商业秘密的范畴，具体包括以下几个方面：

（1）经营信息，根据最高人民法院《关于审理侵犯商业秘密民事案件适用法律若干问题的规定》第 1 条第 2 款的规定，与经营活动有关的创意、管理、销售、财务、计划、样本、招投标材料、客户信息、数据等信息，人民法院可以认定构成《反不正当竞争法》

第9条第4款所称的经营信息，其中客户信息包括客户的名称、地址、联系方式以及交易习惯、意向、内容等信息；

（2）管理信息，如企业的组织结构、规章制度、薪酬体系、内部人事资料、相关函电、重要的会议纪要等；

（3）技术信息，根据最高人民法院《关于审理侵犯商业秘密民事案件适用法律若干问题的规定》第1条第1款的规定，与技术有关的结构、原料、组分、配方、材料、样品、样式、植物新品种繁殖材料、工艺、方法或其步骤、算法、数据、计算机程序及其有关文档等信息，人民法院可以认定构成《反不正当竞争法》第9条第4款所称的技术信息；

（4）财务信息，如财务报表、账册、银行账务信息、预算资料、管理报告等；

（5）他方信息，即虽属于第三方所有，但是企业根据法律规定或合同约定负有保密义务的秘密信息。在与其他企业经营往来过程中，有时企业会了解到他方的商业秘密，对此企业也负有保密义务，企业可以将其规定为商业秘密，要求员工合理使用。

3. 保密协议中如何确定商业秘密的范畴？

答：在保密协议中确定商业秘密的范畴，可以采用两种方式。

一是概括式，即通过概括商业秘密的一般特征达到界定的目的，这种方式的优点在于可以囊括所有商业秘密，不足之处在于不明确、不具体。

二是列举式，即详细列举商业秘密的各种表现形式，这种方式的优点在于明确具体，哪些信息属于商业秘密一目了然，不足之处在于不能穷尽商业秘密的所有形式。

上述两种方式正好优势互补，因此最好采用概括式和列举式相结合的方式来确定商业秘密的范畴。在对商业秘密作出概念性界定的同时，详细列举一些典型、重要的商业秘密。此外，根据商业秘密时刻变化的特征，还应当设定兜底条款，并注意及时更新。

4. 什么样的客户名单可以构成商业秘密？

实践中，用人单位不能简单地认为只要员工跳槽或者离职后带走了客户，就构成了对其商业秘密的侵犯。客户名单能否被认定为最高人民法院《关于审理侵犯商业秘密民事案件适用法律若干问题的规定》第1条第2款所保护的客户信息，需要严格的说明的论证：

第一，客户名单不能仅仅是一张名单，还需提供与客户签订的已经生效的合同，从而确定相关客户是存在实际交易的客户。

第二，客户信息应该是不能通过公开途径能够得到，或者通过公开途径经简单劳动进行核实、查询便可以得到。

第三，多数情况下简单的客户名称、地址、联系方式不足以构成商业秘密，用人单位要更多地从客户交易习惯、意向、内容等信息内容进行举证。

商业秘密属于企业的无形财产，它不像固定资产那样清晰确定，因此，通过保密协议或保密制度对商业秘密进行界定，使其明晰化便尤为重要。界定商业秘密一定要结合商业秘密的三大法律特征，即非公开性、价值性、保密性。

[法条链接]

《中华人民共和国反不正当竞争法》

第九条　……本法所称的商业秘密，是指不为公众所知悉、具有商业价值并经权利人采取相应保密措施的技术信息、经营信息等商业信息。

最高人民法院《关于审理侵犯商业秘密民事案件适用法律若干问题的规定》

第三条　权利人请求保护的信息在被诉侵权行为发生时不为所属领域的相关人员普遍知悉和容易获得的，人民法院应当认定为反不正当竞争法第九条第四款所称的不为公众所知悉。

第四条　具有下列情形之一的，人民法院可以认定有关信息为公众所知悉：

（一）该信息在所属领域属于一般常识或者行业惯例的；

（二）该信息仅涉及产品的尺寸、结构、材料、部件的简单组合等内容，所属领域的相关人员通过观察上市产品即可直接获得的；

（三）该信息已经在公开出版物或者其他媒体上公开披露的；

（四）该信息已通过公开的报告会、展览等方式公开的；

（五）所属领域的相关人员从其他公开渠道可以获得该信息的。

将为公众所知悉的信息进行整理、改进、加工后形成的新信息，符合本规定第三条规定的，应当认定该新信息不为公众所知悉。

第五条　权利人为防止商业秘密泄露，在被诉侵权行为发生以前所采取的合理保密措施，人民法院应当认定为反不正当竞争法第九条第四款所称的相应保密措施。

人民法院应当根据商业秘密及其载体的性质、商业秘密的商业价值、保密措施的可识别程度、保密措施与商业秘密的对应程度以及权利人的保密意愿等因素，认定权利人是否采取了相应保密措施。

第六条　具有下列情形之一，在正常情况下足以防止商业秘密泄露的，人民法院应当认定权利人采取了相应保密措施：

（一）签订保密协议或者在合同中约定保密义务的；

（二）通过章程、培训、规章制度、书面告知等方式，对能够接触、获取商业秘密的员工、前员工、供应商、客户、来访者等提出保密要求的；

（三）对涉密的厂房、车间等生产经营场所限制来访者或者进行区分管理的；

（四）以标记、分类、隔离、加密、封存、限制能够接触或者获取的人员范围等方式，对商业秘密及其载体进行区分和管理的；

（五）对能够接触、获取商业秘密的计算机设备、电子设备、网络设备、存储设备、软件等，采取禁止或者限制使用、访问、存储、复制等措施的；

（六）要求离职员工登记、返还、清除、销毁其接触或者获取的商业秘密及其载体，继续承担保密义务的；

（七）采取其他合理保密措施的。

第七条　权利人请求保护的信息因不为公众所知悉而具有现实的或者潜在的商业价值的，人民法院经审查可以认定为反不正当竞争法第九条第四款所称的具有商业价值。

生产经营活动中形成的阶段性成果符合前款规定的，人民法院经审查可以认定该成果具有商业价值。

二、是否需要与所有员工签订保密协议

只要当事人双方协商一致便可以签订保密协议，因此，企业可以与所有员工签订保密协议，法律对此不作干涉。但是，由于保密协议的目的是在于保护企业商业秘密，是否签订保密协议，企业应当结合岗位的特征和员工的特性来确定。如果为了以备后患，在入职时就与所有的员工签订保密协议，虽然具有前瞻性，但也会增大 HR 的工作量，加大管理成本。

三、保密协议期限是否不得超过合同期限

在实务中，有些人认为保密协议的签订是基于双方当事人之间存在劳动关系，一旦劳动关系解除或终止，保密协议将因丧失订立基础而失效，因此保密协议的期限不得超过劳动合同期限。这种观点是错误的。

用人单位与劳动者签订保密协议，不仅是因为双方存在劳动关系，更重要的是为了防止劳动者泄露在工作过程中知晓或接触到的用人单位的商业秘密。因此，为了充分地保护用人单位的商业秘密，保密协议的期限应当从劳动者知晓商业秘密开始到商业秘密脱密为止，而不应局限于劳动合同期限以内。

四、如何追究员工泄露秘密的赔偿责任

根据《劳动合同法》的规定，除员工违反服务期约定或违反竞业限制义务两种情形外，企业不得与员工约定由员工承担违约金。因此，保密协议中不得约定员工泄露企业商业秘密时应当支付违约金。需要注意的是，若保密协议中包含竞业限制条款，那么即使在保密协议中约定由员工承担违约金，也是员工违反竞业限制义务的违约金，而不是泄露商业秘密的违约金。

员工泄露企业商业秘密，企业不得要求员工支付违约金，只能要求员工赔偿由此给企业造成的损失。在司法实践中，企业追究员工的赔偿责任，必须要有充分证据证明以下事实：员工泄露企业商业秘密具有过错；企业遭受损失以及损失的大小；员工泄密行为与企业遭受的损失具有因果关系。因此，为了更容易地向员工求偿，在实务操作中企业应当注意以下两点：

1. 在保密协议中事先明确约定由于泄密造成损失的计算标准和方法；

2. 注意收集、保留相关证据，包括员工实施泄密行为的证据，计算损失所依据的凭证等。

五、要员工保密，企业是否应支付保密费

[场景回放]

胡某于2013年进入某公司任财务专员，2016年胡某被提拔为财务经理。在胡某被提拔为财务经理时，公司与胡某签订了一份保密协议，其中约定“本协议的效力及于甲乙双方劳动合同解除或终止后，乙方的保密义务不因劳动合同的解除或终止而免除”。

2018年3月，胡某提出辞职，公司予以批准，双方办理了离职交接手续。因为胡某在职时身居要职，工作中掌握了公司不少的财务机密。因此公司在胡某离职时向其发放了一封书面通知，要求其继续保守公司的商业秘密。胡某接到通知以后，要求公司向其支付保密费，否则其没有义务保守公司的商业秘密。请问：胡某的请求是否能够得到法律支持？

[律师点评]

本案引发了一个问题，即要员工保守商业秘密，企业是否应当支付保密费？根据《劳动法》《劳动合同法》《反不正当竞争法》等现行法律法规的规定，保守企业的商业秘密是劳动者的一项法定义务，但并未规定用人单位必须对劳动者履行保密义务支付保密费。故而用人单位不必向劳动者支付保密费以作为其履行保密协议的补偿金，本案中胡某的请求缺乏法律依据，不能得到法律的支持。

竞业限制义务并非法定，而是由用人单位与劳动者约定，因此用人单位可以向劳动者支付补偿金作为对价；与此不同的是，保守用人单位商业秘密是劳动者的法定义务，企业无须对此以向其支付保密费作为补偿。

在实践中，很多HR往往混淆竞业限制补偿金与保密费，误以为保密费也是法定的，于是在协议中约定了保密费，这属于因法律误解增加的管理成本。企业可以将支付保密费作为一项福利，而不是一项义务，但在保密协议中一旦约定了用人单位应向劳动者支付保密费，用人单位就应当遵照执行，否则便属于违约。

第三节　签订竞业限制协议的技巧及注意事项

[场景回放]

案例一：某科技公司招聘王某任本公司技术总监一职，为了防止人才流失，该公司在王某入职前便与其签订了劳动合同。王某入职1个月后，鉴于王某所任岗位的特殊性，该公司提出与其签订竞业限制协议，要求王某离职后1年内不得到竞争单位工作。王某觉得这一约束严重限制了其自主择业，于是拒绝签订，该公司一筹莫展。

案例二：某公司招聘李某担任本公司市场总监一职，在签订劳动合同的同时与之签订了竞业限制协议，约定李某离职后2年内不能到竞争单位工作，竞业限制期内公

司每月向李某支付竞业限制补偿金，但是对于竞业限制补偿金的数额和标准却没有明确约定。李某离职时，该公司要求李某履行竞业限制义务，但是双方对于竞业限制补偿金的数额达不成一致意见。

案例三：经过层层考察，某公司决定聘用张某做软件工程师，并向张某发放了录用通知书，其中约定月薪为15,000元。张某入职后公司与其签订了竞业限制协议，并且约定竞业限制补偿金包含在工资中，由公司按月发放。张某离职后去了一家与该公司经营同类业务的公司工作，该公司因此向张某提出异议，要求张某履行竞业限制义务，张某称公司没有为其支付竞业限制补偿金，所以不受竞业限制协议之限。该公司因此向当地劳动争议仲裁委员会提起仲裁，要求张某履行竞业限制义务。经审理，劳动争议仲裁委员会以公司未向张某依法支付竞业限制补偿金为由驳回了该公司的申诉请求。

上述案例集中体现了企业在与员工签订竞业限制协议时存在的种种误区。在日常工作当中关于竞业限制协议的咨询个案形形色色，归纳来看，主要集中在以下几个方面：竞业限制协议签订的对象与时机、竞业限制义务的内容、竞业限制补偿金的支付标准和支付时间、违约金等。

一、应与哪些人员约定竞业限制义务

竞业限制是对员工离职后的择业自由权进行一定程度上的限制以达到保护用人单位商业秘密的一项措施。承担竞业限制义务的员工离职以后不得自营或为他人经营与原单位同类的业务，或者生产与原单位同类的产品。作为员工承担竞业限制义务的对价，用人单位应当依法在竞业限制期内向员工支付竞业限制补偿金。可见，在竞业限制的法律关系中，并非员工单方面履行法律义务，用人单位也应当承担相应的法律责任，所以在确定签订竞业限制协议的对象时，单位应当从经济学的角度综合考虑以下因素：员工所任岗位的涉密程度的高低；该员工离职后若开展竞争业务对单位业务影响的大小。因此，企业对那些所在岗位涉密程度较高，离职后若开展竞争业务将对单位造成很大影响的员工，如企业高管、高级技术人员等，应当约定竞业限制义务。

二、签订竞业限制条款还是限制协议

很多企业HR咨询：不与员工单独签订竞业限制协议，而在劳动合同或保密协议中约定竞业限制条款是否可以？当然可以，这不存在任何法律上的障碍，但是竞业限制条款相较于竞业限制协议，包容性较小，一般很难涵盖与竞业限制相关的方方面面的细节问题，因此，从实务操作的层面来看，笔者建议最好与员工直接签订竞业限制协议，明确约定相关细节问题，以减少纷争。

三、竞业限制协议在何时签订比较好

这一问题涉及竞业限制协议签订时机的选择。作为合同的一种，竞业限制协议也应当具备合同最基本的法律特征，即平等、自愿，还有就是经双方当事人协商一致，若有一方不同意，另一方不得强制签订。由于竞业限制协议限制了员工的择业自由权，而且员工择业大多是在同一行业内，因此员工一般都不会愿意签订竞业限制协议，如案例一中的王某。因此，为了保护商业秘密，企业应当要选择好时机与员工签订竞业限制协议，而这个时机通常就在员工入职前或入职时，此时员工为了得到工作机会，通常会同意与企业签订竞业限制协议。因此，笔者建议用人单位在员工入职前或者入职时，在与员工签订劳动合同的同时签订竞业限制协议，此时对于是否签订以及如何签订，企业通常容易掌握一定的主动权。

四、竞业限制协议应当包含哪些内容

为了更好地发挥竞业限制协议的作用，竞业限制协议应当包含以下内容：(1)竞业限制期限；(2)竞业限制义务；(3)竞业限制的行业范围，即员工离职后一段时间内不得到哪些行业和单位就职或为其提供服务；(4)竞业限制的地域范围，即在哪些区域内履行竞业限制义务；(5)竞业限制补偿金的计算标准、支付时间及支付方式；(6)违约责任，包括违约金的支付条件及计算标准等；(7)协议解除的条件。

在上述内容中，第(5)项是非常关键和重要的，如果用人单位与劳动者虽然签订了竞业限制协议但并未约定第(5)项的内容，或者用人单位与劳动者只是在劳动合同或者保密协议中约定了竞业限制，但并未约定解除或者终止劳动合同后给予经济补偿，并不代表用人单位就可以不支付经济补偿。在实践中，如果劳动者履行了竞业限制义务，向用人单位提出按照劳动者在劳动合同解除或者终止前 12 个月平均工资的 30% 按月支付经济补偿的要求，一般会被支持，如果这月平均工资的 30% 低于劳动合同履行地最低工资标准的，还应当按照劳动合同履行地最低工资标准支付。

由此可见，提前在协议或者合同中约定竞业限制补偿金的计算标准、支付时间和支付方式，用人单位可以更好地掌握主动权，而避免了发生纠纷后的被动接受。

五、能否放弃对员工竞业限制的要求

竞业限制期限由用人单位与劳动者协商确定，但是必须遵守《劳动合同法》第 24 条关于竞业限制期限的规定，即不得超过 2 年。

有很多企业 HR 咨询：企业事先与员工约定了竞业限制义务，但是根据实际情况，企业没有必要再对员工进行限制，或者限制的期限想要缩短，此时企业能否放弃对员工竞业限制的要求？该如何处理？

相对于员工的竞业限制义务，用人单位享有的是一种权利，既然是权利，则既可以行使亦可以放弃，但这种“放弃”应当建立在公平的基础之上，并且不得损害员工的权益，具体体现在以下两点：第一，企业如果放弃对剩余期限竞业限制的要求，应当按照双方约定的标准向员工支付已经履行部分的经济补偿金。除此之外，如果劳动者提出要求，用人单位还需要额外支付 3 个月的竞业限制经济补偿。第二，企业放弃对员工竞业限制的要求，应当提前一定的时间通知员工。提前通知的时间，由双方依法约定；没有约定的，按照规章或地方法规执行；既没有约定，也没有规定的，应当在合理的时间内通知劳动者，一般而言为提前1个月。

六、竞业限制义务具体包含哪些内容

根据《劳动合同法》第24条的规定，竞业限制义务体现在两个方面：一是不得到与原单位生产或者经营同类产品、从事同类业务的有竞争关系的其他用人单位；二是不得自己开业生产或者经营同类产品、从事同类业务。

上述内容是法律原则性规定，企业可以根据实际情况及需要将其细化，也可以将这一义务扩展至员工在职期间。

七、该如何约定竞业限制的行业范围

所谓竞业限制的行业范围，即限制员工自营或为他人经营的业务及产品。通常可以根据企业营业执照上所记载的经营范围来确定竞业限制的范围，也可以采取罗列的方式将限制员工就业的竞争单位加以明确。

八、支付竞业限制补偿金标准是什么

员工承担竞业限制义务，用人单位应当在竞业限制期内按月支付竞业限制补偿金。关于竞业限制补偿金的标准，国家尚无统一规定，由双方在公平、合理的范围内协商一致确定。何为公平、合理？一般而言应当与员工在原岗位的实际收入、当地的生活消费水平、社会平均工资水平保持一个合理的比例。

在我国，有些地方规定了竞业限制补偿金的最低标准，如《江苏省劳动合同条例》第17条规定了“年经济补偿额不得低于该劳动者离开用人单位前十二个月从该用人单位获得的报酬总额的三分之一”；北京市政府对中关村科技园区规定，经济补偿金不得低于员工年薪的1/2。其他地方虽然没有明确规定，但从劳动争议案件处理实务来看，各地都有一套内部掌握的标准，就上海而言，年经济补偿额一般不得低于该劳动者离开用人单位前12个月从该用人单位获得的报酬总额的20%；就北京而言，一般月经济补偿额不得低于北京市最低工资标准。在深圳，《深圳经济特区企业技术秘密保护条例》第24条规定，竞业限制补偿费不得少于该员工离开企业前最后12个月平均工资的1/2，约定补偿费少于上述标准或没有约定补偿费的，按上述标准计算。针对特区条例与2013年2月1日开始施行的最高人民法院《关于审理劳动争议案件适用法律若干问题的解释(四)》对于部分事项规定的不一致问题，深圳市中级人民法院认为，根据《立法法》第81条第2款的规定，经济特区根据授权可对法律、行政法规、地方性法规作变通规定。既然特区条例可以对法律等作出变通规定，那么对于司法解释也应当可以作出变通规定。而特区条例对劳动者保护力度更大。依据“有利于劳动者”的法律适用原则，在两者相冲突时，应当优先适用特区条例。

关于竞业限制补偿金的标准应当在竞业限制协议中事先明确约定，若没有明确的，如案例二所指的情形，则由当事人双方补充约定，不能协商一致的，则由劳动争议仲裁委员会或人民法院按照公平、合理的原则来确定。

2013年2月1日开始施行的最高人民法院《关于审理劳动争议案件适用法律若干问题的解释(四)》虽然也没有进一步明确竞业限制补偿金的标准,但从其第6条分析可以看出立法和司法上的导向标准,即劳动合同解除或者终止12个月平均工资的30%,且不得低于劳动合同履行地的最低工资标准。2020年12月30日,最高人民法院发布了《新劳动争议司法解释(一)》,同时宣布最高人民法院《关于审理劳动争议案件适用法律若干问题的解释(四)》废止,《新劳动争议司法解释(一)》第36条跟最高人民法院《关于审理劳动争议案件适用法律若干问题的解释(四)》第6条作了相同的规定。

九、补偿金低于地方最低标准,是否导致竞业限制协议无效

[场景回放]

冯某于2011年7月入职深圳某资讯公司。2011年9月,双方签订了《保密和竞业限制协议》,约定冯某离职后1年内不得到与公司生产经营同类业务的其他公司,公司每月向其支付1600元竞业限制补偿金,如冯某违反协议,应赔偿公司损失并支付违约金。

2012年1月,冯某从公司离职。2012年3月,冯某与宋某在深圳成立一珠宝公司,经营范围与资讯公司相似,存在竞争关系。资讯公司2012年1月至5月的收入总额比2011年9月至12月大幅下滑。

资讯公司于2012年5月申请劳动仲裁,请求:(1)冯某支付竞业限制违约金29万元;(2)自冯某成立公司之日起解除双方签订的《保密和竞业限制协议》。仲裁裁决支持资讯公司的请求,冯某不服裁决结果,提起诉讼,以竞业限制补偿金低于法定标准,请求确认双方签订的竞业限制协议无效。

[审理结果]

法院判决:(1)冯某向资讯公司支付违约金14万余元;(2)双方自2012年3月解除《保密和竞业限制协议》。

[律师点评]

本案中,冯某以竞业限制补偿金低于最低标准,请求确认双方签订的竞业限制协议无效,未获得法院支持。虽然协议约定的补偿金低于法定标准,但根据《深圳经济特区企业技术秘密保护条例》第24条的规定,竞业限制协议约定的补偿费,按月计算不得少于该员工离开企业后最后12个月月平均工资的1/2,约定补偿费少于上述标准或者没有约定补偿费的,补偿费按照该员工离开企业前最后12个月月平均工资的1/2计算。因此,双方约定的竞业限制补偿费数额低于法定标准并不必然导致协议无效。

[法条链接]

最高人民法院《关于审理劳动争议案件适用法律问题的解释(一)》

第三十六条　当事人在劳动合同或者保密协议中约定了竞业限制,但未约定解除或者终止劳动合同后给予劳动者经济补偿,劳动者履行了竞业限制义务,要求用人单位按照劳动者在劳动合同解除或者终止前十二个月平均工资的30%按月支付经济补偿的,人民法院应予支持。

前款规定的月平均工资的30%低于劳动合同履行地最低工资标准的,按照劳动合同履行地最低工资标准支付。

《深圳经济特区企业技术秘密保护条例》

第二十四条　竞业限制协议约定的补偿费,按月计算不得少于该员工离开企业前最后十二个月月平均工资的二分之一。约定补偿费少于上述标准或者没有约定补偿费的,补偿费按照该员工离开企业前最后十二个月月平均工资的二分之一计算。

十、竞业限制的补偿金应在何时支付

《劳动合同法》第23条第2款明确规定了用人单位应当在竞业限制期内按月向劳动者支付竞业限制补偿金。

在实务中,竞业限制补偿金的支付方式和时间有以下三种:

第一,在竞业限制期内按月支付。这种方式最符合《劳动合同法》的规定,值得提倡。严格按月支付补偿金,可以对员工履行竞业限制义务进行有效的监督,一旦发现对方违反竞业限制条款,则可以及时终止支付补偿金,减少不必要的损失。

第二,员工离职后一次性支付。这种方式虽不为法律所禁止,但是却对企业非常不利。因为一次性将补偿金全部支付给员工后,企业将丧失对员工履行义务的有效控制和监督,一旦员工违反约定,追究员工违约责任或赔偿责任的难度也很大。

第三,同工资一起按月发放。这种方式在《劳动合同法》施行前具有一定的可行性,但是《劳动合同法》施行后如此操作具有很大的风险。因为基于企业在实务中企图通过这种手段逃避支付补偿金,《劳动合同法》已经明确规定补偿金应当在"解除或者终止劳动合同后"支付。

了解了竞业限制补偿金的各种支付方式后,我们再回头看看案例三。本案中,录用通知书中明确约定张某的工资为15,000元/月,并没有说明其中包含竞业限制补偿金,可见,15,000元应当是张某每月的纯工资收入。虽然双方事后签订的竞业限制协议中约定了补偿金包含在工资中,但协议中关于补偿金的标准与数额都没有明确约定,这显然是公司为了逃避支付补偿金的一个手段,因此该项约定应当认定无效,由于该单位实际并没有向张某支付竞业限制补偿金,张某也无须履行竞业限制义务。

企业应当按时足额支付竞业限制补偿金,若企业因自身原因没有按照约定支付补偿金的,员工可以向企业主张权利;如果企业还是不支付的话,员工可以解除竞业限制条款,不再履行竞业限制义务。

十一、保密费能否等同于竞业限制补偿金

[场景回放]

2018年2月6日，孙先生与上海某科技信息有限公司(以下简称科技公司)签订了劳动合同，孙先生担任该公司销售经理职务，每月工资13,600元，合同期限3年。同时双方另行签订"保密及竞业限制协议"，该协议约定：孙先生在科技公司工作期间及离职后，必须保守科技公司的技术信息和经营信息等商业秘密义务。科技公司在孙先生在职期间支付其保密费用。孙先生在离开科技公司后的2年内不得自营或者为他人经营与科技公司相竞争的业务，科技公司支付孙先生竞业限制的经济补偿每月2000元。保密费及竞业限制补偿金的支付方式为：孙先生每月工资13,600元中包含保密费1000元及竞业限制经济补偿1000元，在孙先生与科技公司解除或终止劳动合同后，在竞业限制期限内(2年)科技公司再按月支付孙先生剩余的竞业限制经济补偿1000元；如孙先生违反双方约定的保密及竞业限制义务，孙先生应向科技公司支付违约金70,000元。合同签订后，科技公司按月支付孙先生保密费。

2018年5月，孙先生因个人原因辞职，同时向科技公司提出要求科技公司在其离职后按协议约定支付其竞业限制经济补偿。科技公司称公司已按月支付其保密费及竞业限制的经济补偿，公司无须另行支付其经济补偿。

2018年6月，科技公司为孙先生办理了退工手续。同月，孙先生至上海某信息公司工作，担任该公司销售经理一职。

科技公司得知后，认为孙先生违反了双方签订的保密及竞业限制协议，且科技公司已支付孙先生保密费及竞业限制的经济补偿，孙先生至与科技公司业务相竞争的公司工作已构成违约，故科技公司向劳动争议仲裁委员会提起申诉，要求孙先生支付违反竞业限制的违约金70,000元。仲裁委员会审理后裁决驳回了科技公司的申诉请求。

[律师点评]

本案的争议焦点在于保密费能否等同于竞业限制补偿金。本案中科技公司实际上是将保密费与竞业限制补偿金混为一谈，但实际上二者有着很大的不同：保密费并非法定，而是基于当事人双方的约定而产生，相当于用人单位向负有保密义务的劳动者提供的一项福利。是否支付保密费以及保密费数额多少完全由当事人约定；竞业限制补偿金则是基于法律规定而产生，作为劳动者承担竞业限制义务的对价，用人单位必须支付竞业限制补偿金，而且数额应当符合法律规定。

所以保密费和竞业限制经济补偿金是完全不同的两个概念，用人单位已支付劳动者保密费不能代替用人单位应支付的经济补偿金。

本案中，当事人双方约定了科技公司向孙先生支付保密费，因此科技公司应当如约支付，且支付的保密费不可替代竞业限制补偿金。经孙先生请求，科技公司依然拒绝依据法律和合同约定向孙先生支付竞业限制补偿金，因此孙先生可以解除竞业限制

条款，无须履行竞业限制义务。

十二、如何约定违反竞业限制违约金

根据《劳动合同法》第23条第2款的规定，用人单位可以与劳动者约定劳动者违反竞业限制义务应当向用人单位支付违约金。

违约金是基于当事人双方约定而产生的一种法律责任，若无约定，即便劳动者违反了竞业限制义务也无须向用人单位支付违约金。因此，为了更好地维护企业的合法利益，企业在与员工约定竞业限制义务时，应当明确约定员工违反竞业限制义务时所应承担的违约金的计算标准。同时，在约定违约金时，应该将违约金的数额与员工的违约时间长短相联系，以更好地督促员工履行竞业限制义务。

需要注意的是，双方约定的违约金应当合理。所谓合理，一般应参照员工的收入水平、偿付能力、补偿金数额等因素来判断。数额畸高的，员工可以要求劳动争议仲裁委员会、法院予以减少。

十三、什么情况下劳动者可以解除竞业限制义务

一般来说，既然用人单位和劳动者约定了竞业限制和经济补偿，用人单位就应当依约支付经济补偿，劳动者也应当依约履行竞业限制义务。

根据《新劳动争议司法解释(一)》第38条的规定，当事人在劳动合同或者保密协议中约定了竞业限制和经济补偿，劳动合同解除或者终止后，因用人单位的原因导致3个月未支付经济补偿，劳动者请求解除竞业限制约定的，人民法院应予支持。换句话说，劳动者要单方解除竞业限制约定，必须同时满足以下两个条件：(1)用人单位3个月未支付经济补偿；(2)未支付补偿系因用人单位的原因。支付经济补偿尚未达到3个月或者未支付经济补偿系因为联系不上劳动者等劳动者的原因，劳动者都不能解除竞业限制约定。

在实践中，如果劳动者违反竞业限制约定，并依约向用人单位支付了违约金后，劳动者是否就可以不履行竞业限制义务了呢？在这一点法律关系上，用人单位要特别加以注意，掌握好主动权。(1)如果用人单位认为劳动者已无继续履行竞业限制义务的必要，劳动者不再履行竞业限制的义务，用人单位也无须再支付经济补偿。(2)如果用人单位要求劳动者按照约定继续履行竞业限制义务的，劳动者则应当继续履行竞业限制义务。由此可见，劳动者违约后是否继续履行竞业限制义务，取决于用人单位的要求。用人单位可根据必要性、支付经济补偿的成本等因素决定是否要求劳动者继续履约。

十四、员工违反劳动合同中的保密或竞业限制条款，公司是申请劳动仲裁还是提起商业秘密侵权诉讼

《民法典》第186条规定，因当事人一方的违约行为，损害对方人身权益、财产权益的，受损害方有权选择请求其承担违约责任或者侵权责任。据此，因合同而引起的纠

纷，在涉及违约责任与侵权责任的竞合时，原告有权选择提起合同诉讼还是侵权诉讼，人民法院也应当根据原告起诉的案由依法确定能否受理案件以及确定案件的管辖。

劳动争议是劳动者与用人单位因劳动合同法律关系发生的争议，我国法律并未特别要求劳动合同当事人只能依据劳动合同提起劳动争议，违反劳动合同的行为同时构成侵权行为的，法律并不排除当事人针对侵权行为要求行为人承担侵权责任。因此，对于因劳动者与用人单位之间的竞业限制约定引发的纠纷，如果当事人以违约为由主张权利，则属于劳动争议，依法应当通过劳动争议处理程序解决；如果当事人以侵犯商业秘密为由主张权利，则属于不正当竞争纠纷，人民法院可以依法直接予以受理。

[读者来信]

娄律师：

您好！我是您的苏州的一名读者，曾经拜读过您和徐小媛编写的《这样做 HR 最有效》，其中有两个问题，想请教下：

一、员工与公司签订竞业限制后，违约对公司的赔偿金是多少，可以规定为该员工年收入的 20 倍吗？

二、我查看了很多资料，目前江苏省没有具体的规定，只有上海有些规定，但是都没有具体到具体数额，到底应当如何确定员工的违约金？

读者：Hou，Rebecca

— 回复 —

你好！签订竞业限制合同后，如果当事人违约，可根据合同中约定进行赔偿，如果对违约金没有约定，则劳动者即使违约也无须支付违约金。约定违约金应当合理，数额畸高的，员工可以要求劳动争议仲裁委员会、法院予以减少。约定为员工年收入的 20 倍明显偏高。

可以参见本书第六章第三节第十二项的内容，违约金的约定建立在劳动者与用人单位之间，其数额的确定只要符合双方合意，且合理即可。所谓合理，一般应参照员工的收入水平、偿付能力、补偿金数额等违约金等因素来判断。

[法条链接]

《中华人民共和国劳动合同法》

第二十三条　用人单位与劳动者可以在劳动合同中约定保守用人单位的商业秘密和与知识产权相关的保密事项。

对负有保密义务的劳动者，用人单位可以在劳动合同或者保密协议中与劳动者约定竞业限制条款，并约定在解除或者终止劳动合同后，在竞业限制期限内按月给予劳动者经济补偿。劳动者违反竞业限制约定的，应当按照约定向用人单位支付违约金。

第二十四条　竞业限制的人员限于用人单位的高级管理人员、高级技术人员和其他负有保密义务的人员。竞业限制的范围、地域、期限由用人单位与劳动者约定，竞业限制的约定不得违反法律、法规的规定。

在解除或者终止劳动合同后，前款规定的人员到与本单位生产或者经营同类产品、从事同类业务的有竞争关系的其他用人单位，或者自己开业生产或者经营同类产品、从事同类业务的竞业限制期限，不得超过二年。

最高人民法院《关于审理劳动争议案件适用法律问题的解释(一)》

第三十六条　当事人在劳动合同或者保密协议中约定了竞业限制，但未约定解除或者终止劳动合同后给予劳动者经济补偿，劳动者履行了竞业限制义务，要求用人单位按照劳动者在劳动合同解除或者终止前十二个月平均工资的30%按月支付经济补偿的，人民法院应予支持。

前款规定的月平均工资的30%低于劳动合同履行地最低工资标准的，按照劳动合同履行地最低工资标准支付。

第三十七条　当事人在劳动合同或者保密协议中约定了竞业限制和经济补偿，当事人解除劳动合同时，除另有约定外，用人单位要求劳动者履行竞业限制义务，或者劳动者履行了竞业限制义务后要求用人单位支付经济补偿的，人民法院应予支持。

第三十八条　当事人在劳动合同或者保密协议中约定了竞业限制和经济补偿，劳动合同解除或者终止后，因用人单位的原因导致三个月未支付经济补偿，劳动者请求解除竞业限制约定的，人民法院应予支持。

第三十九条　在竞业限制期限内，用人单位请求解除竞业限制协议的，人民法院应予支持。

在解除竞业限制协议时，劳动者请求用人单位额外支付劳动者三个月的竞业限制经济补偿的，人民法院应予支持。

第四十条　劳动者违反竞业限制约定，向用人单位支付违约金后，用人单位要求劳动者按照约定继续履行竞业限制义务的，人民法院应予支持。

[顾问点评]

——曾凡新律师*

商业秘密是企业在市场竞争中保持竞争优势的重要支撑，关系到企业的核心竞争力，如果保护不善，将导致企业在市场上失去竞争优势、陷入困境，严重者甚至带来灭顶之灾。近年来，随着侵犯商业秘密案例的逐年增加，如何保护好商业秘密，成为众多企业关注的重点之一。

---

* 曾凡新律师：北京大成(深圳)律师事务所合伙人，大成中国区劳动与人力资源专业委员会执行主任，广东省法学会社会法学研究会常务理事、深圳大学劳动法和社会保障法研究所客座研究员，国家一级人力资源管理师，曾担任深圳市律师协会劳动与社会保障专业委员会主任。

国家早已开始注意从法律层面上加强对商业秘密的保护，1993 年实施的《反不正当竞争法》确定了商业秘密的三种特征，后于 2017 年对这三个特征进行了进一步的完善，即不公开性、价值性和保密性。2008 年施行的《劳动合同法》通过法律的方式确立劳动者和用人单位可以签订竞业限制协议，明确保守秘密作为用人单位和劳动者双方可以协商约定的事项。

但仅有法律的保护是不够的，随着科技不断进步，信息传播途径的多元化，让商业秘密越来越容易被泄露和扩散。实践中，应如何保护企业重要的商业秘密？商业秘密是由人掌握，也是由人传播的，如能妥善管理好接触、使用商业秘密的人，规范使用程序，提高保密意识，采取适当的保密措施，方能保护好企业的商业秘密。

通过分析案例，我们可以发现，大多数侵犯商业秘密的案例是由核心员工离职后，将原单位的商业秘密提供给新单位使用而发生。然而，要完全杜绝核心员工接触商业秘密，实践中是难以实现的。为了防止员工泄露商业秘密，企业的 HR 可以有针对性地采取管理和保护措施。如设定商业秘密范围，与哪些员工需签订保密协议，采取何种保护措施，接触商业秘密需要经过审批程序；与哪些员工在上岗前即签订竞业限制协议，竞业限制协议中对经济补偿、违约金等明确约定。从员工招聘、入职、日常管理到离职等各个环节，对商业秘密采取保护措施。

第七章

工作时间与休息休假

——合同履行管理中的“重头戏”

无论是工作时间，还是休息休假，都是劳动合同履行过程中的重要内容，也是实践中容易产生劳动纠纷的重要环节。为了防范此类纠纷的发生，企业HR应当加强对工作时间和休息休假等相关法律规定的掌握，依法进行规范管理，唱好这出“重头戏”。

第一节 工作时间

工作时间是劳动用工管理的一个基本元素,在现行法律体制下存在三种工时制度:标准工时制、综合计算工时制、不定时工作制。相对于标准工时制而言,后两种工时制都属于特殊工时制。实务中,工作时间也是劳动纠纷产生的多发地带,引发的纠纷通常集中在特殊工时的使用及加班两个方面。为了防患纠纷于未然,企业 HR 应当充分了解工时制及加班的相关规定,从而规范管理。

一、标准工时制

标准工时制即职工每日工作不超过 8 小时,每周工作不超过 40 小时的工时制度,这是最基本的工时制度,在实务中使用率最高。虽然我国 1995 年 1 月 1 日起施行的《劳动法》第 36 条规定,国家实行劳动者每日工作时间不超过 8 小时、平均每周工作时间不超过 44 小时的工时制度,但 1995 年 5 月 1 日起施行的国务院《关于职工工作时间的规定》在第 3 条又规定了职工每日工作 8 小时,每周工作 40 小时。根据新法优于旧法的原则,则应当按照国务院《关于职工工作时间的规定》执行。

[读者来信]

娄律师:

您好!想和您确认下,我们公司以下的操作时间是否合法!

我们公司实行标准工时制,周一到周五,早班 9:30—16:00;晚班 16:00—22:00;周六和周日,早班 9:30—19:00,晚班 12:00—22:00;一周休息一天。加班采取调休模式。例如,5 月 1 日上 12:00—22:00 的班,然后再找周六上 16:00—22:00 的班,工资也只给 2 倍,这样是否可以。盼复,谢谢!

祝您身体健康,万事如意!

读者:lishun_2004

— 回复 —

你好!根据相关法律,用人单位在确定员工工作时间上具有一定的自主权,但是不得违反法律、法规的规定。现行规定是,职工每日工作时间平均不超过 8 小时、平均每周工作时间平均不超过 40 小时。故每周安排休息一天是可以的,但是应该合理安排员工值班时间,长短搭配,确保每个员工工作时间额度符合法律规定。

[场景回放]

某咨询公司主营室内装潢设计,为了配合公司业务开展,公司规定所有行政工作人员都应当每周工作 6 天,每天工作 8 小时。朱某在该公司做财务工作,其与公司签订的劳动合同中也对工作时间作了如上约定。工作一段时间后，朱某发现每周工作6天没有办法照顾小孩，于是向公司提出要求每天工作5天，公司以业务需要为由予以拒绝。朱某眼见协商不成，又迫于照顾小孩的需要，于是每周六便自主没有去公司上班。公司向朱某发出书面警告，称朱某不遵守公司的工作时间安排，属于违纪行为，朱某应马上予以纠正，如若再犯将视为严重违反公司规章制度予以解除劳动合同。朱某称公司每周安排工作48小时违法，拒绝服从。第二个周六朱某仍然没有去上班。于是公司向朱某发出解除劳动合同通知书，以朱某严重违纪为由解除了劳动合同。为此双方发生争议。

[针锋相对]

朱某认为，公司安排的工作时间违反法律规定，其无须遵守，公司解除劳动合同违法。因此，朱某向劳动争议仲裁委员会提起仲裁，要求公司恢复劳动关系，并支付之前因周六工作而产生的加班费。

公司认为，公司有权自主安排工作时间，而且朱某本人也在合同上签字认可了实行6天工作制，因此朱某必须遵照执行，否则属于违纪。而且公司的规章制度中已经明确规定了工资中包含每周六上班的固定加班工资，而朱某本人也知晓该制度的内容，因此公司无须再向其支付加班工资。

[审理结果]

双方最终在劳动争议仲裁委员会调解下达成一致：劳动关系解除，公司向朱某一次性支付10,000元现金。

[律师点评]

本案的争议焦点是，公司能否自主确定员工工作时间？工资中包含固定加班工资的做法是否合法？

针对第一个问题，公司在确定员工工作时间上具有一定的自主权，但是不得违反法律法规的规定。根据现行法律规定，职工每日工作时间不超过8小时、平均每周工作时间不超过40小时，这是对劳动者的最低保护，具有强制性。用人单位只能在该标准内确定员工工作时间，而不得以约定、行政命令、规章制度等形式提高该标准，否则将因内容违法而无效。在本案中，公司确定员工工作时间每周达到48小时，超出了上述国家标准，违反了国家规定，公司不得依此认定朱某违纪，更不得依此解除劳动合同。

针对第二个问题，公司规章制度中有关工资中包含固定加班工资的规定违法。加班费是用人单位在劳动者超时劳动后提供的额外的劳动报酬，不包含在工资中。

[拨云见日]

1. 某企业安排员工周一至周五每日工作 7 小时，周六工作 4 小时，周日休息，该企业的做法是否合法？

答：合法。在该企业安排的工时制度下，员工每日工作时间没有超过 8 小时，每周工作时间没有超过 40 小时，符合劳动基准法的规定。虽然该企业没有像一般企业那样规定双休日，但是根据《劳动法》第 38 条、原劳动部《关于〈劳动法〉若干条文的说明》第 38 条的规定，用人单位只要保证劳动者每周至少有一次 24 小时不间断的休息即可。可见，法律并不强制用人单位必须每周安排劳动者休息 2 日。根据上述规定，该企业在保证员工工作时间不超过法定标准的前提下，安排员工只在周日休息符合法律规定，这在国务院《〈关于职工工作时间的规定〉问题解答》中也能找到答案。

2. 企业能否根据需要将双休日安排在周一至周五？

答：国务院《关于职工工作时间的规定》第 7 条规定，企业可以根据实际情况安排周休息日。因此企业可以将双休日安排在周六、周日，也可以安排在周一至周五的某 2 日，而且双休日也并非一定是相邻的 2 天。如企业可以安排员工每周一、周二、周四、周六、周日工作，每周三、周五休息。

3. 对实行计件工作的劳动者，企业如何安排工作时间？

答：对于实行计件工作的劳动者，工作时间上与一般劳动者并无区别，即每日工作不超过 8 小时，每周工作不超过 40 小时，每周至少休息 1 天（实行综合计算工时制或不定时工时制的则按照本节第二部分、第三部分内容确定其工作时间）。

与一般劳动者所不同的是，一般劳动者是按月按照固定标准计发工资，而实行计件工作的劳动者则是按照其完成的产品件数计发工资，但是在确定劳动定额和计件报酬标准时，应当结合上述工作时间合理确定。

企业可以根据工作需要灵活安排员工的工作时间，只要不违反劳动法及相关法律法规的规定即可，即每日工作时间不超过 8 小时，每周工作时间不超过 40 小时，并保证劳动者每周有一次连续不间断的 24 小时休息。

为了督促员工严格遵守公司规定的工作时间上下班，企业还应当建立完善的考勤制度，严格考勤管理。实务中大多数企业都采用电子打卡的考勤方式，但是从处理劳动纠纷的实践经验来看，电子打卡记录作为电子证据，其证明效力容易受到质疑。因此对于人员较少的企业而言，可以采用书面签到的方式进行考勤；对于规模较大的企业而言，可以继续沿用电子打卡或指纹打卡的考勤方式，但是应当安排考勤员每月对员工打卡记录进行统计，并将统计记录交由员工签字确认，尤其是对那些考勤出现异常的员工。

[法条链接]

《中华人民共和国劳动法》

第三十六条 国家实行劳动者每日工作时间不超过八小时、平均每周工作时间不超过四十四小时的工时制度。

第三十七条 对实行计件工作的劳动者，用人单位应当根据本法第三十六条规定的工时制度合理确定其劳动定额和计件报酬标准。

第三十八条 用人单位应当保证劳动者每周至少休息一日。

第四十一条 用人单位由于生产经营需要，经与工会和劳动者协商后可以延长工作时间，一般每日不得超过一小时；因特殊原因需要延长工作时间的，在保障劳动者身体健康的条件下延长工作时间每日不得超过三小时，但是每月不得超过三十六小时。

劳动部《关于〈中华人民共和国劳动法〉若干条文的说明》

第三十八条 本条应理解为：用人单位必须保证劳动者每周至少有一次24小时不间断的休息。

国务院《关于职工工作时间的规定》

第三条 职工每日工作八小时，每周工作四十小时。

第六条 任何单位和个人不得擅自延长职工工作时间。因特殊情况和紧急任务确需延长工作时间的，按照国家有关规定执行。

第七条 国家机关、事业单位实行统一的工作时间，星期六和星期日为周休息日。企业和不能实行前款规定的统一工作时间的事业单位，可以根据实际情况灵活安排周休息日。

国务院《〈关于职工工作时间的规定〉问题解答》

一、问：1995年2月17日国务院《关于职工工作时间的规定》（以下简称《规定》）发布后，企业职工每周工作时间不超过四十小时，是否一定要每周休息两天？

答：有条件的企业应尽可能实行职工每日工作八小时、每周工作四十小时这一标准工时制度。有些企业因工作性质和生产特点不能实行标准工时制度的，应将贯彻《规定》和贯彻《劳动法》结合起来，保证职工每周工作时间不超过四十小时，每周至少休息一天……

二、综合计算工时制

综合计算工时制是企业因生产特点无法执行标准工时制而采用的一种特殊工时制，即以周、月、季、年等为周期，综合计算工作时间的工时制度。应当特别注意的是，综合计算工时制的平均日工作时间和平均周工作时间与法定标准工作时间基本相同。

企业实行综合计算工时制需要满足两方面的要件：一是实体性要件，企业因生产特点或其他因素无法执行标准工时制，且这类岗位必须符合国家规定的条件；二是程序性要件，企业实行综合计算工时制必须经过劳动行政部门的审批。未经审批，即便满足实体性要件，企业也不得自主确定或与员工约定实行综合计算工时制。

[场景回放]

因经营不善,某服装厂的业务量大大降低,服装厂因此不得不压缩生产,时常让员工们放假回家。2015年国庆节前,服装厂突然接到一份订单,要求服装厂尽快供货。厂长欣喜若狂,但考虑到交货期限十分紧张,于是,他向全体员工宣布:"国庆节期间,全厂职工加班,完成任务后按国庆节天数安排补休。除国庆节全天加班以外,从今天开始的3个月内,工厂将实行综合计算工时制,所有职工每天工作10小时,周六、周日一律不休息。等完成任务后,工厂将给全体人员放假,让大家集中休息一段时间。"经历1个多月没有休息的连续工作后,一些员工因感到疲劳而申请周日休息,同时主张国庆节期间应支付加班工资而非安排补休,但遭到工厂拒绝,并被告知,周日擅自休息者按旷工处理,同时扣发当月奖金。一些员工实在受不了这种规定,向劳动争议仲裁委员会提出了申请,请求仲裁委员会依法保护他们的休息权和依法应获得加班费的权利。

[审理结果]

劳动争议仲裁委员会经审查认为,该服装厂的做法违反了《劳动法》的有关规定,裁定服装厂应当将每日工作时间缩短为不超过8小时,每周工作不超过40小时,确保员工的休息权;服装厂依法向员工支付国庆节期间及平时延时加班的加班工资,并就员工公休日加班支付加班费或安排调休。

[律师点评]

本案的争议焦点是服装厂能否自主确定实行综合计算工时制。虽然服装厂因为赶工需要确实不能严格执行标准工时制,但是其未经劳动行政部门审批,擅自对所有员工实行综合计算工时制,是违法的,对此服装厂应当予以纠正,并且按照标准工时制及其加班的相关规定向员工支付加班费或安排调休。

[拨云见日]

1. 哪些职工可以实行综合计算工时制?

答:根据相关法律法规,下列五类职工可以实行综合计算工时制:

(1)交通、铁路、邮电、水运、航空、渔业等行业中因工作性质特殊,需连续作业的职工;

(2)地质及资源勘探、建筑、制盐、制糖、旅游等受季节和自然条件限制的行业的部分职工;

(3)亦工亦农或由于受能源、原材料供应等条件限制难以均衡生产的乡镇企业的职工;

(4)在市场竞争中,由于外界因素影响,生产任务不均衡的企业的部分职工;

(5)其他确因生产特点或其他客观因素无法执行标准工时制的职工,如实行轮班作业的人员；家庭距工作地点较远，采用集中工作、集中休息的职工等。

2. 如何申请实行综合计算工时制？

答：具备实行综合计算工时制实体要件的，企业可以向当地的劳动行政部门申请实行综合计算工时制，有关申请的手续以及应当提交的材料等相关事宜，各地劳动行政部门都有详细指引，在申请之前企业可以到劳动行政部门索取相关资料。需要注意的是，申请书应重点说明不能实行标准工时制的具体原因，涉及的岗位、人数以及综合计算工时制的计算周期、工作方式、休息制度和企业工会或职工大会对企业实行综合计算工时制的意见。

3. 企业实行综合计算工时制是否需要事先与工会或职工代表大会协商？

答：根据原劳动部《关于职工工作时间有关问题的复函》的规定，企业实行综合计算工时制应当事先与工会或职工代表大会协商。

4. 如何安排实行综合计算工时制的员工休息休假？

答：对于实行综合计算工时制的员工，采用集中工作、集中休息、轮休调休、弹性工作时间等适当方式，确保职工的休息休假权利和生产、工作任务的完成。实行综合计算工时制的员工与实行标准工时制的员工一样享受法定节假日和带薪年休假。

5. 经审批公司可以在某岗位实行综合计算工时制，公司招聘员工甲担任该岗位工作，在合同中约定实行标准工时制，对员工甲究竟应该实行怎样的工时制？

答：如果公司申请了综合计算工时制，但是与员工约定适用标准工时制，那么综合计算工时制不适用于该员工，员工甲仍应当实行标准工时制。

需要注意的是，经劳动行政部门审批后，实行特殊工时制还有一个前提就是，企业不能与员工有相反的约定或在规章制度中进行相反的规定，如果单位申请了特殊工作制，但与员工约定适用标准工时制或在规章制度中规定某些岗位实行标准工时制，那么特殊工时制不适用于该员工或者该岗位。

采用综合计算工时制，员工的工作时间较为灵活，能够满足企业安排员工连续作业的需求，而且还能控制加班费成本，这一点是标准工时制不可企及的。然而，由于实践中审批特殊工时制的难度较大，很多企业因此铤而走险，未经过劳动行政部门审批便擅自在制度中规定或与员工约定实行综合计算工时制，那么，即使这些制度经过了民主公示程序，或者这样的约定得到了员工的认可，也终将会因为违法而无效。因此，为了防范此类法律风险，企业一定要在得到劳动行政部门批准后再实行综合计算工时制。

[法条链接]

《中华人民共和国劳动法》

第三十九条　企业因生产特点不能实行本法第三十六条、第三十八条规定的，经劳动行政部门批准，可以实行其他工作和休息办法。

《关于企业实行不定时工作制和综合计算工时工作制的审批办法》

第五条　企业对符合下列条件之一的职工，可实行综合计算工时工作制，即分别以周、月、季、年等为周期，综合计算工作时间，但其平均日工作时间和平均周工作时间应与法定标准工作时间基本相同。

……

第六条　对于实行不定时工作制和综合计算工时工作制等其他工作和休息办法的职工，企业应根据《中华人民共和国劳动法》第一章、第四章有关规定，在保障职工身体健康并充分听取职工意见的基础上，采用集中工作、集中休息、轮休调休、弹性工作时间等适当方式，确保职工的休息休假权利和生产、工作任务的完成。

第七条　中央直属企业实行不定时工作制和综合计算工时工作制等其他工作和休息办法的，经国务院行业主管部门审核，报国务院劳动行政部门批准。

地方企业实行不定时工作制和综合计算工时工作制等其他工作和休息办法的审批办法，由各省、自治区、直辖市人民政府劳动行政部门制定，报国务院劳动行政部门备案。

国务院《〈关于职工工作时间的规定〉问题解答》

六、问：哪些企业职工可实行综合计算工时工作制？

答：综合计算工时工作制是针对因工作性质特殊，需连续作业或受季节及自然条件限制的企业的部分职工，采用的以周、月、季、年等为周期综合计算工作时间的一种工时制度，但其平均日工作时间和平均周工作时间应与法定标准工作时间基本相同。主要是指：交通、铁路、邮电、水运、航空、渔业等行业中因工作性质特殊，需要连续作业的职工；地质、石油及资源勘探、建筑、制盐、制糖、旅游等受季节和自然条件限制的行业的部分职工；亦工亦农或由于受能源、原材料供应等条件限制难以均衡生产的乡镇企业的职工等。另外，对于那些在市场竞争中，由于外界因素影响，生产任务不均衡的企业的部分职工也可以参照综合计算工时工作制的办法实施。

劳动部《关于职工工作时间有关问题的复函》

九、……

1. 企业实行综合计算工时工作制以及在实行综合计算工时工作制中采取何种工作方式，一定要与工会和劳动者协商。

……

上海市劳动和社会保障局关于印发《本市企业实行不定时工作制和综合计算工时工作制的审批办法》的通知

第四条　企业实行不定时工作制和综合计算工时工作制的，应当向企业工商登记注册地的区县劳动和社会保障局提出申请。但企业实行以年为周期综合计算工时工作制（包括同时申请实行不定时工作制）的，应当向市劳动和社会保障局（以下统称劳动保障行政部门）提出申请。

中央直属企业实行不定时工作制和综合计算工时工作制的按国家有关规定执行。

上海市人力资源和社会保障局《关于调整本市企业实行其他工时制度审批权限等有关问题的通知》

一、自2014年4月1日起将本市企业以年为周期综合计算工时工作制的审批权限下放至区县人力资源和社会保障局。

2014 年 4 月 1 日前企业已经向市人力资源和社会保障局申请实行以年为周期综合计算工时工作制且申请材料已被受理的，由市人力资源和社会保障局完成审批工作。

三、不定时工作制

不定时工作制没有固定工作时间的限制，是针对因生产特点、工作性质特殊需要或职责范围的关系，需要连续上班或难以按时上下班，无法适用标准工作时间或需要机动作业的职工而采用的一种工时制度。

相对于标准工时制，不定时工作制与综合计算工时制都属于特殊工时制，与综合计算工时制一样，实行不定时工作制需要具备实体与程序两方面的要件。从实体上看，不定时工作制只适用于因工作性质特殊，无法按标准工作时间衡量或需要机动作业，导致职工的工作时间不固定；从程序上看，不定时工作制必须经过劳动行政部门的审批，未经审批企业不得擅自实行不定时工作制。

[场景回放]

廖某是某外资公司的营销总监，与公司签订了为期 5 年的劳动合同，约定年薪不低于 30 万元，其中每月支付工资 2 万元，扣除个人承担的社会保险费和税收，其余部分年底一次性支付。合同中还约定了奖金的计算标准。工作 1 年后廖某想到，自己经常在外国、外地出差，常年得不到休息，出差时间应当作为加班，遂向公司提出要求支付加班工资。公司回答营销总监属于高级管理人员，公司对于高级管理人员实行年薪制，不实行标准工时制度而实行不定时工作制，不计算加班。廖某遂向劳动争议仲裁委员会提起仲裁，要求公司支付加班工资。

[审理结果]

经劳动争议仲裁委员会调解，由公司向廖某支付休息日和节假日出差的加班工资。平时工作日延长工作时间，由于廖某未能提供有效证据证明，公司不支付其加班工资。

[律师点评]

本案的争议焦点在于企业的高级管理人员是否必然实行不定时工作制。对于此类问题，理论界也尚有争议，但是根据我国通行的法律规定来看，对高级管理人员适用不定时工作制也必须经过劳动行政部门的审批，经审批后方能实行。本案中，公司未经审批便擅自对廖某实行不定时工作制，违反了法律法规的规定，公司应当依法向廖某支付加班工资。

但是如果该案发生在北京，公司对廖某实行不定时工作制，则不需要办理审批手续，因为这在《北京市企业实行综合计算工时工作制和不定时工作制办法》第 16 条第

2款有明确的规定。

[拨云见日]

1. 哪些人员可以实行不定时工作制?

答:根据相关法律法规的规定,对下列人员可以实行不定时工作制:

(1)企业中的高级管理人员、外勤人员、推销人员、部分值班人员和其他因工作无法按标准工作时间衡量的职工;

(2)企业中的长途运输人员、出租汽车司机和铁路、港口、仓库的部分装卸人员以及因工作性质特殊,需机动作业的职工;

(3)其他因生产特点、工作特殊需要或职责范围的关系,适合实行不定时工作制的职工,如出租车司机等。

2. 对于实行不定时工作制的员工,如何确定其工作任务和工作量?

答:对于实行不定时工作制的员工,企业在确定其工作任务和工作量时,应当参照同等时间内标准工时制下可完成的工作量合理确定,确保员工休息。

3. 企业能否要求不定时工作制员工每天按时上下班打卡?

答:不定时工作制的最大特点便是工作时间不固定,工作时间由员工根据工作任务进行安排,单位无法对此类员工进行每天按时上下班考勤,员工只要确保工作任务的完成即可。

同时,根据《劳动法》的要求,每个员工均需要遵守单位制定的各项规章制度,考勤制度属于其中之一;但由于实行不定时工作制的员工工作岗位的特殊,不能随时进行有效考勤。针对这种特殊情况,单位可安排员工以一定时间(多为1周)为周期,按时到单位报到、学习、进行工作汇报并据此为考勤的依据。但需注意周期的时间段、周期内工作量的安排应当合理。

4. 如何安排实行不定时工作制的员工休息休假?

答:即便实行不定时工作制,员工也享有休息休假的权利,但也有其自身的特点:

(1)工作时间不再受平均每日工作不超过8小时、每周工作不超过40小时,每周至少享受一次连续24小时休息的限制;

(2)由于员工自由安排工作时间,也不再享受公休日;

(3)员工仍然享有法定节假日,在某些地方,实行不定时工作制的员工在法定节假日工作的,企业还应当支付加班工资;

(4)符合享受带薪年休假条件的员工可以享受带薪年休假。

在不定时工作制下,员工的工作时间非常灵活机动,不存在加班费的困扰,这对企业具有很大的诱惑力。然而不定时工作制这枚硬币的背面却也存在企业无法对员工进行考勤,企业无法实时掌控员工的工作情况等弊端。要克服这一弊端,可以从以下几点入手:

1. 转变管理理念。在标准工时制度下,企业不仅要考察员工做了什么,做得如何,还要对员工在工作时间有没有工作进行考核;但不定时工作制不同,其重视的是员工作出了什么,是否完成了任务,对于其何时作不作过多干涉。因此,企业实行不定时工作制,首先应当从理念上予以转变,明确工作重点在于对员工工作任务的设定以及完成情况的考核,不应过多拘泥于考察员工在工作时间内有没有工作。

2. 合理确定员工的工作量。在不定时工作制下,员工工作不再受法定工作时间标准的限制,一些企业便安排繁重的工作任务,侵害员工的休息权,容易产生员工以工作任务明显不合理为由要求企业支付加班工资的纠纷。因此企业在确定员工的工作量时,应当参照同等时间内标准工时制下可完成的工作量合理确定,确保员工休息。

3. 尽量量化工作任务以便于监督和考核。

4. 建立完善的工作汇报制度,如可以要求员工定期向企业汇报本阶段工作执行情况,以便监控员工工作开展进程。

[法条链接]

《关于企业实行不定时工作制和综合计算工时工作制的审批办法》

第四条　企业对符合下列条件之一的职工,可以实行不定时工作制。(略)

国务院《〈关于职工工作时间的规定〉问题解答》

五、问:哪些企业职工可实行不定时工作制?

答:不定时工作制是针对因生产特点、工作特殊需要或职责范围的关系,无法按标准工作时间衡量或需要机动作业的职工所采用的一种工时制度。例如,企业中从事高级管理、推销、货运、装卸、长途运输驾驶、押运、非生产性值班和特殊工作形式的个体工作岗位的职工,出租车驾驶员等,可实行不定时工作制。鉴于每个企业的情况不同,企业可依据上述原则结合企业的实际情况进行研究,并按有关规定报批。

劳动部《关于职工工作时间有关问题的复函》

八、实行不定时工作制的工资如何计发?其休息休假如何确定?

对于实行不定时工作制的劳动者,企业应当根据标准工时制度合理确定劳动者的劳动定额或其他考核标准,以便安排劳动者休息。其工资由企业按照本单位的工资制度和工资分配办法,根据劳动者的实际工作时间和完成劳动定额情况计发。对于符合带薪年休假条件的劳动者,企业可安排其享受带薪年休假。

四、有关加班的规定

超出法定标准工作时间或企业规定的工作时间工作即为加班。根据《劳动法》的规定,加班分为以下三种情况:

(一)延时加班

延时加班即在工作日 8 小时之外的加班。需要注意的是,若企业规定或与员工约定每日工作时间短于 8 小时的,那么员工超出规定或约定时间工作的即为加班。安排劳动者延时加班的,企业应支付不低于工资的 150% 的工资报酬。

当然,企业安排劳动者延时加班,延长的时间也不是无限制的,一般来说,每日延长不得超过 1 小时,因特殊原因每日延长不得超过 3 小时,但是每月不得超过 36 小时,除非出现法定情形,才不受以上条件限制。

(二)公休日加班

公休日加班即员工在公休日工作。公休日的安排按照企业规定或企业与员工约定执行,并非一定是周六、周日。在休息日安排劳动者工作又不能安排补休的,企业应当支付不低于工资的 200% 的工资报酬。

(三)法定节假日加班

法定节假日加班,即员工在法定节假日工作。在法定休假日安排劳动者工作的,企业应当另外支付不低于工资的 300% 的工资报酬。

[场景回放]

田某是某印刷厂的设计人员,由于厂里人手紧张,必须每天加班才能完成工作任务,刚开始他考虑有加班工资也就没说什么,但时间一长就感觉自己身体吃不消了,要求厂里增加人员,厂长说:加班是工作安排,你不服从工作安排就要受违纪处分。田某坚持不肯再长期加班,厂长于是将他作为违纪解除劳动合同处理。田某不服,向劳动争议仲裁委员会申诉,要求撤销处理并恢复劳动关系。经仲裁委员会调解,厂方撤销了处理决定并与他继续履行劳动合同。

[律师点评]

本案的争议焦点在于企业安排员工加班,员工是否必须服从。以上案例比较具有典型性,在实践中类似的情况比较常发,值得引起广大 HR 的注意。

根据《劳动法》第 41 条的规定,"经与工会和劳动者协商后",企业可以安排员工加班。可见企业安排员工加班应当与员工协商一致,经员工同意方可安排员工加班,员工自愿是安排员工加班的首要前提,企业单方强制规定加班是无效的。但是也有例外,若存在下列情形之一的,企业可以自主安排员工加班,员工应当服从:(1)发生自然灾害、事故或者因其他原因,使人民的安全健康和国家资财遭到严重威胁,需要紧急处理的;(2)生产设备、交通运输线路、公共设施发生故障,影响生产和公众利益,必须及时抢修的;(3)必须利用法定节日或公休假日的停产期间进行设备检修、保养的;(4)为完成国防紧急任务,或者完成上级在国家计划外安排的其他紧急生产任务,以及商业、供销企业在旺季完成收购、运输、加工农副产品紧急任务的。

本案中,印刷厂在不存在以上例外情形的前提下,强行安排田某加班,违反了法律规定,田某有权拒绝,不属于违纪,印刷厂不得因此解除劳动合同。

[拨云见日]

1. 标准工时制下,因工作需要每日安排员工工作 12 小时,足额向员工发放加班费,如此安排是否合法?是否存在法律风险?

答:不合法。《劳动法》规定了员工每日加班不得超过 1 小时,情况特殊的在保证员工身体健康的条件下不得超过3小时，该限制是一个硬性规定，企业应当遵照执行。企业安排员工加班超出上述时间标准，即使足额支付加班费，也违反了法律规定。

在实务中很多企业如此安排，虽然员工只要拿到了加班工资一般不会再找企业麻烦，但是也不能排除员工向劳动监察部门举报或监察部门主动检查发现企业严重超时安排工作的情形，一旦查出，企业可能会被处以行政罚款，罚款数额各地不等。

2. 员工延时加班的，企业能否安排员工调休？

答：员工只有在公休日加班，企业才能安排调休，员工延时加班或在法定节假日加班的，即使经员工本人同意，企业也不能以安排员工调休为由不支付加班费。各地有不同规定的，按照当地规定执行。

3. 综合计算工时制下是否存在加班？

答：综合计算工时制下也存在加班，只是其加班规定比较特殊。在综合计算工时制下，只要在计算周期内的总实际工作时间没有超过总法定标准工作时间的，即便员工在某一日的实际工作时间超过了8小时，也不算加班。但是若计算周期内的总实际工作时间超过总法定标准工作时间的，超过部分视为延长工作时间加班，企业应当支付加班费。由于综合计算工时制下不存在公休日的概念，因此不存在员工公休日加班的情形。

但是，实行综合计算工时制的员工依法享有法定节假日，若安排员工在法定节假日工作的，视为法定节假日加班，企业应当按相关标准支付加班费。

4. 不定时工作制下是否存在加班？

答：由于不定时工作制下员工工作时间具有高度灵活性，员工可以根据工作任务自主安排工作时间，因此不存在延时加班或公休日加班的情形，至于员工在法定节假日工作是否构成加班，各地规定也不一致。根据《北京市工资支付规定》及《江苏省工资支付条例》的规定，经批准实行不定时工时制的员工在法定节假日工作的不视为加班，不享受加班待遇；但是《上海市企业工资支付办法》则规定经批准实行不定时工时制的员工在法定节假日工作视为加班，企业应当按照法定节假日加班的标准支付加班费。

5. 值班和加班如何区别？

答：首先，值班并不是一个法律概念。二者最主要的区别在于，劳动者是否继续在原岗位上从事本职工作。对于劳动者值班的，是否要参照加班情形支付劳动报酬，目前的法律法规没有作出明确规定，但在司法实践中，如上海等地已有明确处理意见。上海市高级人民法院《关于审理劳动争议案件若干问题的解答》第3条规定："以下情形中，劳动者要求单位支付加班待遇的，劳动争议处理机构不予支持：1. 因单位安全、消防、假日等需要担任单位临时安排或制度安排的与劳动者本职工作无关的值班；2. 单位安排劳动者从事与其本职工作有关的值班任务，但值班期间可以休息的。"因此，企业如果存在值班的情形，应当制定相应的规章制度予以规范，以避免发生值班和加班的分歧意见。

[法条链接]

《中华人民共和国劳动法》

第四十一条　用人单位由于生产经营需要,经与工会和劳动者协商后可以延长工作时间,一般每日不得超过一小时;因特殊原因需要延长工作时间的,在保障劳动者身体健康的条件下延长工作时间每日不得超过三小时,但是每月不得超过三十六小时。

第四十二条　有下列情形之一的,延长工作时间不受本法第四十一条规定的限制:

(一)发生自然灾害、事故或者因其他原因,威胁劳动者生命健康和财产安全,需要紧急处理的;

(二)生产设备、交通运输线路、公共设施发生故障,影响生产和公众利益,必须及时抢修的;

(三)法律、行政法规规定的其他情形。

第四十三条　用人单位不得违反本法规定延长劳动者的工作时间。

第四十四条　有下列情形之一的,用人单位应当按照下列标准支付高于劳动者正常工作时间工资的工资报酬:(略)

劳动部《关于职工工作时间有关问题的复函》

四、休息日或法定休假日加班,用人单位可否不支付加班费而给予补休?补休的标准如何确定?

依据《劳动法》第四十四条规定,休息日安排劳动者加班工作的,应首先安排补休,不能补休时,则应支付不低于工资的百分之二百的工资报酬。补休时间应等同于加班时间。法定休假日安排劳动者加班工作的,应另外支付不低于工资的百分之三百的工资报酬,一般不安排补休。

第二节　休息休假

根据《劳动法》第3条的规定,劳动者“享有休息休假的权利”。可见,休息休假并不单纯是用人单位提供给劳动者的一项福利,而是劳动者的一项不可剥夺的法定权利,用人单位作为相对的义务方,应当严格履行相应的义务,不得随意剥夺或妨碍员工行使休息休假权。

一、公休日

公休日即每周休息日,《劳动法》第38条明确规定“用人单位应当保证劳动者每周至少休息一日”。实践中,绝大多数企业实行周六、周日双休制度,但这不是法律的强制规定,企业可根据自身特点和需求自主安排公休日,只要确保员工每日工作时间不超过8小时、每周工作时间不超过40小时、每周至少有一次连续24小时的休息即可,详细内容参见本章第一节标准工时制度的相关介绍。

公休日并非计薪日，也并非带薪假期，用人单位无须向劳动者支付工资。但若安排劳动者在公休日加班的，用人单位则应当依法安排调休或按照不低于工资 200% 的标准支付加班工资。

二、法定节假日

一般来说，法定节假日可以分为以下三种：

1. 全体公民放假的节日：新年，放假 1 天（1 月 1 日）；春节，放假 3 天（农历正月初一、初二、初三）；清明节，放假 1 天（农历清明当日）；劳动节，放假 1 天（5 月 1 日）；端午节，放假 1 天（农历端午当日）；中秋节，放假 1 天（农历中秋当日）；国庆节，放假 3 天（10 月 1 日、2 日、3 日）。

2. 部分公民放假的节日：妇女节（3 月 8 日），妇女放假半天；青年节（5 月 4 日），14 周岁以上的青年放假半天；儿童节（6 月 1 日），不满 14 周岁的少年儿童放假 1 天；中国人民解放军建军纪念日（8 月 1 日），现役军人放假半天。

3. 少数民族的节日：由当地政府根据少数民族习惯规定放假的日子。

法定节假日为带薪假日，用人单位需要按照员工正常出勤支付工资。若安排劳动者在全体公民放假的节日加班的，用人单位则应当按照不低于工资 300% 的标准另行支付加班工资。

[拨云见日]

1. 全体公民放假的日子适逢公休日该如何处理？部分公民放假的日子适逢公休日又该如何处理？

答：根据《全国年节及纪念日放假办法》第 6 条的规定，若全体公民放假的假日适逢星期六、星期日的，应当在工作日补假，一般每年国务院都会出台节假日放假安排，企业参照执行即可，当然企业也可以根据工作需要另行安排补假，只要符合劳动基准法即可；若部分公民放假的假日适逢星期六、星期日的，则不再补假。

2. 青年节放假适用于哪些人群？青年节放假是否具有强制性？

答：根据《全国年节及纪念日放假办法》的规定，享受青年节的人群年龄下限为 14 周岁；经共青团中央建议，国务院法制办批准，享受青年节的人群年龄上限为 28 周岁。即青年节放假适用人群为 14 ~ 28 周岁的青年。

与全体公民放假的节日不一样的是，法律规定包括青年节在内的部分公民放假的节日是本着关爱而非强制的原则，法律倡导用人单位在部分公民放假的节日安排符合休假条件的员工休假，但是若企业没有安排这些员工休假的，法律也不强制企业安排他们调休或支付加班费，但是从企业文化角度来看，企业应该尊重和保障劳动者的权益，以提高员工的归属感。

[法条链接]

《中华人民共和国劳动法》

第四十条　用人单位在下列节日期间应当依法安排劳动者休假：(略)

《全国年节及纪念日放假办法》

第二条　全体公民放假的节日：(略)

第三条　部分公民放假的节日及纪念日：(略)

第四条　少数民族习惯的节日，由各少数民族聚居地区的地方人民政府，按照各该民族习惯，规定放假日期。

第六条　全体公民放假的假日，如果适逢星期六、星期日，应当在工作日补假。部分公民放假的假日，如果适逢星期六、星期日，则不补假。

劳动和社会保障部办公厅《关于部分公民放假有关工资问题的函》

按照国务院《全国年节及纪念日放假办法》(国务院令第270号)中关于妇女节、青年节等部分公民放假的规定，在部分公民放假的节日期间，对参加社会或单位组织庆祝活动和照常工作的职工，单位应支付工资报酬，但不支付加班工资。如果该节日恰逢星期六、星期日，单位安排职工加班工作，则应当依法支付休息日的加班工资。

三、探亲假

探亲假是职工依法探望与自己不住在一起，又不能在公休假日团聚的配偶或父母的带薪假期。目前探亲假主要根据国务院《关于职工探亲待遇的规定》(国发〔1981〕36号)及各地实施办法或实施细则来执行，具体如下：

1. 享受探亲假的条件

凡在国家机关、人民团体和全民所有制企业、事业单位工作满1年的职工，与配偶不住在一起，又不能在公休假日团聚的，可以享受本规定探望配偶的待遇；与父母都不住在一起，又不能在公休假日团聚的，可享受本规定探望父母的待遇。

2. 探亲假的天数

职工探望配偶的，每年给予一方探亲假一次，假期为30天。未婚职工探望父母，原则上每年给假一次，假期为20天。如果因工作需要，本单位当年不能给予假期，或者职工自愿两年探亲一次的，可以两年给假一次，假期为45天。已婚职工探望父母的，每四年给假一次，假期为20天。

3. 路程假

上述探亲假期仅指与配偶、父母团聚的时间。根据实际情况和需要，用人单位还应当给予一定的路程假期。

4. 计算标准

无论是探亲假还是路程假，都以自然日来计算，包括公休假日和法定节假日在内。

5. 探亲假的例外

凡实行休假制度的职工(如学校的教职工)，应该在休假期间探亲；如果休假期较短，可由本单位适当安排，补足其探亲假的天数。

6. 休假期间的待遇

一是在规定的探亲假期和路程假期内，按照本人的标准工资发给工资。二是报销往返路费：职工探望配偶和未婚职工探望父母的往返路费，由所在单位负担；已婚职工探望父母的往返路费，在本人月标准工资30%以内的，由本人自理，超过部分由所在单位负担。

[拨云见日]

1. 外资企业、私营企业、民营企业的职工以及个体工商户的雇工是否享受探亲假？

答：国务院《关于职工探亲待遇的规定》适用于国家机关、人民团体和全民所有制企业、事业单位的职工，外资企业、私营企业、民营企业的职工以及个体工商户的雇工不适用该规定，因此法律不强制这些用人单位安排员工享受探亲假，企业可以根据自身情况自主安排。若这些用人单位在规章制度中规定或与员工约定员工享受探亲假的，则应当依照制度或约定保证员工享受探亲假的权利。

2. 探亲假未休的是否要给予双倍工资呢？

答：目前探亲假主要根据国务院《关于职工探亲待遇的规定》执行，适用于国家机关、人民团体和全民所有制企业、事业单位的职工，对于符合享受探亲假的条件的职工。而对于外资企业、私营企业、民营企业或者个体工商户而言，虽然法律没有强制这些用人单位安排员工享受探亲假，但企业可以根据自身情况自主安排，如果企业在规章制度中规定了或者与员工约定了探亲假，应当保证员工享受探亲假的权利。

虽然探亲假是员工的权利，但如果员工自行放弃休假的，单位也没有补偿的义务。不过，如果单位有探亲假的相关规定，同时还明确了未休假给予双倍工资的规定，则应当给予双倍工资。

[法条链接]

国务院《关于职工探亲待遇的规定》

四、婚假

婚假是指员工本人结婚时所享有的假期。婚假包括两部分内容：基本婚假、路程假。

1. 基本婚假：根据原国家劳动总局、财政部《关于国营企业职工请婚丧假和路程假问题的规定》（1980年2月20日发布）的规定，国有企业职工本人结婚时，企业应该根据具体情况，酌情给予1～3天的婚假，实践中一般都为3天。目前国家还没有对非国有企业职工婚假作出具体规定，应当参照该规定执行。若各省、市对婚假有特别规定的，应按照规定执行，如《北京市人口与计划生育条例》《上海市人口与计划生育条例》都规定，依法办理结婚登记的夫妻，除享受国家规定的婚假外，增加假期7日；《江苏省人口与计划生育条例》规定，依法办理结婚登记的夫妻，在享受国家规定婚假的基础上，延长婚假10天；《甘肃省人口与计划生育条例》规定，依法办理结婚登记的夫妻可以享受婚假30日。

2. 路程假：若员工结婚时双方不在一地工作的，员工去配偶所在地结婚的，企业可以根据路程远近另行给予路程假。

婚假一般是以工作日来计算，法定节假日及公休日不应当计算在内，地方另有规定的则按照当地规定执行。

婚假为带薪假期，在批准的婚假和路程假期间，员工的工资照发。但是往返车船费则由员工自行承担。

[拨云见日]

1. 员工尚未领取结婚证，但是请假提前办理婚宴，这种情形下员工是否享受婚假待遇？

答：享受婚假的前提条件是员工结婚，此处所指结婚专指法律意义上的结婚，即领取结婚证，只有依法领取了结婚证，员工才能享受婚假。因此在如题所述情形下，企业可以批准员工休事假，请假期间不发工资。

2. 再婚员工能否享受婚假？

答：根据原劳动和社会保障部办公厅在《关于对再婚职工婚假问题的复函》中的规定，根据《中华人民共和国婚姻法》和国家有关职工婚丧假的规定精神，再婚者与初婚者的法律地位相同，用人单位对再婚职工应当参照国家有关规定，给予同初婚职工一样的婚假待遇。

[法条链接]

国家劳动总局、财政部《关于国营企业职工请婚丧假和路程假问题的规定》

一、职工本人结婚……时，可以根据具体情况，由本单位行政领导批准，酌情给予一至三天的婚假。

二、职工结婚时双方不在一地工作的……可以根据路程远近，另给予路程假。

三、在批准的婚丧假和路程假期间，职工的工资照发，途中的车船费等，全部由职工自理。

五、丧假

丧假是指员工在其直系亲属（父母、配偶和子女）死亡时依法享有的假期。丧假包括两部分内容：丧假和路程假。

1. 丧假：根据原国家劳动总局、财政部《关于国营企业职工请婚丧假和路程假问题的规定》（1980年2月20日发布）的规定，国有企业职工直系亲属死亡时，企业应该根据具体情况，酌情给予1～3天的丧假，实践中一般都为3天。目前国家还没有对非国有企业职工丧假作出具体规定，应当参照该规定执行。

2. 路程假：职工在外地的直系亲属死亡时需要职工本人去外地料理丧事的，企业可以根据路程远近，另给予路程假。

与婚假一样，丧假一般也是以工作日计算，地方另有规定的则按照当地规定执行。

丧假是带薪假期，在批准的丧假和路程假期间，员工的工资照发，但是往返车船费则由员工自行承担。

［拨云见日］

员工的祖父母或外祖父母，或配偶的父母去世，员工是否享有丧假？

答：法律所规定的丧假仅适用于职工直系亲属死亡的情形，即父母、配偶和子女，对于上述范围之外的亲属死亡的，企业可以通过规章制度规定是否给予员工丧假以及丧假天数并依照执行。如题所述情形，如果企业规定了员工的祖父母或外祖父母，或配偶的父母去世给予丧假的，则按制度执行，若没有此类规定，企业可根据具体情况，不予批准，或根据事假或年休假的规定进行处理。

［法条链接］

国家劳动总局、财政部《关于国营企业职工请婚丧假和路程假问题的通知》

一、……职工的直系亲属（父母、配偶和子女）死亡时，可以根据具体情况，由本单位行政领导批准，酌情给予一至三天的丧假。

二、……职工在外地的直系亲属死亡时需要职工本人去外地料理丧事的，都可以根据路程远近，另给予路程假。

三、在批准的婚丧假和路程假期间，职工的工资照发，途中的车船费等，全部由职工自理。

六、产假

根据相关法律规定，女职工生育享受产假，具体按以下情形区别执行：

1. 单胎顺产者产假为98天，其中产前休假15天。

2. 难产的，增加产假15天，当地规定更有利于劳动者的，则按当地规定执行，如《广东省女职工劳动保护实施办法》规定，女职工生育时遇有难产的，可增加产假30天。

3. 多胞胎生育的，每多生育一个婴儿，增加产假15天。

4. 计划生育奖励假：根据《中华人民共和国人口与计划生育法》的规定，符合法律、法规规定生育子女的夫妻，可以获得延长生育假的奖励或者其他福利待遇。国家尚未对计划生育奖励假或其他福利待遇作出统一规定，具体参照当地规定执行。如《北京市人口与计划生育条例》中规定，按规定生育子女的夫妻，女方除享受国家规定的产假外，享受延长生育假60日，男方享受陪产假15日，另外，女方经所在机关、企业事业单位、社会团体和其他组织同意，可以再增加假期1～3个月；《江苏省人口与计划生育条例》规定，符合本条例规定生育子女的夫妻，女方在享受国家规定产假的基础上，延长产假不少于30天,男方享受护理假不少于15天;《上海市人口与计划生育条例》规定,符合法律法规规定生育的夫妻,女方除享受国家规定的产假外,还可以再享受生育假60天,男方享受配偶陪产假10天;《广东省人口与计划生育条例》规定,符合法律、法规规定生育子女的夫妻,女方享受80日的奖励假,男方享受15日的陪产假。在规定假期内照发工资,不影响福利待遇和全勤评奖。

5. 流产假:女职工怀孕不满4个月流产的,可享受15天的产假;怀孕满4个月以上流产者,可享受42天产假。一些地方在此标准之上规定了更有利于劳动者的流产假,如《上海市女职工劳动保护办法》规定,妊娠3个月内自然流产或子宫外孕者,给予产假30天;妊娠3个月以上,7个月以下自然流产者,给予产假45天。《江苏省女职工劳动保护办法》规定,怀孕3个月以内流产的女职工,根据医疗单位的证明,给予20~30天的产假;3个月以上7个月以下的,产假42天;7个月以上的,产假90天。

6. 产前检查假:怀孕女职工在劳动时间内进行产前检查,视为出勤,不能按病假、事假、旷工处理,企业不得克扣工资。

7. 哺乳假:女职工生育后,在其婴儿1周岁内,用人单位应当在每天的劳动时间内为哺乳期女职工安排1小时哺乳时间;女职工生育多胞胎的,每多哺乳一个婴儿每天增加1小时哺乳时间。

8. 特别规定:我国部分地区有增加产假的特别规定。如《四川省〈中华人民共和国母婴保健法〉实施办法》第24条规定,推行母乳喂养。医疗保健机构应当为母乳喂养提供技术指导和必要条件,提高婴儿母乳喂养率。实行纯母乳喂养的女职工增加1个月产假,产假视为出勤。

9. 产假按照自然日计算,包含法定假日和公休日在内。

女职工产假期间的生育津贴,对已经参加生育保险的,按照用人单位上年度职工月平均工资的标准由生育保险基金支付;对未参加生育保险的,按照女职工产假前工资的标准由用人单位支付。

女职工生育或者流产的医疗费用,按照生育保险规定的项目和标准,对已经参加生育保险的,由生育保险基金支付;对未参加生育保险的,由用人单位支付。

[拨云见日]

1. 女员工未婚生育或婚前怀孕流产的,是否享受产假或流产假?

答:国务院2012年4月28日颁布的《女职工劳动保护特别规定》中对产假、流产假的规定并没有明确区分已婚女职工与未婚女职工;同时,在该法修改后,也明确删除了"女职工违反国家有关计划生育规定的,其劳动保护应当按照国家有关计划生育规定办理,不适用本规定"这部分内容。所以,享受产假、流产假不以是否符合计划生育政策为前提条件,只要有生产的事实,就应当享受产假、流产假。

2. 女员工请保胎假,企业该如何处理?

答:首先,保胎假并非一个法律概念,在劳动法体系中不是一个单独的假期。在国家劳动总局保险福利司《关于女职工保胎休息和病假超过6个月后生育时的待遇问题给上海市劳动局的复函》中规定:"女职工按计划生育怀孕,经过医师开据证明,需要保胎休息的,其保胎休息的时间,按照本单位实行的疾病待遇的规定办理。"当用人单位核实女职工确因身体原因需要保胎休息的,可以按照病假管理制度处理。

3. 员工能否将产前15天的假期放到产后休?是否可以产前休假超过15天?

答:产前假15天,指预产期前15天的休假。产前假一般不得放到产后使用,也不得提前使用。若孕妇提前生产,可将不足的天数和产后假合并使用;若孕妇推迟生产或因身体原因需要提前休假的,超出的天数按病假处理。

4. 产假结束,员工因故还不能上班需要续假的,企业如何处理?

答:法律只规定了产假的下限规定,企业应当保障员工所享受的产假不低于法定标准,对于企业是否延长员工产假法律并不干涉。若员工的法定产假期满需续假的,企业可以根据不同情况对待:若员工因身体原因确实不能上班的,经医疗部门出具证明,企业可以批准其休病假,员工享受病假待遇;若员工因其他原因申请续假的,企业可以根据具体情况决定是否批准及假期类型,员工在假期的待遇根据假期类型来确定。

需要指出的是,生育保险基金只按照法定产假期限支付生育保险基金,对于延长部分的假期,相关待遇由企业自己承担。

5. 员工申请哺乳假,企业能否不予批准?

答:虽然哺乳假已经不适应现实情况了,但是由于法律相关规定尚未废止,因此还需继续执行。若员工申请哺乳假的,企业应当批准。

本部分有关产假的规定是国家一般性的规定,然而产假规定还具有比较强的地方性,如产假中有的假期并无国家统一规定,而是按照地方规定执行,如计划生育奖励假;有的假期地方规定比国家规定更有利于劳动者,也需要按照当地规定执行,如难产假、流产假等;有的是国家没有规定,地方特殊规定的假期,如上海规定的保胎假、产前假等。因此,企业在实际管理中应当密切关注当地的地方性规定,就产假而言,主要关注当地的人口与计划生育方面的规定、女职工保护方面的规定及其他相关规定。

[法条链接]

《中华人民共和国劳动法》

第六十二条　女职工生育享受不少于九十天的产假。

《女职工劳动保护特别规定》

第六条　……怀孕女职工在劳动时间内进行产前检查,所需时间计入劳动时间。

第七条　女职工生育享受98天产假,其中产前可以休假15天;难产的,增加产假15天;生育多胞胎的,每多生育1个婴儿,增加产假15天。

女职工怀孕未满4个月流产的,享受15天产假;怀孕满4个月流产的,享受42天产假。

第八条　女职工产假期间的生育津贴，对已经参加生育保险的，按照用人单位上年度职工月平均工资的标准由生育保险基金支付；对未参加生育保险的，按照女职工产假前工资的标准由用人单位支付。

女职工生育或者流产的医疗费用，按照生育保险规定的项目和标准，对已经参加生育保险的，由生育保险基金支付；对未参加生育保险的，由用人单位支付。

第九条　对哺乳未满1周岁婴儿的女职工，用人单位不得延长劳动时间或者安排夜班劳动。

用人单位应当在每天的劳动时间内为哺乳期女职工安排1小时哺乳时间；女职工生育多胞胎的，每多哺乳1个婴儿每天增加1小时哺乳时间。

七、公假

根据《劳动法》的规定，劳动者在法定工作时间内参加社会活动应视为出勤，这就是公假。劳动者出席下列社会活动可以享受公假：

1. 依法行使选举权或被选举权。

2. 当选代表出席乡（镇）、区以上政府、党派、工会、青年团、妇女联合会等组织召开的会议。

3. 担任人民法庭的人民陪审员、证明人、辩护人。

4. 出席劳动模范、先进工作者大会。

5.《工会法》规定的不脱产工会基层委员会委员因工会活动占用的生产或工作时间。

6. 其他依法参加的社会活动。如在北京，职工参加家长会的可以享受公假。

公假也属于带薪假，员工享受公假的，用人单位依法支付工资。

[法条链接]

《中华人民共和国劳动法》

第五十一条　劳动者在法定休假日和婚丧假期间以及依法参加社会活动期间，用人单位应当依法支付工资。

劳动部《关于〈中华人民共和国劳动法〉若干条文的说明》

第五十一条　……

依法参加社会活动是指：行使选举权；当选代表，出席政府、党派、工会、青年团、妇女联合会等组织召开的会议；担任人民法庭的人民陪审员、证明人、辩护人；出席劳动模范、先进工作者大会；《工会法》规定的不脱产工会基层委员会委员因工会活动占用的生产时间等。

《工资支付暂行规定》

第十条　劳动者在法定工作时间内依法参加社会活动期间，用人单位应视同其提供了正常劳动而支付工资。社会活动包括：依法行使选举权或被选举权；当选代表出席乡（镇）、区以上政府、党派、工会、青年团、妇女联合会等组织召开的会议；出任人民法庭证明人；出席劳动模范、先进工作者大会；《工会法》规定的不脱产工会基层委员会委员因工会活动占用的生产或工作时间；其他依法参加的社会活动。

八、事假

员工因工作之外的事情向用人单位请假，同时又不符合其他休假条件的，经用人单位批准可以休事假。

对于员工事假期间的待遇，目前国家尚无法律法规，一般都是由用人单位根据本单位实际情况通过内部制度加以规定。有的单位规定按员工工资标准的一定比例支付待遇，有的单位则规定事假期间没有任何待遇。这些规定只要与国家规定不抵触的，都是有效的。需要注意的是，有的单位不扣劳动者在事假期间的工资，在这种情况下，根据《职工带薪年休假条例》第 4 条的规定，职工请事假累计 20 天以上且单位按照规定不扣工资的，劳动者不再享受当年的年休假。

［拨云见日］

员工请事假，企业是否有权不予批准？

答：员工请事假的，企业对其请假原因进行审查后，可以根据实际情况决定是否批准，但是决定一定要合理。经劳动争议仲裁委员会或法院认定企业不批准员工事假明显不合理的，即便员工未经企业批准而休假的，也不得认定为旷工。

［法条链接］

关于印发《对〈工资支付暂行规定〉有关问题的补充规定》的通知

三、《规定》第十五条中所称“克扣”系指用人单位无正当理由扣减劳动者应得工资（即在劳动者已提供正常劳动的前提下用人单位按劳动合同规定的标准应当支付给劳动者的全部劳动报酬）。不包括以下减发工资的情况：……（5）因劳动者请事假等相应减发工资等。

《北京市工资支付规定》

第二十二条　劳动者在事假期间，用人单位可以不支付其工资。

九、病假与医疗期

员工确因身体原因不能上班，在履行一定手续后可以休病假。与病假密切相关的概念是医疗期，它是指职工因患病或非因工负伤停止工作治疗休息，企业不得解除劳动合同的时限。

1. 医疗期期限的确定

医疗期的期限应当根据员工本人实际参加工作的年限和在本单位工作的年限综合确定。

(1)实际工作年限10年以下的,在本单位工作年限5年以下的为3个月;5年以上的为6个月;

(2)实际工作年限10年以上的,在本单位工作年限5年以下的为6个月;5年以上10年以下的为9个月;10年以上15年以下的为12个月;15年以上20年以下的为18个月;20年以上的为24个月。

2. 医疗期期限的计算

(1)员工连续休病假的,医疗期从员工病休第--天开始连续计算。

(2)员工断续休病假的,从员工病休第一天开始在下列期间内累计计算病休时间:

①医疗期为3个月的,在6个月内累计病休时间计算;

②医疗期为6个月的,在12个月内累计病休时间计算;

③医疗期为9个月的,在15个月内累计病休时间计算;

④医疗期为12个月的,在18个月内累计病休时间计算;

⑤医疗期为18个月的,在24个月内累计病休时间计算;

⑥医疗期为24个月的,在30个月内累计病休时间计算。

[场景回放]

丘先生于2001年4月至2006年11月在某餐饮店工作。2006年11月30日,丘先生到北京市某公司工作,双方签订了劳动合同,合同期限自2006年11月30日至2007年11月30日。2007年7月19日,丘先生被医院诊断为急性白血病,当日即住院治疗。

2007年10月25日,某公司向丘先生寄发《终止合同通知书》,该《终止合同通知书》说明,双方合同于2007年11月30日到期,经公司决定不再与其续签劳动合同,要求丘先生届时到公司办理正式离职手续。通知书上还说明,在办理正式离职手续时公司将按照《劳动法》的相关规定支付丘先生6个月的医疗补助费,请邱先生执本人签字确认的《回执》到公司领取。2008年2月,丘先生之母代丘先生从公司领取了6个月的医疗补助费。2007年11月之后,某公司停止为丘先生缴纳社会保险。

2007年10月30日,丘先生向北京市劳动争议仲裁委员会申请仲裁,要求依法确认某公司与其终止劳动合同的行为无效,顺延其与某公司之间的劳动合同,恢复医疗保险。经审理,仲裁委员会于2008年1月16日裁决驳回了丘先生的申诉请求。丘先生对仲裁裁决不服,诉至法院。

[针锋相对]

丘先生与公司争议的焦点在于如何理解原劳动部《关于贯彻执行〈中华人民共和国劳动法〉若干问题的意见》中关于"对于某些患特殊疾病(如癌症、精神病、瘫痪等)的职工,在24个月内尚不能痊愈的,经企业和当地劳动部门批准,可以适当延长医疗期"的规定。

丘先生认为,对于患特殊疾病的职工,不管依法应该享受多长时间的医疗期,均应首次给予24个月的医疗期限，在24个月后不能痊愈的，经企业和劳动主管部门批准还可以延长，故公司在其患病后24个月内终止劳动合同是不对的。

公司则称，医疗期应根据员工实际参加工作的年限和在本单位工作的年限综合确定，这个期限是固定的。那么，根据丘先生的情况，其只能适用3个月的医疗期，不存在24个月的问题。如果要延长，必须经单位同意。

[审理结果]

对于上述规定，法院认为，24个月不能痊愈是对职工所患特殊疾病的限定，而不是对职工医疗期的限定，只有所患特殊疾病是在24个月内不能痊愈的，职工才可在法定的医疗期之外再申请延长，而是否准许，还要经企业和劳动主管部门批准。因此法院判决驳回丘先生的诉讼请求。

该案经北京市西城区人民法院一审判决后，丘先生对判决结果不服并已向北京市第一中级人民法院提起上诉。①

[律师点评]

在本案中，丘先生实际工作年限不足7年，在公司工作年限不足1年，根据规定医疗期应该为3个月。医疗期从其病休之日即2007年7月19日开始起算，至2007年10月18日期满。因此，公司在2007年11月30日终止劳动合同并无不妥。

[拨云见日]

1. 员工甲社会工龄为9年，其在A公司工作4年。若其在A公司患病，于2018年6月9日开始请病假，如何计算其医疗期？

答：根据甲的实际工作年限和在A公司工作的年限，医疗期为3个月，在6个月内累计计算病休时间。若其连续请病假的，则至2018年9月8日医疗期届满；若其断续请病假的，则在2018年12月8日之前，累计病休时间达到3个月的，则医疗期届满。

2. 计算医疗期时是否应该去除公休日和法定节假日？

答：医疗期按照自然日计算，包括公休日和法定节假日在内。

3. 企业规章制度中规定了员工请病假必须提供有资质的医疗机构出具的病假证明，若企业以员工无法提供相关证明而不予准假，员工却擅自休假的，能否视为旷工？

答：需要区分情况来对待。若员工确属患病，请假时或事后能够提供患病或身体不适证据（不限于医疗证明）的，不宜以旷工处理，若员工在事前或事后都不能提供相关证据，企业无从考证员工是否患病的，可以按照旷工处理。在这种情形下，为了降低操作风险，建议企业在作出旷工处理前，通过书面形式催告员工限期提供病假证明，员

---

① 该案例选编自新华网，http://news.xinhuanet.com/employment/2008-08/01/content_8886279.htm。

工到期仍未提供的，企业再作处理。

4. 合同期限内员工是不是只能享受一次医疗期？

答：医疗期是员工的解雇保护期。如果员工在法律规定的累计周期内实际累计的停工治疗时间未达到规定的医疗期限，在该累计周期结束后，员工又因伤病需停工治疗的，应在另一个周期内重新累计医疗期。

5. 医疗期内劳动合同期限届满，用人单位如何处理？

答：根据《劳动合同法》第45条的规定，劳动者患病或者非因工负伤，在规定的医疗期内情形的，劳动合同应当续延至相应的情形消失时终止。因此，很多用人单位认为针对还在医疗期内进行治疗的劳动者，不可以因劳动合同期满而与其终止劳动合同。

此处，可以参考深圳市中级人民法院《关于审理工伤保险待遇纠纷案件相关法律适用问题的裁判指引》第21条的规定："劳动者累计医疗期未满而劳动合同期已满，且需要停工休息治疗的，劳动合同期限自动延续至医疗期期满为止；在医疗期内医疗终结的，医疗终结之日即可终止劳动合同；对其中经劳动能力鉴定委员会鉴定为完全丧失劳动能力的，可办理因病或非因工负伤退休、退职手续。不需要停工休息治疗的，只要劳动合同期满，便可终止劳动合同。"在医疗期内医疗终结的，用人单位还是有权终止劳动合同。

在实务操作中，医疗期如何适用及期限如何计算，经常容易引发劳动争议，HR对此应当高度重视。为了明确医疗期间企业和员工的权利义务，避免法律风险，建议企业在员工病休时与员工签订医疗期协议，确定医疗期期限、医疗期间员工待遇、医疗期间员工义务等相关事宜。

此外，企业还需注意的一点是，在医疗期届满时应及时对劳动关系作出处理决定，或解除或终止或延续。实务中很多医疗期纠纷通常就是因为企业忽略了这一点而引发的，给企业带来很多不必要的麻烦。

[法条链接]

《企业职工患病或非因工负伤医疗期规定》

《关于贯彻〈企业职工患病或非因工负伤医疗期规定〉的通知》

十、带薪年休假

带薪年休假是职工每年所享有的保留工作和工资的连续休假。《劳动法》中明确规定了"国家实行带薪年休假制度。劳动者连续工作一年以上的，享受带薪年休假"。很长一段时间，由于缺乏细化规定，年休假的规定仅仅停留在政策层面。实践中员工能否休年假、休多少天年假还是企业规章制度说了算。直到《职工带薪年休假条例》（以下简称《年休假条例》）及《企业职工带薪年休假实施办法》施行，才让年休假真正落到实处，这对各企业现行的年休假制度造成很大冲击。

(一)员工享受年休假应具备什么条件

根据《年休假条例》及《企业职工带薪年休假实施办法》的规定，职工连续工作满12个月的，可以享受年休假。连续工作满12个月不仅包括在本单位连续工作满12个月，也包括前后在不同的单位连续不间断地工作满12个月，如甲于2019年8月1日至2020年6月1日在A公司工作，解除劳动合同后没有间断地立即去了B公司工作，那么至2020年7月31日，甲便连续工作满12个月，可以在B公司享受年休假；但是若甲从A公司离职后，休息了2个月后再去B公司工作，那么此时便不再是连续工作了，“连续工作满12个月”从甲进入B公司之日起重新计算。

[法条链接]

《职工带薪年休假条例》

第二条　机关、团体、企业、事业单位、民办非企业单位、有雇工的个体工商户等单位的职工连续工作1年以上的，享受带薪年休假(以下简称年休假)……

《企业职工带薪年休假实施办法》

第三条　职工连续工作满12个月以上的，享受带薪年休假(以下简称年休假)。

第四条　年休假天数根据职工累计工作时间确定。职工在同一或者不同用人单位工作期间，以及依照法律、行政法规或者国务院规定视同工作期间，应当计为累计工作时间。

人力资源和社会保障部办公厅《关于〈企业职工带薪年休假实施办法〉有关问题的复函》

一、关于带薪年休假的享受条件《企业职工带薪年休假实施办法》第三条中的“职工连续工作满12个月以上”，既包括职工在同一用人单位连续工作满12个月以上的情形，也包括职工在不同用人单位连续工作满12个月以上的情形。

二、关于累计工作时间的确定《企业职工带薪年休假实施办法》第四条中的“累计工作时间”，包括职工在机关、团体、企业、事业单位、民办非企业单位、有雇工的个体工商户等单位从事全日制工作期间，以及依法服兵役和其他按照国家法律、行政法规和国务院规定可以计算为工龄的期间(视同工作期间)。职工的累计工作时间可以根据档案记载、单位缴纳社保费记录、劳动合同或者其他具有法律效力的证明材料确定。

(二)哪些情形下员工不享受当年的年休假

《年休假条例》第4条明确规定了员工享受年休假的例外情形，在下列情形下，员工不享受当年的年休假：

1. 职工依法享受寒暑假，其休假天数多于年休假天数的，但是若职工享受的寒暑假天数少于其年休假天数的，用人单位还是应当安排补足年休假天数；

2. 职工请事假累计20天以上且单位按照规定不扣工资的，即带薪事假达到20天，若职工当年累计事假虽然超过20天，但是事假期间无薪的，职工仍然可以享受当年年休假；

3. 累计工作满 1 年不满 10 年的职工,请病假累计 2 个月以上的;

4. 累计工作满 10 年不满 20 年的职工,请病假累计 3 个月以上的;

5. 累计工作满 20 年以上的职工,请病假累计 4 个月以上的。

年休假是员工的一项法定权利,非因法定原因不得剥夺。因此企业取消员工年休假必须严格按照上述规定执行,上述情形之外的其他原因都不能成为取消员工年休假的正当理由,如员工已经休了探亲假、婚丧假、产假、因工伤停工留薪等。

[拨云见日]

1. 员工享受了当年度的年休假后,当年度出现不享受年休假的情形的,企业能否扣除已休年休假天数相应的工资?

答:不能。《企业职工带薪年休假实施办法》明确规定,职工已享受当年的年休假,年度内又出现不享受年休假的情形的,不享受下一年度的年休假,即便是员工当年度离职的,企业也不能扣除员工已休年休假天数相应的工资。

2. 员工因工伤停工留薪治疗期达到了导致员工不享受年休假所需的病假天数标准的,员工当年度是否享受年休假?

答:《年休假条例》第 4 条所称病假专指员工因病或非因工负伤而享受的停工治疗的假期,对于员工因工伤停工留薪治疗期不属于此处所称的病假范畴,因此,即便达到了条例所规定的病假天数标准,员工也可享受年休假。

[律师说法]

探亲假、产假、工伤停工治疗期的期限一般都比较长,但是这些假期都不能成为阻却员工享受年休假的合法理由。为了避免员工休完这些假之后再休年休假,导致长时间的岗位空缺给企业生产经营带来的影响,企业应当规划好员工的年休假,适期进行安排并安排好工作短期接替人,以减小因此给企业造成的不利影响。

[法条链接]

《职工带薪年休假条例》

第四条 职工有下列情形之一的,不享受当年的年休假:

(一)职工依法享受寒暑假,其休假天数多于年休假天数的;

(二)职工请事假累计 20 天以上且单位按照规定不扣工资的;

(三)累计工作满 1 年不满 10 年的职工,请病假累计 2 个月以上的;

(四)累计工作满 10 年不满 20 年的职工,请病假累计 3 个月以上的;

(五)累计工作满 20 年以上的职工,请病假累计 4 个月以上的。

《企业职工带薪年休假实施办法》

第六条 职工依法享受的探亲假、婚丧假、产假等国家规定的假期以及因工伤停工留薪期间不计入年休假假期。

第七条 职工享受寒暑假天数多于其年休假天数的,不享受当年的年休假。确因工作需要，职工享受的寒暑假天数少于其年休假天数的，用人单位应当安排补足年休假天数。

第八条　职工已享受当年的年休假，年度内又出现条例第四条第(二)、(三)、(四)、(五)项规定情形之一的，不享受下一年度的年休假。

(三)年休假的天数应当如何计算

计算员工当年度年休假天数时应掌握以下几个规则：

1. 年休假天数与其累计工作年限密切相关

所谓累计工作年限即社会工龄，指员工自参加工作之日起累计工作时间，不单指员工在本单位的工作年限，还包括员工之前在其他用人单位的工作年限，而且中间允许有间断。

如甲毕业后先在A公司工作了5年，随后跳槽至B公司工作3年，然后辞职在家休息了半年，之后又去了C公司工作，至今已有2年时间。截至目前，甲的累计工作年限应该为：5+3+2=10(年)。

年休假天数与员工累计工作年限的联系是：职工累计工作已满1年不满10年的，年休假5天；已满10年不满20年的，年休假10天；已满20年的，年休假15天。其中，“已满”包括本数，“不满”不包括本数。根据这一规定，甲当年度可以享受10天年休假。

2. 员工工作不足全年的，年休假天数按比例折算

(1)新入职员工自其可享受年休假之日起当年度剩余工作时间不足全年的，按照员工当年在本单位剩余日历天数折算，折算后不足一整天的部分不享受年休假。计算公式为：年休假天数=(当年度在本单位剩余日历天数÷365天)×员工本人全年应当享受的年休假天数。

例如，乙毕业后进入A公司工作2年，辞职后进入B公司工作了3年，与B公司劳动合同到期后没有续签，休息了3个月后进入C公司工作，工作8个月后觉得工作不适合又从C公司辞职后随即进入D公司工作，进入D公司工作的日期是2008年5月21日。那么，由于乙从B公司离职3个月后才进入C公司工作，而从C公司辞职后没有间断地进入D公司工作，因此连续工作时间从进入C公司工作之日起计算，至2008年9月20日为连续工作满12个月，可以开始享受当年度年休假，年休假天数为：(133天÷365天)×5天≈1天。

[读者来信]

娄律师：

您好！

我是一家酒店人力资源部助理。

对于书中这个案例：

乙毕业后进入A公司工作2年，辞职后进入B公司工作了3年，与B公司劳动合同到期后没有续签，休息了3个月进入C公司工作，工作8个月后觉得工作不适合又从C公司辞职后随即进入D公司工作，进入D公司工作的日期是2008年5月21日。那么，由于乙从B公司离职3个月后才进入C公司工作，而从C公司辞职后没有间断地进入D公司工作，因此连续工作时间从进入C公司工作之日起计算，至2008年9月20日为连续工作满12个月，可以开始享受当年度年休假，年休假天数为：(133天÷365天)×5天≈1天。

本人疑问：

"连续工作时间从进入C公司工作之日起计算。"法律规定员工的年休假是以员工累计工龄来计算的。那么，书中说乙的工龄是从进入C公司时开始计算，如何解释？

读者：wangpeng

— 回复 —

你好！书中所说的工龄和连续工作时间不是一个概念。乙的工龄应从进入A公司之日起算，书中并未说乙的工龄是从进入C公司时开始计算。按照《劳动法》的规定，劳动者连续工作1年以上的，享受带薪年休假。是否连续工作满1年是是否享受年休假的判断条件，与工龄无关，只有确认员工连续工作满1年了，可以享受年休假时，才会考虑员工的工龄。

(2)劳动关系解除或终止导致员工当年度工作不足全年的，按照员工当年已工作时间折算，折算后不足1整天的部分不享受年休假。计算公式为：年休假天数=(当年度在本单位已过日历天数÷365天)×职工本人全年应当享受的年休假天数。若员工当年度已休年休假超出折算后应休天数的，企业不得通过扣工资等方式再扣回。

例如，丙自2015年3月进入A公司工作，其累计工作年限为12年，2018年10月10日丙与A公司解除劳动合同，10月9日为最后一个工作日。那么，丙2018年度应享受的年休假天数为：(283天÷365天)×10天≈7天。

3. 年休假按照工作日来计算，国家法定节假日、休息日不计算入内。

[律师说法]

上述年休假天数是法定标准，员工当年应休年休假最低不得少于法定天数。企业也可以在此标准之上规定更长的年休假，实务中也有很多企业（尤其是外资企业）正是这样做的。这样员工享受的年休假便由两部分组成：一是法定年休假天数；二是超出法定年休假的天数，这部分属于福利范畴。对于福利年休假部分，企业可以通过规章制度自主规定享受条件、限制条件、应休而未休的处理等相关事宜，并在实践中严格遵照执行。

[法条链接]

《职工带薪年休假条例》

第三条　职工累计工作已满1年不满10年的，年休假5天；已满10年不满20年的，年休假10天；已满20年的，年休假15天。

国家法定休假日、休息日不计入年休假的假期。

《企业职工带薪年休假实施办法》

第四条　年休假天数根据职工累计工作时间确定。职工在同一或者不同用人单位工作期间，以及依照法律、行政法规或者国务院规定视同工作期间，应当计为累计工作时间。

第五条　职工新进用人单位且符合本办法第三条规定的，当年度年休假天数，按照在本单位剩余日历天数折算确定，折算后不足1整天的部分不享受年休假。

前款规定的折算方法为：（当年度在本单位剩余日历天数÷365天）×职工本人全年应当享受的年休假天数。

第十二条　用人单位与职工解除或者终止劳动合同时，当年度未安排职工休满应休年休假的，应当按照职工当年已工作时间折算应休未休年休假天数并支付未休年休假工资报酬，但折算后不足1整天的部分不支付未休年休假工资报酬。

前款规定的折算方法为：（当年度在本单位已过日历天数÷365天）×职工本人全年应当享受的年休假天数－当年度已安排年休假天数。

用人单位当年已安排职工年休假的，多于折算应休年休假的天数不再扣回。

第十三条　劳动合同、集体合同约定的或者用人单位规章制度规定的年休假天数、未休年休假工资报酬高于法定标准的，用人单位应当按照有关约定或者规定执行。

（四）企业应当如何安排年休假

年休假由用人单位根据生产、工作的具体情况，并结合考虑职工本人意愿来统筹安排，既可以分段安排，也可以集中安排。年休假一般应在当年度安排，确因工作需要不能在当年度安排的，经员工本人同意，也可以跨年度安排，但是只能跨1个年度安排，下一年度仍无法安排的不得再往后顺延，企业应当依法对员工予以补偿。

《年休假条例》及《企业职工带薪年休假实施办法》强调了企业在安排年休假方面的主动性，但是在实务中，大多数企业还都在沿用原来的年休假管理模式，即由员工主动提出申请，企业再被动安排。由于《年休假条例》及《企业职工带薪年休假实施办法》规定了员工应休而未休年休假的，企业要给予员工3倍工资的补偿，因此原来的模式在现行法律体制下潜藏了非常大的风险。对于企业而言，主动安排年休假并督促员工按时享受年休假，可以有效规避补偿金的风险。

[法条链接]

《职工带薪年休假条例》

第五条　单位根据生产、工作的具体情况，并考虑职工本人意愿，统筹安排职工年休假。

年休假在1个年度内可以集中安排，也可以分段安排，一般不跨年度安排。单位因生产、工作特点确有必要跨年度安排职工年休假的，可以跨1个年度安排……

《企业职工带薪年休假实施办法》

第九条　用人单位根据生产、工作的具体情况，并考虑职工本人意愿，统筹安排年休假。用人单位确因工作需要不能安排职工年休假或者跨1个年度安排年休假的，应征得职工本人同意。

(五)企业不安排年休假应承担的法律后果

《年休假条例》及《企业职工带薪年休假实施办法》从两个层次规定了企业没有安排员工休年休假或安排的休假天数少于应休假天数的法律责任。

1. 对员工应休未休的年休假天数，按照员工日工资收入的300%支付年休假工资报酬(其中包含用人单位支付职工正常工作期间的工资收入)。计算未休年休假工资报酬的日工资收入按照员工本人的月工资除以月计薪天数(21.75天)进行折算，此处所称月工资是指员工在用人单位支付其未休年休假工资报酬前12个月剔除加班工资后的月平均工资。在用人单位工作时间不满12个月的，按实际月份计算月平均工资。

2. 企业不安排员工休年休假，又不依照法律规定给予年休假工资报酬的，由县级以上地方人民政府劳动保障部门依据职权责令限期改正；对逾期不改正的，除责令该企业支付年休假工资报酬外，企业还应当按照年休假工资报酬的数额向员工加付赔偿金；对拒不支付年休假工资报酬、赔偿金的，由劳动保障部门或者员工申请人民法院强制执行。

但是，若员工因本人原因且书面提出不休年休假的，企业则不承担上述法律责任，只需支付员工正常工作期间的工资收入。

[拨云见日]

1. 员工离职时年休假未休完的，企业该如何处理？

答：尽量安排员工休完年休假，不能安排的则需要支付年休假工资报酬。具体来说，应当按照职工当年已工作时间折算应休未休年休假天数并支付未休年休假工资报酬，但折算后不足1整天的部分不支付未休年休假工资报酬。折算方法为：(当年度在本单位已过日历天数÷365天)×职工本人全年应当享受的年休假天数－当年度已安排年休假天数。如果用人单位当年已安排职工年休假的，多于折算应休年休假的天数不再扣回。

2. 企业因员工严重违纪解除劳动合同，离职时员工当年年休假尚未休完，企业是否也应当支付年休假工资报酬？

答：是的。即便是员工因严重违纪而被解除劳动合同，员工仍然可以享受当年度年休假，企业未安排的，应当在离职时给予年休假工资报酬。计算方法同上。

[律师说法]

《年休假条例》及《企业职工带薪年休假实施办法》规定了企业不安排员工休年休假应承担的法律后果，但从目前实际情况来看，很多员工往往抱着“年假诚可贵，补偿价更高”的态度，使得企业面临一定的法律风险。为了应对这种情况，企业应当主动统筹安排年休假并督促员工及时休年休假，对员工自己不愿意休的，企业最好让员工自己写一份书面说明。若员工不愿意休年休假，也不愿意写书面说明的，企业就应当提高警惕，收集保留证据，如休假通知书、谈话录音等。

此外，针对企业规定的年休假比法定年休假长的，企业应当从以下几个方面来规避年休假工资的风险：(1)在规章制度中对年休假作出明确规定；(2)把年休假明确划分为法定年休假与福利年休假两部分，并规定员工必须先享受法定年休假，法定年休假休完之后才可以休福利年休假；(3)明确规定福利年休假应休而未休的处理，如何处理法律并不强制，企业可以自主决定。

[法条链接]

《职工带薪年休假条例》

第五条　……单位确因工作需要不能安排职工休年休假的，经职工本人同意，可以不安排职工休年休假。对职工应休未休的年休假天数，单位应当按照该职工日工资收入的300%支付年休假工资报酬。

第七条　单位不安排职工休年休假又不依照本条例规定给予年休假工资报酬的，由县级以上地方人民政府人事部门或者劳动保障部门依据职权责令限期改正；对逾期不改正的，除责令该单位支付年休假工资报酬外，单位还应当按照年休假工资报酬的数额向职工加付赔偿金；对拒不支付年休假工资报酬、赔偿金的，属于公务员和参照公务员法管理的人员所在单位的，对直接负责的主管人员以及其他直接责任人员依法给予处分；属于其他单位的，由劳动保障部门、人事部门或者职工申请人民法院强制执行。

《企业职工带薪年休假实施办法》

第十条　用人单位经职工同意不安排年休假或者安排职工年休假天数少于应休年休假天数，应当在本年度内对职工应休未休年休假天数，按照其日工资收入的300%支付未休年休假工资报酬，其中包含用人单位支付职工正常工作期间的工资收入。

用人单位安排职工休年休假，但是职工因本人原因且书面提出不休年休假的，用人单位可以只支付其正常工作期间的工资收入。

第十一条　计算未休年休假工资报酬的日工资收入按照职工本人的月工资除以月计薪天数(21.75天)进行折算。

前款所称月工资是指职工在用人单位支付其未休年休假工资报酬前12个月剔除加班工资后的月平均工资。在本用人单位工作时间不满12个月的，按实际月份计算月平均工资。

……

第十二条　用人单位与职工解除或者终止劳动合同时，当年度未安排职工休满应休年休假的，应当按照职工当年已工作时间折算应休未休年休假天数并支付未休年休假工资报酬……

（六）关于年休假的其他规定

1. 被派遣职工的年休假问题

《企业职工带薪年休假实施办法》

第十四条　劳务派遣单位的职工符合本办法第三条规定条件的，享受年休假。

被派遣职工在劳动合同期限内无工作期间由劳务派遣单位依法支付劳动报酬的天数多于其全年应当享受的年休假天数的，不享受当年的年休假；少于其全年应当享受的年休假天数的，劳务派遣单位、用工单位应当协商安排补足被派遣职工年休假天数。

2. 年休假工资问题

《职工带薪年休假条例》

第二条　……职工在年休假期间享受与正常工作期间相同的工资收入。

《企业职工带薪年休假实施办法》

第十一条　……职工在年休假期间享受与正常工作期间相同的工资收入。实行计件工资、提成工资或者其他绩效工资制的职工，日工资收入的计发办法按照本条第一款、第二款的规定执行。

3. 年休假争议解决问题

《企业职工带薪年休假实施办法》

第十六条　职工与用人单位因年休假发生劳动争议的，依照劳动争议处理的规定处理。

十一、其他休息休假

（一）育儿假

2021年8月20日《中华人民共和国人口与计划生育法》第二次修正，增加了“国家支持有条件的地方设立父母育儿假”的规定。该规定只是鼓励性条款，并且没有规定天数，但该法修订后，不少省市都修改了人口与计划生育条例，对育儿假进行了规定，企业应该按照其所在地方的具体规定执行。如《北京市人口与计划生育条例》第19条中规定：“按规定生育子女的夫妻，在子女满三周岁前，每人每年享受五个工作日的育儿假；每年按照子女满周岁计算。”《上海市人口与计划生育条例》第31条中规定：“符合法律法规规定生育的夫妻，在其子女年满三周岁之前，双方每年可以享受育儿假各五天。育儿假期间的工资，按照本人正常出勤应得的工资发给。”《四川省人口与计划生育条例》第24条中规定："子女三周岁以下的夫妻，每年分别享受累计十天的育儿假，育儿假视为出勤。"《贵州省人口与计划生育条例》第33条中规定："三周岁以下婴幼儿的父母双方每年享受育儿假各十天"。《广东省人口与计划生育条例》第30条中规定："符合法律、法规规定生育子女的，在子女三周岁以内，父母每年各享受十日的育儿假。假期用工成本分担，按照国家和省的有关规定执行。"

（二）独生子女护理假

独生子女护理假在国家层面没有相关的规定，但在地方性政策中，一些省、市、区作出类似的规定：享受独生子女父母待遇的老年人，患病住院治疗期间，用人单位应当支持其子女进行护理照料，并给予每年累计5～20天的护理时间。例如，《北京市人口与计划生育条例》中规定，独生子女父母需要护理的，独生子女每年获得累计不超过10个工作日的护理假。

十二、休假合规管理技巧

1. 严格休假审批。除公休日和法定节假日外，员工享受其他假期的，企业都可以要求经公司审批后方可执行。休假审批制度包括以下几个方面：

（1）审批权限，即员工请假应当向谁提出。员工级别不一样，审批权也可以呈梯次体现。

（2）审批程序，一般而言员工应当事先请假并提交相关的证明。如结婚证、直系亲属死亡证明、预产期证明、病假证明等。公司可要求员工提供指定医院的病假证明等，并制定核查制度，如公司派专人陪同员工到医院核查病情。若因客观情况无法事先履行请假手续的，则可要求员工事先知会，事后补办请假手续。

（3）员工请假手续存在瑕疵的处理。企业需要注意的是，员工请假手续存在瑕疵并不必然认定为旷工，需要区分情况对待。

（4）员工未经审批而擅自休假的后果。

2. 完备销假制度。企业可以要求员工假期结束后及时办理销假手续，以对员工假满到岗情况形成监控。

［顾问点评］

——辜健律师*

对劳动者的工作时间、休息休假的合理安排，是用人单位对劳动者进行管理的重要事项。它不仅关系到用人单位的正常运营，更与劳动者切身利益息息相关。在实践中，有些用人单位没有严格执行法律法规对休息休假的规定，存在延

---

* 辜健律师：北京大成（成都）律师事务所高级合伙人，全国律协劳动与社会保障法专业委员会委员，大成中国区劳动法和人力资源专业委员会理事，四川省律师协会劳动法专业委员会副主任。

长劳动者工作时间，休息日、节假日安排劳动者加班却不依法支付相应的加班工资，不依法安排劳动者年休假等情况。虽然部分劳动者不会当即提出支付加班工资、未休年休假工资等要求，但劳动者一旦与用人单位发生劳动争议，这些潜在的风险就暴露出来。

因此，用人单位应当注意合理安排工时，按实际需求搭配用工模式，制定合理合法的规章制度对休假情况、请假流程、方式等进行详细规定。同时注意规章制度制定过程、公示签收等环节，进行日常记录管理，建立规范完整的加班审批制度。

我国法律法规对工作时间、休息休假的规定较为具体，各省、市对休息休假中部分内容的规定也存在差异。用人单位在安排劳动者工作时间、休息休假时要同时参考全国及本地的法律法规，并及时关注国家出台的相关政策，与时俱进，对本单位规章制度及时进行修改更新。

第八章

警惕薪酬管理中的陷阱

——合同履行管理中的纠纷重地

薪酬管理称得上是劳动人事管理中的重中之重了，这不仅涉及企业用工成本，更涉及员工的基本劳动权利。若要以发生率为标准对近年来所发生的劳动纠纷进行排序，劳动报酬纠纷当仁不让位于榜首。由此可见，对于企业而言，薪酬管理过程中可谓『险象环生』。有关劳动报酬由哪些法律规定？管理过程中需要注意哪些问题？如何实现成功避险？笔者在本章将一一为您解开谜团。

第一节　薪酬管理中的常见名词

一、工资

工资是指由用人单位按照劳动合同约定，定期以货币形式支付给劳动者的劳动报酬。工资的主要形式有计时工资、计件工资、奖金、津贴以及补贴、加班加点工资、特殊情况下支付的工资。实践中，特殊情况下支付的工资还包括假期工资、公假工资等。

实践中，用人单位以货币形式向劳动者支付的项目很多，是否所有以货币形式支付的项目都属于工资呢？答案是否定的。《关于工资总额组成的规定》中明确了下列项目不属于工资：

(1)根据国务院发布的有关规定颁发的发明创造奖、自然科学奖、科学技术进步奖和支付的合理化建议和技术改进奖以及支付给运动员、教练员的奖金；

(2)有关劳动保险和职工福利方面的各项费用；

(3)有关离休、退休、退职人员待遇的各项支出；

(4)劳动保护的各项支出；

(5)稿费、讲课费及其他专门工作报酬；

(6)出差伙食补助费、误餐补助、调动工作的旅费和安家费；

(7)对自带工具、牲畜来企业工作职工所支付的工具、牲畜等的补偿费用；

(8)实行租赁经营单位的承租人的风险性补偿收入；

(9)对购买本企业股票和债券的职工所支付的股息(包括股金分红)和利息；

(10)劳动合同制职工解除劳动合同时由企业支付的医疗补助费、生活补助费等；

(11)因录用临时工而在工资以外向提供劳动力单位支付的手续费或管理费；

(12)支付给家庭工人的加工费和按加工订货办法支付给承包单位的发包费用；

(13)支付给参加企业劳动的在校学生的补贴；

(14)计划生育独生子女补贴。

工资是社会保险费缴费、加班费和经济补偿金的计算基数和计算依据，企业HR应当注意区分哪些项目属于工资、哪些项目不属于工资。

[场景回放]

裴某于2019年12月被某公司聘为高级技术人员，双方签订了劳动合同。劳动合同中约定裴某的基本工资为4000元/月，其他部分按照公司相关规章制度执行。公司实际每月除向裴某支付基本工资4000元外，还固定支付奖金1000元、岗位津贴1000元、交通补贴250元、伙食补贴250元。

此外，裴某每月可享受的手机通讯费补贴以每月300元为限，300元以下按发票金额实报实销，300元以上的部分由裴某自行承担，裴某每月总能凑齐300元的发票足额领取通讯费补贴。

公司与裴某签订了保密协议，约定裴某保守公司的商业秘密，公司向其每月支付保密费 300 元。

2020 年 12 月，公司向裴某发放了 20,000 元的年终奖。2021 年中秋节，公司还向裴某发放了过节费 500 元及一张面值为 500 元的购物卡。2021 年 10 月 20 日，因公司战略调整，公司解除了劳动合同。裴某对公司解除劳动合同并无异议，但是却对公司支付的经济补偿金数额提出异议，要求公司补发，公司拒绝，裴某遂向劳动争议仲裁委员会提起仲裁申请。

[针锋相对]

公司认为，裴某离职前 12 个月工资总和为 4000 元 ×12，裴某则认为，除基本工资外，其每月所领取的奖金、各项补贴、津贴、保密费等都应当计算为月工资，所以其月工资为 7100 元(4000 + 1000 + 1000 + 250 + 250 + 300 + 300)，而且在计算离职前 12 个月工资总和时应当将 2007 年年终奖 20,000 元以及中秋节过节费 500 元、购物卡 500 元一并计算进去。

[审理结果]

经审理，劳动争议仲裁委员会认为通讯补贴和保密费不属于工资范畴，因此裴某月工资为 6500 元(4000 + 1000 + 1000 + 250 + 250)，年终奖属于工资，以现金形式发放的 500 元过节费属于工资性津贴、补贴，因此在计算工资总和时二者都应当被计算入内，至于以购物卡形式发放的 500 元则不属于工资。

[律师点评]

本案争议焦点在于工资总和的计算方法，而发生争议的根源在于当事人双方对“工资”的理解不一致。至于月奖金、年终奖、岗位津贴的性质很好判断，国家统计局《关于工资总额组成的规定》明确规定奖金、津贴属于工资的范畴。本案难就难在如何去判断各项补贴、保密费及过节费的性质。

针对保密费而言，其功能在于对员工履行保密义务的补偿，并非劳动报酬，因此不属于工资。

要判断交通补贴、伙食补贴、通讯补贴、过节费的性质，首先要区分工资性津贴、补贴与福利费用的区别。工资性津贴、补贴属于工资，而福利费用则不属于工资。实务中区分二者的一个简单方法就是看支付形式，若采用现金形式支付的一般会被认定为工资性津贴、补贴；若采用票据报销的形式支付则一般认定为福利费用。当然这一方法并非就一定科学，但是作为实务操作习惯，HR 应当予以重视。根据这一方法，采用现金形式发放的交通补贴、伙食补贴和过节费属于工资性津贴、补贴，计算工资总和时应当计算入内；对于通讯补贴，由于采用票据报销的形式发放，则属于福利费用，不属于工资。

[律师说法]

无论是从人力资源角度而言，还是从劳动法角度而言，工资构成都是一个非常重要的概念，企业设计工资构成时应当结合这两个方面来考虑。从人力资源的角度来看，固定工资与浮动工资（绩效工资）相结合，配合使用奖金的工资构成模式要比"一整块"的单一构成模式更能激励员工的工作积极性；从劳动法角度来看，将工资合理划分为几个板块，把一些附加福利与工资割裂开来采用报销形式发放，能够有效降低工资基数，从而达到控制加班费、年休假工资和经济补偿金的目的。

[法条链接]

《关于工资总额组成的规定》

《〈关于工资总额组成的规定〉若干具体范围的解释》

二、最低工资标准

所谓最低工资标准，是指劳动者在法定工作时间或依法签订的劳动合同约定的工作时间内提供了正常劳动的前提下，用人单位依法应支付的最低劳动报酬。此处所称"正常劳动"是指劳动者在法定或者约定的工作时间内按照劳动合同约定提供的劳动。若劳动者请病假、事假或停薪留职等，不属于提供正常劳动；但劳动者依法享受带薪年休假、探亲假、婚丧假、生育（产）假、节育手术假等国家规定的假期间，以及法定工作时间内依法参加社会活动期间的，则视为提供了正常劳动。

最低工资标准由各地劳动行政部门根据当地的实际情况来制定，这是对劳动者的保障底线，劳动者提供正常劳动的，在除去下列各项后，用人单位向劳动者支付的工资不得低于当地最低工资标准：（1）加班工资；（2）中班、夜班、高温、低温、井下、有毒有害等特殊工作环境、条件下的津贴；（3）法律、法规和国家规定的劳动者福利待遇，如生活困难补助费、丧葬抚恤救济费、高温津贴、低温津贴、独生子女补贴等；（4）不属于工资的项目，如保密费等。至于是否需要除去劳动者个人承担的社会保险费，各地的规定是不一样的，有些地方的最低工资标准中不包含这项费用，因此需要除去，如北京；有些地方的最低工资标准中则包含了这项费用，因此则不需要除去，如广东。这需要企业具体参照当地规定执行。

[拨云见日]

1. 北京某企业对销售员实行提成工资制，规定基本工资为500元，每销售出一件产品可以按照价款的2%提成，该规定是否违反了最低工资标准的规定？

答：这需要具体情况具体分析。如果员工在1个月内提供了正常劳动，却没有任何业绩或业绩很小，最后提成很少，导致当月工资总额低于1720元（北京市2015年度最低工资标准）的，则该企业违法；员工在1个月内销售情况很好，提成很高，最后工资总额高于1720元的，则该企业的处理符合法律规定。为了堵塞违法漏洞，企业最好能补充规定一条，即"若员工当月提供正常劳动后工资低于本市最低工资标准的，则按照本市最低工资标准发放工资"。

2. 如果企业平时按月发给劳动者工资达不到当地最低工资标准，但到年底发给员工一次性年终奖金或分红，全年分摊后每月可达或超过最低工资标准，那么企业的这种做法是否符合最低工资标准规定？

答：《工资支付暂行规定》规定，用人单位应当每月至少支付一次工资，因此，规定的最低工资标准是指单位每月支付劳动者的最低标准，不包括年终一次性发放的奖金或其他形式的工资性收入，即劳动者所得月工资不能低于当地最低工资标准。

[法条链接]

《中华人民共和国劳动法》

第四十八条　国家实行最低工资保障制度。最低工资的具体标准由省、自治区、直辖市人民政府规定，报国务院备案……

《最低工资规定》

第三条　本规定所称最低工资标准，是指劳动者在法定工作时间或依法签订的劳动合同约定的工作时间内提供了正常劳动的前提下，用人单位依法应支付的最低劳动报酬。

本规定所称正常劳动，是指劳动者按依法签订的劳动合同约定，在法定工作时间或劳动合同约定的工作时间内从事的劳动。劳动者依法享受带薪年休假、探亲假、婚丧假、生育（产）假、节育手术假等国家规定的假期间，以及法定工作时间内依法参加社会活动期间，视为提供了正常劳动。

第十一条　用人单位应在最低工资标准发布后10日内将该标准向本单位全体劳动者公示。

第十二条　在劳动者提供正常劳动的情况下，用人单位应支付给劳动者的工资在剔除下列各项以后，不得低于当地最低工资标准：

（一）延长工作时间工资；

（二）中班、夜班、高温、低温、井下、有毒有害等特殊工作环境、条件下的津贴；

（三）法律、法规和国家规定的劳动者福利待遇等。

实行计件工资或提成工资等工资形式的用人单位，在科学合理的劳动定额基础上，其支付劳动者的工资不得低于相应的最低工资标准。

劳动者由于本人原因造成在法定工作时间内或依法签订的劳动合同约定的工作时间内未提供正常劳动的，不适用于本条规定。

三、日工资和小时工资

日工资和小时工资在核算加班费、年休假工资以及员工出勤不足整月、整天的工资时非常重要，HR必须知晓日工资和小时工资的折算方法。《关于职工全年月平均工作时间和工资折算问题的通知》明确了日工资、小时工资的折算方法：

日工资 = 月工资收入 ÷ 月计薪天数(21.75 天)

小时工资 = 月工资收入 ÷ 月计薪天数(21.75 天) ÷8 小时

上述折算方法与以前的折算方法有很大的差异,产生这种差异的原因就是将月工作天数与月计薪天数进行了区分,现在是以月计薪天数作为除数来计算日工资,原来则是以月工作天数为除数。这种差异导致日工资与小时工资将比原来有所降低,这也意味着计算加班费的基数将降低。

[法条链接]

劳动和社会保障部《关于职工全年月平均工作时间和工资折算问题的通知》(劳社部发〔2008〕3 号)

附:《关于职工全年月平均工作时间和工资折算问题的通知》(劳社部发〔2008〕3 号)发布前后月平均工作时间与工资折算比较表。

制度工作时间的计算	
原计算方法	现计算方法
年工作日: 365 天 - 104 天(休息日) - 10 天(法定节假日) = 251 天	年工作日: 365 天 - 104 天(休息日) - 11 天(法定节假日) = 250 天
月工作日: 251 天 ÷ 12 月 = 20.92 天/月	月工作日: 250 天 ÷ 12 月 = 20.83 天/月
工作小时数的计算: 以月、年的工作日乘以每日的 8 小时	工作小时数的计算: 以月、年的工作日乘以每日的 8 小时
日工资、小时工资的折算	
原计算方法	现计算方法
月工作日: (365 天 - 104 天 - 10 天) ÷ 12 月 = 20.92 天	月计薪天数: (365 天 - 104 天) ÷ 12 月 = 21.75 天
日工资: 月工资收入 ÷ 20.92 天	日工资: 月工资收入 ÷ 21.75 天
小时工资: 月工资收入 ÷ 167.4 天(即 20.92 天 × 8 小时)	小时工资: 月工资收入 ÷ 21.75 天 ÷ 8 小时

四、正常工作时间劳动报酬

正常工作时间劳动报酬是员工加班费的计算依据虽然非常重要,但目前还没有明确的法律定义。正常工作时间劳动报酬通常系指员工在正常工作时间下(如 5 天 8 小时工作）提供了正常劳动后所得到的工资总额。各地的工资支付条例没有规定企业支付给员工的工资名称或名目，员工持有的工资条上的工资名目也繁如晨星，但从没有“正常工作时间劳动报酬”的项目。如何认定员工的“正常工作时间劳动报酬”并据此来计算员工所主张的加班费，这是劳动报酬争议案中的难点与焦点。在实务处理中，对于正常工作时间劳动报酬的认定，通常方法如下：

1. 劳动合同中的约定。双方可在劳动合同中确定正常工作时间劳动报酬（加班费的计算基数），但约定的基数不得低于当地的最低工资标准。

2. 若双方无前述第1点的约定，则以扣除员工的计生津贴等非劳动报酬性收入外的其他固定工资性收入的总额作为其正常工作时间劳动报酬。

五、特殊情形下的工资支付

2019年年底以来，新冠肺炎肆虐全球，伤害巨大，人们正常的生产生活受到了极大的影响。

人力资源社会保障部办公厅《关于妥善处理新型冠状病毒感染的肺炎疫情防控期间劳动关系问题的通知》（人社厅明电〔2020〕5号）第1条规定：“对新型冠状病毒感染的肺炎患者、疑似病人、密切接触者在其隔离治疗期间或医学观察期间以及因政府实施隔离措施或采取其他紧急措施导致不能提供正常劳动的企业职工，企业应当支付职工在此期间的工作报酬。”人力资源社会保障部、最高人民法院等七部门《关于妥善处置涉疫情劳动关系有关问题的意见》（人社部发〔2020〕17号）规定：“对不属于被依法隔离情形但属于因政府依法采取停工停业、封锁疫区等紧急措施情形，导致企业延迟复工或劳动者不能返岗的，区分不同情况处理……三是对企业未复工或者企业复工但劳动者未返岗且不能通过其他方式提供正常劳动的，企业参照国家关于停工停产期间工资支付相关规定与劳动者协商，在一个工资支付周期内的，按照劳动合同规定的标准支付工资；超过一个工资支付周期的，由企业发放生活费，生活费标准按地方有关规定执行。”

六、克扣工资

原劳动部《对〈工资支付暂行规定〉有关问题的补充规定》对克扣工资作了明确定义，所谓克扣工资，是指“用人单位无正当理由扣减劳动者应得工资（即在劳动者已提供正常劳动的前提下用人单位按劳动合同规定的标准应当支付给劳动者的全部劳动报酬）”。用人单位不得克扣劳动者工资，但是下列情形除外：

（1）国家的法律、法规中有明确规定的；

（2）依法签订的劳动合同中有明确规定的；

（3）用人单位依法制定并经职代会批准的厂规、厂纪中有明确规定的；

（4）企业工资总额与经济效益相联系，经济效益下浮时，工资必须下浮的（但支付给劳动者工资不得低于当地的最低工资标准）；

（5）因劳动者请事假等相应减发工资等。

对于上述第（2）种、第（3）种情形应当予以特别注意。企业可以依法在规章制度中规定或与劳动者约定扣减工资的相关情况，但是约定必须是合法、合理、明确的。所谓合法、合理是指规定没有违反法律规定和公序良俗，且扣款比例合理；所谓明确是指规定中应当明确哪些情况下可以扣工资、如何扣、扣多少等相关事宜，若仅是泛泛规定某种情形下可以扣工资，但是对于克扣比例并没有明确的，在劳动争议实务处理中也很难得到支持。还有一点必须记住的就是，若劳动者提供了正常劳动的，实际向劳动者支付的工资不得违反最低工资标准。

实务中规定克扣工资的一般有两种情形：(1)工作不达标或工作任务未完成的，可根据工作完成的不同程度规定不同的克扣比例；(2)违反公司规章制度规定、劳动纪律或劳动合同约定的，如迟到、早退扣款等。

此外，《工资支付暂行规定》还规定了下列情形下，用人单位代扣劳动者工资：(1)用人单位代扣代缴的个人所得税；(2)用人单位代扣代缴的应由劳动者个人负担的各项社会保险费用；(3)法院判决、裁定中要求代扣的抚养费、赡养费；(4)法律、法规规定可以从劳动者工资中扣除的其他费用。

[拨云见日]

1. 员工给企业造成经济损失，企业能否自主从其工资中扣除赔偿金？

答：根据《工资支付暂行规定》的规定，员工给企业造成经济损失的，可以从员工工资中扣除赔偿金。但是扣除必须满足以下条件：一是赔偿有依据，即确因员工本人原因给企业造成经济损失且扣除的赔偿金数额有相关数据和证据支撑；二是每月扣除的部分不得超过劳动者当月工资的 20%；三是扣除后的剩余工资部分不低于当地最低工资标准。

实务中容易引发争议的是员工是否给企业造成损失以及损失大小，企业在扣除员工工资之前，一定要做好相关证据的收集，以防因缺乏事实证据而演变为“无正当理由克扣工资”。

2. 规章制度中能否规定员工违反规章制度的罚款？

答：罚款的性质因地而异，但最低的要求是，罚款在某种程度上而言，可以视为克扣工资的一种情形，根据原劳动部《对〈工资支付暂行规定〉有关问题的补充规定》，企业可以依法在规章制度中规定克扣工资的情形，因此企业可以在制度中规定罚款，但是必须合法、合理、明确。

根据《广东省劳动社会保障监察条例》第 51 条的规定，用人单位的规章制度规定了罚款内容，或者其扣减工资的规定没有法律、法规依据的，由人力资源社会保障行政部门责令改正，给予警告。用人单位对劳动者实施罚款或者没有法律、法规依据扣减劳动者工资的，由人力资源社会保障行政部门责令限期改正；逾期未改正的，按照被罚款或者扣减工资的人数每人 2000 元以上 5000 元以下的标准处以罚款。据此，在广东省内，企业对员工所作出的罚款处理是违法的。

3. 企业不依法支付加班费、不按照约定支付奖金的，是否属于克扣工资？

答：属于拖欠工资。克扣工资，是指用人单位无法定理由扣减劳动者应得工资的行为，如员工原来工资标准每月6000元，而企业无正当理由减发为4000元，这属于克扣员工工资2000元。拖欠工资，则是指用人单位无法定理由逾期未支付或者未足额支付劳动者应得工资的行为。加班费及有约定的奖金，用人单位依法或依约均应及时支付而实未应付，这属于拖欠而非克扣。

[律师说法]

工资纠纷在劳动纠纷中占有很大比例，而绝大部分的工资纠纷又是因克扣工资而引发的。企业HR应当明确哪些情形属于克扣工资、哪些情形不属于克扣工资，树立一个基本的法律意识，在日常管理中做好防范。此外，在符合法律规定的前提下，企业还可以合理利用规章制度和劳动合同，依法规定或约定克扣工资的情形，以减少企业不必要的支出和损失。

[法条链接]

《工资支付暂行规定》

第十五条　用人单位不得克扣劳动者工资。有下列情况之一的，用人单位可以代扣劳动者工资：

（一）用人单位代扣代缴的个人所得税；

（二）用人单位代扣代缴的应由劳动者个人负担的各项社会保险费用；

（三）法院判决、裁定中要求代扣的抚养费、赡养费；

（四）法律、法规规定可以从劳动者工资中扣除的其他费用。

第十六条　因劳动者本人原因给用人单位造成经济损失的，用人单位可按照劳动合同的约定要求其赔偿经济损失。经济损失的赔偿，可从劳动者本人的工资中扣除。但每月扣除的部分不得超过劳动者当月工资的百分之二十。若扣除后的剩余工资部分低于当地月最低工资标准，则按最低工资标准支付。

劳动部《对〈工资支付暂行规定〉有关问题的补充规定》

三、《规定》第十五条中所称"克扣"系指用人单位无正当理由扣减劳动者应得工资（即在劳动者已提供正常劳动的前提下用人单位按劳动合同规定的标准应当支付给劳动者的全部劳动报酬）。不包括以下减发工资的情况：(1)国家的法律、法规中有明确规定的；(2)依法签订的劳动合同中有明确规定的；(3)用人单位依法制定并经职代会批准的厂规、厂纪中有明确规定的；(4)企业工资总额与经济效益相联系，经济效益下浮时，工资必须下浮的（但支付给劳动者工资不得低于当地的最低工资标准）；(5)因劳动者请事假等相应减发工资等。

七、拖欠工资

《劳动法》和《劳动合同法》均规定了企业不得无故拖欠劳动者的劳动报酬，这里的"劳动报酬"不仅限于工资，还包括奖金、津贴、补贴、延长工作时间的工资报酬及特殊情况下支付的工资等。拖欠劳动报酬是指用人单位无正当理由超过规定付薪时间未支付劳动者劳动报酬。需要强调的是,这里的"正当理由",法律是有明确限制的,是指:(1)用人单位遇到非人力所能抗拒的自然灾害、战争等原因无法按时支付工资;(2)用人单位确因生产经营困难、资金周转受到影响,在征得本单位工会同意后,可暂时延期支付劳动者工资,延期时间的最长限制可由各省、自治区、直辖市劳动行政部门根据各地情况确定。其他情况下拖欠工资均属无故拖欠,所以不是企业随便找个理由就可以的。

此外,《刑法修正案(八)》还增设了"拒不支付劳动报酬罪",规定了企业拒不支付劳动者劳动报酬将产生的刑事法律后果,其直接负责的主管人员和直接责任人员也将要承担相应的刑事法律责任。这里的"拒不支付劳动报酬"包括两种情形:一种是以转移财产、逃匿等方法逃避支付劳动者的劳动报酬;另一种是有能力支付而不支付劳动者的劳动报酬。上述两种情形涉及的劳动报酬都需要达到"数额较大"的标准才能构成犯罪,如拒不支付1名劳动者3个月以上的劳动报酬且数额在5000元至2万元以上的或者拒不支付10名以上劳动者的劳动报酬且数额累计在3万元至10万元以上的,就属于"数额较大",经政府有关部门责令支付仍不支付的,可以处3年以下有期徒刑或者拘役,并处或者单处罚金;如果造成严重后果的,如对要求支付报酬的劳动者使用暴力或者进行暴力威胁、造成劳动者或者被其抚养、赡养、扶养的人基本生活受到严重影响、重大疾病无法及时医治或者失学的,则可以处3年以上7年以下有期徒刑,并处罚金。

因此,企业对于拖欠工资的情形要加以重视,确实有合理理由,如代发工资的银行系统出错等原因,且拖欠时间不长的,一般法律风险不大。但是企业一定要提前告诉员工拖欠的原因并告诉支付的时间。

[法条链接]

《中华人民共和国刑法修正案(八)》

四十一、在刑法第二百七十六条后增加一条,作为第二百七十六条之一:"以转移财产、逃匿等方法逃避支付劳动者的劳动报酬或者有能力支付而不支付劳动者的劳动报酬,数额较大,经政府有关部门责令支付仍不支付的,处三年以下有期徒刑或者拘役,并处或者单处罚金;造成严重后果的,处三年以上七年以下有期徒刑,并处罚金。

"单位犯前款罪的,对单位判处罚金,并对其直接负责的主管人员和其他直接责任人员,依照前款的规定处罚。

"有前两款行为,尚未造成严重后果,在提起公诉前支付劳动者的劳动报酬,并依法承担相应赔偿责任的,可以减轻或者免除处罚。"

最高人民法院《关于审理拒不支付劳动报酬刑事案件适用法律若干问题的解释》

第一条　劳动者依照《中华人民共和国劳动法》和《中华人民共和国劳动合同法》等法律的规定应得的劳动报酬,包括工资、奖金、津贴、补贴、延长工作时间的工资报酬及特殊情况下支付的工资等,应当认定为刑法第二百七十六条之一第一款规定的"劳动者的劳动报酬"。

第二条　以逃避支付劳动者的劳动报酬为目的,具有下列情形之一的,应当认定为刑法第二百七十六条之一第一款规定的“以转移财产、逃匿等方法逃避支付劳动者的劳动报酬”：

（一）隐匿财产、恶意清偿、虚构债务、虚假破产、虚假倒闭或者以其他方法转移、处分财产的；

（二）逃跑、藏匿的；

（三）隐匿、销毁或者篡改账目、职工名册、工资支付记录、考勤记录等与劳动报酬相关的材料的；

（四）以其他方法逃避支付劳动报酬的。

第三条　具有下列情形之一的，应当认定为刑法第二百七十六条之一第一款规定的“数额较大”：

（一）拒不支付一名劳动者三个月以上的劳动报酬且数额在五千元至二万元以上的；

（二）拒不支付十名以上劳动者的劳动报酬且数额累计在三万元至十万元以上的。

各省、自治区、直辖市高级人民法院可以根据本地区经济社会发展状况，在前款规定的数额幅度内，研究确定本地区执行的具体数额标准，报最高人民法院备案。

第五条　拒不支付劳动者的劳动报酬，符合本解释第三条的规定，并具有下列情形之一的，应当认定为刑法第二百七十六条之一第一款规定的“造成严重后果”：

（一）造成劳动者或者其被赡养人、被扶养人、被抚养人的基本生活受到严重影响、重大疾病无法及时医治或者失学的；

（二）对要求支付劳动报酬的劳动者使用暴力或者进行暴力威胁的；

（三）造成其他严重后果的。

八、工资账册

工资账册，也被称为工资支付表、工资支付记录等。《工资支付暂行规定》第6条第3款明确规定：“用人单位必须书面记录支付劳动者工资的数额、时间、领取者的姓名以及签字，并保存两年以上备查。”各地工资支付相关规定也都作了如此规定。

对于企业而言，制作工资账册并保存2年备查不仅是一项义务，同时也是企业自我保护的必要手段。根据《劳动争议调解仲裁法》的规定，“与争议事项有关的证据属于用人单位掌握管理的，用人单位应当提供；用人单位不提供的，应当承担不利后果”。工资账册是解决工资纠纷的一项重要证据，对此企业承担举证责任，若企业无法提供的，将承担举证不能的不利后果。因此，HR应当对此予以高度重视。

[法条链接]

《工资支付暂行规定》

第六条　……用人单位必须书面记录支付劳动者工资的数额、时间、领取者的姓名以及签字，并保存两年以上备查。用人单位在支付工资时应向劳动者提供一份其个人的工资清单。

第二节 工资支付的基本规定

一、工资支付的形式、周期、方式和时间

(一)支付形式

工资应当以货币形式支付给劳动者,不得以实物或有价证券替代货币支付。

误区:单位效益不好,发不出工资,直接向员工派发单位产品作为工资。

这是错误的,确因效益不好发不出工资的,企业应当依照法定程序将工资支付时间延后,但是不可向员工派发产品替代工资。

(二)支付周期

工资支付周期为月,企业应当按月向劳动者支付工资。但是经与劳动者协商一致,也可以小时、日、周为周期支付工资,但是企业至少每月应向劳动者支付一次工资。

误区:企业与员工约定实行年薪制,企业在每年年底向员工支付工资。

上述操作模式是以年为工资支付周期,违反了法律规定。但是如果每月向员工按照当地最低工资标准支付工资,剩余部分在年底一次性支付,则是合法的。需要注意的是,非全日制用工情况下,工资支付周期不应超过 15 天。

(三)支付方式

用人单位应当将工资直接支付给劳动者本人,也可以委托银行代发工资。

误区一:员工领取现金工资后忘了签字确认,工资发放人员替员工签字。

这种情形下,虽然没有违反"将工资直接支付给劳动者本人"的规定,但是因缺乏员工本人签字,很难举证员工领取了工资。因此在这种情形下,工资发放人员不应当是自己替员工签字,而是应当及时找员工本人补签。

误区二:员工找人代替自己签收工资,工资发放人员在代领人没有任何手续的情况下将工资支付给代领人。

这种情形所犯错误与误区一是一样的,事后难以举证。因此在员工找人代领工资的情况下,一定要让代领人出示由员工本人签字的委托书,并在领款人一栏写上"某某某代某某某",而不应直接签被代员工的名字。

(四)支付时间

工资必须在用人单位与劳动者约定的日期支付。如遇节假日或休息日,则应提前在最近的工作日支付。

误区一:约定的工资支付恰逢周末,把工资支付日顺延到下周第一个工作日。

这是错误的,这种情况下,应当将工资提前至最近的一个工作日支付。为了灵活处理,建议企业在确定工资发放时间时将具体的工资发放日改成发放的最后期限,如每月 15 日前支付工资。

HR 还应当明确两种特殊情况下的工资支付时间:

(1)对完成一次性临时劳动或某项具体工作的劳动者，用人单位应按有关协议或合同规定在其完成劳动任务后即支付工资。

(2)劳动关系双方依法解除或终止劳动合同时，用人单位应在解除或终止劳动合同时一次付清劳动者工资。但是经与劳动者协商一致，也可确定在劳动关系解除或终止后的某个时间支付。

误区二：员工没有办理工作交接，企业拒不向其支付工资。

这是错误的，劳动关系解除或终止时，无特殊约定的，企业应当在解除或终止劳动合同时一次付清员工工资，若员工没有进行工作交接的，企业应当采用其他途径进行救济，若因未进行工作交接给企业造成损失的，企业可以从工资中扣除赔偿金，但是扣除额不得超过工资额的20%。虽然这是企业对一些恶意不办工作交接的员工所采取的一种万不得已的方法，在维护企业利益方面也具有一定的作用，但是企业还是应当慎用。

[法条链接]

《中华人民共和国劳动法》

第五十条　工资应当以货币形式按月支付给劳动者本人。不得克扣或者无故拖欠劳动者的工资。

《工资支付暂行规定》

第五条至第九条

二、工资支付标准的确定

(一)一般情形下的工资标准

用人单位应当按照劳动合同约定的标准向劳动者足额支付工资，支付哪些项目及其数额为多少等都按照劳动合同的约定来确定。

[场景回放]

于某于2019年3月1日被某医药公司录用为业务员，双方签订了劳动合同，合同期限为2019年4月1日至2020年12月31日。劳动合同约定："甲方(医药公司)每月支付乙方(于某)基本工资，乙方的其他收入按照其本人的销售额计提销售奖励(具体见甲方的《销售提成奖励办法》)"。同时合同中约定："《销售提成奖励办法》为本劳动合同的附件"。《销售提成奖励办法》规定："销售提成奖金按季度计提支付给业务员，具体提成比例为：每季度销售额在5万元(含5万元)以下的部分无提成奖励；5万元至10万元(含10万元)的部分计提销售额的4%，10万元至20万元(含20万元)的部分计提销售额的6%，20万元至40万元(含40万元)的部分计提销售额的8%，40万元以上的部分计提销售额的10%。"

2020年9月20日，该医药公司认为下半年销售成本上升，并且回款不及时，因此对《销售提成奖励办法》(以下简称旧办法)进行了修改，并发给于某一份修改后的《销售提成奖励办法》(以下简称新办法)。新办法对旧办法的修改共两处:一是在原来的销售额基数上,把计提比例从4%至10%下调为2%至8%;二是规定了只有销售额回款后才能计提奖励。于某明确表示,公司没有与自己协商而单方面修改《销售提成奖励办法》,其不能接受,新办法是无效的。2020年12月30日,公司通知于某劳动合同期满不再续订并与于某办理了劳动合同终止手续。2020年第四季度以前的销售提成奖励,于某已按照旧办法提完。而于某2020年第四季度共销售68万元,在劳动合同终止时,只回款15万元,公司按照新办法为于某支付了销售提成奖金,公司认为由于只回款了15万元,因此于某的提成奖金是15万元×4% =6000元,对于尚未回款的53万元暂时不能给于某提成,待公司全部收回后再提成。于某不同意,要求按照旧办法计提销售提成奖金,公司拒绝,双方发生争议。于是于某向劳动争议仲裁委员会提起仲裁,要求公司按照旧办法为其计提2020年第四季度的提成奖励并支付相当于拖欠工资25%的经济补偿金共计62,500元。

[审理结果]

经审理,劳动争议仲裁委员会作出裁决,支持了于某的申诉请求,裁决公司在10日内按照作为劳动合同附件的旧办法支付于某提成奖金及25%的经济补偿金。

[律师点评]

本案的争议焦点在于销售提成的标准问题。销售提成属于工资,支付标准按照劳动合同的约定来执行,劳动合同中明确约定于某的销售提成计提办法按照《销售提成奖励办法》执行,但是由于本案中出现了新、旧两个办法,于是问题产生了:究竟是按新办法提成还是按旧办法提成?

首先分析新办法对于某的效力问题。于某与公司签订的劳动合同把《销售提成奖励办法》约定为劳动合同的附件,因此公司对办法进行变更实际上也属于对劳动合同的变更,而劳动合同变更则必须经过当事人双方的协商一致。公司单方变更提成办法并未得到于某的同意,因此该变更对于某不能发生效力,公司按照新办法计提销售奖金属于违约。再来分析旧办法对于某的效力问题。当事人双方签订劳动合同时明确约定旧办法为劳动合同的附件,因此当于某完成一定销售任务后,公司就应当按照旧办法为于某计提销售奖金。

因此,本案中公司应当按照旧办法为于某补足拖欠的奖金。

[律师说法]

企业应当在劳动合同或规章制度中明确工资支付标准,工资标准一经确认,必须经企业与员工协商一致方能变更。企业尤其要注意,在对作为劳动合同附件的薪酬制度中有关工资标准进行变更时,不仅应当履行修订规章制度的民主程序,而且对于直接涉及员工个人利益的,还必须经过员工本人同意,否则变更不对员工发生

效力。

(二)休假期间的工资标准

前面我们已经介绍过,除公休日为无薪假期、事假可以是无薪假期外,其他假期都是有薪假期,但是不同假期的工资标准是不一样的。

1. 法定节假日、婚假、丧假、公假和年休假

劳动者在上述假期休假的,一般按照劳动合同约定的劳动者本人工资标准支付劳动报酬,没有约定的,各地处理规则不同,具体按照当地规定执行。

2. 病假

病假工资标准可以由企业和员工自行约定,没有约定的该如何计算?对此各地的规定不尽相同,具体参照当地规定执行。但是无论采用何种计算办法,根据原劳动部《关于贯彻执行〈中华人民共和国劳动法〉若干问题的意见》规定,每月病假工资都不能低于当地最低工资标准的80%。

3. 产假

产假期间员工享受医疗保险待遇,若企业没有为其缴纳医疗保险费的,由企业按照劳动合同约定的劳动者本人工资标准支付工资,各地有不同规定的按照当地规定执行。

[律师说法]

关于假期的工资标准,具有很强的地方性,各地规定不尽相同,笔者无法在此一一介绍,企业HR应当准确把握当地规定,严格按照当地规定执行。

[法条链接]

《中华人民共和国劳动法》

第五十一条　劳动者在法定休假日和婚丧假期间以及依法参加社会活动期间,用人单位应当依法支付工资。

《工资支付暂行规定》

第十一条　劳动者依法享受年休假、探亲假、婚假、丧假期间,用人单位应按劳动合同规定的标准支付劳动者工资。

劳动部《对〈工资支付暂行规定〉有关问题的补充规定》

一、《规定》第十一条、第十二条、第十三条所称"按劳动合同规定的标准",系指劳动合同规定的劳动者本人所在的岗位(职位)相对应的工资标准……

劳动部《关于贯彻执行〈中华人民共和国劳动法〉若干问题的意见》

……

59. 职工患病或非因工负伤治疗期间,在规定的医疗期内由企业按有关规定支付其病假工资或疾病救济费,病假工资或疾病救济费可以低于当地最低工资标准支付,但不能低于最低工资标准的80%。

(三)停工、停产期间的工资标准

《工资支付暂行规定》第12条明确规定:“非因劳动者原因造成单位停工、停产在一个工资支付周期内的,用人单位应按劳动合同规定的标准支付劳动者工资。超过一个工资支付周期的,若劳动者提供了正常劳动,则支付给劳动者的劳动报酬不得低于当地的最低工资标准;若劳动者没有提供正常劳动,应按国家有关规定办理。”由此可见,停工、停产期间的公司应当分阶段按不同标准确定:

1. 在一个工资支付周期内的,按照劳动合同约定的劳动者提供正常劳动的工资支付标准支付工资,可以理解为全额支付;

2. 超过一个工资支付周期的,则分情况处理:劳动者提供了正常劳动的,支付给劳动者的劳动报酬不得低于当地的最低工资标准;劳动者没有提供正常劳动的,按国家规定办理,对此,各地规定了不同的标准,如北京规定按照不低于本市最低工资标准的70%支付劳动者基本生活费;上海则规定不得低于本市最低工资标准;广东省则规定不得低于当地最低工资标准的80%。

(四)劳动争议审理期间的工资标准

实务中经常会出现这样的情形:企业解除劳动合同,员工不服提起仲裁或诉讼要求恢复劳动关系,并要求企业支付劳动争议审理期间的工资。一旦员工要求恢复劳动关系请求得到支持以后,也就意味着劳动争议审理期间双方的劳动关系存续,这便会引发两个问题,即这期间的工资是否应当支付?该如何支付?

《违反〈中华人民共和国劳动法〉有关劳动合同规定的赔偿办法》第2条规定:“用人单位有下列情形之一,对劳动者造成损害的,应赔偿劳动者损失:……(四)用人单位违反规定或劳动合同的约定解除劳动合同的。”该办法第3条进一步规定:“本办法第2条规定的赔偿,按下列规定执行:(一)造成劳动者工资收入损失的,按劳动者应得工资收入支付给劳动者,并加付应得工资收入25%的赔偿费用……”同时,劳动和社会保障部办公厅《关于用人单位违反劳动合同规定有关赔偿问题的复函》(劳社厅函〔2000〕238号)规定:“《违反〈中华人民共和国劳动法〉有关劳动合同的赔偿办法》第三条第一项中的‘劳动者本人应得工资收入’,是指因用人单位违反国家法律法规或劳动合同的约定,解除劳动合同造成劳动者不能提供正常劳动而损失的工资收入。”

根据上述一系列规定,一旦企业解除或终止劳动合同的决定被撤销,企业就应当支付劳动争议审理期间的工资,这一点得到了共识,但是对于支付的数额该如何确定,则是仁者见仁、智者见智了。有的认为应当按照劳动者正常履行劳动合同时的全额工资支付;有的在考虑到合情合理因素的基础上,认为应当按照社会平均工资确定支付数额;也有的认为应当按照当地最低工资标准确定数额;还有的认为应当按照基本生活费确定支付数额。但不管采用哪种标准,有一点是明确的,那就是在这种情况下,企业需要支付劳动争议审理期间的工资。因此,企业在处理与员工关系时一定要慎重,不能意气用事,应合法、适度,否则会承担更大的代价。

三、未依法支付工资的法律后果

企业未依法支付工资具体包括四种情况：一是支付的工资低于当地最低工资标准；二是拖欠工资；三是克扣工资；四是拒不支付加班费。《劳动合同法》规定了企业未依法支付工资的严重后果，增加了企业的违法成本。企业未依法支付工资的，应承担以下几个方面的法律后果：

1. 限期支付并补发。企业拖欠、克扣工资或拒不支付加班费的，应当在规定时间内全额支付劳动者工资；企业支付的工资低于当地最低工资标准的，应当补齐差额部分。

2. 赔偿。若企业限期不支付的，劳动行政部门可以责令按照应付金额 50% 以上 100% 以下的标准向劳动者加付赔偿金。

3. 劳动者可以此为由解除劳动合同，企业还应当支付解除劳动合同经济补偿金。《劳动合同法》新增加了这一规定，从而加大了企业工资违法的成本。

4. 承担刑事责任。2011 年 2 月 25 日《刑法修正案(八)》增加了一个“拒不支付劳动报酬罪”，规定以转移财产、逃匿等方法逃避支付劳动者的劳动报酬或者有能力支付而不支付劳动者的劳动报酬，数额较大的，经政府有关部门责令支付而仍不支付的，处 3 年以下有期徒刑或者拘役，并处或者单处罚金；造成严重后果的，处 3 年以上 7 年以下有期徒刑，并处罚金。用人单位犯此罪的，对用人单位判处罚金，并还要对直接负责的主管人员和其他直接责任人员依照上述规定定罪处罚。详见本书第十五章的介绍。

[法条链接]

《中华人民共和国劳动合同法》

第三十八条　用人单位有下列情形之一的，劳动者可以解除劳动合同：

……

(二)未及时足额支付劳动报酬的；

……

第四十六条　有下列情形之一的，用人单位应当向劳动者支付经济补偿：

(略)

第八十五条　用人单位有下列情形之一的，由劳动行政部门责令限期支付劳动报酬、加班费或者经济补偿；劳动报酬低于当地最低工资标准的，应当支付其差额部分；逾期不支付的，责令用人单位按应付金额百分之五十以上百分之一百以下的标准向劳动者加付赔偿金：

(一)未按照劳动合同的约定或者国家规定及时足额支付劳动者劳动报酬的；

(二)低于当地最低工资标准支付劳动者工资的；

(三)安排加班不支付加班费的；

……

《中华人民共和国刑法》

第二百七十六条之一　以转移财产、逃匿等方法逃避支付劳动者的劳动报酬或者有能力支付而不支付劳动者的劳动报酬，数额较大，经政府有关部门责令支付仍不支付的，处三年以下有期徒刑或者拘役，并处或者单处罚金；造成严重后果的，处三年以上七年以下有期徒刑，并处罚金。

单位犯前款罪的，对单位判处罚金，并对其直接负责的主管人员和其他直接责任人员，依照前款的规定处罚。

有前两款行为，尚未造成严重后果，在提起公诉前支付劳动者的劳动报酬，并依法承担相应赔偿责任的，可以减轻或者免除处罚。

最高人民法院《关于审理拒不支付劳动报酬刑事案件适用法律若干问题的解释》

为依法惩治拒不支付劳动报酬犯罪，维护劳动者的合法权益，根据《中华人民共和国刑法》有关规定，现就办理此类刑事案件适用法律的若干问题解释如下：

第一条　劳动者依照《中华人民共和国劳动法》和《中华人民共和国劳动合同法》等法律的规定应得的劳动报酬，包括工资、奖金、津贴、补贴、延长工作时间的工资报酬及特殊情况下支付的工资等，应当认定为刑法第二百七十六条之一第一款规定的“劳动者的劳动报酬”。

……

第三节　如何控制加班费成本

随着企业竞争与人才竞争的愈演愈烈，劳动者的劳动强度越来越大，加班也越来越普遍，加班费成本在劳动力成本中所占比重也随之加大。尤其是在2006年10月法律放松了劳动者请求工资支付的申诉时效后，劳动者纷纷与企业“算旧账”，要求企业支付多年前的加班费，如此一来更是让某些企业陷入加班费的泥潭不能自拔。如何控制加班费成本？这是每个企业都迫切想知道的问题。

一、加班费的计算标准

(一)标准工时制下的加班

实行标准工时制，用人单位安排员工加班的，按下列标准支付加班费：

1. 安排劳动者延长时间的，支付不低于工资的150%的工资报酬；

2. 休息日安排劳动者工作又不能安排补休的，支付不低于工资的200%的工资报酬；

3. 法定休假日安排劳动者工作的，支付不低于工资的300%的工资报酬。

(二)综合计算工时制下的加班

经批准实行综合计算工时制的员工，在一个工资计算周期内的实际工作时间总和超过40小时的，超过部分视为延时加班，在这种情形下，企业不得安排员工调休，而是应当向员工支付不低于员工工资标准150%的加班工资。若员工在法定节假日工作的，无论实际工作时间总和是否超过40小时，企业都应当向员工支付不低于员工工资标准300%的加班工资。在综合计算工时制下，不存在休息日加班的情况，也不存在休息日加班费的问题。

（三）不定时工作制下的加班

经批准实行不定时工作制的企业，由于其工作时间高度灵活，员工可以根据工作任务自主安排工作时间，企业不得限制其上班下班时间，因此不存在延时加班或公休日加班的情形，至于员工在法定节假日工作是否构成加班，各地规定也不一致。如北京市、广东省及江苏省不视这种情况为加班，企业无须支付加班费，而在上海，则将这种情形按照加班处理，企业应当向员工支付不低于员工工资标准300%的加班工资。一般而言，不将员工在法定节假日工作视为加班是比较通行的做法，但是具体还是应当按照当地规定执行。

三种不同工时制度下加班费的计算标准见表8－1。

表8－1　不同工时制度下的加班费计算

工时制度	延时加班	公休日加班	法定节假日加班
标准工时制	150%	200%	300%
综合计算工时制	150%	无	300%
不定时工作制	无	无	各地规定不一致，具体按照当地规定执行

[场景回放]

尚某为北京市某公司职员，负责对外贸易工作。尚某与公司签订了劳动合同，合同中约定尚某工资由基本工资、岗位工资及奖金构成，其中基本工资为2000元/月，岗位工资为1000元/月，奖金按照其工作业绩经公司考核后确定。2007年9月，公司派其赴国外布展和参加贸易洽谈活动，回国时已临近国庆节，公司要求“十一”放假期间，参加洽谈会的人员尽快将订单整理好。于是尚某“十一”放假7天在公司加班整理订单。后尚某领取10月工资时，通过工资结算单发现公司仅按照自己的工资标准支付了“十一”休假期间7天的工资。

[针锋相对]

尚某认为，自己在“十一”放假期间加班，公司应当按照工资标准的300%支付加班费。当月尚某的奖金是3000元，故要求公司支付加班工资为$(2000+1000+3000)\div 20.92\times 7\times 300\%$，共计6022元。

公司则称，国庆放假本来是不发工资的，但考虑到尚某的确在上班，所以才按照日工资标准发放了工资。

双方各持己见僵持不下，尚某遂向劳动争议仲裁委员会提出申诉。

[审理结果]

经审理，劳动争议仲裁委员会认为，当事人双方对尚某在国庆节期间在公司工作这一事实都予以认同，因此认定尚某加班成立，公司应当向尚某支付加班费。尚某国庆7天加班的加班费为：[(2000+1000+3000)÷20.92×300%×3]+[(2000+1000+3000)÷20.92×200%×4]=4875元，由于公司已经向尚某支付了669元，因此最后裁决公司向尚某支付加班工资4206元。

[律师点评]

本案的争议焦点在于国庆期间加班认定问题以及加班费计算问题。

根据《全国年节及纪念日放假办法》的规定，国庆节假期为3天。为了休假方便，国家又将国庆节前后的4个公休日借用与国庆节连在一起，共有7天假期。这7天假期中，其中3天为国庆节法定假期，其余4天为公休日。因此，尚某在国庆期间工作属于加班，其中3天为法定节假日加班，其余4天为休息日加班，公司应当分别按照原工资标准的300%和200%支付尚某加班工资。

关于加班费的计算基数问题。本案发生在北京，根据《北京市工资支付规定》第44条的规定，计算加班工资的日或小时工资基数按照“劳动合同约定的劳动者本人工资标准确定”。劳动合同约定尚某工资由基本工资、岗位工资和奖金三部分组成，其中基本工资为2000元，岗位工资为1000元，奖金则根据业绩情况上下浮动，2007年10月尚某的奖金为3000元。因此，加班费计算基数为6000元。本案发生在2008年1月3日以前，仍然按照月平均工作日为20.92天来折算日工资。因此公司应向尚某支付的加班费为：(6000÷20.92×300%×3)+(6000÷20.92×200%×4)=4875元。

需要注意的是，劳动和社会保障部于2008年1月3日发布了《关于职工全年月平均工作时间和工资折算问题的通知》(劳社部发〔2008〕3号)，其中规定了按照月平均计薪日21.75天来折算日工资。因此若本案发生在2008年1月3日以后，公司应向尚某支付的加班费为：(6000÷21.75×300%×3)+(6000÷21.75×200%×4)=4688元，数额上有所减少。

[律师说法]

计算加班费时有一个特别关键的概念：加班费计算基数。根据相关规定，加班费计算基数按照劳动者本人工资标准确认。但是由于该规定缺乏可操作性，因此各地在此基础上作了细化规定，不尽相同，具体参照当地规定办理，此处仅以北京、上海、广东为例稍加说明(见表8-2)。

表8－2　国家及北京、上海、广东关于加班费计算的规定

地区	加班费规定	加班费计算基数规定	法条解说
国家	《中华人民共和国劳动法》 第四十四条　有下列情形之一的,用人单位应当按照下列标准支付高于劳动者正常工作时间工资的工资报酬: (一)安排劳动者延长时间的,支付不低于工资的百分之一百五十的工资报酬; (二)休息日安排劳动者工作又不能安排补休的,支付不低于工资的百分之二百的工资报酬; (三)法定休假日安排劳动者工作的,支付不低于工资的百分之三百的工资报酬。 《工资支付暂行规定》 第十三条　用人单位在劳动者完成劳动定额或规定的工作任务后,根据实际需要安排劳动者在法定标准工作时间以外工作的,应按以下标准支付工资: (一)用人单位依法安排劳动者在日法定标准工作时间以外延长工作时间的,按照不低于劳动合同规定的劳动者本人小时工资标准的百分之一百五十支付劳动者工资; (二)用人单位依法安排劳动者在休息日工作,而又不能安排补休的,按照不低于劳动合同规定的劳动者本人日或小时工资标准的百分之二百支付劳动者工资; (三)用人单位依法安排劳动者在法定休假节日工作的,按照不低于劳动合同规定的劳动者本人日或小时工资标准的百分之三百支付劳动者工资……	《关于〈劳动法〉若干条文的说明》 第四十四条　本条的"工资",实行计时工资的用人单位,指的是用人单位规定的其本人的基本工资…… 《对〈工资支付暂行规定〉有关问题的补充规定》 一、《规定》第十一条、第十二条、第十三条所称"按劳动合同规定的标准",系指劳动合同规定的劳动者本人所在的岗位(职位)相对应的工资标准……	《劳动法》及其说明与《工资支付规定》及其补充对加班费计算基数的规定并不一致:根据前者规定来看,加班费计算基数为劳动者基本工资;根据后者规定来看,加班费计算基数为劳动者全额工资,实务中按后者规定处理较多

续表

地区	加班费规定	加班费计算基数规定	法条解说
北京	《北京市工资支付规定》 第十四条　用人单位依法安排劳动者在标准工作时间以外工作的，应当按照下列标准支付劳动者加班工资： （一）在日标准工作时间以外延长工作时间的，按照不低于小时工资基数的150%支付加班工资； （二）在休息日工作的，应当安排其同等时间的补休，不能安排补休的，按照不低于日或者小时工资基数的200%支付加班工资； （三）在法定休假日工作的，应当按照不低于日或者小时工资基数的300%支付加班工资	《北京市工资支付规定》 第四十四条　根据本规定第十四条计算加班工资的日或者小时工资基数、根据第十九条支付劳动者休假期间工资，以及根据第二十三条第一款支付劳动者产假、计划生育手术假期间工资，应当按照下列原则确定： （一）按照劳动合同约定的劳动者本人工资标准确定； （二）劳动合同没有约定的，按照集体合同约定的加班工资基数以及休假期间工资标准确定； （三）劳动合同、集体合同均未约定的，按照劳动者本人正常劳动应得的工资确定。 依照前款确定的加班工资基数以及各种假期工资不得低于本市规定的最低工资标准	可见，加班费计算基数首先按照劳动合同约定的劳动者本人工资标准确定，没有约定的则按照劳动者本人正常劳动应得的工资确定。在实务中，约定加班费基数在一定程度上得到了承认，可以约定以固定工资作为加班费计算基数，但是约定的基数不得低于本市最低工资标准
上海	《上海市企业工资支付办法》 十三、用人单位根据实际需要安排劳动者在法定标准工作时间以外工作的，应按以下标准支付工资： （一）安排劳动者在日法定标准工作时间以外延长工作时间的，按照不低于劳动者本人小时工资标准的150%支付工资； （二）安排劳动者在休息日工作，而又不能安排补休的，按照不低于劳动者本人日或小时工资标准的200%支付工资； （三）安排劳动者在法定休假节日工作的，按照不低于劳动者本人日或小时工资标准的300%支付工资	《上海市企业工资支付办法》 十四、加班加点的日工资计算：按本办法第九条原则确定的计算基数，除以每月平均制度工作天数20.92天；小时工资的计算：日工资除以8小时。 九、劳动者在依法享受婚假、丧假、探亲假等假期期间，用人单位应当按国家规定支付假期工资。假期工资的计算基数按以下原则确定： （一）劳动合同有约定的，按不低于劳动合同约定的劳动	可见，加班费计算基数有约定的从其约定，没约定的则按照劳动者正常出勤的月工资的70%确定。加班费计算基数不低于本市最低工资标准

续表

地区	加班费规定	加班费计算基数规定	法条解说
上海		者本人所在岗位(职位)相对应的工资标准确定。集体合同(工资集体协议)确定的标准高于劳动合同约定标准的,按集体合同(工资集体协议)标准确定。 (二)劳动合同、集体合同均未约定的,可由用人单位与职工代表通过工资集体协商确定,协商结果应签订工资集体协议。 (三)用人单位与劳动者无任何约定的,假期工资的计算基数统一按劳动者本人所在岗位(职位)正常出勤的月工资的70%确定。 按以上原则计算的假期工资基数均不得低于本市规定的最低工资标准。法律、法规另有规定的,从其规定	
广东	《广东省工资支付条例》 第二十条　用人单位安排劳动者加班或者延长工作时间,应当按照下列标准支付劳动者加班或者延长工作时间的工资报酬: (一)工作日安排劳动者延长工作时间的,支付不低于劳动者本人日或者小时正常工作时间工资的百分之一百五十的工资报酬; (二)休息日安排劳动者工作又不能安排补休的,支付不低于劳动者本人日或者小时正常工作时间工资的百分之二百的工资报酬; (三)法定休假日安排劳动者工作的,支付不低于劳动者本人日或者小时正常工作时间工资的百分之三百的工资报酬	《广东省工资支付条例》 第六十二条 …… (二)正常工作时间工资,是指劳动者在法定工作时间内提供了正常劳动,用人单位依法应当支付的劳动报酬。正常工作时间工资不包括下列各项: 1. 延长工作时间工资; 2. 中班、夜班、高温、低温、井下、有毒有害等特殊工作环境、条件下的津贴; 3. 法律、法规和国家规定的劳动者福利待遇等	根据这两条规定可见,加班费按照劳动者的全额工资计算,不包括加班费、特殊津贴,但是应当包含住房补贴、岗位津贴之类的一般性津贴和补贴

二、加班费成本控制技巧

如何控制加班费成本？这是HR咨询较多的问题，就此，笔者提供以下几点建议：

1. 完善加班控制制度。每个企业都应当建立一套完善的加班申报、审批、汇报、监控制度。

首先，明确加班审批权限；

其次，规定员工加班应当在加班前向有审批权限的人员提出申请，并明确未经相关人员批准，员工不得擅自加班，否则不视为加班；

再次，审批人应当认真审查员工加班申请，若确因工作需要加班的，可以予以批准；可加可不加的，或因员工本人原因没有按时完成本应在正常工作时间内完成的工作任务的，可以不予批准，从而控制加班发生率；

最后，规定员工加班完毕后应当及时向相关部门汇报实际加班时间等情况，通过员工汇报等方式实现对员工加班的监控。

2. 充分利用特殊工时制。从上述分析可以看出，特殊工时制下员工工作时间相对灵活，加班的发生率较低，甚至为零。因此，对于符合条件的特殊岗位，建议企业申请实行特殊工时制，以达到灵活用工、控制加班费成本的一箭双雕的效果。

3. 合法利用调休。法律规定员工在公休日加班，企业安排了其调休，无须再支付加班费，这也为企业控制加班费成本提供了一个思路。需要明确的是除了公休日加班外，对于延时加班和法定节假日加班，企业并不能通过安排调休而达到免除加班费支付义务的目的。企业应当制定合法合理的调休制度，明确调休的相关事宜，如调休期间、调休申请、调休安排等，规范调休合法进行。

4. 善用“双固定”工资制。双固定，意指企业与员工明确约定：“在员工固定工时下（如每天工作9.5小时，每周工作5天）而由企业支付固定工资（如每月5000元），且经折算后员工的小时工资数不低于最低工资标准。”在双固定工资下，企业支付的工资总额中已包括了员工每月固定的加班报酬（如前面提到的每周延长工作时间7.5小时的加班费）。

5. 严格依法执行。确实安排员工加班的，应当依法及时安排调休或足额支付加班费，以避免因违法受罚而带来的更大损失。

[顾问点评]

——江点序律师*

作为劳动立法的三大模块,《劳动合同法》《社会保险法》分别于 2008 年、2011 年落地,但工资立法,仍长期呈现出"但闻人语响"的状态。

劳动报酬是劳动者的核心劳动权益,是其劳动付出的回报,是其实现劳动力再生产的物质基础。劳动报酬及其人力成本支出,是企业生产成本的重要部分,人力成本所占 GDP 中比例,更是社会进步和文明的衡量标志之一。从微观至宏观,劳动报酬的重要,显而易见。

从企业 HR 从业者来看,劳动报酬,乱花迷人。现有规定多是强调最低工资标准、工资的及时足额支付、拖欠工资的行政及刑事责任等,但员工正常工作时间劳动报酬的认定、员工的工资总额的确定、福利性收入的识别、同工同酬的理解、工资项目设计、工资条内容等众多问题始终存在困扰。天气异常、抗战纪念日等放假而引发的员工工资计算或能否调休等情况,虽然比较细微,但却引发社会公众的波澜式热论,想必是因为蝴蝶的翅膀触动了大家敏感的神经。

劳动报酬涉及员工的个人切身利益,是持续成为多地劳动争议的首位的案件类型。劳动报酬也是全部职工所关注的共同利益,因此也成为企业集体协商的重要内容之一,年度工资涨幅、年终奖金发放标准等,始终是引发企业群体性劳动事件的诱因之一。劳动报酬是劳动行政部门每年年底专项执法的重点,也是企业主极易遇到的刑事责任风险点。

本书作者着眼于企业薪酬管理,落点在工资基本概念、加班费计算、企业成本控制等方面,系统地向企业 HR 管理者展开介绍,具有很强的指导性价值。

---

* 江点序律师:北京大成(广州)律师事务所高级合伙人,中华全国律师协会劳动和社会保障法律专业委员会委员,大成中国区劳动与人力资源专业委员会主任,先后担任过广东省律师协会劳动法律专业委员会秘书长、广州市律师协会劳动与社会保障法律专业委员会主任、广州市总工会维护职工权益律师团团长、广州市劳动人事争议仲裁委员会仲裁员、广州市黄埔区(广州开发区)劳动人事争议仲裁委员会仲裁员等。

第九章

不容忽视的强制性义务

——“五险一金”在实务中的处理

这里的『五险』，是指养老保险、医疗保险、失业保险、工伤保险和生育保险，『一金』是指住房公积金。它们具有强制性、保障性、福利性和普遍性，对于保障广大劳动者的合法权益，维护社会安定，促进社会经济发展具有重要作用。企业HR要充分认识依法为职工办理『五险一金』的重要意义，要熟悉、掌握和落实国家对『五险一金』的相关规定，自觉维护劳动者合法的、『不可剥夺』的权利。

第一节　社会保险

一、社会保险的强制性和内容

无论是1995年的《劳动法》还是2008年的《劳动合同法》，社会保险都是劳动关系中的一项重要内容，它是劳动者所享有的一项社会福利。但是与用人单位自主为劳动者提供的其他福利不一样的是，社会保险具有强制性，缴纳社会保险费是用人单位与劳动者双方的法定义务。相对于《劳动法》，《劳动合同法》将社会保险增设为劳动合同的必备条款，并明确规定用人单位未依法为劳动者缴纳社会保险费的，劳动者可以解除劳动合同，并加大了用人单位违反社会保险相关规定的法律责任。除此之外，我国于2011年7月1日开始施行的《社会保险法》也明确规定了职工应当参加社会保险以及用人单位违反法律规定应承担的法律责任。对此，用人单位应当特别加以注意。

根据法律的规定，用人单位和劳动者必须依法参加社会保险，缴纳社会保险费，这是一项强制性规定，不能因用人单位和劳动者的约定而发生改变。一般来说，社会保险具体包括养老保险、医疗保险、失业保险、工伤保险和生育保险，通常简称为“五险”。其中，养老保险、医疗保险和失业保险，这三种保险的保险费由用人单位和劳动者共同缴纳；而工伤保险和生育保险的保险费则完全由用人单位承担。

[场景回放]

刘某为某公司销售部副经理，刘某入职后该公司及时向刘某提出为其办理社会保险缴纳手续，并要求刘某提供相关证件。刘某表示因其户籍在外地，不愿在公司缴纳社会保险，并提出公司把缴纳社会保险的相关费用直接支付给他，由他本人在外地自行办理社会保险缴纳手续。公司允许，并将公司应承担的社保费用按月同工资一起发放给了刘某，也没有从刘某工资中代扣代缴社会保险费。后来，公司以刘某严重违反公司规章制度为由解除了与刘某的劳动合同。刘某离职后，向当地社保监察大队投诉该公司没有为其缴纳社会保险的事实，并要求该公司为其补缴各项社会保险。此时公司才知道刘某本人并没有在外地为自己缴纳社会保险费。

[律师点评]

根据《劳动法》《劳动合同法》《社会保险法》的规定，依法参加社会保险，缴纳社会保险费是用人单位和劳动者双方的强制性义务，这项义务不因当事人双方的约定而免除；此外，用人单位还负有代扣代缴社会保险费的义务。在本案中，该公司没有为刘某缴纳社会保险费是因为刘某提出自己缴纳，该公司也按月把用人单位应当承担的社会保险费支付给了刘某，虽然这是双方合意的结果，但仍然不能对抗法律的强制性规定，不能免除该公司应当承担的法律责任。

在实务中，因为地域等特定条件的限制，经劳动者提出或同意，用人单位可以要求劳动者提供缴费依据或参保证明，然后将相应社会保险费支付给劳动者个人，由劳动者个人在户籍所在地缴纳社会保险费，但是用人单位必须尽到监督义务，否则，如果劳动者没有依法参加社会保险，用人单位还将面临被追究法律责任的风险。

总之，在劳动者入职时，用人单位应当及时为劳动者办理社会保险缴纳手续，并按时足额缴纳社会保险费。为了防范因劳动者过错导致用人单位没有及时缴纳社会保险的法律风险，首先，应采用书面形式事先约定劳动者及时完整提交办理社会保险所需手续、协助用人单位办理社会保险的义务，以及违反该义务的法律后果；其次，用人单位应当树立较强的证据意识，保留相关证据，以备后患；最后，用人单位应当积极督促劳动者及时提供相关证件资料，尽快办理社会保险缴纳手续。

[拨云见日]

1. 对于单位招用的在校实习生以及退休返聘人员是否应当缴纳社会保险费？

答：在校实习生以及退休返聘人员不具备劳动法意义上劳动者的主体资格，其与用人单位之间并非劳动关系，因此用人单位无须为其缴纳社会保险费。需要注意的是，根据我国民事法律相关规定，用人单位与在校实习生可以构成雇佣关系，用人单位仍需承担一定意义上的雇主责任。

2. 对于企业富余人员、请长假人员、请长病假人员、外借人员和带薪上学人员，是否应当缴纳社会保险费？

答：根据原劳动部《关于贯彻执行〈中华人民共和国劳动法〉若干问题的意见》的规定，对于题中所述人员，其社会保险费仍按规定由原单位和个人继续缴纳，缴纳保险费期间计算为缴费年限。

3. 对于处于试用期的员工是否可以不缴纳社会保险？

答：员工自入职之日起便与用人单位建立劳动关系，试用期是劳动关系存续的一种状态，因此，用人单位应当依法为试用期员工缴纳各项社会保险费。实践中，有些用人单位试图和职工协商在试用期内先不缴纳社会保险，待试用期结束转正后再予以补缴。该做法实际是对《社会保险法》的误读。

4. 劳动合同中有关用人单位无须为劳动者缴纳社会保险费的约定是否有效？

答：根据《劳动法》及《劳动合同法》的规定，依法参加社会保险、缴纳社会保险费是用人单位和劳动者的法定强制性义务，即使劳动合同中约定用人单位无须为劳动者缴纳社会保险费是双方合意的结果，也将因违反法律强制性规定而无效。

[法条链接]

《中华人民共和国劳动法》

第七十条　国家发展社会保险事业，建立社会保险制度，设立社会保险基金，使劳动者在年老、患病、工伤、失业、生育等情况下获得帮助和补偿。

第七十二条　社会保险基金按照保险类型确定资金来源，逐步实行社会统筹。用人单位和劳动者必须依法参加社会保险,缴纳社会保险费。

《中华人民共和国劳动合同法》

第十七条　劳动合同应当具备以下条款:

……

(七)社会保险……

《中华人民共和国社会保险法》

第二条　国家建立基本养老保险、基本医疗保险、工伤保险、失业保险、生育保险等社会保险制度,保障公民在年长、疾病、工伤、失业、生育等情况下依法从国家和社会获得物质帮助的权利。

二、违法缴纳社会保险的后果

根据法律规定,用人单位应当依法及时足额地为劳动者缴纳社会保险费,否则将承担以下法律责任:(1)由社会保险费征收机构责令限期缴纳或补足,并按日加收万分之五的滞纳金,仍不缴纳的,由有关行政部门处以数额的一倍以上三倍以下的罚款;(2)因没有依法为员工缴纳社会保险而给劳动者造成保险待遇损失的,应当承担赔偿责任;(3)劳动者可以此为由随时解除劳动合同,同时用人单位必须根据劳动者的工作年限向其支付解除劳动合同经济补偿金。

如果用人单位没有依法缴纳社会保险费,劳动者向有关部门举报,有关部门责令单位补缴或补足,用人单位或劳动者对其处理决定不服的,可以申请行政复议,对行政复议决定不服的,可以提起行政诉讼,也可以直接提起行政诉讼;如果用人单位与劳动者因社会保险待遇发生争议的,任何一方都可以向劳动争议仲裁委员会提起仲裁。

[读者来信]

尊敬的徐律师:

您好!我有一个关于劳动纠纷的问题想请教您一下。

我是宁夏回族自治区中卫市的,以前是一家事业单位(医院)的临时聘用职工。我在本单位工作了11年(1999年1月参加工作)。11年来医院从未给我缴过一分钱的基本养老保险金及任何保险,在我进入医院时医院还收取了我3000元押金。现在医院单方面要和我解除劳动合同关系,并要扣除我2000元的押金。请问徐律师我该怎么做?

读者:bhznip

— 回复 —

你好!根据《劳动合同法》第9条和第84条的规定,用人单位招用劳动者,不得要求劳动者提供担保或者以其他名义向劳动者收取财物或者押金,更不得克扣押金。因此,对于单位收取并克扣押金的行为,你既可以申请劳动仲裁,也可以向劳动行政部门举报。而对于用人单位没有缴纳社会保险的,劳动者可以向当劳动监察部门举报,如果要追索养老金、医疗费、工伤保险待遇和其他社会保险待遇，则可以申请劳动仲裁。

[场景回放]

周某于2017年10月进入某科技公司工作，公司一直没有为其缴纳各项社会保险。周某曾多次与公司协商补缴社会保险，公司总是以各种理由久拖不办。后周某通过《劳动合同法》了解到劳动者可以用人单位没有依法缴纳社会保险费为由解除劳动合同，单位应当向劳动者支付解除劳动合同经济补偿金。鉴于在公司工作的这几个月时间里，周某觉得公司对待员工非常苛刻，于是在2018年1月31日以公司没有依法为其缴纳社会保险费为由解除劳动合同，并要求公司将公司应承担的社会保险费支付给其本人，同时还应支付解除劳动合同经济补偿金，公司拒绝。于是周某向劳动争议仲裁委员会申请仲裁，要求：(1)公司为其补缴社会保险费；(2)公司向其支付解除劳动合同经济补偿金。劳动争议仲裁委员会以不属于劳动争议仲裁受案范围为由没有受理周某的第(1)项申诉请求，对于周某的第(2)项申诉请求，经审理后予以支持。

[律师点评]

根据《劳动合同法》第38条第1款第3项、第46条第1项的规定，用人单位没有依法为劳动者缴纳社会保险费，劳动者因此解除劳动合同的，用人单位应当向劳动者支付经济补偿。本案中，在周某就职期间，该公司始终没有依法为其缴纳社会保险费，周某以此为由解除劳动合同，该公司应当向其支付解除劳动合同经济补偿金。

根据《劳动法》及《社会保险法》的规定，用人单位不依法缴纳社会保险费的，由社会保险费征收机构责令其限期缴纳或补足。本案中，该公司没有依法为周某缴纳社会保险费，周某应该向有关行政机关举报，而不是向劳动争议仲裁委员会提起仲裁。

[拨云见日]

公司没有为员工缴纳社会保险费，员工能否在离职时要求公司将各项社会保险费补偿给员工个人？

答：参加社会保险以及缴纳社会保险费是用人单位与劳动者双方对国家的一项强制性义务，用人单位没有依法为劳动者缴纳各项社会保险费的，劳动者可以要求用人单位补缴，但是不得要求将保险费直接补偿给个人。对于用人单位而言，将社会保险费补偿给员工个人仍然不能免除其为员工补缴社会保险费的义务，如此操作会潜藏很大的法律风险，为员工补缴社会保险才是彻底解决问题的措施。

[法条链接]

《中华人民共和国劳动法》

第一百条　用人单位无故不缴纳社会保险费的，由劳动行政部门责令其限期缴纳；逾期不缴纳的，可以加收滞纳金。

《中华人民共和国劳动合同法》

第三十八条　用人单位有下列情形之一的，劳动者可以解除劳动合同：

……

（三）未依法为劳动者缴纳社会保险费的……

第四十六条　有下列情形之一的，用人单位应当向劳动者支付经济补偿：

（一）劳动者依照本法第三十八条规定解除劳动合同的……

第七十四条　县级以上地方人民政府劳动行政部门依法对下列实施劳动合同制度的情况进行监督检查：

……

（六）用人单位参加各项社会保险和缴纳社会保险费的情况……

《中华人民共和国社会保险法》

第六十三条　用人单位未按时足额缴纳社会保险费的，由社会保险费征收机构责令其限期缴纳或者补足。

用人单位逾期仍未缴纳或者补足社会保险费的，社会保险费征收机构可以向银行和其他金融机构查询其存款账户；并可以申请县级以上有关行政部门作出划拨社会保险费的决定，书面通知其开户银行或者其他金融机构划拨社会保险费。用人单位账户余额少于应当缴纳的社会保险费的，社会保险费征收机构可以要求该用人单位提供担保，签订延期缴费协议。

用人单位未足额缴纳社会保险费且未提供担保的，社会保险费征收机构可以申请人民法院扣押、查封、拍卖其价值相当于应当缴纳社会保险费的财产，以拍卖所得抵缴社会保险费。

第八十四条　用人单位不办理社会保险登记的，由社会保险行政部门责令限期改正；逾期不改正的，对用人单位处应缴社会保险费数额一倍以上三倍以下的罚款，对其直接负责的主管人员和其他直接责任人员处五百元以上三千元以下的罚款。

第八十六条　用人单位未按时足额缴纳社会保险费的，由社会保险费征收机构责令限期缴纳或者补足，并自欠缴之日起，按日加收万分之五的滞纳金；逾期仍不缴纳的，由有关行政部门处欠缴数额一倍以上三倍以下的罚款。

《社会保险费征缴暂行条例》

第二十五条　缴费单位和缴费个人对劳动保障行政部门或者税务机关的处罚决定不服的，可以依法申请复议；对复议决定不服的，可以依法提起诉讼。

第二十六条　缴费单位逾期拒不缴纳社会保险费、滞纳金的，由劳动保障行政部门或者税务机关申请人民法院依法强制征缴。

三、基本养老保险、基本医疗保险和失业保险

养老保险、医疗保险和失业保险，这三种保险的保险费都是由用人单位和劳动者共同缴纳，鉴于三者的这一共性，笔者将这三种保险进行统一的阐述。

(一)适用范围

基本养老保险、基本医疗保险和失业保险的适用范围并不完全一致,根据《社会保险费征缴暂行条例》的规定,基本养老保险的征缴范围是国有企业、城镇集体企业、外商投资企业、城镇私营企业和其他城镇企业及其职工,实行企业化管理的事业单位及其职工;基本医疗保险的征缴范围是国有企业、城镇集体企业、外商投资企业、城镇私营企业和其他城镇企业及其职工,国家机关及其工作人员,事业单位及其职工,民办非企业单位及其职工,社会团体及其专职人员;失业保险的征缴范围是国有企业、城镇集体企业、外商投资企业、城镇私营企业和其他城镇企业及其职工,事业单位及其职工。

除了以上单位及其职工外,省、自治区、直辖市人民政府根据当地实际情况,可以规定将城镇个体工商户纳入基本养老保险、基本医疗保险的范围,并可以规定将社会团体及其专职人员、民办非企业单位及其职工以及有雇工的城镇个体工商户及其雇工纳入失业保险的范围。

上述单位应当为与之建立劳动关系的全体职工缴纳社会保险费,包括城镇职工和农民工。但是各地对于城镇职工和农民工的缴费标准作了不同的规定,应当多加注意。

还需要注意的是,2011 年 7 月 1 日施行的《社会保险法》还将无雇工的个体工商户、未在用人单位参加基本养老保险的非全日制从业人员以及其他灵活就业人员均纳入基本养老保险和基本医疗保险的范围,只是由个人缴纳对应的保险费。

[法条链接]

《中华人民共和国社会保险法》

第二章、第三章、第四章(略)

《社会保险费征缴暂行条例》

第三条　(略)

(二)缴费基数与比例

缴费基数和缴费比例是缴纳社会保险费所必需的两个基本要素,用人单位和劳动者都必须掌握,尤其是缴费基数,因为它经常成为争议的焦点。确定社保缴费基数,应当注意以下几个方面的问题:

1. 社会保险缴费基数应为职工上一社保年度的月平均工资,这里的工资包括职工的计时工资、计件工资、奖金、津贴和补贴、加班加点工资以及特殊情况下支付的工资六个部分,而不能仅以基本工资进行计算。

[读者来信]

娄律师：

我买了一本《这样做HR最有效》，学习一半了，有个问题想请教您，就是"如果企业以票据报销的形式来解决交通、就餐补助，以发电话卡的形式解决通信补助，这样的话，以上三项补助是否作为社保的基数"？盼望给予解答，希望得到您的帮助。谢谢！

读者：herueng

— **回复** —

你好，根据《关于工资总额组成的规定》的相关规定，有关职工福利方面的各项费用，不列入工资总额的范围。一般来说，企业发放的交通、就餐、通讯补助，如果作为福利费用，则不应计入社保基数。但根据财政部《关于企业加强职工福利费财务管理的通知》的相关规定，如果企业已经实行货币化改革的，按月按标准发放或支付的住房补贴、交通补贴或者车改补贴、通讯补贴，应当纳入职工工资总额，不再纳入职工福利费管理。故企业应根据自身实际情况加以分析。实际操作中，社保基数的确定是以该单位向有关部门申报的工资额度为准。

2. 各地都对社会保险缴费基数的上限和下限作出了规定，一般是以当地上一年度职工月平均工资的3倍为上限，以当地上一年度职工月平均工资的60%为下限。但这只是一般原则，具体数额由当地政府根据当年的实际情况按照上述标准在一定幅度内进行确定。

至于社会保险缴费比例，国家目前也尚未制定全国统一的标准，一般也都是由各省、自治区、直辖市人民政府根据当地实际情况进行确定或者根据不同时期的具体形势进行调整。企业HR只要按照当地的法规政策到有关部门办理即可，在不了解有关规定时，也可以通过拨打"12333"劳动保障政策咨询电话或者到相关部门进行咨询，做到心中有数。现将北京、上海、天津、广州、深圳等城市在2021年度执行的有关养老、医疗和失业保险的缴费比例归纳如下（见表9-1），仅供参考，如在实务办理中遇到不一致的，以当地规定为准。

表9-1　2021年度全国部分城市基本养老保险、基本医疗保险、失业保险缴费比例

城市	基本养老保险		医疗保险		失业保险	
	单位	个人	单位	个人	单位	个人
北京	16%	8%	9%	2%（基本医疗）+3元/月（大额医疗）	0.50%	0.50%

续表

城市	基本养老保险		医疗保险		失业保险	
	单位	个人	单位	个人	单位	个人
上海	16%	8%	10.50%①	2%	0.50%	0.50%
天津	16%	8%	10%	2%	0.50%	0.50%
广州	14%	8%	5.45%②	2%	分0.32%、0.48、0.80%三档	0.20%
深圳	14%	8%	分6.20%、0.60%、0.45%三档	分2%、0.20%、0.10%三档	0.70%	0.50%
成都	16%	8%	6.90%	2%	0.60%	0.40%
沈阳	16%	8%	8.60%③	2%	0.50%	0.50%
南京	16%	8%	9%	2%	0.50%	0.50%
武汉	19%	8%	8%	2%	0.70%	0.50%
西安	16%	8%	8%④	2%	0.70%	0.30%
重庆	16%	8%	8.50%⑤	2%(基本医疗)+5元/月(大额医疗互助)	0.50%	0.50%

[场景回放]

邹某为某化妆品公司的销售主管，其每月固定工资为3700元，其中基本工资为2000元，固定奖金为1500元，通讯补贴200元。该公司以2000元为基数为邹某缴纳了各项社会保险费。该公司的做法是否符合法律规定？

[律师点评]

根据相关法律规定，社会保险的缴费基数是职工上一年度月平均工资。根据《关

① 含生育保险。

② 含生育保险费率0.45%。此外，按照《关于广州市实施职工社会医疗保险、生育保险费阶段性惠民政策的通告》的规定，2021年7月至9月，在本市行政区域内已办理参保缴费登记的企业、个体工商户、各类社会组织单位和民办非企业单位(不含机关事业单位)，其职工社会医疗保险(不包括生育保险和各类补充医疗保险)单位缴费费率按照降费前费率的50%(即3.5%)征收。

③ 含生育保险。

④ 含生育保险。

⑤ 含生育保险。

于工资总额组成的规定》的规定,“工资”不仅指基本工资,还应包括奖金、津贴、补贴、加班加点工资等。故固定奖金1500元应当计入社会保险的缴费基数。根据财政部《关于企业加强职工福利费财务管理的通知》的相关规定,企业为职工提供的交通、住房、通讯待遇,已经实行货币化改革的,按月按标准发放或支付的住房补贴、交通补贴或者车改补贴、通讯补贴,应当纳入职工工资总额,不再纳入职工福利费管理;尚未实行货币化改革的,企业发生的相关支出作为职工福利费管理。故本案中该化妆品公司按月支付的通讯补贴200元是否应计入社会保险的缴费基数,取决于该公司是否已经实行了货币化改革。但无论如何,该公司仅以基本工资2000元为基数为邹某缴纳各项社会保险的做法是不符合法律规定的。

[拨云见日]

1. 对于新入职的员工,如何确定其社会保险的缴费基数?

答:一般而言,入职第一个社会保险缴费年度以其入职后首月全月工资作为社会保险的缴费基数,第二个社会保险缴费年度则以其在该企业前一年的月平均工资作为社会保险的缴费基数。但是有些地区也有不同的规定,HR应密切关注当地相关的法律、法规。

2. 员工请长病假期间能否不为其缴纳社会保险费?如果必须缴纳的话,应当按照什么标准缴纳?

答:根据原劳动部《关于贯彻执行〈中华人民共和国劳动法〉若干问题的意见》第74条的规定,企业富余职工、请长假人员、请长病假人员、外借人员和带薪上学人员,其社会保险费用仍按规定由原单位和个人继续缴纳,缴纳保险费期间计算为缴费年限。在实践中,用人单位为请长病假的员工缴纳各项社会保险费的缴费基数为员工上一年月平均工资,同时不得违反有关费基上、下限的规定,缴费比例按照正常比例执行。

3. 被单位派到境外、国外工作的职工,应当按照怎样的缴费基数缴纳社会保险费?

答:根据原劳动部办公厅发布的《职工基本养老保险个人账户管理暂行办法》的规定,被单位派到境外、国外工作的职工,应当按本人出境(国)上年在本单位领取的月平均工资作为缴费基数,次年的缴费基数按上年本单位平均工资增长率进行调整。

4. 医疗保险待遇和病假工资能同时享受吗?

答:《劳动合同法》中没有病假工资的相关规定,以至于有些用人单位认为既然其已经为员工缴纳了基本医疗保险费,患病员工可以从社会保险经办机构领取基本医疗保险待遇,因此认为就不用再向员工支付病假期间的工资了。但这个做法是不符合法律、法规的。

关于是否应当支付病假工资的问题,根据原劳动部《关于贯彻执行〈中华人民共和国劳动法〉若干问题意见》第59条的规定:“职工患病或非因工负伤治疗期间,在规定的医疗期间内由企业按有关规定支付其病假工资或疾病救济费,病假工资或疾病救济费可以低于当地最低工资标准支付,但不能低于最低工资标准的80%。”

5. 失业保险待遇和经济补偿金能同时享受吗?

答:根据原劳动部《关于贯彻执行〈中华人民共和国劳动法〉若干问题的意见》第43条的规定,劳动合同解除后,用人单位对符合规定的劳动者应支付经济补偿金。不能因劳动者领取了失业救济金而拒付或克扣经济补偿金,失业保险机构也不得以劳动者领取了经济补偿金为由,停发或减发失业救济金。

[法条链接]

《中华人民共和国社会保险法》

第十二条　用人单位应当按照国家规定的本单位职工工资总额的比例缴纳基本养老保险费,记入基本养老保险统筹基金。

职工应当按照国家规定的本人工资的比例缴纳基本养老保险费,记入个人账户。

无雇工的个体工商户、未在用人单位参加基本养老保险的非全日制从业人员以及其他灵活就业人员参加基本养老保险的,应当按照国家规定缴纳基本养老保险费,分别记入基本养老保险统筹基金和个人账户。

《社会保险费征缴暂行规定》

第三条　……社会保险费的费基、费率依照有关法律、行政法规和国务院的规定执行。

《北京市基本养老保险规定》

第十二条　城镇职工以本人上一年度月平均工资为缴费工资基数,按照8%的比例缴纳基本养老保险费,全额计入个人账户。

缴费工资基数低于本市上一年度职工月平均工资60%的,以本市上一年度职工月平均工资的60%作为缴费工资基数;超过本市上一年度职工月平均工资300%的部分,不计入缴费工资基数,不作为计发基本养老金的基数。

《北京市基本医疗保险规定》

第十条　职工按本人上一年月平均工资的2%缴纳基本医疗保险费。

职工本人上一年月平均工资低于上一年本市职工月平均工资60%的,以上一年本市职工月平均工资的60%为缴费工资基数,缴纳基本医疗保险费。

职工本人上一年月平均工资高于上一年本市职工月平均工资300%以上的部分,不作为缴费工资基数,不缴纳基本医疗保险费。

无法确定职工本人上一年月平均工资的,以上一年本市职工月平均工资为缴费工资基数,缴纳基本医疗保险费。

第十二条　用人单位按全部职工缴费工资基数之和的9%缴纳基本医疗保险费。

第三十七条　建立大额医疗费用互助制度。大额医疗费用互助资金按比例支付职工和退休人员在一个年度内累计超过一定数额的门诊、急诊医疗费用和超过基本医疗保险统筹基金最高支付限额(不含起付标准以下以及个人负担部分)的医疗费用。参加基本医疗保险的用人单位及其职工和退休人员应当参加大额医疗费用互助,但实行国家公务员医疗补助办法的用人单位及其职工和退休人员除外。

大额医疗费用互助办法由市劳动保障行政部门会同市财政部门制定。

第三十八条　大额医疗费用互助资金由用人单位和个人共同缴纳。用人单位按全部职工缴费工资基数之和的1%缴纳，职工和退休人员个人按每月3元缴纳。大额医疗费用互助资金在每月缴纳基本医疗保险费时一并缴纳。

《中华人民共和国社会保险法》

第四十七条　失业保险金的标准，由省、自治区、直辖市人民政府确定，不得低于城市居民最低生活保障标准。

《失业保险条例》

第六条　城镇企业事业单位按照本单位工资总额的2%缴纳失业保险费。城镇企业事业单位职工按照本人工资的1%缴纳失业保险费……

《北京市失业保险规定》

第七条　失业保险费缴纳标准：

（一）国有企业、城镇集体企业、股份制企业及各类联营企业、私营企业和事业单位，按本单位上年职工月平均工资总额的1.5%缴纳失业保险费；

（二）外商投资企业和港、澳、台商投资企业按本单位中方职工上年月平均工资总额的1.5%缴纳失业保险费；

（三）职工个人按本人上年月平均工资的0.5%缴纳失业保险费。职工本人月平均工资高于上一年本市职工月平均工资300%以上的部分，不作为缴纳失业保险费的基数；

（四）用人单位招用的农民合同制工人本人不缴纳失业保险费。

四、生育保险

生育保险作为社会保险的一种，同样具有强制性，这不仅要求用人单位必须为符合条件的员工缴纳生育保险费，还要求用人单位必须按照法定的标准为员工缴纳生育保险费。

（一）适用范围

《企业职工生育保险试行办法》规定生育保险适用于城镇企业及其职工，实务中一般只为具有本市城镇户口的职工缴纳生育保险。

有关生育保险适用范围，各地规定不尽一致，具有较强的地方性，而且随着《社会保险法》的颁布实施，有关生育保险适用范围的规定可能会随之调整，HR尤应特别加以注意。

[场景回放]

案例一：倪某在北京某企业工作，其户籍所在地为安徽。经查询倪某发现公司没有为其缴纳生育保险费，于是向公司提出要求。该公司是否应该为倪某缴纳生育保险费？

案例二：高某是上海某学校合同制教师，该学校没有为高某缴纳生育保险费。高某产假期间向该学校主张生育保险待遇。学校认为其属于事业单位，不属于征缴生育保险的范围，故学校没有义务为高某缴纳生育保险费。学校的观点正确吗？

[律师点评]

对于第一个案例，由于《北京市企业职工生育保险规定》仍现行有效，根据其相关规定，生育保险适用于北京市城镇各类企业和与之形成劳动关系的具有北京市常住户口的职工，由于倪某不具有北京市常住户口，因此公司没有义务为其缴纳生育保险费。尽管如此，如果倪某生育，公司仍应按照《北京市企业职工生育保险规定》的标准支付生育保险待遇。但在实际操作中，北京已要求用人单位为不具有北京市常住户口的职工缴纳生育保险费，HR 要特别加以注意。

对于第二个案例，根据《上海市城镇生育保险办法》的规定，上海市区域内的事业单位应当为与之建立劳动关系的具有上海本市户籍的员工缴纳生育保险费。因此，由于高某与学校建立了劳动关系，该学校就有义务为其缴纳生育保险费，向其支付生育保险待遇。

[法条链接]

《中华人民共和国社会保险法》

第五十三条 职工应当参加生育保险，由用人单位按照国家规定缴纳生育保险费，职工不缴纳生育保险费。

《企业职工生育保险试行办法》

第二条 本办法适用于城镇企业及其职工。

《北京市企业职工生育保险规定》

第二条 本规定适用于本市行政区域内的城镇各类企业和与之形成劳动关系的具有本市常住户口的职工。

《上海市城镇生育保险办法》

第二条 本办法适用于具有本市城镇户籍并参加本市城镇社会保险的从业或者失业生育妇女。

(二)缴费基数与比例

对于生育保险费，《企业职工生育保险试行办法》只泛泛规定由企业按照其工资总额的一定比例缴纳，既没有明确缴费基数，也没有明确缴费比例。各地可以根据当地的实际情况对生育保险费的缴费比例、缴费基数上下限进行具体的规定，用人单位应当注意掌握当地的法律、法规或者政策，并严格按照当地的规定缴纳生育保险费。特别是缴费基数，由于每年可能会发生调整，用人单位在申报时应当予以注意。现将北京、上海、广州、深圳等城市在 2021 年度执行的有关生育保险的缴费基数和缴费比例归纳如下(见表 9－2)，仅供参考，如在实务办理中遇到不一致的，以当地规定为准。

表 9-2　2021 年度部分城市生育保险缴费基数及缴费比例统计

城市	缴费比例	缴费基数(元)	
		上限	下限
北京	0.80%	28,221	5360
上海	与医疗一同缴纳 不单独缴纳	31,014	5975
广州	0.85%	33,786	6757
深圳	0.45%	34,860	6972
成都	0.80%	18,630	3726
重庆	与医疗一同缴纳 不单独缴纳	18,495	3699
天津	0.50%	20,331	3930
沈阳	与医疗一同缴纳 不单独缴纳	16,683	5561
南京	0.80%	21,821	4250
武汉	0.70%	17,990	3093
西安	与医疗一同缴纳 不单独缴纳	19,710	3942

[场景回放]

徐小姐在北京某咨询企业工作,月薪为 25,000 元。在领取第一个月工资时,徐小姐发现单位以 10,000 元作为缴费基数扣除相关的保险费用,其中包括生育保险费 80 元。于是徐小姐向单位提出抗议,认为生育保险费不应该由员工个人承担,要求公司补发扣除的 80 元。徐小姐的主张是否具有法律依据?

[律师点评]

首先,根据《企业职工生育保险试行办法》的规定,生育保险费由企业按月缴纳,职工个人不缴纳生育保险费,本案中公司从徐小姐的工资中扣除生育保险费的做法违反了法律规定,徐小姐主张单位补发扣除的 80 元具有法律依据。

其次,根据《北京市企业职工生育保险规定》,职工缴费基数按照本人上一年月平均工资计算;低于上一年本市职工月平均工资 60% 的,按照上一年本市职工月平均工资的 60% 计算;高于上一年本市职工月平均工资 3 倍以上的,按照上一年本市职工月平均工资的 3 倍计算。北京市 2015 年职工月平均工资为 7086 元,徐小姐的工资高于该平均工资的3倍以上,因此为徐小姐缴纳生育保险的基数应当是7086×3=21,258元,公司仅以10,000元作为缴费基数同样违反了法律规定,应予以纠正。

[拨云见日]

1. 确定生育保险缴费基数所参照的职工月平均工资具体包含哪些内容?

答:根据国家统计局《关于工资总额组成的规定》的规定,工资是指直接支付给职工的全部劳动报酬,包括计时工资、计件工资、奖金、津贴和补贴、加班加点工资、特殊情况下支付的工资六个部分。

2. 对于新参加工作和新入职的员工,如何确定其生育保险缴费基数?

答:对于新参加工作的员工,第一年度按照其入职第一个月的全月工资确定生育保险缴费基数,第二年度按照其上一年月平均工资确定生育保险缴费基数,同时不得违反缴费基数上下限的规定;对于新入职的员工,一般而言,第一年按照入职首月全月工资确定生育保险缴费基数,第二年则按照其在本单位上一年度月平均工资确定生育保险缴费基数,同时不得违反缴费基数上下限的规定。

[法条链接]

《企业职工生育保险试行办法》

第四条　生育保险根据"以支定收,收支基本平衡"的原则筹集资金,由企业按照其工资总额的一定比例向社会保险经办机构缴纳生育保险费,建立生育保险基金。生育保险费的提取比例由当地人民政府根据计划内生育人数和生育津贴、生育医疗费等项费用确定,并可根据费用支出情况适时调整,但最高不得超过工资总额的1%。企业缴纳的生育保险费作为期间费用处理,列入企业管理费用。

职工个人不缴纳生育保险费。

《北京市企业职工生育保险规定》

第七条　生育保险费由企业按月缴纳。职工个人不缴纳生育保险费。

企业按照其缴费总基数的0.8%缴纳生育保险费。企业缴费总基数为本企业符合条件的职工缴费基数之和。

职工缴费基数按照本人上一年月平均工资计算;低于上一年本市职工月平均工资60%的,按照上一年本市职工月平均工资的60%计算;高于上一年本市职工月平均工资3倍以上的,按照上一年本市职工月平均工资的3倍计算;本人上一年月平均工资无法确定的,按照上一年本市职工月平均工资计算。

(三)生育保险待遇

生育保险待遇是职工合法生育时应享有的权利,合法生育是职工享受生育保险待遇的重要前提,职工违反计划生育政策生育,如非婚生育、无准生证生三胎的,不能享受生育保险待遇,但是经医疗部门出具休假证明,可以享受产假假期,假期待遇按照病假执行。

根据《社会保险法》的规定,用人单位已经缴纳生育保险费的职工可以享受生育保险待遇，该待遇包括生育医疗费用和生育津贴两部分。生育医疗费用包括：(1)生育的医疗费用，如生育的检查费、接生费、手术费、住院费和药费；(2)计划生育的医疗费用；(3)法律法规规定的其他项目费用，如报销生育出院后因生育引起疾病的医疗费。上述待遇都由生育保险基金予以支付。治疗其他疾病所花的医疗费以及超出规定的医疗服务费和药费(含自费药品和营养药品的药费)由职工自己承担。如职工生育享受产假或者享受计划生育手术休假或其他法定情形的，均可享受生育津贴，按照职工所在单位上年度月平均工资计发。用人单位如果没有按照规定参加生育保险，为职工缴纳生育保险费的，也应当按照相关规定的标准向职工支付生育保险待遇。值得一提的是，此次《社会保险法》还明确了职工未就业配偶按照国家规定享受生育医疗费用待遇的规定。换句话说，就是职工的用人单位已缴纳生育保险费的，其配偶即便没有就业，也可按国家规定享受生育医疗费用待遇。

[场景回放]

马某是北京某IT公司的员工，在工作过程中与公司另一部门的刘某恋爱后怀孕。公司出于商业秘密的考虑，规定禁止内部员工恋爱结婚，否则，其中一方必须离开公司。所以，马某与刘某一直未办理婚姻登记手续。2017年2月28日，马某因生小孩向公司请了3个月的假。但因马某不具有北京市户口，公司没有为其缴纳生育保险费。马某休假期间，公司以马某此次为非婚生育，而且并没有取得准生证为由，不符合休产假的条件，没有向马某支付工资。该公司的做法是否正确？马某能否享受生育保险待遇？

[律师点评]

在本案中，存在以下两个事实：一是公司没有为马某缴纳生育保险费；二是马某在没有获取准生证的前提下非婚生育。

依据《北京市企业职工生育保险规定》，由于马某不具有北京市户口，公司没有为其缴纳生育保险费并不违反法律规定。需要注意的是，用人单位没有为员工缴纳生育保险费并不必然表明员工就不能享受生育保险待遇，关键要看员工是否满足享受生育保险待遇的条件，只要满足条件的，单位就应当按照《北京市企业职工生育保险规定》所确定的标准向员工支付生育保险待遇。同时，我国生育保险要求享受对象必须符合法定结婚年龄，办理了合法婚姻登记手续，并符合国家计划生育政策等的女职工。

在本案中，马某在没有取得准生证的前提下非婚生育，不符合法定条件，因此不能享受生育保险待遇。但产假不同于生育保险待遇，产假是提供给生育女员工身体休养的时间，它不以是否符合国家有关计划生育的规定为条件。因此，本案中的马某生育小孩仍然可以享受产假，只要符合公司有关病假规定的，公司就应该向其发放病假工资，而不能以马某生育违反规定为由拒付工资。

[拨云见日]

1. 流产的职工是否可以享受生育保险待遇?

答:根据《女职工劳动保护特别规定》的规定,女职工怀孕流产的,其所在单位应当根据医务部门的证明,给予一定时间的产假。产假期间可以享受生育津贴,还可以报销生育医疗费用。

2. 月生育津贴按照什么标准确定?

答:《社会保险法》和《企业职工生育保险试行办法》均规定生育津贴按照职工所在用人单位上年度职工月平均工资标准计发。很多地方还可以根据当地实际情况作出不同规定,如北京规定月生育津贴按照女职工本人生育当月的缴费基数予以确认,生育津贴低于本人工资标准的,差额部分由企业补足;上海的规定则更加细致:对于从业妇女,月生育津贴原则上按照当月缴费基数计发,缴费基数低于上年度市职工月平均工资的,则按照上年度市职工平均工资计发,个人缴费不满1年的,按照上年度市职工月平均工资计发;对于失业妇女,则按照上年度市职工月平均工资计发。

3. 生育津贴和产假工资能同时享受吗?

答:根据《社会保险法》的规定,符合享受生育保险待遇条件的女职工,在产假期间可以从社会保险经办机构领取生育津贴。生育津贴按照职工所在用人单位上年度职工月平均工资计发。这就意味着,女职工在享受生育津贴期限内,用人单位可以不支付产假期间工资。在实践中,生育女职工如果没有达到领取生育津贴条件的,仍然由其所在用人单位发放产假工资。如果生育女职工享受的生育津贴金额低于其本人工资标准的,需由用人单位发放差额部分。《北京市企业职工生育保险规定》第15条规定:"生育津贴按照女职工本人生育当月的缴费基数除以30再乘以产假天数计算。生育津贴为女职工产假期间的工资,生育津贴低于本人工资标准的,差额部分由企业补足。"

[法条链接]

《中华人民共和国社会保险法》

第五十四条　用人单位已经缴纳生育保险费的,其职工享受生育保险待遇;职工未就业配偶按照国家规定享受生育医疗费用待遇。所需资金从生育保险基金中支付。

生育保险待遇包括生育医疗费用和生育津贴。

第五十五条　生育医疗费用包括下列各项:

(一)生育的医疗费用;

(二)计划生育的医疗费用;

(三)法律、法规规定的其他项目费用。

第五十六条　职工有下列情形之一的,可以按照国家规定享受生育津贴:

(一)女职工生育享受产假;

(二)享受计划生育手术休假;

（三）法律、法规规定的其他情形。

生育津贴按照职工所在用人单位上年度职工月平均工资计发。

《企业职工生育保险试行办法》

第五条　女职工生育按照法律、法规的规定享受产假。产假期间的生育津贴按照本企业上年度职工月平均工资计发，由生育保险基金支付。

第六条　女职工生育的检查费、接生费、手术费、住院费和药费由生育保险基金支付。超出规定的医疗服务费和药费（含自费药品和营养药品的药费）由职工个人负担。

女职工生育出院后，因生育引起疾病的医疗费，由生育保险基金支付；其他疾病的医疗费，按照医疗保险待遇的规定办理。女职工产假期满后，因病需要休息治疗的，按照有关病假待遇和医疗保险待遇规定办理。

第七条　女职工生育或流产后，由本人或所在企业持当地计划生育部门签发的计划生育证明，婴儿出生、死亡或流产证明，到当地社会保险经办机构办理手续，领取生育津贴和报销生育医疗费。

《北京市企业职工生育保险规定》

第十一条　职工享受生育保险待遇，应当符合国家和本市计划生育的有关规定。

第十二条　生育保险基金支付范围包括：

（一）生育津贴；

（二）生育医疗费用；

（三）计划生育手术医疗费用；

（四）国家和本市规定的其他费用。

第十九条　下列生育、计划生育手术医疗费用生育保险基金不予支付：

（一）不符合国家或者本市计划生育规定的；

（二）不符合本市基本医疗保险就医规定的；

（三）不符合本市基本医疗保险药品目录、诊疗项目和医疗服务设施项目规定的；

（四）在国外或者香港、澳门特别行政区以及台湾地区发生的医疗费用；

（五）因医疗事故发生的医疗费用；

（六）治疗生育合并症的费用；

（七）按照国家或者本市规定应当由个人负担的费用。

第二十条　申领生育津贴以及报销产前检查、计划生育手术门诊医疗费用，由企业负责到其参加生育保险的社会保险经办机构办理手续。

办理手续时，企业应当提交职工的《北京市医疗保险手册》、《北京市生育服务证》以及定点医疗机构出具的婴儿出生、死亡或者流产证明、计划生育手术证明和收费凭证等。

第二十三条　企业未按照本规定参加生育保险的，职工生育保险待遇由企业按照本规定的标准支付。

企业欠缴生育保险费的，欠缴期间职工生育保险待遇由企业按照本规定的标准支付。

五、工伤保险

工伤保险同生育保险一样，都只由用人单位缴纳保险费，但可以享受工伤保险待遇的员工的范围更广，各类组织包括企业、事业单位、社会团体、民办非企业单位、基金会、律师事务所、会计师事务所的职工和个体工商户的雇工都有享受工伤保险待遇的权利，用人单位应当依法按时缴纳工伤保险费。

（一）工伤保险的缴纳与管理

[场景回放]

彭某于1995年进入某建筑公司工作。2014年3月5日，彭某在工作中不幸受伤。2014年3月29日，劳动和社会保障局认定彭某所受的伤为工伤。2015年1月20日，劳动能力鉴定委员会鉴定彭某所受的伤为四级伤残。

自2013年3月起，公司以746元作为月缴费工资为彭某参加社会保险。但是彭某的工资收入包括每月固定的基本工资600元和每月不固定的超产奖、加班费及补贴，其在2002年度的月平均工资收入为2212.72元，受伤前12个月的月平均工资收入为2382.50元。

工伤发生后，社会保障基金管理局向彭某赔付了10年的一次性伤残津贴款和18个月的一次性伤残补助金，这是以工伤参保基数即每月746元计算的。经匡算，如果以彭某实际的月平均工资2382.50元为基数参保，彭某将多获得16万余元的津贴款和补助金。除此之外，公司还未足额支付彭某工伤后的伙食补助费、护理费和停工留薪期工资共约1.7万元，公司与彭某之间的纠纷加剧。

纠纷发生后，彭某深感差额过大难以保障今后的残疾生活，于是提起劳动仲裁，要求公司补足伤残津贴和一次性补助金的差额，并支付伙食补助费、护理费和停工留薪期工资。最终劳动争议仲裁委员会和法院都基本支持了彭某的请求，只是在具体数额上略有差别。

[律师点评]

本案是一起典型的由于用人单位不按员工实际工资缴纳工伤保险费所引发的纠纷。根据《工伤保险条例》《社会保险费征缴暂行条例》的规定，用人单位应当按照劳动者的实际工资足额投保工伤保险。否则，造成劳动者在发生事故后不能足额享受工伤保险待遇的，差额部分由用人单位补足。本案中，建筑公司并没有按照彭某的实际工资为彭某足额缴纳工伤保险费，由此给彭某造成的工伤保险待遇损失，应当承担补足的赔偿责任。

[拨云见日]

1.工伤保险费的缴费基数和缴费比例分别是多少？

答：根据《工伤保险条例》的规定，工伤保险费由用人单位一方缴纳，劳动者个人不缴纳工伤保险费。

用人单位以职工上一年度月平均工资总额为缴费基数,包括计时工资、计件工资、奖金、津贴和补贴、加班加点工资、特殊情况下支付的工资六个部分。在实务中,一般工伤保险的缴费基数以及上下限规定与养老保险相同。

根据不同行业的工伤风险程度的不同①,如工伤保险费使用不同,工伤发生率不同,用人单位为劳动者交纳工伤保险费的比例也不一样,具体分为三等:0.5%、1.0%和2.0%。用人单位在办理工伤保险登记时,社会保险经办机构的征缴部门将按照参保登记核定的行业风险类别,依据分类行业基准费率标准确定企业的缴费费率。

2. 用人单位应当为哪些员工缴纳工伤保险费?

答:根据《工伤保险条例》的规定,用人单位应当为本单位的全部职工或者雇工缴纳工伤保险费,即与用人单位存在劳动关系(包括事实劳动关系)的各种用工形式、各种用工期限的劳动者,包括临时工、农民工等。

3. 用人单位没有依法为员工缴纳工伤保险费将承担哪些法律后果?

答:一般来说,应承担以下法律后果:(1)由社会保险行政部门责令限期参加,依法补缴,并且欠缴之日起加收万分之五的滞纳金,逾期仍不缴纳的,处欠缴数额1倍以上3倍以下罚款;(2)未参加工伤保险期间员工发生工伤的,用人单位按照《工伤保险条例》规定的工伤保险待遇项目和标准支付费用;(3)员工可以解除劳动合同,并要求用人单位支付解除劳动合同经济补偿金。

4. 劳动合同中包含"生死自负"等类似条款,员工因工负伤能否要求单位承担赔偿责任?

答:根据最高人民法院《关于雇工合同"工伤概不负责"是否有效的批复》,劳动合同中的这类生死条款违背了《宪法》和法律规定,而且也不符合社会公德,因此这样的约定是无效的。劳动者在工作过程中发生伤亡事故的,员工有权享受工伤保险待遇,用人单位应当承担赔偿责任。

[律师说法]

《劳动合同法》加重了不依法为员工缴纳社会保险的违法成本,用人单位应当依法按时为劳动者缴纳工伤保险费,避免不利法律后果的产生,同时也可以分摊用人单位发生工伤的经济风险。由于各地关于工伤保险的缴费基数和缴费比例规定不尽一致,用人单位应当严格掌握当地的法律法规和操作实务。

用人单位招用退休人员、在校实习生时,由于他们之间不存在劳动关系,因此无须为其缴纳工伤保险费。但在实务中,这些人员也可能因为工作发生伤亡事故,用人单位仍然应承担相应的赔偿责任,为了避免此类用工风险,笔者建议用人单位为这些人员购买相应的商业保险。

---

① 在《国民经济行业分类》中,将各行业按风险较小、中等风险、风险较大分为三类。

[法条链接]

《中华人民共和国社会保险法》

第三十三条　职工应当参加工伤保险，由用人单位缴纳工伤保险费，职工不缴纳工伤保险费。

第三十四条　国家根据不同行业的工伤风险程度确定行业的差别费率，并根据使用工伤保险基金、工伤发生率等情况在每个行业内确定费率档次。行业差别费率和行业内费率档次由国务院社会保险行政部门制定，报国务院批准后公布施行。

社会保险经办机构根据用人单位使用工伤保险基金、工伤发生率和所属行业费率档次等情况，确定用人单位缴费费率。

第三十五条　用人单位应当按照本单位职工工资总额，根据社会保险经办机构确定的费率缴纳工伤保险费。

《工伤保险条例》

第二条　中华人民共和国境内的企业、事业单位、社会团体、民办非企业单位、基金会、律师事务所、会计师事务所等组织和有雇工的个体工商户（以下称用人单位）应当依照本条例规定参加工伤保险，为本单位全部职工或者雇工（以下称职工）缴纳工伤保险费。

中华人民共和国境内的企业、事业单位、社会团体、民办非企业单位、基金会、律师事务所、会计师事务所等组织的职工和个体工商户的雇工，均有依照本条例的规定享受工伤保险待遇的权利。

……

第十条　用人单位应当按时缴纳工伤保险费。职工个人不缴纳工伤保险费。

用人单位缴纳工伤保险费的数额为本单位职工工资总额乘以单位缴费费率之积。

……

第六十二条　用人单位依照本条例规定应当参加工伤保险而未参加的，由社会保险行政部门责令限期参加，补缴应当缴纳的工伤保险费，并自欠缴之日起，按日加收万分之五的滞纳金；逾期仍不缴纳的，处欠缴数额1倍以上3倍以下的罚款。

依照本条例规定应当参加工伤保险而未参加工伤保险的用人单位职工发生工伤的，由该用人单位按照本条例规定的工伤保险待遇项目和标准支付费用。

用人单位参加工伤保险并补缴应当缴纳的工伤保险费、滞纳金后，由工伤保险基金和用人单位依照本条例的规定支付新发生的费用。

《关于农民工参加工伤保险有关问题的通知》

二、农民工参加工伤保险、依法享受工伤保险待遇是《工伤保险条例》赋予包括农民工在内的各类用人单位职工的基本权益，各类用人单位招用的农民工均有享受工伤保险待遇的权利。

（二）工伤事故的认定

［场景回放］

彭某是一家工厂机修车间的修理工。2021 年 1 月，他接到另一车间蔡某送来的报修单，要求彭某第二天就将故障设备修好。彭某向车间主任汇报了情况和蔡某的要求，并将报修单交给车间主任。车间主任告诉彭某："你不用听他指挥，你的工作任务由我来安排。"于是车间主任便安排彭某去修理其他设备，也没有安排其他人去修理蔡某报修的设备。第三天，蔡某找到彭某，问他为什么没有修好设备。彭某解释说领导安排他先修理别的设备，有什么问题可以去找车间主任交涉。可蔡某根本不听彭某解释，挥拳便打。为此，两人厮打在一起，结果彭某被打成重伤。

事后，单位对此没有作出任何处理，负伤无法上班的彭某只好向劳动部门提出工伤认定申请。劳动部门以其所受伤害系由蔡某殴打所致，不符合属于工伤的情形，且工作时间内打架违反了《劳动法》有关劳动者应该遵守劳动纪律的规定，因此所受伤害是违法行为所致，不予以工伤认定。彭某不服，向法院提起诉讼。最后法院经审理判决确认彭某所受伤害为工伤。

［律师点评］

在对彭某所受伤害的性质认定之前，笔者首先简单介绍一下工伤事故的构成要件。员工的伤亡事故要被认定为工伤事故应当具备以下五个要件：一是劳动者与用人单位之间存在劳动关系；二是劳动者必须受有人身损害事实；三是劳动者的损害必须在其履行工作职责的过程中发生；四是事故与职工受到的损害之间有因果关系；五是事故不是由于职工自身故意引起的。在实务中，第三个要件最容易产生争议。判断伤亡事故是否发生在劳动者履行工作职责的过程中，主要从"三工"要素来分析，即工作时间、工作场所、工作原因。若伤亡事故是在工作时间、工作场所因工作原因而发生，则可以认定为是发生在劳动者履行工作职责的过程中。但明确规定了劳动者故意犯罪的、醉酒或者吸毒的、自残或者自杀的，不被认定为工伤或者视同工伤。

本案中，彭某遭蔡某殴打是因其按照车间主任的安排而未给蔡某修理设备所致，这是由于工作引发的伤害，也是在工作时间和工作场所之内遭受的伤害。而且，彭某与蔡某打架虽然违反了劳动纪律，但事端是由蔡某引起的，彭某只是自我防卫。因此，按照《工伤保险条例》的有关规定，彭某因为履行工作职责而遭受的人身伤害，应当被认定为工伤。

［拨云见日］

1. 退休返聘的员工、在校实习生在工作中遭受的伤害，构成工伤吗？

答：按照传统的观点，由于退休返聘员工、在校实习生等与用人单位之间仅存在劳务关系，不存在劳动关系，所以他们在工作中所遭受的伤害不能认定为工伤，但可以要求用人单位与侵权者承担连带赔偿责任。但在实务中，有些地方的仲裁委员会和法院也会将上述情形视为工伤，从而裁判用人单位按照《工伤保险条例》为劳动者支付工伤保险待遇。因此，用人单位应当密切关注当地法律操作实务。

2. 职工违章操作而负伤能否认定为工伤？

答：工伤认定实行的是无过错原则，也就是说，无论伤亡事故的引起是因劳动者本人的过错，还是用人单位的过错，抑或是第三人的过错，劳动者所受伤害均可被认定为工伤，劳动者均可依法享受工伤保险待遇。《工伤保险条例》规定的不能被认定或视同为工伤的情形只有三种：故意犯罪、醉酒或者吸毒和自残或者自杀。

3. 林某是某企业员工，一次乘车外出时遇到车匪，在全车人生命财产安全受到威胁的时候，林某挺身而出与歹徒搏斗，不幸被刺成重伤。林某因见义勇为而负伤能否被认定为工伤？

答：这类情况应当被认定为工伤。为了保护国家、社会和公众利益，鼓励良好的社会道德风尚，《工伤保险条例》规定，职工在抢险救灾等维护国家利益、公共利益活动中受到伤害的，视同工伤。这种见义勇为的行为不一定是为了本单位的利益，也不需要发生在上班时间、上班地点或者因为上班原因，只要是为了国家、社会和公众利益，劳动者因抢险救灾而负伤、致残或者死亡的，都应视同工伤。

4. 员工在单位组织的运动会中受伤，是否可以认定为工伤？

答：《国务院法制办公室对〈关于职工参加单位组织的体育活动受到伤害能否认定为工伤的请示〉的复函》规定，作为单位的工作安排，职工参加体育锻炼活动而受到伤害的，属于"因工作原因受到事故伤害的"，应认定为工伤。

5. 员工下班后在单位宿舍受伤，是否可以认定为工伤？

答：因单位宿舍既不是工作场所，也不是工作地点，如果员工在下班后在单位宿舍里受伤，如地面湿滑摔倒，或者家具松动倒塌等，都不属于工伤。但如果是单位提供宿舍的住宿条件存在的安全隐患导致员工受伤，员工可以要求单位承担人身损害赔偿责任。

6. 企业如何为员工申请工伤认定？对工伤认定结果不服怎么办？如何申请劳动能力鉴定？

答：员工发生事故伤害或被诊断、鉴定为职业病后，自事故伤害发生之日或员工被诊断、鉴定为职业病之日起30日内，用人单位应当向统筹地区社会保险行政部门申请工伤认定。

企业对社会保险行政部门工伤认定不服的，可以自收到工伤认定决定之日起60日之内，向认定机构的上一级主管部门或者认定机构所属的人民政府提起行政复议；对复议结果还不服的，可以在接到复议决定之日起15日内向当地法院提起诉讼；或者不经过行政复议，在收到工伤认定决定之日起3个月内直接向当地法院提起诉讼。

职工发生工伤，经治疗伤情相对稳定后存在残疾、影响劳动能力的，用人单位、工伤职工或者其近亲属应当向设区的市级劳动能力鉴定委员会申请劳动能力鉴定。劳动能力鉴定结果事关工伤保险待遇的确定。

7. 企业可以在劳动合同或者公司章程中规定，劳动者应当谨慎工作，造成事故自己承担吗？

答：不可以。依据《安全生产法》第 52 条的规定，生产经营单位与从业人员订立的劳动合同，应当载明有关保障从业人员劳动安全、防止职业危害的事项，以及依法为从业人员办理工伤保险的事项。生产经营单位不得以任何形式与从业人员订立协议，免除或者减轻其对从业人员因生产安全事故伤亡依法应承担的责任。

8. 离职后发现患有职业病能否申请工伤认定？

答：《工伤保险条例》对职工离开职业病发生单位后才诊断为职业病的情形，并没有明确规定。北京市劳动和社会保障局《关于工伤保险工作若干问题的处理意见》规定："已经与原单位终止或解除劳动关系的人员以及在职介中心、人才中心存档的人员，被诊断为职业病的，自诊断之日起一年内，个人可以办理工伤认定手续。"因各地对该情形是否认为工伤规定并不一致，HR 需了解当地的规定。

[律师说法]

企业应当加强员工安全卫生教育，完善安全卫生措施，以防止工伤事故的发生。工伤事故一旦发生，用人单位应当及时为员工申请工伤认定。若用人单位没有在法定时间内为员工申请工伤认定的，从事故伤害发生之日或职业病确诊之日起到社会保险行政部门受理工伤认定申请之日止之间发生的工伤保险待遇由用人单位承担。对此，用人单位应当予以高度重视。

[法条链接]

《中华人民共和国社会保险法》

第三十六条　职工因工作原因受到事故伤害或者患职业病，且经工伤认定的，享受工伤保险待遇；其中，经劳动能力鉴定丧失劳动能力的，享受伤残待遇。

工伤认定和劳动能力鉴定应当简捷、方便。

第三十七条　职工因下列情形之一导致本人在工作中伤亡的，不认定为工伤：

（一）故意犯罪；

（二）醉酒或者吸毒；

（三）自残或者自杀；

（四）法律、行政法规规定的其他情形。

《工伤保险条例》

第十四条　职工有下列情形之一的，应当认定为工伤：

（一）在工作时间和工作场所内，因工作原因受到事故伤害的；

（二）工作时间前后在工作场所内，从事与工作有关的预备性或者收尾性工作受到事故伤害的；

（三）在工作时间和工作场所内，因履行工作职责受到暴力等意外伤害的；

（四）患职业病的；

（五）因工外出期间，由于工作原因受到伤害或者发生事故下落不明的；

（六）在上下班途中，受到非本人主要责任的交通事故或者城市轨道交通、客运、轮渡、火车事故伤害的；

（七）法律、行政法规规定应当认定为工伤的其他情形。

第十五条　职工有下列情形之一的，视同工伤：

（一）在工作时间和工作岗位，突发疾病死亡或者在48小时之内经抢救无效死亡的；

（二）在抢险救灾等维护国家利益、公共利益活动中受到伤害的；

（三）职工原在军队服役，因战、因公负伤致残，已取得革命伤残军人证，到用人单位后旧伤复发的。

职工有前款第（一）项、第（二）项情形的，按照本条例的有关规定享受工伤保险待遇；职工有前款第（三）项情形的，按照本条例的有关规定享受除一次性伤残补助金以外的工伤保险待遇。

第十六条　职工符合本条例第十四条、第十五条的规定，但是有下列情形之一的，不得认定为工伤或者视同工伤：

（一）故意犯罪的；

（二）醉酒或者吸毒的；

（三）自残或者自杀的。

第十七条　职工发生事故伤害或者按照职业病防治法规定被诊断、鉴定为职业病，所在单位应当自事故伤害发生之日或者被诊断、鉴定为职业病之日起30日内，向统筹地区社会保险行政部门提出工伤认定申请。遇有特殊情况，经报社会保险行政部门同意，申请时限可以适当延长。

……

用人单位未在本条第一款规定的时限内提交工伤认定申请，在此期间发生符合本条例规定的工伤待遇等有关费用由该用人单位负担。

第二十一条　职工发生工伤，经治疗伤情相对稳定后存在残疾、影响劳动能力的，应当进行劳动能力鉴定。

第二十三条　劳动能力鉴定由用人单位、工伤职工或者其近亲属向设区的市级劳动能力鉴定委员会提出申请，并提供工伤认定决定和职工工伤医疗的有关资料。

《中华人民共和国安全生产法》

第五十二条　生产经营单位与从业人员订立的劳动合同，应当载明有关保障从业人员劳动安全、防止职业危害的事项，以及依法为从业人员办理工伤保险的事项。

生产经营单位不得以任何形式与从业人员订立协议，免除或者减轻其对从业人员因生产安全事故伤亡依法应承担的责任。

（三）工伤保险待遇的确定与承担

［场景回放］

外来务工人员郭某为北京市某建筑公司工人，公司没有为其缴纳工伤保险费。

2008年1月,郭某在上班期间发生工伤,经劳动保障行政部门认定为工伤十级,并由北京市海淀区社会保险基金管理中心核准郭某一次性伤残补助金为7214元。2008年7月,郭某已基本痊愈,单位提出与郭某签订一份协议,约定由单位支付郭某的医疗费3812元,一次性支付所有补助金8000元,双方解除劳动关系。郭某同意解除劳动关系,但对于工伤待遇方面有疑惑:协议中规定的待遇是否合理?

[律师点评]

根据修订之前的《工伤保险条例》的规定,职工因工致残被鉴定为十级伤残的,享受以下待遇:(一)从工伤保险基金按伤残等级支付一次性伤残补助金,标准为6个月的本人工资,本案中,有关部门已经核准这部分补助金为7214元;(二)劳动合同期满终止,或者职工本人提出解除劳动合同的,由用人单位支付一次性伤残就业补助金。同时根据《北京市实施〈工伤保险条例〉办法》的规定,职工因工致残被鉴定为十级伤残的,一次性伤残就业补助金为5个月的本市上一年度职工月平均工资。在本案中,如果按照2007年度职工月平均工资标准,该公司应向郭某一次性支付16,611元伤残就业补助金。此外,由于该公司没有依法为郭某缴纳工伤保险费,这两项待遇都应当由单位承担,两项待遇加起来为23,825元,单位只向郭某支付一次性所有补助8000元的做法侵害了郭某的合法权益,不符合法律规定。需要注意的是,2010年修订的《工伤保险条例》将十级伤残一次性伤残补助金的标准从6个月的本人工资提高到了7个月的本人工资。如果争议在2010年12月20日之后发生,应适用新规定。

[拨云见日]

1. 工伤保险待遇应当由谁来承担?

答:用人单位依法为员工缴纳工伤保险费的,工伤保险待遇分为两部分:一部分由工伤保险基金支付;另一部分由用人单位支付。

其中由工伤保险基金支付的有:

(1)医疗费用和康复费用:符合工伤保险诊疗项目目录、工伤保险药品目录、工伤保险住院服务标准的治疗工伤所需费用和工伤职工到签订服务协议的医疗机构进行工伤康复的费用。

(2)住院伙食补助费:职工住院治疗工伤的伙食补助费。

(3)交通食宿费:经医疗机构出具证明,报经办机构同意,工伤职工到统筹地区以外就医所需的交通费和食宿费。

(4)辅助器具费用:工伤职工因日常生活或者就业需要,经劳动能力鉴定委员会确认,可以安装假肢、矫形器、假眼、假牙和配置轮椅等辅助器具所需的费用。

(5)生活护理费:工伤职工已经评定伤残等级并经劳动能力鉴定委员会确认需要生活护理产生的费用。

(6)伤残补助金:职工因工致残应按伤残等级一次性支付伤残补助金,标准为:一级伤残为27个月的本人工资;二级伤残为25个月的本人工资;三级伤残为23个月的本人工资；四级伤残为21个月的本人工资；五级伤残为18个月的本人工资；六级伤残为16个月的本人工资；七级伤残为13个月的本人工资；八级伤残为11个月的本人工资；九级伤残为9个月的本人工资；十级伤残为7个月的本人工资。

(7)伤残津贴：职工因工致残被鉴定为一级至四级伤残，保留劳动关系，退出工作岗位的，从工伤保险基金按月支付伤残津贴。标准为：一级伤残为本人工资的90%；二级伤残为本人工资的85%；三级伤残为本人工资的80%；四级伤残为本人工资的75%。如果伤残津贴实际金额低于当地最低工资标准的，或者工伤职工达到退休年龄并办理退休手续后，享受的基本养老保险待遇低于伤残津贴的，都由工伤保险基金补足差额。

(8)丧葬补助金、供养亲属抚恤金和一次性工亡补助金：职工因工死亡产生的支付。丧葬补助金为6个月的统筹地区上年度职工月平均工资；供养亲属抚恤金按照职工本人工资的一定比例发给由因工死亡职工生前提供主要生活来源、无劳动能力的亲属。标准为：配偶每月40%，其他亲属每人每月30%，孤寡老人或者孤儿每人每月在上述标准的基础上增加10%；一次性工亡补助金标准为上一年度全国城镇居民人均可支配收入的20倍。

由用人单位支付的有：

(1)停工留薪期间(一般不超过12个月，伤情严重或情况特殊的，经有关部门确认，可以延长不超过12个月的时间)的工资、护理费、伙食补助费。其中原工资福利待遇不变，由用人单位按月支付。

(2)职工因工致残被鉴定为一级至四级的，由用人单位和职工个人以伤残津贴为基数，缴纳基本医疗保险费。

(3)职工因工致残被鉴定为五级、六级的，由用人单位安排适当工作，如果经工伤职工本人提出与用人单位解除或者终止劳动关系，用人单位应支付一次性伤残就业补助金。具体标准由省、自治区、直辖市人民政府规定；难以安排工作的，由用人单位按月支付伤残津贴。标准为：五级伤残为本人工资的70%，六级伤残为本人工资的60%，并由用人单位按照规定为其缴纳应缴纳的各项社会保险费。伤残津贴实际金额低于当地最低工资标准的，由用人单位补足差额。

(4)职工因工致残被鉴定为七级至十级的，劳动合同期满终止，或者职工本人提出解除劳动合同的，由用人单位支付一次性伤残就业补助金。

2. 企业非法雇用童工，童工发生工伤事故的，企业应按照怎样的标准承担赔偿责任？

答：根据《工伤保险条例》的规定，虽然童工与企业之间不成立劳动关系，但是如果童工因工造成伤残或者死亡的，由企业按照不低于工伤保险待遇的标准向童工或童工的近亲属给予一次性赔偿。伤残童工或者死亡童工的近亲属就赔偿数额与企业发生争议的，按照劳动争议处理的有关规定处理。

3. 工伤保险和人身意外伤害商业保险是否可以同时参加？

答：人身意外伤害商业保险与工伤保险并不冲突，如果同时参险，员工因工致伤、致残或者死亡的，其在享受工伤保险待遇的同时，也可以按照合同约定向保险公司申请理赔。由于工伤保险基金只承担工伤保险待遇的一部分，用人单位可以考虑为员工购买人身意外伤害保险，在征得员工本人同意的前提下，约定受益人为用人单位，以此来分散用人单位的工伤风险。

4. 借调期间的工伤保险责任由谁承担？

答：根据《工伤保险条例》第43条的规定："职工被借调期间受到工伤事故伤害的，由原用人单位承担工伤保险责任，但原用人单位与借调单位可以约定补偿办法。"因此，法律允许原用人单位与借调单位达成协议，可以要求由借调单位对被借调员工的工伤保险责任予以补偿。

[法条链接]

《中华人民共和国社会保险法》

第三十八条　因工伤发生的下列费用，按照国家规定从工伤保险基金中支付：

（一）治疗工伤的医疗费用和康复费用；

（二）住院伙食补助费；

（三）到统筹地区以外就医的交通食宿费；

（四）安装配置伤残辅助器具所需费用；

（五）生活不能自理的，经劳动能力鉴定委员会确认的生活护理费；

（六）一次性伤残补助金和一至四级伤残职工按月领取的伤残津贴；

（七）终止或者解除劳动合同时，应当享受的一次性医疗补助金；

（八）因工死亡的，其遗属领取的丧葬补助金、供养亲属抚恤金和因工死亡补助金；

（九）劳动能力鉴定费。

第三十九条　因工伤发生的下列费用，按照国家规定由用人单位支付：

（一）治疗工伤期间的工资福利；

（二）五级、六级伤残职工按月领取的伤残津贴；

（三）终止或者解除劳动合同时，应当享受的一次性伤残就业补助金。

第四十一条　职工所在用人单位未依法缴纳工伤保险费，发生工伤事故的，由用人单位支付工伤保险待遇。用人单位不支付的，从工伤保险基金中先行支付。

从工伤保险基金中先行支付的工伤保险待遇应当由用人单位偿还。用人单位不偿还的，社会保险经办机构可以依照本法第六十三条的规定追偿。

第四十二条　由于第三人的原因造成工伤，第三人不支付工伤医疗费用或者无法确定第三人的，由工伤保险基金先行支付。工伤保险基金先行支付后，有权向第三人追偿。

《工伤保险条例》

第六十二条　用人单位依照本条例规定应当参加工伤保险而未参加的，由社会保险行政部门责令限期参加，补缴应当缴纳的工伤保险费，并自欠缴之日起，按日加收万分之五的滞纳金；逾期仍不缴纳的，处欠缴纳额1倍以上3倍以下的罚款。

依照本条例规定应当参加工伤保险而未参加工伤保险的用人单位职工发生工伤

的，由该用人单位按照本条例规定的工伤保险待遇项目和标准支付费用。

第六十六条　无营业执照或者未经依法登记、备案的单位以及被依法吊销营业执照或者撤销登记、备案的单位的职工受到事故伤害或者患职业病的，由该单位向伤残职工或者死亡职工的近亲属给予一次性赔偿，赔偿标准不得低于本条例规定的工伤保险待遇；用人单位不得使用童工，用人单位使用童工造成童工伤残、死亡的，由该单位向童工或者童工的近亲属给予一次性赔偿，赔偿标准不得低于本条例规定的工伤保险待遇。具体办法由国务院社会保险行政部门规定。

前款规定的伤残职工或者死亡职工的近亲属就赔偿数额与单位发生争议的，以及前款规定的童工或者童工的近亲属就赔偿数额与单位发生争议的，按照处理劳动争议的有关规定处理。

《非法用工单位伤亡人员一次性赔偿办法》

第一条　根据《工伤保险条例》第六十六条第一款的授权，制定本办法。

第二条　本办法所称非法用工单位伤亡人员，是指无营业执照或者未经依法登记、备案的单位以及被依法吊销营业执照或者撤销登记、备案的单位受到事故伤害或者患职业病的职工，或者用人单位使用童工造成的伤残、死亡童工。

前款所列单位必须按照本办法的规定向伤残职工或者死亡职工的近亲属、伤残童工或者死亡童工的近亲属给予一次性赔偿。

第三条　一次性赔偿包括受到事故伤害或者患职业病的职工或童工在治疗期间的费用和一次性赔偿金。一次性赔偿金数额应当在受到事故伤害或者患职业病的职工或童工死亡或者经劳动能力鉴定后确定。

劳动能力鉴定按照属地原则由单位所在地设区的市级劳动能力鉴定委员会办理。劳动能力鉴定费用由伤亡职工或童工所在单位支付。

第四条　职工或童工受到事故伤害或者患职业病，在劳动能力鉴定之前进行治疗期间的生活费按照统筹地区上年度职工月平均工资标准确定，医疗费、护理费、住院期间的伙食补助费以及所需的交通费等费用按照《工伤保险条例》规定的标准和范围确定，并全部由伤残职工或童工所在单位支付。

第五条　一次性赔偿金按照以下标准支付：

一级伤残的为赔偿基数的16倍，二级伤残的为赔偿基数的14倍，三级伤残的为赔偿基数的12倍，四级伤残的为赔偿基数的10倍，五级伤残的为赔偿基数的8倍，六级伤残的为赔偿基数的6倍，七级伤残的为赔偿基数的4倍，八级伤残的为赔偿基数的3倍，九级伤残的为赔偿基数的2倍，十级伤残的为赔偿基数的1倍。

前款所称赔偿基数，是指单位所在工伤保险统筹地区上年度职工年平均工资。

第六条　受到事故伤害或者患职业病造成死亡的，按照上一年度全国城镇居民人均可支配收入的20倍支付一次性赔偿金，并按照上一年度全国城镇居民人均可支配收入的10倍一次性支付丧葬补助等其他赔偿金。

第七条　单位拒不支付一次性赔偿的，伤残职工或者死亡职工的近亲属、伤残童工或者死亡童工的近亲属可以向人力资源和社会保障行政部门举报。经查证属实的，人力资源和社会保障行政部门应当责令该单位限期改正。

第八条 伤残职工或者死亡职工的近亲属、伤残童工或者死亡童工的近亲属就赔偿数额与单位发生争议的，按照劳动争议处理的有关规定处理。

第九条 本办法自2011年1月1日起施行。劳动和社会保障部2003年9月23日颁布的《非法用工单位伤亡人员一次性赔偿办法》同时废止。

第二节 住房公积金

自1991年上海率先建立住房公积金制度以来，随着房价的不断飙升，住房公积金日益备受关注。虽然《劳动法》和《劳动合同法》都没有直接涉及住房公积金制度，但它仍然也是劳动关系处理的一项重要内容。虽然住房公积金制度在实务操作中执法力度不够，违法追究机制尚比较薄弱，现实中有部分用人单位仅为员工缴纳社会保险，但却没有为员工缴纳住房公积金。随着劳动者维权意识的陡增，住房公积金纠纷较之《劳动合同法》施行前也凸显出来，甚至出现诉求涉及员工要求补缴公积金的群体性事件。本节将从劳动关系的视角，具体分析用人单位与劳动者在住房公积金制度中享受的权利和承担的义务。

一、住房公积金的强制性

[场景回放]

案例一：叶某与一家小规模服装公司签订了劳动合同，约定合同期限为3年，其中包含为期3个月的试用期。入职后，公司并没有为叶某缴纳各项社会保险费和住房公积金。叶某向公司提出异议，公司称叶某现在还在试用期，试用期满后便会为其办理。3个月后，公司为叶某缴纳了社会保险费，但是依然没有为其缴纳住房公积金。于是叶某向经理问明究竟，经理称公司是民营企业，而且规模很小，法律规定无须为员工缴纳住房公积金。那么，小规模的民营企业真的没有为员工缴纳住房公积金的义务吗？

案例二：邹某以临时工的身份被北京某商场招聘为保洁员，该商场一直没有为邹某办理社会保险缴纳手续和住房公积金缴存手续。后来邹某向有关部门进行了咨询，了解到单位应当为其缴纳社会保险和住房公积金，于是向商场提出要求。商场称邹某是临时工，不属于《住房公积金管理条例》中所规定的在职职工，并以此为由拒绝为其缴纳社会保险和住房公积金。于是邹某分别向当地劳动监察大队和住房公积金管理中心举报了商场这一行为，劳动监察大队限令该商场依法为邹某补缴入职以来的各项社会保险，住房公积金管理中心责令该商场依法为邹某补缴入职以来的住房公积金。

上述两个案例引出了三个问题：一是用人单位是否有义务为劳动者建立住房公积金；二是哪些用人单位应当为劳动者建立住房公积金；三是用人单位必须为哪些劳动者建立住房公积金。

根据《住房公积金管理条例》第2条第2款的规定，“本条例所称住房公积金，是指国家机关、国有企业、城镇集体企业、外商投资企业、城镇私营企业及其他城镇企业、事业单位、民办非企业单位、社会团体(以下统称单位)及其在职职工缴存的长期住房储金”,以及根据建设部、财政部、中国人民银行《关于住房公积金管理若干具体问题的指导意见》第1条的规定,“国家机关、国有企业、城镇集体企业、外商投资企业、城镇私营企业及其他城镇企业、事业单位、民办非企业单位、社会团体(以下统称单位)及其在职职工,应当按《住房公积金管理条例》(国务院令第350号,以下简称《条例》)的规定缴存住房公积金”。住房公积金具有强制性,用人单位有义务为在职职工建立住房公积金,为其办理住房公积金缴存手续,并且依法按时足额缴存住房公积金。同社会保险一样,住房公积金是用人单位为在职职工提供的另一项法定福利。用人单位违法不予办理的,住房公积金管理中心有权责令其限期办理;用人单位逾期不办的,住房公积金管理中心可以给予行政处罚,并申请法院强制执行。

那么,哪些用人单位应当为劳动者建立住房公积金,用人单位又应当为哪些劳动者建立住房公积金呢?

应当说,有义务为劳动者建立住房公积金的用人单位的范围非常广,既包括国家机关、国有企业、城镇集体企业,也包括外商投资企业、城镇私营企业及其他城镇企业、事业单位,还包括社会团体、民办非企业单位,这些单位无论经营范围和规模大小,都有义务为在职职工建立住房公积金。案例一中涉及的服装公司属于城镇私营企业的范畴,也仍然有义务为职工建立住房公积金,公司经理以公司属于小规模民营企业为由拒绝缴纳住房公积金缺乏法律依据。

用人单位建立住房公积金的对象是单位的在职职工,凡是单位的在职职工,单位都应当有义务依法为其建立住房公积金。所谓在职职工,是指与单位建立劳动关系并由单位支付工资的所有员工,既包括与单位签订劳动合同的员工,也包括与单位形成事实劳动关系的员工。案例二中涉及的临时工,只要与单位建立了劳动关系,就属于在职职工,单位应当为其建立住房公积金。

2006年3月13日建设部、财政部、中国人民银行《关于住房公积金管理几个具体问题的通知》中有明确的规定:“根据《住房公积金管理条例》、国家统计局有关统计指标解释和劳动保障部有关规定,《住房公积金管理条例》所称在职职工,是指在国家机关、国有企业、城镇集体企业、外商投资企业、城镇私营企业及其他城镇企业、事业单位、民办非企业单位、社会团体(以下统称单位)中工作,并由单位支付工资的各类人员(不包括外方及港、澳、台人员),以及有工作岗位,但由于学习、病伤产假(六个月以内)等原因暂未工作,仍由单位支付工资的人员。包括与单位签订劳动合同或符合劳动保障部门认定的形成事实劳动关系的在岗职工,不包括已离开本单位仍保留劳动关系的离岗职工。”

[拨云见日]

1. 单位对于内退、下岗人员,还有义务为其建立住房公积金吗?

答:如果内退人员或者下岗人员仍然与单位保持劳动关系,并且仍然从单位领取薪资的，就仍然应当视同为单位的在职职工，单位应当为他们建立住房公积金。

2. 单位是否有义务为农民工建立住房公积金？

答：农民工属于非城镇户口人员，对于这些职工，一般根据单位和职工双方自愿的原则建立并缴存住房公积金。

3. 单位招用在校大学生作为实习生或者聘用退休人员，需要为其建立住房公积金吗？

答：用人单位仅负有为在职职工建立住房公积金的义务，由于实习生与退休返聘人员并没有与单位建立劳动关系，不属于在职职工，单位没有义务为其建立住房公积金。但是对于退休返聘人员，可以根据单位与职工双方自愿的原则为其建立住房公积金。

4. 单位是否有义务为外籍员工和港澳台员工建立住房公积金？

答：根据建设部、财政部、中国人民银行《关于住房公积金管理几个具体问题的通知》（建金管〔2006〕52 号），用人单位原则上没有为外籍员工和港澳台员工建立住房公积金的义务。

需要注意的是，根据《外国人在中国永久居留享有相关待遇的办法》的规定："获得永久居留权的外国人原则上和中国公民享有相同权利，可按照《住房公积金管理条例》等规定，在工作地缴存和使用住房公积金，离开该地区时，可按规定办理住房公积金的提取或转移手续。"由此可知，如果外籍员工已获得中国永久居留权，可以参照中国公民办理住房公积金，但实务操作还需根据各地实际情况判定。

[读者来信]

娄律师：

社会保险和住房公积金是不一样的类型，如果企业不给员工缴纳社会保险，则员工可以此提出解除劳动合同，且企业要支付经济补偿金，但如果是企业未缴纳住房公积金则员工不可以此为由解除劳动合同，也不能要求支付经济补偿金。果真如此吗？

读者：fuyali860821

— 回复 —

可以详见本书第九章第二节住房公积金部分的相关内容。住房公积金同社会保险一样，都是用人单位为在职职工提供的法定福利。如果用人单位违法不予办理的，住房公积金管理中心有权责令其限期办理；如果用人单位逾期不办的，可以给予行政处罚，并申请法院强制执行。由此可见，住房公积金也具有一定的强制性。只是由于《劳动法》和《劳动合同法》都没有直接涉及住房公积金制度，所以两法并未明确规定员工可以以企业未缴纳住房公积金为由单方解除劳动合同并要求企业支付经济补偿金。如果劳动合同有约定的，按照约定处理；如果没有约定的，实践中司法机关在具体处理时确实也存在很大的争议，这可能需要法律的不断完善和衔接才能得以解决。

[法条链接]

《住房公积金管理条例》

第二条　本条例适用于中华人民共和国境内住房公积金的缴存、提取、使用、管理和监督。

本条例所称住房公积金，是指国家机关、国有企业、城镇集体企业、外商投资企业、城镇私营企业及其他城镇企业、事业单位、民办非企业单位、社会团体（以下统称单位）及其在职职工缴存的长期住房储金。

建设部、财政部、中国人民银行《关于住房公积金管理若干具体问题的指导意见》（建金管〔2005〕5号）

一、国家机关、国有企业、城镇集体企业、外商投资企业、城镇私营企业及其他城镇企业、事业单位、民办非企业单位、社会团体（以下统称单位）及其在职职工，应当按《住房公积金管理条例》（国务院令第350号，以下简称《条例》）的规定缴存住房公积金。有条件的地方，城镇单位聘用进城务工人员，单位和职工可缴存住房公积金；城镇个体工商户、自由职业人员可申请缴存住房公积金，月缴存额的工资基数按照缴存人上一年度月平均纳税收入计算。

……

五、单位发生合并、分立、撤销、破产、解散或者改制等情形的，应当为职工补缴以前欠缴（包括未缴和少缴）的住房公积金。单位合并、分立和改制时无力补缴住房公积金的，应当明确住房公积金缴存责任主体，才能办理合并、分立和改制等有关事项。新设立的单位，应当按照规定及时办理住房公积金缴存手续。

六、单位补缴住房公积金（包括单位自行补缴和人民法院强制补缴）的数额，可根据实际采取不同方式确定：单位从未缴存住房公积金的，原则上应当补缴自《条例》（国务院令第262号）发布之月起欠缴职工的住房公积金。单位未按照规定的职工范围和标准缴存住房公积金的，应当为职工补缴。单位不提供职工工资情况或者职工对提供的工资情况有异议的，管理中心可依据当地劳动部门、司法部门核定的工资，或所在设区城市统计部门公布的上年职工平均工资计算。

《北京市实施〈住房公积金管理条例〉若干规定》

第五条　下列单位及其在职职工应当缴存住房公积金：

（一）国家机关；

（二）国有企业、城镇集体企业、外商投资企业、城镇私营企业、其他城镇企业；

（三）事业单位；

（四）民办非企业单位；

（五）社会团体。

其他单位及其在职职工可以按照双方自愿的原则缴存住房公积金。

第十条　单位应当按时、足额缴存住房公积金，不得少缴、多缴或者逾期缴存。

单位多缴住房公积金的，管理中心应当依法退回。

缴存住房公积金确有困难的单位，可以按照规定申请降低缴存比例或者缓缴，每次申请期限不超过1年。

二、住房公积金的缴存

[场景回放]

杨某于2020年5月被北京某广告公司聘作策划，月薪7000元。杨某入职后，公司为其办理了住房公积金缴存手续，并向杨某说明以4000元的基数和以4%的缴存比例为其缴纳住房公积金。之后，杨某发现公司每月从其工资中扣除160元用于缴纳住房公积金。2021年7月，杨某收到住房公积金管理中心邮寄的个人住房公积金2020—2021年度结息对账单，其中显示当年度缴存额不足2000元，经过查询，杨某发现公司每月仅缴存了160元，正好是从其工资中扣除的部分，公司应当承担的部分却没有缴存。

[律师点评]

本案涉及两个层面的问题：一是住房公积金月缴存额的构成问题；二是住房公积金的缴存基数和比例问题。

对于第一个问题，由于单位与在职职工个人都有义务缴存住房公积金，因此住房公积金月缴存额应由两部分组成：一是单位缴存部分；二是职工个人缴存部分，职工个人缴存部分由所在单位每月从其工资中代扣代缴。本案中该公司仅从杨某的工资中代扣代缴了杨某应当承担的住房公积金部分，却没有缴存单位应当承担的住房公积金部分，该做法严重违反了法律规定。

对于第二个问题，根据《住房公积金管理条例》和建设部、财政部、中国人民银行《关于住房公积金管理若干具体问题的指导意见》的规定，一般按照职工本人上年度月平均工资为基数缴存住房公积金，对于单位新调入的职工，则以其入职当月的工资为缴存基数。职工和单位的缴存比例均不得低于5%，原则上不高于12%，具体由各地结合当地经济、社会发展情况，统筹兼顾各方面承受能力，按照《住房公积金管理条例》规定程序合理确定。因此，本案中杨某的住房公积金的缴存基数应该为其入职当月的工资，即7000元，而不是4000元；缴存比例最低也应当是5%，而不应当是4%。因此，即使根据最低的缴存比例，杨某每月住房公积金缴存额为7000×5%（单位缴存部分）+7000×5%（个人缴存部分）=700（元）。

[拨云见日]

1. 如何为新参加工作的职工缴存住房公积金？

答：新参加工作的职工从参加工作的第二个月开始缴存住房公积金，月缴存额为该职工本人当月工资乘以当地住房公积金缴存比例。

2. 如何为新调入的职工缴存住房公积金？

答：单位新调入的职工从调入单位发放工资之日起缴存住房公积金，月缴存额为职工本人当月工资乘以职工住房公积金缴存比例。

3. 对于仍从所在单位领取薪资的下岗职工或者内退职工，如何确定其住房公积金月缴存额？

答：对于仍从所在单位领取薪资的下岗职工或者内退职工，缴存基数为单位每月发放的薪资，这些职工个人仍然应当缴存住房公积金，但在扣除职工应缴存部分后，职工所得工资不得低于当地当年下岗职工基本生活费，缴存比例仍执行当地标准。

4. 奖金、加班费是否应计算入计提住房公积金缴存基数的工资总额？

答：根据国家统计局关于工资总额的相关规定，工资总额是指直接支付给职工的全部劳动报酬，包括计时工资、计件工资、奖金、津贴和补贴、加班加点工资、特殊情况下支付的工资六个部分，因此，在确定住房公积金缴存基数时，应当把各种奖金及加班费包含进来。

5. 单位能否以经济效益不好为由拒绝为在职职工缴存住房公积金？

答：根据《住房公积金管理条例》第 20 条的规定，对缴存住房公积金确有困难的单位，经本单位职工代表大会或者工会讨论通过，并经住房公积金管理中心审核，报住房公积金管理委员会批准后，可以降低缴存比例或者缓缴；待单位经济效益好转后，再提高缴存比例或者补缴缓缴。

[律师说法]

1. 住房公积金的缴存比例由各地根据当地实际情况确定，并不是一成不变的，各地可以根据情况在一定时间内作出调整，用人单位应当加以注意，按照当地有效的缴存比例缴存单位应当缴存的部分和代缴个人应当缴存的部分。

2. 建设部、财政部、中国人民银行《关于住房公积金管理若干具体问题的指导意见》对住房公积金缴存基数的上限作出了规定：原则上不应超过职工工作地所在设区城市统计部门公布的上一年度职工月平均工资的 2 倍或 3 倍。具体标准由各地根据实际情况制定。有些地区同时还规定了缴存住房公积金基数的下限。各单位在为职工缴存住房公积金时应当特别注意当地缴存基数上、下限的规定。

[法条链接]

《住房公积金管理条例》

第十六条　职工住房公积金的月缴存额为职工本人上一年度月平均工资乘以职工住房公积金缴存比例。

单位为职工缴存的住房公积金的月缴存额为职工本人上一年度月平均工资乘以单位住房公积金缴存比例。

第十七条　新参加工作的职工从参加工作的第二个月开始缴存住房公积金，月缴存额为职工本人当月工资乘以职工住房公积金缴存比例。

单位新调入的职工从调入单位发放工资之日起缴存住房公积金，月缴存额为职工本人当月工资乘以职工住房公积金缴存比例。

第十八条　职工和单位住房公积金的缴存比例均不得低于职工上一年度月平均工资的5%；有条件的城市，可以适当提高缴存比例。具体缴存比例由住房公积金管理委员会拟订，经本级人民政府审核后，报省、自治区、直辖市人民政府批准。

第十九条　职工个人缴存的住房公积金，由所在单位每月从其工资中代扣代缴。

单位应当于每月发放职工工资之日起5日内将单位缴存的和为职工代缴的住房公积金汇缴到住房公积金专户内，由受委托银行计入职工住房公积金账户。

第二十条　单位应当按时、足额缴存住房公积金，不得逾期缴存或者少缴。

对缴存住房公积金确有困难的单位，经本单位职工代表大会或者工会讨论通过，并经住房公积金管理中心审核，报住房公积金管理委员会批准后，可以降低缴存比例或者缓缴；待单位经济效益好转后，再提高缴存比例或者补缴缓缴。

……

第三十八条　违反本条例的规定，单位逾期不缴或者少缴住房公积金的，由住房公积金管理中心责令限期缴存；逾期仍不缴存的，可以申请人民法院强制执行。

建设部、财政部、中国人民银行《关于住房公积金管理若干具体问题的指导意见》（建金管〔2005〕5号）

二、设区城市（含地、州、盟，下同）应当结合当地经济、社会发展情况，统筹兼顾各方面承受能力，严格按照《条例》规定程序，合理确定住房公积金缴存比例。单位和职工缴存比例不应低于5%，原则上不高于12%。采取提高单位住房公积金缴存比例方式发放职工住房补贴的，应当在个人账户中予以注明。未按照规定程序报省、自治区、直辖市人民政府批准的住房公积金缴存比例，应予以纠正。

三、缴存住房公积金的月工资基数，原则上不应超过职工工作地所在设区城市统计部门公布的上一年度职工月平均工资的2倍或3倍。具体标准由各地根据实际情况确定。职工月平均工资应按国家统计局规定列入工资总额统计的项目计算。

三、住房公积金的登记、变更、注销与账户设立、转移、封存

[场景回放]

北京某公司依法为在职职工缴存了住房公积金，其后该公司因经营策略转变进行大规模裁员。被裁减的员工，有的找到了新工作并且新单位依法为其建立住房公积金；有的暂时还没有找到新工作；有的找到了新工作但是新单位未依法为其建立住房公积金。对于上述不同的情形，该公司应该如何处理这些员工的住房公积金账户？

[律师点评]

根据《住房公积金管理条例》的规定，单位与职工终止或解除劳动关系后，单位应当自劳动关系解除或终止之日起30日内到住房公积金管理中心办理变更登记，并根据不同情况到受委托的银行办理职工住房公积金账户转移或者封存手续。

对于第一类情形，由于新单位依法为这些员工建立住房公积金账户，原单位则应

该依法为员工办理住房公积金转移手续，将该员工在其名下的住房公积金转入新单位的公积金账户。

对于后两类情形，由于员工离开原单位后无法继续正常缴存住房公积金，原单位则应当依法为员工办理住房公积金账户封存手续。一旦新单位为这些员工建立新的住房公积金账户，员工则可以自行办理住房公积金账户启封和转移手续。

[拨云见日]

1. 兼职人员除在其本单位工作并领取报酬外，同时还在其他单位工作并领取报酬，其是否可以同时在两个单位建立住房公积金？

答：不可以。每个职工只能有一个正常汇缴住房公积金的账户。因此，对于兼职人员，其住房公积金只能在在职单位建立，兼职单位即使给他发工资，也不能为其建立第二份住房公积金。

2. 公司破产后，公司登记建立的住房公积金账号和职工的住房公积金将如何处理？

答：根据《住房公积金管理条例》的规定，按规定已登记建立住房公积金账号的单位，发生撤销、解散或者破产的，应当自发生上述情况之日起 30 日内由原单位或清算组织到住房公积金管理中心办理注销登记，并自办妥注销登记之日起 20 日内到受委托银行为职工办理住房公积金账户转移或者封存手续。

[律师说法]

用人单位应当及时为在职职工办理住房公积金缴存登记和变更登记，并及时办理住房公积金账户设立、转移及封存手续，用人单位不办理或逾期不办理的，职工可以向住房公积金管理中心投诉举报，住房公积金管理中心可以依法对用人单位作出处罚决定。

[法条链接]

《住房公积金管理条例》

第十三条 ……

单位应当到住房公积金管理中心办理住房公积金缴存登记，经住房公积金管理中心审核后，到受委托银行为本单位职工办理住房公积金账户设立手续。每个职工只能有一个住房公积金账户。

……

第十四条 新设立的单位应当自设立之日起 30 日内到住房公积金管理中心办理住房公积金缴存登记，并自登记之日起 20 日内持住房公积金管理中心的审核文件，到受委托银行为本单位职工办理住房公积金账户设立手续。

单位合并、分立、撤销、解散或者破产的，应当自发生上述情况之日起 30 日内由原单位或者清算组织到住房公积金管理中心办理变更登记或者注销登记，并自办妥变更登记或者注销登记之日起 20 日内持住房公积金管理中心的审核文件，到受委托银行为本单位职工办理住房公积金账户转移或者封存手续。

第十五条　单位录用职工的，应当自录用之日起30日内到住房公积金管理中心办理缴存登记，并持住房公积金管理中心的审核文件，到受委托银行办理职工住房公积金账户的设立或者转移手续。

单位与职工终止劳动关系的，单位应当自劳动关系终止之日起30日内到住房公积金管理中心办理变更登记，并持住房公积金管理中心的审核文件，到受委托银行办理职工住房公积金账户转移或者封存手续。

……

第三十七条　违反本条例的规定，单位不办理住房公积金缴存登记或者不为本单位职工办理住房公积金账户设立手续的，由住房公积金管理中心责令限期办理；逾期不办理的，处1万元以上5万元以下的罚款。

建设部、财政部、中国人民银行《关于住房公积金管理若干具体问题的指导意见》(建金管〔2005〕5号)

十一、职工调动工作，原工作单位不按规定为职工办理住房公积金变更登记和账户转移手续的，职工可以向管理中心投诉，或者凭有效证明材料，直接向管理中心申请办理账户转移手续。

十二、职工调动工作到另一设区城市的，调入单位为职工办理住房公积金账户设立手续后，新工作地的管理中心应当向原工作地管理中心出具新账户证明及个人要求转账的申请。原工作地管理中心向调出单位核实后，办理变更登记和账户转移手续；原账户已经封存的，可直接办理转移手续。账户转移原则上采取转账方式，不能转账的，也可以电汇或者信汇到新工作地的管理中心。调入单位未建立住房公积金制度的，原工作地管理中心可将职工账户暂时封存。

建设部、财政部、中国人民银行《关于住房公积金管理几个具体问题的通知》

三、关于破产企业为职工补缴住房公积金的资金来源问题。

按照《条例》规定，企业应当为其在职职工缴存住房公积金。符合国家政策性破产条件的企业，经批准实施破产的，企业为职工补缴的住房公积金，应当由企业在破产清算资金中解决。破产清算资金不足的，可参照《中共中央办公厅、国务院办公厅关于进一步做好资源枯竭矿山关闭破产工作的通知》(中办发〔2000〕11号)和《国务院办公厅转发国家经贸委等部门关于解决国有困难企业和关闭破产企业职工基本生活问题若干意见的通知》(国办发〔2003〕2号)等文件规定执行。

四、住房公积金的提取和使用

[场景回放]

蔡某在甲市某企业工作，该企业依法为其建立了住房公积金账户并按时足额缴存了住房公积金。蔡某工作5年后，向该企业提出辞职，并在乙市找到了一份新的工作。蔡某想要提取其住房公积金账户内的存储余额，是否可以？

[律师点评]

根据《住房公积金管理条例》的规定，住房公积金的提取一般基于以下两种情况：一种是职工发生住房消费需要提取住房公积金使用，即职工用于购买、建造、大修、翻建自有住房；或者房租超出家庭工资收入的规定比例，用于缴纳房租超出比例部分；以及偿还住房贷款本息等。另一种是职工丧失缴存住房公积金的条件，允许职工销户提取住房公积金，即职工离休、退休、死亡的；完全丧失劳动能力，并与单位终止劳动关系的；出境定居的等。由此可见，调动工作并不能满足提取住房公积金的条件，因此本案中的蔡某不能提取住房公积金。

[拨云见日]

1. 宋先生的儿子计划购房，但资金不足，宋先生能否提取自己的住房公积金帮助儿子买房？

答：不可以。住房公积金的提取仅限于本人及配偶在住房方面的消费支出，不包括配偶以外的任何亲属。

2. 职工死亡或者被宣告死亡的，其住房公积金如何处理？

答：职工死亡或者被宣告死亡的，职工的继承人、受遗赠人可以提取职工住房公积金账户内的存储余额；无继承人也无受遗赠人的，职工住房公积金账户内的存储余额纳入住房公积金的增值收入。

[律师说法]

职工提取住房公积金必须满足一定的条件，符合条件的方能提取。职工提取住房公积金的，所在单位应当予以核实，并出具提取证明。

[法条链接]

《住房公积金管理条例》

第二十四条　职工有下列情形之一的，可以提取职工住房公积金账户内的存储余额：

（一）购买、建造、翻建、大修自住住房的；

（二）离休、退休的；

（三）完全丧失劳动能力，并与单位终止劳动关系的；

（四）出境定居的；

（五）偿还购房贷款本息的；

（六）房租超出家庭工资收入的规定比例的。

依照前款第（二）、（三）、（四）项规定，提取职工住房公积金的，应当同时注销职工住房公积金账户。

职工死亡或者被宣告死亡的，职工的继承人、受遗赠人可以提取职工住房公积金账户内的存储余额;无继承人也无受遗赠人的,职工住房公积金账户内的存储余额纳入住房公积金的增值收益。

第二十五条　职工提取住房公积金账户内的存储余额的,所在单位应当予以核实,并出具提取证明。

职工应当持提取证明向住房公积金管理中心申请提取住房公积金。住房公积金管理中心应当自受理申请之日起3日内作出准予提取或者不准提取的决定,并通知申请人;准予提取的,由受委托银行办理支付手续。

五、单位不办理住房公积金缴存登记的责任

[场景回放]

张某系公司员工,张某在公司工作期间,公司未依法按时、足额为张某缴纳2018年至2020年的住房公积金。公积金管理中心依照《住房公积金管理条例》第38条的规定,责令公司自收到《缴存通知书》之日起7日内,为张某补缴。公司不服,诉至一审法院称,公积金中心作出《缴存通知书》没有法律依据,要求撤销《缴存通知书》。一审法院作出维持《缴存通知书》判决后,公司仍不服,上诉至二审法院。

[律师点评]

二审法院经审理后认为,根据《住房公积金管理条例》的规定,单位不办理住房公积金缴存登记或者不为本单位职工办理住房公积金账户设立手续的,由住房公积金管理中心责令限期办理;逾期不办理的,处1万元以上5万元以下的罚款。单位逾期不缴或者少缴住房公积金的,由住房公积金管理中心责令限期缴存;逾期仍不缴存的,可以申请人民法院强制执行。

根据上述规定,该公司关于公积金中心作出《缴存通知书》没有法律依据的主张,理由不能成立。再根据公积金中心制作的询问笔录、欠缴住房公积金测算表以及生效的民事判决书等证据,可认定张某在公司工作期间,公司未依法按时、足额为张某缴纳自2018年8月至2020年10月的住房公积金共计1.8万余元,该行为属违反《住房公积金管理条例》有关规定的行为。公积金管理中心根据上述法规规定,作出的《缴存通知书》事实清楚、证据充分,适用法律正确,符合法定程序,应予维护。公司要求撤销《缴存通知书》的理由不能成立,一审法院判决认定事实清楚,适用法律正确,审判程序合法,应予维持。

[专家说法]

——辜健律师*

近年来，随着各地劳动争议案件数量的井喷，有越来越多的劳动者就用人单位没有缴纳或者没有足额缴纳社会保险和住房公积金而产生争议。对于这些情形，各地的司法实践处理方式并不完全一致。虽然《新劳动争议司法解释（一）》第 2 条中规定，劳动者请求社会保险经办机构发放社会保险金的纠纷不属于劳动争议，《住房公积金管理条例》第 37 条和第 38 条也规定，住房公积金的缴存与补缴，是住房公积金管理部门的行政职责。因此，社会保险和住房公积金所产生的争议一般由社会保险经办机构和住房公积金管理部门进行处理，不属于劳动争议案件的审理范围，对于劳动者要求用人单位补缴的主张在仲裁或者判决文书中一般也不予评判。

但随着社会的发展，近几年也出现了在劳动争议诉讼阶段，法院对住房公积金的诉求作出相关判决的情形，例如，上海市浦东法院 2015 年《浦东法院涉自贸试验区审判工作白皮书》中公布的，浦东法院十大典型案件之案例八——上海正东人力资源有限公司与上海群志光电有限公司劳务派遣合同纠纷案，该案判决明确了在劳务派遣单位与用工单位未对被派遣劳动者的住房公积金缴存费用的负担作出约定时，适用合同法"公平原则"确定费用应由用工单位承担。该案例判决在维护上海自贸试验区内被派遣劳动者合法权益和规范劳务派遣单位与用工单位权利义务上具有积极的作用。

实际上，无论社会保险和住房公积金纠纷是否作为劳动争议案件的审理范围，用人单位都应该引起足够的重视。不少企业把人力资源的支出认为是企业不必要的负担，存在未给员工缴纳社会保险或缴纳社会保险的基数不符合国家的规定、滥用劳务派遣、没有给员工缴纳住房公积金或缴纳住房公积金不符合国家规定的比例等现状。涉及人力资源的风险如未能得到妥善的解决，在企业并购环节、新三板挂牌环节，特别是创业板 IPO 环节，企业都将不得不面对监管部门的质询，会严重影响企业的运行和发展。

---

* 辜健律师：北京大成（成都）律师事务所高级合伙人，全国律协劳动与社会保障法专业委员会委员，大成中国区劳动法和人力资源专业委员会理事，四川省律师协会劳动法专业委员会副主任。

第十章

其实调岗调薪并不困难

——劳动合同变更管理技巧

《劳动法》和《劳动合同法》都强调变更劳动合同原则上应该经过用人单位与劳动者协商一致，但是在法定情形下，用人单位也可以单方变更劳动合同。实务中，很多企业混淆了协商变更与单方变更的情形，在本应同劳动者协商的情形下却单方变更劳动合同，由此引发劳动争议。因此，很多企业HR抱怨调岗、调薪太难了。其实调岗调薪并不难，关键看企业如何利用现有法律规定巧妙处理。

第一节　劳动合同变更的范围及原则

一、劳动合同变更的范围

广义的劳动合同变更，包括劳动合同主体的变更及内容的变更。

狭义的劳动合同变更仅指内容变更，如工作岗位、薪酬标准、工作地点的变更。

本章主要介绍狭义的劳动合同变更。

二、劳动合同变更的原则

实务中很多HR认为企业具有用工自主权，如要用谁、怎么用、在什么岗位上用，完全由企业说了算，企业可以根据喜好自由地调换员工岗位和薪水。这是一个错误的观点，是由于HR没有正确理解何为用工自主权。企业的用工自主权是指企业可以根据自身生产经营需要，劳动者的工作能力、工作态度以及工作成果来调整工作岗位、薪酬标准、工作地点的权利。如果企业随心所欲地调整劳动者的岗位、薪酬而不能给予合理解释，则是恶意调岗、调薪。

因此，劳动合同一旦订立，并非是企业想变就能变的，如需对其内容进行变更，必须要满足一定的条件，即正确把握其合法性、合理性、必要性及履行一定的程序。

[场景回放]

胡某在某公司A区商场工作，2015年6月，商场将其调至公司另一家B区商场工作，胡某不同意，没有前往新单位报到，仍在A区商场工作。公司遂以胡某旷工2日解除双方劳动合同。胡某不服，向劳动争议仲裁委员会提起劳动仲裁申请，要求公司支付违法解除劳动合同赔偿金。

[审理结果]

案件历经仲裁、一审以及二审审理，法院认为判断用人单位调整劳动者工作岗位的行为是否违反法律规定，关键在于其“合理性”的把握。一是基于企业生产需要或劳动者的工作能力；二是调岗前后工资待遇应当持平；三是调岗后不应增大劳动者劳动成本；四是调岗不具有侮辱性。故在本案中，该公司不能对调岗作出合理的解释，解除胡某劳动合同不具有合法性，应向其支付违法解除劳动合同赔偿金。

[律师点评]

本案充分体现劳动合同变更的原则，即用人单位对劳动者调岗、调薪、调整工作地点时必须遵循“合法、合理”的原则，并对何为“合理性”作出了很好的解释。用人单位如不能对变更劳动合同作出合理的解释与举证，则要承担败诉的法律风险。

第二节 劳动合同变更的情形

一、协商变更劳动合同

劳动合同具有很强的严肃性,一经订立便不得随意变更,《劳动法》与《劳动合同法》都明确规定,变更劳动合同应当经过用人单位和劳动者的协商一致,这是法律的常态规定,是变更劳动合同的普遍要求。

[场景回放]

李某是某集团下属公司的总经理。2016 年 4 月该集团下新设立了一家公司,集团领导计划安排李某出任副总经理,并找李某谈话征询其意见。李某表示新公司的业务与其专业和现在从事的工作相差甚远,而且自己的志向也不在这方面,因此表示不愿去新公司。2016 年 5 月 8 日,公司向李某发出书面通知,其中表示因工作需要,公司任命李某为新公司的副总经理,李某应当于次日去新岗位报到,否则按旷工对待。李某接到通知后向集团领导提出异议,集团领导说"这是公司安排,你必须服从,去也得去,不去也得去"。

2016 年 5 月 9 日,李某并没有按照通知要求去新岗位报到,仍然如同往常一样到原来的岗位工作。但是公司已经把李某办公所用的文件和电脑全部撤走,并拒绝李某进入办公室。李某无奈只好又找集团领导理论。如此过了一周多时间,2016 年 5 月 16 日,公司向李某发出解除通知书,以李某不服从集团调配,不按规定时间前往新岗位报到,且未经请假连续旷工 3 天以上为由解除与其的劳动关系。李某不服,遂向劳动争议仲裁委员会提起仲裁,要求公司支付解除劳动合同经济补偿金及额外经济补偿金共计 65,475 元。

[审理结果]

经审理,劳动争议仲裁委员会认为,公司未经李某许可不得变更劳动合同,公司单方对李某工作岗位所作变更无效,李某可以拒绝到新岗位工作。由于李某每天按时到原岗位报到,虽然没有提供劳动,但是没有提供劳动的原因是公司没有提供劳动条件,因此不能认定李某旷工。于是裁决支持了李某的申诉请求。

[律师点评]

本案的案情非常简单,但是却十分典型,实务中很多企业都与案例中的公司持有同样的观点,认为企业可以根据工作需要单方自主变更劳动合同。其实不然,除具有法定单方变更情形外,企业要变更劳动合同必须与员工协商一致,不得擅自为之。

本案中,公司在没有得到李某同意的情况下单方调整李某的工作岗位,该调整对李某不发生法律效力,李某没有到新岗位报到不属于旷工,公司不得以此为由解除劳动合同。

[律师说法]

企业对劳动合同内容进行变更，包括对员工的工作岗位、工作时间、工作地点、薪酬福利等劳动合同的任一内容进行变更，都必须与员工协商一致。实务中企业往往忽略了这一点，不顾员工的反对擅自对合同内容进行变更，这样的变更不仅不发生法律效力，而且根据《劳动合同法》第 38 条、第 46 条、第 48 条、第 87 条的规定，员工可要求解除劳动合同或继续履行原劳动合同、支付解除劳动合同经济补偿、支付违法解除劳动合同赔偿金。

[法条链接]

《中华人民共和国劳动法》

第十七条　订立和变更劳动合同，应当遵循平等自愿、协商一致的原则，不得违反法律、行政法规的规定……

《中华人民共和国劳动合同法》

第三十五条　用人单位与劳动者协商一致，可以变更劳动合同约定的内容。

第三十八条　用人单位有下列情形之一的，劳动者可以解除劳动合同：

（一）未按照劳动合同约定提供劳动保护或者劳动条件的；

（二）未及时足额支付劳动报酬的；

（三）未依法为劳动者缴纳社会保险费的；

（四）用人单位的规章制度违反法律、法规的规定，损害劳动者权益的；

（五）因本法第二十六条第一款规定的情形致使劳动合同无效的；

（六）法律、行政法规规定劳动者可以解除劳动合同的其他情形。

用人单位以暴力、威胁或者非法限制人身自由的手段强迫劳动者劳动的，或者用人单位违章指挥、强令冒险作业危及劳动者人身安全的，劳动者可以立即解除劳动合同，不需事先告知用人单位。

第四十六条　有下列情形之一的，用人单位应当向劳动者支付经济补偿：

（一）劳动者依照本法第三十八条规定解除劳动合同的；

（二）用人单位依照本法第三十六条规定向劳动者提出解除劳动合同并与劳动者协商一致解除劳动合同的；

（三）用人单位依照本法第四十条规定解除劳动合同的；

（四）用人单位依照本法第四十一条第一款规定解除劳动合同的；

（五）除用人单位维持或者提高劳动合同约定条件续订劳动合同，劳动者不同意续订的情形外，依照本法第四十四条第一项规定终止固定期限劳动合同的；

（六）依照本法第四十四条第四项、第五项规定终止劳动合同的；

（七）法律、行政法规规定的其他情形。

第四十七条　经济补偿按劳动者在本单位工作的年限，每满一年支付一个月工资的标准向劳动者支付。六个月以上不满一年的,按一年计算;不满六个月的,向劳动者支付半个月工资的经济补偿。

劳动者月工资高于用人单位所在直辖市、设区的市级人民政府公布的本地区上年度职工月平均工资三倍的,向其支付经济补偿的标准按职工月平均工资三倍的数额支付,向其支付经济补偿的年限最高不超过十二年。

本条所称月工资是指劳动者在劳动合同解除或者终止前十二个月的平均工资。

第四十八条　用人单位违反本法规定解除或者终止劳动合同,劳动者要求继续履行劳动合同的,用人单位应当继续履行;劳动者不要求继续履行劳动合同或者劳动合同已经不能继续履行的,用人单位应当依照本法第八十七条规定支付赔偿金。

第八十七条　用人单位违反本法规定解除或者终止劳动合同的,应当依照本法第四十七条规定的经济补偿标准的二倍向劳动者支付赔偿金。

二、法定变更劳动合同

协商一致变更劳动合同是原则性的规定,从法律规定上来看,这一原则也有例外,那就是如果出现以下情形时,企业可以单方调整员工的工作岗位,无须与员工协商一致,但是调整必须注意要合理。

1. 劳动者不能胜任工作

劳动者不能胜任工作的,企业可以单方合理调整工作岗位。不能胜任工作即员工不能满足现任工作岗位的要求,主要体现在不符合岗位职责要求或不能按时按质按量地完成工作任务。判断员工是否不能胜任工作岗位,不能以相关领导的主观印象和主观判断为标准,而是应当按照与员工事先确定的工作职责或工作任务的客观要求为标准。

[场景回放]

范某经朋友介绍进入某公司工作,公司与其签订了劳动合同,约定范某的工作岗位是劳动合同专员,并将岗位职责书作为劳动合同附件,其中表述:范某应当"监控合同履行情况,劳动合同期限届满前40天向公司进行提示,根据公司指示及时办理劳动合同终止或续订手续"。

通过实际考察,公司发现范某在工作中不得要领,对劳动合同的相关法规也不熟悉,而且还两次在员工劳动合同到期时没有及时提示公司,导致公司在处理与这两名员工的劳动关系时非常被动。

鉴于此,正好公司前台离职,于是公司决定将范某调至前台岗位,并向范某发放了调岗通知书,要求范某次日到前台岗报到工作。范某认为公司未经其同意不得擅自调整其工作岗位,于是拒绝到前台岗工作,次日起范某没有再到公司上班。1周后,公司向范某发出解除劳动合同的通知书,以范某连续旷工达到5日为由,根据公司的规章制度解除劳动合同。范某收到通知后向当地劳动争议仲裁委员会提起仲裁,要求公司支付解除劳动合同赔偿金。

[针锋相对]

范某认为,法律规定变更劳动合同必须经过当事人双方协商一致,否则公司不得在未经其同意的前提下单方调整其工作岗位。由于公司调整了她的工作,她不能继续到原岗位上班,因此不得认定其旷工。

公司则认为,根据法律规定,当劳动者不能胜任工作时,用人单位可以单方调整员工的工作岗位。公司与范某签订劳动合同时已经与其约定了工作职责,然而在实际工作中,范某却不符合工作职责的要求,可以认定其不能胜任工作,单位可以调整其工作岗位。而且公司将范某调至前台岗也并非不合理,因为二者在岗位级别和薪酬待遇上相差不大,通过对范某工作的考察觉得其更适合从事前台岗工作。鉴于此,范某应当服从公司安排,按时到前台岗报到,但是范某却不再到公司上班,其行为构成旷工,公司可以根据《员工手册》的规定解除劳动合同。为了证明其主张,公司向仲裁庭提供了如下证据:劳动合同、岗位职责书、员工手册、范某签收员工手册的凭证、员工证人证言、与没有及时终止劳动合同的两名员工签订的解除事实劳动关系协议书、范某本人书写的工作检查(其中陈述了在员工劳动合同到期时,其没有及时提示公司的事实)。

[审理结果]

经审理,劳动争议仲裁委员会认为,范某不符合劳动合同专员这个岗位的职责要求,不能胜任工作,公司可以单方调整其工作岗位,范某应当服从。范某拒不上班的行为构成旷工,公司可以依照《员工手册》的相关规定解除劳动合同。于是裁决驳回范某的申诉请求。

[律师说法]

根据《劳动合同法》的规定,员工不能胜任工作时企业可以调整其工作岗位,而无须与员工协商一致。该规定赋予了企业较大的自主权,因此很多HR对该条规定情有独钟,据此对员工进行调岗调薪。但在适用这条规定时,企业HR一定要注意以下两点:一是调岗必须合理,实务中一般可以通过以下要素来判断调岗是否合理:新旧岗位级别和薪酬差别,新岗位与员工自身能力的契合度等;二是一定要注意证据的保留,因为一旦涉诉,企业应当承担证明员工不能胜任工作的举证责任。

[法条链接]

《中华人民共和国劳动合同法》

第四十条　有下列情形之一的,用人单位提前三十日以书面形式通知劳动者本人或者额外支付劳动者一个月工资后,可以解除劳动合同:

……

(二)劳动者不能胜任工作,经过培训或者调整工作岗位,仍不能胜任工作的……

2. 医疗期满劳动者不能从事原工作的

员工患病或非因工负伤，医疗期满后不能从事原工作的，企业可以单方合理调整其工作岗位。企业依照该规定单方调整员工工作岗位的注意事项与以上情形相同，不再赘述。

［法条链接］

《中华人民共和国劳动合同法》

第四十条　有下列情形之一的，用人单位提前三十日以书面形式通知劳动者本人或者额外支付劳动者一个月工资后，可以解除劳动合同：

（一）劳动者患病或者非因工负伤，在规定的医疗期满后不能从事原工作，也不能从事由用人单位另行安排的工作的……

3. 工伤致残后安排适当工作调岗

员工因工致残被鉴定为五级、六级伤残，其自身的劳动能力较之以前可能会有下降，如仍与企业保留劳动关系，企业可以根据员工的身体状况、劳动能力适当安排、调整工作。

［法条链接］

《工伤保险条例》

第三十六条　职工因工致残被鉴定为五级、六级伤残的，享受以下待遇：

（二）保留与用人单位的劳动关系，由用人单位安排适当工作。难以安排工作的，由用人单位按月发给伤残津贴，标准为：五级伤残为本人工资的70%，六级伤残为本人工资的60%，并由用人单位按照规定为其缴纳应缴纳的各项社会保险费。伤残津贴实际金额低于当地最低工资标准的，由用人单位补足差额。

4. 女职工孕期调岗

女职工怀孕后不能适应当前岗位的工作强度的，企业可以对其进行适当调整、安排工作岗位，但企业需注意让女职工提供相关的医疗机构证明。

［法条链接］

《女职工劳动保护特别规定》

第六条　女职工在孕期不能适应原劳动的，用人单位应当根据医疗机构的证明，予以减轻劳动量或者安排其他能够适应的劳动。

对怀孕7个月以上的女职工，用人单位不得延长劳动时间或者安排夜班劳动，并应当在劳动时间内安排一定的休息时间。

怀孕女职工在劳动时间内进行产前检查，所需时间计入劳动时间。

5. 女职工更年期综合征调岗

女职工因更年期综合征不能适应原岗位工作的，经本人申请，并提供指定医疗机构证明，企业应为其调整适宜的工作岗位，或适当减少其工作量。

[法条链接]

《广东省实施〈女职工劳动保护特别规定〉办法》

第十九条　女职工经二级以上医疗机构确诊为更年期综合征，且不适应原劳动岗位的，经本人申请，用人单位应当适当减轻其劳动量，或者协商安排其他合适的岗位。

6. 职业禁忌及健康损害调岗

为了保护员工的身体健康，当员工在职业健康检查中发现与职业相关的健康损害结果时，企业应当对员工进行调离原工作岗位的处理。

[法条链接]

《中华人民共和国职业病防治法》

第三十五条　对从事接触职业病危害的作业的劳动者，用人单位应当按照国务院卫生行政部门的规定组织上岗前、在岗期间和离岗时的职业健康检查，并将检查结果书面告知劳动者。职业健康检查费用由用人单位承担。

用人单位不得安排未经上岗前职业健康检查的劳动者从事接触职业病危害的作业；不得安排有职业禁忌的劳动者从事其所禁忌的作业；对在职业健康检查中发现有与所从事的职业相关的健康损害的劳动者，应当调离原工作岗位，并妥善安置；对未进行离岗前职业健康检查的劳动者不得解除或者终止与其订立的劳动合同。

职业健康检查应当由取得《医疗机构执业许可证》的医疗卫生机构承担。卫生行政部门应当加强对职业健康检查工作的规范管理，具体管理办法由国务院卫生行政部门制定。

第五十六条　……用人单位对不适宜继续从事原工作的职业病病人，应当调离原岗位，并妥善安置……

7. 脱密期调岗

掌握商业秘密的员工在劳动合同终止前或提出解除劳动合同后的一定时期内，企业可调整员工到非商业秘密的工作岗位，变更合同内容，逐步使其脱离所知道的商业秘密。待脱密期满，员工方可办理离职手续。

[法条链接]

原劳动部《关于企业职工流动若干问题的通知》（1996年10月31日）

二、用人单位与掌握商业秘密的职工在劳动合同中约定保守商业秘密有关事项时，可以约定在劳动合同终止前或该职工提出解除劳动合同后的一定时间内不超过六个月），调整其工作岗位，变更劳动合同中相关内容；用人单位也可规定掌握商业秘密的职工在终止或解除劳动合同后的一定期限内（不超过三年），不得到生产同类产品或经营同类业务且有竞争关系的其他用人单位任职，也不得自己生产与原单位有竞争关系的同类产品或经营同类业务，但用人单位应当给予该职工一定数额的经济补偿。

8. 经营或组织架构调整情形下调岗

当劳动合同客观情况发生重大变化时，劳动合同无法履行，企业可与员工协商变更劳动合同，但应注意客观情况发生重大变化应当指企业破产重整、生产经营发生严重困难、转产、重大技术革新或者经营方式调整等导致原劳动合同无法继续履行的情况。

[法条链接]

《中华人民共和国劳动合同法》

第四十条　有下列情形之一的，用人单位提前三十日以书面形式通知劳动者本人或者额外支付劳动者一个月工资后，可以解除劳动合同：

（三）劳动合同订立时所依据的客观情况发生重大变化，致使劳动合同无法履行，经用人单位与劳动者协商，未能就变更劳动合同内容达成协议的。

9. 薪酬福利调整

劳动合同法定变更也包括薪酬福利调整的情况，如最低工资的调整、企业停工停产工资的调整、医疗期工资的调整、通过民主程序修订薪酬福利制度等。

三、变更劳动合同的程序

《劳动合同法》明确规定，变更劳动合同应当采用书面形式。实务中，经常会有这样的情形发生：企业与员工对变更劳动合同事先达成了口头协议，但是事后员工反悔或否认，企业又无法证明双方已经协商一致，在这种情形下，若企业坚持变更劳动合同的话便会陷入“无凭无据”的被动境地。因此，对于企业而言，采用书面形式变更劳动合同不仅是法律的需要，同时也是固定证据，实现自我保护的一种有效方式。所谓书面形式在实务中主要表现为变更协议。企业与员工对变更劳动合同达成一致的，应当及时与员工签订变更协议，避免员工反悔或事后否认。变更协议应当由企业和员工各执一份。

虽然法律明确规定变更劳动合同应采用书面形式，但在实践中确定仍存在口头变更劳动合同的情形。如果企业与员工变更劳动合同未采用书面形式，员工反悔并以未采用书面形式为由主张劳动合同变更无效的，企业应当积极应对。根据《新劳动争议司法解释（一）》第 43 条的规定，如果能证明以下两个事实，员工的诉求将得不到支持：(1)双方已经实际履行了口头变更的劳动合同超过 1 个月；(2)变更后的劳动合同内容不违反法律、行政法规且不违背公序良俗。

[法条链接]

《中华人民共和国劳动合同法》

第三十五条　……

变更劳动合同，应当采用书面形式。

变更后的劳动合同文本由用人单位和劳动者各执一份。

最高人民法院《关于审理劳动争议案件适用法律问题的解释(一)》

第四十三条　用人单位与劳动者协商一致变更劳动合同，虽未采用书面形式，但已经实际履行了口头变更的劳动合同超过一个月，变更后的劳动合同内容不违反法律、行政法规且不违背公序良俗，当事人以未采用书面形式为由主张劳动合同变更无效的，人民法院不予支持。

第三节　劳动合同变更技巧

劳动合同变更可以分为三种情形：提高劳动合同条件，如升职、提薪等；维持劳动合同条件，如平级调动、薪酬保持不变等；降低劳动合同条件，如降职、降薪等。对于前两种情形，实务处理一般比较简单，但是对于第三种情形，往往因为员工不同意而无法进行。要使劳动合同变更顺利进行，掌握一些技巧还是很有必要的，其中最有效的一个技巧就是，在规章制度中规定或在劳动合同中约定劳动变更相关事宜。

实践中，企业习惯性的做法是，在计划变更劳动合同后再与员工协商，这样的做法风险比较大，尤其是在降低劳动合同标准的情形下，要想与员工协商一致是非常困难的。但是，如果事先在劳动合同中约定变更事宜，一旦变更事由出现时，企业便可直接依据约定对合同内容作出变更，此时就变成劳动合同的履行而非变更，无须再次经过员工同意。此外，除了在合同中约定变更事项外，也还可以在企业规章制度中进行规定，因为规章制度作为企业内部的“小法律”，经过民主公示程序后对员工是具有约束力的。

在劳动合同中约定或者在规章制度中规定劳动合同变更事宜时，应当要考虑到劳动合同变更的可操作性，不能仅原则地规定“企业可以根据工作需要变更劳动合同”，如此规定不但无法在实务中发生效力，也不得作为劳动合同变更的依据。

如何使劳动合同变更条款具有可操作性？主要应做到相关规定或约定明确具体。以调岗为例，应当对下列内容进行约定：企业在什么条件下可以调岗、企业可以将员工调至什么样的工作岗位、调岗后的薪酬待遇如何确定等。事先做到充分考虑，在合同中予以明确，可以避免法律风险。

[拨云见日]

1. 合同中约定了企业因工作需要可以调整员工的工作岗位，在这种情形下，企业能否对员工进行调岗？

答：虽然劳动合同中约定企业可以因工作需要调整劳动者的工作岗位，可理解为企业与员工的真实意思表示，对双方均具有拘束力，但这并不意味着用人单位可以随意对员工的工作岗位进行调整，在具体调整时，仍需具有合理性。

2. 员工岗位发生变更时，企业能否对其薪酬待遇进行变更？

答：如果合同中约定了薪随岗变的原则，或者已经在向员工公示的规章制度中规定了这一原则，那么企业可以根据新岗位所对应的薪酬标准确定员工的薪资待遇；如果双方没有约定薪随岗变的原则，企业不可随意对员工薪酬作出调整，除非得到员工本人的同意。

3. 企业在未经员工同意的情况下调整了员工的工作岗位，员工接到调岗通知后第二天便去新岗位上班，并没有向公司提出异议。但员工在新岗位工作几天之后又向公司提出调整岗位未经其同意，并要求公司将其调回原来的工作岗位。企业是否可以拒绝？

答：根据《新劳动争议司法解释（一）》第43条的规定："用人单位与劳动者协商一致变更劳动合同，虽未采用书面形式，但已经实际履行了口头变更的劳动合同超过一个月，变更后的劳动合同内容不违反法律、行政法规且不违背公序良俗，当事人以未采用书面形式为由主张劳动合同变更无效的，人民法院不予支持。"因此，员工岗位变更后超过1个月，即视为已经认可调岗。

若员工接到调岗通知时向单位表示了异议，但是企业称这是公司安排的，员工必须服从，于是员工便不得不去新岗位上班，在这种情形下则不宜简单认为员工默认了企业的安排，需要具体情况具体对待。

[读者来信]

娄律师：

在签订合同的时候，如规定遵循公司某薪酬发放标准（没有附录到合同中来），可是在合同期间，公司新颁布了一套薪酬发放标准，这时应该按照哪个计算呢？还需要员工重新签订就业合同吗？

读者：jiangsu99lina

— 回复 —

你好！由于劳动合同约定遵循公司某薪酬发放标准，未经合同双方当事人协商一致变更，该约定仍然有效。同时，劳动者作为企业员工，只要新的薪酬发放标准是经过民主和公示程序合法生效的，也可适用新的标准。因此，若劳动者与用人单位没有协商变更合同中有关工资条款的，劳动者可以选择适用对自己更有利的旧标准或新标准。

[顾问点评]

——曾凡新律师*

用人单位与劳动者一旦订立了劳动合同，双方都应该全面严格遵守合同中约定的各自义务，非经双方协商一致或法定情形下不得随意变更劳动合同。劳动合同的变更，比较常见的情形是变更合同中的工作内容（如工作岗位）和薪酬福利条款。在现实中，当用人单位的经营状况发生变化或者劳动者能力不适应岗位要求时，调整劳动者的岗位、薪酬、工作地点势在必行，而劳动者却往往认为用人单位无权单方直接变更劳动合同条款约定内容，大量的劳动纠纷因此产生。

当面对涉及调岗、调薪的劳动纠纷时，我们首先应当承认并尊重用人单位的用工自主权，即允许用人单位根据自身生产经营需要、劳动者的工作能力、工作态度以及绩效对劳动者进行调岗。其次，在承认用人单位用工自主权的同时，也要防止这项权利的滥用，如用人单位滥用此权利对劳动者进行侮辱、打击报复、逼迫离职等。故为防止此权利的滥用，用人单位应当对其调岗、调薪的变更劳动合同行为作出"合理性"的解释及举证。

在司法实践中，对调岗、调薪"合理性"的审查，一是基于企业生产需要劳动者的工作能力；二是调岗前后工资待遇应当持平；三是调岗后不应增大劳动者的劳动成本；四是调岗不具有侮辱性、惩罚性。如用人单位不能针对以上条件作出举证，将要承担败诉的法律风险，即劳动者可能提出解除劳动合同，并要求用人单位支付经济补偿，或者用人单位以违反劳动纪律或规章制度作出解除劳动合同处理后，劳动者诉求继续履行劳动合同或支付违法解除劳动合同赔偿金。

用人单位在调岗、调薪的操作过程中，必须重视书面签字确认手续，将变更后的双方权利和义务固定下来。如用人单位与劳动者协商失败，确需解除劳动关系的，须按照《劳动合同法》的规定履行好通知、经济补偿支付义务，并保存好相关合法的证据，预防后续劳动纠纷的发生。

---

* 曾凡新律师：北京大成（深圳）律师事务所合伙人，大成中国区劳动与人力资源专业委员会执行主任，广东省法学会社会法学研究会常务理事、深圳大学劳动法和社会保障法研究所客座研究员，国家一级人力资源管理师，曾担任深圳市律师协会劳动与社会保障专业委员会主任。

第十一章

解除劳动合同谁说了算

——劳动合同解除管理技巧

相比于《劳动法》，《劳动合同法》加重了企业违法解除劳动合同的处罚，同时放宽了员工解除劳动合同的限制，从而加大了企业对解除劳动合同管理上的难度。那么，解除劳动合同到底是企业说了算，还是员工说了算？只有法律说了算。《劳动合同法》施行以前，实务中企业在解除劳动合同上具有一定的优势地位，但《劳动合同法》施行以后，在法律层面上，员工掌握了更大的主动权。企业如何合理利用《劳动合同法》，在解除劳动合同过程中化被动为主动，成为困扰企业HR的现实问题。

第一节　好聚好散，灵活运用协商解除

解除劳动合同是指劳动合同订立以后，尚未全部履行之前，由于某种原因导致劳动关系提前消灭。根据《劳动合同法》的规定，劳动合同既可以由单方依法解除，也可以由双方协商解除。两者相比而言，单方解除必须依法进行，必须满足法律限定的条件，而协商解除的，只要求双方解除合同的合意在内容、形式、程序上合法即可，法律对此没有规定条件。可见，协商解除在操作层面上更灵活，如果运用得当，可以促成“双赢”的局面。

［场景回放］

2000 年高某进入某大型跨国公司任电工，2007 年 2 月，公司决定将电工等业务外包给物业公司。2007 年 2 月 26 日，公司提出协商解除劳动合同，高某同意并在公司出具的《解除劳动合同通知书》中签字，其中写明了“经双方协商，一致同意”。2007 年 3 月 31 日，公司与高某补签了《关于解除劳动合同的双方协议》，其中明确表述“经公司与您友好协商，双方一致同意双方的劳动合同将于 2007 年 3 月 31 日解除”，高某在协议中签字表示“接受全部条款”。劳动合同解除前 12 个月高某的月平均工资为 2573.03元，该公司月平均工资为 4185.50 元。劳动合同解除时，公司以 2573.03 为基数向高某计发了解除劳动合同经济补偿金，考虑到高某是公司老员工，公司在此基础上还向高某支付了额外的补偿金。

［针锋相对］

事后，高某认为是企业单方解除劳动合同，同时企业平均工资高于其本人的平均工资，因此公司应当以企业平均工资为基数向其计发经济补偿金。公司认为双方系协商解除劳动合同，因此公司以高某本人的平均工资计发经济补偿金并没有违反法律规定，拒绝了高某的请求。

［审理结果］

高某遂向劳动争议仲裁委员会提起仲裁。最终官司一直打到了二审法院，但是仲裁、一审、二审均以公司与高某系协商解除劳动合同为由驳回了高某的请求。

［律师点评］

本案的争议焦点在于劳动合同是单位单方面解除还是双方当事人协商一致解除以及解除劳动合同经济补偿金的计算方法。本案发生在《劳动合同法》施行之前，有关经济补偿金的支付主要参照《违反和解除劳动合同的经济补偿办法》。根据该办法第 11 条的规定，用人单位与劳动者协商一致解除劳动合同，计算经济补偿金的工资标准为劳动者离职前 12 个月的月平均工资；但是若劳动合同订立时所依据的客观情况发

生重大变化，致使原劳动合同无法履行，经当事人协商不能就变更劳动合同达成协议，由用人单位单方解除劳动合同的，计算经济补偿金的工资标准便是企业平均工资。这正是引发本案纠纷的源头。

本案中，虽然公司业务发生变化，导致当事人签订劳动合同时所依据的客观情况发生了重大变化，但是公司并不是因此单方与高某解除了劳动合同，而是在这个背景下，与高某经协商一致解除了劳动合同，高某也签署了《关于解除劳动合同的双方协议》，因此，公司按照高某的平均工资支付经济补偿金并不违反法律规定。

需要注意的是，根据《劳动合同法》的规定，无论劳动合同基于何种原因解除，计算经济补偿金的工资标准都是劳动者的平均工资。如果本案发生在《劳动合同法》施行之后，便不会产生以上类似的分歧。但是通过本案，我们还是可以看出，协商解除劳动合同可以有效控制企业风险和用工成本。

[拨云见日]

1. 在协商解除劳动合同的情形下，用人单位还需要提前30日书面通知劳动者或者额外支付劳动者1个月工资作为代通知金吗？

答：在协商解除劳动合同的情形下，用人单位无须提前30日书面通知劳动者，也无须额外支付代通知金。有关劳动合同解除的时间以及当事人双方的权利和义务都由用人单位与劳动者协商一致确定。正因如此，协商解除劳动合同的方式具有更大的灵活性。

2. 协商解除劳动合同需要满足什么条件？

答：法律对协商解除劳动合同的方式没有规定硬性条件，也没有进行太多的限制，只要企业与员工解除劳动合同的合意是在平等、公平、自愿的前提下达成一致的，便可以解除劳动合同。

3. 既然解除劳动合同只要当事人双方协商一致即可，那么是否可以对经济补偿金进行任意约定？

答：双方协商解除劳动合同不得违反法律强制性规定，否则约定无效。如果经用人单位提出，用人单位与劳动者协商一致解除劳动合同的，用人单位应向劳动者支付经济补偿。根据《新劳动争议司法解释（一）》第35条的规定："劳动者与用人单位就解除或者终止劳动合同办理相关手续、支付工资报酬、加班费、经济补偿或者赔偿金等达成的协议，不违反法律、行政法规的强制性规定，且不存在欺诈、胁迫或者乘人之危情形的，应当认定有效。前款协议存在重大误解或者显失公平情形，当事人请求撤销的，人民法院应予支持。"因此，在不存在欺诈、胁迫或者乘人之危等情形前提下，协商解除劳动合同的经济补偿可以自由约定，既可以高于法定标准，也可以低于法定标准，甚至不支付经济补偿。

4. 劳动者处于医疗期、孕期、产期或者哺乳期的，用人单位可否与其协商解除劳动合同？

答：可以。只要用人单位与劳动者协商一致，即使劳动者处于医疗期、孕期、产期或者哺乳期，劳动合同也可以解除。

5. 劳动合同解除协议签订后，员工反悔的该如何处理？

答：劳动合同解除协议只要是用人单位与劳动者协商一致达成的，一旦签订即发生法律效力，任意一方都不得反悔。如果员工反悔，企业可以诉诸法律得到救济。

[律师说法]

法律对协商解除劳动合同的限制较少，而且在协商解除劳动合同的情形下，双方就合同解除的时间以及双方的权利和义务等事宜都已达成共识，由此产生纠纷的概率较小，可以为企业减少不必要的纷争。尤其是在企业没有足够证据证明企业可以单方解除劳动合同的情形下，协商解除更是明智之举，以免企业陷入违法单方解除劳动合同的法律风险。

用人单位与劳动者协商解除劳动合同时应当注意以下几点：

1. 一定要遵循公平、平等、自愿、诚信、协商一致的原则，不得采用胁迫或者欺诈的手段，否则解除协议无效；

2. 务必签订书面的解除劳动合同协议，明确双方的权利义务，以防员工反悔，为纠纷解决提供依据；

3. 解除劳动合同协议中对下列事项一定要明确：劳动合同解除时间、劳动者最后工作日、离职交接相关情况、解除劳动合同经济补偿金的数额、支付时间和支付方式等。

[法条链接]

《中华人民共和国劳动合同法》

第三十六条　用人单位与劳动者协商一致，可以解除劳动合同。

《中华人民共和国劳动合同法实施条例》

第十八条　有下列情形之一的，依照劳动合同法规定的条件、程序，劳动者可以与用人单位解除固定期限劳动合同、无固定期限劳动合同或者以完成一定工作任务为期限的劳动合同：

（一）劳动者与用人单位协商一致的……

第十九条　有下列情形之一的，依照劳动合同法规定的条件、程序，用人单位可以与劳动者解除固定期限劳动合同、无固定期限劳动合同或者以完成一定工作任务为期限的劳动合同：

（一）用人单位与劳动者协商一致的……

第二节　企业单方解除劳动合同要谨慎

劳动合同一旦生效便具有确定性。为了保障劳动关系的稳定性，保护劳动者的合法权益，法律规定企业没有法定条件不得单方解除劳动合同。根据《劳动合同法》及其实施条例的规定，企业单方解除劳动合同分为两种情形：一种是因劳动者过错而单方解除劳动合同（以下简称过错性解除劳动合同）；另一种是非因劳动者过错而单方解除劳动合同（以下简称非过错性解除劳动合同）。

一、过错性解除劳动合同的操作实务

（一）条件

根据《劳动合同法》第 39 条的规定，劳动者有下列情形之一的，用人单位可以单方解除劳动合同：

1. 在试用期间被证明不符合录用条件的；

2. 严重违反用人单位的规章制度的；

3. 严重失职，营私舞弊，给用人单位造成重大损害的；

4. 劳动者同时与其他用人单位建立劳动关系，对完成本单位的工作任务造成严重影响，或者经用人单位提出，拒不改正的；

5. 以欺诈、胁迫的手段或者乘人之危，使用人单位在违背真实意思的情况下订立或者变更劳动合同致使劳动合同无效的；

6. 被依法追究刑事责任的。

（二）后果

用人单位因劳动者过错而单方解除劳动合同的，无须提前通知劳动者，无须向劳动者支付 1 个月工资的代通知金，也无须向劳动者支付经济补偿。在劳动者有过错的情况下，用人单位单方解除劳动合同的风险最小，成本最低，只要有确实、充分的证据证明员工具备以上六种情形之一即可。

（三）程序

在理论上，用人单位以劳动者存在过错单方解除劳动合同的成本最低。正因如此，HR 在实践中也经常运用，但是却因操作不当往往最后陷入被动。在实务中，为了规避风险，用人单位还应当履行一定的程序或者手续。

第一步，固定、收集、调查证据，以证明劳动者具备以上六种过错性解除情形之一。

第二步，通知工会。事先将解除劳动合同的理由通知工会，通知形式虽无强制性规定，但从完善管理的角度出发，建议采用书面形式。如果工会认为企业解除行为不当或者违反法律、行政法规规定或者劳动合同约定的，可以要求企业纠正。企业应当研究工会的意见，并将处理结果书面通知工会。

第三步，通知员工。在过错性解除劳动合同的情形下，企业无须提前通知员工即可单方解除，这里的通知是指向员工告知解除事实，送达解除决定。至于通知的形式，既可以是书面的，也可以是口头的，从完善管理和降低诉讼风险的角度出发，建议采用书面形式。

需要注意的是，用人单位作出解除或终止劳动合同的决定，应当送达员工才产生法律效力。但实践中，由于员工不认同用人单位的做法，往往会对用人单位的解除或终止行为产生抵触情绪的情形，包括不配合办理交接手续以及不签收解除或终止劳动合同通知书。那么,为了避免这种情形出现,用人单位怎样做才能合法有效呢?

首先,用人单位应当对员工类型作出基本的判断,即从解除的原因、事前的沟通、同事的反馈等方面,来判断这个员工对于解除或终止合同是什么样的态度,是否存在抵触情绪。如果员工对于解除或终止原因能够理解或接受,心态平和,则可以采取直接送达的方式让其签收,否则可能需要准备其他送达方式。

其次,如果判断员工可能拒签通知时,可以在书面送达通知时,同时准备录音设备,如果能够在一些有视频监控和同步录音的办公室则更佳。在送达通知的时候,应当采取宣读的形式,以便让录音或录像设备记录下通知的内容,宣读完之后再送达给员工。这样如果员工拒收,由于已经当场宣读内容,员工已经知晓了解除或终止决定,其拒绝签收与否都不影响送达的效力。经办人员可以在通知书上如实记录对方拒收即可,对方对此送达事实如有异议可以提供录音录像资料加以佐证。

实践中,有的单位习惯于找几个同事来作证,证明送达的事实,并且在送达通知上签字,这种做法的效力是存在问题的。在劳动争议中,如果用人单位的在职员工为用人单位作证,且证言是有利于用人单位的,一般不会作为单独认定事实的依据。因为劳动关系具有人身属性,一般来说在职员工基于自身利益的考虑,很难实事求是地陈述真实事实,很容易受到用人单位的左右。

最后,用人单位为确保万无一失,还可以采取邮寄送达的方式,即通过邮寄的方式向员工确认的通讯地址寄出解除或终止劳动合同的通知书,员工本人或成年家属签收均视为送达。邮寄单的封面应写明邮件的内容,以便证明邮寄的是解除或终止劳动合同的通知书。

实践中,为了防止出现员工看到邮件封面内容后拒收等情况出现,用人单位还可以采取邮寄公证的做法,即通过公证机关公证邮件的过程及内容,经公证的证据具有较高的证明力,而且由于公证机关会出具公证书证明邮寄的内容,因此邮寄公证时邮件的封面是不需要写清楚邮寄内容的,这样可以避免出现员工拒收的情况。

[场景回放]

2011年某公司(甲方)与郑某(乙方)签订了劳动合同,劳动合同中约定:"乙方有下列情况之一,甲方可以随时通知乙方解除劳动合同,而无须向乙方支付任何经济补偿金:……乙方不履行本劳动合同,严重违反劳动纪律和甲方依法制定的规章制度的。规章制度细则详见《员工手册》。"2016年3月23日,郑某迟到和早退各1小时。当月29日,公司人力资源部工作人员与郑某谈话,对其在23日的迟到和早退行为进行了批评指正,郑某在记载上述内容的谈话记录上签字。同日,公司根据《员工手册》的规定,针对郑某的迟到和早退行为,对郑某作出警告处分。2016年4月28日,郑某在没有履行请假手续的情况下无故缺勤,次日,郑某所在部门召开内部会议,对郑某的旷工行为进行批评,郑某参加了该会议并在会议纪要上签字。根据《员工手册》的规定,员工旷工1天,公司可以处以警告处分;员工已经受过警告以上处分,又违反公司规定应当受警告以上处分的,公司可以解除劳动合同。据此,公司于2016年4月29日解除了与郑某的劳动合同。

[针锋相对]

郑某以公司的解除劳动合同决定不当为由向当地劳动争议仲裁委员会提出申诉，要求公司撤销解除劳动合同的决定。该劳动争议仲裁委员会经审理驳回了郑某的申诉请求。郑某不服诉至法院，请求判令公司承认错误、赔礼道歉、支付解除劳动合同经济补偿金9500元及律师费2000元。

[审理结果]

法院审理认为，《员工手册》由公司依法制定，内容不违反法律的强制性规定，且已经向郑某公示，对郑某具有约束力。郑某在谈话记录和会议纪要上均签字确认了其迟到、早退和旷工的行为，公司根据《员工手册》的规定对其处以警告处分并解除劳动合同并无不当，故法院驳回了郑某的全部诉讼请求。

[律师点评]

劳动关系建立后，劳动者作为用人单位的职工必须服从用人单位的管理和合理安排，必须遵守用人单位的各项规章制度。如果劳动者严重违反用人单位的规章制度，用人单位则可以单方解除劳动合同。在本案中，郑某无视《员工手册》的规定，迟到、早退并旷工，严重违反了公司的规章制度，公司据此解除劳动合同并无不当。

需要注意的是，企业以员工严重违纪为由解除劳动合同，由企业承担举证责任，即证明员工具有严重违纪的行为，否则将承担不利的法律后果。本案所涉及的公司在这一点上就做得非常好，由于该公司有比较严格的管理制度，在员工违纪后与之进行谈话、教育，并让员工在谈话笔录上签字确认，大大降低了企业在诉讼中的证明成本及举证风险，因此其主张最终也得到了仲裁委员会和法院的采信。

[拨云见日]

1. 如果处于医疗期、孕期、产期、哺乳期的员工具有《劳动合同法》第39条规定的过错性情形之一的，企业能否单方与其解除劳动合同？

答：过错性解除劳动合同适用于用人单位的全体员工，只要员工具备上述六种过错性解除情形之一的，即使其处于医疗期、孕期、产期或哺乳期，用人单位也可以单方解除劳动合同。

2. 是否只要员工有违纪行为，企业就能解除劳动合同？如何判断员工的行为是否属于严重违纪？

答：并非员工只要实施了违纪行为，企业就可以解除劳动合同。企业因为员工实施违纪行为解除劳动合同，对违纪行为的程度是有要求的，即必须是严重违纪，如果违纪行为没有达到严重的程度，企业不能因此单方解除劳动合同。

至于哪些行为属于严重违纪，法律并无明确规定，根据原劳动部《关于〈劳动法〉

若干条文的说明》第 25 条的规定，这项界定权把握在企业手中，企业可以通过规章制度明确规定哪些行为属于严重违纪。倘若企业没有对严重违纪行为进行界定，同时又无相关法律规定的，即便员工实施了违纪行为，企业也不能因此与之解除劳动合同。企业在对“严重违纪”进行界定时，一定要做到明确、合理。

3. 是否只要员工的行为给企业造成了损失，企业就可以解除劳动合同？

答：不是。根据《劳动合同法》第 39 条第 3 项的规定，只有员工严重失职或营私舞弊，给企业造成重大损害的，企业才可以解除劳动合同。由此可见，企业要依据此项规定解除劳动合同，必须满足以下条件：

首先，员工存在过错，既可以是过失，也可以是故意，若员工对损害的发生没有过错，企业不能解除劳动合同。其次，员工的过错程度较高，必须是严重失职或营私舞弊，如果仅是一般的或者轻微的过失，企业也不能解除劳动合同。再次，必须给企业造成了重大损害，这是最为关键的一点。何为“重大损害”，法律并没有明确界定，根据原劳动部《关于〈劳动法〉若干条文的说明》第 25 条的规定，企业可以根据实际情况，通过规章制度或劳动合同来界定。企业要特别注意这一点，运用好这项界定权。最后，员工的过错与损害结果之间存在因果联系。

4. 陈某为某厂职工，某日陈某因打架斗殴被公安机关拘留，此时，该厂能否以陈某“被追究刑事责任”解除劳动合同？后陈某因此事被劳动教养，此时该厂能否解除劳动合同？

答：拘留仅是一种强制措施，被拘留并不意味着就会被追究刑事责任，因此，在陈某被拘留时，该厂不能就以陈某“被追究刑事责任”为由解除劳动合同。后陈某被劳动教养，虽然劳动教养不是刑事处罚，而只是一种行政处罚，但根据原劳动部《关于贯彻执行〈中华人民共和国劳动法〉若干问题的意见》第 31 条的规定，“劳动者被劳动教养的，用人单位可以依据被劳教的事实解除与该劳动者的劳动合同”。当陈某被劳动教养时，该厂可以解除劳动合同。

[律师说法]

过错性解除劳动合同是企业保护自身合法权益，防止劳动关系僵化的重要手段，与此同时，它也是劳动争议产生的多发地带。为了降低诉讼成本，抵御法律风险，最为有效的方式就是事先做好防范工作，可以从以下几个方面入手：

1. 制定完善的规章制度，明确界定员工的违纪行为，规定相应的处罚措施。

(1) 界定违纪行为时应当有一个逻辑递进关系，根据违纪行为情节轻重和后果大小将违纪行为分为轻微违纪、一般违纪、严重违纪等级别，并明确规定三种等级的转化关系，形成梯度。当员工多次轻微违纪或一般违纪质变为严重违纪时，企业便可以解除劳动合同，以解决员工大错不犯、小错不断，企业却对其束手无策的难题。

(2) 界定“严重违纪”要合法、合理。无论企业是通过规章制度，还是劳动合同，一定要把握好对严重违纪行为的界定权，如果界定得不合法、不合理，企业就会从主动变为被动。

(3)明确规定对违纪行为的惩罚程序。惩罚的一般程序为：调查取证—员工谈话—提出惩罚建议—审批—送达惩罚决定—员工申诉。很多企业往往没有设置员工申诉的环节，其实该环节对于了解事实、矫枉过正起着重要的补救作用，也有利于避免不必要的诉讼成本，因此建议各企业加强该环节的运用。

2. 根据《劳动争议调解仲裁法》的规定，企业单方解除劳动合同的，企业对于解除劳动合同的原因承担举证责任，解除劳动合同应当建立在事实清楚、证据确凿的基础之上。因此在日常管理中，HR 应当树立证据意识，在解除劳动合同之前针对解除合同的原因进行充分的调查取证。

3. 在实务中，一些 HR 在缺乏对事实和法律的整体把握下就仓促决定解除劳动合同，一旦事后发生纠纷，容易导致企业处于被动局面。因此，建议 HR 在作出处理决定之前，最好事先与法律专业人士进行充分的沟通，了解法律风险所在，并事先做好防范。

[法条链接]

《中华人民共和国劳动合同法》

第三十九条　劳动者有下列情形之一的，用人单位可以解除劳动合同：（略）

第四十三条　用人单位单方解除劳动合同，应当事先将理由通知工会。用人单位违反法律、行政法规规定或者劳动合同约定的，工会有权要求用人单位纠正。用人单位应当研究工会的意见，并将处理结果书面通知工会。

《中华人民共和国劳动合同法实施条例》

第十九条　有下列情形之一的，依照劳动合同法规定的条件、程序，用人单位可以与劳动者解除固定期限劳动合同、无固定期限劳动合同或者以完成一定工作任务为期限的劳动合同：（略）

劳动部《关于〈劳动法〉若干条文的说明》

第二十五条　本条中“严重违反劳动纪律”的行为，可根据《企业职工奖惩条例》和《国营企业辞退违纪职工暂行规定》等有关法规认定。

本条中的“重大损害”由企业内部规章来规定。因为企业类型各有不同，对重大损害的界定也千差万别，故不便于对重大损害作统一的解释。若由此发生劳动争议，可以通过劳动争议仲裁委员会对其规章规定的重大损害进行认定。

本条中“被依法追究刑事责任”，具体指：(1)被人民检察院免予起诉的；(2)被人民法院判处刑罚（刑罚包括：主刑：管制、拘役、有期徒刑、无期徒刑、死刑；附加刑：罚金、剥夺政治权利、没收财产）的；(3)被人民法院依据刑法第 32 条免予刑事处分的。

二、非过错性解除劳动合同的操作实务

(一)条件

根据《劳动合同法》第 40 条的规定，劳动者有下列情形之一的，用人单位提前 30 日以书面形式通知劳动者本人或者额外支付劳动者 1 个月工资后，可以解除劳动

合同：

1. 劳动者患病或者非因工负伤，在规定的医疗期满后不能从事原工作，也不能从事由用人单位另行安排的工作的；

2. 劳动者不能胜任工作，经过培训或者调整工作岗位，仍不能胜任工作的；

3. 劳动合同订立时所依据的客观情况发生重大变化，致使劳动合同无法履行，经用人单位与劳动者协商，未能就变更劳动合同内容达成协议的。

（二）后果

用人单位非因劳动者过错而单方解除劳动合同的，必须提前 30 日以书面形式通知劳动者本人或者额外支付劳动者 1 个月工资后，才能单方解除劳动合同。解除劳动合同的，用人单位还应当向劳动者支付经济补偿，经济补偿按劳动者在本单位工作的年限，每满 1 年支付 1 个月工资的标准向劳动者支付。6 个月以上不满 1 年的，按 1 年计算；不满 6 个月的，向劳动者支付半个月工资的经济补偿。非过错性解除劳动合同，相比于过错性解除劳动合同，用人单位的成本虽然提高了，但解除合同的主动权仍在用人单位。

（三）程序

劳动者具备上述非过错性解除情形的，用人单位还必须履行相应的义务和程序，才能解除劳动合同。

第一步，固定、收集、调查证据，以证明劳动者具备以上三种非过错性解除情形之一。

第二步，通知工会。事先将解除劳动合同的理由书面通知工会，用人单位违反法律、行政法规规定或者劳动合同约定的，工会有权要求用人单位纠正。用人单位应当研究工会的意见，并将处理结果书面通知工会。

第三步，通知员工。这里的“通知”不同于过错性解除劳动合同中的“通知”，它具有法律上的实质意义，用人单位可以选择提前 30 日书面通知员工，或者选择额外支付相当于员工 1 个月工资的代通知金，二者选择其一。支付代通知金的目的在于补偿企业未提前 30 日通知员工而给员工造成的损失，因此，在支付代通知金的情形下，企业无须再提前 30 日通知劳动者即可解除劳动合同。代通知金的支付标准为员工离职前 1 个月的全额工资，包括加班费、奖金等。同样地，如果企业选择提前 30 日书面通知员工，也就无须再向员工支付代通知金了。特别需要注意的是，这里的“通知”必须采用书面形式。实务中最常用的方式是让员工签收解除劳动合同通知书。如果员工不配合，拒绝签收时，企业可以考虑采取以下方式：发送邮政快递；直接派人将通知书送达到员工住址，并让见证人签字确认；公证送达过程；或通过媒体公告送达等。

第四步，在员工办理完毕工作交接手续后，依法向劳动者支付解除劳动合同经济补偿金及其他相关补助费用。

[场景回放]

2015 年 4 月，应届毕业生田某被某外资银行招聘为业务员。2018 年 2 月，田某因腰部受伤请病假在家休养。至2018年7月,田某仍然没有回公司上班,但是按期向公司提交请假单。

2018年7月15日,公司向田某发出书面通知,告知其医疗期已经结束,其应当在2018年8月1日到原岗位报到上班,否则视为其自认为不能够胜任原岗位工作。田某接到通知后并没有按期到公司报到,也没有向公司说明情况。

2018年8月6日,公司再次向田某发出书面通知,通知内容为:"……由于您没有按照公司要求在2018年8月1日到公司报到,公司认为你自认为不能胜任原岗位工作,因此将你的工作岗位由业务员调整为电话销售员,福利待遇保持不变,请您于2018年8月8日到人力资源部报到。若您没有按时报到的,视为您自认为不能够胜任原岗位工作。"

2018年8月8日,田某按时到人力资源部报到,但是拒绝接受新岗位工作,原因是公司调岗未与其协商。于是人力资源部的人员当即让田某提交了拒绝接受新岗位的书面意见。2018年8月8日后,田某再没有到公司上班,但仍然通过传真的方式向公司提交请假单。

2018年8月12日,公司向田某发出解除劳动合同通知书,内容为:"……医疗期满,因您不能从事原岗位工作,也不能从事公司另行安排的工作,因此公司决定于30天后,即2018年9月11日解除劳动合同。公司将在您办理完毕工作交接后依法向您支付经济补偿金和医疗补助费。"

田某接到通知后,认为公司解除劳动合同不当,遂向当地劳动争议仲裁委员会提起仲裁,目前该案尚在审理过程中。

[律师点评]

本案是一个典型的医疗期满解除劳动合同的案例,类似情况在实务中也经常发生,很多员工像本案中田某那样请完长病假后迟迟不归,让企业HR非常头疼。但本案中该公司的操作方法很值得借鉴。

本案中,根据《企业职工患病或非因工负伤医疗期规定》的规定,田某累计工龄及在该公司工作的时间都不足5年,因此,田某可以享受3个月的医疗期,从2018年2月病休开始计算,至2018年5月田某的法定医疗期便已届满。公司在田某医疗期届满时没有对双方劳动关系及时进行处理,同时公司关于旷工之类的规章制度也没有向田某送达,这是公司操作上的两个失误。但是公司的事后补救工作做得很到位,分步骤地固定了田某不能胜任原岗位工作以及新岗位工作的证据,为公司依法解除劳动合同铺平了道路。

在本案中,田某提出公司调整工作岗位应当经过其同意,这种主张没有法律依据。《劳动合同法》第40条第1项的表述为:"劳动者患病或者非因工负伤,在规定的医疗期满后不能从事原工作,也不能从事由用人单位另行安排的工作的。"可见,当劳动者医疗期满后不能从事原工作时,用人单位可以自主另行安排劳动者其他工作,而无须与劳动者协商一致,当然,这种安排应当是合理的,应当与劳动者自身条件和公司的要求相符合。

非过错性解除劳动合同另外两种情形下岗位调整须注意：因劳动者不能胜任工作而调岗的，用人单位也可以单方面合理调整劳动者的工作岗位，而无须劳动者同意；因劳动合同订立时所依据的客观情况发生重大变化，致使劳动合同无法履行而调岗的，必须经过用人单位与劳动者协商一致，用人单位不得强行安排，协商不一致的，用人单位可以解除劳动合同。

[拨云见日]

1. 所有的员工都能适用非过错性解除劳动合同吗？

答：前面我们提到，过错性解除劳动合同适用于企业的全体员工，不论其是否处于医疗期、孕期、产期或者哺乳期。但非过错性解除劳动合同则不同，员工如果具有以下法定情形之一的，企业不得依照《劳动合同法》第40条的规定解除劳动合同。

(1)从事接触职业病危害作业的劳动者未进行离岗前职业健康检查，或者疑似职业病病人在诊断或者医学观察期间的；

(2)在本单位患职业病或者因工负伤并被确认丧失或者部分丧失劳动能力的；

(3)患病或者非因工负伤，在规定的医疗期内的；

(4)女职工在孕期、产期、哺乳期的；

(5)在本单位连续工作满15年，且距法定退休年龄不足5年的；

(6)法律、行政法规规定的其他情形。

2. 医疗期届满，员工不能胜任工作，企业是否可以立即解除劳动合同？

答：不可以。《劳动合同法》第40条第1项明确规定，劳动者医疗期满后不能从事原工作，也不能从事由用人单位另行安排的工作的，用人单位才可以解除劳动合同。所以，医疗期届满，员工不能胜任工作的，企业不能直接解除劳动合同，而是应该合理调整员工的工作岗位，员工仍然不能胜任新工作的，这时企业才可以解除劳动合同。

3. 员工经考核被证明不能胜任工作，企业能否立即解除劳动合同？

答：不能。很多HR在实务中也存在这样的误区，认为只要员工不能胜任工作，那么用人单位便可以解除劳动合同。实则不然。《劳动合同法》第40条第2项明确规定，劳动者不能胜任工作，经过培训或者调整工作岗位，仍不能胜任工作的，用人单位才能解除劳动合同。可见，在这种情形下企业要解除劳动合同必须走“三部曲”：第一部曲是证明员工不能胜任原工作；第二部曲是对员工进行培训或者调岗，这是解除劳动合同的前置条件；第三部曲是证明员工经过培训或调岗后仍然不能胜任工作。要依据员工不能胜任工作而解除劳动合同，上述三个步骤缺一不可。

4. 员工不能胜任工作，如何对其进行培训？

答：培训的内容主要是对其专业技能进行培训。培训的方式各种各样，可以是谈话、参加培训班、实习、指定专人指导等。无论采用怎样的培训方式，都一定要对培训过程进行书面记载，尤其是让员工签字确认的程序是万万不能省略的。

5. 什么叫作“客观情况发生重大变化”？具体包括哪些情形？

答：根据原劳动部《关于〈劳动法〉若干条文的说明》第 26 条的规定，“客观情况发生重大变化”是指发生不可抗力或出现致使劳动合同全部或部分条款无法履行的其他情况，如企业迁移、被兼并、企业资产转移等。至于岗位撤销是否属于客观情况发生重大变化，这要区别情况来对待。若因为客观原因而导致岗位被撤销的，如经营策略转变、精简机构等，可以视为客观情况发生重大变化；若因为企业主观原因，如为了裁人而暂时撤岗的，这显然不属于客观情况发生重大变化。

6. 通过“末位淘汰”解除劳动合同合法吗？

在人力资源管理中，为达到充分激励员工的目的，很多企业热衷于采取“末位淘汰”的管理方法。“末位淘汰”是指企业通过制定相应的考评制度，将在一定时期内考核排名末位的一位或几位员工，直接淘汰出企业的做法。

从企业管理角度来说，“末位淘汰”既有其正面的价值，也有负面的影响。从正面来看，“末位淘汰”可以最大限度发挥员工的潜能和调动员工工作积极性，但造成的负面后果是，一方面导致员工之间竞争激烈、关系紧张；另一方面员工往往只向最低的看齐，超过最低的便是安全线，后期动力不足。

从管理角度来说，“末位淘汰”有褒有贬，但是从法律层面上来分析，“末位淘汰”的合法性依据则受到严重的质疑。末位淘汰可以分为以下几类：(1) 对处于末位的劳动者将调离某一职位；(2) 处于末位的劳动者在合同终止时不再续签；(3) 处于末位的劳动者被提前解除合同。对于前两种情况来说，如果符合不胜任工作或符合终止合同的条件，当然可以调整岗位或终止合同。实践中存在法律风险的主要是第三种情况，即以考核末位解除劳动合同的做法。

根据《劳动合同法》的规定，解除劳动合同需要法定的理由，而“考核排名末位”并不符合法定的解除条件，如果硬要往法定解除理由上靠，最接近的理由也就是“不能胜任工作”。但是考核排名末位并不等于“不能胜任工作”，更不能解除劳动合同。具体理由如下：

(1) 劳动合同的封闭性和相对性决定了不能根据他人的表现来评判员工。

“不能胜任工作”是指不能按要求完成劳动合同中约定的工作内容或任务。劳动合同的封闭性决定了单位没有权利根据其他劳动者的工作情况来决定这个劳动者是否解除或终止合同，只能根据其自身岗位职责及工作表现进行评判。

举例来说，一个部门 10 个员工，如果 9 个员工考核成绩在 95 分以上，而只有 1 个员工考核成绩为 94 分，我们就可以得出结论，94 分的员工就是不胜任工作吗？显然不能。因为根据该员工的岗位要求，可能考核 80 分以上就符合了。反之，如果 10 个员工都不到 60 分，我们能说只有分数最低的才不胜任工作吗？因此，不能以某些员工的表现好，来论证其他员工的表现肯定差，反之亦然，因为这种评判的逻辑是错误的。

可能有的用人单位会想，将“考核排名末位”直接约定为不胜任工作或直接约定为解除条件，不就解决问题了吗？但事实上，根据劳动法的社会法属性，由于这样的约定本身不合法，即使有约定也会被认定为无效。

(2)即使员工不能胜任工作岗位,也不能立即解除劳动合同。

按照法律规定,员工即使不胜任工作,也需要用人单位对员工进行培训或调整工作岗位,经过考核周期后再次考核,若劳动者仍不能胜任工作,用人单位才可以解除劳动合同。

此外,根据法律规定,用人单位以员工不能胜任工作且经培训或调岗后仍不能胜任工作为由解除劳动合同,同样需要支付经济补偿金。而实践中很多用人单位对于经"末位淘汰"的员工,一般都不支付经济补偿,这是不合法的。

由此可见,"末位淘汰"的做法由于具有天然的法律风险,用人单位需要慎重对待。最高人民法院公布的《第八次全国法院民事商事审判工作会议(民事部分)纪要》中也明确规定:"用人单位在劳动合同期限内通过'末位淘汰'或'竞争上岗'等形式单方解除劳动合同,劳动者可以用人单位违法解除劳动合同为由,请求用人单位继续履行劳动合同或者支付赔偿金。"可见,以"末位淘汰"方式直接解除合同是行不通的。

[律师说法]

同过错性解除劳动合同一样,用人单位适用非过错性解除劳动合同,也要承担很重的举证责任。在实务中,用人单位由于举证不力导致败诉的情况较多。鉴于这种情况,如果劳动者出现上述非过错性情形时,用人单位可以事先与劳动者协商解除劳动合同,协商不成的再考虑单方解除。如果协商解除,从支付解除劳动合同经济补偿金的角度而言并无差别,但用人单位不但不用承担提前通知的义务,还可以卸下举证责任的重负。

[法条链接]

《中华人民共和国劳动合同法》

第四十条　有下列情形之一的,用人单位提前三十日以书面形式通知劳动者本人或者额外支付劳动者一个月工资后,可以解除劳动合同:(略)

第四十二条　劳动者有下列情形之一的,用人单位不得依照本法第四十条、第四十一条的规定解除劳动合同:(略)

第四十三条　用人单位单方解除劳动合同,应当事先将理由通知工会。用人单位违反法律、行政法规规定或者劳动合同约定的,工会有权要求用人单位纠正。用人单位应当研究工会的意见,并将处理结果书面通知工会。

《中华人民共和国劳动合同法实施条例》

第十九条　有下列情形之一的,依照劳动合同法规定的条件、程序,用人单位可以与劳动者解除固定期限劳动合同、无固定期限劳动合同或者以完成一定工作任务为期限的劳动合同:(略)

第二十条　用人单位依照劳动合同法第四十条的规定,选择额外支付劳动者一个月工资解除劳动合同的,其额外支付的工资应当按照该劳动者上一个月的工资标准确定。

原劳动部《关于〈劳动法〉若干条文的说明》

第二十六条　本条第(一)项指劳动者医疗期满后,不能从事原工作的,由原用人单位另行安排适当的工作之后,仍不能从事另行安排的工作的,可以解除劳动合同。

本条第(二)项中的"不能胜任工作",是指不能按要求完成劳动合同中约定的任务或者同工种,同岗位人员的工作量。用人单位不得故意提高定额标准,使劳动者无法完成。

本条中的"客观情况"指:发生不可抗力或出现致使劳动合同全部或部分条款无法履行的其他情况,如企业迁移、被兼并、企业资产转移等,并且排除本法第二十七条所列的客观情况。

三、企业裁员解除劳动合同的操作实务

(一)条件

根据《劳动合同法》第 41 条的规定,有下列情形之一,需要裁减人员 20 人以上或者裁减不足 20 人但占企业职工总数 10% 以上的,用人单位依据法定程序,可以裁减人员:

1. 依照企业破产法规定进行重整的;
2. 生产经营发生严重困难的;
3. 企业转产、重大技术革新或者经营方式调整,经变更劳动合同后,仍需裁减人员的;
4. 其他因劳动合同订立时所依据的客观经济情况发生重大变化,致使劳动合同无法履行的。

(二)后果

根据《劳动合同法》的规定,用人单位依法裁减人员的,需要向劳动者支付经济补偿。此外,如果用人单位在裁员后 6 个月内重新招用人员的,应当通知被裁减的人员,并在同等条件下优先招用被裁减的人员。

(三)程序

相比于过错性和非过错性解除劳动合同的情形,企业裁减人员需要履行更严格的法定程序,否则,即使具备了法定裁员的情形,也仍然属于违法裁员。

第一步,提前 30 日向工会或者全体职工说明情况;

第二步,提出裁减人员方案,内容包括:被裁减人员名单、裁减时间及实施步骤,符合法律、法规规定和集体合同约定的被裁减人员的经济补偿办法;

第三步,听取工会或者职工的意见,对裁减人员方案进行修改和完善;

第四步,向当地劳动行政部门报告裁减人员方案,听取劳动行政部门的意见;

第五步,正式公布裁减人员方案,与被裁减人员办理解除劳动合同手续,按照有关规定向被裁减人员支付经济补偿金,并出具裁减人员证明书。

[场景回放]

某知名民营企业在2018年5月经过竞聘上岗，优化组合，使王某等20名员工走上了中层以上领导岗位，并签订了5年期限的劳动合同，起初2年王某为企业带来的新的管理经营理念，使企业的经济效益有了明显的提高。2021年6月，董事会经过研究决定，为了保持企业持续快速地发展，就必须不断地补充新员工，为企业注入新鲜血液。于是一批老员工成为裁减的对象。为了裁减人员，企业制定了董事会评价与业绩相结合的考核办法。经过考核包括王某在内的16名员工不合格，被确定为不能胜任工作，于是企业决定裁减王某等16人。王某等16人不服，认为自己能够完成劳动合同约定的工作内容，不存在不能胜任工作的情形。请问：该企业的裁减行为是否合法？

[律师点评]

本案中企业裁减人员的行为是违法的。只有具备法定条件，履行法定程序，企业才能裁减人员。在本案中，该企业以不能胜任工作为由而决定裁减王某等16人，这显然不符合裁减人员的法定条件，因此不能适用裁员的相关规定解除王某等人的劳动合同。

那么，企业能否以王某等人不能胜任工作为由直接适用过错性解除劳动合同呢？答案也是否定的。首先，企业制定的考核制度存在违法因素，考核是对员工工作能力及工作业绩的一种客观评价，应当以劳动合同中约定的工作标准为考核标准，但在本案中，企业制定的考核标准加进了董事会的主观评价，依此判定员工不能胜任工作有失公允。其次，员工不能胜任工作并不必然导致劳动关系的解除，必须经过培训或调整工作岗位之后仍然不能胜任时，企业才可以解除劳动合同。

在实务操作当中，企业裁员一般分为经济性裁员、结构性裁员和优化性裁员三种类型。经济性裁员多是出于生产经营困难，如进入法定整顿期间等，这些困难企业出于控制用工成本的需要，必须通过裁员来减少支出，维持经营；结构性裁员是指由于企业经营业务或经营方针发生变化，而进行的内部机构重组或企业外部结构兼并、分立时进行的裁员。如UT斯达康由于小灵通业务的萎缩，在全球范围内裁员1400人就属于这一类型；优化性裁员则是为了提高效率和团队竞争力，裁员的对象通常是业绩不佳、人际关系不好、团队合作能力差的员工，如本案中公司裁减王某等16人便属于此类型。《劳动合同法》所规定的裁员主要指经济性裁员和结构性裁员，对于优化性裁员则不能够参照裁员规定进行处理，而应当按照劳动合同解除的一般规定来执行。

[拨云见日]

1. 某企业有100名员工，因企业转产需裁减5名员工，此时能够适用企业裁员的相关规定吗？

答：不能。从某种意义上来讲，企业裁减人员属于非过错性解除劳动合同，但并非所有的非过错性解除劳动合同都属于裁员，裁员除了满足法定的裁员条件外，法律对裁减人员的人数还有硬性要求，裁减只有达到一定人数，才能适用裁员的相关规定。根据《劳动合同法》的规定，裁员人数有两个标准：一个是裁减人员 20 人以上；另一个是裁减虽不足 20 人但占企业职工总数 10% 以上。如果不符合其中任何一个标准，就不能适用裁员的法律规定。在本题中，企业需裁减 5 名员工，占企业职工总数的 5%，没有达到裁员人数的标准，因此不属于《劳动合同法》意义上的裁员，不能适用裁员的相关规定。

2. 员工在企业裁员中受哪些法律保护？

答：企业裁员解除劳动合同与一般的非过错性解除劳动合同不同，为了保护劳动者的合法权益，法律作出了一些特殊规定。

(1) 获得经济补偿金。符合法定条件的，企业应当向被裁减人员支付经济补偿金。

(2) 被优先留用。企业裁员时，应当优先留用下列人员：与本单位订立较长期限的固定期限劳动合同的；与本单位订立无固定期限劳动合同的；家庭无其他就业人员，有需要扶养的老人或者未成年人的。

(3) 禁止被裁减。员工有下列情形之一的，企业不得予以裁减：从事接触职业病危害作业的劳动者未进行离岗前职业健康检查，或者疑似职业病病人在诊断或者医学观察期间的；在本单位患职业病或者因工负伤并被确认丧失或者部分丧失劳动能力的；患病或者非因工负伤，在规定的医疗期内的；女职工在孕期、产期、哺乳期的；在本单位连续工作满 15 年，且距法定退休年龄不足 5 年的；法律、行政法规规定的其他情形。

(4) 被优先录用。企业裁员之后，如在 6 个月内重新招用人员，应当在同等条件下优先招用被裁减的人员。

[律师说法]

1. 企业大规模裁员案件由于涉及人员众多，个体因素林林总总，案件对抗性较强，所以企业在裁员过程中应当特别注意在合法有序的框架内进行。企业特别是人力资源部应当确实保证裁员方案和解除劳动合同的合法性，以使企业裁员在合法的轨道上运行，维护企业合法经营的形象。

2. 为了促使裁员的顺利进行，对于企业来讲，裁员过程还有一项非常重要的内容，就是要降低员工的心理失衡。企业应当事先与员工进行沟通，引导员工的情绪和心态，提出具体可行的补偿方案，以体现企业的人文关怀。

3. 在实务中还要特别注意区分三种裁员的类型，如果是优化性裁员，应当严格按照劳动合同解除的一般性规定执行。

[法条链接]

《中华人民共和国劳动合同法》

第四十一条　有下列情形之一，需要裁减人员二十人以上或者裁减不足二十人但占企业职工总数百分之十以上的，用人单位提前三十日向工会或者全体职工说明情况，听取工会或者职工的意见后，裁减人员方案经向劳动行政部门报告，可以裁减人员：

（一）依照企业破产法规定进行重整的；

（二）生产经营发生严重困难的；

（三）企业转产、重大技术革新或者经营方式调整，经变更劳动合同后，仍需裁减人员的；

（四）其他因劳动合同订立时所依据的客观经济情况发生重大变化，致使劳动合同无法履行的。

裁减人员时，应当优先留用下列人员：

（一）与本单位订立较长期限的固定期限劳动合同的；

（二）与本单位订立无固定期限劳动合同的；

（三）家庭无其他就业人员，有需要扶养的老人或者未成年人的。

用人单位依照本条第一款规定裁减人员，在六个月内重新招用人员的，应当通知被裁减的人员，并在同等条件下优先招用被裁减的人员。

《中华人民共和国劳动合同法实施条例》

第十九条　有下列情形之一的，依照劳动合同法规定的条件、程序，用人单位可以与劳动者解除固定期限劳动合同、无固定期限劳动合同或者以完成一定工作任务为期限的劳动合同：（略）

四、无固定期限劳动合同不是"铁饭碗"

无固定期限劳动合同，是指用人单位与劳动者约定无确定终止时间的劳动合同。需要注意的是，无固定期限劳动合同虽然没有确定的终止时间，但并不代表合同就不能解除。前面提到的过错性解除的劳动合同、非过错性解除的劳动合同以及企业裁员解除的劳动合同，其实都包含了无固定期限劳动合同。换句话说，只要符合上述法定解除条件，用人单位仍可以依法与劳动者解除无固定期限劳动合同。

对于员工而言，如果非要说出签订无固定期限劳动合同的优越性，那就只有在企业裁员时，与单位签订了无固定期限劳动合同的员工享有被优先留用的权利，但这也只是优先留用，不是不能解除。

[场景回放]

侯某于2015年1月1日与北京市某大厦签订了无固定期限劳动合同。双方约定侯某在前厅工作，实际在前厅的商务中心工作。劳动合同中双方还约定订立此合同所依据的客观情况发生重大变化，致使合同无法履行的，双方可以协商变更合同的内容，不能达成协议的，该大厦可在提前30日书面通知侯某后解除劳动合同并支付相应的经济补偿金。2020年7月14日，该大厦以前厅商务中心岗位调整为由，将侯某调往客房部工作。侯某随即向劳动争议仲裁委员会申诉要求恢复原岗位工作，2020年9月16日，劳动争议仲裁委员会作出仲裁裁决，要求该大厦按劳动合同约定的岗位继续履行与侯某的劳动合同，该仲裁裁决已发生法律效力。2020年9月24日，该大厦向侯某发出终止劳动合同通知书,以双方就岗位变动协商不一致为由,决定于2020年10月24日终止与侯某的劳动合同,侯某不同意该项决定,故未领取解除劳动合同经济补偿金。2020年10月24日,该大厦将原商务中心出租给某旅游信息咨询有限公司经营,侯某再次向劳动争议仲裁委员会提起仲裁,要求恢复劳动关系。2021年2月18日,该劳动争议仲裁委员会作出仲裁裁决,裁决驳回了侯某此次的申诉请求。侯某不服诉至法院。最终法院判决该大厦向侯某支付解除劳动合同经济补偿金,同时驳回了侯某关于撤销该大厦与其解除劳动合同决定的诉讼请求。

[律师点评]

本案的争议焦点在于侯某与该大厦签订了无固定期限劳动合同后,该大厦还能否解除劳动合同。对于无固定期限劳动合同,用人单位同样既可以因劳动者的过错而解除,也可以非因劳动者的过错而解除。我们知道,企业有权根据自身经营状况决定或者调整部门及岗位设置,本案中该大厦将前厅商务中心出租是企业的自主经营行为,由此导致该大厦与侯某签订劳动合同所依据的客观情况发生了重大变化,故该大厦可对侯某的工作岗位进行调整。由于侯某与该大厦未能就变更劳动合同的相关内容协商一致,已经构成了该大厦与侯某解除劳动合同的正当理由,因此该大厦据此解除劳动合同并无不妥。而且该大厦已经履行了提前30日书面通知的义务而且也愿意向侯某支付解除劳动合同经济补偿金,因此侯某要求撤销该大厦解除劳动合同决定以及恢复劳动关系的请求缺乏法律依据。

《劳动合同法》出台以后,社会上流行一种观点,认为无固定期限劳动合同是“铁饭碗”,实则不然,《劳动合同法实施条例》的相关规定也强化了这一点。根据《劳动合同法》及《劳动合同法实施条例》的规定,只要具备解除条件的,用人单位依然可以解除无固定期限劳动合同。

[律师说法]

无固定期限劳动合同毕竟是无确定终止时间的合同,为了防止劳动关系僵化、激活员工主观能动性、优化人力资源,用人单位就应当善于并巧于运用劳动合同解除这一工具。重点应注意以下几点:

1. 合理设计录用条件,充分利用试用期解除劳动合同;
2. 完善规章制度,严格奖惩规定,有效利用规章制度解除劳动合同;
3. 明确岗位要求,加强考核,善用因员工不能胜任工作而解除劳动合同。

[法条链接]

《中华人民共和国劳动合同法》

第十四条　无固定期限劳动合同,是指用人单位与劳动者约定无确定终止时间的劳动合同……

第四十一条　……裁减人员时,应当优先留用下列人员:

(一)与本单位订立较长期限的固定期限劳动合同的;
(二)与本单位订立无固定期限劳动合同的;
(三)家庭无其他就业人员,有需要扶养的老人或者未成年人的。
……

《中华人民共和国劳动合同法实施条例》

第十八条　有下列情形之一的,依照劳动合同法规定的条件、程序,劳动者可以与用人单位解除固定期限劳动合同、无固定期限劳动合同或者以完成一定工作任务为期限的劳动合同:(略)

第十九条　有下列情形之一的,依照劳动合同法规定的条件、程序,用人单位可以与劳动者解除固定期限劳动合同、无固定期限劳动合同或者以完成一定工作任务为期限的劳动合同:(略)

五、违法解除劳动合同代价大

不论是劳动者存在过错,还是劳动者不存在过错,用人单位要单方解除劳动合同的,都必须满足法定的条件,履行法定的程序,违反了其中任何一项,都属于违法解除劳动合同,将支付一定的违法成本。

[场景回放]

杨某于2005年4月进入某医药公司工作。2017年12月16日,杨某向公司人事经理发送电子邮件,内容为:“由于我身患抑郁症,医生建议我休息几天。”自2017年12月17日起,杨某没有再到公司上班。2017年12月20日,杨某因精神疾病被强制送往精神病院接受治疗,但是杨某及其家属并没有将该事实告知公司。2017年12月21日,公司以杨某连续旷工4天,严重违反公司规章制度为由解除劳动合同,并通过邮政快递的方式向杨某送达了解除劳动合同通知书。公司从2008年1月开始不再为杨某缴纳各项社会保险。

[针锋相对]

杨某委托代理人向当地劳动争议仲裁委员会提起仲裁。杨某认为,其已经在2017年12月16日向公司履行了请假手续,且其并非无故缺勤,而确实因身体原因无法上班,不属于旷工,故公司解除劳动合同的行为违法,请求撤销公司解除劳动合同的决定,恢复双方的劳动关系;同时公司应当向其支付诉讼期间的工资,并报销自2008年1月开始的医疗费用。

公司则认为,公司的《员工手册》明确规定员工休病假“须填写病假申请单,经部门经理批准后,方可请假,若因病情紧急不能事先请假,事后要补办手续,否则视为旷工”。杨某在2017年12月16日曾向公司发送了电子邮件,可见其当时神智非常清醒,完全可以按照正常程序履行请假手续,并不属于“病情紧急”的情形。在此基础上,杨某却不及时履行请假手续,也没有向公司提交任何病假证明,所以杨某擅自缺勤的行为已经构成旷工。根据公司《员工手册》的规定,"员工连续三天旷工,公司有权随时辞退"。公司据此解除劳动合同并无不当。

[审理结果]

经审理,劳动争议仲裁委员会认为,杨某已经通过电子邮件的形式向公司履行了请假手续,且杨某缺勤确实因为身体有病,因此不能认定杨某的缺勤行为为旷工,公司解除劳动合同的行为违反法律规定,故裁决撤销公司解除劳动合同的决定,恢复双方的劳动关系,并支持了杨某要求公司支付诉讼期间的工资并报销医疗费用的请求。

[律师点评]

本案的争论焦点在于杨某是否履行了请假手续,杨某的缺勤行为是否构成旷工。杨某虽然没有按照公司规定履行正常的请假手续,请假手续也确实存在一定的瑕疵,但公司并不能否认杨某已经向公司请假这一事实。因此公司认定杨某旷工欠妥,故公司以此为由解除劳动合同缺乏事实依据。本案是用人单位违法解除劳动合同的典型案例,公司不仅不能如愿解除劳动合同,实现预期目的,反而还要承担诉讼期间杨某的各项福利待遇和医疗费用,实在是得不偿失。

[拨云见日]

1.在哪些情形下可以认定用人单位违法解除劳动合同?

答:具有下列两种情形之一的,可以认定用人单位违法解除劳动合同:

(1)用人单位解除劳动合同缺乏法定理由。用人单位解除劳动合同应当建立在理由充分、证据充足的基础之上。所谓理由充分,即用人单位解除劳动合同应当具备法律或规章制度、劳动合同的依据;所谓证据充足,是指用人单位解除劳动合同应当具备充分的事实依据。缺乏这两个要件之一的,都属于违法解除劳动合同。

(2)用人单位解除劳动合同违反了法定程序。如在经济性裁员的情况下,用人单位应当提前30日向工会或者全体职工说明情况,听取工会或者职工的意见后,向劳动行政部门报告裁减人员方案,若用人单位没有履行上述程序而裁员的,便属于违法解除劳动合同。

2.用人单位违法解除劳动合同应当承担怎样的法律责任?

答:《劳动合同法》对此作出了明确规定,用人单位违法解除劳动合同的,劳动者可以要求继续履行劳动合同;如劳动者不要求继续履行劳动合同或劳动合同在客观上不能继续履行的,用人单位应当向劳动者支付相当于双倍经济补偿金的赔偿金。

3.在用人单位违法解除劳动合同的情形下,劳动者要求恢复劳动关系的同时,能否再要求用人单位支付赔偿金?

答:不能。恢复劳动关系和支付赔偿金这两项要求中,劳动者只能选择其一,一旦劳动者选择要求恢复劳动关系后,便不得要求用人单位支付赔偿金。

[律师说法]

《劳动合同法》加重了用人单位解除劳动合同的违法成本，企业在解除劳动合同时应当谨慎为之，在事前应当尽量与专业法律人士进行沟通，并事先做好准备和防范工作。

[法条链接]

《中华人民共和国劳动合同法》

第四十八条　用人单位违反本法规定解除或者终止劳动合同，劳动者要求继续履行劳动合同的，用人单位应当继续履行；劳动者不要求继续履行劳动合同或者劳动合同已经不能继续履行的，用人单位应当依照本法第八十七条规定支付赔偿金。

第八十七条　用人单位违反本法规定解除或者终止劳动合同的，应当依照本法第四十七条规定的经济补偿标准的二倍向劳动者支付赔偿金。

第三节　如何轻松应对员工跳槽

随着企业竞争的加剧，员工跳槽的频率越来越高。《劳动合同法》的出台，大大地减少了对员工跳槽的限制，降低了员工跳槽的风险，从而使得员工跳槽变得更加容易，由此也给企业带来了诸如人员不稳定、员工离职无法控制之类的麻烦。因此，对于企业 HR 而言，全面了解并掌握员工单方解除劳动合同的相关法律规定，并在法律框架之下做好应对便显得尤为重要。

一、员工提前通知解除劳动合同的应对

根据《劳动合同法》第 37 条的规定："劳动者提前三十日以书面形式通知用人单位，可以解除劳动合同。劳动者在试用期内提前三日通知用人单位，可以解除劳动合同。"劳动者不需要任何理由，即可单方解除劳动合同，只须履行提前通知的义务。提前通知的时间是 30 日，通知的形式必须是书面形式。如果劳动者是在试用期内提出，提前通知的时间是 3 日，通知的形式没有限定，可以是书面形式，也可以是口头形式。相比于《劳动法》关于"员工在试用期内可以随时通知解除劳动合同"的规定，《劳动合同法》对员工提前通知的时间作出了限制，有利于企业事先做好应对。

[场景回放]

陈某与北京市 A 公司于 2001 年 11 月 7 日签订了劳动合同，后陈某被 A 公司安排至广州分公司担任负责人。2004 年 10 月 20 日陈某向 A 公司提出书面辞呈，A 公司没有批准陈某辞职。后陈某向北京市海淀区劳动争议仲裁委员会提起申诉，要求 A 公司解除劳动合同、出具解除劳动合同证明书并依法办理转移社会保险手续。仲裁委员会作出不予受理申诉通知书，陈某遂诉至法院。

[针锋相对]

A公司辩称:2003年,由于广东分公司经营情况很差,我公司决定对该公司进行审计,而陈某不配合审计工作,导致审计工作至今尚未完成。且经查证核实,陈某在职期间还有其他的经济问题,给我公司造成了巨大经济损失。此外,陈某尚欠公司90,000元没有归还。因此,陈某不能与我公司解除劳动合同。A公司向法庭提交了会计师事务所出具的说明对此予以证明。

[审理结果]

经审理,法院在2005年6月15日作出判决,认为陈某在尚未处理完毕与公司的大额欠款前,不得解除与公司的劳动关系,故对其诉讼请求不予支持。

[律师点评]

本案的争议焦点在于确定陈某能否解除劳动合同。本案发生在《劳动合同法》施行之前,当时根据《北京市劳动合同规定》第34条第2款之规定,劳动者给用人单位造成经济损失尚未处理完毕或者未按照劳动合同约定承担违约责任的,不得解除劳动合同。因此,在陈某与A公司的借款尚未处理完毕之前,陈某不得解除劳动合同,故对于陈某要求A公司解除劳动合同、出具解除劳动合同证明并转移社会保险的诉讼请求,法院不予支持。

特别需要注意的是,如果本案发生在《劳动合同法》施行之后,处理结果则会大不相同。因为根据《劳动合同法》第37条的规定,只要履行了提前通知的义务,劳动者便可以单方解除劳动合同,除此之外再无其他条件限制。而对于劳动者与用人单位尚未处理完毕的经济纠纷、违约责任等,则属于另一法律关系,用人单位可以提起其他诉讼进行救济,但不能因此否认劳动者的单方解除权。因此,如果本案发生在《劳动合同法》施行之后,陈某的全部诉讼请求都能得到法律的支持。

[拨云见日]

1. 员工提前通知解除劳动合同必须采用书面形式通知吗?

答:根据《劳动合同法》的规定,员工通知用人单位解除劳动合同应当采用书面形式。在实务中,企业也应当加强对员工辞职报告的妥善保管,避免发生员工主动口头提出辞职,离职后反以企业辞退为由要求支付经济补偿金,企业由于不能出具员工辞职的证据而陷入被动的局面。

2. 员工提出辞职单方解除劳动合同是否必须得到企业的批准?

答:不是。员工以书面形式提出辞职30日以后,其与公司的劳动关系便自然解除,无须得到企业的批准。

3. 员工向企业提出辞职以后能否撤回?

答:员工提出辞职,一旦辞职报告送达单位,员工的辞职行为便已成立,未经单位同意,员工不得撤回辞职。员工向单位提出辞职并已正式离职后,双方的劳动关系便已告终结,员工更无法撤回辞职。但有一点需要特别提醒的是,在实务中,员工提出辞职后、尚未正式离职前,若因为生病、怀孕等特殊原因撤回辞职的,也存在劳动争议仲裁委员会和法院支持员工请求的可能性。

4. 员工没有提前30日通知便不告而别,企业能否要求员工支付违约金?

答:不能。虽然员工没有提前30日通知便擅自解除劳动合同违反了法律规定,但是根据《劳动合同法》第25条的规定,除了员工违反服务期约定或违反竞业限制义务的情形下,企业不得与员工约定由员工支付违约金。但是,如果员工突然离职给企业造成劳动力空缺,生产、经营中断,或者其他经济损失的,企业可以要求员工承担赔偿责任。当然,企业对遭受损失以及损失大小要承担举证责任。

5. 员工提出辞职后,企业能否要求员工立即离职?

答:不能。员工提出辞职后,劳动关系并非立即解除,而应当在员工提出辞职30日后解除。因此,若员工依照《劳动合同法》的规定提前30日通知企业解除劳动合同,企业不得要求员工立即离职,在往后的30日内双方还必须继续履行劳动合同。如果企业在员工提出辞职后要求员工立即离职,则转化为企业单方面解除劳动合同,企业要承担相应的法律后果。但是,经双方协商一致,可以约定劳动关系解除的时间,可以是在员工提出辞职后不满30日的某一天,也可以是员工辞职后超过30日的某一天,但是双方对此应当进行书面约定。

6. 员工提出辞职后,在随后的30日内企业能否调整员工的工作岗位?

答:在这种情况下,除非双方有事先约定或者得到员工同意,否则企业不得单方面擅自调整员工的工作岗位。

7. 小王提出辞职后,因感冒向公司提出休病假,请问公司能否不予批准?

答:不能。员工提出辞职后30日内,与公司尚保持劳动关系,双方应当按照法律规定和劳动合同约定享有并承担各自的权利和义务,该期间内,若劳动者要求休假的,只要符合法律或者企业规章制度的规定,企业应当保障员工正当的休假权。

8. 某员工在未向企业说明的情况下不辞而别,经过30多日后能否认定其自动离职?

答:不能。自动离职是指在员工出现不辞而别的情形时,企业在依照法定方式履行了通知义务后员工仍不到岗,许可企业对员工作出终结劳动关系处理的一种方式。根据原劳动部办公厅《关于通过新闻媒介通知职工回单位并对逾期不归者按自动离职或旷工处理问题的复函》的规定,员工不辞而别的,企业首先应当通知其在规定时间内回单位报到并办理相关手续。通知的方式应当是以书面形式直接送达职工本人;本人不在的,交其同住成年亲属签收;直接送达有困难的可以邮寄送达,以挂号查询回执上注明的收件日期为送达日期;在受送达职工下落不明,或者用上述送达方式无法送达的情况下,进行公告送达,即张贴公告或通过新闻媒介通知。自发出公告之日起,经过30日,即视为送达。在此基础上,企业方可认定未归员工为自动离职。

可见,认定自动离职的程序性要求较强,操作也比较复杂。用人单位可以严格考勤制度管理，对于这种不辞而别的员工可以按照旷工处理，构成严重违纪的可以依法单方解除劳动合同。

[律师说法]

在实务中，很多企业如上述案例中A公司一样，为了维护企业的利益，往往以没有处理完毕经济纠纷或没有完成工作为由不批准员工辞职，这样的做法为《劳动合同法》所禁止。《劳动合同法》赋予了员工自由的辞职权，企图通过限制员工离职来将员工辞职给企业带来的损失控制到最低现在是行不通的，企业应当通过加强管理留住人才，以减少员工辞职给企业造成的损失。例如：

1. 通过实行人性化管理留住人才。如通过强化员工关怀等措施增强员工的归属感。

2. 通过工资设计留住人才。如在工资中增设常年服务奖部分，或者将工资增长与工作年限明确挂钩等。

3. 加强日常的工作管理，从而将员工辞职给企业带来的不利影响控制到最小。如完善工作岗位管理制度，明确各岗位的工作职责，引导员工各司其职，同时完善员工工作汇报制度，形成对员工工作开展的密切跟踪。

[法条链接]

《中华人民共和国劳动合同法》

第三十七条　劳动者提前三十日以书面形式通知用人单位，可以解除劳动合同。劳动者在试用期内提前三日通知用人单位，可以解除劳动合同。

《中华人民共和国劳动合同法实施条例》

第十八条　有下列情形之一的，依照劳动合同法规定的条件、程序，劳动者可以与用人单位解除固定期限劳动合同、无固定期限劳动合同或者以完成一定工作任务为期限的劳动合同：

……

（二）劳动者提前30日以书面形式通知用人单位的；

（三）劳动者在试用期内提前3日通知用人单位的……

原劳动部办公厅《关于通过新闻媒介通知职工回单位并对逾期不归者按自动离职或旷工处理问题的复函》

按照《企业职工奖惩条例》（国发〔1982〕59号）第十八条规定精神，企业对有旷工行为的职工作除名处理，必须符合规定的条件并履行相应的程序。因此，企业通知请假、放长假、长期病休职工在规定时间内回单位报到或办理有关手续，应遵循对职工负责的原则，以书面形式直接送达职工本人；本人不在的，交其同住成年亲属签收。直接送达有困难的可以邮寄送达，以挂号查询回执上注明的收件日期为送达日期。只有在受送达职工下落不明，或者用上述送达方式无法送达的情况下，方可公告送达，即张贴公告或通过新闻媒介通知。自发出公告之日起，经过三十日，即视为送达。在此基础上，企业方可对旷工或违反规定的职工按上述规定作除名处理。能用直接送达或邮寄送达而未用，直接采用公告方式送达，视为无效。

二、员工即时通知解除劳动合同的应对

根据《劳动合同法》第38条和《劳动合同法实施条例》的规定，企业有下列情形之一的，员工可以即时解除劳动合同，而无须履行提前通知义务：

1. 未按照劳动合同约定提供劳动保护或者劳动条件的。所谓“劳动保护”，是指企业在生产过程中向员工提供的安全和健康保护；所谓“劳动条件”，则包括工作环境、工作设施、劳动强度和工作时间等。若企业与员工约定的工作时间为每天7小时，实际却强制要求员工每日工作8小时，则属于未按照劳动合同约定提供劳动保护或者劳动条件的情形。

2. 未及时足额支付劳动报酬的。既包括未及时支付的情形，也包括未足额支付的情形。劳动报酬则应当包括基本工资、绩效工资、奖金、津贴、加班费等各种工资性收入。

3. 未依法为劳动者缴纳社会保险费的。既包括未给劳动者缴纳社会保险费的情形，也包括未足额为劳动者缴纳社会保险费的情形。

4. 用人单位的规章制度违反法律、法规的规定，损害劳动者权益的。这是《劳动合同法》赋予劳动者的一项新的重要的解约权。该条的制定对企业规章制度提出了更高的要求，企业的各项规章制度，尤其是与员工利益密切相关的规章制度，不得违反或者超越法律规定，否则是无效的，由此损害员工权益的，员工还可以随时解除劳动合同。

5. 用人单位以欺诈、胁迫的手段或者乘人之危，使劳动者在违背真实意思的情况下订立或者变更劳动合同的。

6. 用人单位在劳动合同中免除自己的法定责任、排除劳动者权利的。

7. 用人单位违反法律、行政法规强制性规定的。

8. 用人单位以暴力、威胁或者非法限制人身自由的手段强迫劳动者劳动的。

9. 用人单位违章指挥、强令冒险作业危及劳动者人身安全的。

10. 法律、行政法规规定劳动者可以解除劳动合同的其他情形。“法律”特指全国人大或全国人大常委会颁布的规范性文件；“行政法规”特指国务院颁布的规范性文件。

对于第8种、第9种情形，劳动者可以立即解除劳动合同，不需事先告知用人单位。除第8种和第9种情形外，劳动者依据其他情形解除劳动合同的，一般需要告知用人单位，但是没有时间上的限制。

[场景回放]

刘某等4人自2003年起进入某物业公司工作，公司一直没有同包括刘某等4人在内的全体员工签订劳动合同，也没有为员工依法缴纳社会保险。2008年1月29日，公司提出与全体员工签订劳动合同。刘某等4人对劳动合同的内容持有异议，拒绝在劳

动合同上签字。于是公司的行政主管告诉刘某等4人，需要与公司领导商量，让刘某等4人等待商量结果，第二天，行政主管称因公司出差，尚未与领导沟通。于是刘某等4人认为公司不愿与其签订劳动合同，并于当日起不再到公司上班。后刘某等4人向当地的劳动争议仲裁委员会提起仲裁，要求公司支付解除劳动合同的经济补偿金，并支付未签订劳动合同的赔偿金。公司辩称，公司并没有解除与刘某等4人的劳动合同，因此无须支付经济补偿金，且根据《劳动合同法》的规定，公司在2008年2月1日之前未与劳动者签订劳动合同的，无须支付赔偿金。经审理，劳动争议仲裁委员会采纳了公司的意见，裁决公司与刘某等4人的劳动关系存续，驳回了刘某等4人要求公司支付经济补偿金以及未签劳动合同赔偿金的请求。

裁决生效后，刘某等4人回到公司上班，两天后该4人以公司未依法为其缴纳社会保险为由提出辞职，并要求公司支付解除劳动合同经济补偿金，公司予以拒绝。刘某等4人遂又向当地的劳动争议仲裁委员会提起仲裁，要求公司支付解除劳动合同的经济补偿金。经审理，仲裁委员会支持了刘某等4人的该项申诉请求。

[律师点评]

本案中刘某等4人要求公司支付解除劳动合同经济补偿金的诉讼之路可谓一波三折，最终还是利用了公司未依法缴纳社会保险这一点达到了目的。对于本案中的物业公司而言，若其依法保障劳动者的权利，也不会陷入最终的被动境地。

[拨云见日]

1. 杨某是某公司员工，劳动合同中约定每月5日通过银行打卡的方式发放上月工资。由于银行系统调整，2018年6月5日公司未能按时向杨某发放工资，一直到6月8日才发放工资。请问：杨某能否以公司未及时支付工资为由解除劳动合同并要求支付经济补偿金？

答：不能。实务中“未及时支付劳动报酬”一般是指企业无正当理由拖欠克扣员工的劳动报酬，如果企业因正当理由而客观上不能及时支付劳动报酬的，如资金未及时到账而延缓或暂时不能支付工资的，或如题中所述由于第三方责任导致不能及时支付工资的等，员工不能以企业“未及时支付劳动报酬”为由解除劳动合同并要求支付经济补偿金。但是，企业也应当及时将不能及时支付劳动报酬的原因告知员工，避免劳动争议的产生。

2. 陈某入职A公司时提出因户口不在本市，公司不用为其缴纳社会保险费，由其自己在户口所在地缴纳社会保险费，公司为其报销每月的社会保险费用，公司同意了陈某的请求，并当即与陈某签订了协议并对上述事项进行详细约定。后陈某以公司没有依法为其缴纳社会保险费为由提出辞职并要求公司支付经济补偿金。请问：陈某的请求能否得到法律支持？

答：不能。在员工即时通知解除劳动合同的情形中，都是由于用人单位一方存在过错，但在本例中，公司未给陈某缴纳社会保险费是因为陈某自身的原因，公司并不存在过错，因此陈某以公司没有依法为其缴纳社会保险费为由提出辞职并要求公司支付经济补偿金的请求得不到法律支持。

[律师说法]

在员工即时通知解除劳动合同的情形下，员工享有更为自由的解约权，员工一旦行使这项权利，企业很多情况下是无法招架的。因此，要避免由此给企业带来的风险和损失，最重要的就是严格依照法律规定及劳动合同约定切实保障员工的各项法定权利。

在实务中，员工行使即时解除权的原因主要集中在企业未及时足额支付劳动报酬（尤其是加班费）以及未依法缴纳社会保险费两个方面。针对该现象，企业应当特别注意以下几点：

1. 依法及时足额为员工支付劳动报酬，确保员工工资不低于当地最低工资标准，依照规定或约定及时为员工结算加班费。若因客观原因确实不能及时足额向员工支付工资的，应当向员工说明情况，并经与工会或者职工代表协商一致后，方可延期支付工资。

2. 依法为员工缴纳各项社会保险费，不仅要为员工缴纳各项社会保险费，更要按照当地规定和员工工资足额缴纳社会保险费。很多企业存在用工不规范的情况，没有为员工办理各项社会保险的，都应当及时为员工补缴，以避免纠纷发生。

3. 在实务中，很多情况下是因为员工过错导致企业违反了法律规定，针对这种情形，企业一定要加倍注意并保留员工存在过错的相关证据。

[法条链接]

《中华人民共和国劳动合同法》

第三十八条　用人单位有下列情形之一的，劳动者可以解除劳动合同：（略）

《中华人民共和国劳动合同法实施条例》

第十八条　有下列情形之一的，依照劳动合同法规定的条件、程序，劳动者可以与用人单位解除固定期限劳动合同、无固定期限劳动合同或者以完成一定工作任务为期限的劳动合同：（略）

三、员工违法或违约解除劳动合同的应对

根据《劳动合同法》第90条的规定，劳动者违法或者违约解除劳动合同，只有在给用人单位造成损失的，才承担赔偿责任。这里的损失，主要包括：（1）用人单位招收录用其所支付的费用；（2）用人单位为其支付的培训费用；（3）对生产、经营和工作造成的直接经济损失；（4）劳动合同约定的其他赔偿费用。用人单位要获得损失赔偿，还要承担相应的举证责任。因此，在日常管理中，用人单位要注意固定、收集相关证据。

[场景回放]

某医药公司通过猎头公司聘用张某为公司的销售总监，共花费猎头费用5万元。2015年6月30日，公司与张某签订了为期5年的劳动合同，该合同将于2020年6月29日到期。双方在合同中约定，若张某提前解除劳动合同，应当按照比例分摊原则向公司赔偿猎头费用。2016年9月15日张某提前30日通知公司解除劳动合同。公司向当地劳动争议仲裁委员会提起仲裁，要求张某赔偿猎头费用。张某辩称，自己解除劳动合同符合法律规定，无须向公司赔偿猎头费用。经审理，劳动争议仲裁委员会支持了公司的该项请求。

[律师点评]

本案的争议焦点在于公司是否有权要求员工赔偿因员工违法或违约解除劳动合同所遭受的损失。虽然张某解除劳动合同履行了提前30日通知的义务，但是却违反了当事人双方有关劳动合同期限的约定，根据原劳动部《违反〈劳动法〉有关劳动合同规定的赔偿办法》的规定，张某应当赔偿由此给企业造成的损失，其中包括公司招聘张某所支出的猎头费用。

[拨云见日]

1. 员工违法或违约解除劳动合同有哪些情形？企业可以分别采用哪些法律救济措施？

答：员工违法或违约解除劳动合同的情形主要包括：

(1)违反提前30日书面通知的规定，因此给企业造成损失的，企业可以要求员工承担赔偿责任。

(2)违反劳动合同期限提前解除劳动合同的，即便员工履行了提前30日通知的义务，但是，给企业造成损失的，企业也可以与员工约定由员工对此承担赔偿责任。需要提醒的是，由于《劳动合同法》并未对此点作出明确规定，因此，建议企业与员工在合同中作出明确约定，以保障求偿道路的顺畅。

(3)违反服务期约定的，企业可以要求员工按照约定支付违约金，给企业造成的损失大于违约金数额的，企业还可以要求员工赔偿超出违约金部分的损失。

2. 企业能否与员工在劳动合同中约定若员工解除劳动合同未提前30日通知需要向企业赔偿1个月的工资？

答：不能。员工违法或违约解除劳动合同的，企业只能就实际遭受的损失主张赔偿，双方在劳动合同中事先对赔偿金额进行约定，实际上是以赔偿金的形式掩盖违约金的事实，这是法律所不允许的。

3. 员工违法解除劳动合同，企业能否提起劳动仲裁要求员工继续履行劳动合同？

答：不能。合同关系的履行具有一定的人身专属性，若员工不愿继续履行劳动合同的，不得强制要求员工继续履行，否则便具有人身强制性。在这种情形下，企业只能要求员工就损失承担赔偿责任，而不得要求继续履行劳动合同。

[律师说法]

员工违法或违约解除劳动合同，企业主张赔偿责任的，应当承担举证责任，若举证不能，将承担不利的法律后果。因此，企业应当做好与下列事实相关证据的取得与保留工作：员工解除劳动合同违反了法律规定；企业遭受了损失以及损失大小；员工违约行为与企业所遭受的损失之间存在因果关系。

但在实务中，对于企业所遭受的损失以及损失大小往往比较难以举证，鉴于此，企业可以通过规章制度、劳动合同或其他专项协议与员工明确约定下列事项：员工违法或违约解除劳动合同可能给企业造成的损失种类、损失的计算方法与计算标准等。

[法条链接]

《中华人民共和国劳动合同法》

第九十条　劳动者违反本法规定解除劳动合同，或者违反劳动合同中约定的保密义务或者竞业限制，给用人单位造成损失的，应当承担赔偿责任。

劳动部《违反〈中华人民共和国劳动法〉有关劳动合同规定的赔偿办法》

第四条　劳动者违反规定或劳动合同的约定解除劳动合同，对用人单位造成损失的，劳动者应赔偿用人单位下列损失：

（一）用人单位招收录用其所支付的费用；

（二）用人单位为其支付的培训费用，双方另有约定的按约定办理；

（三）对生产、经营和工作造成的直接经济损失；

（四）劳动合同约定的其他赔偿费用。

[顾问点评]

——刘继承律师*

员工的离职管理是企业人力资源管理的最重要的环节，没有之一。如果说发生工资克扣、岗位调整等纠纷时，员工尚且因在职而有所顾虑并不必然诉诸法律程序的话，那么对于劳动关系被解除或终止的情况下，员工没有了这些顾虑，通常会采取法律手段，将单位告上仲裁庭，甚至将案件一打到底，很难妥协。而且相对于其他劳动争议来说，因解除或终止劳动合同而引发的包括但不限于经济补偿、赔偿金等所有员工能列的诉求，一般金额也会比较高。因此，做好企业

---

* 刘继承律师：北京大成（广州）律师事务所合伙人，广州市政协委员，全国律协劳动与社会保障法专业委员会委员，第九届、第十届广东省律师协会劳动法律专业委员会主任，广东省法学会劳动关系研究会副会长，广东省工商联法律委员会委员、广州仲裁委仲裁员，广东省劳动人事争议调解仲裁专家咨询委员会首批咨询专家，广东省劳动法律事务律师专家库首批专家。

的离职管理工作是降低人力资源管理法律风险最重要的内容。

以劳动合同的解除为例，无论是哪种前提下的解除，无论是兼并收购，还是搬迁裁员，抑或是其他形式导致的职工安置，都必须首先考虑一个重要因素：劳动合同解除的合法性路径的选择。离开了这个前提，其他的工作都失去意义。也就是说，只有围绕着"合法解除劳动合同"这个核心开展工作，才会把法律风险降到最低，因此从操作上来说，能够通过不续签合同终止劳动关系的，尽量不要走解除劳动合同路径；能够协商解除劳动合同的，不要轻易动单方解除劳动合同的念头；能够选择简单可控的解除路径的，不要选择复杂且没把握的路径。

当然，解除劳动合同的问题一箩筐，不可能几句话就表达清楚，重视企业的离职管理工作，寻求员工离职过程中的法律支撑，掌握员工离职的操作技巧，完善离职管理的流程指引，是企业 HR 人力资源管理的重要方面。

第十二章

劳动关系如何终止

——合同终止与续订的管理技巧

劳动合同终止是指劳动合同因期限届满等法定原因而结束。相较于在劳动合同期限内解除合同而言，劳动合同终止相对容易，法律关系相对简单，劳动争议相对较少。但是由于《劳动合同法》及其实施条例对劳动合同终止作了变革性的规定，因此，企业也应当积极了解劳动合同终止的新规定，矫正操作误区，从而减少讼争成本。

第一节 劳动合同依法终止的情形

《劳动合同法》第44条和《劳动合同法实施条例》第21条对劳动合同终止的情形作出了明确规定，只要具备以下情形之一的，劳动合同终止：

(1)劳动合同期满的；

(2)劳动者达到法定退休年龄(无论劳动者是否能按月领取基本养老保险待遇的)的；

(3)劳动者死亡，或者被人民法院宣告死亡或者宣告失踪的；

(4)用人单位被依法宣告破产的；

(5)用人单位被吊销营业执照、责令关闭、撤销或者用人单位决定提前解散的；

(6)法律、行政法规规定的其他情形。

其中，第(2)项、第(3)项规定属于因劳动者丧失主体资格而导致劳动合同终止的情形，第(4)项、第(5)项规定属于因用人单位丧失主体资格而导致劳动合同终止的情形。

[场景回放]

案例一：甲与公司签订了劳动合同，合同约定终止时间为2019年3月21日。2018年2月1日公司出资对甲进行了专业培训，并与甲签订了书面服务期协议，约定了甲应当为公司服务至2019年6月30日，并同时约定服务期与劳动合同期限不一致的，视为服务期对劳动合同期限的变更。请问：2019年3月21日，甲或公司能否终止劳动合同？

案例二：乙与公司签订了无固定期限劳动合同，2019年9月1日，乙年满60周岁，但是由于乙连续缴纳养老保险费用的年限不足15年，因此乙不能依法享受养老保险待遇。请问：在乙年满60岁时，公司能否终止劳动合同？

案例三：某会展公司要举办一个大型会展，由于人手不够，特招用了包括丙在内的5名员工参加本次会展工作，公司与丙等人签订了以完成一定工作任务为期限的劳动合同，约定待本次会展工作结束，劳动合同期限届满。请问：公司何时可以终止与丙等人签订的劳动合同？

案例四：某公司因为经营过程中出现重大失误，遭受了重大经济损失，由于可提取的现金尚不足以向供应商支付货款，因此公司与供应商协商，最后决定将公司抵给供应商。但是供应商表示只接收公司，不接收公司中的任何员工。该公司总裁对此非常头疼，找到人力资源部的工作人员寻求解决措施，人力资源部的工作人员建议可以终止与员工的劳动合同。请问：该建议是否正确？

[律师点评]

案例一中虽然劳动合同约定的终止时间为2019年3月21日，但是甲与公司事后约定的服务期限已经对劳动合同期限进行了变更，服务期结束时，劳动合同期限方告届满。因此,劳动合同终止的时间不是2019年3月21日,而是2019年6月30日。

案例二涉及两个问题:一是无固定期限劳动合同能否终止;二是员工已达退休年龄但未享受基本养老保险待遇的,劳动合同能否终止。针对第一个问题,只要具备法定终止的情形,无固定期限劳动合同也可以终止。针对第二个问题,《劳动合同法实施条例》第21条作了明确规定:“劳动者达到法定退休年龄的,劳动合同终止。”这是对《劳动合同法》规定的终止情形的一种扩大解释。因此,一旦劳动者达到法定退休年龄,即便其因各种原因无法享受基本养老保险待遇,劳动合同也应当终止。所以在本案中,公司可以终止与乙签订的劳动合同。

案例三涉及以完成一定工作任务为期限的劳动合同的终止。这类劳动合同期限的确定以完成一定工作任务所需时间为标准,工作任务完成,劳动合同期限届满。因此在本案中,一旦会展工作结束,劳动合同便因期限届满而终止。

案例四涉及公司的投资者和法定代表人发生变更的情形,不符合劳动合同终止的条件,公司不得因此终止劳动合同。根据《劳动合同法》第33条的规定,用人单位变更名称、法定代表人、主要负责人或者投资人等事项,不影响劳动合同的履行。因此本案中公司只能与员工协商解除劳动合同或者进一步与供应商协调争取让其接收员工。

[拨云见日]

1. 企业与员工能否约定劳动合同终止条件?

答:《劳动法》规定了当事人双方可以约定劳动合同终止的条件,这在实务中被HR广泛运用。但是《劳动合同法》却只规定了终止劳动合同应当具备的法定条件。虽然《劳动法》尚未失效,但在当前的立法背景之下,企业可以与员工约定解除合同的条件,不能约定劳动合同终止的条件。

2. 员工丁与公司签订的劳动合同将于2019年9月30日到期,双方在2019年9月15日签订了续订劳动合同协议书,约定续订1年的劳动合同。请问:2019年9月30日,公司或丁能否终止劳动合同?

答:判断公司或丁能否在2019年9月30日终止劳动合同,关键要明确劳动合同是否在2019年9月30日到期。虽然双方在合同中约定了劳动合同于2019年9月30日到期,但是由于双方在此之前签订了续订劳动协议书,劳动合同期限从原来的2019年9月30日已变更为2020年9月30日,因此,公司或丁在2019年9月30日都丧失了依法终止劳动合同的权利。

3. 什么叫作宣告死亡、宣告失踪?

答:宣告死亡是指经利害关系人申请,由法院宣告下落不明满一定期间的自然人为死亡的一种民事制度。根据《民法典》的规定,当公民下落不明满4年的,或因意外事故下落不明,从事故发生之日起满2年的,其配偶、父母、子女、兄弟姐妹、祖父母、外祖父母、孙子女、外孙子女、其他有民事权利义务关系的人可以申请人民法院宣告其死亡。

宣告失踪是指经利害关系人申请，由人民法院对下落不明满一定期间的人宣告为失踪人的一种民事制度。根据《民法通则》的规定，当公民下落不明满2年的，其配偶、父母、子女、兄弟姐妹、祖父母、外祖父母、孙子女、外孙子女、其他有民事权利义务关系的人可以申请人民法院宣告其失踪。

劳动者被宣告失踪或宣告死亡的，意味着其劳动者身份以及法律意义上的主体资格暂时丧失，劳动合同因此自然终止。

4. 如果员工不与企业订立书面劳动合同，企业该如何终止劳动关系？

答：这需要根据情况区别对待：(1) 自用工之日起1个月内，经书面通知后，员工拒不与企业订立劳动合同的，企业应当书面通知员工终止劳动关系，无须向其支付经济补偿；(2) 自用工之日起超过1个月不满1年的，经书面通知后，员工拒不与企业订立劳动合同的，企业应当书面通知员工终止劳动关系，但应当依照《劳动合同法》第47条的规定支付经济补偿；(3) 自用工之日起满1年，企业与员工还没有订立劳动合同，视为双方已订立无固定期限劳动合同，此时如果没有出现法定终止的情形，企业不得终止劳动合同，如果企业要终止与员工的劳动关系，只能通过解除的方式进行。由此可见，如果员工不与企业订立书面劳动合同，企业应当及早采取措施终止劳动关系，时间拖得越长，企业面临的风险和将要承担的责任成本就越大。

[法条链接]

《中华人民共和国劳动合同法》

第三十三条　用人单位变更名称、法定代表人、主要负责人或者投资人等事项，不影响劳动合同的履行。

第四十四条　有下列情形之一的，劳动合同终止：(略)

《中华人民共和国劳动合同法实施条例》

第五条　自用工之日起一个月内，经用人单位书面通知后，劳动者不与用人单位订立书面劳动合同的，用人单位应当书面通知劳动者终止劳动关系，无需向劳动者支付经济补偿，但是应当依法向劳动者支付其实际工作时间的劳动报酬。

第六条　用人单位自用工之日起超过一个月不满一年未与劳动者订立书面劳动合同的，应当依照劳动合同法第八十二条的规定向劳动者每月支付两倍的工资，并与劳动者补订书面劳动合同；劳动者不与用人单位订立书面劳动合同的，用人单位应当书面通知劳动者终止劳动关系，并依照劳动合同法第四十七条的规定支付经济补偿。

……

第二十一条　劳动者达到法定退休年龄的，劳动合同终止。

第二节　劳动合同不得终止的情形

根据《劳动合同法》第44条的规定，劳动合同期满的，劳动合同终止。但是，如果出现法定情形之一的，劳动合同应当续延至相应的情形消失时才能终止。这些情形包括：

(1)从事接触职业病危害作业的劳动者未进行离岗前职业健康检查，或者疑似职业病病人在诊断或者医学观察期间的；

(2)在本单位患职业病或者因公负伤并被确认丧失或部分丧失劳动能力的；

(3)患病或者非因工负伤，在规定的医疗期内的；

(4)女职工在孕期、产期、哺乳期的；

(5)在本单位连续工作满 15 年，且距法定退休年龄不足 5 年的；

(6)法律、行政法规规定的其他情形。

另外，《劳动合同法实施条例》第 17 条规定，劳动合同期满，但是用人单位与劳动者依照《劳动合同法》第 22 条的规定约定的服务期尚未到期的，劳动合同应当续延至服务期满；双方另有约定的，从其约定。

除以上情形外，《工会法》第 18 条还规定，基层工会专职主席、副主席或者委员自任职之日起，其劳动合同期限自动延长，延长期限相当于其任职期间；非专职主席、副主席或者委员自任职之日起，其尚未履行的劳动合同期限短于任期的，劳动合同期限自动延长至任期期满。但是，任职期间个人严重过失或者达到法定退休年龄的除外。

[场景回放]

王女士于 2018 年 5 月 16 日进入某公司某车间工作，当日与公司签订了为期 3 年的劳动合同，合同中约定该合同于 2021 年 5 月 15 日到期。签署合同当日，公司还向王女士送达了职业危害风险告知书，告知其工作岗位可能受到粉尘危害。2021 年 4 月 15 日，公司向王女士发送了终止劳动合同通知书，其中的主要内容为："公司与您签订的劳动合同将于 2021 年 5 月 15 日到期，现公司决定届时将不再与您续订劳动合同。"2021 年 5 月 15 日，公司与王女士办理了劳动合同终止手续，王女士办理完工作交接后离开了公司，公司向王女士支付了 3 个月的工资作为终止劳动合同的经济补偿金。

[针锋相对]

2021 年 7 月 5 日，王女士在应聘其他单位进行入职体检时，发现自己患有矽肺病被拒绝入职。于是王女士又回到公司要求恢复劳动关系，理由是公司在其离职之前，未对其进行职业健康检查，现自己体检发现自己得了职业病——矽肺病，因此劳动合同不能终止。王女士同时向公司提交了医院的诊断证明。

公司认为，在劳动合同期限届满时，公司并不知道王女士患有矽肺病，而且王女士当时也未要求公司为其做职业健康检查，且未提供证据证明其矽肺病是在本公司导致的，所以公司依法终止劳动合同并无不当。既然劳动合同已经合法终止，因此便不得再行恢复，因此拒绝了王女士的请求。

于是，王女士向当地的劳动争议仲裁委员会提起了仲裁，要求公司撤销终止劳动合同的决定，恢复劳动关系直至医疗期结束。

[审理结果]

经审理，仲裁委员会认为，鉴于劳动合同期限届满，公司决定终止劳动合同前，公司未对王女士进行离职前的职业病健康检查，根据《劳动合同法》第 42 条、第 45 条的规定，公司不得在劳动合同原定期限届满时终止劳动合同，而应当将劳动合同期限顺延至相应情形消失时为止。鉴于此，仲裁委员会裁决支持了王女士的申诉请求。

[律师点评]

本案案情比较简单，但是争议的焦点却非常具有代表性，即用人单位未依法履行相应的劳动保护义务，未给涉嫌职业危害的职工进行离岗前的职业危害健康检查，那么企业能否依法终止劳动合同。

根据《劳动合同法》第 45 条、第 42 条第 4 项的规定，劳动合同期限届满时，从事接触职业病危害作业的劳动者未进行离岗前职业健康检查，或者疑似职业病病人在诊断或者医学观察期间的及在本单位患职业病或者因公负伤并被确认丧失或部分丧失劳动能力的，企业不得终止劳动合同，而是应当将劳动合同期限顺延至相应情形结束为止。根据上述规定，只要在劳动合同原定期限届满时员工事实上具备上述情形，劳动合同期限便强制性、自动性地顺延至上述情形消失为止。

本案中，王女士虽然是在劳动合同已经终止以后才发现自己可能患有职业病出现了法定的劳动合同应当续延的情形，那么劳动合同的期限就应当自动顺延。换句话说，双方的劳动合同在 2021 年 5 月 15 日并未到期，公司当然不得终止劳动合同。王女士要求撤销终止劳动合同决定，恢复劳动关系的主张，应当得到支持。

[拨云见日]

1. 劳动合同期限届满时，若具备不能终止的情形的，用人单位应该如何处理？

答：前面已经提到，在这种情况下，劳动合同期限应当自动顺延至不能终止的情形消失为止。用人单位应当针对不同的情形，进行具体操作。

(1)合同期限届满时，从事接触职业病危害作业的劳动者未进行离岗前职业健康检查的，劳动合同期限应当自动延长至检查结束。

(2)合同期限届满时，疑似职业病病人在诊断或者医学观察期间的，劳动合同期限应当自动延长至诊断或者医学观察期结束。如果劳动者经检查没有患职业病，劳动合同终止；如果劳动者被诊断患职业病的，则按照工伤保险的规定处理。

(3)合同期限届满时，劳动者因患病或者非因工负伤处于规定医疗期内的，劳动合同期限应当自动延长至医疗期结束。在这种情形下，建议企业在员工进入医疗期之初与员工签订医疗期协议，对于医疗期以及劳动合同届满时间、员工医疗期间的待遇以及权利义务作明确约定。

(4)合同期限届满时，女职工在孕期、产期、哺乳期的，劳动合同期限应当顺延至哺乳期结束。但是若员工流产的,应当顺延至流产假结束。

(5)合同期限届满时,劳动者在本单位连续工作满15年,且距法定退休年龄不足5年的,劳动合同应当自动顺延至劳动者退休。

(6)合同期限届满时,劳动者在本单位已连续工作满10年,劳动者提出续订无固定期限劳动合同的,用人单位应当同意,不得终止劳动合同。

2. 员工因患病在家休养,其达到退休年龄时企业能否终止劳动合同?

答:可以。《劳动合同法》仅对劳动合同因期限届满而终止的情形作出了一些例外的规定,旨在加强对劳动者的保护。而员工达到退休年龄时已经丧失了劳动法意义上的劳动者主体资格,劳动合同因为一方当事人主体资格的缺失而自动终止。

3. 员工在本单位患职业病或因工负伤的,劳动合同期限届满时,企业应当如何处理?

答:员工在本单位患职业病或因工负伤的,劳动合同期限届满时应当按照工伤保险相关规定处理。根据《工伤保险条例》,具体而言应区分如下几种情况区别对待:

(1)员工因工致残被鉴定为一级至四级伤残的,保留劳动关系,退出工作岗位,劳动合同期限顺延至员工退休;

(2)员工因工致残被鉴定为五级、六级伤残的,经工伤员工本人提出,该员工可以与企业解除或终止劳动合同,由工伤保险基金支付一次性工伤医疗补助金,由企业支付一次性伤残就业补助金。但是企业不得单方终止劳动合同;

(3)员工被鉴定为七级至十级伤残的,劳动合同期满企业可以终止,但应向员工支付一次性伤残就业补助金,并由工伤保险基金支付一次性工伤医疗补助金。

4. 劳动合同期限因法定原因自动顺延时,在自动顺延期间内,企业是否需要与员工书面约定法定顺延后的合同终止日期?

答:发生法定情形导致劳动合同期限顺延时,由于这种顺延是法定的、强制性的、自动的,当事人双方是否书面确定顺延以后的劳动合同终止期限,劳动合同期限都将顺延至法定情形消失时止,原劳动合同自然没有到期。当然,为了避免不必要的纠纷,在原劳动合同期限届满前书面重新约定一下合同终止日期更为稳妥。

5. 劳动合同期限届满时出现法定不能终止的情形,若员工提出终止劳动合同的,劳动合同是否可以终止?

答:可以。《劳动合同法》规定法定不能终止的情形,目的是保障劳动者的权益,但劳动者自愿放弃其权利的,法律不予干涉。当然,劳动者提出终止劳动合同必须是自愿的,基于其真实的意思表示,如果企业以威胁、利诱等手段强迫或诱使员工提出终止劳动合同的,劳动者终止劳动合同的意思表示不真实,其事后可以要求恢复劳动关系。

6. 如何认定《劳动合同法》意义上的企业违法终止劳动合同?

答:企业违法终止劳动合同是指企业违反终止劳动合同的限制性规定而任意终止劳动合同的行为。实务中企业违法终止劳动合同的行为更多体现在原劳动合同期限届满,企业无视不得终止的情形而终止劳动合同。

在此需要明确一下解除与终止的区别。解除是指劳动合同在期限届满前因某种原因而提前消灭劳动关系;终止是指劳动合同因期限届满等法定原因而结束。实务中这两个概念常常被混淆。如经常有企业在劳动合同期限届满前通知员工“提前终止劳动合同”,其实,此时企业是在解除而非终止劳动合同,若没有法定依据的话,企业应当承担违法解除劳动合同的责任,而不是违法终止劳动合同的责任,虽然二者在结果上并无太大差别,但是企业在实际运用中还是应当注意二者的区别,以确保操作正确、严谨。

7. 企业违法终止劳动合同应承担哪些法律后果?

答:企业违法终止劳动合同的,员工既可以要求继续履行劳动合同,也可以要求企业支付二倍的经济补偿金即赔偿金。员工要求继续履行劳动合同被仲裁、法院支持的,员工可以要求补发违法终止期间的工资,补缴违法终止期间的社保等;员工要求认定企业是违法终止且支付赔偿金的,或者仲裁或法院认定企业违法终止员工劳动合同,且劳动合同已经不能继续履行的,仲裁或法院会裁决或判决企业向劳动者支付赔偿金即双倍的经济补偿金。

[律师说法]

实务中,因劳动合同终止所引发的纠纷主要集中在对《劳动合同法》第45条、第42条的适用方面,因此企业在终止劳动合同时应当事先明确员工是否具备上述条款所规定的情形再区别对待。

从处理过的案例可以看出,实践中也不乏员工对上述条款的恶意利用,如为了避免劳动合同的终止而提供假的病假单或提供虚假的的怀孕证明,针对这些情形,企业应当分清事实区别对待。对于员工确实怀孕和患病的,都应当将劳动合同顺延至医疗期或哺乳期结束;而对于提供虚假病假和怀孕证明的,则可以在查清事实、掌握确凿证据的基础上及时依法依规解除或终止劳动合同。

[法条链接]

《中华人民共和国劳动合同法》

第四十五条　劳动合同期满,有本法第四十二条规定情形之一的,劳动合同应当续延至相应的情形消失时终止。但是,本法第四十二条第二项规定丧失或者部分丧失劳动能力劳动者的劳动合同的终止,按照国家有关工伤保险的规定执行。

第四十二条　劳动者有下列情形之一的,用人单位不得依照本法第四十条、第四十一条的规定解除劳动合同:(略)

第四十八条　用人单位违反本法规定解除或者终止劳动合同,劳动者要求继续履行劳动合同的,用人单位应当继续履行;劳动者不要求继续履行劳动合同或者劳动合同已经不能继续履行的,用人单位应当依照本法第八十七条规定支付赔偿金。

第八十七条　用人单位违反本法规定解除或者终止劳动合同的,应当依照本法第四十七条规定的经济补偿标准的二倍向劳动者支付赔偿金。

《中华人民共和国工会法》

第十七条 工会主席、副主席任期未满时，不得随意调动其工作。因工作需要调动时，应当征得本级工会委员会和上一级工会的同意。

罢免工会主席、副主席必须召开会员大会或者会员代表大会讨论，非经会员大会全体会员或者会员代表大会全体代表过半数通过，不得罢免。

第十八条 基层工会专职主席、副主席或者委员自任职之日起，其劳动合同期限自动延长，延长期限相当于其任职期间；非专职主席、副主席或者委员自任职之日起，其尚未履行的劳动合同期限短于任期的，劳动合同期限自动延长至任期期满。但是，任职期间个人严重过失或者达到法定退休年龄的除外。

《工伤保险条例》

第三十五条 职工因工致残被鉴定为一级至四级伤残的，保留劳动关系，退出工作岗位，享受以下待遇……

第三十六条 职工因工致残被鉴定为五级、六级伤残的，享受以下待遇：……经工伤职工本人提出，该职工可以与用人单位解除或者终止劳动关系，由工伤保险基金支付一次性工伤医疗补助金，由用人单位支付一次性伤残就业补助金。一次性工伤医疗补助金和一次性伤残就业补助金的具体标准由省、自治区、直辖市人民政府规定。

第三十七条 职工因工致残被鉴定为七级至十级伤残的，享受以下待遇：……劳动、聘用合同期满终止，或者职工本人提出解除劳动、聘用合同的，由工伤保险基金支付一次性工伤医疗补助金，由用人单位支付一次性伤残就业补助金。一次性工伤医疗补助金和一次性伤残就业补助金的具体标准由省、自治区、直辖市人民政府规定。

第三节　终止劳动合同应履行的程序

劳动合同的终止，是指劳动合同期满及相应法定终止劳动合同的情形出现时，双方当事人权利和义务履行完毕结束劳动关系的行为。根据法律的规定，建立劳动关系要双方充分合意，签署书面劳动合同，那么终止劳动关系，当然也要求合同双方充分沟通，在合同到期之前告知对方结束劳动关系的主张。如果沟通不畅，极易造成误解，甚至产生纠纷。

[场景回放]

刘某与北京某公司于2016年9月1日签订了为期1年的劳动合同，2017年8月31日，双方签订了续订合同书，约定将劳动合同期限续延1年，即至2018年8月30日到期。2018年8月29日，人力资源部会同刘某所在部门领导开会讨论后决定不再与刘某续订劳动合同，但当时并没有将该决定告知刘某。2018年8月30日、31日两天是周末，2018年9月1日刘某正常上班。当日下午，人力资源部的工作人员向刘某下达了终止劳动合同通知书，其中表明公司不再与刘某续订劳动合同，劳动合同即日起即告终止。

[针锋相对]

后刘某向当地劳动争议仲裁委员会提出申诉，认为劳动合同约定的终止时间是2018年8月30日，而其在2018年9月1日仍然照常上班，双方形成事实劳动关系。公司在2018年9月1日通知其终止劳动关系实质上是解除劳动关系，由于公司没有提前通知，因此应当向其支付代通知金以及解除劳动合同经济补偿金。

公司辩称，《民事诉讼法》规定，期间届满的最后一日是节假日的，以节假日后的第一日为期间届满的日期。由于2018年8月30日为周六，因此，劳动合同到期时间应当顺延到其后的第一个工作日，即2018年9月1日，因此公司在2018年9月1日终止劳动合同并无不妥。由于公司没有提前30日通知刘某，公司愿意承担代通知金。

[审理结果]

仲裁委员会裁决支持了刘某的仲裁请求。公司不服，遂向当地的人民法院提起诉讼，后该案调解结案。

[律师点评]

本案的争议焦点在于如何确定劳动合同终止时间，以及劳动合同终止时间为公休日，企业能否在公休日后的第一个工作日通知员工终止劳动合同。

本案发生在北京，根据《北京市劳动合同规定》第40条的规定，劳动合同期限届满前，用人单位应当提前30日将终止或者续订劳动合同意向以书面形式通知劳动者，经协商办理终止或续订劳动合同手续。本案中，劳动合同中明确约定了劳动合同于2018年8月30日终止，根据上述规定，公司应当至少在2018年7月30日将终止劳动合同的决定通知刘某。然而该公司不仅没有做到这一点，甚至在劳动合同终止前最后时间也没有通知刘某终止劳动合同，也未与其协商办理相关手续。2018年9月1日刘某正常到公司上班并完成了部分工作任务，公司予以接收并且支付了相应的工资，鉴于此，双方此时已经形成了事实劳动关系。公司于2018年9月1日通知刘某终止劳动合同，实质上应为解除劳动合同的意思表示，公司应当向刘某支付解除劳动合同经济补偿金，同时由于公司怠于履行提前30日通知的义务，公司还应支付代通知金。

公司辩称，劳动合同终止时间应当顺延至2018年9月1日是错误的。其所参照的是《民事诉讼法》中期间的计算，但劳动合同期限届满日的确定不同于诉讼期间。诉讼期间是一个法定的期间，具有一定的强制性；而劳动合同期限则是当事人双方协商确定的一段时间。因此，劳动合同期限届满日不能参照《民事诉讼法》中期间的计算方法进行顺延。

[拨云见日]

1. 企业终止劳动合同是否需要提前30日通知员工？

答：《劳动合同法》及其实施条例都没有对企业终止劳动合同的程序作出明确规

定，在《劳动合同法》施行前，各地对此有不同的规定。有些地方要求企业必须提前30日通知员工，否则少通知一天便要赔偿一天的工资，如北京；但是有些地方并无此项要求，如上海。在这种情况下，在各地地方规定被废止之前，企业还是应当参照当地的规定执行。

但是企业应当谨记，企业最晚应当在劳动合同期限届满时决定并通知员工终止劳动合同，而不应当待劳动合同期限届满后才通知终止劳动合同。对于劳动合同期限届满日为节假日的尤其需要注意这一点，若要终止劳动合同的，应当尽量在节假日前便通知员工，不要重蹈上述案例中公司的覆辙。

2. 企业通知员工终止劳动合同是否必须采用书面形式？

答：《劳动合同法》及其实施条例对此也未作明确规定，各地对此有不同的规定，有些地方便明确规定企业应当采用书面形式通知员工，如北京。但是无论各地有怎样的规定，从便于举证的角度出发，企业通知员工终止劳动合同最好都采用书面形式。

[律师说法]

劳动合同期限届满后，企业没有及时终止劳动合同，容易与员工形成事实劳动关系。为了避免形成事实劳动关系的风险，建议企业建立劳动合同到期预警机制，同时在实际操作中加强管理，确保企业在劳动合同期限届满前及时决定并通知员工终止劳动合同，否则形成事实劳动关系后，会被仲裁和法院裁判认定企业同意续订劳动合同，此时，如果没有续签书面劳动合同，同样会被裁决或判决支付正常工资以外的另一倍工资。

第四节　终止合同离职手续不能忘

劳动合同解除或终止后，企业与员工都应当及时办理离职手续，进行工作交接。这样做，一方面可以确保企业正常运转；另一方面也可以保障员工享受各项待遇及顺利求职。

一、企业应当履行的离职手续

劳动合同终止后，企业应当履行如下手续：

1. 结清员工工资，尤其是对于还没到发放时点或不符合发放条件的劳动报酬，应当及时向员工释明是否发放以及何时发放，以免引起误会甚至产生纠纷。

2. 向员工出具终止劳动合同的证明，即常说的“离职证明”。办理时间是在劳动合同终止时，内容应当包括劳动合同期限、解除或者终止劳动合同的日期、工作岗位以及在本单位的工作年限等。

3. 为员工办理档案和社会保险关系转移手续。办理时间是在劳动合同解除或终止后15日内。

4. 通知员工进行工作交接的时间、内容、程序，敦促员工及时办理交接手续。

5. 双方之间有竞业限制或保密协议的，应进一步明确终止劳动关系后，员工是否还要受这些协议或者条款的约束。

6. 依法应当向员工支付经济补偿金的，应在员工办结工作交接时进行支付。

7. 对已经终止劳动合同的员工人事档案材料，包括但不限于劳动合同，终止通知书等，至少保存 2 年备查或应对可能发生的争议仲裁或诉讼。

[拨云见日]

1. 企业能否以员工没有办理工作交接为由拒绝向员工出具离职证明或拒绝转移社会保险或档案关系？

答：不能。企业向员工出具离职证明、转移社会保险或档案关系是企业的法定义务，企业的这项义务与员工办理工作交接的义务不具有因果关系，即便员工没有按照规定或约定办理工作交接，企业也必须依法履行上述义务。

2. 企业没有依法向员工出具解除或者终止劳动合同证明的，需承担哪些法律责任？

答：根据《劳动合同法》第 89 条的规定，企业没有依法向员工出具解除或者终止劳动合同证明的，由劳动行政部门责令改正；给劳动者造成损害的，如导致劳动者无法领取失业保险待遇的，或导致劳动者不能正常求职的，应当承担赔偿责任。

3. 企业没有依法为员工办理档案和社会保险关系转移手续的，需承担哪些法律责任？

答：企业没有依法为员工办理档案和社会保险关系转移手续的，给员工造成损害的，如影响其正常享受各项待遇等，应当承担赔偿责任。此外，将员工档案或社会保险滞留在本企业，还存在事实劳动关系的风险。因此，劳动合同解除或终止后，企业应当及时将员工档案和社会保险关系转出。

4. 对签署了竞业限制协议的员工，办理劳动合同终止手续时，应注意哪些事项？

答：要求员工履行竞业限制义务的，要在终止劳动合同通知书中提醒员工履行相关约定，同时要对照法律法规重新审查竞业限制协议的内容是否完备，是否约定了期限，竞业限制经济补偿的月支付标准，违约金数额等重要内容；不要求员工履行竞业限制义务的，要明确告知员工双方签署的竞业限制协议不发生法律效力，员工可以自由择业，企业不再支付竞业限制经济补偿；要求员工继续履行保密义务的，则要进行必要提示。

[律师说法]

相较于《劳动法》，《劳动合同法》对劳动合同解除或终止后，企业应当履行的手续作出了明确的规定，对企业在办理离职方面的管理提出了更高的要求，如果企业在劳动合同解除或者终止后，不向员工出具解除或者终止劳动合同的证明，或者不及时为员工办理档案和社会保险关系转移手续，将要承担相应的法律风险。

[法条链接]

《中华人民共和国劳动合同法》

第五十条　用人单位应当在解除或者终止劳动合同时出具解除或者终止劳动合同的证明,并在十五日内为劳动者办理档案和社会保险关系转移手续。

劳动者应当按照双方约定,办理工作交接。用人单位依照本法有关规定应当向劳动者支付经济补偿的,在办结工作交接时支付。

用人单位对已经解除或者终止的劳动合同的文本,至少保存二年备查。

第八十九条　用人单位违反本法规定未向劳动者出具解除或者终止劳动合同的书面证明,由劳动行政部门责令改正;给劳动者造成损害的,应当承担赔偿责任。

《中华人民共和国劳动合同法实施条例》

第二十四条　用人单位出具的解除、终止劳动合同的证明,应当写明劳动合同期限、解除或者终止劳动合同的日期、工作岗位、在本单位的工作年限。

二、员工应当履行的离职手续

为了保证离职时交接工作的顺利开展,保障企业的正常运营,企业可以与员工就离职交接的下列相关事宜进行约定:离职交接的时间、离职交接的内容、离职交接的程序、未办理离职交接的法律后果等。

劳动合同解除或终止后,员工应当按照双方约定,办理下列离职交接手续:

1. 返还公司财物;

2. 归还公司各类有效证件;

3. 与公司结清财务;

4. 向公司指定人员办理工作交接;

5. 与公司核对未发放的工资报酬;

6. 与公司签署了竞业限制协议的员工,要询问公司是否要履行该协议,如要履行,对协议条款不完善的,要进一步协商明确。

若员工没有按照约定办理离职交接手续的,企业可以暂不向其支付经济补偿金。

[法条链接]

《中华人民共和国劳动合同法》

第五十条　……在解除或者终止劳动合同时……劳动者应当按照双方约定,办理工作交接。用人单位依照本法有关规定应当向劳动者支付经济补偿的,在办结工作交接时支付……

第五节　劳动合同的中止

劳动合同的中止,又称劳动合同的暂停履行,是指在劳动合同履行过程中,由于主观或客观的原因导致劳动合同暂时停止履行。主观情况有员工因家庭成员生病请长假并得到批准的，也有客观原因造成的，包括地震、洪水等自然灾害导致的员工与所在企业的劳动关系暂时中断。《劳动法》《劳动合同法》《劳动合同法实施条例》等国家层面上的法律法规对劳动合同中止都没有明确规定，但部委规章，如 1995 年劳动部发布实施的《关于贯彻执行〈中华人民共和国劳动法〉若干问题的意见》第 28 条第一次提出了暂时停止劳动合同履行的概念。具体规定为：劳动者涉嫌违法犯罪被有关机关收容审查、拘留或逮捕的，用人单位在劳动者被限制人身自由期间，可与其暂时停止劳动合同的履行。暂时停止履行劳动合同期间，用人单位不承担劳动合同规定的相应义务。劳动者经证明被错误限制人身自由的，暂时停止履行劳动合同期间劳动者的损失，可由其依据《国家赔偿法》要求有关部门赔偿。近年来，地方法规，例如，2013 年修订的《江苏省劳动合同条例》及《山东省劳动合同条例》对此都有相关规定。对于地方尚未出台相关规定的企业而言，可以通过制定规章制度来明晰本企业适用劳动合同中止的情形。

当劳动合同中止情形消失或持续一段时间后，企业可以恢复劳动关系，也可以依法依规终止或解除劳动合同。

[拨云见日]

1. 一般在什么情形下，企业可以中止员工的劳动合同？

答：有四种情况：(1)经双方当事人协商一致的；(2)员工因违法犯罪被限制人身自由的；(3)劳动合同因不可抗力暂时不能履行的；(4)法律法规规定的其他情形。

2. 企业中止员工劳动合同的法律后果有哪些？

答：有以下五种法律后果：(1)保留劳动关系；(2)劳动合同暂停履行；(3)企业停止支付劳动报酬并同时停止缴纳社会保险费等；(4)劳动合同中止期间不计算为劳动者在用人单位的工作年限；(5)劳动合同中止情形消失，除已经无法履行的外，应当恢复履行。

[律师说法]

现实中，员工因违法犯罪被限制人身自由以及因地震等自然灾害及飞机失事等事故导致劳动合同中止的情形屡见不鲜，企业应学会运用该种劳动合同处理方式调整与员工的劳动关系。

第六节　企业应如何续订劳动合同

劳动合同期限届满，经企业与员工协商一致，可以续订劳动合同。正确处理劳动合同续订相关事宜，HR 必须要了解以下三个知识点：

一、续订的原则

企业与员工续订劳动合同应当建立在平等、自愿、协商一致的基础上，主要体现在以下两点：

1. 劳动合同期限届满，员工可以选择是否与企业续订劳动合同，企业不得强迫；对于企业而言，除了具备法定不得终止的情形外，企业既可以选择与员工续订劳动合同，也可以选择与员工终止劳动合同，法律不得干涉。

2. 企业与员工应当协商一致确定续订劳动合同的内容，任意一方都不得将自己的意志强加给对方，对此企业尤其应当注意。实务中，一些企业凭借其强势地位强迫员工接受一些不合理的条款，但一旦发生纠纷，这些条款也会因为不是员工的真实意思表示而被认定为无效。因此，企业提供的合同文本内容应当合法、合理，员工提出异议的，应当与员工协商确定修改内容。

二、续订的时机

续订劳动合同与订立劳动合同一样，都必须遵守一定的时间限制：劳动合同期限届满，企业仍然留用员工的，应当最晚在原劳动合同期限届满前与员工协商续订劳动合同，并签署新的劳动合同。否则，形成事实劳动关系后，企业应当承担向员工支付双倍工资的法律风险；超过 1 年未续订的，自 1 年届满的次日起，视为双方订立了无固定期限劳动合同。司法实践中，北京对续订劳动合同并没有像其他地方一样，给予 1 个月的宽限期，而是将原劳动合同期满次日，作为企业应当订立劳动合同之日和承担未订立劳动合同的法律后果之日。

而且从实务经验来看，由于企业没有及时续订劳动合同，致使双方形成事实劳动关系后，企业再提出续订劳动合同的，在合同内容谈判中往往比较被动。因此，企业最好能在劳动合同期限届满以前便与员工办理好续订劳动合同的相关手续，以掌握主动权。

三、续订的期限

“究竟与员工续订多长期限的劳动合同最合适？”这是很多 HR 急于了解的问题。要掌握这个问题，应当结合以下几点进行分析：

1. 结合企业文化、需求和用人方针，对员工进行评估，制订对员工的聘用计划；

2. 注意续订次数以及员工的连续工龄，如果不想与员工签订无固定期限劳动合同，就一定要避免在连续订立两次劳动合同后再次续订，并且要将续订劳动合同前后员工的连续工龄控制在 10 年以下；

3. 员工具备订立无固定期限劳动合同的情形的，除员工自愿提出订立有固定期限劳动合同外，企业应当与员工订立无固定期限劳动合同。

第七节　无固定期限劳动合同该签就签

根据《劳动合同法》第 14 条第 1 款的规定：“无固定期限劳动合同，是指用人单位与劳动者约定无确定终止时间的劳动合同。”也就是说，劳动合同只有起始时间，没有明确的终止日期。只要不出现法律、法规规定的可以解除或终止劳动合同的情形，这份劳动合同就可以长期履行下去。在实践中，很多企业误将无固定期限劳动合同等同于不能终止或解除的劳动合同，进而采取各种形式和手段，千方百计地规避与员工签订无固定期限的劳动合同，导致劳动争议纠纷不断，既严重违法损害企业形象，又恶化了企业与员工的关系，失掉了员工信任与忠诚。在此，郑重提示企业，签署无固定期限劳动合同的员工不是特殊员工，更不是特权员工，企业除不能对其适用合同到期终止的管理权外，仍可以像对待签署固定期限劳动合同，以完成一定工作任务为期限的其他员工一样，行使同样的管理方式、管理权限。因此，无固定期限劳动合同不可怕，该签就签。

[场景回放]

陆某于 2006 年进入某公司工作，其与公司最后一次签订劳动合同的时间是 2015 年 8 月 17 日，约定合同期限为 3 年，合同到期日为 2018 年 8 月 16 日。2018 年 8 月 1 日，公司拿着预先准备好的续订劳动合同协议书找到陆某，要求与陆某续订劳动合同，协议中表明续订时间为 3 年。陆某同意续订劳动合同，但是提出要签订无固定期限劳动合同，公司 HR 则称公司《员工手册》规定了劳动合同续订时间不得超过 3 年，因此陆某要想续签的话只能签 3 年，否则公司不予续签。因此，陆某向当地劳动争议仲裁委员会提起仲裁。

[针锋相对]

陆某认为，根据《劳动合同法》的规定，劳动者连续在同一单位工作满 10 年，经劳动者要求，用人单位应当与劳动者签订无固定期限劳动合同。而自己在该公司工作已近 12 年，有权要求公司与其签订无固定期限劳动合同。

公司则认为，公司《员工手册》中明确规定了续订劳动合同不得超过 3 年，而且陆某也签收了该《员工手册》，因此，陆某应当遵守该《员工手册》的规定，无权要求签订无固定期限劳动合同。

[审理结果]

经审理，劳动争议仲裁委员会认为，陆某在公司工作已满 10 年，根据《劳动合同法》第 14 条第 2 款第 1 项的规定，陆某要求与公司签订无固定期限劳动合同，公司应当与之签订。因此，仲裁委员会最终裁决公司应当与陆某订立无固定期限劳动合同。

[律师点评]

本案中，陆某连续工作满 10 年，根据《劳动合同法》第 14 条第 2 款第 1 项的规定，陆某要求签订无固定期限劳动合同，公司应当与之签订。虽然公司《员工手册》中规定了“续订劳动合同不得超过 3 年”，但是该项规定因为违反法律规定而不发生法律效力，也不能作为公司不订立无固定期限劳动合同的合法依据。本案的法律关系非常清楚,法律依据明确,因此无太大争议。本案具有的代表性在于,如果劳动者具备订立无固定期限劳动合同的情形,在续订劳动合同时,企业是否具有选择权?答案是否定的。在这种情形下,除非员工本人提出订立有固定期限劳动合同,企业必须与员工订立无固定期限劳动合同,否则企业便要承担相应的赔偿责任。

因此,续订劳动合同时,企业一定要谨慎对待如下导致无固定期限劳动合同的情形:(1)劳动者在该用人单位连续工作满 10 年的;(2)用人单位初次实行劳动合同制度或者国有企业改制重新订立劳动合同时,劳动者在该用人单位连续工作满 10 年且距法定退休年龄不足 10 年的;(3)连续订立二次固定期限劳动合同,且劳动者没有《劳动合同法》第 39 条和第 40 条第 1 项、第 2 项规定的情形,续订劳动合同的。企业尤其应当注意第(1)项和第(3)项的情形。

在上述第(1)种情形中,企业没有是否可以续订劳动合同的选择权,而且也无权选择不与员工签订无固定期限劳动合同;针对第(3)种情形,企业可以选择是否续订劳动合同,但是一旦决定续订的,除法定情形外,对于续订劳动合同的期限没有选择权,必须订立无固定期限劳动合同。因此当员工从 2008 年 1 月 1 日起已经与企业连续两次订立劳动合同后,企业再次决定与其续订时就应当做好签订无固定期限劳动合同的准备。

当然,订立无固定期限劳动合同也有例外,即当员工自己提出订立有固定期限劳动合同时,企业可以不与之签订无固定期限劳动合同。在这个时候,企业应当要求员工提交书面的申请并在申请中明确续订的具体期限,以备后患。

无固定期限劳动合同除了协商一致订立或按照法律规定必须订立的情形外,《劳动合同法》还规定了视为订立无固定期限劳动合同的情形,即用人单位自用工之日起满 1 年不与劳动者订立书面劳动合同,就视为用人单位与劳动者已订立无固定期限劳动合同。

[法条链接]

《中华人民共和国劳动合同法》

第十四条 ……有下列情形之一,劳动者提出或者同意续订、订立劳动合同的,除劳动者提出订立固定期限劳动合同外,应当订立无固定期限劳动合同:

(一)劳动者在该用人单位连续工作满十年的;

(二)用人单位初次实行劳动合同制度或者国有企业改制重新订立劳动合同时,劳动者在该用人单位连续工作满十年且距法定退休年龄不足十年的;

(三)连续订立二次固定期限劳动合同,且劳动者没有本法第三十九条和第四十条第一项、第二项规定的情形,续订劳动合同的。

用人单位自用工之日起满一年不与劳动者订立书面劳动合同的,视为用人单位与劳动者已订立无固定期限劳动合同。

第八十二条 ……用人单位违反本法规定不与劳动者订立无固定期限劳动合同的,自应当订立无固定期限劳动合同之日起向劳动者每月支付二倍的工资。

[顾问点评]

——张立杰律师*

劳动合同终止或续订是企业日常用工管理过程中不能回避的两个环节，劳动合同到期后要么依法终止要么依法续延或续订，劳动关系存在或延续期间，劳资双方不能处于没有签署书面劳动合同的空白状态。

劳动合同的终止，是指劳动合同期满及相应的法定终止劳动合同的条件出现时，劳资双方权利和义务履行完毕结束劳动关系的行为。根据《劳动合同法》的相关规定，劳动合同终止的法定事由包括三个方面：一是劳动合同中的事先约定；二是基于客观事实或依照法律规定，劳动合同的一方丧失合同主体资格；三是法律行政法规规定的其他情形。但在实践中，由于企业对法律法规认识偏差或管理疏漏，常常发生在不得依法终止劳动合同的情况下终止了劳动合同，比如，单方终止了尚在医疗期员工的劳动合同或是还在“三期”期间的女员工的劳动合同。更有甚者，还有个别企业随意终止还在治疗诊断阶段的工伤或职业病员工的劳动合同。企业这种漠视职工合法权益的违法行为，不但不能达到终止劳动合同的目的，还会导致员工到各种机关去申诉、控告，既给企业造成不良的社会影响，也严重挫伤在岗、在职职工的工作积极性。总之，劳动合同必须依法终止，否则就要承担继续履行合同或者被裁定支付双倍经济补偿金来结束劳动关系的法律后果。

劳动合同到期不能依法终止，必然存在依法续延或续订问题。不签书面劳动合同给员工支付二倍工资这一刚性的惩罚性规定，诱使员工人人都来监督企业劳动合同的签订及续订工作，企业稍有不慎就可能被陷入支付不签订书面劳动合同双倍工资的黑洞。

随着《劳动合同法》的深入贯彻实施，以及企业知法、懂法和守法能力的不断提高，企业在新入职员工签署劳动合同方面已相对审慎和尽责，出现纰漏的概率也已很小。但在劳动合同续订工作方面还有待加强。我们在服务企业过程中发现，企业对与员工续订无固定期限劳动合同存在莫名的恐惧和排斥，并导致与员工纷争不断。在此，提醒企业及企业 HR，签署无固定期限劳动合同的员工不是“无敌特权”员工，更不是“不能管、不能动”。事实上，除不能适用劳动合同到期依法终止的情形，其与固定期限合同的员工一样，出现法定或约定解除和终止情形时，劳动关系同样可以终止和解除。无固定期限的劳动合同，该签就签，会极大地减少企业因不依法续订无固定期限劳动合同而被判赔支付二倍工资的风险。

---

* 张立杰律师：北京大成律师事务所合伙人，大成中国区劳动法与人力资源委员会理事，北京市律协劳动与社会保障法专业委员会委员，北京市劳动和社会保障法学会理事，2016 年～2020 年连续上榜 LEGALBAND 中国顶级律师排行榜劳动法领域推荐律师。

第十三章

明明白白话“三金”

——经济补偿金、赔偿金与违约金

在劳动争议解决的过程中，通常会涉及经济补偿金、赔偿金或者违约金的适用，它们在保障劳动关系双方当事人合法权益上各司其职。实务中，企业HR常常容易混淆这三个概念，在订立、履行、解除或终止劳动合同时经常误用。本章将在对『三金』详细介绍的基础上，从性质、适用条件、计算方法等角度对三者进行比较，以帮助企业HR正确适用『三金』。

第一节　经济补偿金——不可逃避的法定之责

经济补偿金是指法律规定的在劳动合同解除或终止时，用人单位单方面一次性向劳动者给付的补助，也就是通常所说的解雇成本。要正确地适用经济补偿金，应当首先把握其概念，弄清楚支付经济补偿金的情形、计算标准以及相关联的热点和难点问题，如是否需要缴纳个人所得税以及如何缴纳等。

一、支付经济补偿金的情形

根据《劳动合同法》的规定，经济补偿金共分为两种情形：解除劳动合同经济补偿金和终止劳动合同经济补偿金。

（一）解除劳动合同经济补偿金

1. 在下列情况下，解除劳动合同的企业都应当向员工支付经济补偿金：

（1）企业向员工提出解除劳动合同并与员工协商一致解除劳动合同的。

（2）员工因企业具有下列情形之一，即时解除劳动合同的：企业未按照劳动合同约定提供劳动保护或者劳动条件的；企业未及时足额支付劳动报酬的；企业未依法为其缴纳社会保险费的；企业规章制度违反法律、法规规定，损害其权益的；企业以欺诈、胁迫的手段或者乘人之危，使员工在违背真实意思的情况下订立或者变更劳动合同，致使劳动合同无效的；企业以暴力、威胁或者非法限制人身自由的手段强迫员工劳动的；企业违章指挥、强令冒险作业危及员工人身安全的；企业在劳动合同中免除自己的法定责任、排除员工权利的；企业违反法律、行政法规强制性规定的；法律、行政法规规定员工可以即时解除劳动合同的其他情形。

（3）企业因下列非员工过错的原因，单方解除劳动合同的：员工患病或者非因工负伤，在规定的医疗期满后不能从事原工作，也不能从事由企业另行安排的工作的；员工不能胜任工作，经过培训或者调整工作岗位，仍不能胜任工作的；劳动合同订立时所依据的客观情况发生重大变化，致使劳动合同无法履行，经企业与员工协商，未能就变更劳动合同内容达成协议的。

（4）企业具备法定裁员条件，需要与20人以上或者虽不足20人但占企业职工总数10%以上的员工解除劳动合同的。

2. 在下列情况下，解除劳动合同的企业无须向员工支付经济补偿金：

（1）员工向企业提出解除劳动合同，并与企业协商一致解除劳动合同的。

（2）员工提前30日通知企业解除劳动合同，或者在试用期内提前3日通知企业解除劳动合同的。需要注意的是，员工因企业存在《劳动合同法》第38条规定之外的其他违法行为而提出解除劳动合同的，如以企业不依法缴纳住房公积金为由解除劳动合同等，企业无须支付经济补偿金。

（3）企业因员工具有下列过错情形，单方解除劳动合同的：在试用期间被证明不符合录用条件的；严重违反企业规章制度的；严重失职，营私舞弊，给企业造成重大损害的；同时与其他企业建立劳动关系，对完成本单位的工作任务造成严重影响，或者经企业提出，拒不改正的；以欺诈、胁迫的手段或者乘人之危，使企业在违背真实意思的情况下订立或变更劳动合同的；被依法追究刑事责任的。

（4）企业违法解除劳动合同，已经向员工支付赔偿金的，无须再支付经济补偿金（见表13-1）。

表13-1　劳动合同解除支付经济补偿金情形

劳动合同解除类别		是否需要支付经济补偿金
协商解除	由企业提出解除劳动合同的	是
	由员工提出解除劳动合同的	否
企业单方解除	过错性解除	否
	非过错性解除	是
	企业裁员解除	是
员工单方解除	即时通知解除	是
	提前通知解除	否

（二）终止劳动合同经济补偿金

1. 具有下列情形之一，终止劳动合同的，企业应当向员工支付经济补偿金：

（1）固定期限劳动合同期限届满而终止合同的，但是企业维持或提高劳动合同约定条件续订劳动合同，员工不愿意续订的情形除外。所谓维持或提高劳动合同约定条件，即至少保证劳动报酬不低于原劳动合同约定标准、工作环境不差于原劳动合同约定标准、工作强度不大于员工劳动合同约定标准。

（2）以完成一定工作任务为期限的劳动合同因工作任务完成而终止的。《劳动合同法》只规定了有固定期限劳动合同期满终止，企业应支付经济补偿金的情形，对以完成一定工作任务为期限的劳动合同未作规定，容易为企业逃避支付经济补偿金大开方便之门。《劳动合同法实施条例》及时堵住了该漏洞，明确规定了以完成一定工作任务为期限的劳动合同期满终止的，企业也应当向员工支付经济补偿金。

（3）劳动合同因企业被依法宣告破产、被吊销营业执照、责令关闭、撤销或者决定提前解散而终止的。

（4）自用工之日起超过1个月不满1年的，经企业书面提出，员工拒绝签订书面劳动合同，企业终止劳动关系的。

（5）劳动合同法实施后，因用人单位经营期限届满不再继续经营导致合同不能继续履行，当事人请求用人单位支付经济补偿的。

2. 具有下列情形之一，终止劳动合同的，企业无须向员工支付经济补偿金：

（1）劳动合同期限届满，企业维持或提高劳动合同约定条件续订劳动合同，员工不同意续订的；

(2)劳动合同因员工达到退休年龄、开始依法享受基本养老保险待遇、死亡或者被人民法院宣告死亡或者宣告失踪的而终止的；

(3)自用工之日起1个月内，经企业书面提出，员工拒绝签订书面劳动合同，企业因此终止劳动关系的；

(4)企业违法终止劳动合同，已经向员工支付赔偿金的，无须再支付经济补偿金(见表13－2)。

表13－2　劳动合同终止支付经济补偿金情形

劳动合同终止类别		是否需要支付经济补偿金
固定期限合同期满终止	企业维持或提高劳动合同约定条件续订劳动合同，员工不愿意续订	否
	除上述情形之外的其他期满终止情形	是
以完成一定工作任务为期限的劳动合同终止		是
员工丧失劳动者主体资格	员工达到退休年龄或者开始依法享受基本养老保险待遇	否
	员工死亡、被宣告死亡或宣告失踪	否
企业丧失用人单位主体资格	企业被依法宣告破产	是
	企业被吊销营业执照、责令关闭、撤销或者决定提前解散	是
事实劳动关系的终止	用工之日起1个月内企业因员工拒签合同而终止事实劳动关系	否
	用工之日起超过1个月不满1年企业因员工拒签合同而终止事实劳动关系	是

虽然原《违反和解除劳动合同的经济补偿办法》(2017年11月废止)第3条、第4条及第10条规定了企业存在未依法支付工资或经济补偿金等情形时，企业应当向员工加付25%的经济补偿金和50%的额外经济补偿金。但由于该规定与《劳动合同法》第85条的规定相重叠及冲突，司法实践中，在《劳动合同法》出台后，各地仲裁委员会及法院曾有一段时间支持员工的上述请求，但目前绝大多数省、市都统一了执法口径，适用《劳动合同法》第85条。以北京为例，北京市高级人民法院、北京市劳动争议仲裁委员会在2014年5月7日发布的《关于劳动争议案件法律适用问题研讨会会议纪要(二)》第38条中作出了明确规定，劳动者依据《违反和解除劳动合同的经济补偿办法》第3条、第4条规定主张给付经济补偿金，仲裁委、法院应当向劳动者释明其应依

据《劳动合同法》第85条规定先经劳动行政部门处理，劳动者坚持主张给付经济补偿金的，应驳回其请求。劳动者依据《劳动合同法》第85条向仲裁委、法院主张加付赔偿金的，应当向仲裁委、法院提供已经依法先经劳动行政部门处理的证据，包括提供劳动行政部门责令用人单位限期支付劳动报酬、加班费、经济补偿或低于最低工资标准的差额部分的限期整改证据，以及用人单位逾期不履行上述义务的证据。劳动行政部门已经责令用人单位加付赔偿金的，由劳动行政部门处理，仲裁委、法院不再重复处理。

[场景回放]

赵某于2013年3月15日进入某贸易公司做业务员，入职时与公司订立了为期1年的劳动合同。后赵某与公司分别于2014年、2016年续订了两次劳动合同。根据最后一次的续订约定，赵某的基本工资为2500元/月，劳动合同将于2018年7月8日到期。2018年6月17日，公司向赵某发放了终止/续订劳动合同意向书，赵某表示愿意续订劳动合同并将签好意见的意向书返还给公司。2018年6月20日，公司拿着新的劳动合同文本找赵某签字。合同文本中表明赵某的月基本工资按当地最低工资标准执行，低于赵某原来的基本工资标准。赵某提出异议，公司解释说公司将要实行工资结构改革，降低基本工资，但是会适当提高提成比例。赵某表示把合同拿回去与家人商量一下，于是当时并没有在合同上签字。2018年6月23日，赵某向公司提出不能降低其基本工资，否则不愿意续订劳动合同。公司表示要想续订合同就必须按照公司提供的合同文本签，于是赵某当场表示不再与公司续订劳动合同。2018年7月8日，劳动合同到期终止，赵某要求公司支付经济补偿金，公司予以拒绝。

[针锋相对]

2018年7月10日，赵某向当地劳动争议仲裁委员会提起申诉，认为企业无故降低其工资，导致双方无法续订劳动合同，因此要求公司支付经济补偿金4300元。

公司辩称，赵某自己提出终止劳动合同，因此公司无须向其支付经济补偿金。

[审理结果]

经审理，劳动争议仲裁委员会认为，虽然是赵某自己不愿意续订劳动合同，但是赵某不愿续订的原因是公司降低了其基本工资，因此，根据《劳动合同法》第46条第5项的规定，公司应当向赵某支付经济补偿金。仲裁委员会查明赵某离职前12个月月平均工资为4300元。仲裁委员会最终作出裁决，支持赵某的申诉请求。

[律师点评]

上述案例的争议焦点在于在赵某不同意续订劳动合同的情况下，公司是否有义务向赵某支付经济补偿金。明确了企业应当支付经济补偿金的情形之后，上述案例所提出的问题也就迎刃而解了。公司提出续订劳动合同的同时降低了赵某的基本工资，降低了劳动合同约定的条件，赵某因此终止劳动合同，公司应当向其支付终止劳动合同经济补偿金。

[律师说法]

相较于《劳动合同法》施行之前的法律和行政法规,《劳动合同法》大大扩展了企业支付经济补偿金的情形,其中最显著的就是规定了终止劳动合同经济补偿金,这在以前的规定中是没有的。这种规定会增加企业用人的成本,目的是促进劳动合同长期化和劳动关系稳定化。

正因如此,企业尤其是企业 HR,更应当及时了解并准确把握支付经济补偿金的情形和无须支付经济补偿金的情形,以便正确处理劳动关系。

[法条链接]

《中华人民共和国劳动合同法》

第四十六条　有下列情形之一的,用人单位应当向劳动者支付经济补偿:

(一)劳动者依照本法第三十八条规定解除劳动合同的;

(二)用人单位依照本法第三十六条规定向劳动者提出解除劳动合同并与劳动者协商一致解除劳动合同的;

(三)用人单位依照本法第四十条规定解除劳动合同的;

(四)用人单位依照本法第四十一条第一款规定解除劳动合同的;

(五)除用人单位维持或者提高劳动合同约定条件续订劳动合同,劳动者不同意续订的情形外,依照本法第四十四条第一项规定终止固定期限劳动合同的;

(六)依照本法第四十四条第四项、第五项规定终止劳动合同的;

(七)法律、行政法规规定的其他情形。

《中华人民共和国劳动合同法实施条例》

第五条　自用工之日起一个月内,经用人单位书面通知后,劳动者不与用人单位订立书面劳动合同的,用人单位应当书面通知劳动者终止劳动关系,无需向劳动者支付经济补偿,但是应当依法向劳动者支付其实际工作时间的劳动报酬。

第六条　用人单位自用工之日起超过一个月不满一年未与劳动者订立书面劳动合同的,应当依照劳动合同法第八十二条的规定向劳动者每月支付两倍的工资,并与劳动者补订书面劳动合同;劳动者不与用人单位订立书面劳动合同的,用人单位应当书面通知劳动者终止劳动关系,并依照劳动合同法第四十七条的规定支付经济补偿。

第二十二条　以完成一定工作任务为期限的劳动合同因任务完成而终止的,用人单位应当依照劳动合同法第四十七条的规定向劳动者支付经济补偿。

第二十五条　用人单位违反劳动合同法的规定解除或者终止劳动合同,依照劳动合同法第八十七条的规定支付了赔偿金的,不再支付经济补偿。赔偿金的计算年限自用工之日起计算。

最高人民法院《关于审理劳动争议案件适用法律问题的解释(一)》

第四十八条　劳动合同法施行后,因用人单位经营期限届满不再继续经营导致劳动合同不能继续履行,劳动者请求用人单位支付经济补偿的,人民法院应予支持。

二、经济补偿金的计算标准

正确掌握依法终止或解除劳动合同经济补偿金的计算标准和方法,必须全面把握以下三个层次的问题:

1. 基本计算公式

《劳动合同法》第47条第1款规定:"经济补偿按劳动者在本单位工作的年限,每满一年支付一个月工资的标准向劳动者支付。六个月以上不满一年的,按一年计算;不满六个月的,向劳动者支付半个月工资的经济补偿。"简言之,就是工作年限乘以月工资。

(1)年限的计算。

这里的"年限",是指劳动者在本单位工作的年限。如果劳动者非因本人原因从原用人单位被安排到新用人单位工作,原用人单位未支付经济补偿,劳动者依照《劳动合同法》第38条规定与新用人单位解除劳动合同,或者新用人单位向劳动者提出解除、终止劳动合同,在计算支付经济补偿或赔偿金的工作年限时,可以把在原用人单位的工作年限合并计算为新用人单位工作年限。

用人单位符合下列情形之一的,应当认定属于"劳动者非因本人原因从原用人单位被安排到新用人单位工作":

①劳动者仍在原工作场所、工作岗位工作,劳动合同主体由原用人单位变更为新用人单位;

②用人单位以组织委派或任命形式对劳动者进行工作调动;

③因用人单位合并、分立等原因导致劳动者工作调动;

④用人单位及其关联企业与劳动者轮流订立劳动合同;

⑤其他合理情形。

(2)月工资的计算。

上述所称月工资是指劳动者在解除或终止劳动合同前12个月的平均工资,不足12个月的则按实际工作的月数计算。此处所说的工资是指员工的全额工资,包括计时工资或者计件工资以及奖金、津贴和补贴等全部货币性收入。若劳动者解除或终止劳动合同前12个月的平均工资低于当地最低工资标准的,按照当地最低工资标准计算。

2. 对高薪员工的限制

根据《劳动合同法》第47条第2款的规定,对于月平均工资高于当地上一年度职工月平均工资3倍的员工,计算经济补偿金时受到以下两项限制:

限制一:计算经济补偿金的月平均工资按照当地上一年度职工月平均工资的3倍来确认,而非员工本人月平均工资;

限制二:计算经济补偿金的年限最高不超过12年,即便员工实际工作年限远超过12年。

例如,甲月平均工资为10,000元,当地上一年度职工月平均工资为3003元,甲在公司连续工作了 18 年，则甲可以得到的经济补偿金为：$3003 \times 3 \times 12 = 108,108$ 元。

上述两项限制是《劳动合同法》的新增规定，适用于高薪员工。对于普通员工而言，《劳动合同法》则取消了《违反和解除劳动合同的经济补偿办法》对于计算经济补偿金的所有限制。这样两种截然不同的处理方式必将导致经济补偿金的“扁平化”。

[读者来信]

娄律师：

针对《劳动合同法》第 47 条的规定：劳动者月工资高于用人单位所在直辖市、设区的市级人民政府公布的本地区上年度职工月平均工资 3 倍的，向其支付经济补偿的标准按职工月平均工资 3 倍的数额支付，向其支付经济补偿的年限最高不超过 12 年。

从字面意思理解，超过社平工资 3 倍的，最高补偿年限不超过 12 年，如果没有超过 3 倍的，就按照实际工作几年补偿几年。（例如，2009 年宁波市社平工资为 2198 元，如果 A 员工在该公司连续工作了 20 年，其前 12 个月的平均工资为 7000 元，理论上其经济补偿金是否该计算为：$7000 \times 20 = 14$ 万元。）

读者：dylan

— **回复** —

你好！7000 元已经超过宁波市当年平均工资的 3 倍。故企业向 A 员工支付经济补偿的标准应当按照职工月平均工资 3 倍的数额支付，且支付的年限最高不超过 12 年，即 $2198 \times 3 \times 12 = 79,128$ 元。如果 A 员工前 12 个月的平均工资为 6000 元，则未超过宁波市当年平均工资的 3 倍，则按照每满 1 年支付 1 个月工资的标准计算，理论上其经济补偿金可以为：$6000 \times 20 = 12$ 万元。

3. 经济补偿金的分段计算

由于目前正处于新旧法规的过渡期，加上《劳动合同法》不具有溯及力，必然会导致新旧法规同时适用，经济补偿金分段计算也就不可避免。

《劳动合同法》第 97 条对经济补偿金的分段计算作了原则性的规定，根据这一规定，对于跨越 2008 年 1 月 1 日这一时间点的劳动合同，在 2008 年 1 月 1 日以后解除或终止的，按照《劳动合同法》应当支付经济补偿金的，补偿年限从 2008 年 1 月 1 日起算；2008 年 1 月 1 日以前则按照当时的规定执行。

在 2008 年 1 月 1 日之前，有关经济补偿金的支付标准主要参考的是《违反和解除劳动合同的经济补偿办法》，该办法对用人单位提出的协商解除劳动合同以及非因劳动者过错而单方解除劳动合同等情形下的经济补偿金计算标准作出了规定，即“根据劳动者在本单位工作年限，每满一年发给相当于一个月工资的经济补偿金，最多不超过十二个月。工作时间不满一年的按一年的标准发给经济补偿金”。这里的工资计算标准是指企业正常生产情况下劳动者解除合同前 12 个月的月平均工资。如果企业因劳动者患病或非因工负伤，或因劳动合同订立时所依据的客观情况发生重大变化，或因企业裁员而与劳动者解除劳动合同时，劳动者的月平均工资低于企业月平均工资的，经济补偿金则按企业月平均工资的标准支付。

《劳动合同法》及其实施条例虽然都没有对分段计算的具体方法作出明确规定，实务中也有不同的理解，但是从目前已结案例来看，一般是严格以2008年1月1日为界，在此之前的按照老办法执行，在此之后的则按照新办法执行。

例如，乙于2006年9月1日入职，劳动关系于2008年5月1日解除，劳动合同解除前乙的平均工资为3000元，则乙可以得到的经济补偿金为：(3000×2)+(3000×0.5)=7500元。其中3000×2为2008年1月1日之前的年限(1年零4个月，其中4个月虽不满1年，但应按1年的标准计算)所对应的经济补偿金，3000×0.5则为2008年1月1日之后的年限(4个月，不满6个月的，按半个月工资标准计算)所对应的经济补偿金。

又如，丙于2000年8月1日入职，经公司提出，劳动关系于2008年5月30日协商解除，劳动合同解除前丙的平均工资为9000元，当地上一年度职工月平均工资为2000元，则乙可以得到的经济补偿金为：(9000×8)+(2000×3×0.5)=75,000元。其中9000×8为2008年1月1日之前的年限所对应的经济补偿金，当时对于计算经济补偿金的月工资标准则没有限制；2000×3×0.5则为2008年1月1日之后的年限(5个月)所对应的经济补偿金，由于丙的月平均工资(9000元)高于上一年度职工月平均工资(2000元)的3倍，因此计算经济补偿金只能以2000×3为计算基数，同时由于2008年1月1日以后的工作年限不足6个月，因此支付半个月的工资作为经济补偿金。

再如，丁于2005年8月入职，2008年7月22日合同期满终止，丁的月平均工资为6000元，则丁可以得到的经济补偿金为：6000×1=6000元。由于旧法中并没有规定劳动合同终止企业需要支付经济补偿金，因此给丁支付的终止劳动合同经济补偿的年限只需要从2008年1月1日起算。

需要提醒的是，上述分段计算方法只是实务把握，若法律对此有新的规定，应当严格按照新规定执行。

[场景回放]

段某于2003年7月18日进入某医药公司技术一部任研发员，当日双方签订了为期1年的劳动合同，合同中约定段某的月薪为3000元。后双方数次续订劳动合同，最后一次续订是在2006年7月18日，此次续订期限为5年，即续延至2011年7月17日，劳动合同中约定段某的月薪为5000元，每年12月发放两个月工资。公司按时足额向段某发放了各月的工资，此外，因公司2007年经营状况良好，公司在2008年1月30日向部分员工发放了奖金，其中给段某发了6000元。2008年4月，该医药公司转变经营策略，经董事会决议决定将技术一部与技术二部合并。2008年5月，公司开始操作部门合并事宜。5月16日，公司HR找段某谈话，称段某的工作岗位将会被撤销，公司计划将段某调至质检岗，段某表示不愿去质检岗工作。5月22日，公司向段某送达了解除劳动合同通知书，以订立劳动合同所依据的客观情况发生重大变化，公司与段某协商变更劳动合同不能达成一致为由解除劳动合同。5月23日，公司向段某支付了代通知金5000元以及经济补偿金25,000元（5000元×5个月）。请问：该医药公司计算经济补偿金的方法是否正确？

[律师点评]

本案中段某解除或终止劳动合同前12个月的平均工资为5916.67元[(5000×13+6000)÷12]。由于段某在公司的工作年限跨越了2008年1月1日，因此应当分段计算经济补偿金。2003年7月18日至2008年1月1日的工作年限为4年零5个月零14天，2008年1月1日至5月22日的工作年限不足6个月。因此，最终段某可以得到的经济补偿金为：(5916.67×5)+(5916.67×0.5)=32,541.67元。

[读者来信]

娄律师：

拜读大作《这样做HR最有效》，受益匪浅。我的同学有个问题，我无法帮到他，想得到您的指教，谢谢！

我的同学，2004年7月入某公司，2008年前合同为1年一签，2008年3月31日签了3年合同，2011年3月31日合同期满。为此，他很苦恼，公司如不续约，他可得到多少补偿金？2008年1月1日前的工龄算吗？如公司提出买断工龄，从2008年1月1日算起，合理吗？请赐教！

读者：swimyou

— 回复 —

您好！由于你的同学与公司存续的劳动关系跨越了2008年1月1日，按照《劳动合同法》第97条的规定，经济补偿金应当分段计算。如果你的同学合同期满后，公司不续约的话，补偿金按两段计算。2008年1月1日之后的，按照《劳动合同法》第47条的规定支付，即“经济补偿按劳动者在本单位工作的年限，每满一年支付一个月工资；六个月以上不满一年的，按一年计算；不满六个月的，向劳动者支付半个月工资的经济补偿”，补偿年限从2008年1月1日起算，就是3年3个月，可以得到3个半月工资的经济补偿；而2008年1月1日之前的补偿金，则按照当时的规定计算经济补偿，两段加起来就是你的同学可以得到的经济补偿。而买断工龄不是法律概念，要根据具体情况分析究竟是解除劳动合同还是终止劳动合同，这两种情况下经济补偿金的计算方式也是不同的。

[法条链接]

《中华人民共和国劳动合同法》

第四十七条 经济补偿按劳动者在本单位工作的年限，每满一年支付一个月工资的标准向劳动者支付。六个月以上不满一年的，按一年计算；不满六个月的，向劳动者支付半个月工资的经济补偿。

劳动者月工资高于用人单位所在直辖市、设区的市级人民政府公布的本地区上年度职工月平均工资三倍的，向其支付经济补偿的标准按职工月平均工资三倍的数额支付，向其支付经济补偿的年限最高不超过十二年。

本条所称月工资是指劳动者在劳动合同解除或者终止前十二个月的平均工资。

第九十七条 ……本法施行之日存续的劳动合同在本法施行后解除或者终止，依照本法第四十六条规定应当支付经济补偿的，经济补偿年限自本法施行之日起计算；本法施行前按照当时有关规定，用人单位应当向劳动者支付经济补偿的，按照当时有关规定执行。

《中华人民共和国劳动合同法实施条例》

第二十七条 劳动合同法第四十七条规定的经济补偿的月工资按照劳动者应得工资计算，包括计时工资或者计件工资以及奖金、津贴和补贴等货币性收入。劳动者在劳动合同解除或者终止前十二个月的平均工资低于当地最低工资标准的，按照当地最低工资标准计算。劳动者工作不满十二个月的，按照实际工作的月数计算平均工资。

《违反和解除劳动合同的经济补偿办法》(2017 年废止)

第二条 对劳动者的经济补偿金，由用人单位一次性发给。

第五条 经劳动合同当事人协商一致，由用人单位解除劳动合同的，用人单位应根据劳动者在本单位工作年限，每满一年发给相当于一个月工资的经济补偿金，最多不超过十二个月。工作时间不满一年的按一年的标准发给经济补偿金。

第六条 劳动者患病或者非因工负伤，经劳动鉴定委员会确认不能从事原工作、也不能从事用人单位另行安排的工作而解除劳动合同的，用人单位应按其在本单位的工作年限，每满一年发给相当于一个月工资的经济补偿金，同时还应发给不低于六个月工资的医疗补助费。患重病和绝症的还应增加医疗补助费，患重病的增加部分不低于医疗补助费的百分之五十，患绝症的增加部分不低于医疗补助费的百分之百。

第七条 劳动者不能胜任工作，经过培训或者调整工作岗位仍不能胜任工作，由用人单位解除劳动合同的，用人单位应按其在本单位工作的年限，工作时间每满一年，发给相当于一个月工资的经济补偿金，最多不超过十二个月。

第八条 劳动合同订立时所依据的客观情况发生重大变化，致使原劳动合同无法履行，经当事人协商不能就变更劳动合同达成协议，由用人单位解除劳动合同的，用人单位按劳动者在本单位工作的年限，工作时间每满一年发给相当于一个月工资的经济补偿金。

第九条 用人单位濒临破产进行法定整顿期间或者生产经营状况发生严重困难，必须裁减人员的，用人单位按被裁减人员在本单位工作的年限支付经济补偿金。在本单位工作的时间每满一年，发给相当于一个月工资的经济补偿金。

第十一条 本办法中经济补偿金的工资计算标准是指企业正常生产情况下劳动

者解除合同前十二个月的月平均工资。

用人单位依据本办法第六条、第八条、第九条解除劳动合同时，劳动者的月平均工资低于企业月平均工资的，按企业月平均工资的标准支付。

第十二条　经济补偿金在企业成本中列支，不得占用企业按规定比例应提取的福利费用。

最高人民法院《关于审理劳动争议案件适用法律问题的解释(一)》

第四十六条　劳动者非因本人原因从原用人单位被安排到新用人单位工作，原用人单位未支付经济补偿，劳动者依据劳动合同法第三十八条规定与新用人单位解除劳动合同，或者新用人单位向劳动者提出解除、终止劳动合同，在计算支付经济补偿或赔偿金的工作年限时，劳动者请求把在原用人单位的工作年限合并计算为新用人单位工作年限的，人民法院应予支持。

用人单位符合下列情形之一的，应当认定属于“劳动者非因本人原因从原用人单位被安排到新用人单位工作”：

(一)劳动者仍在原工作场所、工作岗位工作，劳动合同主体由原用人单位变更为新用人单位；

(二)用人单位以组织委派或任命形式对劳动者进行工作调动；

(三)因用人单位合并、分立等原因导致劳动者工作调动；

(四)用人单位及其关联企业与劳动者轮流订立劳动合同；

(五)其他合理情形。

三、经济补偿金的热点、难点

问题一：月平均工资是税前、费前工资还是税后、费后工资？

《劳动合同法实施条例》第 27 条明确规定，计算经济补偿金的“月工资按照劳动者应得工资计算”，因此从法律上看，此处所指的月平均工资应当是扣除个人所得税以及各项社会保险费用以前的企业应发工资额。但是在实践操作中，仲裁委员会或者人民法院很多时候，尤其是在应得工资很难确定的情况下，都是以员工实际领取的工资，即实得工资为基数计算月平均工资。

问题二：计算月平均工资时是否应包含加班工资、年终双薪、年终奖金等？

根据原劳动部《关于贯彻执行〈中华人民共和国劳动法〉若干问题的意见》第 53 条的规定，劳动法中的“工资”是指用人单位依据国家有关规定或劳动合同的约定，以货币形式直接支付给本单位劳动者的劳动报酬，一般包括计时工资、计件工资、奖金、津贴和补贴、延长工作时间的工资报酬以及特殊情况下支付的工资等。因此，计算月平均工资时应当将加班工资、年终双薪、年终奖金等计算入内。

在计算员工月平均工资时，对于下列不属于工资的部分可以不计算入内：(1)单位支付给劳动者个人的社会保险福利费用，如丧葬抚恤救济费、生活困难补助费、计划生育补贴等；(2)劳动保护方面的费用，如用人单位支付给劳动者的工作服、解毒剂、清凉饮料费用等；(3)按规定未列入工资总额的各种劳动报酬及其他劳动收入，如根据国家规定发放的创造发明奖、国家星火奖、自然科学奖、科学技术进步奖、合理化建议和技术改进奖、中华技能大奖等，以及稿费、讲课费、翻译费等。

此外，北京市高级人民法院、北京市劳动争议仲裁委员于2009年8月17日发布实施的《关于劳动争议案件法律适用问题研讨会会议纪要》第26条第4款规定，用人单位违反《劳动合同法》的有关规定，需向劳动者每月支付二倍工资的，其加付的一倍工资不应计入经济补偿金和赔偿金的计算基数。

［读者来信］

娄律师：

我在2001年1月1日与上海的一家公司签订了无固定期限的合同。2009年11月公司通知："合同执行至2009年12年31日结束，2010年1月1日起解除劳动合同。"现在就补偿金的工资计算标准与公司有分歧。

公司9年来每年发14个月的工资（其中2个月的工资是每年1月发的作为年终奖）。公司认为，2009年1月发的是2008年的奖金，且合同中没有年终奖的条款，所以应从解除劳动合同前12个月内从单位所获得的全部收入中剔除。我认为，补偿金的工资计算标准应为解除劳动合同前12个月内从单位所获得的全部收入计算得出的月平均工资收入，应包括2009年1月的2个月的奖金工资。

请问：2009年1月发的2008年的年终奖是否应该从2009年全部收入中剔除？

读者：yangjing

— **回复** —

不应剔除。根据《劳动合同法》和《劳动合同法实施条例》的规定，计算经济补偿的月工资是指劳动者在劳动合同解除或者终止前12个月的平均工资，按照劳动者应得工资计算，应当将加班工资、年终双薪、年终奖金计算在内。所以2009年1月发的2008年的年终奖应当属于2009年全部收入的一部分，不应剔除。

问题三：经济补偿金是否要缴纳个人所得税？如何缴纳？

根据财政部、税务总局《关于个人所得税法修改后有关优惠政策衔接问题的通知》（财税〔2018〕164号）第5条的相关规定，个人与用人单位解除劳动关系取得一次性补偿收入（包括用人单位发放的经济补偿金、生活补助费和其他补助费），在当地上年职工平均工资3倍数额以内的部分，免征个人所得税；超过3倍数额的部分，不并入当年综合所得，单独适用综合所得税率表，计算纳税。

问题四：员工没有进行工作交接，企业能否以此为由拒绝支付经济补偿金？

《劳动合同法》第50条规定："用人单位依照本法有关规定应当向劳动者支付经济补偿的，在办结工作交接时支付。"因此，企业无须在劳动合同解除或终止时立即支付经济补偿金，而是可以等到员工办理完毕工作交接之后，这就为企业约束员工办理工作交接提供了一个法宝。若员工未办理工作交接的，企业可以暂不支付经济补偿金。

为了更有效地利用这一法宝，企业应当在规章制度、劳动合同或其他协议中明确规定或与员工约定办理工作交接的时间、程序、内容以及办结标准，以免日后在纠纷中陷入被动境地。

问题五：《劳动合同法》施行后，企业以员工医疗期满不能胜任工作，经调岗后仍然不能胜任为由解除劳动合同，企业是否还须支付医疗补助费等费用？

原《违反和解除劳动合同的经济补偿办法》第 6 条规定，劳动者患病或者非因工负伤，经劳动鉴定委员会确认不能从事原工作，也不能从事用人单位另行安排的工作而解除劳动合同的，用人单位应按其在本单位的工作年限，每满 1 年发给相当于 1 个月工资的经济补偿金，同时还应发给不低于 6 个月工资的医疗补助费。患重病和绝症的还应增加医疗补助费，患重病的增加部分不低于医疗补助费的 50%，患绝症的增加部分不低于医疗补助费的 100%。该办法 2017 年已被废止，其中不与《劳动合同法》存在冲突的内容 2017 年 11 月前依然有效。

除此之外，根据原劳动部《关于实行劳动合同制度若干问题的通知》及其相关解释（劳办发〔1997〕18 号文件）的规定，劳动者患病或非因工负伤，合同期满终止劳动合同的，医疗期满或者医疗终结被劳动鉴定委员会鉴定为 5～10 级的，用人单位除依法支付经济补偿金外，还应当支付不低于 6 个月工资的医疗补助费。

《劳动合同法实施条例》第 23 条还规定了用人单位依法终止工伤职工的劳动合同的，除依法支付经济补偿外，还应当依照国家有关工伤保险的规定支付一次性伤残就业补助金，由工伤保险经办机构支付一次性工伤医疗补助金。

上述都是对特殊情形下解除或终止劳动合同经济补偿金之外的其他补助费用的规定，企业在解除或终止劳动合同时应当加以重视，依法操作。

问题六：企业没有依法支付经济补偿金，应承担怎样的法律后果？

答：根据《劳动合同法》第 85 条的规定，企业没有依法支付经济补偿金的，由劳动行政部门责令限期支付，逾期不支付的，责令企业按应付金额 50% 以上 100% 以下的标准向劳动者加付赔偿金。北京市高级人民法院、北京市劳动争议仲裁委员会《关于劳动争议案件法律适用问题研讨会会议纪要（二）》第 38 条规定：劳动者依据《劳动合同法》第 85 条向仲裁委、法院主张加付赔偿金的，应当向仲裁委、法院提供已经依法先经劳动行政部门处理的证据，包括提供劳动行政部门责令用人单位限期支付劳动报酬、加班费、经济补偿或低于最低工资标准的差额部分的限期整改证据，以及用人单位逾期不履行上述义务的证据。劳动行政部门已经责令用人单位加付赔偿金的，由劳动行政部门处理，仲裁委、法院不再重复处理。

第二节　赔偿金和赔偿损失

赔偿金是指企业违反国家法律的强制性规定，无论是否给员工造成损失，都要依法向员工支付一定数额的金钱，是一种惩罚性质的承担法律责任的形式。而赔偿损失是指企业或员工因违反法律或企业规章制度规定或者劳动合同约定给对方造成实际损失时，承担向对方支付一定数额的金钱以弥补对方损失的一种法律责任形式，这种责任承担具有补偿性质。企业 HR 应当掌握企业在哪些情形下应当向员工支付赔偿金或赔偿损失，以及在哪些情形下可以要求员工承担赔偿责任，从而规范日常劳动关系管理，避免企业陷入违法受罚境地或遭受不必要的损失。

一、企业应向员工支付赔偿金或赔偿损失的情形

（一）企业应向员工支付赔偿金的情形

《劳动合同法》第七章“法律责任”集中规定了企业应当向员工支付赔偿金的情形，这类赔偿金的支付标准是法律明确规定的，不以给员工造成实际损害为前提，是一种法定的赔偿责任。概括而言，主要包括以下四种情形：

1. 企业未依法签订书面劳动合同或不订立无固定期限劳动合同应支付的赔偿金。

根据《劳动合同法》第 82 条的规定，用人单位自用工之日起超过 1 个月不满 1 年未与劳动者订立书面劳动合同的，应当向劳动者每月支付二倍的工资。用人单位违反本法规定不与劳动者订立无固定期限劳动合同的，自应当订立无固定期限劳动合同之日起向劳动者每月支付二倍的工资。

2. 企业违法约定试用期而应支付的赔偿金。

根据《劳动合同法》第 83 条的规定，用人单位违反本法规定与劳动者约定试用期的，由劳动行政部门责令改正；违法约定的试用期已经履行的，由用人单位以劳动者试用期满月工资为标准，按已经履行的超过法定试用期的期间向劳动者支付赔偿金。

3. 企业未及时足额支付劳动报酬、低于最低工资标准支付员工工资、安排加班又不支付加班费的、未依法向员工支付经济补偿金而应支付的赔偿金。

根据《劳动合同法》第 85 条的规定，用人单位有下列情形之一的，由劳动行政部门责令限期支付劳动报酬、加班费或者经济补偿；劳动报酬低于当地最低工资标准的，应当支付其差额部分；逾期不支付的，责令用人单位按应付金额 50% 以上 100% 以下的标准向劳动者加付赔偿金：

（1）未按照劳动合同的约定或者国家规定及时足额支付劳动者劳动报酬的；

（2）低于当地最低工资标准支付劳动者工资的；

（3）安排加班不支付加班费的；

（4）解除或者终止劳动合同，未依照本法规定向劳动者支付经济补偿的。

4. 企业因违法终止或解除劳动合同而应支付的赔偿金。

根据《劳动合同法》第 87 条的规定，用人单位违法解除或者终止劳动合同的，应当依照经济补偿标准的二倍向劳动者支付赔偿金。

[场景回放]

李某于 2008 年 6 月 21 日进入北京某汽车修理厂工作，先与企业签订了 3 年期的

劳动合同。合同到期后，双方续订了5年期限的劳动合同。2016年6月21日，该份劳动合同到期后，双方没再续签书面劳动合同。2016年10月16日，李某与主管领导因工作安排发生争执。次日，HR找李某谈话，告知李某不服从主管领导安排是不对的，要求李某向主管领导道歉并在检修车间班前会上作深刻检查，被李某一口拒绝。当月20日上午，工厂向李某下达了解除劳动合同通知书，以李某顶撞领导，不服从工作安排，严重违反规章制度为由即刻解除与李某签订的劳动合同。

[针锋相对]

接到解除通知书，李某咨询了律师，一个星期以后向当地的劳动争议仲裁委员会提起仲裁，李某认为自己坚持原则，没有将领导的关系户安排提前修车，并不是不服从工作安排，不构成顶撞领导，更何况工厂规章制度中并没有将顶撞领导，作为严重违纪的行为，因此工厂认定其严重违纪并因此解除劳动合同违反了法律规定。此外，工厂在第二份合同期满后，应与之签订无固定期限劳动合同。因此，李某要求：(1)工厂支付自2016年6月21日起至10月20日未签订无固定期限劳动合同的赔偿金，即另一倍工资共计220,009元；(2)工厂支付违法解除劳动合同的赔偿金146,200元。

[审理结果]

劳动争议仲裁委员会经审理查明，李某每月工资为5500元，离职前12个月的平均工资为8600元，双方在续签的第二份固定期限的劳动合同中约定，双方在本合同到期后，没有明确明示终止的，视为双方同意续延本劳动合同，劳动合同的续延期限仍为5年。故作出如下裁决：(1)汽车修理厂李某支付违法解除劳动合同赔偿金146,200元；(2)驳回李某的其他仲裁请求。

[律师点评]

本案涉及未签订劳动合同的赔偿金以及企业违法解除劳动合同的赔偿金两项内容。

就第一项赔偿金，《劳动合同法》第82条以及《劳动合同法实施条例》第6条都明确规定了用人单位自用工之日起超过1个月不满1年没有与劳动者订立书面劳动合同的，自用工之日起满1个月的次日起至补订书面劳动合同的前一日，用人单位应当向劳动者每月支付双倍的工资，或者应当与员工签订无固定期限劳动合同而没有签订，自应当订立无固定期限劳动合同之日起，向员工每月支付二倍工资。其中一倍的工资是劳动者正常工作所得，另一倍工资则是企业不签订劳动合同的赔偿金。该项赔偿金，俗称二倍工资，由于举证责任简单，且得到的实际利益可观，成为最受员工欢迎的维利武器，同时，也是最容易得到仲裁委员会或人民法院支持的诉求。本案之所以没有支持员工未签劳动合同的双倍工资，是由于该企业与员工在第二份固定期限劳动合同中明确约定，“本合同到期后，双方均未提出终止劳动合同，员工继续工作的，视为双方同意再续延五年期限的劳动合同”，视为双方续订了一份与原劳动合同内容和期限相同的劳动合同。

就第二项赔偿金，也就是企业违法解除或终止劳动合同的双倍经济补偿金，根据《劳动合同法》第 87 条的规定，用人单位违法解除或终止劳动合同的，应当按照双倍经济补偿金的标准向劳动者支付赔偿金。本案中，汽车修理厂无法证明李某不服从工作安排，顶撞领导的事实，也不能提供规定“顶撞领导”行为是属于严重违纪的情形在制度上的依据，因此仲裁委员会认定汽车修理厂违法解除劳动关系，应当支付双倍经济补偿金。

[律师说法]

解除或终止劳动合同赔偿金也是员工诉争中最常提出并得到支持的诉求。该赔偿金的支付前提是企业的解除或终止行为违法，那是否能当然地推导出企业如果愿意支付双倍经济补偿金即赔偿金就能解除或终止与员工的劳动关系呢？答案是否定的，因为这主要取决于员工的意愿和仲裁委员会或法院的裁判。当员工认定企业是违法解除或终止劳动合同时，员工可以提出两种截然不同的诉求：一种是要求继续履行合同，另一种是不要求继续履行劳动合同而要求企业支付双倍经济补偿金来了结双方的劳动关系。那么，员工两种截然不同的诉求，对于企业而言，哪个风险更小，更容易应对呢？

继续履行合同看似没有金钱给付义务，但一旦恢复劳动关系，涉及员工工作的重新安排问题及诉争期间的工资补发和社会保险和公积金的补缴，诉争时间越长，所造成的隐形成本越大。因此，当员工提出此项诉求时，企业要充分论证，在没有切实的把握使仲裁委员会或法院认定单位的解除或终止行为合法时，建议企业及时撤销解除或终止的通知，避免企业损失扩大。要知道，双倍经济补偿金是企业违法解除或终止员工劳动合同的可以预见的成本，而继续履行合同是约束企业解除或终止劳动合同的无形枷锁，更加难以应对和解决。企业只有依法依规健全规章制度，加强人力资源管理，苦练内功，在不能确保依法解除或终止与员工的劳动合同时，用好与员工协商解除的方式，尽可能避免企业陷入违法解除或终止的泥潭。

(二)企业应向员工赔偿损失的情形

这主要是指企业因违反法律规定，给员工造成损害的，应当承担赔偿责任的情况。在这种情况下，企业违法行为和员工损害必须同时存在，并且员工要举证证明企业的违法行为与其损害结果有必然的因果关系，员工才能要求企业承担相应的赔偿责任。主要包括以下几种情形：

1. 企业规章制度违法，给劳动者造成损害的。

2. 企业提供的劳动合同文本缺少必要条款或者企业未将劳动合同文本交给员工，而给员工造成损害的。

3. 企业违法以担保或者其他名义向员工收取财物并给员工造成损害的。

4. 因企业过错导致双方签署的劳动合同无效，给员工造成损害的。

5. 企业具有以下情况给员工造成损害的：

(1)以暴力、威胁或者非法限制人身自由的手段强迫劳动的;
(2)违章指挥或者强令冒险作业危及劳动者人身安全的;
(3)侮辱、体罚、殴打、非法搜查或者拘禁劳动者的;
(4)劳动条件恶劣、环境污染严重,给劳动者身心健康造成严重损害的。
6. 企业因未依法出具离职证明给员工造成损害的。
7. 因企业过错,迟延转移档案或丢失档案给员工造成损失的。
8. 不具备合法经营资格的企业的违法犯罪行为给员工造成损害的。

[场景回放]

2012年7月,小张大学毕业后被某国有企业录用,该企业与小张签订了5年期的劳动合同,合同约定每月工资为4000元,加上各种补贴等平均每月到手工资不到4000元,如果没有服务满5年,每少服务1年需向企业支付6万元违约金。当时小张考虑该企业能够解决北京户口,工资低点就凑合吧。工作半年后,该国有企业给小张解决了北京户口,2014年8月2日,小张以工资待遇过低无法生存为由,向企业递交了书面解除劳动合同的通知书,企业以合同没到期为由不同意小张辞职,如果小张坚决辞职,需向企业支付18万元违约金,否则,企业不给其出具离职证明,不为其办理户口和档案转移手续,小张认为公司约定违约金违法,同时,自己家境困难也无力支付。2014年9月3日,小张前往该企业办理工作交接并要求企业开具离职证明办理档案户口转移手续,但遭到拒绝。小张索性不再到公司上班。该国有企业于2014年9月1日开始,停发了小张的工资,并从2014年10月开始停止为小张缴纳社保和住房公积金。离职后不到半个月,小张即接到一家外企公司的招聘面试通知,过五关斩六将,体检合格后,2014年10月25日,外企公司给小张发来书面入职通知书,告知小张,被录用的工作岗位为技术主管,劳动合同期限为3年,试用期3个月,试用期每月工资为9600元,转正后的工资为每月12,000元,以及福利待遇等,同时,要求小张7天内携带离职证明等相关材料前往公司办理入职手续并签署劳动合同。小张接到外企入职通知书后,再次前往原单位索要离职证明,该企业仍以小张不支付违约金为由拒绝出具。小张随后给单位发送特快专递,书面要求该国有企业立即开具离职证明并附上外企的入职通知书。但该国有企业还是不予理睬,折腾了1个月,小张也未拿到离职证明,最后,外企以小张不能提供原单位离职证明为由,撤销了对小张的录用。

[针锋相对]

之后,小张又联系了几家单位,薪资待遇都没有第一家外企给的优厚,2015年5月1日,生活陷入困顿的小张通过朋友介绍到一家不需要离职证明的小公司工作,该公司承诺每月工资为6000元。一怒之下,小张将该国有企业告到劳动争议仲裁委员会,要求该国有企业赔偿因不及时开具离职证明给其造成无法就业的工资收入损失64,800元,即被该外企录用后的半年工资收入总额(9600×3+12,000×3)元,该国有企业则反诉要求小张支付180,000元违约金。

[审理结果]

后经仲裁调解，以该国有企业支付小张 8 个月的失业保险金 8976 元，并立即为小张开具离职证明，办理档案户口等转移手续结案。

[律师点评]

在员工离职过程中，企业往往因为员工没完成服务期，或者员工给公司造成损失后不予赔偿，或者员工不告而别，抑或员工不办理工作交接，不退还公司财物等原因，采取要么不给员工结算报酬，要么不给其开具离职证明，要么不给其办理档案和社会保险转移手续等措施进行反制。但常常反制无效，反而将自己陷入违法境地，不是被员工诉到仲裁委员会或法院，就是被员工投诉到劳动监察部门。事实证明，这种制裁措施不但达不到目的，还可能使企业面临更大的风险。因此，企业应当依法依规了结员工离职的相关事宜，避免意气用事，给员工依法维权留下口实。

(三)企业可能承担的连带赔偿责任

这主要是指企业因自己的违法行为与其他单位或者个人对造成的损失承担连带赔偿责任，主要包括以下三种情形：

1. 因招用尚未与其他用人单位解除或终止劳动合同的员工，企业要与该员工对给其他单位造成损失的承担连带赔偿责任；

2. 企业作为实际用工单位在劳务派遣单位违法给被派遣劳动者造成损害时，要与劳务派遣单位对给派遣员工造成的损害承担连带赔偿责任；

3. 作为发包组织的企业对其发包给个人承包经营者的违法招用员工并给员工造成损害的行为，要承担连带赔偿责任。

在实务中，企业应当承担赔偿责任的情形远不止上述列举的情形，只要企业违反了法律规定或劳动合同约定，并且主观上存在过错，给员工造成损害的，都应当承担赔偿责任，但以员工所受到的损害或损失为限向员工赔偿损失。

[法条链接]

《中华人民共和国劳动合同法》

第八十条　用人单位直接涉及劳动者切身利益的规章制度违反法律、法规规定的，由劳动行政部门责令改正，给予警告；给劳动者造成损害的，应当承担赔偿责任。

第八十一条　用人单位提供的劳动合同文本未载明本法规定的劳动合同必备条款或者用人单位未将劳动合同文本交付劳动者的，由劳动行政部门责令改正；给劳动者造成损害的，应当承担赔偿责任。

第八十二条　用人单位自用工之日起超过一个月不满一年未与劳动者订立书面劳动合同的，应当向劳动者每月支付二倍的工资。

用人单位违反本法规定不与劳动者订立无固定期限劳动合同的，自应当订立无固定期限劳动合同之日起向劳动者每月支付二倍的工资。

第八十三条　用人单位违反本法规定与劳动者约定试用期的，由劳动行政部门责令改正；违法约定的试用期已经履行的，由用人单位以劳动者试用期满月工资为标准，按已经履行的超过法定试用期的期间向劳动者支付赔偿金。

第八十四条　用人单位违反本法规定，扣押劳动者居民身份证等证件的，由劳动行政部门责令限期退还劳动者本人，并依照有关法律规定给予处罚。

用人单位违反本法规定，以担保或者其他名义向劳动者收取财物的，由劳动行政部门责令限期退还劳动者本人，并以每人五百元以上二千元以下的标准处以罚款；给劳动者造成损害的，应当承担赔偿责任。

劳动者依法解除或者终止劳动合同，用人单位扣押劳动者档案或者其他物品的，依照前款规定处罚。

第八十五条　用人单位有下列情形之一的，由劳动行政部门责令限期支付劳动报酬、加班费或者经济补偿；劳动报酬低于当地最低工资标准的，应当支付其差额部分；逾期不支付的，责令用人单位按应付金额百分之五十以上百分之一百以下的标准向劳动者加付赔偿金：

（一）未按照劳动合同的约定或者国家规定及时足额支付劳动者劳动报酬的；

（二）低于当地最低工资标准支付劳动者工资的；

（三）安排加班不支付加班费的；

（四）解除或者终止劳动合同，未依照本法规定向劳动者支付经济补偿的。

第八十六条　劳动合同依照本法第二十六条规定被确认无效，给对方造成损害的，有过错的一方应当承担赔偿责任。

第八十七条　用人单位违反本法规定解除或者终止劳动合同的，应当依照本法第四十七条规定的经济补偿标准的二倍向劳动者支付赔偿金。

第八十八条　用人单位有下列情形之一的，依法给予行政处罚；构成犯罪的，依法追究刑事责任；给劳动者造成损害的，应当承担赔偿责任：

（一）以暴力、威胁或者非法限制人身自由的手段强迫劳动的；

（二）违章指挥或者强令冒险作业危及劳动者人身安全的；

（三）侮辱、体罚、殴打、非法搜查或者拘禁劳动者的；

（四）劳动条件恶劣、环境污染严重，给劳动者身心健康造成严重损害的。

第八十九条　用人单位违反本法规定未向劳动者出具解除或者终止劳动合同的书面证明，由劳动行政部门责令改正；给劳动者造成损害的，应当承担赔偿责任。

第九十条　劳动者违反本法规定解除劳动合同，或者违反劳动合同中约定的保密义务或者竞业限制，给用人单位造成损失的，应当承担赔偿责任。

第九十一条　用人单位招用与其他用人单位尚未解除或者终止劳动合同的劳动者，给其他用人单位造成损失的，应当承担连带赔偿责任。

第九十二条　劳务派遣单位违反本法规定的，由劳动行政部门和其他有关主管部门责令改正；情节严重的，以每人一千元以上五千元以下的标准处以罚款，并由工商行政管理部门吊销营业执照；给被派遣劳动者造成损害的，劳务派遣单位与用工单位承担连带赔偿责任。

第九十三条　对不具备合法经营资格的用人单位的违法犯罪行为，依法追究法律责任；劳动者已经付出劳动的，该单位或者其出资人应当依照本法有关规定向劳动者支付劳动报酬、经济补偿、赔偿金；给劳动者造成损害的，应当承担赔偿责任。

第九十四条　个人承包经营违反本法规定招用劳动者，给劳动者造成损害的，发包的组织与个人承包经营者承担连带赔偿责任。

第九十五条　劳动行政部门和其他有关主管部门及其工作人员玩忽职守、不履行法定职责，或者违法行使职权，给劳动者或者用人单位造成损害的，应当承担赔偿责任；对直接负责的主管人员和其他直接责任人员，依法给予行政处分；构成犯罪的，依法追究刑事责任。

二、企业可要求员工承担赔偿责任的情形

获得赔偿不是劳动者专享的权利，劳动者给企业造成损失的，企业也有权利获得赔偿。尤其是在新法的环境下，除了劳动者违反服务期约定和竞业限制约定这两种情形外，企业不得与劳动者约定由劳动者承担违约金，为了维护企业的合法权益，减少劳动者给企业造成损害，企业更应当重视并正确使用“赔偿损失”这一法宝，明确可以要求员工承担赔偿责任的情形以及赔偿的范围和标准。

根据《劳动合同法》第 86 条、第 90 条的规定，具有下列情形之一，给企业造成损失的，员工应当承担赔偿责任：(1) 员工以欺诈、胁迫的手段或者乘人之危，使企业在违背真实意思的情况下订立或者变更劳动合同导致劳动合同无效的；(2) 员工违法解除劳动合同的；(3) 员工违反劳动合同约定的保密义务或者竞业限制的。

对于以上第二种情形，即劳动者违反规定或劳动合同的约定解除劳动合同，给用人单位造成损失的，劳动者应当赔偿用人单位下列损失：(1) 用人单位招收录用其所支付的费用；(2) 用人单位为其支付的培训费用，双方另有约定的按约定办理；(3) 对生产、经营和工作造成的直接经济损失；(4) 劳动合同约定的其他赔偿费用。

[场景回放]

案例一：方某是某公司的出纳员，某日从银行取款打车回公司，临下车前方某接听了一个电话，下车时由于打电话入神，将装有 1 万元的手提袋遗忘在出租车上。由于方某当时没有向出租车司机索要打车小票，因此无从找到当时乘坐的那辆出租车，导致丢失的 1 万元无法追回。请问：公司能否要求方某赔偿这 1 万元的损失？

案例二：蔡某是某公司的采购员，蔡某为了给公司采购零部件与同公司常年合作的某销售商签订了采购协议，并支付了 2 万元的预付款。后该销售商因故撤销，公司 2 万元的预付款无法追回。公司认为是因为蔡某选择销售商不慎而使公司遭受损失，因此蔡某应当承担赔偿责任。请问：公司能否要求蔡某赔偿 2 万元的损失？

[律师点评]

上述两个案例都可归结到一个问题，即员工向企业承担赔偿责任的要件是什么？根据侵权行为的一般原理，员工承担赔偿责任需要满足以下三个要件：一是员工违反了法律或企业依法制定的规章制度的规定，或违反了劳动合同的约定；二是员工主观上有过错，即对违法或违约行为存在故意或过失；三是员工的违法或违约行为导致企业遭受了实际损失。上述三个要件同时具备的，员工应当承担赔偿责任。

根据这三个要件再对上述两个案例进行分析。案例一中，方某作为出纳员，怠于履行妥善保管钱款的义务，过失导致公司钱款丢失，因此，方某应当承担赔偿责任。案例二中，判断蔡某是否应当承担赔偿责任，关键要看蔡某对公司所遭受的损失是否存在过错。从案件介绍的情况来看，由于蔡某选择的是与公司常年合作的销售商，且蔡某无法判断销售商是否要撤销，因此很难说蔡某对此存在过错，所以要求蔡某承担赔偿责任则非常牵强。

[拨云见日]

1. 企业能否与员工约定员工应当承担赔偿责任的其他情形？

答：可以。法律只是对员工承担赔偿责任的典型情形作了罗列，此外，企业可以与员工约定员工承担赔偿责任的其他情形，以达到对企业合法权益的全面保护。但是约定的内容不得与上述三要件相悖，不得以"赔偿金"的形式达到掩盖"违约金"的目的。

2. 企业可以要求员工赔偿的损失具体包括哪些项目？

答：企业可以就因员工过错而遭受的一切损失要求员工赔偿，通常而言较为常见的有：招录费用；培训费用；商业秘密损失；企业财物遭受的直接损失；企业生产、经营所遭受的直接损失等。企业要求员工赔偿损失时，应当证明遭受损失的项目及其损失大小，因此企业应当保留好计算损失大小的相关证据。

[律师说法]

企业要求员工承担赔偿责任的，由企业承担举证责任，企业应当提供充分确定的证据对与上述三要件相关的事项加以证明，否则，企业可能会陷入被动局面。但在实务中，由于这方面举证的难度非常大，建议企业在规章制度中明确规定，或在劳动合同中明确约定员工承担赔偿责任的情形，并明确可能导致的损失类型及其计算标准，为事后求偿提供依据。

第三节　违约金——想说爱你不容易

违约金是合同双方当事人事先约定的当一方违反合同约定而向另一方支付一定数额金钱的一种法律责任形式，违约金是承担违约责任的一种形式。违约金对于抵御合同当事人违约具有强效，在《劳动合同法》施行前，违约金成为企业防止员工跳槽的法宝;但是《劳动合同法》对违约金作了严格的限制,只有在两种法定情形下才可约定由员工承担违约金:一是劳动者违反服务期约定的;二是劳动者违反竞业限制义务的。除此之外,企业一律不得与员工约定由员工承担违约金。因此,企业在适用违约金时应当慎之又慎。

一、员工违反培训服务期约定的违约金

为了限制企业滥用培训服务期违约金的适用,《劳动合同法》及《劳动合同法实施条例》对员工在何种情况下要向企业承担违约责任作出了明确规定,通常情况下,只有企业与员工签署了培训服务期协议,且在员工没有完成服务期而提出离职的情况下,才需向企业支付违约金。

企业如果希望运用这个法律武器保护自己的合法权益需要做好以下事项:

(一)在员工手册或企业规章制度中,制定培训服务期的管理规定,明确员工参加何种培训需要签署培训服务期协议,服务期长短如何确定,培训费用包括哪些项目等,员工违反培训服务期约定应承担的违约责任等。

(二)在对员工进行培训前与员工签署书面培训服务期协议书,约定培训内容,培训费用包括哪些项目,具体数额,员工培训完成后需要为企业的服务年限,员工违约后向企业支付违约金的数额计算公式,员工被辞退也应承担违约金的例外情形等。

(三)企业不能出现《劳动合同法》第38条规定的员工可以单方解除劳动合同的相应情形。也就是说,如果企业出现了员工可以单方解除劳动合同的情形,即使企业与员工约定了服务期,员工自行离职时,也无须向企业支付违约金。

[场景回放]

2017年4月22日,张某与某公司签订了为期3年的劳动合同,合同中约定如果张某提前解除劳动合同,应当向公司支付1万元违约金。2018年3月17日,张某提出辞职,3月18日便不再到公司上班。公司事后多次通过电话与张某沟通,要求张某办理离职交接手续,张某拒绝。公司一气之下向劳动争议仲裁委员会提起仲裁,要求张某支付提前解约的违约金。仲裁委员会经审理,认为公司与张某关于违约金的约定违反了法律强制性规定,属于无效,因此驳回了公司的申诉请求。

[律师点评]

本案的争议焦点在于违约金条款的效力问题。《劳动合同法》明确限制了可以约定劳动者承担违约金的情形,仅限于劳动者违反服务期约定和竞业限制义务这两种情况,除此之外,用人单位不得与劳动者约定由劳动者承担违约金。本案中,张某提前解除劳动合同,不属于上述两种情形之列,因此当事人双方不得约定在这种情形下由张某承担违约金,该违约金条款因违反法律强制性规定而无效。

[拨云见日]

1. 事先没有约定违约金条款，事后也没有达成补充协议的，能否要求违约一方支付违约金？

答：不能。违约金是基于合约双方当事人约定而存在的一种违约责任承担方式，若当事人双方对此没有约定的，则不得要求违约一方支付违约金。

2. 培训协议中约定了员工违反服务期约定应当支付违约金，同时还应赔偿因此给企业造成的损失，企业能否同时要求员工支付违约金和赔偿金？

答：不可以。根据《劳动合同法》的一般原理，违约金和赔偿金不能并存，只能选择其一。若选择违约金的，当实际损失大于违约金的，还可以要求违约方赔偿超过部分的损失。因此当员工违反服务期约定时，企业只能在要求员工支付违约金或赔偿金中选择其一，但是，当实际损失大于违约金的，企业还可以要求员工赔偿超过部分的损失。

3. 培训服务期违约金应是员工向企业提出离职申请，且员工还在约定的培训服务期当中时，应向企业支付的费用即违约金。那如果是企业单方向员工提出解除合同的，员工是否无须向企业支付这笔违约金呢？

答：通常情况是不需要支付的，但法律还有例外规定。按照《劳动合同法实施条例》第 26 条第 2 款的规定，如果员工因严重违反企业规章制度；或者因严重失职，营私舞弊，给用人单位造成重大损失；或者因为同时与其他用人单位建立劳动关系，对完成本单位工作任务造成严重影响，或者经企业提出，拒不改正；或者以欺诈、胁迫的手段或者乘人之危，使用人单位在违背真实意思的情况下订立或者变更劳动合同；或者被依法追究刑事责任的，在这种情况下，员工被企业单方解除劳动合同的，员工同样要依法依约向企业支付违约金。当然，企业可以放弃权利，不予追偿。

4. 培训协议约定的服务期长于双方签订的劳动合同期限时，怎么处理？

服务期与劳动合同期限未必一致，可能短于劳动合同期限，也可能长于劳动合同期限，培训服务期作为劳动合同双方当事人之间的特别约定，应当优先适用服务期约定。因此，服务期长于劳动合同期限时，应当视为相应地延长了劳动合同期限。双方既可以书面变更劳动合同期限，也可以将服务期协议作为劳动合同的附件，在服务期协议中确认，当服务期长于劳动合同期限时，视为劳动合同的终止日期延长至服务期结束。

5. 企业能否因为与员工有服务期约定，就可以限制该员工与其他员工一样涨工资？

答：不可以。因为《劳动合同法》第 22 条第 3 款规定："用人单位与劳动者约定服务期的，不影响按照正常的工资调整机制提高劳动者在服务期间的劳动报酬。"

[法条链接]

《中华人民共和国劳动合同法》

第二十二条　……劳动者违反服务期约定的，应当按照约定向用人单位支付违约金。违约金的数额不得超过用人单位提供的培训费用。用人单位要求劳动者支付的违约金不得超过服务期尚未履行部分所应分摊的培训费用……

第二十三条　……劳动者违反竞业限制约定的，应当按照约定向用人单位支付违约金。

第二十五条　除本法第二十二条和第二十三条规定的情形外，用人单位不得与劳动者约定由劳动者承担违约金。

《中华人民共和国劳动合同法实施条例》

第十六条　劳动合同法第二十二条第二款规定的培训费用，包括用人单位为了对劳动者进行专业技术培训而支付的有凭证的培训费用、培训期间的差旅费用以及因培训产生的用于该劳动者的其他直接费用。

第十七条　劳动合同期满，但是用人单位与劳动者依照劳动合同法第二十二条的规定约定的服务期尚未到期的，劳动合同应当续延至服务期满；双方另有约定的，从其约定。

第二十六条　用人单位与劳动者约定了服务期，劳动者依照劳动合同法第三十八条的规定解除劳动合同的，不属于违反服务期的约定，用人单位不得要求劳动者支付违约金。

有下列情形之一，用人单位与劳动者解除约定服务期的劳动合同的，劳动者应当按照劳动合同的约定向用人单位支付违约金：

（一）劳动者严重违反用人单位的规章制度的；

（二）劳动者严重失职，营私舞弊，给用人单位造成重大损害的；

（三）劳动者同时与其他用人单位建立劳动关系，对完成本单位的工作任务造成严重影响，或者经用人单位提出，拒不改正的；

（四）劳动者以欺诈、胁迫的手段或者乘人之危，使用人单位在违背真实意思的情况下订立或者变更劳动合同的；

（五）劳动者被依法追究刑事责任的。

二、员工违反竞业限制约定的违约金

《劳动合同法》规定："劳动者违反竞业限制约定的，应当按照约定向用人单位支付违约金。"从该法律条款可以看出，员工承担违约金法律责任的前提，首先是双方签订了书面竞业限制协议，其次是员工违反了竞业限制约定，只有同时具备上述情形时，员工才负有支付违约金的法定义务。

企业如果想恰当运用竞业限制违约金这个法律利器维护自己的合法权益，要注意以下事项：

1. 双方对竞业限制义务要有书面约定，即企业无论是通过劳动合同中的竞业限制条款抑或是通过单独签署的竞业限制协议来体现双方的这项权利义务。因为该违约金是基于企业与员工的双方约定而产生的一种法律责任，如果没有约定，即便员工离职后，到与原单位竞争关系的企业工作，也无须承担违约责任。

2. 违约金数额如何确定？国家及地方在法律法规层面均没有对竞业限制违约金的数额作出强制性规定，所以，这属于由协议双方自行约定的条款。那么，是否可以简单地认为，双方约定多少就是多少呢？回答当然是否定的。由于竞业限制义务是双务合同，员工向企业支付违约金要以企业先承担竞业限制经济补偿为前提，所以违约金数额应与经济补偿金额相一致，也就是经济补偿支付的越高，员工承担的违约责任也越大。我们在给企业提供相关服务的过程中了解到，有的企业约定在竞业限制1年的期限内，总计支付给员工的经济补偿为36,000元，而约定职工违约支付的违约金却高达10倍即360,000元。还有的企业对竞业限制违约金与支付给员工竞业限制经济补偿金的比例因员工不同而不同，引起员工之间的攀比和不满。因此，在与员工约定竞业限制违约金时，数额不宜太高，要综合考虑竞业限制期限、员工的收入水平及支付的经济补偿数额等因素确定，在员工认为违约金数额过高，显失公平，提出降低违约金时，一般会得到仲裁委员会或法院的支持。

[场景回放]

2012年8月7日，作为技术研发人员的张某与某公司签订了为期3年的劳动合同，同时，双方在劳动合同中约定，如果张某离职，应当履行的竞业限制期限为1年，虽未约定企业每月应向张某支付的经济补偿数额，但约定了张某违约应向公司支付的违约金数额为200,000元。2015年8月6日合同到期后，双方终止了劳动合同。离职后，张某到与该公司没有任何竞争关系的企业任职销售人员。某公司没有按月向张某支付竞业限制的经济补偿。张某遂向劳动争议仲裁委员会提起仲裁，要求该公司向其支付2015年8月7日至2016年8月6日的竞业限制经济补偿共计50,000元。某公司认可与张某在劳动合同中有竞业限制的约定及张某在离开公司1年内未到与某公司有竞争关系的企业任职的事实，但辩称张某离开某公司时，公司已告知其无须履行竞业限制相关规定，且双方在劳动合同中未约定竞业限制经济补偿数额，张某离职后公司也一直未向其支付竞业限制补偿，双方的竞业限制约定应属无效，故公司无须向张某支付竞业限制经济补偿。

[审理结果]

仲裁委员会经审理查明：张某离职前12个月平均工资为15,000元，认定双方关于竞业禁止的约定合法有效，张某主张的竞业限制经济补偿数额50,000元不超过最高人民法院司法解释确定的合理限度，裁决支持了张某的请求。某公司对该仲裁裁决不服，向法院提起诉讼，请求撤销仲裁裁决，判决无须向张某支付竞业限制经济补偿，对于该诉讼请求，一审法院不予以支持。

[律师点评]

本案的争议焦点在于竞业限制条款中没有约定经济补偿及数额的效力问题。《新劳动争议司法解释（一）》第36条规定："当事人在劳动合同或者保密协议中约定了竞业限制，但未约定解除或者终止劳动合同后给予劳动者经济补偿，劳动者履行了竞业限制义务，要求用人单位按照劳动者在劳动合同解除或者终止前十二个月平均工资的30%按月支付经济补偿的，人民法院应予支持。前款规定的月平均工资的30%低于劳动合同履行地最低工资标准的，按照劳动合同履行地最低工资标准支付。”可见，只要双方约定了竞业限制条款，即便没有对竞业限制期限及竞业限制经济补偿标准约定，竞业限制约定依然有效，双方可在解除或终止劳动合同时对经济补偿标准和竞业限制期限进行协商确定。

[拨云见日]

企业与员工未在竞业限制协议中约定，员工违反竞业限制约定应向企业支付违约金的，企业可否向员工主张支付违约金？

答：不可以。违约金是基于合约双方当事人约定而存在的一种违约责任承担方式，如果当事人双方对此没有作出约定，则不得要求违约一方支付违约金。

[法条链接]

《中华人民共和国劳动合同法》

第二十三条　……劳动者违反竞业限制约定的，应当按照约定支付违约金。

第四节　经济补偿金、赔偿金、违约金之比较

在对经济补偿金、赔偿金、违约金有了全面把握之后，再对这“三金”进行比较。“三金”都是以现金形式承担法律责任的一种表现形式，因此三者具有相通之处，这也是导致“三金”容易被混淆的原因。但是，“三金”具有不同的性质，发挥着不同的作用，具体表现如下：

一、三者的性质功能不同

经济补偿金是在劳动合同解除或终止等法定事由发生时，用人单位根据法律规定向劳动者支付的补助费用。经济补偿金基于法律规定而产生，法律没有规定的，用人单位则无须向劳动者支付经济补偿金。

赔偿金是出于对用人单位某些违法行为的惩罚，而按照一定标准和程序向劳动者支付一定数额的金钱。赔偿损失是在违法或违约行为给对方造成损失时，过错方为了弥补受损方的损失而向受损方支付的费用，它一般是基于损失而产生的。

违约金是在违约行为发生时，违约方依据约定向对方支付的费用。违约金基于约定而产生，当事人没有对违约金作出约定的，不能要求支付违约金。

二、三者的适用条件不同

经济补偿金是法定的，只有法律规定的情形出现时才可适用经济补偿金。

适用赔偿金只需要用人单位有特定的违法行为即可。适用赔偿损失，需要责任主体具有违法或违约情形、主观过错并客观造成对方损失三个要件，且行为和过错与造成的损失有必然的因果关系。

违约金是约定的，只要约定的条件满足时则可适用违约金。

三、三者的责任主体不同

经济补偿金的责任主体只能是用人单位，不存在劳动者向用人单位支付经济补偿金的情形。

狭义的赔偿金的责任主体只能是用人单位。而赔偿损失的责任主体既可以是用人单位，也可以是劳动者。

本章介绍的违约金的责任主体只能是劳动者。但广义的违约金责任主体既可以是用人单位，也可以是劳动者。因为为了保护劳动者作为劳动合同较为弱势一方的合法权益，法律法规虽对约定由劳动者承担违约金进行了严格限制，但对约定由用人单位承担违约金的情形并没有限制，劳动者当然可以约定用人单位支付违约金的情形。

四、三者的计算方法不同

经济补偿金的计算方法完全是法定的，其依据主要是《劳动合同法》第 47 条的规定。

赔偿金的数额基本也是法定的，且不问过错程度和是否造成损失。而赔偿损失的数额则主要取决于损失的大小以及加害方过错责任的大小。

违约金的数额完全取决于约定，当然，用人单位与劳动者约定的违约金数额过高时，仲裁委员会或法院在处理争议案件会酌情予以减少。

[顾问点评]

——张立杰律师*

在为企业提供顾问咨询和处理企业与员工离职的劳动争议纠纷过程中，常常会遇到经济补偿金、赔偿金及违约金支付的问题。"三金"之所以成为劳资双方争议的焦点问题，是因为企业与员工对在何种情况下，企业应向员工支付经济补偿金，员工应向企业支付违约金的认识有很大差异，以及企业在何种情形下应向员工承担支付赔偿金的法律责任缺乏了解，或者虽然知道但仍心存侥幸，只有在相应法律责任真正指向企业时，企业才被动接受，并真切感受到劳动法律法规的强大威力和惩戒作用。在处理给付经济补偿金案件时，有些企业明知要依法

* 张立杰律师：北京大成律师事务所合伙人，大成中国区劳动法与人力资源委员会理事，北京市律协劳动与社会保障法专业委员会委员，北京市劳动和社会保障法学会理事，2016 年 ~ 2020 年连续上榜 LEGALBAND 中国顶级律师排行榜劳动法领域推荐律师。

支付经济补偿金，但为了降低解雇成本，而想尽一切办法刁难职工，逼着职工自行离职，力图摆脱相应的法律责任。还有的企业粗放管理，没有规章制度和制度落实的流程，导致员工违纪也无章可循，对不胜任工作的员工更是无计可施，不能形成良性的员工退出机制，导致企业的人力资源管理工作既不能适应法律的规范性强制性要求，也不能适应企业经营发展的需要。在处理支付赔偿金案件时，企业执意违法的情形并不多见，主要是对落实劳动法律法规的重要性认识不够，或者片面解读法律法规造成的。例如，对企业不签订书面劳动合同或不依法续订无固定期限劳动合同而应支付双倍工资赔偿金的问题，误以为只要没有给劳动者造成相应的损失，仲裁委员会和法院就不应也不会支持。其实，本章提及的狭义赔偿金是行为罚，只要企业出现相应情形，而不论是否给员工带来损失，就都可能被判罚承担支付相应的赔偿金。而劳资双方因违约金而发生的争议，主要是由于企业滥用违约金，扩大违约金适用范围，或者显失公平地要求员工承担过高标准的违约金而引起的。要知道，劳动合同法中的"违约金"并非合同法意义上的违约金，不能由当事人自由约定，其适用要受到法律的严格限制，否则，就得不到仲裁委员会和法院支持。

总之，劳动法意义上的"三金"都是法定的，只有法律规定的情形出现时才能适用，企业必须在法律规定的框架内，将其贯穿在自己的用工管理工作中，才能发挥其应有的保护劳资双方合法权益的平衡作用。

第十四章

怎样用工，您想好了吗

——几种特殊用工方式的介绍

《劳动合同法》加强了对标准用工方式的限制，同时将劳务派遣、非全日制用工纳入了调整范围，如何在《劳动合同法》的框架下选择最恰当的用工方式，既能实现企业利益最大化，又能最大限度地防范风险，这是企业当前比较关注的问题。本章将对劳务派遣、业务外包及非全日制用工进行介绍，以期为企业选择合适的用工方式提供参考。

第一节 劳务派遣——用之？弃之？

《劳动合同法》施行前，劳务派遣这种用工方式已被广泛采用，主要是因为劳务派遣具有三大优势：成本低、风险小、管理便捷。《劳动合同法》颁布后，为了规避无固定期限劳动合同的风险，越来越多的企业将原来的标准用工方式改为劳务派遣。与此现象并存的是，鉴于同工同酬、连带责任的规定以及对劳务派遣适用范围的限制，也有些企业将原来的劳务派遣转为标准用工方式。为规范劳务派遣，人力资源和社会保障部于 2013 年 12 月 20 日通过了《劳务派遣暂行规定》。该暂行规定较于《劳动合同法》更加细致，主要体现在对劳务派遣单位义务的增加、劳务派遣中劳动合同的终止和解除、用人单位对使用被派遣劳动者的数量限制等方面。截至 2016 年 2 月底，劳务派遣合规整改的过渡期已经届满，被派遣劳动者数量不得超过用工总量的 10%，今后劳务派遣究竟是用还是不用，如何用，对企业 HR 提出了新的挑战。

一、劳务派遣中的法律关系

（一）主体

在劳务派遣中，存在三方法律主体，一方是劳务派遣单位，即《劳动合同法》所称的用人单位根据相关法律法规，单位经营劳务派遣业务，其注册资本不得少于 200 万元人民币，并且有与开展业务相适应的固定的经营场所和设施及合法的劳务派遣管理制度，且必须经劳动行政部门许可，依法办理登记；一方是用工单位，即以劳务派遣形式用工的单位；还有一方即为被派遣劳动者。任何一方不符合主体资格，便无法构成劳务派遣关系，如用人单位将本单位劳动者派往境外工作或者派往家庭、自然人处提供劳动，则不属于劳务派遣的范畴。

（二）关系

1. 劳务派遣单位与被派遣劳动者建立劳动关系、签订劳动合同，履行用人单位对劳动者的义务，包括办理录用、退工手续、签订劳动合同、支付劳动报酬、缴纳社会保险、办理工伤认定、承担工伤待遇等。

2. 用工单位与劳务派遣单位之间是劳务派遣关系，属于一般民事关系的范畴。双方签订劳务派遣协议，双方的权利义务主要依据劳务派遣协议来确定。

3. 用工单位基于与劳务派遣单位的劳务派遣关系对被派遣劳动者进行直接用工，其与被派遣劳动者之间并不存在劳动关系，属于一般的劳务关系，无须履行诸如签订劳动合同、支付劳动报酬、缴纳社会保险等用人单位对劳动者的义务。值得一提的是，有些地方在《劳动合同法》颁布之前已将用工单位与被派遣劳动者之间的关系界定为“特殊劳动关系”，如上海、苏州便是如此。

（三）内容

1. 劳务派遣单位的义务：(1) 如实告知被派遣劳动者《劳动合同法》第 8 条规定的事项、应遵守的规章制度；(2) 建立培训制度，对被派遣劳动者进行上岗知识、安全教育培训;(3)按照国家规定和劳务派遣协议约定,依法支付被派遣劳动者的劳动报酬和相关待遇;(4)按照国家规定和劳务派遣协议约定,依法为被派遣劳动者缴纳社会保险费,并办理社会保险相关手续;(5)督促用工单位依法为被派遣劳动者提供劳动保护和劳动安全卫生条件;(6)依法出具解除或者终止劳动合同的证明;(7)协助处理被派遣劳动者与用工单位的纠纷;(8)应当与被派遣劳动者订立2年以上的固定期限劳动合同,劳动合同除应当载明《劳动合同法》第17条规定的事项外,还应当载明被派遣劳动者的用工单位以及派遣期限、工作岗位等情况;(9)向被派遣劳动者按月支付劳动报酬;(10)对退回后在无工作期间的被派遣劳动者,应当按照所在地人民政府规定的最低工资标准,向其按月支付报酬;(11)应当与接受以劳务派遣形式用工的单位订立劳务派遣协议;(12)应当将劳务派遣协议的内容告知被派遣劳动者;(13)不得克扣用工单位按照劳务派遣协议支付给被派遣劳动者的劳动报酬;(14)不得向被派遣劳动者收取费用;(15)不得以非全日制用工形式招用被派遣劳动者;(16)如有需要,劳务派遣单位与同一被派遣劳动者只能约定一次试用期;(17)被派遣劳动者在用工单位因工作遭受事故伤害的,劳务派遣单位应当依法申请工伤认定,承担工伤保险责任;(18)被派遣劳动者在申请进行职业病诊断、鉴定时,提供被派遣劳动者职业病诊断、鉴定所需的其他材料;(19)法律、法规和规章规定的其他事项。

2. 用工单位的义务:(1)向被派遣劳动者提供与工作岗位相关的福利待遇,不得歧视被派遣劳动者;(2)执行国家劳动标准,提供相应的劳动条件和劳动保护;(3)对派遣劳动者与本单位同类岗位的劳动者实行相同的劳动报酬分配办法;(4)告知被派遣劳动者的工作要求和劳动报酬;(5)支付加班费、绩效奖金,提供与工作岗位相关的福利待遇;(6)对在岗被派遣劳动者进行工作岗位所必需的培训,如果用工单位为生产经营企业的,则应当将被派遣劳动者纳入本单位从业人员统一管理,对被派遣劳动者进行岗位安全操作规程和安全操作技能的教育和培训;(7)连续用工的,实行正常的工资调整机制;(8)按照约定按时足额向劳务派遣公司支付劳务派遣服务费;(9)被派遣劳动者在用工单位因工作遭受事故伤害的,用工单位应当协助工伤认定的调查核实工作;(10)被派遣劳动者在申请进行职业病诊断、鉴定时,用工单位应当负责处理职业病诊断、鉴定事宜,并如实提供职业病诊断、鉴定所需的劳动者职业史和职业危害接触史、工作场所职业病危害因素检测结果等资料;(11)不得将被派遣劳动者再派遣到其他用人单位;(12)不得设立劳务派遣单位向本单位或者所属单位派遣劳动者。

3. 被派遣劳动者的权利:(1)与劳务派遣单位签订劳动合同、领取劳动报酬、参加社会保险等《劳动合同法》所规定的劳动者的基本权利;(2)劳务派遣协议及工作待遇的知情权;(3)与用工单位的劳动者同工同酬的权利;(4)在劳务派遣单位或用工单位参加或组织工会的权利;(5)获得劳动保护、接受岗位培训的权利。

4. 被派遣劳动者的义务:(1)严格遵守国家法律、法规的规定和劳动合同的约定;(2)自觉遵守劳务派遣单位和用工单位的各项规章制度;(3)忠于职守,认真完成用工单位的工作任务;(4)服从劳务派遣单位、用工单位的日常管理;(5)劳动者对用人单位的其他义务。

[场景回放]

杨某于2009年被某美资公司设在北京的代表处聘用，与北京FESCO签订了劳动合同后，由FESCO派遣至该美资公司的北京代表处。2011年，该美资公司在北京设立了A公司，取消了北京代表处，杨某依然与FESCO签订劳动合同，然后被派遣至A公司工作。2015年12月17日，杨某向A公司的人事经理发送电子邮件，称身体不适医生建议休息几天，并于当日起没有再到公司上班。2015年12月20日，杨某因精神病发作被强制送往精神病院接受治疗。2015年12月21日，A公司向FESCO发送了退回通知，以杨某连续旷工超过3天，严重违反公司规章制度为由将杨某退回至FESCO。FESCO于当日向杨某发送了解除劳动合同通知书，以严重违纪为由解除劳动合同。

[针锋相对]

杨某收到通知后不服，于2016年1月9日向当地劳动争议仲裁委员会提起仲裁，要求：(1)确认A公司将杨某退回FESCO的决定违法；(2)确认FESCO解除劳动合同决定违法；(3)FESCO向杨某支付解除劳动合同赔偿金，A公司对此承担连带赔偿责任。

[审理结果]

经审理，劳动争议仲裁委员会裁决，FESCO向杨某支付解除劳动合同赔偿金，A公司对此承担连带赔偿责任。

[律师点评]

本案中FESCO、A公司、杨某三者之间的关系是最典型的劳务派遣关系。FESCO作为用人单位与杨某签订劳动合同，杨某与FESCO之间建立了劳动关系；FESCO与A公司签订劳务派遣协议，将杨某派遣至A公司工作，A公司对杨某直接用工；杨某基于FESCO的派遣为A公司提供劳动。三方之间的劳务派遣法律关系是非常清晰的。劳动争议仲裁委员会经审理后认定作为用人单位的FESCO解除杨某劳动合同缺乏法律事实，属于违法解除，应当向杨某支付赔偿金。

[拨云见日]

1. 劳务派遣公司应当具备怎样的资质？

答：2008年《劳动合同法》第57条对设立劳务派遣公司进行了规定，但要求相对较低，只要求应当按照公司法的有关规定设立，注册资本不得少于50万元。但2013年7月1日起施行的《全国人民代表大会常务委员会关于修改〈中华人民共和国劳动合同法〉的决定》对该条进行了修订，对于经营劳务派遣业务的条件提出了更高的要求：(1)注册资本不得少于200万元人民币，远高于原来50万元的标准；(2)有与开展业务相适应的固定的经营场所和设备；(3)有符合法律、行政法规规定的劳务派遣管理制度;(4)法律、行政法规规定的其他条件。同时还规定了经营劳务派遣业务,应当向劳动行政部门依法申请行政许可。经许可的,依法办理相应的公司登记;未许可的,任何单位和个人不得经营劳务派遣业务。

由此可见,新修订的《劳动合同法》对劳动派遣公司的资质作出了更加严格的要求。修正案施行前已经经营劳务派遣业务的单位需要特别加以注意,应当在修正案实施之日起1年内(2014年7月1日之前)依法取得行政许可并办理公司变更登记,方可经营新的劳务派遣业务。

2. 在哪些岗位上可以适用劳务派遣用工方式?

答:根据修订后的《劳动合同法》第66条的规定,劳务派遣用工是补充形式,只能在临时性、辅助性或者替代性的工作岗位上实施。究竟何为"临时性、辅助性或者替代性的工作岗位"呢?修改后的《劳动合同法》以及《劳务派遣暂行规定》均给出了明确的说明,让企业有迹可循,防御风险。临时性的工作岗位是指存续时间不超过6个月的岗位;辅助性的工作岗位是指为主营业务岗位提供服务的非主营业务岗位;替代性的工作岗位是指用工单位的劳动者因脱产学习、休假等原因无法工作的一定期间内,可以由其他劳动者替代工作的岗位。

需要注意的是,对于用工单位决定使用被派遣劳动者的辅助性岗位,应当经职工代表大会或者全体职工讨论,提出方案和意见,与工会或者职工代表平等协商确定,并在用工单位内公示。

3. 用工单位是否必须与被派遣劳动者签订书面协议?

答:法律并不强制用工单位一定要与被派遣劳动者签订书面协议,但是就实务操作的角度而言,建议用工单位如此操作,对用工单位与被派遣劳动者的权利义务作出明确约定。需要注意的是,用工单位与被派遣劳动者签订的是一般的劳务合同而并非劳动合同。

4. 用工单位在哪些情形下可以将被派遣劳动者退回劳务派遣单位?

答:具有以下情形:(1)被派遣劳动者在试用期内被证明不符合录用条件的;(2)被派遣劳动者严重违反用工单位的规章制度的;(3)被派遣劳动者严重失职,营私舞弊,给用工单位的利益造成重大损害的;(4)被派遣劳动者同时与其他用人单位建立劳动关系,对完成本单位的工作任务造成严重影响,或者经单位提出,拒不改正的;(5)被派遣劳动者以欺诈、胁迫的手段或者乘人之危,使对方在违背真实意思的情况下订立或者变更劳动合同,致使劳动合同无效的;(6)被派遣劳动者被依法追究刑事责任的;(7)被派遣劳动者患病或者非因工负伤,在规定的医疗期满后不能从事原工作,也不能从事由用工单位另行安排的工作的;(8)被派遣劳动者不能胜任工作,经过培训或者调整工作岗位,仍不能胜任工作的;(9)劳务派遣关系建立时所依据的客观情况发生重大变化,致使无法履行,经用工单位与被派遣劳动者协商,未能就变更劳务派遣内容达成协议的;(10)用工单位存在依照企业破产法规定进行重整,生产经营发生严重困难,企业转产、重大技术革新或者经营方式调整,经变更劳动合同后,仍需裁减人员的,其他因劳动合同订立时所依据的客观经济情况发生重大变化,致使劳动合同无法履行的情形，需要裁减人员 20 人以上或者裁减不足 20 人但占企业职工总数 10% 以上的；(11)用工单位被依法宣告破产、吊销营业执照、责令关闭、撤销、决定提前解散或者经营期限届满不再继续经营的；(12)劳务派遣协议期满终止的。

5. 用工单位能否与被派遣劳动者签订培训协议、保密协议、竞业限制协议？

答：为了保护用工单位的利益，用工单位可以依法与被派遣劳动者签订培训协议、保密协议、竞业限制协议。

6. 被派遣劳动者在哪些情况下可以单方解除劳动合同？

答：根据《劳动合同法》及《劳务派遣暂行规定》之相关规定，有下列情形之一的，被派遣劳动者可以解除劳动合同：(1)提前 30 日以书面形式通知劳务派遣单位，可以解除劳动合同；(2)在试用期内提前 3 日通知劳务派遣单位，可以解除劳动合同。劳务派遣单位应当将被派遣劳动者通知解除劳动合同的情况及时告知用工单位。

7. 劳务派遣单位在哪些情况下可以单方解除劳动合同？

答：被派遣劳动者因《劳务派遣暂行规定》第 12 条规定被用工单位退回，劳务派遣单位重新派遣时维持或者提高劳动合同约定条件，被派遣劳动者不同意的，劳务派遣单位可以解除劳动合同；劳务派遣单位重新派遣时降低劳动合同约定条件，被派遣劳动者提出解除劳动合同，劳务派遣单位可以解除劳动合同。

8. 劳务派遣中，劳动合同的终止有哪些情形？需要注意什么？

答：根据《劳务派遣暂行规定》之相关规定，劳务派遣单位被依法宣告破产、吊销营业执照、责令关闭、撤销、决定提前解散或者经营期限届满不再继续经营的，劳动合同终止。用工单位应当与劳务派遣单位协商妥善安置被派遣劳动者。劳务派遣单位因《劳动合同法》第 46 条或者本规定第 15 条、第 16 条规定的情形，与被派遣劳动者解除或者终止劳动合同的，应当依法向被派遣劳动者支付经济补偿。

[场景回放]

常某于 2003 年 10 月至 A 学院饮服部门工作，任验收员。2008 年 1 月 1 日，常某与 B 劳务公司签订劳务派遣合同，由该劳务公司将其派遣至原岗位工作，劳动合同期限为 2008 年 1 月 1 日至 2010 年 12 月 31 日。2011 年 1 月 1 日，常某再次与 B 劳务公司签订劳动派遣合同，合同期限为 2011 年 1 月 1 日至 2013 年 12 月 31 日。B 劳务公司于 2008 年 1 月 1 日起为常某缴纳基本养老保险，自 2011 年 4 月 1 日起缴纳五项社会保险。根据常某申请，A 学院批准其于 2011 年 12 月 1 日至 2012 年 3 月 1 日休产假，产假期间，按正常工资标准发放工资。2012 年 3 月 1 日产假期满后，常某向 A 学院、B 劳务公司三次邮寄安排工作岗位申请书，均未得到回复，B 劳务公司为常某缴纳五项社会保险至 2012 年 4 月。B 劳务公司成立于 2007 年 6 月 29 日，发起人为某招待所(投资占 60%)、胡某和庄某。2008 年 7 月 14 日，B 劳务公司申请新增投资人某软件公司(出资占 40%)，某招待所出资比例由此变为 36%。某招待所投资人为 A 学院(出资占 90%)和郑某，A 学院还持有某软件公司 5% 的股份。

[针锋相对]

由于A学院和B劳务公司拒绝为常某安排工作，常某遂诉至法院，请求确认其与B劳务公司签订的劳务派遣合同无效，A学院为其办理解除劳动合同相关手续等。

[审理结果]

法院认为，A学院与其他发起人投资设立某招待所和某软件公司，某招待所和某软件公司又与其他投资人设立B劳务公司，A学院再将原雇用的常某改为由B劳务公司派遣至本单位，该行为违反了《劳动合同法》关于用人单位不得出资或合伙设立劳务派遣单位向本单位派遣劳动者的规定，常某与B劳务公司签订的两份派遣合同无效，常某劳动关系和劳动合同的相对人仍为A学院，遂判决支持了常某的诉讼请求。

[律师点评]

2008年《劳动合同法》实施以后，许多企业想尽各种办法在不改变工作岗位、工作内容的情况下将原有直接用工转变为派遣用工。其中，用人单位自己设立劳务派遣单位向本单位或所属单位派遣劳动者是一种常见的方法。《劳动合同法》《劳动合同法实施条例》都对此作出了禁止性规定，目的在于防止企业对原本完整的劳动关系进行任意切割，逃避相关法律责任，任意使用劳务派遣工。

[法条链接]

《中华人民共和国劳动合同法》

第五十七条　经营劳务派遣业务应当具备下列条件：

（一）注册资本不得少于人民币二百万元；

（二）有与开展业务相适应的固定的经营场所和设施；

（三）有符合法律、行政法规规定的劳务派遣管理制度；

（四）法律、行政法规规定的其他条件。

经营劳务派遣业务，应当向劳动行政部门依法申请行政许可；经许可的，依法办理相应的公司登记。未经许可，任何单位和个人不得经营劳务派遣业务。

第五十八条　劳务派遣单位是本法所称用人单位，应当履行用人单位对劳动者的义务。劳务派遣单位与被派遣劳动者订立的劳动合同，除应当载明本法第十七条规定的事项外，还应当载明被派遣劳动者的用工单位以及派遣期限、工作岗位等情况。

劳务派遣单位应当与被派遣劳动者订立二年以上的固定期限劳动合同，按月支付劳动报酬；被派遣劳动者在无工作期间，劳务派遣单位应当按照所在地人民政府规定的最低工资标准，向其按月支付报酬。

第五十九条　劳务派遣单位派遣劳动者应当与接受以劳务派遣形式用工的单位（以下称用工单位）订立劳务派遣协议。劳务派遣协议应当约定派遣岗位和人员数量、派遣期限、劳动报酬和社会保险费的数额与支付方式以及违反协议的责任。

第六十条　劳务派遣单位应当将劳务派遣协议的内容告知被派遣劳动者。

劳务派遣单位不得克扣用工单位按照劳务派遣协议支付给被派遣劳动者的劳动报酬。

劳务派遣单位和用工单位不得向被派遣劳动者收取费用。

第六十一条　劳务派遣单位跨地区派遣劳动者的，被派遣劳动者享有的劳动报酬和劳动条件，按照用工单位所在地的标准执行。

第六十二条　用工单位应当履行下列义务：(略)

第六十三条　被派遣劳动者享有与用工单位的劳动者同工同酬的权利。用工单位应当按照同工同酬原则，对被派遣劳动者与本单位同类岗位的劳动者实行相同的劳动报酬分配办法。用工单位无同类岗位劳动者的，参照用工单位所在地相同或者相近岗位劳动者的劳动报酬确定。

劳务派遣单位与被派遣劳动者订立的劳动合同和与用工单位订立的劳务派遣协议，载明或者约定的向被派遣劳动者支付的劳动报酬应当符合前款规定。

第六十四条　被派遣劳动者有权在劳务派遣单位或者用工单位依法参加或者组织工会，维护自身的合法权益。

第六十五条　被派遣劳动者可以依照本法第三十六条、第三十八条的规定与劳务派遣单位解除劳动合同。

被派遣劳动者有本法第三十九条和第四十条第一项、第二项规定情形的，用工单位可以将劳动者退回劳务派遣单位，劳务派遣单位依照本法有关规定，可以与劳动者解除劳动合同。

第六十六条　劳动合同用工是我国的企业基本用工形式。劳务派遣用工是补充形式，只能在临时性、辅助性或者替代性的工作岗位上实施。

前款规定的临时性工作岗位是指存续时间不超过六个月的岗位；辅助性工作岗位是指为主营业务岗位提供服务的非主营业务岗位；替代性工作岗位是指用工单位的劳动者因脱产学习、休假等原因无法工作的一定期间内，可以由其他劳动者替代工作的岗位。

用工单位应当严格控制劳务派遣用工数量，不得超过其用工总量的一定比例，具体比例由国务院劳动行政部门规定。

《中华人民共和国劳动合同法实施条例》

第二十九条　用工单位应当履行劳动合同法第六十二条规定的义务，维护被派遣劳动者的合法权益。

第三十条　劳务派遣单位不得以非全日制用工形式招用被派遣劳动者。

第三十一条　劳务派遣单位或者被派遣劳动者依法解除、终止劳动合同的经济补偿，依照劳动合同法第四十六条、第四十七条的规定执行。

第三十二条　劳务派遣单位违法解除或者终止被派遣劳动者的劳动合同的，依照劳动合同法第四十八条的规定执行。

《劳务派遣暂行规定》

第五条　劳务派遣单位应当依法与被派遣劳动者订立2年以上的固定期限书面劳动合同。

第八条　劳务派遣单位应当对被派遣劳动者履行下列义务：

（一）如实告知被派遣劳动者劳动合同法第八条规定的事项、应遵守的规章制度以及劳务派遣协议的内容；

（二）建立培训制度，对被派遣劳动者进行上岗知识、安全教育培训；

（三）按照国家规定和劳务派遣协议约定，依法支付被派遣劳动者的劳动报酬和相关待遇；

（四）按照国家规定和劳务派遣协议约定，依法为被派遣劳动者缴纳社会保险费，并办理社会保险相关手续；

（五）督促用工单位依法为被派遣劳动者提供劳动保护和劳动安全卫生条件；

（六）依法出具解除或者终止劳动合同的证明；

（七）协助处理被派遣劳动者与用工单位的纠纷；

（八）法律、法规和规章规定的其他事项。

第十条　被派遣劳动者在用工单位因工作遭受事故伤害的，劳务派遣单位应当依法申请工伤认定，用工单位应当协助工伤认定的调查核实工作。劳务派遣单位承担工伤保险责任，但可以与用工单位约定补偿办法。

被派遣劳动者在申请进行职业病诊断、鉴定时，用工单位应当负责处理职业病诊断、鉴定事宜，并如实提供职业病诊断、鉴定所需的劳动者职业史和职业危害接触史、工作场所职业病危害因素检测结果等资料，劳务派遣单位应当提供被派遣劳动者职业病诊断、鉴定所需的其他材料。

《中华人民共和国安全生产法》

第二十八条　生产经营单位应当对从业人员进行安全生产教育和培训，保证从业人员具备必要的安全生产知识，熟悉有关的安全生产规章制度和安全操作规程，掌握本岗位的安全操作技能，了解事故应急处理措施，知悉自身在安全生产方面的权利和义务。未经安全生产教育和培训合格的从业人员，不得上岗作业。

生产经营单位使用被派遣劳动者的，应当将被派遣劳动者纳入本单位从业人员统一管理，对被派遣劳动者进行岗位安全操作规程和安全操作技能的教育和培训。劳务派遣单位应当对被派遣劳动者进行必要的安全生产教育和培训。

生产经营单位接收中等职业学校、高等学校学生实习的，应当对实习学生进行相应的安全生产教育和培训，提供必要的劳动防护用品。学校应当协助生产经营单位对实习学生进行安全生产教育和培训。

生产经营单位应当建立安全生产教育和培训档案，如实记录安全生产教育和培训的时间、内容、参加人员以及考核结果等情况。

第六十一条　生产经营单位使用被派遣劳动者的，被派遣劳动者享有本法规定的从业人员的权利，并应当履行本法规定的从业人员的义务。

二、劳务派遣的优劣势比较

在现行法律条件下，对于用工单位而言，劳务派遣的方式有利有弊，用工单位应当结合企业自身的特点，考虑是否采用该方式。

(一)劳务派遣的优势

1. 使得用工管理更为便捷，用工成本更为低廉。在劳务派遣模式下，从员工招聘、日常管理、工资发放、社会保险缴纳到员工离职，所有手续和相关管理工作都由劳务派遣单位办理，极大地减轻了用工单位的负担，使用工单位从烦琐的劳动人事管理事务中解脱出来，同时在一定程度上还能转移企业的管理风险。

2. 有利于用工单位人力资源的有效利用。专业劳务派遣单位的从业人员往往有很好的专业功底和多年从事劳动保障工作的背景，能够为用工单位人力资源管理提供有效支持。

3. 在一定程度上能够避免无固定期限劳动合同，但是由于《劳动合同法》《劳务派遣暂行规定》明确限制了劳务派遣一般适用于“临时性、辅助性或者替代性的工作岗位”，因此在某一岗位上常用劳务派遣隐含很大的风险，劳务派遣的功能必将受到限制。

(二)劳务派遣的劣势

1. 被派遣劳动者与正式员工同工同酬。在大多数使用劳务派遣的企业，被派遣劳动者犹如“二等公民”，并不能享受到同正式员工一样的待遇，如工资、奖金标准不一致，不享受额外福利等，《劳动合同法》施行前，法律对此并不干涉，因此在很大程度上可以节约用工单位的人力资源成本。但是《劳动合同法》《劳务派遣暂行规定》实施后，被派遣劳动者同正式员工同工同酬的规定使得劳务派遣可以减少人力成本的优势大大减弱。

2. 劳务派遣仅适用于“临时性、辅助性或者替代性的工作岗位”。这一规定大大限制了劳务派遣的适用范围，在常规岗位、核心岗位上使用劳务派遣存在很大的法律风险。如果在不得使用劳务派遣的岗位上采用劳务派遣用工，劳务派遣单位及用工单位都可能面临处罚。

3. 用工单位使用的被派遣劳动者数量不得超过其用工总量的10%。这里所指的用工总量是指用工单位订立劳动合同人数与使用的被派遣劳动者人数之和。用工单位未于2014年3月1日前将被派遣劳动者数量降至符合规定比例，不得新用被派遣劳动者。这一规定要求用工单位必须严格控制劳务派遣用工数量，不得无限制使用被派遣劳动者。

[场景回放]

案例一：自2006年6月郑某进入某银行工作，并与该银行签订了为期5年的劳动合同。2011年郑某与银行签订的劳动合同到期。该银行没有与郑某续订劳动合同。银行告知郑某将对其不再直接聘用，而欲采用劳务派遣的方式，若郑某愿意就与A公司签订劳动合同，再由A公司将其派至银行工作。若郑某不愿意就另行找工作。为了能够继续在银行工作，郑某同意与A公司签订劳动合同。经过数次续订，郑某与A公司最后一次续订的劳动合同于2018年5月30日到期。2018年5月30日，A公司终止了与郑某的劳动关系。郑某向银行提出要求签订无固定期限劳动合同，因为其在银行已经工作超过10年。银行指出自2011年起，银行与郑某并不存在劳动关系，于是拒绝了郑某的要求。

案例二：2005年4月1日，苗某作为派遣员工与人力资源公司签订劳动合同，期限至2006年3月31日。此后双方多次续签劳动合同，最后一份劳动合同期限自2012年4月1日至2014年3月31日。合同届满时，苗某要求人力资源公司与其订立无固定期限劳动合同，人力资源公司要求苗某与另一人力资源公司续签劳动合同，否则视为其放弃续签权利，劳动合同终止。

[律师点评]

案例一中，郑某自2006年6月开始为银行提供劳动，前后时间累计超过了10年，但是自2011年起郑某与银行的劳动合同终止后，郑某与A公司签订了劳动合同，以A公司被派遣劳动者的身份到银行工作，其与银行之间并不存在劳动关系。而《劳动合同法》中关于劳动者工作满10年可以要求用人单位签订无固定期限劳动合同的规定仅适用于建立劳动关系的双方当事人之间，基于郑某与银行之间并不存在劳动关系这一事实，郑某无权要求银行与其签订无固定期限劳动合同。

案例二中，劳务派遣单位是否应与员工签订无固定期限劳动合同的问题，在2015年以前，司法实践倾向认为派遣单位无须与派遣员工订立无固定期限劳动合同，但最近1年多以来，司法口径逐渐发生变化。在本案中，审理法院认为劳务派遣单位仍应一体适用《劳动合同法》第14条第2款关于签订无固定期限劳动合同的法律规定。劳务派遣用工方式下订立的劳动合同不能当然认为独立于一般劳动合同之外。《劳动合同法》规定的用人单位应尽的义务，劳务派遣单位均应履行，这其中当然应当包括符合无固定期限劳动合同签订条件时即应当签订。如果认定劳务派遣单位与被派遣劳动者不适用无固定期限劳动合同的法律规定，则可能会存在用人单位通过劳务派遣方式规避无固定期限劳动合同订立从而损害劳动者合法权益的情况，这显然与《劳动合同法》的立法本意相悖。

[拨云见日]

1.同工同酬的含义是什么？

答：在劳务派遣法律关系中，“同工同酬”是指被派遣劳动者的劳动报酬应当与用工单位中从事相同工作，付出等量劳动且取得相同劳绩的劳动者相同。由此可见，同工同酬必须具备三个条件：一是工作岗位、工作内容相同；二是在相同的工作岗位上付出了与别人同样的劳动工作量；三是同样的工作量取得了相同的工作业绩。如果用工单位无同类岗位劳动者的，参照用工单位所在地相同或者相近岗位劳动者的劳动报酬确定。

需要注意的是，“同工同酬”作为一项原则，用工单位在具体实施的过程中不能简单机械地套用，“同工同酬”要求单位针对同一工种实行相同的薪酬办法，不能因人而异、区别对待，但并非在不区分劳动量的大小及工作业绩情况下对同一岗位按统一标准支付相同报酬。劳动者存在个体差异，在工作能力、水平、经验等方面个人情况有所不同，绝对“同工同酬”是不公平也不现实的。用工单位可以对不同岗位被派遣劳动者的劳动报酬进行细化，划分级别，但也要根据经营状况建立起顺畅的工资调整机制，保障劳动者的合法权益。

2. 工资、经济补偿金及赔偿金的支付应如何把握？

在实践操作中，被派遣员工的工资可以由派遣单位支付，也可以由用工单位代付，派遣单位及用工单位可就此进行协商。如果在《劳务派遣协议》约定由派遣单位支付工资，同时应当明确当派遣单位未按照约定支付工资的违约责任、因此产生争议的赔偿责任以及用工单位如因此承担连带责任的追偿权利。

关于经济补偿金或者赔偿金的责任承担，用工单位可以从以下几个方面进行把握：原则上，经济补偿金或者赔偿金应当由派遣单位支付；如双方就此进行协商，用工单位在合理范围内可承担在以法定事由退回派遣员工后，派遣单位并依此与被派遣员工解除劳动关系，但被认定为违法解除情况下产生的经济补偿或者赔偿；被派遣员工因用工单位违反《劳动合同法》第 38 条的规定而解除劳动关系产生的经济补偿；除前述情形外，派遣单位与派遣员工解除或者终止劳动关系，用工单位不应承担任何经济补偿金或者赔偿金，如用工单位因此承担连带赔偿责任的，用工单位可向派遣单位进行追偿。

3. 劳务派遣员工给第三人造成损害，责任应如何承担？

《民法典》第 1191 条第 2 款规定：“劳务派遣期间，被派遣的工作人员因执行工作任务造成他人损害的，由接受劳务派遣的用工单位承担侵权责任；劳务派遣单位有过错的，承担相应的责任。”此处“派遣单位有过错”指的是派遣单位没有依照劳动派遣协议的要求派遣与用工单位工作岗位要求相适应的派遣员工，未尽必要的注意义务，并且是因为派遣员工的劳动技能达不到用工单位岗位的要求，给第三人造成损害。

[法条链接]

《中华人民共和国劳动合同法》

第六十三条　被派遣劳动者享有与用工单位的劳动者同工同酬的权利。用工单位应当按照同工同酬原则，对被派遣劳动者本单位同类岗位的劳动者实行相同的劳动报酬分配办法。用工单位无同类岗位劳动者的，参照用工单位所在地相同或者相近岗位劳动者的劳动报酬确定。

第九十二条　违反本法规定，未经许可，擅自经营劳务派遣业务的，由劳动行政部门责令停止违法行为，没收违法所得，并处违法所得一倍以上五倍以下的罚款；没有违法所得的，可以处五万元以下的罚款。

劳务派遣单位、用工单位违反本法有关劳务派遣规定的，由劳动行政部门责令限期改正；逾期不改正的，以每人五千元以上一万元以下的标准处以罚款，对劳务派遣单位，吊销其劳务派遣业务经营许可证。用工单位给被派遣劳动者造成损害的，劳务派遣单位与用工单位承担连带赔偿责任。

《劳务派遣暂行规定》

第三条　用工单位只能在临时性、辅助性或者替代性的工作岗位上使用被派遣劳动者。

前款规定的临时性工作岗位是指存续时间不超过6个月的岗位；辅助性工作岗位是指为主营业务岗位提供服务的非主营业务岗位；替代性工作岗位是指用工单位的劳动者因脱产学习、休假等原因无法工作的一定期间内，可以由其他劳动者替代工作的岗位。

用工单位决定使用被派遣劳动者的辅助性岗位，应当经职工代表大会或者全体职工讨论，提出方案和意见，与工会或者职工代表平等协商确定，并在用工单位内公示。

第四条　用工单位应当严格控制劳务派遣用工数量，使用的被派遣劳动者数量不得超过其用工总量的10%。

前款所称用工总量是指用工单位订立劳动合同人数与使用的被派遣劳动者人数之和。

计算劳务派遣用工比例的用工单位是指依照劳动合同法和劳动合同法实施条例可以与劳动者订立劳动合同的用人单位。

三、使用劳务派遣的注意事项

企业在使用劳务派遣用工方式时，应当注意以下几个方面的问题：

1. 禁止违法使用劳务派遣。

劳务派遣只能适用于临时性、辅助性或者替代性的工作岗位，这就意味着不得在企业的常规岗位上长期使用劳务派遣工。同时，企业还应当根据工作岗位的特征和实际需要与劳务派遣单位确定派遣期限，不得将连续用工期限分割订立数个短期劳务派遣协议。而且用人单位还应当控制劳务派遣用工数量，使用的被派遣劳动者数量不得超过其用工总量的10%。

2. 谨慎选择劳务派遣单位。

劳务派遣单位的资质、执行《劳动合同法》的情况以及服务水平都将直接影响用工单位的利益，企业应当谨慎选择劳务派遣单位，对如下因素进行认真审查：

(1)劳务派遣单位的资质。目前市场上一些提供劳务派遣服务的机构并不具备劳务派遣资质，使用这些机构提供的劳务派遣工，不仅无法实现用工企业的预期目的，反而会惹来被认定为事实劳动关系的麻烦。

(2)劳务派遣单位的规模。劳务派遣单位财力状况以及承担责任的能力，关系到企业在承担连带责任后能否顺利追偿，因此，为了保障企业的权益，建议企业选择规模较大的劳务派遣单位。

(3)服务水平以及信誉度。由于用工单位与劳务派遣单位承担连带责任,因此劳务派遣单位服务是否专业化、合法化,直接关系到用工单位须承担多大的用工风险。

(4)劳务派遣单位的风险承担能力。不同劳务派遣单位的风险承受度不同,企业可以对风险承担责任意识、预防风险管理体系、风险应对业务能力等方面进行评估,选择风险承担能力较强的劳务派遣单位。

3. 监督劳动合同签订情况。

首先,要确保劳务派遣单位与被派遣劳动者订立了劳动合同,谨防事实劳动关系;其次,要确保劳务派遣单位与被派遣劳动者订立的劳动合同内容符合法律、法规的规定。

4. 跟踪劳动合同履行情况。

主要是要跟踪劳务派遣单位为被派遣劳动者发放工资以及缴纳社会保险费等情况,在实务中,存在用工单位如约向劳务派遣单位支付了各项费用,但是劳务派遣单位却没有依法为被派遣劳动者支付劳动报酬或缴纳各项社会保险费用的情况,在这种情况下,员工受损后的第一反应更多的是找用工单位,用工单位可能因此卷入劳动争议。为了避免这类风险,企业应当定期跟踪检查劳务派遣单位对劳动合同的履行情况。

5. 签订好劳务派遣协议。

劳务派遣协议是处理用工单位与劳务派遣单位纠纷的重要依据,因此劳务派遣协议内容应当合法、详尽。根据《劳务派遣暂行规定》第 7 条之规定,劳务派遣协议应当载明下列内容:派遣的工作岗位名称和岗位性质;工作地点;派遣人员数量和派遣期限;按照同工同酬原则确定的劳动报酬数额和支付方式;社会保险费的数额和支付方式;工作时间和休息休假事项;被派遣劳动者工伤、生育或者患病期间的相关待遇;劳动安全卫生以及培训事项;经济补偿等费用;劳务派遣协议期限;劳务派遣服务费的支付方式和标准;违反劳务派遣协议的责任。除上述基本内容之外,尤其不要忘记约定用工单位承担连带责任后向劳务派遣单位追偿的相关内容。在实务中,劳务派遣协议一般都是由劳务派遣单位提供的格式合同文本,合同更倾向于对劳务派遣单位的保护,用工单位应当结合自身利益,进行仔细审查。

6. 使用劳务派遣工的"两不得"。

即不得将被派遣劳动者再派遣到其他用人单位;不得设立劳务派遣单位向本单位或者所属单位派遣劳动者。

[法条链接]

《中华人民共和国劳动合同法》

第五十九条 ……用工单位应当根据工作岗位的实际需要与劳务派遣单位确定派遣期限,不得将连续用工期限分割订立数个短期劳务派遣协议。

第六十二条 ……用工单位不得将被派遣劳动者再派遣到其他用人单位。

第六十七条 用人单位不得设立劳务派遣单位向本单位或者所属单位派遣劳动者。

《中华人民共和国劳动合同法实施条例》

第二十八条 用人单位或者其所属单位出资或者合伙设立的劳务派遣单位,向本单位或者所属单位派遣劳动者的，属于劳动合同法第六十七条规定的不得设立的劳务派遣单位。

《劳务派遣暂行规定》

第七条　劳务派遣协议应当载明下列内容：

（一）派遣的工作岗位名称和岗位性质；

（二）工作地点；

（三）派遣人员数量和派遣期限；

（四）按照同工同酬原则确定的劳动报酬数额和支付方式；

（五）社会保险费的数额和支付方式；

（六）工作时间和休息休假事项；

（七）被派遣劳动者工伤、生育或者患病期间的相关待遇；

（八）劳动安全卫生以及培训事项；

（九）经济补偿等费用；

（十）劳务派遣协议期限；

（十一）劳务派遣服务费的支付方式和标准；

（十二）违反劳务派遣协议的责任；

（十三）法律、法规、规章规定应当纳入劳务派遣协议的其他事项。

第二节　业务外包——另辟蹊径来用工

由于《劳动合同法》对劳务派遣的限制，劳务派遣的优势越发不明显，企业开始纷纷去寻求劳务派遣的替代品，于是市场上便应时应势出现了另一种用工方式——业务外包，也被称为专业外包，一些大型的劳务中介商已经对这一用工方式进行了开发。什么是业务外包？它具有哪些优劣势？企业应当如何运用？笔者在此将作一个简要的介绍。

一、业务外包的界定

所谓业务外包，即发包方将公司的具体业务外包给承包方，承包方安排自己的员工（外包员工）为发包方从事该具体业务。严格来说，业务外包并非一种用工方式，它仅仅是发包方与承包方之间的一种业务合作，但是对于一些临时性的、专业性较强的工作岗位，业务外包却也提供了一种新的用工思路。把非核心的或者不擅长的业务、部门精简，代之以专业外包，一方面可降低用工成本；另一方面也顺应了“专业的事由专家去做”这一当今社会化分工的大趋势。

在业务外包过程中，存在三个主体，即发包方、承包方以及外包员工。三者之间的关系如下：

（1）承包方与外包员工之间建立劳动关系，双方签订劳动合同。承包方对外包员工承担《劳动法》《劳动合同法》上规定的用人单位的义务，如社会保险办理、工资和加班费的支付、工伤待遇的承担等。

（2）发包方与承包方之间建立民事承包关系，双方签订外包协议（或项目合作合同等）。承包方按照外包协议的约定为发包方提供专业服务，或承包开展发包方的某项具体业务，并对其提供的服务或承包的业务质量负责，发包方向承包方支付整体的外包业务服务费用。

（3）发包方与外包员工之间的劳动用工关系。发包方与外包员工之间并不存在直接的法律关系，双方的联系仅在于发包方把具体业务外包给承包方，承包方指派这些外包员工具体执行该业务，外包员工为发包方承办相关业务工作仅仅是履行作为承包方的用人单位分配给其的工作任务。发包方不参与对外包员工的管理，对外包员工的管理由承包方承担，发包方不对外包员工承担《劳动法》或《劳动合同法》中规定的用人单位的任何义务。

可见，业务外包与劳务派遣的最大区别在于劳务派遣是“卖人”，业务外包是“卖服务”，由此导致一系列权利、义务上的差别。如法务外包，律师事务所指派某律师常驻企业提供法律服务，与劳务派遣关系中的被派遣劳动者不一样的是，承办律师并不接受企业的管理，律师的工资发放、社会保险费的缴纳、休息休假、工伤事故都与企业无关，而且对于律师事务所侵害律师权益的行为，企业也不承担连带责任。此外，与劳务派遣关系还有一点不同的是，企业向律师事务所支付的费用是律师服务费，而非劳务派遣服务费。

[场景回放]

A公司与某运输公司签订了业务外包合同，将本公司的全部需车业务外包给该运输公司。运输公司为开展A公司的业务，特意抽调出2辆汽车，并配备了滕某、周某两名专车司机。为了用车方便，滕某、周某二人常驻A公司随时待命。2015年4月30日，滕某在出车过程中，由于汽车故障发生车祸，滕某头部受到重创，被送往医院紧急抢救。在住院过程中，A公司领导看望了滕某并为滕某留下2000元的抚慰金，但是运输公司始终没有露面。病愈出院后，滕某找到A公司要求其报销医疗费，A公司称滕某并非A公司员工，A公司没有义务为其报销医疗费，滕某是运输公司的人，应当找运输公司报销医疗费用。于是滕某又找到运输公司，运输公司称滕某是在为A公司工作期间发生的车祸，因此运输公司无义务为滕某报销医疗费用。请问：A公司与某运输公司，究竟谁该为滕某的工伤事故埋单？

[律师点评]

本案争议焦点在于，在业务外包的法律关系中，究竟谁应当对外包员工承担用人单位的义务？在本案中，运输公司承包了A公司的需车业务，滕某、周某两名专车司机被指派具体执行该项业务，是履行运输公司分配的任务，履行用人单位义务的应当是运输公司。

二、业务外包的优劣势分析

由于发包单位无须承担用人单位的义务，也无须承担连带责任，因此对于发包单位而言，其用工成本大大降低。但是，由于外包员工与发包单位之间不存在直接的法律关系，员工的稳定性不强，归属感缺失；同时发包单位在追求对外包员工直接管理和控制的过程中也埋下了事实劳动关系的隐患；此外，由于严格意义上的业务外包仅是企业之间的一种项目合作，而并非一种用工方式，因此，将其异化成一种用工方式来控制用工成本，无论从其目的而言，还是从其形式而言，都具有一定的潜在风险。

三、使用业务外包的注意事项

既要充分发挥业务外包的优势，又要最大限度地防范法律风险，需要在实务操作中注意以下几点：

首先，慎重审查承包单位的资质，尽量选择有实力的公司，以避免业务承包公司倒闭后因被认定为与劳动者存在事实劳动关系而承担用人单位的责任。

其次，与承包单位谨慎签订业务外包协议，全面约定双方的权利义务。

再次，严格监督业务承包单位与被指派劳动者之间劳动合同签订情况以及社保办理情况，坚决不接收没有与承包单位订立劳动合同的外包员工。

最后，也是最重要的一点，尽量不要对外包员工进行太多的人事管理，除非业务需要。

四、"假外包，真派遣"的风险及防范

《劳动合同法》修改决定公布后，有的劳务派遣单位和用工单位采取劳务承揽、业务外包的方式应对法律对劳务派遣的规制。为防止这种规避法律责任的行为，切实维护被派遣劳动者的合法权益，《劳务派遣暂行规定》第 27 条明确规定，用人单位以承揽、外包等名义，按劳务派遣用工形式使用劳动者的，按照本规定处理。各地也出台了相关规定，希望有效遏制用人单位"假外包，真派遣"的现象。

（一）业务外包和劳务派遣的审查标准

关于劳务派遣与业务外包之间的区别，主流的观点是企业是否介入对劳动过程的管理，如果介入，则是劳务派遣；否则，就是业务外包。似乎认定业务外包和劳务派遣的标准泾渭分明且简单易行，但在实践中应综合劳动过程判断，不宜作出简单认定。

1. 用工管理方式。

相关案例显示，法院在"假外包、真派遣"案件中，法院将用工管理方式作为区分劳务外包与劳务派遣的首要审查标准。相关判决中，直接用工管理的表现形式也较为多样：外包合同中约定岗位数量、约定拒绝用工权，发包方在实际管理中安排工作任务和工作时间，发包方规章制度适用于员工，发包方审核员工考勤情况、审核员工工资数额、对员工作出扣发工资等纪律处分等。

2. 劳动报酬支付主体。

劳动报酬支付主体也是法院的认定标准之一。劳动者报酬包括工资、社保、福利等方面,如果发包方直接向劳动者本人发放工资,极有可能被认定为“假外包,真派遣”,且委托发放工资也存在风险。

3. 承包费用结算方式。

承包费用结算方式也是法院判断合同性质的要素之一。判决一般认为,劳务派遣按照劳动力人数结算管理费用;劳务外包合同则按照工作量、工作质量结算。费用结构中包括用工成本的,或者费用计算方式被认定为“按人头”计算的,存在较高风险。如外包协议约定了“工作量”“服务费用打包”“加工产品数量”等结算方式,被认定为“假外包,真派遣”的可能性较低。

4. 劳务派遣资质。

法院判决一般把劳务派遣资质作为其他要素的补充,承包方在签订外包协议时具有劳务派遣资质,有可能被认定为“假外包,真派遣”;如承包方不具有劳务派遣资质,则有可能不被认定构成“假外包,真派遣”。特殊行业许可今后也有可能被法院列为“假外包,真派遣”的审查因素。

5. 专业术语的使用。

另外,服务提供商向服务接收方提供的外包服务合同条款中经常会出现劳务派遣合同的专业术语,如“派遣人员”“派遣人数”“服务标准适用服务接收方规章制度”“由服务接收方直接招聘服务人员或发放薪酬”等,或直接比照劳务派遣合同来制定,发生纠纷时,这类业务外包合同容易被认定为劳务派遣合同。

(二)业务外包合同和的风险防范管理

为防范业务外包模式与劳务派遣模式混同的风险,避免“名为外包,实为派遣”的情况出现,服务接收方应从制定规范的业务外包合同和防范管理风险两个层面来减少法律风险:

1. 制定权利义务界定清晰、具有可操作性的业务外包服务合同。

鉴于业务外包与劳务派遣本身具有一定的相似性,制定外包服务合同时应特别注意不要使用容易与劳务派遣相混淆的表述方式:

(1)核实此类服务的内容、业务环节是否适合外包,是否属于服务接收方临时性、辅助性或替代性的工作岗位,是否与核心业务有较高的相关度。建议对用工人数较多的服务事项进行外包,适用服务外包的岗位应当具备短期性、特殊性、专业性的特点。

(2)在签订合同时,所约定的外包服务的标准和要求应针对服务提供商而非外包服务人员。对外包服务人员应符合的标准有要求的,应只进行概括性约定,避免约定得过于具体和详细。

(3)在合同中要避免约定由服务接收方直接对外包服务人员进行管理、安排工作任务的内容,在合同中服务接收方对外包服务人员只体现监督、检查和指导的权利,而由服务提供商对外包服务人员进行直接管理。

(4)避免在合同中使用“工资”“薪酬”等人力资源管理的专用词语。在约定外包服务费用时,对费用不要过分细分,尤其不要使用按人头计费和按天数计费的方式。

(5)不约定服务接收方有权直接解除用工关系的内容,而是约定对于提供服务不合格的人员,服务接收方有权建议服务提供商进行更换。

(6)在合同中明确界定合同性质非劳动关系,尽可能达到服务接收方与外包服务人员隔绝劳动法律关系的效果,可以在合同中明确约定:外包服务人员与服务接收方不存在任何劳动关系、用工关系及劳务关系,服务提供商应按照有关法律、法规的规定,与外包服务人员签订劳动合同,建立合法有效的劳动关系,并依法按时支付劳动报酬、缴纳社会保险、住房公积金等福利费用,合同履行所涉及的任何劳动争议或纠纷,均由服务提供商负责解决并承担相应的法律后果。

2. 积极防范管理风险。

区分业务外包与劳务派遣的关键是由谁对劳动者进行直接管理。在履行外包服务合同时,服务接收方应注意下列事项:

(1)要求服务提供商指派管理人员对外包服务人员进行管理,当需要规范外包服务人员的行为时,向外包服务提供商指定的管理人员提出要求,由其管理人员对外包服务人员进行管理,必要时采取书面通知的形式,将服务接收方对服务的要求等有关管理事项通知服务提供商,并由服务提供商签收。

(2)不直接对外包服务人员发放工资和福利,而由服务提供商发放;不以招聘方的名义参与外包服务人员的招聘和培训;不直接对外包服务人员适用服务接收方的管理制度,而应写进服务提供商与外包服务人员的合同,作为对服务提供商提供服务的要求;不对外包服务人员进行直接考核,而是将其工作表现告知服务提供商;不直接指派外包服务人员从事外包服务范围以外的事项;不在外包服务人员的有关书面文书(如工作证明、薪金证明、绩效评估报告等)上加盖服务接收方的公章或签名。

(3)监督服务提供商依法合规用工和提供服务,监督的内容包括服务提供商是否与外包服务人员依法签订劳动合同、是否为外包服务人员发放工资、是否按规定为外包服务人员缴纳"五险一金"等。必要时可要求服务提供商将其与外包服务人员签订的劳动合同和其向外包服务人员发放工资、缴纳社会保险的记录在服务接收方备案,从而避免在外包服务人员因服务提供商不履行用人单位的义务、提起劳动争议诉讼时将服务接收方牵扯其中。

[法条链接]

《劳务派遣暂行规定》

第二十七条　用人单位以承揽、外包等名义,按劳务派遣用工形式使用劳动者的,按照本规定处理。

第三节　非全日制用工——用工其实可以很灵活

非全日制用工是相对于全日制用工的一种用工方式,近十年来,随着我国经济结构的调整，作为一种新颖的用工方式，以小时工、钟点工为主要形式的非全日制用工在我国得到了较为快速的发展，尤其是在餐饮、超市、社区服务等领域。相较于其他用工方式，非全日制用工方式更具灵活性，既促进了就业，又能降低企业的用工成本，实现了社会、企业、员工“三赢”。正因如此，国家已经开始对非全日制用工方式给予了高度的重视，《劳动合同法》中用大篇幅对此作出规定，首次将非全日制用工纳入法律调整的范畴，《就业促进法》也对此作出了相应的规定。

一、非全日制用工的界定

根据《劳动合同法》第68条的规定，所谓非全日制用工，“是指以小时计酬为主，劳动者在同一用人单位一般平均每日工作时间不超过四小时，每周工作时间累计不超过二十四小时的用工形式”。

可见，判断是否为非全日制用工的两大关键因素是用工主体和工作时间：非全日制用工的用工主体应为符合《劳动合同法》规定的企业或组织，而家庭和个人则不具备劳动关系下的用工主体资格；非全日制用工必须保证员工在同一用人单位“平均每日工作时间不超过四小时，每周工作时间累计不超过二十四小时”，突破该时间限制的则是全日制用工。

[场景回放]

钟某下岗失业后，经人介绍到一家公司做保洁。公司人力资源部的负责人告诉钟某，他做的保洁工是非全日制的临时工，每天工作6小时，一周工作5天，主要工作是保持工作环境整洁及主管安排的其他工作，不上保险，工资按月发放；钟某在公司应当遵守公司的规章制度，服从主管人员的指挥，认真地完成工作。同时，该人力资源部要求钟某签订了一份劳务合同，并向钟某解释说，非全日制用工人员与公司是劳务关系，所以签的是劳务合同而不是劳动合同。

钟某刚上班不久，就发生了意外。一天，其在擦楼梯时，不小心踩空，从楼梯上摔了下来，造成骨折，花去医药费8000多元。

伤愈后，钟某回到公司上班，却被告知他与公司的劳务关系已经解除，于是钟某找到人力资源部的负责人理论。但人力资源部负责人对钟某说，他是非全日制用工，而且与公司签订了劳务合同，跟公司没有劳动关系，公司可以随时解雇，并且不承担他因在工作中受伤所花费的医药费。

问：该人力资源部负责人的说法是否正确？

[律师点评]

本案中，公司安排钟某一周工作5天，每天工作6小时，超出了非全日制用工的时间限制，不是非全日制用工，而是全日制用工，其与公司之间建立的是劳动关系，公司应当为钟某依法缴纳各项社会保险，当钟某发生工伤事故时，企业应当承担相应的工伤责任，公司也不得随意解除与钟某的劳动关系。

假设钟某为非全日制员工，人力资源部的负责人称公司与其之间是劳务关系，公司无须承担工伤责任的观点又是否正确呢？答案是否定的。同全日制用工一样，非全日制用工也是劳动关系的一种表现形式，企业与非全日制员工之间也存在劳动关系，只是双方的权利义务与全日制用工模式下有所不同。此外，根据法律规定，用人单位应当为非全日制员工缴纳工伤保险费，并承担相应的工伤责任，因此，在公司没有依法为钟某缴纳工伤保险费的情况下，公司应当依法为钟某报销相关医疗费用并支付其他工伤保险待遇。

[拨云见日]

1. A公司计划通过劳务派遣的方式招聘一名非全日制员工，于是向某劳务派遣公司提出要求，该劳务派遣公司应A公司的要求招聘了员工甲，与甲签订了非全日制合同，将其派遣至A公司工作，该派遣公司的做法是否合法？

答：不合法。《劳动合同法实施条例》明确规定，劳务派遣单位不得以非全日制用工形式招用被派遣劳动者，因此，该派遣公司不得与甲签订非全日制合同。正确的处理方式是劳务派遣公司与甲签订全日制劳动合同，再将甲派遣至A公司提供非全日制劳动，同时，劳务派遣公司还可以将甲派遣到其他用工单位提供非全日制劳动，只要不对甲履行A公司工作任务造成影响即可。

2. 王某因工作较忙，于是从劳务市场雇用了一个钟点工，其工作内容便是定时为王某做饭。那么，王某对该钟点工是否属于非全日制用工？

答：不属于。非全日制用工从本质上而言还是劳动关系的一种表现形式，王某作为个人不具备用人单位资格，因此其与钟点工之间只是一般的民事关系（劳务关系），不构成非全日制用工，双方发生争议的，不属于劳动争议，而是应当依据《民法典》《民事诉讼法》等法律进行处理。对此，《关于非全日制用工若干问题的意见》第2条也作了明确规定。

3. 乙为某公司的非全日制员工，每日工作4小时，每周工作5天。但因工作需要，公司有时会安排乙加班，这就可能出现乙一周累计工作时间超过24小时的情况。问：公司对乙究竟是全日制用工还是非全日制用工？

答：虽然有时因加班乙一周累计工作时间会超过24小时，但是公司对乙还是属于非全日制用工的范畴。因为公司的初衷是依法与乙建立非全日制用工关系，但是因为工作需要不得不安排乙加班，而且加班也并非常态，只是偶有发生。若乙加班为常态，或公司利用加班来延长工作时间的，在这种情况下则属于全日制用工。

[律师说法]

由于非全日制用工方式具有便捷、灵活的特点，而且用工成本较低，因此《劳动合同法》施行后，一些企业为恶意规避《劳动合同法》，将员工的劳动合同改成非全日制的劳动合同，但在工作时间、工作量上却依然保持不变，这样的做法是违反法律规定的，企业还是应当依法为员工提供全日制员工应享有的各项福利待遇。

因此，企业在使用非全日制用工方式时，一定要严格控制员工的工作时间，不得超过非全日制用工模式下的时间限制，更不得恶意利用加班等方法延长工作时间。

正是由于受每日和每周工作时间的限制，非全日制用工一般在临时性、季节性、辅助性的岗位上适用，如保洁员、调查员、展销员等。

[法条链接]

《中华人民共和国劳动合同法》

第六十八条　非全日制用工，是指以小时计酬为主，劳动者在同一用人单位一般平均每日工作时间不超过四小时，每周工作时间累计不超过二十四小时的用工形式。

《中华人民共和国劳动合同法实施条例》

第三十条　劳务派遣单位不得以非全日制用工形式招用被派遣劳动者。

《关于非全日制用工若干问题的意见》

（二）劳动者通过依法成立的劳务派遣组织为其他单位、家庭或个人提供非全日制劳动的，由劳务派遣组织与非全日制劳动者签订劳动合同。

（十三）从事非全日制工作的劳动者与用人单位因履行劳动合同引发的劳动争议，按照国家劳动争议处理规定执行。

（十四）劳动者直接向其他家庭或个人提供非全日制劳动的，当事人双方发生的争议不适用劳动争议处理规定。

二、非全日制用工的特征

与全日制用工相比，非全日制用工具有以下特征：

1. 从合同订立形式来看，全日制用工双方当事人必须订立书面劳动合同，否则企业将承担很大的违法成本；但是对于非全日制用工，法律对合同的形式没有作出强制性规定，双方当事人既可以订立书面合同，也可以订立口头协议。

2. 从工资支付方式来看，在全日制用工中，企业应当每月至少支付一次工资，一般也是按月计薪；在非全日制用工中，受其自身特征的限制，以小时计酬为主，且工资的结算支付周期最长不得超过 15 天。

需要注意的是，非全日制用工小时计酬标准不得低于企业所在地人民政府规定的最低小时工资标准，若劳动合同履行地（一般指员工工作地）与企业所在地不一致的，按照《劳动合同法实施条例》第 14 条的规定执行，即按照劳动合同履行地的标准执行，企业所在地的标准高于劳动合同履行地的标准，且企业与员工约定按照企业所在地的有关规定执行的，从其约定。

3. 从试用期约定来看，在全日制用工中，除了不超过 3 个月的劳动合同和以完成一定任务为期限的劳动合同两种情形之外，用人单位都可以与劳动者约定试用期；而在非全日制用工中，当事人双方不得约定试用期。

4. 从社会保险缴纳来看，在全日制用工中，无论劳动合同期限长短，用人单位都必须依法为劳动者缴纳“五险一金”，有特殊规定的除外；在非全日制用工中，除企业应当依法为劳动者缴纳工伤保险费之外，对于其他各项社会保险费，都由劳动者自己以个人身份缴纳。

5. 从劳动关系的解除和终止来看，在全日制用工中，企业要解除劳动合同需要遵守一系列的实体和程序要求，难度较大，企业常常陷入“请神容易送神难”的局面，即便最终劳动关系解除或终止了，很多情形下企业还需要向劳动者支付经济补偿金，辞工成本很大；但在非全日制用工中，企业可以随时通知员工终止劳动合同，且无须支付经济补偿金，使得用工更灵活，成本更低。

6. 从劳动关系的排他性来看，在全日制用工中，劳动关系一般具有排他性，员工一般不得与两个及两个以上的用人单位建立劳动关系；而在非全日制用工中，劳动关系不具有排他性，员工可以与两个及两个以上的用人单位同时建立非全日制用工关系，但是在后建立的劳动关系不得影响在先建立的劳动关系。

[场景回放]

2018年4月21日，谭某被某公司聘用为资料录入员，公司与其签订了非全日制劳动合同。合同中约定：谭某一周工作5天，每天工作时间为下午1:00至5:00，合同期限为6个月。后公司为精减人员，将谭某的工作任务分配给前台。2018年7月15日，公司通知谭某“明天可以不用来上班了”。谭某非常气愤，说合同没有到期公司不能终止，如果硬要终止，公司应向她支付未提前30天通知的代通知金，还要支付经济补偿金。公司称谭某为非全日制员工，公司可以依法随时终止劳动合同且无须支付经济补偿金。问：公司与谭某的说法孰是孰非？

[律师点评]

本案中公司与谭某的争论焦点是公司能否随时终止非全日制劳动合同且是否需要支付经济补偿金。对于这一点，《劳动合同法》作了明确的答复，该法第71条规定：“非全日制用工双方当事人任何一方都可以随时通知对方终止用工。终止用工，用人单位不向劳动者支付经济补偿。”本案中，公司与谭某为非全日制用工关系，根据上述规定，公司可以随时通知谭某终止用工关系，也无须向谭某支付经济补偿金，更无须支付代通知金，谭某的上述请求都无法得到法律的支持。

[场景回放]

员工在公司担任小时工，主要从事午餐主食的制作，约定的工作时间为周一至周五的8:30至13:00，每天四个半小时，但每周累计工作时间未超过24小时。该用工形式是否为非全日制用工？

[审理结果]

法院认为，根据双方劳动合同约定，被告日工作时间为四个半小时，超出了非全日制用工中的4小时规定，故公司主张被告为小时工的用工形式，依据不足，法院认定双方系全日制用工形式。

[场景回放]

某公司与一员工约定工作时间为周一至周五，工作形式为半天班，上午4小时或下午4小时，薪酬按月结算。双方解除劳动关系时，单位未支付经济补偿金，后双方发生劳动争议，公司要求认定双方为非全日制用工关系，无须就解除劳动合同支付经济补偿金，公司这一主张能否得到支持？

[审理结果]

当前司法实践对非全日制用工是否需要同时符合《劳动合同法》对工作时间及薪酬结算周期的规定仍存在争议。有法院认为薪酬结算周期和工作时间二者必须同时具备，方可认定为非全日制用工；有法院认为工作时间是作为认定非全日制用工的关键，对于劳动报酬结算周期违反劳动合同法规定的行为，可归属劳动合同法规定的未按照国家规定及时支付劳动者劳动报酬之情形，对于该类违法行为，可由劳动行政部门给予相应的处罚。

[律师点评]

工作时间和薪酬结算周期被认为是用人单位在非用日制用工方式下不能碰触的两条红线。两个因素在一定程度上都有"一票否决权"，一旦碰触其中一条红线，都可能被认定为全日制用工。一旦被认定为不符合非全日制用工，基于全日制用工下的种种权利义务，包括但不限于未签订书面劳动合同的双倍工资差额、解除劳动关系需承担的经济补偿金或赔偿金、与当地最低工资之间的工资差额、未依法缴纳社会保险等问题就会随之而来。

鉴于司法裁判中存在不同标准，用人单位在选择非全日制用工时不要轻易触碰两条红线。为最大限度地降低法律风险，建议用人单位严格遵守非全日制用工关于工作时间和发薪周期的规定。用人单位应当留存工作时间相关的证据，如员工的签到表、员工签字认可的打卡记录等。否则，在发生争议时，用人单位可能因工作时间举证不能而承担不利后果。此外，非全日制用工的计薪方式可作出适当变通，可以小时计薪，也可以约定月薪，但无论采取何种计薪方式，均应遵守法定发薪周期。

[拨云见日]

1. 非全日制员工是否享受法定节假日？

答：是。非全日制员工也享受法定节假日，他们在法定节假日工作的，企业应当支付工资。关于工资支付，各地规定不同：在北京，支付的工资不得低于法定节假日期间工作的最低小时工资标准，该标准每年有所调整；在深圳，按照不低于正常工作时间工资的300%的标准支付加班工资；在天津，非全日制员工若在法定休假日提供了劳动，则用人单位应按照不低于本人日或小时工资的300%支付加班工资。企业具体参照当地标准执行。

2. 非全日制员工是否享受年休假？

答：对于这一问题法律并无特殊规定，因此建议企业还是应当按照《企业职工年休假条例》及《企业职工带薪休假实施办法》执行，若员工连续工作 1 年以上的，企业应当安排其休假，但是员工若在其他单位已经享受年休假的，企业当年可以不安排。

3. 非全日制员工发生工伤该如何处理？

答：非全日制员工在工作中发生伤亡事故的，由发生工伤时的员工为之工作的单位或员工本人向单位所在地的劳动行政部门申请工伤认定。确属工伤的，员工依法享受工伤保险待遇，企业没有依法为员工缴纳工伤保险费的，相关工伤保险待遇由企业支付。

4. 非全日制员工在某公司连续工作满 10 年，其要求与公司签订无固定期限劳动合同，该公司能否拒绝？

答：可以。员工连续工作满 10 年可要求签订无固定期限劳动合同的规定适用于全日制用工形式，不适用于非全日制用工。设立无固定期限劳动合同的目的，旨在维持劳动关系的稳定；设立非全日制用工的目的则是赋予用人单位依法灵活用工的权利。如果非全日制用工适用无固定期限劳动合同，则违背了设立这两种制度的初衷。

[律师说法]

从上述分析可以看出，非全日制用工具有非常强的灵活性，这是全日制用工所不可比拟的，正因如此，非全日制用工便越来越受企业的青睐。但是有利必有弊，非全日制用工也存在其自身无法克服的弊端，企业在采用非全日制用工前应当慎重权衡。

首先，由于受每日与每周工作时间上限的限制，可能造成工作的不连贯。

其次，由于非全日制员工可以同时与多个用人单位建立劳动关系，这会不可避免地为管理工作带来一些不便，而且员工工作交叉也更容易导致商业秘密泄露。

最后，受工作时间和工作模式的限制，较全日制用工方式而言，非全日制员工与用人单位的联系不紧密，其对单位的认同感、归属感和责任感比较淡薄。

正因为存在上述弊端，企业不宜扩大非全日制用工的适用范围。非全日制用工一般较适宜在临时性、辅助性的岗位上适用。

[法条链接]

《中华人民共和国劳动合同法》

第六十八条　非全日制用工，是指以小时计酬为主……

第六十九条　非全日制用工双方当事人可以订立口头协议。

从事非全日制用工的劳动者可以与一个或者一个以上用人单位订立劳动合同；但是，后订立的劳动合同不得影响先订立的劳动合同的履行。

第七十条　非全日制用工双方当事人不得约定试用期。

第七十一条　非全日制用工双方当事人任何一方都可以随时通知对方终止用工。

终止用工,用人单位不向劳动者支付经济补偿。

第七十二条　非全日制用工小时计酬标准不得低于用人单位所在地人民政府规定的最低小时工资标准。

非全日制用工劳动报酬结算支付周期最长不得超过十五日。

《关于非全日制用工若干问题的意见》

三、关于非全日制用工的社会保险

(十)从事非全日制工作的劳动者应当参加基本养老保险,原则上参照个体工商户的参保办法执行。对于已参加过基本养老保险和建立个人账户的人员,前后缴费年限合并计算,跨统筹地区转移的,应办理基本养老保险关系和个人账户的转移、接续手续。符合退休条件时,按国家规定计发基本养老金。

(十一)从事非全日制工作的劳动者可以以个人身份参加基本医疗保险,并按照待遇水平与缴费水平相挂钩的原则,享受相应的基本医疗保险待遇。参加基本医疗保险的具体办法由各地劳动保障部门研究制定。

(十二)用人单位应当按照国家有关规定为建立劳动关系的非全日制劳动者缴纳工伤保险费。从事非全日制工作的劳动者发生工伤,依法享受工伤保险待遇;被鉴定为伤残5~10级的,经劳动者与用人单位协商一致,可以一次性结算伤残待遇及有关费用。

三、使用非全日制用工的注意事项

1. 企业尤其要注意不可以非全日制用工的形式行全日制用工之实。实务中有些企业表面上与员工签订非全日制劳动合同,然后通过“加班”恶意延长工作时间,企图达到减少用工成本的目的。在这种情况下,企业与员工实际建立了全日制用工关系,双方签订的非全日制劳动合同无效,企业应当依法与员工补签全日制劳动合同,并为员工缴纳各项社会保险。

2. 加强商业秘密保护,防止非全日制员工同时在多个用人单位间交叉工作时有意或无意地泄密。具体可以采取如下措施:避免在重要涉密岗位上适用非全日制用工;可与涉密的非全日制员工签订保密协议等。

3. 从程序上来说,企业招用劳动者从事非全日制工作,应当在录用后到当地劳动保障行政部门办理录用备案手续。在劳动关系终止时,企业也应当依法为员工提供劳动合同终止证明。

4. 在实际用工时,企业应当注意以下“五不”:工作时间不得超过法定标准;不得与员工约定试用期;不得忘记为员工缴纳工伤保险费用;工资支付周期不得长于15日;工资标准不得低于当地最低标准。

5. 建议企业与劳动者签订非全日制用工协议。虽然法律规定非全日制用工可订立口头协议,并未强制要求订立书面协议,但在实际用工过程中,订立书面协议,对工作时间、工资标准、薪酬计算方式及计算周期、社保缴纳等要素作出书面约定,有助于明确双方权利义务,减少双方对劳动关系的误解。

[法条链接]

《关于非全日制用工若干问题的意见》

(五)用人单位招用劳动者从事非全日制工作,应当在录用后到当地劳动保障行政部门办理录用备案手续。

[顾问点评]

——罗欣律师*

在现有的制度安排之下,"灵活用工"一直是一个比较敏感的话题。一方面,几乎所有关于"灵活"的讨论都希望能够在"解雇保护"和"劳动标准"领域有所突破,放松或规避在该等领域的管制;另一方面,来自实际司法和执法的风险却始终关注"用工"的稳定性。有意思的现象是,任何一种能够赋予足够灵活性的用工方式一旦被大量使用,达至替代主流用工方式的程度时,这种使用便极容易沦为"滥用",进而引发监管部门和公众媒体的顾虑,并有可能"反噬"凭借灵活用工而占据优势的"明星"企业。

在过去相当一段时间,对于灵活用工的管制被集中在劳务派遣这一领域,而相关成效也是比较明显的;但被压抑的需求总是要寻找突破口的,目前似乎在相当程度上集中于"外包"(特别是其中的"平台用工")领域,促进了对非典型或非标准劳动关系的讨论和监管。

劳动法领域的实践和执法不能不考虑实际社会效用,仅凭一厢情愿或意思自治是难以达至用人单位所期望的那种"灵活",公共政策将成为其必然的制约与安全阀。

* 罗欣律师:北京大成(上海)律师事务所合伙人,曾兼任某知名500强公司的中国区雇佣事务顾问。罗欣专长于劳动法及人力资源管理实践。他的工作涉及众多领域,包括制造业、金融业、IT业、医药业、市场研究业、零售业等。罗欣主要负责劳动法律相关文书的起草及各类劳动争议的处理,经常就协商解除、裁员、停工事件、集体协商及内部调查等案件提供现场支持。

第十五章

企业用工的底线

——劳动刑事合规指南*

* 企业在设立、人员治理、税务管理、融资、市场运作、质量管理、知识产权、清算破产等板块中的底线以及刑事合规，参见娄秋琴：《守住底线——娄秋琴企业合规必修课》，法律出版社 2021 年版。

近年来，企业合规已经成为一个炙手可热的话题，受到各界广泛关注。目前各界所探讨的企业合规，主要是指企业合规管理，它本质上是一种企业治理机制，要求企业加强自我监督、控制和管理，主动防止违规违法犯罪行为，使企业能够健康持续发展。那么在所有的合规管理中，企业的用工合规管理是非常重要的内容之一，因为任何企业都需要靠人运作，用工是任何企业都不可缺失的环节，如果用工不合规，企业不但会与劳动者发生民事纠纷，还可能遭受行政处罚甚至刑事处罚。本书前十四章的内容不但可以指导企业的HR怎样做最有效，还指导企业HR怎样做才合规合法，避免因不合规而引发风险。

从本书前面的阐述来看，企业用工方面涉及的法律法规纷杂繁多，但对于企业家而言，认为劳动用工方面即使不合规，至多也只是发生民事纠纷或者受一点行政处罚，认为这个环节不会有刑事风险，容易掉以轻心，认为出了事用钱就可以解决。事实上，不合规不但会引发民事赔偿和行政处罚的风险，还会引发刑事处罚的风险。劳动用工不合规也是一样，如拒不支付劳动报酬、雇用童工从事危重劳动、强迫他人劳动或者强令职工违章冒险作业都有可能引发刑事风险。我们知道，企业如果因用工不合规引发犯罪，不但要对企业判处罚金，使其遭受经济损失，还要对企业的主管人员和直接责任人员判处刑罚，使其丧失自由乃至生命，给企业的打击可能是“致命”的。一方面，如果企业作为犯罪单位被起诉或者被宣告有罪，经营资格可能被剥夺，即使未被剥夺，其社会声誉也将大大降低，无法在市场上继续生存下去；另一方面，对于中国企业而言，尤其是民营企业，公司治理结构尚不完善，企业的生存与发展与企业的创始人及核心团队密切相关，一旦创始人或核心团队成员触碰刑事风险被剥夺人身自由，无法继续经营，企业一般也很难存活下去。因此，企业在用工环节，除本书前面章节的内容外，还要特别重视重视企业用工的底线，做好企业用工的刑事合规，避免产生刑事法律风险。

第一节　禁止拒不支付劳动报酬

一、拒不支付劳动报酬罪的刑事风险提示

公司、企业作为用人单位，按照劳动合同约定和国家规定，向劳动者及时足额支付劳动报酬是法定义务之一，如果用人单位拖欠或者未足额支付劳动报酬的，《劳动法》《劳动合同法》以及其他法规规定了很多救济途径。例如，劳动者可以单方解除劳动合同，可以依法向当地人民法院申请支付令，可以由劳动行政部门责令支付劳动者的劳动报酬、经济补偿，甚至赔偿金。一般情况下，这类行为由劳动法律、法规进行调整规制，但是，如果用人单位通过转移财产、逃匿等方法逃避支付或者有能力支付而拒不支付，拒不支付劳动报酬的数额较大或者造成严重后果的，则可能引发拒不支付劳动报酬罪的刑事风险（见表 15－1）。

表 15－1　拒不支付劳动报酬罪量刑标准

<table>
<tr><th colspan="2">依据</th><th colspan="2">罪状</th><th>法定刑</th></tr>
<tr><td rowspan="4">刑法（由修正案八增设）</td><td rowspan="2">第 276 条之一第 1 款</td><td rowspan="2">以转移财产、逃匿等方法逃避支付劳动者的劳动报酬或者有能力支付而不支付劳动者的报酬</td><td>数额较大，经政府有关部门责令支付仍不支付的</td><td>处 3 年以下有期徒刑或者拘役，并处或者单处罚金</td></tr>
<tr><td>造成严重后果的</td><td>处 3～7 年有期徒刑，并处罚金</td></tr>
<tr><td>第 2 款</td><td colspan="2">单位犯前款罪的</td><td>对单位判处罚金，并对其直接负责的主管人员和其他直接责任人员，依照前款的规定处罚</td></tr>
<tr><td>第 3 款</td><td colspan="3">有前两款行为，尚未造成严重后果，在提起公诉前支付劳动者的劳动报酬，并依法承担相应补偿责任的，可以减轻或者免除处罚</td></tr>
</table>

［场景回放］①

被告人胡某金于 2010 年 12 月分包了位于四川省双流县黄水镇的三盛翡俪山一期景观工程的部分施工工程，之后聘用多名民工入场施工。施工期间，胡某金累计收到发包人支付的工程款 51 万余元，已超过结算时确认的实际工程款。2011 年 6 月 5 日工程完工后，胡某金以工程亏损为由拖欠李某文等 20 余名民工工资 12 万余元。6 月 9 日，双流县人力资源和社会保障局责令胡某金支付拖欠的民工工资，胡某金却于当晚订购机票并在次日早上乘飞机逃匿。6 月 30 日，四川锦天下园林工程有限公司作为工程总承包商代胡某金垫付民工工资 12 万余元。7 月 4 日，公安机关对胡某金拒不支付劳动报酬案立案侦查。7 月 12 日，胡某金在浙江省慈溪市被抓获。

［审理结果］

法院经审理认为，被告人胡某金拒不支付 20 余名民工的劳动报酬达 12 万余元，数额较大，且在政府有关部门责令其支付后逃匿，其行为构成拒不支付劳动报酬罪，判处有期徒刑 1 年，并处罚金 2 万元。

二、识别拒不支付劳动报酬罪的风险主体

（一）自然人和单位

根据《刑法》的规定，拒不支付劳动报酬罪的主体既可以是自然人，也可以是单位。对于有些公司、企业为了单位利益拒不支付劳动报酬而构成单位犯罪的，有人认为只需要处罚单位就可以了，单位里的人不需要承担刑事责任，这是不了解《刑法》的认知。对于拒不支付劳动报酬罪的单位犯罪，我国《刑法》实行双罚制，不但要判处单位罚金，而

① 参见（2013）甘刑三终字第 67 号刑事裁定书。

且要对直接负责的主管人员和其他直接责任人员判处有期徒刑或者拘役,并处或者单处罚金,如决定拒不支付劳动报酬的董事长、总经理、老板或者为了逃避支付劳动报酬而转移、隐匿财产的财务人员等,都有可能受到刑事处罚,即使他们是为了单位的利益。

(二)是否具备用工主体资格

一般来说,具备用工主体资格的单位或者个人,才能合法地招工用工并依法向劳动者支付劳动报酬,因此,拒不支付劳动报酬罪的主体多为具备用工主体资格的单位或者个人,但这并不意味着不具备用工主体资格的单位或者个人就不存在拒不支付劳动报酬罪的刑事风险。根据 2013 年 1 月 16 日最高人民法院《关于审理拒不支付劳动报酬刑事案件适用法律若干问题的解释》第 7 条的规定,不具备用工主体资格的单位和个人,同样可以构成拒不支付劳动报酬罪。在上述案例中,即使被告人不具有合法的用工资格,没有相应建筑工程施工资质而承包建筑工程施工项目,即使被告人违法招用民工进行施工,这些情况均不影响拒不支付劳动报酬罪的成立。只要具有支付劳动报酬义务的,不管其是否具备用工主体资格,都可能引发本罪的刑事风险。

(三)用工单位和劳务派遣单位

在司法实践中,拒不支付劳动报酬的主体多为用工单位,发生在与其形成劳动关系的劳动者之间。在我国,劳动合同用工是公司、企业的基本用工形式,除此之外,还可以采用劳务派遣的用工形式,这是一种补充形式,只能在临时性、辅助性或者替代性的工作岗位上实施。临时性工作岗位是指存续时间不超过 6 个月的岗位;辅助性工作岗位是指为主营业务岗位提供服务的非主营业务岗位;替代性工作岗位是指用工单位的劳动者因脱产学习、休假等原因无法工作的一定期间内,可以由其他劳动者替代工作的岗位。在这些岗位中如果采用劳动派遣形式的,由劳务派遣单位与被派遣劳动者订立劳动合同,由劳务派遣单位向劳动者支付劳动报酬,其不得克扣用工单位按照劳务派遣协议支付给被派遣劳动者的劳动报酬,如果存在拒不支付劳动报酬的行为,劳务派遣单位也可以构成拒不支付劳动报酬罪。

(四)实际控制人和其他人员

拒不支付劳动报酬罪的主体是一般主体,没有身份上的要求,在司法实践中,通常是具有向劳动者支付劳动报酬义务的人员,如公司的老板、法定代表人、股东或者责任人,公司的财务人员、行政人员或者其他人员如果帮助上述人员转移财产、逃匿,目的是逃避支付劳动者的劳动报酬,也可以构成这个罪。

需要特别注意的是,有一些人员虽然名义上不一定是公司的法定代表人或者股东,但通过投资关系、协议或者其他安排,能够实际支配、控制单位的人,我们称为实际控制人,同样也可以构成本罪,这在最高人民法院《关于审理拒不支付劳动报酬刑事案件适用法律若干问题的解释》第 8 条中有明确的规定。

三、识别拒不支付劳动报酬罪的风险行为

(一)行为表现

根据《刑法》的规定,拒不支付劳动报酬罪主要表现为两种情形,一种是以转移财

产、逃匿等方法逃避支付；另一种是有能力支付而拒不支付，前者采用的是积极的手段，后者采用的是消极的手段。根据司法解释的规定，具有以下情形之一的，应当认定为"以转移财产、逃匿等方法逃避支付劳动者的劳动报酬"：

1. 隐匿财产、恶意清偿、虚构债务、虚假破产、虚假倒闭或者以其他方法转移、处分财产的；

2. 逃跑、隐匿的；

3. 隐匿、销毁或者篡改账目、职工名册、工资支付记录、考勤记录等与劳动报酬相关的材料的；

4. 行为人拖欠劳动者劳动报酬后，人力资源社会保障部门通过书面、电话、短信等能够确认其收悉的方式，通知其在指定的时间内到指定的地点配合解决问题，但其在指定的时间未到指定的地点配合解决问题或者明确表示拒不支付劳动报酬的；

5. 以其他方法逃避支付劳动报酬的。

[拨云见日]

企业拖欠劳动者劳动报酬后，企业负责人在收到人力资源社会保障部门的通知后，没有在指定的时间内到指定的地点配合解决问题，就一定会构成拒不支付劳动报酬罪吗？

答：不一定。如果企业负责人有证据证明因自然灾害、突发重大疾病等非人力所能抗拒的原因造成其无法在指定的时间内到指定的地点配合解决问题的，则不能作为犯罪处理。但对于非人力所能抗拒的原因，要注意保留好相关的证据。

(二)行为对象

拒不支付劳动报酬罪中拒不支付的对象是劳动者的劳动报酬，是指劳动者根据《劳动法》和《劳动合同法》等法律的规定应得的劳动报酬。

[拨云见日]

1. 是不是只有拖欠劳动者工资的才会构成拒不支付劳动报酬罪？

答：不是的。拒不支付劳动报酬罪中的劳动报酬不仅局限于工资，还包括奖金、津贴、补贴、延长工作时间的工资报酬及特殊情况下支付的工资等，拒不支付其中一种或者几种的，都属于拒不支付劳动者劳动报酬，认为只有拒不支付工资才存在本罪风险的观点是错误的。

2. 拒不支付因解除劳动合同而产生的经济补偿金和赔偿金，会构成拒不支付劳动报酬罪吗？

答：不会。因为因解除劳动合同而产生的经济补偿金和赔偿金不属于劳动报酬的范围。劳动者对于拒不支付经济补偿金和赔偿金的，只能通过民事手段解决，而不是去追究刑事责任。

（三）前提条件

对于拒不支付劳动报酬罪而言，存在拒不支付劳动者劳动报酬的行为并不必然引发刑事风险，还必须同时具备“经政府有关部门责令支付而仍不支付”的条件才具备追究其刑事责任的条件。行为人拖欠劳动者劳动报酬后，政府有关部门并不知情或者即使知情但并未下达责令支付的通知，那么，不管是逃避支付还是拒不支付，都不能直接追究其刑事责任。这里的政府有关部门，通常是指人力资源和社会保障部门。

［拨云见日］

1. 行为人逃匿，使政府有关部门无法将限期整改指令书、行政处理决定书等责令支付劳动报酬的文书送达，行为人就可以逃脱刑事责任？

答：不可以。行为人逃匿，政府有关部门无法将责令支付文书送交其本人、同住成年家属或者所在单位负责收件的人，如果有关部门已通过在行为人的住所地、生产经营场所等地张贴责令支付文书等方式责令支付，并采用拍照、录像等方式记录的，则视为“经政府有关部门责令支付”，就具备了该罪的前提条件。

2. 如果行为人有证据证明其有正当理由未知悉责令支付而未及时支付，是否可以不追究其拒不支付劳动报酬罪？

答：可以。虽然政府有关部门已经依法下达限期整改指令书、行政处理决定书等责令文书，但行为人有证据证明其有正当理由未知悉责令支付而导致未及时支付的，不能认定具备了“经政府有关部门责令支付而仍不支付”的条件。但必须要有正当理由，而且要有证据予以证明，如果缺失其中任何一条，都有可能被追究拒不支付劳动报酬罪。

四、识别拒不支付劳动报酬罪的风险界限

拒不支付劳动报酬的数额必须达到“较大”的程度才能构成犯罪，处 3 年以下有期徒刑或者拘役，并处或者单处罚金，如果造成的后果到达“严重”的程度，则处 3 年以上 7 年以下有期徒刑，并处罚金。所以我们还需要掌握这两个量刑幅度内各自的追诉标准。

（一）被判 3 年以下有期徒刑或拘役的标准

1. 拒不支付 1 名劳动者 3 个月以上的劳动报酬且数额在 5000 元至 2 万元以上的；

2. 拒不支付 10 名以上劳动者的劳动报酬且数额累计在 3 万元至 10 万元以上的。

在 5000 元至 2 万元、3 万元至 10 万元的数额幅度内，具体以哪个作为具体的执行数额标准，各省、自治区、直辖市高级人民法院可以根据本地区经济社会发展状况研究确定，但需要报最高人民法院备案。因此，要避免引发本罪的风险，企业应当了解当地的执行数额标准。

（二）被判 3 年以上 7 年以下有期徒刑的标准

1. 造成劳动者或者其被赡养人、被扶养人、被抚养人的基本生活受到严重影响、重大疾病无法及时医治或者失学的；

2. 对要求支付劳动报酬的劳动者使用暴力或者进行暴力威胁的；

3. 造成其他严重后果的。

[法条链接]

《中华人民共和国刑法》(2017 年修正)第二百七十六条之一

《中华人民共和国劳动法》(2009 年修正)第二条、第三十二条、第五十条、第九十一条

《中华人民共和国劳动合同法》(2012 年修正)第三十条、第三十八条

最高人民法院《关于审理拒不支付劳动报酬刑事案件适用法律若干问题的解释》(2013 年 1 月 16 日实施)

最高人民法院、最高人民检察院、人力资源和社会保障部、公安部《关于加强涉嫌拒不支付劳动报酬犯罪案件查处衔接工作的通知》(2014 年 12 月 23 日实施)

第二节　禁止雇用童工从事危重劳动

一、雇用童工从事危重劳动罪的刑事风险提示

招聘人员是公司、企业用工的首要环节，一般来说，用人单位可以根据自身的需求进行自主招聘，但对于未成年人的招聘，我国《劳动法》有明确禁止性的规定，即禁止用人单位招用未满 16 周岁的未成年人，对于文艺、体育和特种工艺单位需要招用未满 16 周岁的未成年人时，必须依照国家有关规定，履行审批手续，并保障未成年人接受义务教育的权利时才可以进行招用。另外，我国《劳动法》虽然没有禁止用人单位招用已满 16 周岁未满 18 周岁的未成年工，但对这些人群实行了特殊的劳动保护，明确规定用人单位不得安排未成年工从事矿山井下、有毒有害、国家规定的第四级体力劳动强度的劳动和其他禁忌从事的劳动。

以上两条是《中华人民共和国劳动法》明文禁止的规定，如果用人单位非法招用未满 16 周岁的未成年人的，由劳动行政部门责令改正，处以罚款；情节严重的，由工商行政管理部门吊销营业执照；如果用人单位违反对未成年工保护的规定，侵害其合法权益的，由劳动行政部门责令改正，处以罚款；对未成年工造成损害的，应当承担赔偿责任。这些都在劳动法律、法规调整规制的范围。但用人单位如果同时违反以上两条规定，既招用了未满 16 周岁的未成年人，还让其从事超强度体力劳动的，或者从事高空、井下作业的，或者在爆炸性、易燃性、放射性、毒害性等危险环境下从事劳动的，则可能进入了刑法调整规制的视野，可能引发雇用童工从事危重劳动罪的刑事风险。(见表 15－2)

表 15-2　雇用童工从事危重劳动罪量刑标准

依据		罪状		法定刑
刑法（由修正案四增设）	第 244 条之一第 1 款	违反劳动管理法规，雇用未满 16 周岁的未成年人从事超强度体力劳动的，或者从事高空、井下作业的，或者在爆炸性、易燃性、放射性、毒害性等危险环境下从事劳动	情节严重的	处 3 年以下有期徒刑或者拘役，并处罚金
			情节特别严重的	处 3～7 年有期徒刑，并处罚金

[场景回放]①

被告人陈某是汕头市金泰华印务有限公司法定代表人、总经理。2007 年 3 月 11 日，被告人陈某非法雇用童工被害人李某某（1992 年 10 月 31 日出生）到其公司工作，在明知该公司仓库存放易燃和具有危险性的甲苯或乙苯等溶剂的情况下，仍安排被害人李某某进入仓库工作。被害人李某某在无任何安全保护措施之下，抽取甲苯或乙苯等溶剂提供给印刷车间使用。同年 4 月 15 日下午 2 时许，被害人李某某在上述仓库内抽取上述溶剂，因操作不慎导致溶剂发生燃烧并蔓延，造成被害人李某某受伤。经鉴定，被害人李某某的伤残等级为三级。

[审理结果]

法院经审理认为，被告人陈某作为企业负责人，违反劳动管理法规，雇用未满 16 周岁的未成年人在易燃性危险环境下从事劳动，致被害人三级伤残，其行为已触犯刑律，构成雇用童工从事危重劳动罪，属于情节特别严重。鉴于被告人陈某是初犯，归案后如实供述自己的罪行，当庭自愿认罪，并已对被害人进行赔偿，取得被害人的谅解，主动向国家预缴罚金，有悔罪表现，遂判处有期徒刑 3 年，缓刑 3 年 6 个月，并处罚金 3000 元。

二、识别雇用童工从事危重劳动罪的风险主体

（一）自然人

根据《刑法》的规定，雇用童工从事危重劳动罪的主体仅限于自然人，刑法没有规定单位可以构成本罪。在司法实践中，一般会以单位的名义进行雇用，也是为了单位的利益，但由于本罪不存在单位犯罪，故不追究单位的刑事责任，而只追究直接责任人员的刑事责任。在上述案例中，被告人陈某是汕头市金泰华印务有限公司法定代表人、总经理，雇用的行为其实是单位行为，被告人陈某是作为企业负责人承担该行为的刑事责任。

① 参见（2014）汕龙法刑初字第 126 号刑事判决书。

（二）直接责任人员

用人单位雇用童工从事危重劳动，承担刑事责任的仅限于直接责任人员，通常是指对雇用童工从事危重劳动负有组织、指挥、决定或者管理职责的企业负责人、管理人员、实际控制人、投资人等，如厂长、法定代表人、经理、人力资源部的负责人等。还有一些不以单位为依托的人，如矿主、包工头等，也可以成为本罪的犯罪主体。

[拨云见日]

既然雇用童工从事危重劳动罪的主体仅限于自然人，那么单位雇用童工从事危重劳动是不是就不会产生刑事风险了？

答：不是。虽然雇用童工从事危重劳动罪的主体仅限于自然人，不能对单位追究刑事责任，但仍然可以对单位里雇用童工从事危重劳动的直接责任人员追究刑事责任。

三、识别雇用童工从事危重劳动罪的风险行为

（一）行为前提

违反劳动管理法规是本罪成立的前提。这里的"劳动管理法规"，是指调整和规制劳动关系的《劳动法》和其他法律、法规甚至规章。在本罪中，《劳动法》和《禁止雇用童工规定》都明确规定，禁止招用未满16周岁的未成年人，禁止安排未成年工从事矿山井下、有毒有害、国家规定的第四级体力劳动强度的劳动和其他禁忌从事的劳动。如果雇用未满16周岁的未成年人从事超强度体力劳动的，或者从事高空、井下作业的，或者在爆炸性、易燃性、放射性、毒害性等危险环境下从事劳动的从事危重劳动，必然违反了劳动管理法规。

（二）行为对象

本罪的行为对象是童工，童工不是一般意义上的儿童（一般为6～12周岁），也不同于未成年工。童工是指被雇用从事劳动的，在国家允许就业法定最低年龄以下的未成年人。在我国，主要是指被雇用从事劳动的，未满16周岁的未成年人。与童工概念相近的还有未成年工。未成年工是指达到法定最低就业年龄的，被雇用从事劳动的未成年人。在我国，未成年工是指被雇用从事劳动的，年满16周岁未满18周岁的未成年人。法律除对未成年工允许从事的工作性质、内容有所限制外，并不禁止用人单位雇用未成年工。

（三）行为方式

虽然《劳动法》和《禁止雇用童工规定》都禁止雇用未满16周岁的未成年人，但雇用了童工并不必然一定引发刑事风险，还要看如何安排这些童工，看这些童工所从事的劳动工种、劳动时间、劳动强度和保护措施等方面的状况，如安排童工从事以下危重劳动的，才可以引发本罪的刑事风险：

1. 从事超强度体力劳动。

根据国家标准局公布的《体力劳动强度分级》（GB3869－83），体力劳动强度共分

为四级，每一级都有一个强度指数。雇用童工从事超强体力劳动就是指雇用童工从事《体力劳动强度分级》国家标准中第四级体力劳动强度的作业（8 小时工作日平均耗能值为 11,304.4 千焦耳/人，劳动时间率为 77%，即净劳动时间为 370 分钟）。

2. 从事高空、井下作业。

这里的"高空作业"是指国家技术监督局颁布的《高处作业分级》（GB/T3608－93）国家标准中第二级以上的高处作业和海拔 3000 米以上的高原作业。"井下作业"则一般包括矿山井下作业和潜水、涵洞、涵道作业。

3. 在爆炸性、易燃性、放射性、毒害性等危险环境下从事劳动。

"爆炸性"危险环境下劳动，具体是指雇用童工在具有爆炸性能、能够引起爆炸的各种爆破物质的环境下从事劳动，如炸弹、手榴弹、地雷、雷管、导火索、炸药以及各种固体、液体、气体易爆物品等；"易燃性"危险环境下劳动，是指雇用童工在具有各种极易引起燃烧的化学物品、液剂的环境下从事劳动，如汽油、液化石油、酒精、丙酮、橡胶水等；"放射性"危险环境下劳动，是指雇用童工在具有放射性能的化学元素或者其他物质的环境下从事劳动，如铀、钴、镭等；"毒害性"危险环境下工作，是指雇用童工在具有能致人死亡的毒性的有机物或者无机物的环境下从事劳动，如砒霜、敌敌畏、氰化钾、剧毒农药、毒气等。在上述案例中，被害人李某某就是被安排在易燃性危险环境下从事劳动。

四、识别雇用童工从事危重劳动罪的风险界限

根据《刑法》的规定，本罪属于情节犯。雇用童工从事危重劳动的行为，必须达到情节严重的程度才能引发刑事风险。根据 2008 年 6 月 25 日最高人民检察院、公安部《关于公安机关管辖的刑事案件立案追诉标准的规定（一）》第 32 条的规定，雇用童工从事危重劳动，涉嫌下列情形之一的，应予立案追诉：

（1）造成未满 16 周岁的未成年人伤亡或者对其身体健康造成严重危害的；

（2）雇用未满 16 周岁的未成年人 3 人以上的；

（3）以强迫、欺骗等手段雇用未满 16 周岁的未成年人从事危重劳动的；

（4）其他情节严重的情形。

[法条链接]

《中华人民共和国刑法》（2017 年修正）第二百四十四条之一

《中华人民共和国劳动法》（2009 年修正）第十五条、第五十八条、第六十四条、第九十四条、第九十五条

《中华人民共和国劳动合同法》（2012 年修正）第八十八条

《中华人民共和国未成年人保护法》（2012 年修正）第三十八条、第六十条、第六十八条

最高人民检察院、公安部《关于公安机关管辖的刑事案件立案追诉标准的规定（一）》（2008 年 6 月 25 日实施）第三十二条

《禁止使用童工规定》(2002 年 12 月 1 日实施)第二条至第十三条

第三节 禁止强迫劳动

一、强迫劳动罪的刑事风险提示

过了招聘这一关，接下来便是解决如何用工的问题，用人单位应当依法建立和完善规章制度，保障劳动者享有劳动权利和履行劳动义务，构建和发展和谐稳定的劳动关系。如果以暴力、威胁和限制人身自由的方法强迫他人劳动的，劳动者可以立即解除劳动合同，不需事先告知用人单位。此外，还可以对用人单位处以行政处罚，由公安机关对责任人员处以 15 日以下拘留、罚款或者警告，构成犯罪的，还可以追究其刑事责任。(见表 15 –3)

表 15 –3 强迫劳动罪量刑标准

<table>
<tr><th colspan="2">依据</th><th colspan="2">罪状</th><th>法定刑</th></tr>
<tr><td rowspan="4">刑法(修正案八修订)</td><td rowspan="2">第 244 条第 1 款</td><td rowspan="2">以暴力、威胁或者限制人身自由的方法强迫他人劳动</td><td></td><td>处 3 年以下有期徒刑或者拘役，并处罚金</td></tr>
<tr><td>情节严重的</td><td>处 3 ~ 10 年有期徒刑，并处罚金</td></tr>
<tr><td>第 2 款</td><td colspan="3">明知他人实施前款行为，为其招募、运送人员或者有其他协助强迫他人劳动行为的，依照前款的规定处罚</td></tr>
<tr><td>第 3 款</td><td colspan="3">单位犯前两款罪的，对单位判处罚金，并对其直接负责的主管人员和其他直接责任人员，依照第 1 款的规定处罚</td></tr>
</table>

[场景回放][①]

2014 年 2 月 27 日被告人韩某经人介绍在太原市火车站将被害人高某接到白沟镇于家庄村自己家中经营的拉杆箱厂工作，未签订劳动合同。2014 年 3 月 10 日被害人高某要求离开，被告人韩某采取禁止高某出工厂大门，扣押高某身份证、手机，索要中介费等方式阻止，强迫高某继续在其工厂劳动。后高某于 2014 年 3 月 12 日夜间翻墙逃离了被告人的拉杆箱厂。

[审理结果]

法院经审理认为，被告人韩某以胁迫、限制人身自由的方法强迫他人劳动，其行为已构成强迫劳动罪，判处拘役 6 个月，缓刑 8 个月，并处罚金 5000 元。

---

① 参见(2016)冀 0684 刑初 157 号刑事判决书。

二、识别强迫劳动罪的风险主体

(一)自然人和单位

强迫劳动罪既可以由自然人构成,也可以由单位构成。对于单位犯罪的,不但要对单位判处罚金,还要对直接负责的主管人员和其他直接责任人员判处有期徒刑或者拘役,并处罚金。这里的单位,一般是指公司、企业、事业单位、机关、团体,对于上述案例中所涉及的在家中经营的拉杆箱厂,属于个体户,故不能成立单位犯罪,而是以自然人犯罪进行追诉。

(二)主体身份的要求

2011 年 2 月 25 日《刑法修正案(八)》颁布之前,本罪主体要求的是直接责任人员,《刑法修正案(八)》修订之后,本罪的主体成了一般主体,没有了身份上的要求和限制。但在实践中,引发风险的主体是多为对决定或者组织实施强迫劳动的领导人员、管理人员以及其他负有直接责任的人员。如果明知有强迫他人劳动的行为,而为其招募、运送人员或者有其他协助强迫他人劳动行为的,也可以构成本罪,属于共同犯罪。

三、识别强迫劳动罪的风险行为

(一)行为手段

根据《刑法》的规定,强迫他人劳动的手段有以下几种:

1. 暴力:是指对他人人身实施强制,如捆绑、殴打、伤害、侮辱等,足以使他人的身体受到强制而不能反抗或者不敢反抗。

2. 威胁:是指对他人使用暴力相威胁,以没收押金、集资款相威胁,进行精神上的强制,使他人产生恐惧而不敢反抗。

3. 限制人身自由:是指对他人采用禁闭、扣发工资、扣留身份证等方法限制他人人身自由。这里是“限制”而非“剥夺”,如果剥夺他人的人身自由,则引发的是非法拘禁罪的风险,而非强迫劳动罪。如果只是对职工进行严格要求,导致职工自感超时间、超负荷劳动,但行为人并未强迫劳动的,不会引发本罪的风险。

在实际案例中,行为人有的使用其中一种手段,有的使用其中两种手段,也有可能三种手段同时使用,在上述案例中,被告人韩某采取禁止高某出工厂大门,扣押高某身份证、手机,索要中介费等方式阻止,主要使用的是第三种方式,即限制他人人身自由。

(二)行为目的

不管采取以上哪种手段,行为人的目的都是强迫他人劳动,如果基于其他目的而使用以上手段的,不能构成本罪。“强迫他人劳动”,主要是指违背他人的意愿,强迫他人进行超体力的劳动,或者强迫他人进行长时间劳动而不给予必要的休息时间,或者强迫他人劳动而不给报酬或者只给少量报酬等。

(三)行为对象

2011 年 2 月 25 日《刑法修正案(八)》颁布之前,强迫劳动的对象必须是职工,后来修订为“他人”,没有了身份上的要求。由于我国对女职工和未成年工实行特殊的劳动保护,所以在针对这两类群体的时候,要特别加以重视,如果强迫女职工和未成年工从事危重劳动的,不管是否造成人员伤亡或者患职业病,都可能引发构成这个犯罪的刑事风险。

四、识别强迫劳动罪的风险界限

根据《刑法》的规定和2008年6月25日最高人民检察院、公安部《关于公安机关管辖的刑事案件立案追诉标准的规定(一)》第31条的规定,强迫他人劳动,涉嫌下列情形的,应予以立案追述:

1. 强迫他人劳动,造成人员伤亡或者患职业病的;

2. 采用殴打、胁迫、扣发工资、扣留身份证等手段限制人生自由,强迫他人劳动的;

3. 强迫妇女从事井下劳动、国家规定的第四级体力劳动强度的劳动或者其他禁忌从事的劳动,或者强迫处于经期、孕期和哺乳期妇女从事国家规定的第三级体力劳动强度的劳动,或者从事高空、井下劳动,或者在爆炸性、易燃性、放射性、毒害性等危险环境下从事劳动的;

4. 强迫已满16周岁未满18周岁的未成年人从事国家规定的第四级体力劳动强度的劳动,或者从事高空、井下劳动,或者在爆炸性、易燃性、放射性、毒害性等危险环境下从事劳动的;

5. 其他情节严重的情形。

[法条链接]

《中华人民共和国刑法》(2017年修正)第二百四十四条

《中华人民共和国劳动法》(2009年修正)第三十二条、第九十六条

《中华人民共和国劳动合同法》(2012年修正)第三十一条、第三十八条、第八十八条

《中华人民共和国未成年人保护法》(2012年修正)第三十八条、第六十条、第六十八条

最高人民检察院、公安部《关于公安机关管辖的刑事案件立案追诉标准的规定(一)》(2008年6月25日实施)第三十一条

第四节　禁止强令违章冒险作业

一、强令违章冒险作业罪的刑事风险提示

公司、企业作为用工单位,除不能以暴力、威胁和限制人身自由的方法强迫他人劳动外,还不得强令他人违章冒险作业,这是劳动管理法规明确要求的。劳动者不但有权拒绝用人单位管理人员违章指挥、强令冒险作业,不得视为违反劳动合同,且对于用

人单位违章指挥、强令冒险作业危及劳动者人身安全的，劳动者还有权立即解除劳动合同，不需事先告知用人单位。由此可见，法律赋予了劳动者自行救济的途径。与此同时，对于用人单位违章指挥或者强令冒险作业危及劳动者人身安全的，依法给予行政处罚；构成犯罪的，依法追究刑事责任；给劳动者造成损害的，应当承担赔偿责任。（见表15－4）

表15－4　强令违章冒险作业罪量刑标准

依据		罪状		法定刑
刑法（修正案六修订）	第134条第2款	强令他人违章冒险作业	因而发生重大伤亡事故或者造成其他严重后果的	处5年以下有期徒刑或者拘役
			情节特别恶劣的	处5年以上有期徒刑

[场景回放]①

被告人蒋某系淮沪煤电有限公司丁集煤矿开拓二区201队喷浆拨拨长，2015年1月4日上午，蒋某带领工人王某某、魏某某、邹某某到丁集煤矿井下63#钻场喷浆作业。当日上午11时50分许，蒋某在完成当班作业后，私自决定并强制工人违章冒险工作将63#钻场的叉车移动到62#钻场下方。在操作的过程中，蒋某等4人因未按照规定操作导致叉车脱手下滑冲出轨道，致使在场工人吴某丙、盛某受伤，吴某丙后经抢救无效死亡。蒋某于2015年1月19日主动到淮南市公安局投案。另查明，被害人吴某丙系淮南东华劳务有限公司工作人员，该公司已赔偿吴某丙家人一次性工亡补助金、丧葬补助金等共计616，594.2元。

[审理结果]

法院经审理认为，被告人蒋某违反操作规定，强令他人违章冒险作业，发生1人死亡、1人受伤的重大伤亡事故，其行为已构成强令他人违章冒险作业罪，鉴于其有自首、事发后积极抢救被害人，且被告人蒋某所在单位已经赔偿被害人亲属经济损失等情节，以强令违章冒险作业罪判处其有期徒刑2年。

二、识别强令违章冒险作业罪的风险主体

（一）仅限自然人

根据《刑法》的规定，强令违章冒险作业罪的主体仅限于自然人，《刑法》没有规定单位可以构成本罪。在司法实践中，自然人虽然有的是为了单位的利益强令违章冒险作业，但一旦发生伤亡事故或者严重后果，也只能追究自然人的刑事责任。

需要注意的是，单位虽然不承担刑事责任，但仍要承担民事赔偿责任。根据《民法

① 参见（2015）淮刑终字第00129号刑事附带民事裁定书。

典》第1191条的规定，用人单位的工作人员因执行工作任务造成他人损害的，由用人单位承担侵权责任。故在上述案例中，被告人蒋某的侵权行为使被害人吴某丙受到伤害，并致其死亡，其本人承担强令违章冒险作业罪的刑事责任，民事赔偿责任则由被告人蒋某的用工单位淮南东华劳务有限公司承担。

（二）直接责任人员

根据《刑法》的规定，强令违章冒险作业罪的主体为一般主体，没有身份上的限制和要求。在实践中，多为那些具备强令他人冒险作业能力的人才能引发本罪的风险，如对生产、作业负有组织、指挥或者管理职责的负责人、管理人员、实际控制人、投资人等。在上述案例中，被告人蒋某系淮沪煤电有限公司丁集煤矿开拓二区201队喷浆拨拨长，有权私自决定并强制工人违章冒险工作将63#钻场的叉车移动到62#钻场下方，可以构成本罪。

三、识别强令违章冒险作业罪的风险行为

（一）行为前提

强令违章冒险作业罪规定在我国《刑法》第134条第2款，其第1款规定的是重大责任事故罪，一般认为，重大责任事故罪所要求的两个前提条件，一个是在生产、作业中；另一个是违反有关安全管理的规定，也同样适用于强令违章冒险作业罪。认定行为人是否违反有关安全管理规定，应当根据相关法律、行政法规，参照地方性法规、规章及国家标准、行业标准，必要时可参考公认的惯例和生产经营单位制定的安全生产规章制度、操作规程。

（二）行为方式

根据《刑法》的规定，本罪要求必须是强令他人违章冒险作业，这里的“强令”，主要是指采用暴力、威胁（如以扣除奖金、工资或者下岗相威胁）、罚款、没收保证金等方式。

四、识别强令违章冒险作业罪的风险界限

根据《刑法》的规定，本罪是结果犯，行为人强令他人违章冒险作业，必须“发生重大伤亡事故”或者“造成其他严重后果”的，才能立案追诉，如果情节特别恶劣的，则应当在5年以上有期徒刑这个幅度内量刑。根据2008年6月25日最高人民检察院、公安部《关于公安机关管辖的刑事案件立案追诉标准的规定（一）》第9条的规定和2007年2月28日最高人民法院、最高人民检察院《关于办理危害矿山生产安全刑事案件具体应用法律若干问题的解释》第4条的规定，将本罪的追诉标准总结如下：

1. 强令他人违章冒险作业，涉嫌下列情形之一的，应予立案追诉：

（1）造成死亡1人以上，或者重伤3人以上的；

（2）造成直接经济损失50万元以上的；

（3）发生矿山生产安全事故，造成直接经济损失100万元以上的；

（4）其他造成严重后果的情形。（这里的其他严重后果，既包括经济损失，也包括

非经济损失)

2. 强令他人违章冒险作业,发生矿山生产安全事故,具有下列情形之一的,应当认定为"情节特别恶劣":

(1)造成死亡3人以上,或者重伤10人以上的;

(2)造成直接经济损失300万元以上的;

(3)其他特别恶劣的情节。

在上述案例中,被告人蒋某强令他人违章冒险作业造成1死1伤的重大伤亡事故,符合强令违章冒险作业罪的追诉标准,构成刑事犯罪。

[法条链接]

《中华人民共和国刑法》(2017年修正)第一百三十四第二款条

《中华人民共和国劳动法》(2009年修正)第五十六条、第九十二条、第九十三条

《中华人民共和国劳动合同法》(2012年修正)第三十二条、第八十八条

《安全生产违法行为行政处罚办法》(2017年修正)第四十三条、第四十四条

最高人民检察院、公安部《关于公安机关管辖的刑事案件立案追诉标准的规定(一)》(2008年6月25日实施)第九条

最高人民法院、最高人民检察院《关于办理危害矿山生产安全刑事案件具体应用法律若干问题的解释》(2007年3月1日日实施)第四条

最高人民法院《关于进一步加强危害生产安全刑事案件审判工作的意见》(2011年12月30日实施)

第五节　劳动用工刑事合规指南

拒不支付劳动报酬罪、雇用童工从事危重劳动罪、强迫劳动罪和强令违章冒险作业罪,是公司、企业在劳动用工中容易引发的刑事风险,要控制和防范这类的风险,除了把握这四个罪名的主体范围、行为界限和追诉标准外,还应当加强日常人力资源的管理和劳动规章制度的建设。具体可以从以下几个方面入手:

一、把好招聘录用关

公司、企业作为用人单位,招聘和录用是首要环节,而把好"年龄关"又是其中的最初环节。除了文艺、体育和特种工艺等单位外,其他单位一律禁止招用未满16周岁的人员,否则容易引发雇用童工从事危重劳动罪的风险。而对于招用的已满16周岁但未满18周岁的未成年人,也要注意避免引发强迫劳动罪风险。

1. 必须核查被招用人员的身份证。

核查被招用人员的身份证是《禁止使用童工规定》中明文要求的,用人单位应该根据身份证来确定被招用人员的真实年龄,不能图省事而忽略这个必备的程序,不能仅凭长相、外貌、谈吐、他人介绍来估算年龄,防止被招用人员虚报年龄进入企业的状况,

这是防控的第一关，把好了这一关，风险便是可控的。

2. 被招用人员的年龄以“周岁”为界定标准。

我国《刑法》对于年龄都是以“周岁”为标准的，“周岁”是按照公历的年、月、日，从周岁生日第二天起算。在我国很多地方，尤其是农村，通常以“虚岁”表述年龄，因为用人单位在招聘录用的时候最好能进一步核实身份证上的出生日期是公历还是农历，防止按照农历计算已满16周岁或者18周岁，但按照公历计算尚未满的情况发生，从而陷入刑事风险。

3. 妥善制作、保管录用登记和核查材料。

在招聘和录用环节，应当对被招用人员的个人信息，尤其是年龄做好完整全面的登记和备案，并将登记备案与核查的材料做好妥善的保管，以便在其他环节可以随时调用查看。

二、把好薪酬管理关

薪酬管理是劳动关系中最核心的部分，不管是劳动合同用工还是劳务派遣用工抑或是其他用工形式，都应当明确劳动报酬的金额和支付，不允许拖欠或者克扣劳动者的劳动报酬。把好这一关需要从以下几个方面切入：

1. 明确劳动报酬的范围。

劳动报酬是用人单位按照劳动合同或者其他约定，定期以货币形式支付给劳动者的，主要形式有计时工资、计件工资、奖金、津贴、补贴、加班加点工资及特殊情况下支付的工资等。在实践中，特殊情况下支付的工资包括假期工作、公假工资等。以上都属于劳动报酬的范围，应当按期足额向劳动者支付。

在现实生活中，用人单位以货币形式向劳动者支付的项目还有很多，如有关劳动保险和职工福利方面的各项费用，有关离休、退休、退职人员待遇的各项支出、劳动保护的各项支出、出差或是补助费、误餐补助、调动工作的旅费和安家费、计划生育独生子女补贴等，这些都不属于劳动报酬的范围，没有按期足额支付不会引发刑事风险。

2. 按期足额支付劳动报酬。

明确了哪些属于劳动报酬的范围，则应当提示人力资源部或者财务部加以重视，对于属于劳动报酬范围的项目，做到按期足额地向劳动者支付，以控制和防范拒不支付劳动报酬罪的刑事风险。

3. 留意查收责令支付文书。

要引发拒不支付劳动报酬罪的刑事风险，必须具备“经政府有关部门责令支付仍不支付”这一条件，所以用人单位对于经人力资源社会保障部门或者政府其他有关部门依法下达的限期整改指令书、行政处理决定书等责令支付劳动者劳动报酬的文书，要特别重视，不能不管不顾，单位负责收件的人收到这类文书后，要第一时间交给或者告知单位负责人，以便单位及时处理。如果有正当理由没有知悉责令支付，也应当及时反映给政府有关部门。

4. 不能忽略事后补救措施。

根据司法解释的相关规定，拒不支付劳动者的劳动报酬，尚未造成严重后果，在刑事立案前支付劳动者的劳动报酬，并依法承担相应赔偿责任的，可以认定为情节显著轻微危害，不认为是犯罪，在提起公诉前支付劳动者的劳动报酬，并依法承担相应赔偿责任的，可以减轻或者免除刑事处罚；在一审宣判前支付劳动者的劳动报酬，并依法承担相应赔偿责任的，可以从轻处罚。拒不支付劳动者的劳动报酬，但在宣判前支付劳动者的劳动报酬，并依法承担相应赔偿责任的，可以酌情从宽处罚。由此可见，即使已经构成拒不支付劳动报酬罪并已经进入刑事诉讼程序，如果继续积极支付劳动者的劳动报酬，并依法承担相应赔偿责任，仍然可以不作犯罪处理或者从轻处罚，所以仍然要重视这样的事后补救措施，抓住最后的自救机会。

三、用工方式要得当

公司、企业将人员招聘录用之后，就是用工的环节，这是实现劳动价值的关键环节。倘若处理不当，则可能引发雇用童工从事危重劳动罪、强迫劳动罪和强令违章冒险作业罪的刑事风险。具体防控措施如下：

1. 危重劳动的分配。

所谓危重劳动，是指超强度体力劳动，或者从事高空、井下作业，或者在爆炸性、易燃性、放射性、毒害性等危险环境下从事劳动。这类危重劳动，法律并非禁止从事，而是出于对未成年人及妇女的保护，对于这类人员从事危重劳动作出了限制或者禁止性规定，否则容易引发刑事风险。因此，用人单位在分配危重劳动时，对于分配的对象要特别加以重视。

(1) 对于未满 16 周岁的未成年人，是绝对禁止从事这类危重劳动，因此，用人单位应当禁止将这类危重劳动分配给未满 16 周岁的未成年人，否则会引发雇用童工从事危重劳动罪的刑事风险。

(2) 对于已满 16 周岁未满 18 周岁的未成年人，法律禁止强迫他们从事这类危重劳动，如果他们自愿从事这类危重劳动，法律并未禁止，因此，用人单位注意不应当采用暴力、威胁或者限制人身自由的方法进行强迫，否则会引发强迫劳动罪的刑事风险。

(3) 妇女，法律禁止强迫她们从事井下劳动、国家规定的第四级体力劳动强度的劳动或者其他禁忌从事的劳动，自愿从事的不在法律禁止的范围，所以用人单位也是要避免强迫他人从事这类危重劳动，避免引发强迫劳动罪的刑事风险。

(4) 处于经期、孕期和哺乳期的妇女，法律禁止强迫她们从事国家规定的第三极体力劳动强度以上的劳动或者其他禁忌从事的劳动，用人单位也是要避免强迫分配这类危重劳动，避免引发强迫劳动罪的刑事风险。

2. 强迫方式不可取。

用人单位与劳动者之间订立和变更劳动合同，应当遵循平等自愿、协商一致的原则。劳动合同是明确劳动合同双方当事人的权利和义务，保护劳动者的合法权益，构建和发展和谐稳定的劳动关系的重要保障。因此，劳动者从事劳动，应当本着自愿的原则，用人单位不得采用暴力、胁迫或者限制人身自由的方法强迫他人劳动。除了提高这样的意识外，用人单位还应当注意以下几点：

(1)不得扣押身份证件。

扣押身份证件属于限制人身自由的方式之一，有强迫他人劳动之嫌，为了杜绝这样的风险，对身份证件不应予以扣押。其实《劳动合同法》第9条早就有这个规定："用人单位招用劳动者，不得扣押劳动者的居民身份证和其他证件，不得要求劳动者提供担保或者以其他名义向劳动者收取财物。"

(2)不得扣发劳动报酬。

拒不支付劳动者的劳动报酬，有可能构成拒不支付劳动报酬罪，还有可能成为以限制人身自由的方法强迫他人劳动的嫌疑，所以用人单位应当尽量杜绝。

四、安全规程要重视

在劳动安全卫士方面，劳动者一方面享有获得劳动安全卫生保护的权利，另一方面具有执行劳动安全卫生规程的义务。为了防控强令违章冒险作业的刑事风险，用人单位应当从以下几个方面入手：

1. 建立健全劳动安全卫生制度，严格执行国家劳动安全卫生规程和标准，对劳动者进行劳动安全卫生教育，防止劳动过程中的事故，减少职业危害。

2. 劳动安全卫生设施必须符合国家规定的标准。新建、改建、扩建工程的劳动安全卫生设施必须与主体工程同时设计、同时施工、同时投入生产和使用。

3. 用人单位必须为劳动者提供符合国家规定的劳动安全卫生条件和必要的劳动防护用品，对从事有职业危害作业的劳动者应当定期进行健康检查。

4. 告知劳动者在劳动过程中必须严格遵守安全操作规程，对用人单位管理人员违章指挥、强令冒险作业，有权拒绝执行；对危害生命安全和身体健康的行为，有权提出批评、检举和控告。

第十六章

如何用好激励机制

——员工持股与股权激励

当用人单位希望最大化员工的人力资本价值，把员工的利益与企业的利益更紧密地结合在一起时，允许员工以其为企业创造的价值转化为参与企业股权投资的权利，就出现了员工持股和股权激励。这时的员工具有劳动者和股东这样的双重法律身份，企业HR应当如何用好这些激励机制并把握其中的法律风险呢？本章也许会给你一些启发。

第一节　员工持股与股权激励

员工持股和股权激励，是两个既有关联又略有区别的概念，在不同场合可能会视情况可以替代使用或者单独使用。

一、员工持股与股权激励的含义

员工持股计划，是指根据员工意愿，通过合法方式使员工获得公司股权并可长期持有，股权利益按约定分配给员工的制度安排。员工持股计划的参加对象为公司员工，包括管理层人员。

股权激励，是指公司，通常是指上市公司，以本公司股票为标的，对其董事、监事、高级管理人员及其他员工进行的长期性激励。

二、员工持股与股权激励的差异和联系

员工持股计划更侧重于针对员工的长期股权持有的制度安排。股权激励更偏重于带有激励和约束性质的涉及股份利益的长期计划安排。

员工持股计划的对象不仅包括管理人员，更主要的是面向公司普通员工的；而股权激励，一般是针对公司的高级管理人员以及核心的技术人员或管理团队。

两者在实质内容上并没有法律上的本质区别，只是在目的和激励对象上偏重不同而已。就上市公司而言，两者的实施规范和依据不同，有不同的规范要求。

第二节　设立激励机制的原则

一、依法合规原则

实施员工持股计划和股权激励，应当按照法律、行政法规的规定履行有关程序，对于公司的信息应当真实、准确、完整、及时地向员工进行披露；有关具体的安排要符合法律规定，既不能损害员工的利益，也不能损害其他相关主体的法定权益。比如，国有企业有执行员工持股安排时，就同时要考虑符合国资监管对于国有资产交易安排的有关强制性规定。

二、自愿参与原则

实施员工持股计划和股权激励应当遵循公司自主决定，员工自愿参加，公司不得以摊派、强行分配等方式强制员工参加本公司的持股计划或安排，或者对不参与持股计划和安排的员工进行差别对待。

三、风险自担原则

员工持股计划参与人盈亏自负，风险自担，与其他投资者权益平等。员工个人的

投资风险承受能力相对较低，因此，在员工参与股权计划时，一定要向员工申明其要对投资的风险承担后果和责任。公司不能对员工参与投资后的股权收益和保障作出任何的承诺和安排。

四、公平合理原则

公司实行员工持股和股权激励是为了加强公司和员工之间的纽带关系，形成利益的共同体。在制定员工持股和股权激励时，对于行权条件、出资价格等一些敏感的问题，应当按照公平合理的原则来处理。在各类员工之间保持一定的平衡，避免因为在利益上的差别对待，而产生内部矛盾甚至分化，反而不利于公司的发展和员工关系的处理。

第三节　设立激励机制的操作规范

一、上市公司操作的监管要求

2002 年 10 月，中国证监会颁布《上市公司收购管理办法》（后多次修订，最新一次于 2020 年 3 月修订）和《上市公司股东持股信息变动信息披露管理办法》，对上市公司管理层收购和员工持股等问题作出了规定。

2005 年 8 月 23 日，证监会、国资委等联合发布《关于上市公司股权分置改革的指导意见》，指出："完成股权分置改革的上市公司优先安排再融资，可以实施管理层股权激励。"

2005 年 12 月 31 日，中国证监会发布《上市公司股权激励管理办法（试行）》，股权激励制度正式得到了法律意义上的最终确认。

2014 年 6 月 20 日，中国证券监督管理委员会公告《关于上市公司实施员工持股计划试点的指导意见》。

2016 年 7 月 13 日，中国证券监督管理委员会正式发布了《上市公司股权激励管理办法》，后于 2018 年进行了一次修订。

此外，相关证券交易机构先后出台了《创业板信息披露业务备忘录第 9 号：股权激励（限制性股票）实施、授予与调整（2015 修订）》《中小企业板信息披露业务备忘录第 6 号：股权激励期权自主行权》《中小企业板信息披露业务备忘录第 4 号：股权激励限制性股票的取得与授予（2015 修订）》《中小企业板信息披露业务备忘录第 5 号：股权激励股票期权实施、授予与行权（2015 修订）》《科创板上市公司信息披露业务指南第 4 号——股权激励信息披露》《北京证券交易所上市公司持续监管指引第 3 号——股权激励和员工持股计划》《全国中小企业股份转让系统股权激励和员工持股计划业务办理指南》《科创板上市公司自律监管指南第 4 号——股权激励信息披露》等一系列规定，进一步指引和规范上市公司的股权激励行为。

二、国资监管的主要规定

2003 年 3 月，财政部在《国有企业改革有关问题的复函》中提出，暂停受理和审批管理层收购，待有关部门研究提出相关措施后再决定。2003 年 12 月 15 日，国资委在《关于规范国有企业改制工作的意见》中规定了国有股权转让的定价问题，严格规范管理层收购，严禁国有企业的经营管理者自卖自买国有产权。

2004 年 1 月 8 日，国资委颁布《企业国有产权转让管理暂行办法》。2005 年 4 月，国资委和财政部联合发布《企业国有产权向管理层转让暂行规定》，规定中小型国有企业可以尝试国有产权向管理层转让；但是大型国有企业及所属从事该大型企业主营业务的全资或控股企业，国有产权和国有股权不得向管理层转让。2017 年、2016 年上述两项规定被废止。国有产权和国有股权向管理层转让要严格按照《企业国有资产监督管理暂行条例》《上市公司国有股权监督管理办法》《企业国有资产交易监督管理办法》的有关规定处理。

2006 年 1 月 27 日和 9 月 30 日，国资委和财政部分别颁布《国有控股上市公司（境外）实施股权激励试行办法》和《国有控股上市公司（境内）实施股权激励试行办法》，对国有控股上市公司实施股权激励作了进一步的规范。

2008 年 10 月 21 日，国资委、财政部发布《关于规范国有控股上市公司实施股权激励制度有关问题的通知》。

2016 年 8 月 2 日，根据《中共中央、国务院关于深化国有企业改革的指导意见》（中发〔2015〕22 号）有关要求，经国务院同意，国资委、财政部证监会共同下发了《关于国有控股混合所有制企业开展员工持股试点的意见》，国有控股混合所有制企业的员工持股试点工作正式开展，各地国资委也陆续出台了相应的地方试点办法。我国将进入新一轮的国资企业员工持股试点高潮，这也是新一轮国资改革的热点之一。

2019 年 10 月 24 日，国资委发布《关于进一步做好中央企业控股上市公司股权激励工作有关事项的通知》。2020 年 4 月 23 日，国资委进一步制定了《中央企业控股上市公司实施股权激励工作指引》。该指引根据中央企业控股上市公司实施股权激励的各方面政策规定，从股权激励计划的内容要点、考核体系、管理办法和实施程序等方面，进行了政策梳理、系统集成，对上市公司股权激励实践规范逐一明确阐释。该指引印发后，国资委将指导中央企业积极履行主体责任，推动符合条件的控股上市公司科学高效规范地开展股权激励工作，加快建立健全覆盖企业经营管理骨干和核心科研技术人才的正向激励机制，充分调动各类人员的积极性和创造性，推动企业实现高质量发展。①

---

① 国务院国资委有关负责人就《中央企业控股上市公司实施股权激励工作指引》答记者问，载 http://www.sasac.gov.cn/n2588030/n2588954/c14735075/content.html。

三、相关的其他规定

2005年10月27日,第十届全国人民代表大会常务委员会第十八次会议修改了《中华人民共和国公司法》,其中第143条规定,公司可以收购本公司的股份将其奖励给本公司职工。这一规定,在制度上解决了股权激励的股份来源问题。

2007年1月1日,财政部发布《新企业会计准则(第11号)——股份支付》,对股权激励的账务处理作出专门说明,使股权激励相关执行的会计处理有据可依。

2009年,国家税务总局发布《关于股权激励有关个人所得税问题的通知》,2011年发布了《国家税务总局关于个人所得税有关问题的公告》,2012年发布了《关于我国居民企业实行股权激励计划有关企业所得税处理问题的公告》,不断明确了获得股权激励的个人在不同情况下的纳税处理以及企业应当进行的税务处理,为股权激励规范税务安排提供了依据。2016年9月20日,财政部、国家税务总局发布《关于完善股权激励和技术入股有关所得税政策的通知》。2016年9月28日,国家税务总局发布《关于股权激励和技术入股所得税征管问题的公告》。上述两份文件对股权激励和技术入股有关所得税征管问题进行了细致、明确的规定。

2012年,国家外汇管理局发布《关于境内个人参与境外上市公司股权激励计划外汇管理有关问题的通知》,对于在境外上市公司以及拟通过境外上市的公司进行股权激励,提供了外汇操作指引。2019年1月23日,中国人民银行、国家外汇管理局印发《境内上市公司外籍员工参与股权激励资金管理办法》,进一步规范了境内上市公司外籍员工参与A股股权激励的资金管理,明确规定国家外汇管理局对境内上市公司外籍员工参与股权激励实行登记管理。境内上市公司外籍员工应当集中委托实施股权激励的境内上市公司统一办理相关登记。

此外,2011年前后各地高新技术产业园区政府等,也陆续出台当地的股权激励政策,引导高新技术企业做好股权激励工作,促进企业的发展,如《中关村国家自主创新示范区企业股权和分红激励实施办法》《上海市张江国家自主创新示范区企业股权和分红激励试行办法》《天津滨海高新技术产业开发区股权激励先行先试工作暂行办法》等,在股权激励的资金来源、方案核准、费用核算、科研认证等各方面进行了完善。

2020年8月20日,为规范股票在全国中小企业股份转让系统公开转让的公众公司,实施股权激励和员工持股计划,证监会发布《非上市公众公司监管指引第6号——股权激励和员工持股计划的监管要求(试行)》。该指引包含三个部分:第一部分规定了股权激励的对象、激励方式、定价方式、股票来源、条件、必备内容和各方权利义务安排,对绩效考核指标、分期行权、信息披露以及实施程序等进行规定。其中,股权激励的方式主要是限制性股票和股票期权,股票来源主要为发行新股、回购股票和股东赠与。第二部分规定了员工持股计划的资金和股票来源、持股形式、管理方式和信息披露要求。其中按管理方式分为委托管理型和自我管理型两类,委托管理型应备案为金融产品且持股12个月以上,自我管理型需"闭环运行"至少36个月,两类员工持股计划在参与发行时均视为一名股东,无须穿透或还原。第三部分附则主要规定禁止利用股权激励和员工持股计划进行内幕交易等违法违规活动。

第四节 如何制定股权激励方案

一、确定激励对象

股权激励是为了激励员工，平衡企业的长期目标和短期目标，特别是关注企业的长期发展和战略目标的实现，因此，确定激励对象必须以企业战略目标为导向，即选择对企业战略最具有价值的人员。股权激励的激励对象范围的确定可以采用管理岗位上的经理层加上关键岗位上的工作人员加上董事会的主观认定的方式。

一般可以包括以下人员：

(1)公司董事、总裁、副总裁、财务负责人。但一般外部董事、独立董事等不在此激励范围。

(2)中高层管理人员、部分副经理级别以上核心业务骨干。

(3)核心技术人员。

(4)优秀的销售骨干人员。

(5)其他公司董事会认为对公司长远发展有重要作用的人员。

例如，《上市公司股权激励管理办法》第 8 条中明确规定，激励对象可以包括上市公司的董事、高级管理人员、核心技术人员或者核心业务人员，以及公司认为应当激励的对公司经营业绩和未来发展有直接影响的其他员工。外籍员工任职上市公司董事、高级管理人员、核心技术人员或者核心业务人员的，可以成为激励对象。《非上市公众公司监管指引第 6 号——股权激励和员工持股计划的监管要求(试行)》中则规定，激励对象包括挂牌公司的董事、高级管理人员及核心员工，但不应包括公司监事。挂牌公司聘任独立董事的，独立董事不得成为激励对象。核心员工的认定应当符合《公众公司办法》的规定。《中央企业控股上市公司实施股权激励工作指引》第 14 条中明确股权激励对象应当聚焦核心骨干人才队伍，一般为上市公司董事、高级管理人员以及对上市公司经营业绩和持续发展有直接影响的管理、技术和业务骨干。

此外，对不同类型的企业，相关法律、法规也对不能成为激励对象的情形进行了明确规定。例如，《上市公司股权激励管理办法》明确规定股权激励对象不应当包括独立董事和监事。单独或合计持有上市公司 5% 以上股份的股东或实际控制人及其配偶、父母、子女，不得成为激励对象，以及下列人员也不得成为激励对象：(1)最近 12 个月内被证券交易所认定为不适当人选；(2)最近 12 个月内被中国证监会及其派出机构认定为不适当人选；(3)最近 12 个月内因重大违法违规行为被中国证监会及其派出机构行政处罚或者采取市场禁入措施；(4)具有《公司法》规定的不得担任公司董事、高级管理人员情形的；(5)法律、法规规定不得参与上市公司股权激励的；(6)中国证监会认定的其他情形。《中央企业控股上市公司实施股权激励工作指引》则规定上市公司国有控股股东或中央企业的管理人员在上市公司担任监事的，以及中央和国资委党委管理的中央企业负责人不参加上市公司股权激励。同时明确规定下列人员不得参加上市公司股权激励计划：(1)未在上市公司或其控股子公司任职、不属于上市公司或其控股子公司的人员；(2)上市公司独立董事、监事；(3)单独或合计持有上市公司5%以上股份的股东或者实际控制人及其配偶、父母、子女；(4)国有资产监督管理机构、证券监督管理机构规定的不得成为激励对象的人员。

二、购股资金的来源

资金来源原则应当是员工自有的资金或者通过合法的途径获得资金。比较大金额的股权激励，在解决员工资金来源上是有一定的操作难度的。在具体安排上，也可以在特定情况下，采取大股东的赠与或者一定奖励资金的配比安排。但是，上市公司不得为激励对象依股权激励计划获取有关权益提供贷款以及其他任何形式的财务资助，包括为其贷款提供担保。在全国中小企业股份转让系统公开转让的公众公司不得为激励对象依股权激励计划获取有关权益提供贷款以及其他任何形式的财务资助，包括为其贷款提供担保等。

目前国有企业的持股试点要求，员工入股应主要以货币出资，并按约定及时足额缴纳；员工以科技成果出资入股的，应提供所有权属证明并依法评估作价，及时办理财产权转移手续。国有企业以及国有股东不得向员工无偿赠与股份，不得向持股员工提供垫资、担保、借贷等财务资助。持股员工不得接受与国有企业有生产经营业务往来的其他企业的借款或融资帮助。

三、确定激励额度

确定股权激励的总额度时，应着重考虑的因素有法律的强制性规定、企业的整体薪酬及福利安排、企业设定的业绩目标情况、市场环境和企业竞争对手的激励情况、企业股东的让与意愿、企业的规模与净资产、企业拟激励的激励对象的人数。

鼓励根据企业发展规划，采取分期授予方式实施股权激励，充分体现激励的长期效应。每期授予权益数量应当与公司规模、激励对象人数，以及激励对象同期薪酬水平和权益授予价值等因素相匹配。

目前《上市公司股权激励管理办法》规定，上市公司全部在有效期内的股权激励计划所涉及的标的股票总数累计不得超过公司股本总额的10%。非经股东大会特别决议批准，任何一名激励对象通过全部在有效期内的股权激励计划获授的本公司股票，累计不得超过公司股本总额的1%。这里的股本总额是指股东大会批准最近一次股权激励计划时公司已发行的股本总额。

《中央企业控股上市公司实施股权激励工作指引》则规定，在股权激励计划有效期内，上市公司授予的权益总量应当结合公司股本规模大小、激励对象范围和股权激励水平等因素合理确定。上市公司全部在有效期内的股权激励计划所涉及标的股票总数累计不得超过公司股本总额的10%(科创板上市公司累计不超过股本总额的20%)。不得因实施股权激励导致国有控股股东失去实际控制权。上市公司首次实施股权激励计划授予的权益所涉及标的股票数量原则上应当控制在公司股本总额的1%以内。中小市值上市公司及科技创新型上市公司可以适当上浮首次实施股权激励计划授予的权益数量占股本总额的比例，原则上应当控制在3%以内。非经股东大会特别决议批准，任何一名激励对象通过全部在有效期内的股权激励计划获授权益（包括已行使和未行使的）所涉及标的股票数量，累计不得超过公司股本总额的1%。

四、设置约束条件

上市公司应当设立激励对象获授权益、行使权益的条件。拟分次授出权益的，应当就每次激励对象获授权益分别设立条件；分期行权的，应当就每次激励对象行使权益分别设立条件。激励对象为董事、高级管理人员的，上市公司应当设立绩效考核指标作为激励对象行使权益的条件。上市公司可以公司历史业绩或同行业可比公司相关指标作为公司业绩指标对照依据，公司选取的业绩指标可以包括净资产收益率、每股收益、每股分红等能够反映股东回报和公司价值创造的综合性指标，以及净利润增长率、主营业务收入增长率等能够反映公司盈利能力和市场价值的成长性指标。以同行业可比公司相关指标作为对照依据的，选取的对照公司不少于3家。激励对象个人绩效指标由上市公司自行确定。

非上市公司实施股权激励计划并没有法定的授予条件，所以公司可以灵活地决定设置股权激励计划的授予条件。但是在涉及期权，特别是分期行权时，也一定要明确规定行权的等待期、行权期以及具体的行权条件。

五、确定行权价格和授予价格

公司应根据外部市场、公司的实际情况和战略需要确定员工入股的行权价格。价格设定过低，对企业其他股东的利益会有一定的影响，而且不利于进行约束；价格设定过高，员工则缺乏参与的积极性；只有价格设定合适，才能对员工既有吸引力又能起到约束和激励的作用。

《上市公司股权激励管理办法》第23条规定，上市公司在授予激励对象限制性股票时，应当确定授予价格或授予价格的确定方法。授予价格不得低于股票票面金额，且原则上不得低于下列价格较高者：(1)股权激励计划草案公布前1个交易日的公司股票交易均价的50%；(2)股权激励计划草案公布前20个交易日、60个交易日或者120个交易日的公司股票交易均价之一的50%。上市公司采用其他方法确定限制性股票授予价格的，应当在股权激励计划中对定价依据及定价方式作出说明。第29条规定，上市公司在授予激励对象股票期权时，应当确定行权价格或者行权价格的确定方法。行权价格不得低于股票票面金额，且原则上不得低于下列价格较高者：(1)股权激励计划草案公布前1个交易日的公司股票交易均价；(2)股权激励计划草案公布前20个交易日、60个交易日或者120个交易日的公司股票交易均价之一。上市公司采用其他方法确定行权价格的，应当在股权激励计划中对定价依据及定价方式作出说明。

《中央企业控股上市公司实施股权激励工作指引》第25条规定,中央企业控制的上市公司拟授予的股票期权、股票增值权的行权价格,或者限制性股票的授予价格,应当根据公平市场价格原则确定。公平市场价格一般按如下方法确定:(1)境内上市公司定价基准日为股权激励计划草案公布日。公平市场价格不得低于下列价格较高者:股权激励计划草案公布前1个交易日公司标的股票交易均价,股权激励计划草案公布前20个交易日、60个交易日或者120个交易日的公司标的股票交易均价之一。(2)境外上市公司定价基准日为权益授予日。公平市场价格不得低于下列价格较高者:授予日公司标的股票收盘价、授予日前5个交易日公司标的股票平均收盘价。(3)股票交易上市地监管规定和上市规则另有规定的,从其规定。第26条规定,股票期权、股票增值权的行权价格不低于按上条所列方法确定的公平市场价格,以及公司标的股票的单位面值。限制性股票的授予价格不得低于公平市场价格的50%,以及公司标的股票的单位面值。(1)股票公平市场价格低于每股净资产的,限制性股票授予价格不应低于公平市场价格的60%。(2)中央企业集团公司应当依据限制性股票解锁时的业绩目标水平,指导上市公司合理确定限制性股票的授予价格折扣比例与解锁时间安排。

《全国中小企业股份转让系统股权激励和员工持股计划业务办理指南》规定,在全国中小企业股份转让系统公开转让的公众公司的限制性股票的授予价格、股票期权的行权价格不得低于股票票面金额。限制性股票的授予价格原则上不得低于有效的市场参考价的50%;股票期权的行权价格原则上不得低于有效的市场参考价。对授予价格、行权价格低于有效的市场参考价标准的,或采用其他方法确定授予价格、行权价格的,挂牌公司应当在股权激励计划中对定价依据及定价方法作出说明。主办券商应对股权激励计划的可行性、相关定价依据和定价方法的合理性、是否有利于公司持续发展、是否损害股东利益等发表意见。

六、设计行权时间

行权时间设计,既要考虑企业长期激励的目的,又要使员工有期待感,不能遥不可及。一般至少要在3年以上,5年左右是相对比较恰当的安排,当然,还要结合员工的岗位,其承担的职责、重要性以及取得的期权的额度。额度比较高的可以考虑在较长时间内进行分期行权,额度比较小的,期限就不宜过长。

上市公司限制性股票授予日与首次解除限售日之间的间隔不得少于12个月。在限制性股票有效期内,上市公司应当规定分期解除限售,每期时限不得少于12个月,各期解除限售的比例不得超过激励对象获授限制性股票总额的50%。当期解除限售的条件未成就的,限制性股票不得解除限售或递延至下期解除限售,应当按照《上市公司股权激励管理办法》第26条规定处理。上市公司股票期权授权日与获授股票期权首次可行权日之间的间隔不得少于12个月。在股票期权有效期内,上市公司应当规定激励对象分期行权,每期时限不得少于12个月,后一行权期的起算日不得早于前一行权期的届满日。每期可行权的股票期权比例不得超过激励对象获授股票期权总额的50%。当期行权条件未成就的,股票期权不得行权或递延至下期行权,并应当按照

《上市公司股权激励管理办法》第 32 条第 2 款规定处理。

中央企业控制的上市公司股权激励计划的有效期自股东大会通过之日起计算，一般不超过 10 年。股权激励计划有效期满，上市公司不得依据该计划授予任何权益。在股权激励计划有效期内，采取分期实施方式授予权益的，每期权益的授予间隔期应当在 1 年(12 个月)以上，一般为 2 年，即权益授予日 2 年(24 个月)间隔期满后方可再次授予权益。

在全国中小企业股份转让系统公开转让的公众公司实施员工持股计划，可以自行管理，也可以委托给具有资产管理资质的机构管理。自行管理的员工持股计划还应符合以下要求：自设立之日锁定至少 36 个月；股份锁定期间，员工所持相关权益转让退出的，只能向员工持股计划内员工或其他符合条件的员工转让；股份锁定期满后，员工所持相关权益转让退出的，按照员工持股计划的约定处理。委托给具有资产管理资质的机构管理的，持股期限应在 12 个月以上，并按照有关法律法规的规定在中国证券投资基金业协会备案。

七、设立配套机制

股权激励计划方案并非从设计到实施一成不变，在实践中，因为实行股权激励计划的公司需要采取进一步融资或者配股分红等行为，所以股权激励计划中约定授予激励对象的股权激励标的的数量应相应地进行修改，以保持实质上的公平。另外，在实施股权激励计划的过程中，如果激励对象提出辞职、被公司开除或者调离岗位等特殊情形，则其股权激励的资格以及获受的数量均应相应地进行改变。对于这些情况，股权激励计划应当予以事先规定，以避免因上述特殊情形而产生股权激励纠纷。

第五节　常用的股权激励模式

实施员工持股计划或者股权激励的主体，在法律上并没有限制性的规定，任何的公司、企业都可以在符合相应法律规范和要求的前提下，根据自己的实际情况，作出有关的计划安排。只是不同类型的主体，不同行业的公司，在实施计划安排时要受到不同的规范要求。

上市公司和非上市公司，基于其股份性质和特点的不同，在实施股权激励的方式上有比较大的差异。而国有企业由于受到国资监管要求，在实施员工持股和股权激励时，还要受到一些特殊的规范要求。

一些企业在引进外部投资者和拟上市的过程中，实施员工持股和股权激励计划是非常普遍的，甚至是必需的。这主要是因为外部投资者为了保障投资的安全和企业的长期发展，从风险控制的角度，更看重企业核心管理团队和员工与企业利益的紧密关系，希望通过股权关系为纽带，保障企业劳动人力资本的长期稳定性。另外，实施员工持股和股权激励，也有利于公司改善法人治理结构，规范企业的内部管理。

一、上市公司常用的激励方式

(一)业绩股票

业绩股票激励模式指公司在年初确定一个合理的年度业绩目标,如果激励对象经过卓有成效的努力,在年末实现了公司预定的年度业绩目标,则公司给予激励对象一定数量的股票,或奖励其一定数量的奖金来购买本公司的股票。业绩股票是我国上市公司中应用较为广泛的一种激励模式。

另一种与业绩股票在操作和作用上相似的长期激励方式是业绩单位,它和业绩股票的区别在于业绩股票是授予股票,而业绩单位是授予现金。

(二)股票增值权

股票增值权,是指公司授予激励对象的一种权利,激励对象可以在规定时间内获得规定数量及一定比例的股票股价上升所带来的收益,但不拥有这些股票的所有权,自然也不拥有表决权和配股权。激励对象不用为行权付出现金,行权后获得现金或等值的公司股票。

(三)股票期权

股票期权也称认股权证,是指公司授予激励对象的一种权利,激励对象可以在规定的时间内(行权期)以事先确定的价格(行权价)购买一定数量的本公司流通股票(行权)。这种方式目前在上市公司和非上市公司股权激励当中,被采用得比较多。

(四)虚拟股票

虚拟股票,是指公司授予激励对象一种虚拟的股票,激励对象可以依据被授予"虚拟股票"的数量参与公司的分红并享受股价升值收益。没有所有权,没有表决权,不能转让和出售,在离开公司时自动失效。

(五)经营者持股

管理层或参与激励的员工直接持有一定数量的本公司股票并进行一定期限的锁定。激励对象在拥有公司股票后,成为自身经营企业的股东,与企业共担风险,共享收益。管理层持股拥有相应的表决权和分配权,并承担公司亏损和股票降价的风险。

(六)延期支付

指公司将管理层的部分薪酬,特别是年度奖金、股权激励收入等按当日公司股票市场价格折算成股票数量,存入公司为管理层单独设立的延期支付账户。在既定的期限后或在人员退休以后,再以公司的股票形式或根据期满时的股票市场价格以现金方式支付给受益人。其主要目的是作为激励管理层考虑公司的长远利益的决策,以免经营者行为短期化。

(七)限制性股票

指事先授予激励对象一定数量的公司股票,但对股票的来源、抛售等有一些特殊限制,激励对象只有在规定的服务期限以后并完成特定业绩目标时,才可抛售限制性股票并从中获益,否则公司有权将免费赠与的限制性股票收回或以激励对象购买时的价格回购限制性股票。

在具体实施激励计划时,公司可以采用以上一种或多种方式的组合进行激励。

二、非上市公司常用的激励模式

(一)虚拟股票

公司将其净资产分割成若干相同价值的股份,而形成的一种自己记载的虚拟股票。激励对象可以按规定享有一定份额的虚拟股票,可以据此享受一定数量的分红权和股价升值收益。但是其不是公司的股东,不享有所有权和表决权,所持的权益不能转让和出售,在离开企业时自动失效。

(二)账面价值增值权

具体分为购买型和虚拟型两种。购买型是指在期初激励对象按每股净资产值购买一定数量的股份,在期末再按每股净资产期末值回售给公司。虚拟型是指激励对象在期初不需支出资金,公司授予激励对象一定数量的名义股份,在期末根据公司每股净资产的增量和名义股份的数量来计算激励对象的收益。

实施账面价值增值权的好处是激励效果不受外界资本市场异常波动的影响,激励对象无须现金付出。但缺点是采用这种方式要求企业财务状况较好,现金流量充足。

(三)绩效单位

公司预先设定某一个或数个合理的年度业绩指标(如资产收益率等),并规定在一个较长的时间(绩效期)内,如果激励对象经过努力实现了股东预定的年度目标,那么绩效期满后,则根据该年度的净利润提取一定比例的激励基金进行奖励。这部分奖励往往不是直接发给激励对象的,而在一定年限后,经过对激励对象的行为和业绩进行考核可以获准兑现。

(四)股票期权

股票期权是非上市公司运用股票期权激励理论的一种模式。管理人员经业绩考核和资格审查后可获得一种权利,即在将来特定时期,以一定确定的价格或价格标准购买一定数量的公司股份。

第六节 如何处理员工持股纠纷

如前所述,目前人民法院关于员工持股和股权激励的争议纠纷解决的司法案例并不是很多,而案例反映的焦点问题也并不是特别地凸显。笔者就目前公开的案例中,涉及员工持股和股权激励的一些问题,进行一些梳理,以供参考。

一、员工股票期权纠纷

员工持股和股权激励是员工基于其劳动者身份,参与股权投资的一种行为,在发生纠纷时是应该属于劳动纠纷,还是属于一般民事案件,是很多相关案件集中反映的焦点问题。

劳动争议是解决员工作为劳动者与公司发生的劳动法下的特殊法律关系的争议。

而股权纠纷，是针对员工作为劳动者，在与公司进行股权交易过程中，基于平等自愿原则而发生的一般民事纠纷。显然，员工持股和股权激励其法律关系的核心还是股权关系，只是作为股东的员工具有特殊身份，但是这种特殊身份并没有改变股权关系的根本性质，没有改变平等自愿和公平有偿的民法基本原则，因此这类纠纷不属于劳动争议案件，应该按照一般民事案件进行处理。

但是由于员工持股计划和股权激励的具体方式有很大的差异，对于具体的问题和争议，也确实有一些交叉性的问题，个别问题是否属于劳动争议，也确实值得继续探讨和思考。

（一）员工持股计划和股权激励是否属于一种劳动报酬

从案件争议情况来看，在实施员工持股计划或股权激励后，员工有可能主张根据相关安排其应取得的期权激励或者股票期权，要求公司进行折现，或主张期权属于附条件的绩效回报，属于是劳动报酬的组成部分。在实践中，人民法院都没有支持这类主张，主要是因为股票期权不属于工资的一种形式。

[场景回放]

2011 年 8 月 9 日，华测公司、王某俊双方签订《关于对中层管理人员及核心技术人员的股票期权激励计划之授予期权协议书》，该协议书涉案的主要内容包括华测公司拟向王某俊授予股票期权。王某俊分别于 2013 年 5 月 13 日、2013 年 5 月 21 日、2014 年 6 月 17 日、2014 年 7 月 4 日对华测公司授予期权的股票进行买卖，扣除相关税费后，王某俊通过两次行权共获利 178,583.75 元。

[审理结果]

一审法院认为，原告王某俊主张期权的激励属于劳动报酬的一部分，是附条件的绩效回报，法院未予采纳。二审法院认为本案为授予期权合同纠纷。

[场景回放]

李某玲原系菲尼萨上海公司员工。2012 年 7 月 4 日，菲尼萨上海公司以电子邮件的方式告知李某玲其获得菲尼萨公司（菲尼萨上海公司在美国的母公司）限制性股票激励计划，授予李某玲的限制性股票将在未来 4 年内分四次解禁，即从 2013 年至 2016 年每年解禁 25%。根据上述激励计划，菲尼萨上海公司告知李某玲其 2012 年、2013 年、2014 年、2015 年分别享受菲尼萨上海公司的美国母公司在美国公开发行的股票。自 2013 年起，李某玲每满一年均获得账户中总股票数额 25% 的股票出售款。至 2016 年李某玲的股票账户中仍剩余 1268 股。2016 年 3 月 3 日，菲尼萨上海公司提出解除与李某玲的劳动合同。2016 年 3 月 11 日，李某玲账户中的股票份数被清零。为此，李某玲于 2016 年 3 月 24 日向上海市劳动争议仲裁委员会提出申诉，要求菲尼萨上海公司支付 2016 年 3 月 8 日股票期权折现 123,189.20 元及公证费、翻译费共计 1500 元。该仲裁委员会以李某玲的请求不属劳动争议受理范围为由，作出不予受理的决定。李某玲不服,遂诉至人民法院。

[审理结果]

一审法院经审理认为,当事人对自己主张的事实有责任提供证据。李某玲主张2012年7月4日菲尼萨上海公司授予其菲尼萨上海公司母公司股票,现菲尼萨上海公司无故取消其股票份额应承担民事责任。对此,首先,李某玲并无证据证明其该股票账户中被授予的股票系菲尼萨上海公司的相关股票,亦未能证明上述股票系由菲尼萨上海公司直接授予的;其次,李某玲亦未提供证据证明被授予的股票在解禁后由菲尼萨上海公司负责出售。因此,李某玲要求菲尼萨上海公司兑现的股票实际上非该公司发行的股票,其要求菲尼萨上海公司支付2016年3月8日股票期权折现的诉讼请求,依据不足,不予支持。二审法院认为,关于上诉人李某玲主张被上诉人菲尼萨上海公司支付股票期权折现之诉请,根据现有法律规定,劳动者与用人单位之间的股权争议并不属于劳动争议受理范围,故二审法院在本案中不作处理。

[律师点评]

为避免发生不必要的争议和纠纷,建议公司在制订员工持股计划和股权激励方案时,应当在方案当中清楚地明示,员工参与持股计划和股权激励方案是属于自愿的行为,其相关的收益与劳动报酬无关。员工参与员工持股计划和股权激励方案,应当依法享有约定的资产权益,同时也应当自行承担相应的投资风险。

(二)以股权或期权代替工资报酬不受法律保护

在实践中,还有一种比较特殊的情况,就是用人单位没有制订统一的员工持股计划或者股权激励的计划,但在劳动合同当中将股权作为工作报酬进行了规定。在实践中发生争议后,人民法院没有支持员工要求变更股东登记的申请。

这个案例是很具有警示意义的。因为员工的持股计划和股权激励不属于劳动报酬的部分,是员工与用人单位平等自愿协商的一种法律行为。但是如果企业直接将给付股权替代现金报酬,并写进劳动合同,这在劳动法关系之下就违反了应当以现金形式支付劳动报酬的强制性规定,会被认定为无效。

[场景回放]

2007年1月26日,员工焦某与企业签订《中高层管理人员聘用合同》,约定焦某受聘担任中国金融网资本板块主编职务,年薪15万元,其中,14.4万元按月支付现金,剩余0.6万元用于分期购买企业的0.1%股权。聘用合同生效之后,企业须在6个月内办理相关的工商登记变更,每延期1天,须向焦某支付迟延违约金1000元。之后,焦某按合同约定履行了分期支付股权价款的义务,而企业却未履行其相应的合同义务,焦某认为企业已构成合同违约,请求人民法院依法判令企业向焦某支付自2007年8月1日起至企业办理完毕股权工商变更登记之日的迟延违约金;判令企业履行合同约定为原告办理股权工商变更登记。

[审理结果]

法院经审理认为，根据《中华人民共和国劳动法》的规定，工资应当以货币形式按月支付。工资支付必须遵循现金支付的原则，该原则为法律的强制性规定，不允许当事人以协议的方式予以变更。焦某与企业签订的聘用合同中关于“工作报酬”“股权激励及股权回购”等内容的约定，系企业以员工购买企业股权的形式代替货币向焦某支付工资，违反了有关法律的规定，上述内容应确认为无效。对焦某要求企业为其办理股权登记并支付违约金的诉讼请求，不予支持。

[律师点评]

员工持股计划和股权激励安排，应当是公司与员工协商一致达成的法律安排。如果企业就期权或股权的安排达成了一致意见，应当另行签署有关协议，但不应当直接将股权和期权作为劳动报酬强行写入劳动合同。

[法条链接]

《中华人民共和国劳动法》

第五十条　工资应当以货币形式按月支付给劳动者本人。不得克扣或者无故拖欠劳动者的工资。

《工资支付暂行规定》

第十五条　工资应当以法定货币支付，不得以实物及有价证券替代货币支付。

(三)员工取得期权或股权的资格是否属于劳动争议

公司在制订员工持股计划或股权激励方案时，有可能会将员工完成一定的业绩或绩效考核，作为获得相应期权或股权的资格条件，这种安排在股权激励计划中特别常见。在这种情况下，员工是否能够取得股权或期权，与其在工作中的绩效考核直接相关。那么如果员工对是否完成绩效考核条件发生争议时，该争议是否属于劳动争议范畴，目前还没有定论，笔者认为这是一个值得讨论的问题。

虽然股东资格的争议是一个股权法律关系，但是业绩或绩效考核是属于公司内部的劳动制度调整的范围，两者的交叉适用可能导致争议性质的确定存在一定的不确定性。

[律师点评]

对于已完成一定业绩和绩效考核，作为参与员工持股计划和股权激励方案的，建议在持股计划和激励方案中仅以员工完成考核的结果作为其资格认定的标准。对于具体的绩效考核、业绩要求以及考核方式，还是应该在公司内部的管理制度以及考核和评价机制中予以规范，在公司内部体系中进行规范、执行和评价，厘清公司内部劳动管理关系和股权关系。

[法条链接]

《上市公司股权激励管理办法》

第十条　上市公司应当设立激励对象获授权益、行使权益的条件。拟分次授出权益的,应当就每次激励对象获授权益分别设立条件;分期行权的,应当就每次激励对象行使权益分别设立条件。

激励对象为董事、高级管理人员的,上市公司应当设立绩效考核指标作为激励对象行使权益的条件。

第十一条　绩效考核指标应当包括公司业绩指标和激励对象个人绩效指标。相关指标应当客观公开、清晰透明,符合公司的实际情况,有利于促进公司竞争力的提升。

上市公司可以公司历史业绩或同行业可比公司相关指标作为公司业绩指标对照依据,公司选取的业绩指标可以包括净资产收益率、每股收益、每股分红等能够反映股东回报和公司价值创造的综合性指标,以及净利润增长率、主营业务收入增长率等能够反映公司盈利能力和市场价值的成长性指标。以同行业可比公司相关指标作为对照依据的,选取的对照公司不少于3家。

激励对象个人绩效指标由上市公司自行确定。

上市公司应当在公告股权激励计划草案的同时披露所设定指标的科学性和合理性。

(四)虚拟股票虚拟期权是否属于劳动报酬

虚拟股票和虚拟期权,是公司通过内部一定的财务核算,将公司的权益划分为一定的份额,员工可以根据持股计划的约定获得一定的虚拟权益,并按年度获得一定的现金分配。

笔者倾向于这种方式是劳动报酬的一个部分。因为持有虚拟权益,员工并不能获得股东的身份。这种权益的安排只是一种权益分配的内部核算和计算方式,员工最终获得的还是给予员工关系所取得的额外劳动报酬。

二、员工股东身份及相关权益的确认争议

(一)员工获得期权、股权,需要有相应的凭证支持

有一些企业在吸收管理层或员工参与股权投资时,可能并没有规范的员工持股计划或股权激励方案。认股和出资的行为可能都是比较随意的,并不规范,在发生争议时,难以得到相应的证据支持。这对员工和企业其实都是不利的。即使制订了员工持股计划或者股权激励方案,但是在员工实际获得期权或获得股权时,可能在出资环节上,并没有按照规范的程序进行操作,留下隐患。

用人单位与个别员工就员工获得期权或股权达成一致意见的,应当签署书面的文件,明确双方的法律关系,确定相互的权利义务关系,以便在发生纠纷或争议时有据可查。

员工向企业出资时，应该尽量通过银行转账或者其他规范的方式缴付出资，同时要求企业出具相应的凭证，明确款项的用途。按约定应该登记为股东的，则应敦促企业及时办理工商变更登记手续。

（二）员工的股东身份应当以工商登记备案为准

司法实践中认定实际出资人的股东资格还是应当从严把握。在股东资格的确认问题上，一般实行内外有别的原则。对外应当尊重工商登记部门股东登记的公示和公信效力，审判机关在审查股东问题上侧重于形式上的审查，即侧重股东资格的形式要件的审查；对内则应以充分的证据证明股东享有股东资格，如出资协议、其他股东的证明和参与公司经营管理和分享股利的事实等。公司章程的记载对股东资格的认定具有较高的效力，股东名册对股东资格的认定具有推定效力，而工商登记则具有最高的公示效力。

（三）员工所获得的权益需要有证据予以佐证

员工通过持股计划或者股权激励方案以及其他形式取得公司的股权，获得股东身份，公司应该依法将员工记载于公司股东名册，并办理相关工商变更登记。工商登记是确认股东身份的有效凭证。员工取得股权股票期权的，也应当由公司出具相应的凭证，确定行权期限方式和金额。

[场景回放]

张某某系A公司员工，鉴于张某某既往工作期间表现出色，A公司授予其长期激励股票期权共计两笔：2006年8月24日授予金额16,540美元，2007年10月29日授予金额22,022美元。上述两笔股票于2013年6月20日前已到期并可以行权。

A公司委托代理人于2013年7月19日告知张某某，按照股票期权约定在离职1个月内张某某应股票行权，否则将面临权利灭失。张某某于2013年7月19日按照股票相关规定行权成功，交易折合44,952.22美元，以上股票所得需经由A公司转给张某某，但A公司拒绝支付张某某上述抛售股票所得利益。后张某某提起诉讼，请求判令A公司支付其股票期权收益44,952.22美元。

[审理结果]

法院经审理认为，当事人对自己提出的诉讼请求所依据的事实或者反驳对方诉讼请求所依据的事实有责任提供证据加以证明。没有证据或者证据不足以证明当事人的事实主张的，由负有举证责任的当事人承担不利后果。在庭审中，张某某主张A公司2006年8月24日、2007年10月29日股票期权系A公司授予，但未提供有效证据证明，法院不予采信。

[律师说法]

制订员工持股计划或者股权激励方案本身也是企业谋求发展和规范治理的一种措施。企业有责任将员工持股安排规范、透明、公平合理、诚实守信，这样才能赢得员工的信任,才能将员工的利益与企业的利益结合在一起,实现双方的共赢互利。

如果企业在程序上应付了事,任意损害员工的利益,那么也就失去了实施员工持股计划的根本意义,无法起到激励的作用。实施员工持股计划的前提是员工对企业的信心和信任,在持股计划实施的过程中,企业不断规范自身的管理,改善治理结构,对员工进行激励和约束,实现企业和员工之间的良性互动,这才是实施员工持股计划和股权激励的根本。

[法条链接]

《中华人民共和国公司法》

第三十二条　有限责任公司应当置备股东名册,记载下列事项:

(一)股东的姓名或者名称及住所;

(二)股东的出资额;

(三)出资证明书编号。

记载于股东名册的股东,可以依股东名册主张行使股东权利。公司应当将股东的姓名或者名称向公司登记机关登记;登记事项发生变更的,应当办理变更登记。未经登记或者变更登记的,不得对抗第三人。

第三十三条　股东有权查阅、复制公司章程、股东会会议记录、董事会会议决议、监事会会议决议和财务会计报告。

股东可以要求查阅公司会计账簿。股东要求查阅公司会计账簿的,应当向公司提出书面请求,说明目的。公司有合理根据认为股东查阅会计账簿有不正当目的,可能损害公司合法利益的,可以拒绝提供查阅,并应当自股东提出书面请求之日起十五日内书面答复股东并说明理由。公司拒绝提供查阅的,股东可以请求人民法院要求公司提供查阅。

最高人民法院《关于适用〈中华人民共和国公司法〉若干问题的规定(三)》

第二十三条　当事人依法履行出资义务或者依法继受取得股权后,公司未根据公司法第三十一条、第三十二条的规定签发出资证明书、记载于股东名册并办理公司登记机关登记,当事人请求公司履行上述义务的,人民法院应予支持。

《上市公司股权激励管理办法》

第四十四条　股权激励计划经股东大会审议通过后,上市公司应当在60日内授予权益并完成公告、登记;有获授权益条件的,应当在条件成就后60日内授出权益并完成公告、登记。上市公司未能在60日内完成上述工作的,应当及时披露未完成的原因,并宣告终止实施股权激励,自公告之日起3个月内不得再次审议股权激励计划。根据本办法规定上市公司不得授出权益的期间不计算在60日内。

[顾问点评]

——张洪律师*

面对新一轮创业、创新的大潮，面对国内外资本市场的强大吸引力，股权投资风起云涌，员工持股和股权激励也从不断被热议到不断被实践。这其中我们看得到很多被借鉴的经验，同时也看到很多应当吸取的教训。

有些企业为了吸引人才，一开口就以无偿提供一定数额的股权或期权作为条件，而新人来到公司一旦水土不服或者企业遇到困境，无偿获得的股权或期权，只不过是一份或大或小的利益，并不是一份与企业风险共担的投资，无法让所谓的人才与企业同甘共苦。很多人拿了股权，照样走人。

有些企业在投资者的不断追捧下，企业股估值不断攀升。员工虽然以远优于投资者的价格获得了股权，但是毕竟价格不菲。当企业遇到了发展的困境或者估值下挫时，员工就可能出现不稳定的情绪，使企业面临内外交加的矛盾压力。

有些企业千辛万苦终于实现了上市的梦想，参与持股计划的员工可能一夜之间坐拥百万或千万的财富。于是，有的员工就坐等股票解禁，劳动报酬已经不再有任何的吸引力，团队丧失了斗志。股票禁售期之后，公司就面临着潜在的离职潮。

结合自身的情况，企业是否实施员工持股计划，何时实施以及怎样将长效激励和约束结合起来，是值得不断思考的问题。给多少股权，什么时候给，以多少价格给，以什么方式给，都是非常现实的问题。这些都没有任何标准答案，适合的才是最好的。

目前，不少企业尝试通过设立有限合伙企业或其他形式的员工持股平台，让员工分享到公司的股权收益，又避免员工直接持股而导致的员工关系与股权关系的交叉，防止控制权的稀释。通过持股平台，也可以对员工所持股份权益的处置进行一定的隔离和约束。这些方式还需要更多的尝试和思考。

---

* 张洪律师：北京大成律师事务所高级合伙人，获得2009~2011年北京市优秀女律师称号。服务于中国石油、中国联通、鞍钢集团、东航集团、三峡集团、北辰实业、伊利股份等大型企业集团、上市公司，在企业日常及专项法律服务中为涉及劳动管理及人力资源法律风险控制提供咨询和服务。曾为多家公司提供员工持股计划以及股权激励的法律专项服务。

第十七章

巧做企业的“法律斗士”

——劳动争议与合规的处理技巧

2007年是劳动立法的一年，《劳动合同法》、《就业促进法》和《劳动争议调解仲裁法》三大法律相继出台，至今已经10年了。针对劳动人事争议仲裁的办案规则开始公布施行也已经9年了。可以说，这些法律、法规的出台激活了劳动者的法律意识，促使他们纷纷拿起法律武器维护自身权益。劳动争议的数量呈现上升趋势，这就必然对企业HR工作提出了更高的挑战，如何既当好企业的『大管家』，又做好企业的『法律斗士』，这就要求企业HR必须熟练掌握劳动争议处理的技巧，积极应对企业与劳动者产生的劳动纠纷。

第一节 劳动争议的解决途径

根据《劳动法》《劳动争议调解仲裁法》的规定，企业与员工发生劳动争议的，双方可以协商解决；双方不愿意协商、协商不成或者达成和解协议后不履行的，可以向调解组织申请调解；不愿调解、调解不成或者达成调解协议后不履行的，可以向劳动争议仲裁委员会申请仲裁；对仲裁裁决不服的，可以向人民法院提起诉讼。劳动争议仲裁委员会作出生效裁决后，或人民法院作出生效判决后，企业和员工都应当履行，任何一方当事人拒绝履行的，另一方当事人可以向人民法院申请强制执行。

由此可见，企业与员工发生劳动争议的，有以下解决途径：协商、调解、仲裁和诉讼。具体流程如图 17－1 所示。

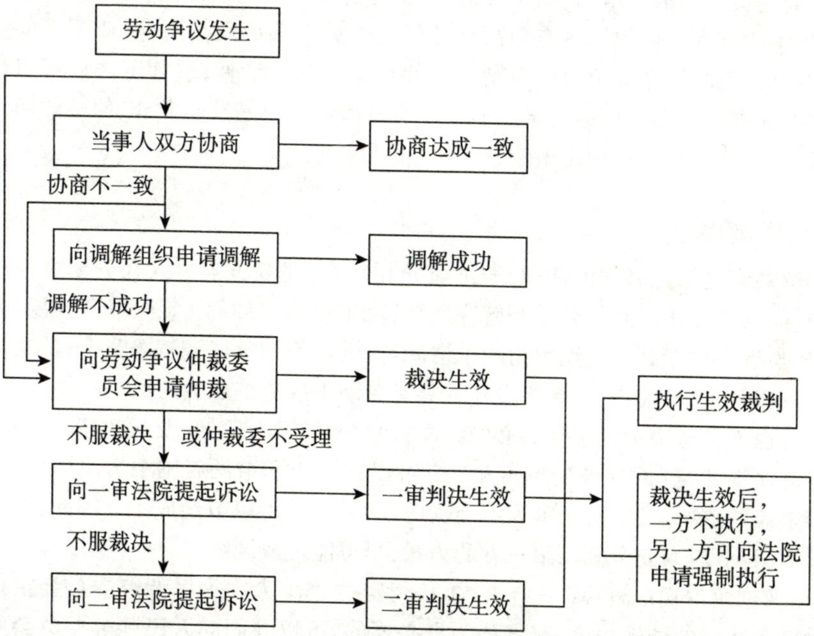

图 17－1 劳动争议处理途径及流程

一、协商解决

万事“以和为贵”，根据《劳动争议调解仲裁法》第 4 条的规定，企业与员工发生劳动争议时可以协商解决。虽然协商不是解决劳动争议的必经程序，但是由于其是最温和、最不伤和气的解决方式，因此当劳动争议发生时，当事人双方通常会首先采取协商解决。笔者也建议企业应积极主动地与员工进行协商，避免激化矛盾，这不仅有利于解决纠纷，也可以节省综合成本。但双方进行协商解决时应注意以下几点：

1. 保证协商过程的公平、平等，尊重员工的真实意思，不可对员工有欺诈、胁迫、诱导行为；

2. 与员工达成一致后要及时签订和解协议，采用书面方式将协商结果予以固定，避免员工事后反悔；

3. 协商结果不得违反法律强制性规定，如不得违反最低工资规定、工作时间、劳动保护等方面的强制性规定，否则即使得到员工的认可，也会因违法而被认定无效；

4. 由于受仲裁时效的限制且事后不好举证，协商不宜久拖，发觉不能通过协商维护自身合法权益时，应当及时寻求其他法律救济途径，如向劳动争议仲裁委员会申请仲裁。

［拨云见日］

企业与员工达成和解后，员工反悔的，企业能否向法院申请强制执行和解协议？

答：不能。和解协议不具有强制性，因此，当员工事后反悔时，企业不得向法院申请强制执行。此时，企业可以向劳动争议仲裁委员会申请仲裁，和解协议可以作为案件审理的证据和参考。但是若员工能够证明该和解协议是其受欺诈、胁迫或诱导签订的，则该和解协议不得作为定案依据。

二、调解解决

调解通常是第三者居间调和，通过疏导和协商，使双方当事人在分清责任的基础上互谅互让，从而使纠纷得到顺利解决。《劳动争议调解仲裁法》第 10 条规定，发生劳动争议，当事人可以到下列调解组织申请调解：企业劳动争议调解委员会；依法设立的基层人民调解组织；在乡镇、街道设立的具有劳动争议调解职能的组织。

调解也不是解决劳动争议的必经程序，但是调解具有简捷、及时的特点，而且不像仲裁和诉讼那般“剑拔弩张”，当事人双方可以在一个和谐的氛围中解决问题，这样更有利于争议的解决。此外，当事人不会受诉讼之累，也可以节约成本。因此，劳动争议发生以后，企业应当充分利用第三方的力量，尽可能促成调解。

《新劳动争议司法解释（一）》第 52 条规定：“当事人在人民调解委员会主持下仅就给付义务达成的调解协议，双方认为有必要的，可以共同向人民调解委员会所在地的基层人民法院申请司法确认。”为了防止当事人反悔，增加诉累，对就给付义务达成的调解协议，企业认为必要的，可与员工向人民调解员会所在地的基层人民法院申请司法确认，经司法确认的调解协议通常具有强制执行力，任何一方不履行调解协议，另一方可以申请法院强制执行。

［拨云见日］

1. 当事人一方不履行调解协议，另一方能否向法院申请强制执行？

答：不可以。同和解协议一样，调解协议也不具有强制性，因此不得申请强制执行。若一方当事人在约定期限内不履行调解协议的，另一方当事人可以依法申请仲裁,调解协议可以作为案件审理的证据和参考。

但是也有例外,《劳动争议调解仲裁法》第 16 条明确规定:若因支付拖欠劳动报酬、工伤医疗费、经济补偿或者赔偿金事项达成调解协议,用人单位在协议约定期限内不履行的,劳动者可以持调解协议书依法向人民法院申请支付令,人民法院应当依法发出支付令。另外,经司法确认的调解协议,当事人也可以申请法院强制执行,上述规定的目的在于提高解决劳动争议的效率,以维护劳动者的权益。

2. 什么是企业劳动争议调解委员会?企业是否必须设立劳动争议调解委员会?

答:企业劳动争议调解委员会是企业内部设立的调解本企业劳动争议的专设组织。企业可根据自身条件自主决定是否建立,法律并不强制要求。但是,由于企业劳动争议调解委员会有助于妥善解决劳动争议,促进企业劳动关系的和谐发展,因此法律倡导有条件的企业建立劳动争议调解委员会。

三、申请仲裁和提起诉讼

劳动争议发生后,经协商或调解无法解决的,当事人可以在法定期限内向有管辖权的劳动争议仲裁委员会提起仲裁。当事人也可以不经协商或调解,直接提起仲裁。除法律规定的劳动争议仲裁委员会作出的裁决为终局裁决的情形外,若当事人对裁决不服或劳动争议仲裁委员会作出不予受理决定的,当事人可以在法定期限内向具有管辖权的人民法院提起诉讼。需要注意的是,劳动仲裁是诉讼的法定前置程序,未经仲裁程序,当事人不得直接提起诉讼。

同调解一样,仲裁和诉讼都是在第三方主持下解决劳动争议,但与调解不同的是,劳动争议仲裁委员会作出的生效裁决和人民法院作出的生效判决都具有法律强制性,当事人必须履行,若不履行的,对方当事人可以向人民法院申请强制执行。

[法条链接]

《中华人民共和国劳动法》

第七十七条　用人单位与劳动者发生劳动争议,当事人可以依法申请调解、仲裁、提起诉讼,也可以协商解决。

……

第七十九条　劳动争议发生后,当事人可以向本单位劳动争议调解委员会申请调解;调解不成,当事人一方要求仲裁的,可以向劳动争议仲裁委员会申请仲裁。当事人一方也可以直接向劳动争议仲裁委员会申请仲裁。对仲裁裁决不服的,可以向人民法院提起诉讼。

《中华人民共和国劳动争议调解仲裁法》

第四条　发生劳动争议,劳动者可以与用人单位协商,也可以请工会或者第三方共同与用人单位协商,达成和解协议。

第五条　发生劳动争议,当事人不愿协商、协商不成或者达成和解协议后不履行的,可以向调解组织申请调解;不愿调解、调解不成或者达成调解协议后不履行的,可以向劳动争议仲裁委员会申请仲裁;对仲裁裁决不服的,除本法另有规定的外,可以向人民法院提起诉讼。

第十条 发生劳动争议,当事人可以到下列调解组织申请调解:

(一)企业劳动争议调解委员会;

(二)依法设立的基层人民调解组织;

(三)在乡镇、街道设立的具有劳动争议调解职能的组织。

企业劳动争议调解委员会由职工代表和企业代表组成。职工代表由工会成员担任或者由全体职工推举产生,企业代表由企业负责人指定。企业劳动争议调解委员会主任由工会成员或者双方推举的人员担任。

第十二条 当事人申请劳动争议调解可以书面申请,也可以口头申请。口头申请的,调解组织应当当场记录申请人基本情况、申请调解的争议事项、理由和时间。

第十三条 调解劳动争议,应当充分听取双方当事人对事实和理由的陈述,耐心疏导,帮助其达成协议。

第十四条 经调解达成协议的,应当制作调解协议书。

调解协议书由双方当事人签名或者盖章,经调解员签名并加盖调解组织印章后生效,对双方当事人具有约束力,当事人应当履行。

自劳动争议调解组织收到调解申请之日起十五日内未达成调解协议的,当事人可以依法申请仲裁。

第十五条 达成调解协议后,一方当事人在协议约定期限内不履行调解协议的,另一方当事人可以依法申请仲裁。

第十六条 因支付拖欠劳动报酬、工伤医疗费、经济补偿或者赔偿金事项达成调解协议,用人单位在协议约定期限内不履行的,劳动者可以持调解协议书依法向人民法院申请支付令。人民法院应当依法发出支付令。

最高人民法院《关于审理劳动争议案件适用法律问题的解释(一)》

第五十二条 当事人在人民调解委员会主持下仅就给付义务达成的调解协议,双方认为有必要的,可以共同向人民调解委员会所在地的基层人民法院申请司法确认。

《企业劳动争议调解委员会组织及工作规则》

(略)

第二节 申请仲裁

一、哪些争议可以申请仲裁

根据《劳动争议调解仲裁法》的规定,劳动争议仲裁委员会仅受理劳动争议案件,对于非劳动争议,当事人应当通过其他途径寻求法律救济,劳动争议仲裁委员会不予受理。

那么,究竟哪些争议属于劳动争议呢?《劳动争议调解仲裁法》第 2 条对此进行了罗列，用人单位与劳动者发生的下列争议属于劳动争议：

1. 因确认劳动关系发生的争议，即当事人双方对于是否存在劳动关系而发生的争议，这种争议多因双方没有订立劳动合同而致。

2. 因订立、履行、变更、解除和终止劳动合同发生的争议。

3. 因除名、辞退和辞职、离职发生的争议，主要表现为因劳动合同解除或终止、因员工辞职、因离职交接及员工违反离职后义务而引发的争议。

4. 因工作时间、休息休假、社会保险、福利、培训以及劳动保护发生的争议。需要说明的是，其中因社会保险发生的纠纷主要是指因员工追索社会保险待遇而引发的争议，如追索医疗费、养老金、失业保险金、工伤待遇而引发的纠纷，不包括因缴纳社会保险费而引发的纠纷。

5. 因劳动报酬、工伤医疗费、经济补偿或者赔偿金等发生的争议。

6. 法律、法规规定的其他劳动争议。

除此之外产生的争议，都不属于劳动争议，不能依据《劳动争议调解仲裁法》申请仲裁。为此，《新劳动争议司法解释（一）》第 2 条对不属于劳动争议的情形又作了明确规定，具有一定的代表性。根据该规定，下列纠纷不属于劳动争议：

1. 劳动者请求社会保险经办机构发放社会保险金的纠纷，这是发生在劳动者与社会保险经办机构之间的纠纷，属于行政法调整范畴，劳动者可以就此申请行政复议或者提起行政诉讼；

2. 劳动者与用人单位因住房制度改革产生的公有住房转让纠纷，这种纠纷不是因为劳动关系而引发，不属于劳动争议；

3. 劳动者对劳动能力鉴定委员会的伤残等级鉴定结论或者对职业病诊断鉴定委员会的职业病诊断鉴定结论的异议纠纷，这是发生在劳动者与劳动能力鉴定委员会之间的纠纷，同第一种情形一样，也是属于行政法的调整范畴，不属于劳动争议；

4. 家庭或者个人与家政服务人员之间的纠纷，家庭或个人与家政服务人员之间只是一般的民事雇佣关系，双方不具备劳动关系，由此产生的纠纷不属于劳动争议；

5. 个体工匠与帮工、学徒之间的纠纷，双方不具备劳动关系，由此产生的纠纷不属于劳动争议；

6. 农村承包经营户与受雇人之间的纠纷，双方不具备劳动关系，由此产生的纠纷不属于劳动争议。

[场景回放]

史某于 2012 年进入某物业公司工作，公司没有与其签订劳动合同，也没有为其缴纳社会保险费。2015 年 1 月底，公司要求与其签订劳动合同，史某对合同文本持有异议，拒绝在合同上签字。HR 表示会向公司反映史某的意见，让史某回去等消息。第二天，史某没有再到公司上班，并于当日向劳动争议仲裁委员会提起仲裁，要求公司：（1）支付解除劳动合同经济补偿金；（2）支付未签订劳动合同的赔偿金；（3）依法补缴各项社会保险费用。

劳动争议仲裁委员会接到史某的申请后，以不属于劳动争议为由不予受理史某要求公司补缴社会保险的请求，仅对史某的第一项、第二项申请请求进行审理。

[律师点评]

对于史某要求公司支付解除劳动合同经济补偿金以及未签订劳动合同赔偿金的请求能否得到支持，在前面相关章节中已作过介绍，就不再赘述，这里主要对劳动争议仲裁委员会对史某要求公司补缴社会保险的请求不予受理的情况进行点评。

根据《劳动争议调解仲裁法》的规定，劳动争议仲裁委员会仅受理劳动争议案件，对于非劳动争议，当事人应当通过其他途径寻求法律救济，劳动争议仲裁委员会不予受理。那么，根据相关法律规定，本案中史某要求公司依法补缴社会保险费，属于因缴纳社会保险费而引发的争议，不同于因追索社会保险待遇而引发的争议，不属于劳动争议的范畴，对于该项申请请求，劳动争议仲裁委员会不予受理是符合法律规定的。

[拨云见日]

1. 因原单位没有依法为其缴纳社会保险费，员工退休后与原单位因追索养老金、医疗费、工伤保险待遇和其他社会保险待遇而发生的纠纷是否属于劳动争议？

答：是。题中所述情形系因追索社会保险待遇而引发的纠纷，属于劳动争议的范畴。《新劳动争议司法解释（一）》第1条第6项也对此作出了明确规定。

2. 员工离职时，企业没有为员工办理档案和社会保险关系转移手续，员工能否提起劳动仲裁要求企业依法办理相关手续？

答：可以。劳动关系解除或终止时，企业和员工之间因办理离职交接手续而引发的争议属于劳动争议，当事人可以申请劳动仲裁。具体包括因工作交接手续办理而引发的争议、因员工档案和社会保险关系转移而引发的纠纷、员工请求单位返还其收取的抵押物、定金而引发的纠纷等。

3. 员工离职后违反保密协议或竞业限制协议的，企业能否向劳动争议仲裁委员会提起仲裁追索违约金或赔偿金？

答：可以。企业与员工之间因履行保密协议或竞业限制而引发的纠纷属于劳动纠纷。如题中所述情形，虽然纠纷发生在劳动关系解除或终止后，但是该纠纷与劳动关系密切相关，因此仍然属于劳动争议的范畴，企业当然可以向劳动争议仲裁委员会提起仲裁追索违约金或赔偿金。

4. 员工因买房向公司借款10万元，后员工迟迟不还，公司能否提起仲裁向员工追索欠款？

答：并非用人单位与劳动者之间的所有纠纷都属于劳动争议，判断某纠纷是否属于劳动争议的一个重要因素便是考查该纠纷是否与劳动关系有关，是否与劳动合同的签订、变更、履行、解除、终止或续订有关。答案为肯定的则属于劳动争议，否则不属于劳动争议。

题中所述的情况仅属于公司与员工之间的一般债权债务纠纷，与劳动合同的履行没有关系，因此不属于劳动争议，公司不能通过劳动仲裁的方式追索欠款，而应当直接向法院提起诉讼。

[律师说法]

劳动争议具有以下两个必备要素：一是争议双方当事人之间存在劳动关系，既可以是劳动合同关系，也可以是事实劳动关系；二是双方之间的纠纷与劳动关系密切相关。判断某纠纷是否属于劳动争议，主要从上述两个方面进行判断，缺失任一要素，该纠纷都不属于劳动争议。

针对员工提起的劳动仲裁，企业应当在应诉前审查该纠纷是否属于劳动争议，对于不属于劳动争议的，可以在答辩期内向劳动争议仲裁委员会提出异议。

[法条链接]

《中华人民共和国劳动争议调解仲裁法》

第二条　中华人民共和国境内的用人单位与劳动者发生的下列劳动争议，适用本法：(略)

最高人民法院《关于审理劳动争议案件适用法律问题的解释(一)》

第一条　劳动者与用人单位之间发生的下列纠纷，属于劳动争议，当事人不服劳动争议仲裁机构作出的裁决，依法提起诉讼的，人民法院应予受理：

(一)劳动者与用人单位在履行劳动合同过程中发生的纠纷；

(二)劳动者与用人单位之间没有订立书面劳动合同，但已形成劳动关系后发生的纠纷；

(三)劳动者与用人单位因劳动关系是否已经解除或者终止，以及应否支付解除或者终止劳动关系经济补偿金发生的纠纷；

(四)劳动者与用人单位解除或者终止劳动关系后，请求用人单位返还其收取的劳动合同定金、保证金、抵押金、抵押物发生的纠纷，或者办理劳动者的人事档案、社会保险关系等移转手续发生的纠纷；

(五)劳动者以用人单位未为其办理社会保险手续，且社会保险经办机构不能补办导致其无法享受社会保险待遇为由，要求用人单位赔偿损失发生的纠纷；

(六)劳动者退休后，与尚未参加社会保险统筹的原用人单位因追索养老金、医疗费、工伤保险待遇和其他社会保险待遇而发生的纠纷；

(七)劳动者因为工伤、职业病，请求用人单位依法给予工伤保险待遇发生的纠纷；

(八)劳动者依据劳动合同法第八十五条规定，要求用人单位支付加付赔偿金发生的纠纷；

(九)因企业自主进行改制发生的纠纷。

第二条　下列纠纷不属于劳动争议：

(一)劳动者请求社会保险经办机构发放社会保险金的纠纷；

(二)劳动者与用人单位因住房制度改革产生的公有住房转让纠纷；

（三）劳动者对劳动能力鉴定委员会的伤残等级鉴定结论或者对职业病诊断鉴定委员会的职业病诊断鉴定结论的异议纠纷；

（四）家庭或者个人与家政服务人员之间的纠纷；

（五）个体工匠与帮工、学徒之间的纠纷；

（六）农村承包经营户与受雇人之间的纠纷。

二、在多长期限内申请仲裁

同提起诉讼一样，申请仲裁同样具有时效的问题，它是对当事人申请劳动仲裁的时间限制，当事人必须在法定期限内向劳动争议仲裁委员会申请仲裁，否则就会丧失仲裁的胜诉权。可见，仲裁时效直接关系到当事人的申请请求能否得到仲裁委员会的支持。

根据原《劳动法》第 82 条的规定，劳动争议仲裁的时效是 60 天，从知道或应当知道自己权益被侵害之日起计算。但是，2008 年 5 月 1 日起开始施行的《劳动争议调解仲裁法》第 27 条对该时效期限进行了调整，将该期限延长至 1 年，也是从当事人知道或应当知道其权利被侵害之日起计算。

（1）劳动关系解除或者终止后产生的支付工资、经济补偿金、福利待遇等争议，劳动者能够证明用人单位承诺支付的时间为解除或者终止劳动关系后的具体日期的，用人单位承诺支付之日为时效的起算点。劳动者不能证明的，解除或者终止劳动关系之日为时效起算点。

例如，乙与公司的劳动关系在 2016 年 4 月 30 日解除，公司承诺最晚将在 5 月 15 日之前向乙支付经济补偿金，则乙请求公司支付经济补偿金的仲裁时效起算点应该是 2016 年 5 月 15 日。但是对于用人单位未签书面劳动合同所应支付的 2 倍工资的时效，应从劳动关系满 1 个月次日开始起算。

（2）因解除或者终止劳动关系产生的争议，用人单位不能证明劳动者收到解除或者终止劳动关系书面通知时间的，劳动者主张权利之日为时效起算点。

例如，公司于 2016 年 6 月 20 日向丙发放解除劳动合同通知书，丙拒收，2016 年 7 月 1 日丙要求公司恢复劳动关系。在这种情况下，就客观事实而言，时效起算点应该是公司书面通知之日即 2016 年 6 月 20 日，但如果丙否认在这天收到书面通知，公司又无法证明的，那么时效起算点就应当是丙主张权利之日即 2016 年 7 月 1 日。

（3）《劳动争议调解仲裁法》规定"劳动关系存续期间因拖欠劳动报酬发生争议的，劳动者申请仲裁不受仲裁时效期间的限制"。

[场景回放]

应届毕业生韩某于 2012 年 5 月进入北京某勘察研究所工作，韩某入职后不久便与研究所签订了劳动合同，合同中约定研究所为韩某解决北京户口，韩某须在研究所服务 5 年。2013 年 2 月 22 日韩某提出辞职，并于 2013 年 3 月 1 日不顾研究所的反对正式离职。由于与韩某一起入职的许多员工与韩某情况相似，为了对其他员工起到警示作用，研究所于2014年4月4日向当地的劳动争议仲裁委员会提起申请，要求韩某支付违约金4万元。

[针锋相对]

仲裁委于2014年4月4日，作出不予受理通知书，研究所不服，提起诉讼。

[审理结果]

法院经审理认为，韩某于2013年2月22日提出离职，并于2013年3月1日正式离职，可以认定双方劳动关系于2013年3月1日解除。劳动争议申请仲裁的时效期间为1年，仲裁时效期间从当事人知道或者应当知道权利被侵害之日起计算，劳动关系续存期间拖欠劳动报酬发生争议的，劳动者不受1年时效期限的限制，但是劳动关系终止的，应当自劳动关系终止之日起1年内提出。本案中，双方劳动关系在2013年3月1日解除，2014年4月4日，研究所申请仲裁要求韩某支付违约金，超过1年仲裁时效，且研究所未能提供证据证明上述时效存在中断、中止情形，故法院不予支持。

[拨云见日]

1. 申某为某公司员工，劳动合同中约定每月5日发放上个月工资。2015年9月5日，公司没有发放2015年8月的工资。申某在2016年10月16日提起仲裁要求公司支付2015年8月的工资。问：申某的申请请求是否过了仲裁时效？

答：没有。2007年12月29日通过的《劳动争议调解仲裁法》第27条第4款明确规定"劳动关系存续期间因拖欠劳动报酬发生争议的，劳动者申请仲裁不受本条第一款规定的仲裁时效期间的限制"，根据该项规定，只要申某与公司的劳动关系存续，申某可以在任何时候提起仲裁，不受仲裁时效的限制。

《劳动争议调解仲裁法》的该项规定非常严格，之前2006年《劳动争议司法解释（二）》第1条第（1）项虽然已经放宽了此类争议对劳动者仲裁时效的限制，但至少劳动者还受时效之限，这在当时就已经引起了轩然大波，导致劳动者追索多年前加班费的案件成批量出现。《劳动争议调解仲裁法》的这项规定在放松对劳动者的时效限制上则走得更远，足以体现立法对劳动者的保护力度，在这样的立法背景下，依法办事才是规避风险的有力措施。

2. 公司克扣陈某2年多的加班费一直没有发放，陈某多次向公司请求支付，直至2016年3月12日双方劳动关系解除时，公司也没有发放。3月17日，陈某再次到公司索要加班费，HR说需要与公司领导商量，过几天再答复。直到5月24日，公司也没有给乙答复，乙再次去公司索要，HR说公司从来没有安排乙加班，因此无须支付加班费。问：若乙提起仲裁要求公司支付加班费，仲裁时效应该从哪天起算？

答：上述问题涉及仲裁时效的中断问题。《劳动争议调解仲裁法》第27条第2款明确规定，在法定情形下仲裁时效中断，仲裁时效期间归零重新计算。导致仲裁时效中断的原因有当事人一方向对方当事人主张权利，或者向有关部门请求权利救济，或者对方当事人同意履行义务。2009 年《劳动人事争议仲裁办案规则》重申了上述仲裁时效的中断事由，并细化了权利主张和权利救济的方式，如一方当事人向对方主张权利的，可以通过协商的方式，也可以通过申请调解的方式；又如，一方当事人请求权利救济，可以是向有关部门投诉，也可以向仲裁委员会申请仲裁；还可以向人民法院起诉或申请支付令等。

(1)仲裁时效因向对方主张权利而中断的，重新计算仲裁时效的起点按如下方法确定：对方当事人置之不理的，从主张权利之日起重新计算；对方当事人明确拒绝的，从对方当事人明确拒绝之日起重新计算；对方当事人承诺履行义务的，从承诺履行义务的日期开始重新计算。

(2)仲裁时效因向有关部门请求权利救济而中断的，仲裁时效从有关部门作出处理或受理决定或明确表示不予处理或受理时起重新计算。

(3)仲裁时效因对方当事人同意履行义务而中断的，仲裁时效从对方当事人承诺履行义务的日期开始重新计算。

如题中所述案例，仲裁时效本来应该从 2016 年 3 月 12 日双方劳动关系解除时起算，但是由于乙事后多次向公司主张权利，因此仲裁时效中断，应该从 5 月 24 日公司明确拒绝支付加班工资时重新起算。

3. 公司于2016 年5 月8 日通知杨某解除劳动合同，若杨某认为公司解除劳动合同违法，欲提起仲裁的，必须在哪一天之前提起？

答：该问题涉及仲裁时效的计算问题。如题所述情形，仲裁时效的起算点应当是 2016 年 5 月 8 日，根据《民法通则》的规定，期限从开始的次日开始计算，因此 1 年的申请时限从 2016 年 5 月 9 日开始计算，根据《劳动争议调解仲裁法》的规定，2016 年 5 月 8 日为仲裁时效届满的最后 1 日，杨某最晚应当在该日提起仲裁。

若申请时效期间的最后 1 天是公休日或法定节假日的，则申请时效期间顺延至节假日之后的第一个工作日届满。

4. 什么是时效中止？在哪些情形下时效中止？

答：仲裁时效中止是指法定中止情形发生时，仲裁时效期间停止计算，待法定情形消失后继续计算。根据《劳动争议调解仲裁法》和《劳动人事争议仲裁办案规则》的规定，法定中止情形主要有：(1)不可抗力，即不能预见、不能预防且不能抗拒的原因，如自然灾害等；(2)其他正当理由，如无民事行为能力或限制民事行为能力劳动者的法定代理人未确定等。

[律师说法]

1. 企业应当严格把握仲裁时效的规定，若需对员工提起劳动仲裁的，应当在仲裁时效之内提起。同时，在应对由员工提起的劳动争议仲裁时，也应当首先对仲裁时效进行审查，看员工的申请请求是否超过时效。

2.《劳动争议调解仲裁法》《劳动人事争议仲裁办案规则》关于时效起算点以及仲裁时效中断、中止的规定，导致仲裁时效可能被无限延长，甚至可能让企业“永世不得安宁”。为了尽量避免这种情况的出现，企业可以从以下几个方面做好应对：

（1）按照法律要求及时以书面形式向员工送达相关通知。因为在很多时候书面通知都对确定仲裁时效起算点有至关重要的作用，如拒付工资的书面通知、终止或解除劳动合同书面通知、岗位调整书面通知、薪酬调整书面通知等。

（2）重视书面通知的送达。书面通知只有送达劳动者才会发生法律效力，才能起到确定仲裁时效起算点的作用。

在实务中，最常用的送达方式是直接送达，即当面将书面通知送达员工并要求员工签收。但是很多情况下员工都拒绝签收，此时，一些企业认为只要通知到员工即可，员工是否签字无所谓，于是便放而任之，不再考虑采用其他方式送达，一旦争议发生，又常常会因为无法证明确实通知了员工而陷入被动。直接送达是最简捷的方式，但是当员工拒签时，则应当采用下列方式送达：

邮寄送达。通过邮政快递或挂号信的方式送达，建议最好采用邮政快递的方式，这样可以在快递单上注明邮寄的内容，以免员工否认。

留置送达。在员工拒收的情况下，直接将书面通知留在员工住处，并由两个以上的第三方见证人签字确认。

公证送达。在送达时由公证员对送达行为予以公证，这样就避免了员工否认送达的不利后果。

公告送达。在通过上述方式都无法送达的情况下，企业可以在媒体上发布公告，自公告之日起满一定期限的即视为送达。需要注意的是，公告送达只有在穷尽所有送达方式仍然不能送达的情况下才能采取，企业不得一开始便采用公告送达的方式。

[法条链接]

《中华人民共和国劳动争议调解仲裁法》

第二十七条　劳动争议申请仲裁的时效期间为一年。仲裁时效期间从当事人知道或者应当知道其权利被侵害之日起计算。

前款规定的仲裁时效，因当事人一方向对方当事人主张权利，或者向有关部门请求权利救济，或者对方当事人同意履行义务而中断。从中断时起，仲裁时效期间重新计算。

因不可抗力或者有其他正当理由，当事人不能在本条第一款规定的仲裁时效期间申请仲裁的，仲裁时效中止。从中止时效的原因消除之日起，仲裁时效期间继续计算。

劳动关系存续期间因拖欠劳动报酬发生争议的，劳动者申请仲裁不受本条第一款规定的仲裁时效期间的限制；但是，劳动关系终止的，应当自劳动关系终止之日起一年内提出。

《劳动人事争议仲裁办案规则》

第十条　在争议申请仲裁的时效期间内，有下列情形之一的，仲裁时效中断；从中断时起，仲裁时效期间重新计算：

（一）一方当事人通过协商、申请调解等方式向对方当事人主张权利的；

（二）一方当事人通过向有关部门投诉，向仲裁委员会申请仲裁，向人民法院起诉或者申请支付令等方式请求权利救济的；

（三）对方当事人同意履行义务的。

第十一条　因不可抗力，或者有无民事行为能力或者限制民事行为能力劳动者的法定代理人未确定等其他正当理由，当事人不能在规定的仲裁时效期间申请仲裁的，仲裁时效中止。从中止时效的原因消除之日起，仲裁时效期间继续计算。

三、应到哪个机构申请仲裁

这涉及仲裁管辖的问题，主要包括一般地域管辖、共同管辖、选择管辖、移送管辖、指定管辖以及管辖异议等内容。

（一）一般地域管辖

根据《劳动争议调解仲裁法》的规定，劳动争议由劳动合同履行地或者用人单位所在地的劳动争议仲裁委员会管辖。那么究竟什么是劳动合同履行地和用人单位所在地，《劳动争议调解仲裁法》没有作出明确规定，《劳动人事争议仲裁办案规则》则作出了进一步的解释，该规则第 12 条规定，劳动合同履行地为劳动者实际工作场所地，这样就克服了原来劳动部规定劳动关系发生地或是工资支付地为劳动合同履行地在实务中不好操作的弊端。该规则还明确了用人单位所在地就是用人单位的注册、登记地。在实际中，如果用人单位的主要办事机构地址与其注册、登记地不一致的，则应以注册、登记地为用人单位所在地；规则同时还规定如果用人单位未经注册、登记的，则应以其出资人、开办单位或主管部门所在地为用人单位所在地。

劳动争议案件受理后，即使劳动合同履行地和用人单位所在地发生了变化，也不再改变争议仲裁的管辖。

（二）共同管辖和选择管辖

依照法律规定，两个以上的劳动争议仲裁委员会对同一案件都有管辖权的，当事人可以选择其中任何一个仲裁委员会申请仲裁。如果两个以上的仲裁委员会都受理了仲裁申请的，则由最先受理的仲裁委员会管辖。

（三）移送管辖

如果仲裁委员会发现已受理的案件不属于自己管辖范围的，应当将案件移送至有管辖权的仲裁委员会，并书面通知当事人。对于移送的案件，受移送的仲裁委员会应依法受理。

（四）指定管辖

受移送的仲裁委员会认为受移送的案件依照规定不属于本仲裁委员会管辖，或仲裁委员会之间因管辖争议协商不成的，应当报请共同的上一级仲裁委员会主管部门指定管辖。

（五）管辖异议

管辖异议，是指仲裁委员会受理劳动争议仲裁申请后，当事人依法提出该仲裁委员会对本案无管辖权的意见或者主张。需要注意的是，当事人提出管辖异议的，应当在答辩期满前提出，而且必须是书面提出。当事人如果逾期提出的，不影响仲裁程序的进行，当事人因此对仲裁裁决不服的，可以向人民法院起诉或者申请撤销。

[场景回放]

2014 年 5 月，许某被某集团公司招聘做市场营销，该集团公司总部位于上海，在集团安排下，许某与该集团设在北京市朝阳区的某子公司签订了劳动合同。2015 年，许某又被集团暂调至位于济南市历下区的山东代表处工作。2016 年 6 月，公司告知许某解除劳动合同，许某认为公司解除劳动合同行为违法，于是计划提起仲裁。问：许某应当向哪个地方的劳动争议仲裁委员会提起仲裁？

[律师点评]

本案中，许某在集团设立在济南市历下区的办事处工作，则劳动合同履行地为济南市历下区，公司注册和登记地在北京市朝阳区，根据《劳动争议调解仲裁法》的规定，许某可以选择向济南市历下区或北京市朝阳区的劳动争议仲裁委员会申请仲裁。

[律师说法]

选对仲裁管辖地非常重要。由于各地在法律规定上存在一定的差异，同时受仲裁资源和地域保护因素的影响，选择合适的劳动争议仲裁委员会有时甚至会影响到案件的成败。因此，企业可以在合同中与员工事先约定对自己有利的仲裁管辖地或者在提起劳动仲裁的情况下尽可能选择对自己有利的仲裁委员会。但这种约定和选择是不能违反法定管辖规定的，即不得突破劳动合同履行地和用人单位所在地的范畴。

[法条链接]

《中华人民共和国劳动争议调解仲裁法》

第二十一条　劳动争议仲裁委员会负责管辖本区域内发生的劳动争议。

劳动争议由劳动合同履行地或者用人单位所在地的劳动争议仲裁委员会管辖。双方当事人分别向劳动合同履行地和用人单位所在地的劳动争议仲裁委员会申请仲裁的，由劳动合同履行地的劳动争议仲裁委员会管辖。

《劳动人事争议仲裁办案规则》

第十二条　劳动合同履行地为劳动者实际工作场所地，用人单位所在地为用人单位注册、登记地。用人单位未经注册、登记的，其出资人、开办单位或主管部门所在地为用人单位所在地。

案件受理后，劳动合同履行地和用人单位所在地发生变化的，不改变争议仲裁的管辖。

多个仲裁委员会都有管辖权的，由先受理的仲裁委员会管辖。

第十三条　仲裁委员会发现已受理案件不属于其管辖范围的，应当移送至有管辖权的仲裁委员会，并书面通知当事人。

对上述移送案件，受移送的仲裁委员会应依法受理。受移送的仲裁委员会认为受移送的案件依照规定不属于本仲裁委员会管辖，或仲裁委员会之间因管辖争议协商不成的，应当报请共同的上一级仲裁委员会主管部门指定管辖。

第十四条　当事人提出管辖异议的，应当在答辩期满前书面提出。当事人逾期提出的，不影响仲裁程序的进行，当事人因此对仲裁裁决不服的，可以依法向人民法院起诉或者申请撤销。

四、如何确定仲裁双方主体

(一) 一般原则

根据《劳动争议调解仲裁法》的规定，发生劳动争议的劳动者和用人单位为劳动争议仲裁案件的双方当事人。

(二) 特殊情形

1. 劳务派遣单位或者用工单位与劳动者发生劳动争议的，劳务派遣单位和用工单位为共同当事人。

2. 发生劳动争议的用人单位被吊销营业执照、责令关闭、撤销以及用人单位决定提前解散、歇业，不能承担相关责任的，依法将该用人单位的出资人、开办单位或者主管部门作为共同当事人。《劳动人事争议仲裁办案规则》这条新的规定，彻底杜绝了有些信誉不良的企业老板，妄图利用有限公司有限责任，恶意损害劳动者合法权益的想法。

3. 用人单位与其他单位合并时，其合并前发生的劳动争议，由合并后的单位为当事人。

4. 用人单位分立成若干单位时，其分立前发生的劳动争议，由分立后的实际用人单位为当事人；分立后，如果对承受劳动权利义务的单位不明确的，分立后的单位均为当事人。

5. 劳动者与个人承包经营者发生劳动争议的，以发包的组织和个人承包经营者作为当事人申请仲裁。

6. 因履行集体合同发生的劳动争议，经协商解决不成的，工会可以依法申请仲裁；用人单位尚未建立工会的，可由上级工会指导劳动者推举产生的代表依法申请仲裁。

[场景回放]

罗某于2008年与某劳务派遣公司(A公司)签订劳动合同，并被A公司派遣至某美资公司工作。罗某与该美资公司签订劳务协议，明确了罗某的工资构成，其中除基本工资、绩效奖金之外，还包括公司每月按月工资18%的标准为罗某发放的养老津贴。自2013年2月起，公司没有如约给罗某发放养老津贴。2016年7月，罗某与美资公司的劳务关系解除，罗某遂以美资公司为被申请人提起仲裁，要求该公司支付自2013年2月起的全部养老津贴共计54, 300元。

[针锋相对]

该美资公司委托律师全程参加了仲裁。庭审中，律师指出，罗某系由A公司派遣至我公司工作，其劳动关系是与A公司建立，罗某与我公司之间不存在劳动关系，罗某以我公司作为被申请人属于主体错误，其要求我公司支付养老津贴的申请请求应当予以驳回。

[审理结果]

经审理，劳动争议仲裁委员会认为罗某的劳动关系系与A公司建立，鉴于罗某本人不愿将A公司作为被申请人，而仅以美资公司为被申请人属于主体错误，最终驳回了罗某的申请请求。

[律师点评]

本案的争议焦点在于罗某能否直接以美资公司为被申请人申请仲裁。根据《劳动争议调解仲裁法》第22条第1款的规定，“发生劳动争议的劳动者和用人单位为劳动争议仲裁案件的双方当事人”，其中提起申请的一方为申请人，对方为被申请人。本案中，A公司、美资公司、罗某三方之间形成劳务派遣关系，美资公司并非用人单位，与罗某之间不存在劳动关系，因此罗某不得直接以美资公司作为被申请人提起申请。

但是，根据《劳动争议调解仲裁法》第22条第2款的规定，“劳务派遣单位或者用工单位与劳动者发生劳动争议的，劳务派遣单位和用工单位为共同当事人”，罗某可以A公司和美资公司为共同被诉人提起申请。

[拨云见日]

1. 甲与某集团公司中A公司签订了劳动合同，但是所承担的工作由集团总部B公司根据需要来安排，甲在承担由集团公司安排的集团下C公司工作任务时因过错导致公司遭受损失，公司想通过劳动仲裁的方式向甲追索赔偿。问：此时A、B、C哪个公司可以作为申请人？

答：劳动争议的双方当事人为存在劳动关系的用人单位与劳动者。本案中，甲的劳动合同与A公司签订，因此A公司为甲的用人单位，甲在C公司工作只是执行工作任务的一种形式。因此，在如题所述的情形下，应以A公司作为申请人。

2. 其他用人单位招用尚未与企业终止或解除劳动合同的员工，给企业造成损失，企业要追索赔偿责任的，应该如何确认被申请人？反之，若员工尚未与其他用人单位终止或解除劳动合同而到企业就职，因此与原用人单位发生劳动争议，对企业的利益造成影响的，企业如何处理？

答：由于用人单位招用尚未与其他用人单位终止或解除劳动合同的员工给其他用人单位造成损失的应当承担连带责任，因此企业可以将聘用尚未与其终止或解除劳动合同员工的其他用人单位同员工一起列为共同被申请人。

针对第二个问题，根据《新劳动争议司法解释(一)》第27条的规定，为了保障自身权益，企业可以向仲裁庭申请作为第三人参与申请。

3. 某公关公司与某运输公司签订业务外包合同，约定运输公司为公关公司提供员工上下班服务。为此，运输公司安排乙常驻公关公司，每天接送公关公司员工上下班。一日，在乙接公关公司员工下班途中发生车祸，导致乙左边肋骨骨折。伤愈后，乙以公关公司为被申请人提起劳动仲裁，要求公关公司承担工伤保险待遇。问：乙将公关公司作为被申请人是否正确？

答：运输公司、公关公司与乙三者之间的关系是运输公司与乙之间存在劳动关系；公关公司与运输公司之间是业务合作关系；乙基于运输公司的安排具体承担公关公司的业务，三者之间的关系就是通常所说的业务外包关系。在这种关系中，公关公司与乙之间并不存在劳动关系，乙到公关公司工作也只是完成运输公司分配的工作任务。因此，在如题中所述情形下，乙不得将公关公司作为被申请人。

[律师说法]

劳动仲裁的专业性较强，从某种意义上而言，劳动仲裁也是一个“技术活”，因此，为了更好地保障企业利益，建议企业委托专业律师或其他劳动法律专业人员代为参与仲裁。企业委托代理人参与仲裁的，委托人数不得超过两人。

[法条链接]

《中华人民共和国劳动争议调解仲裁法》

第二十二条　发生劳动争议的劳动者和用人单位为劳动争议仲裁案件的双方当事人。

劳务派遣单位或者用工单位与劳动者发生劳动争议的，劳务派遣单位和用工单位为共同当事人。

第二十三条　与劳动争议案件的处理结果有利害关系的第三人，可以申请参加仲裁活动或者由劳动争议仲裁委员会通知其参加仲裁活动。

第二十四条　当事人可以委托代理人参加仲裁活动。委托他人参加仲裁活动，应当向劳动争议仲裁委员会提交有委托人签名或者盖章的委托书，委托书应当载明委托事项和权限。

最高人民法院《关于审理劳动争议案件适用法律问题的解释(一)》

第二十六条　用人单位与其它单位合并的，合并前发生的劳动争议，由合并后的单位为当事人；用人单位分立为若干单位的，其分立前发生的劳动争议，由分立后的实际用人单位为当事人。

用人单位分立为若干单位后，具体承受劳动权利义务的单位不明确的，分立后的单位均为当事人。

第二十七条　用人单位招用尚未解除劳动合同的劳动者，原用人单位与劳动者发生的劳动争议，可以列新的用人单位为第三人。

原用人单位以新的用人单位侵权为由提起诉讼的，可以列劳动者为第三人。

原用人单位以新的用人单位和劳动者共同侵权为由提起诉讼的，新的用人单位和劳动者列为共同被告。

第二十八条　劳动者在用人单位与其他平等主体之间的承包经营期间，与发包方和承包方双方或者一方发生劳动争议，依法提起诉讼的，应当将承包方和发包方作为当事人。

第二十九条　劳动者与未办理营业执照、营业执照被吊销或者营业期限届满仍继续经营的用人单位发生争议的，应当将用人单位或者其出资人列为当事人。

第三十条　未办理营业执照、营业执照被吊销或者营业期限届满仍继续经营的用人单位，以挂靠等方式借用他人营业执照经营的，应当将用人单位和营业执照出借方列为当事人。

《劳动人事争议仲裁办案规则》

第五条　因履行集体合同发生的劳动争议，经协商解决不成的，工会可以依法申请仲裁；尚未建立工会的，由上级工会指导劳动者推举产生的代表依法申请仲裁。

第八条　发生争议的用人单位被吊销营业执照、责令关闭、撤销以及用人单位决定提前解散、歇业，不能承担相关责任的，依法将其出资人、开办单位或主管部门作为共同当事人。

第九条　劳动者与个人承包经营者发生争议，依法向仲裁委员会申请仲裁的，应当将发包的组织和个人承包经营者作为当事人。

五、应当如何巧妙申请回避

(一)回避的情形

仲裁员有下列情形之一，应当回避，当事人也有权提出回避申请，但应当说明理由：

1. 是本案当事人或者当事人、代理人的近亲属的。即是本案的申请人、被申请人、共同被申请人、第三人的，或者是上述当事人或其代理人的配偶、父母、子女、(外)祖父母、(外)孙子女、兄弟姐妹的。

2. 与本案有利害关系的。虽然不具备上述身份，但是与案件处理结果具有利害关系，如能获取某种利益或者致使某种利益受损。

3. 与本案当事人、代理人有其他关系，可能影响公正裁决的。指与本案当事人、代理人存在比较密切的社交关系，如老同学、老战友、老同事、好朋友等；或具有其他恩怨关系，如仍记恨在心的仇人等。

4. 私自会见当事人、代理人，或者接受当事人、代理人的请客送礼的。

上述四种情形的存在，基于感情或利益因素，都可能会影响案件的公正审理。为了保证案件的公正审理，当事人有权提出回避申请。

(二)回避的对象

除了仲裁员具备以上情形，当事人有权提出回避申请外，书记员、鉴定人、勘验人，以及翻译人员具备以上情形的，当事人也有权提出回避申请。

(三)申请的方式

当事人提出回避申请的，既可以采用口头方式，也可以采用书面方式。

(四)申请的时机

当事人提出回避申请的,应当在案件开始审理时提出;如果回避的事由是在案件开始审理后知道的,最迟也必须在庭审辩论终结前提出。一般来说,庭审辩论终结后不能再提出回避申请,即使当事人提出的,也不影响仲裁程序的进行。如果当事人因此对仲裁裁决不服的,只能通过其他法律途径进行救济,如依法向人民法院起诉或者申请撤销仲裁裁决。

[律师说法]

在实务中,在开庭审理之初,仲裁庭会宣布仲裁庭的人员组成情况,并询问当事人是否申请回避,若确有需要的,回避申请一般在此时直接向仲裁庭提出,也可以在开庭审理的过程中、辩论结束前提出,辩论结束后便不得再提出回避申请。

当事人提出回避申请时应当提交相关证据证明被申请回避的仲裁员具备回避事由。劳动争议仲裁委员会收到申请后应及时进行审查并作出决定,以口头或书面方式通知当事人。被申请回避的仲裁员在仲裁委员会作出是否回避的决定前,应当暂停参与本案的处理,但因案件需要采取紧急措施的除外。仲裁员是否回避,由仲裁委员会主任或者其授权的办事机构负责人决定。仲裁委员会主任担任案件仲裁员是否回避,由仲裁委员会决定。

[法条链接]

《中华人民共和国劳动争议调解仲裁法》

第三十三条　仲裁员有下列情形之一,应当回避,当事人也有权以口头或者书面方式提出回避申请:(略)

《劳动人事争议仲裁办案规则》

第十五条　当事人提出回避申请,应当说明理由,在案件开始审理时提出;回避事由在案件开始审理后知道的,也可以在庭审辩论终结前提出;当事人在庭审辩论终结后提出的,不影响仲裁程序的进行,当事人因此对仲裁裁决不服的,可以依法向人民法院起诉或者申请撤销。

被申请回避的人员在仲裁委员会作出是否回避的决定前,应当暂停参与本案的处理,但因案件需要采取紧急措施的除外。

第十六条　仲裁员是否回避,由仲裁委员会主任或其授权的办事机构负责人决定。仲裁委员会主任担任案件仲裁员是否回避,由仲裁委员会决定。

六、仲裁应遵循怎样的程序

(一)提出申请

1. 当事人应当在法定仲裁时效内,向有管辖权的劳动争议仲裁委员会提起仲裁申请。

2. 原则上应当提交书面仲裁申请,并按照被申请人人数提交副本。书写仲裁申请确有困难的，可以口头申请，由仲裁委员会记入笔录，经申请人签名或盖章确认。企业提起仲裁的，一般都应当提交仲裁申请。

3. 仲裁申请应当载明申请人与被申请人的自然情况（包括企业的名称、住所、通信地址、联系电话和法定代表人或者主要负责人的姓名、职务，员工的姓名、性别、年龄、职业、工作单位、住所、通讯地址、联系电话），仲裁请求和所根据的事实、理由，证据和证据来源、证人姓名和住所。实务中，一般在举证阶段才提交证据，在申请时也可以先不提交证据或只提交劳动合同等基本证据，当然若仲裁委员会有特殊要求的则另当别论。

4. 除仲裁申请书外，企业提起劳动仲裁时还应提交如下材料：企业营业执照复印件、企业法人代表身份证明、委托他人（包括企业的员工）代为提起仲裁的委托书，被委托人不是律师的，还应提交被委托人的身份证复印件。

5. 自2008年5月1日起，劳动争议仲裁不再收取费用。

（二）受理

劳动争议仲裁委员会对符合下列条件的仲裁申请应当予以受理，并在收到仲裁申请之日起5日内向申请人出具《受理通知书》：一是争议属于劳动争议的；二是有明确的仲裁请求和事实理由的；三是在申请仲裁的法定时效期间内的；四是属于本仲裁委员会管辖范围的。对于不符合前三项条件之一的仲裁申请，仲裁委员会应当在收到申请之日起5日内向申请人出具《不予受理通知书》；对于不符合第四项条件的仲裁申请，仲裁委员会应当在收到申请之日起5日内向申请人作出书面说明并告知申请人向有管辖权的仲裁委员会申请仲裁。实务中，从便捷原则出发，很多仲裁委员会在当事人提起仲裁申请的当时就决定是否受理案件。

对仲裁委员会决定不予受理的，当事人可以就该争议事项直接向人民法院提起诉讼。对仲裁委员会在接到仲裁申请后5日内没有作出决定或未给予任何答复的，当事人也可以就该争议事项向人民法院提起诉讼。

（三）送达申请书副本

劳动争议仲裁委员会受理仲裁申请后，应当在5日内将仲裁申请书副本送达被申请人。

（四）进行答辩

被申请人收到仲裁申请书副本后，应当在10日内向劳动争议仲裁委员会提交答辩书。仲裁委员会收到答辩书后，应当在5日内将答辩书副本送达申请人。被申请人逾期未提交答辩书的，不影响仲裁程序的进行。由此可见，在答辩期内提交答辩意见并非强制性义务，被申请人可以提交也可以不提交，但若对管辖有异议的，则应在答辩期内向仲裁委员会提出书面意见。

（五）提出反申请

被申请人可以在答辩期内提出反申请，这是《劳动人事争议仲裁办案规则》赋予被申请人的一项新的权利，但要求被申请人必须在答辩期内提出，如果是在答辩期满后提出的，则应当另案处理。当然，反申请是否受理，还是应当由劳动争议仲裁委员会经审查后决定，审查的时限也是5日。如果该反申请是应当另行申请仲裁的争议，仲裁委员会应当书面告知被申请人另行申请仲裁；如果该反申请是不属于劳动争议仲裁委员会应当受理的劳动争议，仲裁委员会则应当向被申请人出具《不予受理通知书》。如果仲裁委员会对该反申请决定受理的，则可以将反申请和申请合并处理。

（六）提交证据

当事人双方应在劳动争议仲裁委员会指定的期限内提交有关证据，在指定期限内不提供的，应当承担不利后果。对于当事人逾期提交的证据，仲裁委员会原则上不组织质证，但对方当事人同意质证的除外。因此，为了支持自己的主张，当事人应当注意在指定期限内备齐证据并全部提交。

如果当事人在指定期限内提交证据确实存在困难的，则应当在指定期限内向仲裁委员会申请延期举证，仲裁委员会准许的，当事人可以在延长的期限内提交证据。如果在延长的期限内提交证据仍有困难，当事人可以再次提出延期申请，是否准许，由仲裁委员会决定。这是当事人因自身原因不能在指定期限内提交证据在实务中的处理方式。还有一种情况就是，如果不能在指定期限内提交证据是因为客观原因，如证据属于国家有关部门保存的档案材料，当事人又该如何处理呢？这时，当事人可以申请仲裁委员会调查收集这些证据，但申请也有时间限制，那就是不得迟于指定期限届满前7日。

在实务中，也存在仲裁委员会不要求当事人在指定期限事先提交证据，而是待开庭时当庭提交的情形。在这种情况下，当事人则可以按照仲裁委员会的要求进行办理。

（七）庭前准备

劳动争议仲裁委员会应当在受理仲裁申请之日起5日内组成仲裁庭（对于权利义务明确、事实清楚的简单争议案件或经双方当事人同意的其他争议案件，仲裁委员会也可指定一名仲裁员独任处理）并将仲裁庭的组成情况书面通知当事人；在开庭5日前，将开庭时间、地点书面通知双方当事人。当事人有正当理由的，可以在开庭3日前书面请求延期开庭。是否延期，由仲裁委员会决定。

（八）开庭和裁决

开庭是劳动仲裁的中心环节，是仲裁员查明事实的关键阶段。庭审过程的一般程序为仲裁员宣布庭审纪律以及仲裁庭组成并询问当事人是否申请回避—核实当事人身份—申请人提出仲裁请求并阐明事实和理由—被申请人答辩—庭审调查（仲裁员调查核实相关情况）—举证质证（当事人提出证据并对对方提交的证据予以质证）—辩论（当事人双方在仲裁庭的主持下对争议焦点问题进行辩论，阐明自己观点，反驳对方观点）—最后陈述（当事人重申自己的观点）—调解（仲裁庭对双方的劳动争议进行调解，调解成功的，制作调解书，由仲裁员签名并加盖劳动争议仲裁委员会印章，经当事人双方签收后生效）—当事人在庭审笔录上签字—裁决（经调解当事人未达成一致的，仲裁庭应及时作出裁决）。

在开庭审理的过程中，企业应当注意以下几个方面的问题：

1. 收到开庭通知后，应当准时出庭，有正当理由确实不能到庭的应当在开庭3天前请求延期开庭。否则,无正当理由拒不到庭的,若企业为申请人,则视为撤回仲裁申请;若企业为被申请人,仲裁庭则可以缺席裁决。

2. 参加庭审时,应当遵守庭审纪律,不得因冲动而未经仲裁庭许可便中途退庭,否则,将产生与上述拒不出庭一样的后果。

3. 庭审中的陈述可能作为定案依据,企业及其代理人在庭审中应当谨慎发言,不说与争议无关的话,以免言多必失。

4. 庭审笔录是对开庭情况的书面记录,也是定案的重要依据,因此企业及其代理人应当对庭审笔录进行认真审查核对,若认为对自己陈述的记录有遗漏或者有差错的,有权申请补正。

5. 调解是审理劳动争议案件的强制性程序,无论是在劳动仲裁过程中,还是在诉讼过程中,都必须先进行调解,调解不成的再作出裁决。

调解书送达前,企业认为不当的,仍然可以反悔,仲裁庭应当及时作出裁决;但是调解书一经签收后便具有法律效力,应当履行。若员工拒不履行调解书的,企业可以申请强制执行。这与调解协议是不一样的,应当予以注意。

6. 劳动仲裁的审理时限是 45 天,自劳动争议仲裁委员会受理仲裁申请之日起计算,若案情复杂需要延长的,经仲裁委员会主任批准,可以延长最多不超过 15 日,并且需要书面通知当事人。规定审理时限目的在于提高办案效率,加速劳动争议解决进程,如果仲裁庭逾期没有作出裁决的,企业可以就该劳动争议事项向人民法院提起诉讼。

7. 对于追索劳动报酬、工伤医疗费、经济补偿或者赔偿金的案件,符合下列条件的,根据劳动者的申请,仲裁庭可以裁决先予执行,移送人民法院执行:(1)当事人之间权利义务关系明确;(2)不先予执行将严重影响劳动者的生活。若企业对于先予执行的裁决有异议的,可以向仲裁委员会提起复议,但是复议期间不得停止执行。由此可见,这项规定对于企业而言是非常不利的,在这种情形下,仲裁庭直接将先予执行裁决移送人民法院执行,企业对此一般无招架之力。若先予执行确实有误的,也只能等到劳动者败诉后再向劳动者索赔。

[法条链接]

《中华人民共和国劳动争议调解仲裁法》(略)

《劳动人事争议仲裁办案规则》(略)

七、哪些情况下为终局裁决

一般情况下,劳动争议案件实行"一裁两审"制,即当事人对仲裁裁决不服的,还可以向人民法院提起诉讼。如果当事人在法定期限内没有向人民法院提起诉讼,仲裁裁决便发生法律效力。

但是,《劳动争议调解仲裁法》对我国长期以来的"一裁两审"作出了突破性的规定,该法第 47 条规定,对下列劳动争议作出的仲裁裁决为终局裁决,自作出之日起发生法律效力：

1. 追索劳动报酬、工伤医疗费、经济补偿或者赔偿金，不超过当地月最低工资标准12个月金额的争议。这类争议一般标的额较小，实行“一裁终局”能够大大缩短案件审理期限，对于员工和企业双方而言都节省了诉讼成本。

2. 因执行国家的劳动标准在工作时间、休息休假、社会保险等方面发生的争议。如工作时间超过法定标准而引发的纠纷、企业不执行休假制度而引起的纠纷等。这类纠纷一般都有明确的国家标准，而且事实比较简单，实行“一裁终局”足以解决纠纷。

需要特别注意的是，以上所说的“一裁终局”只是针对用人单位而言，劳动者对仲裁裁决不服的，仍然可以在收到仲裁裁决之日起15日内向人民法院提起诉讼。

而且，这种对用人单位的“一裁终局”也不是完全绝对的，如果用人单位有证据证明仲裁裁决有下列情形之一，可以自收到仲裁裁决书之日起30日内向劳动争议仲裁委员会所在地的中级人民法院申请撤销裁决：

（1）适用法律法规确有错误的；

（2）劳动争议仲裁委员会无管辖权的；

（3）违反法定程序的；

（4）裁决所根据的证据是伪造的；

（5）对方当事人隐瞒了足以影响公正裁决的证据的；

（6）仲裁员在仲裁该案时有索贿受贿、徇私舞弊、枉法裁决行为的。

[场景回放]

薛某自2016年4月从学校毕业后便进入深圳某礼品公司工作，劳动合同中约定了为期3个月的试用期，即从2016年4月21日至7月20日，试用期工资为1800元/月。2016年7月9日，公司突然通知薛某从明天起不用再来上班，原因是公司领导觉得其不合适。薛某不服，于是向劳动争议仲裁委员会提起仲裁，要求公司支付违法解除劳动合同赔偿金共计1800元。经审理，劳动争议仲裁委会员裁决支持了薛某的申请请求。公司不服遂向基层人民法院提起诉讼，法院以仲裁裁决为终局裁决为由作出不予受理的决定。

[律师点评]

上述案例中争议标的额一共1800元，低于深圳市最低工资标准12个月金额，属于“一裁终局”的第一种情形，劳动争议仲裁委员会作出的仲裁裁决对于用人单位而言为终局裁决，公司不得再向人民法院提起诉讼。如果仲裁裁决公司只需向薛某支付经济补偿金900元，薛某对该仲裁裁决不服的，仍可以在收到仲裁裁决之日起15日内向人民法院提起诉讼。

综上所述，劳动仲裁流程如图17－2所示。

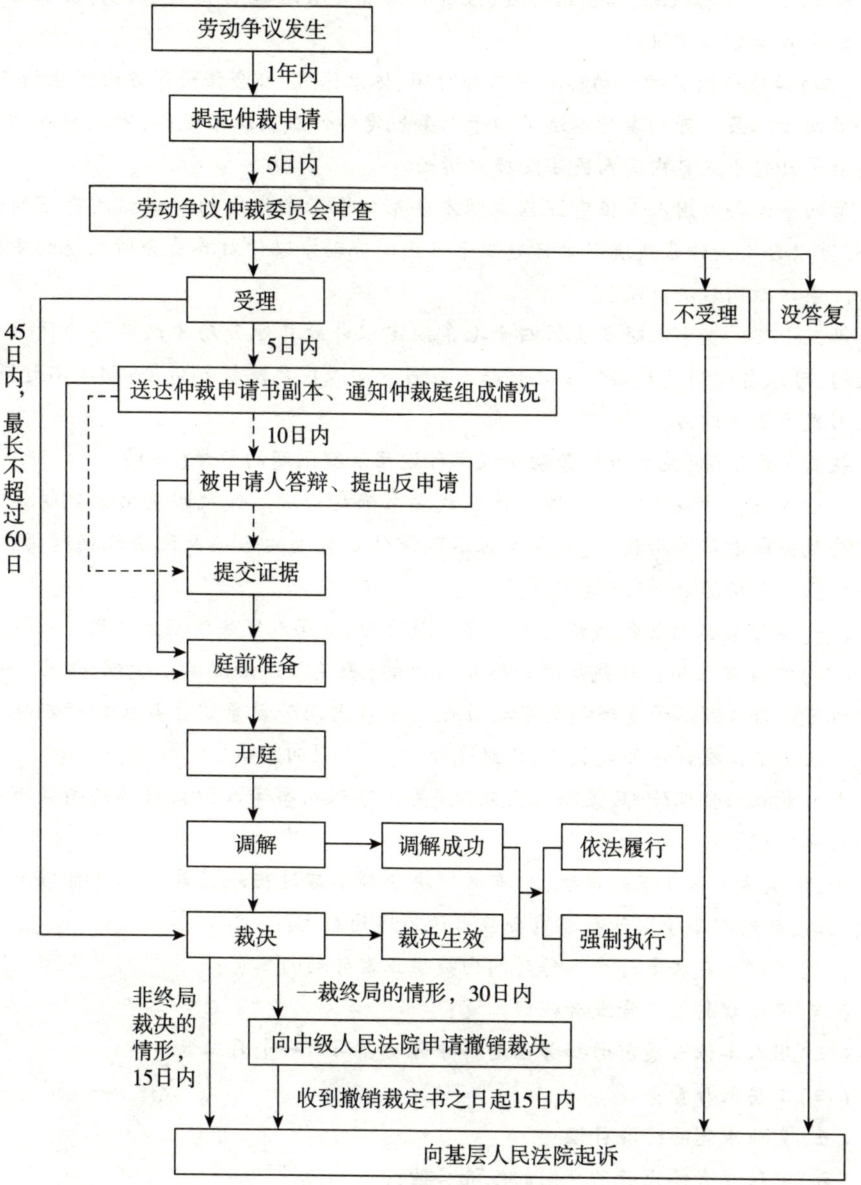

图 17－2　劳动仲裁流程

[法条链接]

《中华人民共和国劳动争议调解仲裁法》

第四十七条　下列劳动争议，除本法另有规定的外，仲裁裁决为终局裁决，裁决书自作出之日起发生法律效力：

(一)追索劳动报酬、工伤医疗费、经济补偿或者赔偿金,不超过当地月最低工资标准十二个月金额的争议;

(二)因执行国家的劳动标准在工作时间、休息休假、社会保险等方面发生的争议。

第四十八条　劳动者对本法第四十七条规定的仲裁裁决不服的,可以自收到仲裁裁决书之日起十五日内向人民法院提起诉讼。

第四十九条　用人单位有证据证明本法第四十七条规定的仲裁裁决有下列情形之一,可以自收到仲裁裁决书之日起三十日内向劳动争议仲裁委员会所在地的中级人民法院申请撤销裁决:(略)

第五十条　当事人对本法第四十七条规定以外的其他劳动争议案件的仲裁裁决不服的,可以自收到仲裁裁决书之日起十五日内向人民法院提起诉讼;期满不起诉的,裁决书发生法律效力。

最高人民法院《关于审理劳动争议案件适用法律问题的解释(一)》

第十八条　仲裁裁决的类型以仲裁裁决书确定为准。仲裁裁决书未载明该裁决为终局裁决或者非终局裁决,用人单位不服该仲裁裁决向基层人民法院提起诉讼的,应当按照以下情形分别处理:

(一)经审查认为该仲裁裁决为非终局裁决的,基层人民法院应予受理;

(二)经审查认为该仲裁裁决为终局裁决的,基层人民法院不予受理,但应告知用人单位可以自收到不予受理裁定书之日起三十日内向劳动争议仲裁机构所在地的中级人民法院申请撤销该仲裁裁决;已经受理的,裁定驳回起诉。

人力资源社会保障部、最高人民法院《关于劳动人事争议仲裁与诉讼衔接有关问题的意见(一)》

十、仲裁裁决涉及下列事项,对单项裁决金额不超过当地月最低工资标准十二个月金额的,劳动人事争议仲裁委员会应当适用终局裁决:

(一)劳动者在法定标准工作时间内提供正常劳动的工资;

(二)停工留薪期工资或者病假工资;

(三)用人单位未提前通知劳动者解除劳动合同的一个月工资;

(四)工伤医疗费;

(五)竞业限制的经济补偿;

(六)解除或者终止劳动合同的经济补偿;

(七)《中华人民共和国劳动合同法》第八十二条规定的第二倍工资;

(八)违法约定试用期的赔偿金;

(九)违法解除或者终止劳动合同的赔偿金;

(十)其他劳动报酬、经济补偿或者赔偿金。

十一、裁决事项涉及确认劳动关系的,劳动人事争议仲裁委员会就同一案件应当作出非终局裁决。

八、终局裁决以什么为确定标准

《新劳动争议司法解释(一)》第 18 条明确了仲裁裁决的类型以仲裁裁决书确定为准。

若仲裁裁决书未载明该裁决为终局裁决或非终局裁决的,当事人不服该仲裁裁决,仍然可以向基层人民法院提起诉讼,由人民法院按照以下情形处理:

(1)经审查认为该仲裁裁决为非终局裁决的,基层人民法院予以受理;

(2)经审查认为该仲裁裁决为终局裁决的,基层人民法院不予受理,但告知企业可以自收到不予受理裁定书之日起 30 日内向劳动人事争议仲裁委员会所在地的中级人民法院申请撤销该仲裁裁决;已经受理的,裁定驳回起诉。

[律师说法]

相较于之前的法律和法规,《新劳动争议司法解释(一)》明确了终局裁决类型的确定标准,即以仲裁裁决书为准。例如,企业与其员工就某些事宜存在纠纷,员工认为系终局裁决事项,而企业认为系非终局裁决的事项,审理纠纷的仲裁机构亦未在仲裁裁决书中写明,在这种情况下,企业仍可以向基层人民法院起诉,进入诉讼程序,从而赢得时间和胜诉的机会。

第三节　提起诉讼

除了“一裁终局”的情形外,当事人对劳动争议仲裁委员会作出的裁决不服的,可以在法定期限内向人民法院提起诉讼。诉讼的规定及注意事项同劳动仲裁大致相同,本节仅对诉讼中的特殊规定和重点内容作出说明。

一、在多长期间内提起诉讼

当事人对劳动争议仲裁委员会作出的仲裁裁决不服提起诉讼的,也受诉讼时效的限制,当事人应当在法定期限向具有管辖权的人民法院提起诉讼,逾期未提起诉讼的,仲裁裁决发生法律效力。对此,《劳动争议调解仲裁法》第 50 条明确规定,当事人对仲裁裁决不服的,应当自收到仲裁裁决之日起 15 日内向人民法院提起诉讼。

对劳动争议诉讼时效的计算适用《民法典》《民事诉讼法》及其他法律有关期间计算规则的规定,具体包括如下三点:

1. 诉讼时效从当事人收到仲裁裁决次日起开始计算。

2. 诉讼时效届满的最后一日是节假日的(包括周六、周日和其他法定节假日),以节假日后的第一日为期间届满的日期。如诉讼时效届满的最后一日为 2008 年 10 月 18 日,由于这一天是周六,因此诉讼时效延至双休日之后的第一个工作日,即 10

月20日。

3. 诉讼时效期间不包括在途时间，诉讼文书在期满前交邮的，不算过期。

［场景回放］

A公司与员工李某发生劳动争议，2016年4月25日李某向劳动争议仲裁委员会提起仲裁申请。经审理，仲裁委员会于2016年7月1日作出裁决并通知A公司在3天之内领取仲裁裁决。A公司于7月2日领取了仲裁裁决，但对仲裁裁决不服，于是派公司HR在7月17日下午到法院提起诉讼，由于缺少法人代表身份证明法院不予受理。等公司HR赶回公司取到证明再次回到法院时，法院已经下班。法院旁边正好有一个邮局仍然在营业，HR眼前一亮赶紧到邮局，赶在邮局下班前将起诉书及起诉的其他相关材料邮寄给法院。法院在第二天即7月18日收到了该份起诉材料。问：公司起诉是否超出了诉讼时效？

［律师点评］

本案中，A公司在2016年7月2日领取了仲裁裁决，因此诉讼时效从7月3日开始计算，至7月17日为时效届满最后一天。虽然法院是在7月18日才收到公司的起诉材料，但是该起诉材料已于7月17日寄出，尚在时效届满前，因此A公司的起诉未超过诉讼时效。

［法条链接］

《中华人民共和国劳动争议调解仲裁法》

第五十条　当事人对本法第四十七条规定以外的其他劳动争议案件的仲裁裁决不服的，可以自收到仲裁裁决书之日起十五日内向人民法院提起诉讼；期满不起诉的，裁决书发生法律效力。

《中华人民共和国民事诉讼法》

第八十五条　期间包括法定期间和人民法院指定的期间。

期间以时、日、月、年计算。期间开始的时和日，不计算在期间内。

期间届满的最后一日是节假日的，以节假日后的第一日为期间届满的日期。

期间不包括在途时间，诉讼文书在期满前交邮的，不算过期。

二、应向哪个法院提起诉讼

《新劳动争议司法解释（一）》第3条对劳动争议案件的管辖法院作出了明确规定，“劳动争议案件由用人单位所在地或者劳动合同履行地的基层人民法院管辖”，这与劳动争议仲裁管辖的规定是一致的。

在实务中，劳动争议仲裁委员会作出的仲裁裁决末尾一般都会记载“若当事人不服裁决可以向某某法院提起诉讼”的相关内容，因此，当事人只需按照裁决书的指示确定管辖法院即可。

[法条链接]

最高人民法院《关于审理劳动争议案件适用法律问题的解释(一)》

第三条　劳动争议案件由用人单位所在地或者劳动合同履行地的基层人民法院管辖。

劳动合同履行地不明确的，由用人单位所在地的基层人民法院管辖。

法律另有规定的，依照其规定。

三、应当如何确定诉讼请求

对于劳动争议案件而言，仲裁是必经程序，除法律另有规定外，未经仲裁的不得直接向人民法院提起诉讼。因此，当事人向人民法院提起诉讼确定诉讼请求时，必须明确其请求业已经过仲裁，没有经过仲裁的请求，应当先申请仲裁，再提起诉讼。

若当事人起诉，原因是劳动人事争议仲裁委员会认为对劳动争议案件无管辖权而不予受理的，人民法院一般有以下两种处理方式：

(1)经审查认为该劳动人事争议仲裁委员会对案件确无管辖权的，告知当事人向有管辖权的劳动人事争议仲裁委员会申请仲裁；

(2)经审查认为该劳动人事争议仲裁委员会有管辖权的，告知当事人申请仲裁，并将审查意见书面通知该劳动人事争议仲裁委员会，劳动人事争议仲裁委员会仍不受理，当事人就该劳动争议事项提起诉讼的，予以受理。

如果当事人在提起诉讼后增加诉讼请求的，除非该诉讼请求与讼争的劳动争议具有不可分性，才应当合并审理；如属独立的劳动争议，应当先申请仲裁。

[场景回放]

秦某于2015年4月17日进入某实业发展有限公司工作，公司与其没有签订劳动合同，口头约定了3个月的试用期，并约定试用期满后为秦某缴纳各项社会保险费。2015年7月18日，公司通知秦某次日起不用来上班了，原因是其试用期不能胜任工作。秦某认为公司解除劳动合同行为违法，遂向劳动争议仲裁委员会提起仲裁，要求公司支付解除劳动合同经济补偿金。公司辩称与秦某之间不存在劳动关系。仲裁委员会经审理驳回了秦某的仲裁申请。

[针锋相对]

秦某不服，遂向法院提起诉讼，要求：(1)确认秦某与公司之间在2015年4月17

日至7月18日具有劳动关系；(2)公司支付解除劳动合同经济补偿金6000元；(3)公司支付加班工资1463元。

公司辩称，秦某所提出的第(1)项和第(3)项诉讼请求未经过仲裁程序，应该予以驳回，此外，公司与秦某之间不具有劳动关系，无须向其支付解除劳动合同经济补偿金。

[审理结果]

经审理，法院判决：(1)秦某与公司之间在2015年4月17日至7月18日具有劳动关系，双方劳动关系于2015年7月19日解除；(2)公司向秦某支付解除劳动合同经济补偿金6000元；(3)秦某要求公司支付加班工资的诉讼请求未经仲裁，予以驳回。

[律师点评]

虽然仲裁是诉讼的法定前置程序，但是根据《新劳动争议司法解释(一)》第14条的规定，若当事人增加的诉讼请求与讼争的劳动争议具有不可分性，应当合并审理。在本案中，秦某在诉讼阶段增加了两项诉讼请求：一是要求确认其与公司之间存在劳动关系；二是要求公司支付加班工资。其中，第一项请求直接与公司是否应当支付解除劳动合同经济补偿金紧密相关，因此，根据《新劳动争议司法解释(一)》第14条的规定，应当与有关经济补偿金的争议合并审理。而对于秦某要求支付加班工资的请求，由于加班工资与经济补偿金属于两个相互独立的法律关系，且未经仲裁，则不能与本案合并审理。秦某应当就加班工资的请求另行向劳动争议仲裁委员会申请仲裁。

[拨云见日]

1. 员工甲提起仲裁，要求公司支付拖欠工资及加班费，并且支付解除劳动合同经济补偿金，仲裁裁决公司向甲支付拖欠工资，驳回了甲要求公司支付加班费及经济偿金的请求。若甲向法院起诉的，是否还需要将已得到仲裁支持的要求公司支付拖欠工资的请求列为诉讼请求？

答：需要。根据《新劳动争议司法解释(一)》第16条的规定，当事人对仲裁裁决中的部分事项不服，依法向人民法院起诉的，裁决整体都不发生法律效力。因此，如题中所述情形，只要甲向法院起诉，仲裁裁决就不发生法律效力，其中关于公司向甲支付拖欠工资的裁决也就等于一纸空文。因此，甲提起诉讼时，应当将仲裁时的全部请求都列为诉讼请求，若其没有请求公司支付拖欠工资，法院不会对此作出审理，同时又由于裁决未发生效力，使甲的该项权利得不到保障。

2. 劳动者以用人单位的工资欠条为证据，在未经仲裁的情况下直接向人民法院起诉，诉讼请求不涉及劳动关系其他争议的，法院是否应该受理？

答:对于该问题,《新劳动争议司法解释(一)》第15条作出了明确规定:劳动者以用人单位的工资欠条为证据直接向人民法院起诉,诉讼请求不涉及劳动关系其他争议的,视为拖欠劳动报酬争议,按照普通民事纠纷受理。

[法条链接]

最高人民法院《关于审理劳动争议案件适用法律问题的解释(一)》

第三条　劳动争议案件由用人单位所在地或者劳动合同履行地的基层人民法院管辖。

劳动合同履行地不明确的,由用人单位所在地的基层人民法院管辖。

法律另有规定的,依照其规定。

第四条　劳动者与用人单位均不服劳动争议仲裁机构的同一裁决,向同一人民法院起诉的,人民法院应当并案审理,双方当事人互为原告和被告,对双方的诉讼请求,人民法院应当一并作出裁决。在诉讼过程中,一方当事人撤诉的,人民法院应当根据另一方当事人的诉讼请求继续审理。双方当事人就同一仲裁裁决分别向有管辖权的人民法院起诉的,后受理的人民法院应当将案件移送给先受理的人民法院。

第五条　劳动争议仲裁机构以无管辖权为由对劳动争议案件不予受理,当事人提起诉讼的,人民法院按照以下情形分别处理:

(一)经审查认为该劳动争议仲裁机构对案件确无管辖权的,应当告知当事人向有管辖权的劳动争议仲裁机构申请仲裁;

(二)经审查认为该劳动争议仲裁机构有管辖权的,应当告知当事人申请仲裁,并将审查意见书面通知该劳动争议仲裁机构;劳动争议仲裁机构仍不受理,当事人就该劳动争议事项提起诉讼的,人民法院应予受理。

第十四条　人民法院受理劳动争议案件后,当事人增加诉讼请求的,如该诉讼请求与讼争的劳动争议具有不可分性,应当合并审理;如属独立的劳动争议,应当告知当事人向劳动争议仲裁机构申请仲裁。

第十五条　劳动者以用人单位的工资欠条为证据直接提起诉讼,诉讼请求不涉及劳动关系其他争议的,视为拖欠劳动报酬争议,人民法院按照普通民事纠纷受理。

第十六条　劳动争议仲裁机构作出仲裁裁决后,当事人对裁决中的部分事项不服,依法提起诉讼的,劳动争议仲裁裁决不发生法律效力。

四、诉讼应遵循怎样的程序

根据《民事诉讼法》的规定,劳动争议诉讼的流程与劳动仲裁流程大同小异,一般分为如下几个步骤:

(一)提起诉讼

企业提起诉讼时,应当提交书面的起诉状,起诉状应当列明原告、被告的情况,诉讼请求与事实和理由,也可以写明证据、证据来源和证人姓名。同申请仲裁一样,企业提起诉讼时,还应提交企业营业执照复印件、法人代表身份证明、委托书等材料。

(二)受理

人民法院接到诉状后,应当在7日内进行审查,对于符合下列条件的案件予以立案:一是原告是劳动关系中的一方当事人,与本案有直接利害关系;二是有明确的被告,且被告为劳动关系的另一方当事人;三是有具体的诉讼请求和事实、理由;四是属于人民法院受理民事诉讼的范围和受诉人民法院管辖。对于不符合上述条件的案件不予受理。

人民法院受理案件后,当事人应当缴纳诉讼费。劳动争议案件的诉讼费为10元。

(三)庭前准备

1. 人民法院在立案之日起5日内将起诉状副本发送被告,被告在收到之日起15日内提出答辩状,也可以不事先答辩;
2. 合议庭组成人员确定后,人民法院在3日内告知当事人;
3. 提交证据,有些法院也不要求当事人事先提交证据,而是在开庭时再提交;
4. 人民法院应当在开庭3日前通知当事人开庭的时间和地点。

(四)开庭审理

庭审程序与仲裁庭审程序大致相同,在此不再赘述。

(五)调解

调解是审理劳动争议案件的法定必经程序,在作出判决前,应当先对当事人双方的争议进行调解。调解成功的制作调解书,调解书一经当事人双方签收便发生法律效力。

(六)判决

对于调解不成的,法院应当依法作出判决。

上述流程是人民法院采用普通程序审理劳动争议案件的流程,若案件事实清楚、权利义务关系明确、争议不大的,人民法院也可以采用简易程序来进行审理。按简易程序审理的案件可以在流程设置上简单一些,但是调解也是必经程序。

若当事人对一审判决不服的,可以自收到一审判决之日起15日内向上一级人民法院提起上诉。二审人民法院作出的判决为终局判决,一经作出即发生法律效力,当事人必须履行。

若当事人认为生效判决有错误的,可以向作出生效判决的人民法院的上一级人民法院提起申请,对于符合法定条件的,人民法院应当安排再审。由于这种情况在实务中发生较少,在此不再多作介绍。

综上所述,劳动争议诉讼流程如图17-3所示。

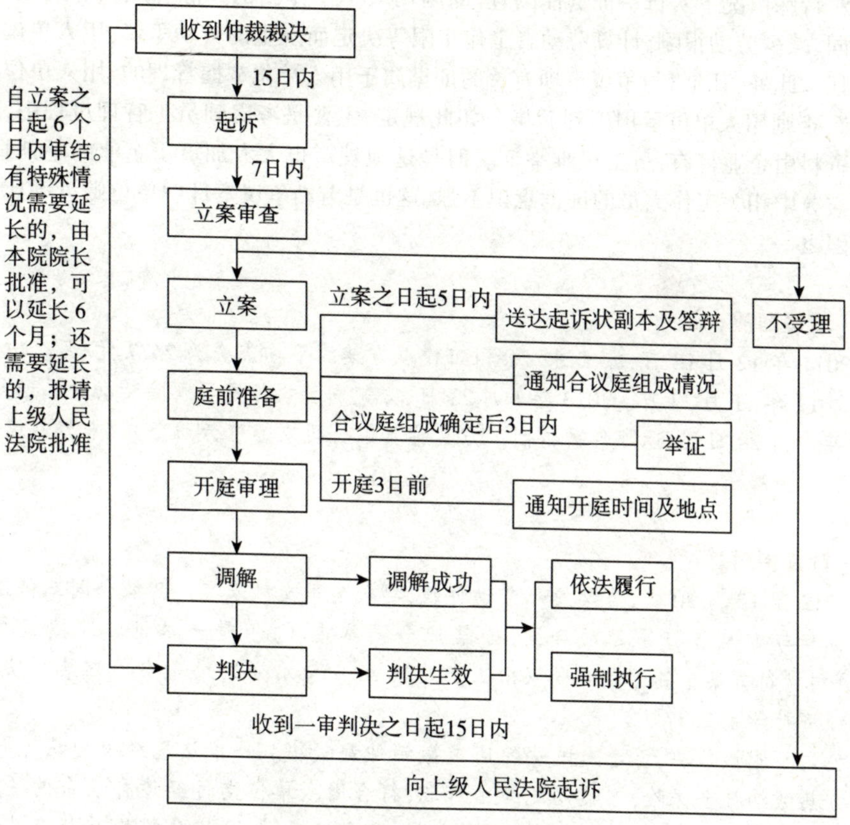

图 17－3　劳动争议诉讼流程

第四节　举证技巧操作实务

俗话说，“打官司就是打证据”，欲将客观事实转化为裁判所依据的法律事实，必须要有充分的证据予以佐证，当事人所提供的证据能否形成一个完整的证据链事关案件的成败。尤其是在劳动争议案件中，用人单位承担的举证责任远大于劳动者所承担的举证责任，要想在劳动争议案件中制胜，HR 必须重视证据管理并掌握基本的举证技巧。

一、举证责任如何分配

所谓举证责任，是指当事人对于自己主张的事实，有提出证据加以证明的义务，若当事人无法提出充分的证据证明其主张的，则要承担不利后果。根据法律规定，劳动争议案件中当事人举证责任分配如下：

1. 原则上谁主张、谁举证，即当事人对自己提出的主张，有责任提供证据；

2. 特殊情况下实行举证责任倒置，即因用人单位作出的开除、除名、辞退、解除劳动合同、减少劳动报酬、计算劳动者工作年限等决定而发生的劳动争议，用人单位负举证责任。此外，凡是“与争议事项有关的证据属于用人单位掌握管理的，用人单位应当提供”，否则用人单位承担不利后果。如此规定，主要是考虑到员工管理过程中，大部分的资料由企业持有，员工很难举证。但是这项规定也大大加重了企业的举证责任，加上实务中相关工作人员的证据意识不强，这也是劳动争议案件中单位败诉率比较高的原因之一。

[场景回放]

2011 年 12 月 12 日，方某进入公司工作。方某的平均工资为 2577 元/月。方某工作至 2012 年 11 月 23 日。2013 年 1 月 22 日，方某向公司邮寄了解除劳动关系通知书。2013 年 1 月 28 日，上述邮件被退回。方某称其以公司未签订劳动合同、未为其缴纳社会保险为由辞职。

[针锋相对]

2012 年 12 月 20 日，方某提起劳动仲裁，要求公司支付未签订劳动合同二倍工资。公司称其与方某签订了劳动合同，方某把合同拿走了，但是未举证。仲裁庭裁决：(1)公司支付方某未签劳动合同双倍工资差额 26,955 元；(2)公司支付方某解除劳动关系经济补偿金 2577 元。

公司不服该裁决，诉至人民法院请求撤销仲裁裁决。一审法院经审理认为，公司未为方某缴纳社会保险，方某以此为由辞职，符合用人单位支付经济补偿金的法定条件，发生劳动争议，当事人对自己提出的主张，有责任提供证据，公司称其与方某签订了劳动合同，因未能举证，不予采信。故判决：(1)公司应支付方某解除劳动关系经济补偿金 2577 元(2577 元 ×1 个月)；(2)公司支付未签劳动合同双倍工资差额 26,955 元(2577 元 ×10 个月 +2577 元 ÷21.75 ×10 天)。

一审判决后，公司持找到的劳动合同提起上诉。

[审理结果]

二审法院经审理认为，公司在二审期间提交的劳动合同，应该是一审庭审结束前就已经存在的证据。公司称因档案管理混乱未找到劳动合同，并非因客观原因导致其在一审庭审结束之前未能提供证据。因此，公司提供的劳动合同不能成为二审程序中的新的证据，应承担举证不利的后果。对公司主张双方签订了劳动合同不予采纳，维持原判。

[律师点评]

本案的争议点围绕着举证责任分配和新证据的认定问题。决定本案判决结果的关键在于对二审中公司提交的劳动合同能否认定为民事诉状中的新证据。

在本案中，针对方某要求公司支付未签订劳动合同二倍工资的请求，关于是否签订劳动合同的问题，根据《劳动争议调解仲裁法》第6条的规定，由用人单位举证。公司在一审中并未提供劳动合同，因其举证不能，故败诉。但是，公司在二审中提供了劳动合同，但二审法院认定公司在二审期间提交的劳动合同不属于最高人民法院《关于民事证诉讼证据的若干规定》第41条规定的新证据，仍然认为公司举证不能。

从表象来看，公司既然拿出了劳动合同，在没有相反证据的情况下，二审法院就应当认定双方签订劳动合同这一事实，进而判定公司无须支付二倍工资差额。但是在劳动争议案件中，处于劳动关系两端的当事人地位并不完全平等，在举证能力、接近证据远近等方面，劳动者明显处于弱势，法官需要根据案情，平衡双方利益。本案历经仲裁、一审，至2013年9月8日一审结束，已经有1年之久，公司应有足够的时间找到劳动合同，因此二审法院并没有机械地认定公司发现的证据即为新证据，公司虽然在二审中提供了劳动合同，但二审法院充分考虑本案案情，运动日常生活管理，劳动者接近证据的可能性、用人单位管理不善，存在重大过失等因素，最终没有认定该份劳动合同为新证据。

[拨云见日]

1. 员工请求公司支付加班费，对于员工加班这一事实，应当由谁承担举证责任？

答：对于这一问题，原来实务中的处理并不一致，有些案例根据“谁主张，谁举证”的原则判定员工对加班事实承担举证责任；但是有些案例又因加班证据由公司保留为由判定公司对员工加班事实承担举证责任。

《劳动争议调解仲裁法》从保护劳动者的利益出发，倾向于第二种观点。有些地方也出台了规定明确企业对加班事实承担举证责任，如广东省高级人民法院、广东省劳动（人事）争议仲裁委员会《关于适用〈劳动争议调解仲裁法〉、〈劳动合同法〉若干问题的指导意见》就明确规定：“劳动者主张加班工资，用人单位否认有加班的，用人单位应对劳动者未加班的事实负举证责任……劳动者追索两年前的加班工资，原则上由劳动者负举证责任，如超过两年部分的加班工资数额确实无法查证的，对超过两年部分的加班工资一般不予保护。”对此，新《劳动争议司法解释（一）》第42条进行了明确，根据该条的规定，劳动者主张加班费的，应当就加班事实的存在承担举证责任。但劳动者有证据证明用人单位掌握加班事实存在的证据，用人单位不提供的，由用人单位承担不利后果。

2. 企业和员工就工伤认定发生分歧的，举证责任由谁承担？

答：《工伤保险条例》第19条第2款对此作出明确规定：“职工或者其直系亲属认为是工伤，用人单位不认为是工伤的，由用人单位承担举证责任。”

3. 员工主张与企业存在事实劳动关系，而企业否认双方存在劳动关系的，由谁承担举证责任？

答：对于如题中所述情形，根据“谁主张，谁举证”的原则，由员工举证证明双方之间存在劳动关系,但是根据原劳动和社会保障部《关于确立劳动关系有关事项的通知》第2条的规定,企业有义务提供下列资料:工资支付凭证或记录(职工工资发放花名册)、缴纳各项社会保险费的记录;劳动者填写的用人单位招工招聘"登记表""报名表"等招用记录;考勤记录。企业拒绝提供上述资料的应当承担不利后果。

[法条链接]

《中华人民共和国劳动争议调解仲裁法》

第六条　发生劳动争议,当事人对自己提出的主张,有责任提供证据。与争议事项有关的证据属于用人单位掌握管理的,用人单位应当提供;用人单位不提供的,应当承担不利后果。

《劳动人事争议仲裁办案规则》

第十七条　当事人对自己提出的主张有责任提供证据。与争议事项有关的证据属于用人单位掌握管理的,用人单位应当提供;用人单位不提供的,应当承担不利后果。

第十八条　在法律没有具体规定,依本规则第十七条规定无法确定举证责任承担时,仲裁庭可以根据公平原则和诚实信用原则,综合当事人举证能力等因素确定举证责任的承担。

最高人民法院《关于民事诉讼证据的若干规定》

第二条　当事人对自己提出的诉讼请求所依据的事实或者反驳对方诉讼请求所依据的事实有责任提供证据加以证明。

没有证据或者证据不足以证明当事人的事实主张的,由负有举证责任的当事人承担不利后果。

第六条　在劳动争议纠纷案件中,因用人单位作出开除、除名、辞退、解除劳动合同、减少劳动报酬、计算劳动者工作年限等决定而发生劳动争议的,由用人单位负举证责任。

最高人民法院《关于审理劳动争议案件适用法律问题的解释(一)》

第四十二条　劳动者主张加班费的,应当就加班事实的存在承担举证责任。但劳动者有证据证明用人单位掌握加班事实存在的证据,用人单位不提供的,由用人单位承担不利后果。

第四十四条　因用人单位作出的开除、除名、辞退、解除劳动合同、减少劳动报酬、计算劳动者工作年限等决定而发生的劳动争议,用人单位负举证责任。

人力资源社会保障部、最高人民法院《关于劳动人事争议仲裁与诉讼衔接有关问题的意见(一)》

六、当事人在仲裁程序中认可的证据,经审判人员在庭审中说明后,视为质证过的证据。

七、依法负有举证责任的当事人,在诉讼期间提交仲裁中未提交的证据的,人民法院应当要求其说明理由。

八、在仲裁或者诉讼程序中，一方当事人陈述的于己不利的事实，或者对于己不利的事实明确表示承认的，另一方当事人无须举证证明，但下列情形不适用有关自认的规定：

（一）涉及可能损害国家利益、社会公共利益的；

（二）涉及身份关系的；

（三）当事人有恶意串通损害他人合法权益可能的；

（四）涉及依职权追加当事人、中止仲裁或者诉讼、终结仲裁或者诉讼、回避等程序性事项的。

当事人自认的事实与已经查明的事实不符的，劳动人事争议仲裁委员会、人民法院不予确认。

九、当事人在诉讼程序中否认在仲裁程序中自认事实的，人民法院不予支持，但下列情形除外：

（一）经对方当事人同意的；

（二）自认是在受胁迫或者重大误解情况下作出的。

二、证据应当如何收集

以一个案子为例。

马某为某大型外资企业的员工，2014 年 3 月 10 日，马某向公司申请 1 个月的病假并向公司提供了病假条，病假条中记载马某因感冒需停工休息 30 天，病假条有明显涂改的痕迹。公司收到马某申请后，虽然对马某的病情持怀疑态度，但是仍然准假。事后公司到病假条所显示的医院进行初步调查，医院确认病假条无效，并出具了书面证明，其中表述为："此假条为涂改过，应视为无效。"鉴于马某一向比较刁蛮，于是公司决定趁此机会与其解除劳动关系。此时公司的法律顾问向公司指出，公司目前所掌握的证据还不足以解除与马某的劳动关系，公司应当在收集了相关证据之后再作出解除决定，避免一旦作出决定后有些证据不便于调取。

了解到公司欲以马某向公司提供虚假资料，严重违反公司规章制度为由解除劳动关系，该法律顾问指出公司还应当举证对以下事实加以证明：一是马某向公司提供了虚假病假条；二是公司规章制度中规定了提供虚假资料的行为构成严重违纪；三是该规章制度经过了民主程序，并且已向马某公示过。该法律顾问还指出，医院出具的证明只显示了病假条"无效"，并不必然证明该病假条为伪造或虚假，因此公司还需进一步向医院取证。

于是，公司派相关工作人员再次到医院进行取证，医院再次出具了一份书面证明并加盖了医院的公章，该证明表述为："该病假条并非医生开具的原始假条，已经过明显的涂改、变造。"这就充分证明了该病假条为"虚假资料"，公司完成了第一步取证工作。

第二步便是要证明该病假条由马某向公司提交。为了证明这一点，公司 HR 经理找到马某谈话，按照法律顾问的指导从侧面诱导马某认可了编号为 ××× 的病假条

(涉案病假条)由其向公司提交。整个谈话内容采取了录音,以应对马某不愿在谈话记录上签字。录音证据与医院证明结合在一起证明了马某向公司提供虚假资料这一事实,这就为公司解除劳动合同提供了事实依据。

第三步,公司提出了《员工手册》,该手册第4节中明确规定"员工在工作中向公司提供虚假信息和资料",公司可以立即与其解除劳动关系。这就为公司解除劳动合同提供了制度依据。

第四步,公司找出了公司职工代表大会选举过程的记录文件,以及职工代表大会讨论《员工手册》的会议纪要,会议纪要上有各职工代表的签字,这两份文件证明了《员工手册》经过了民主程序。

第五步,公司提供了有马某本人签字的《政策接受确认》,其中表述"我确认已于________年_____月_____日获悉下列制度:……《员工手册》……"这就证明了《员工手册》已经向马某公示过。

通过上述五步取证步骤,公司便充分掌握了马某严重违纪的证据。于是公司找到马某谈话,向马某摆明了事实,并出示了上述证据。铁证如山,马某自己主动提出了辞职。

[拨云见日]

1. 法律所规定的证据种类有哪些?

答:根据2021年修订的《民事诉讼法》第66条的规定,证据分为以下几种:

(1)当事人陈述,即当事人在仲裁或诉讼过程中向仲裁庭或法庭所作的关于案件事实的叙述,其中最为典型的便是当事人的承认,即对对方当事人主张的事实或诉讼请求的认可。根据法律规定,对于当事人已经承认的事实无须证明,可见企业在庭审过程中应当谨慎发言,以免落下把柄。

(2)书证,即以其所记载的内容证明案件事实的证据,实务中大部分的证据是书证,如劳动合同及其他协议、规章制度、辞职报告等。

(3)物证,即以其自身形态证明案件事实的证据,如企业为了证明员工毁坏公司财物而提供的被员工毁坏的公司物件等。

(4)视听资料,即以录像或录音所反映的图像、音响证明案件事实的证据,如电话录音等。在实务中视听资料被广泛运用,但需要注意的是,一定要保证视听资料的完整、清晰。

(5)电子数据,即基于计算机应用、通信和现代管理技术等电子化技术手段形成包括文字、图形符号、数字、字母等的客观材料,如电子邮件、电子数据交换、网上聊天记录、博客、手机短信等。

(6)证人证言,即证人向仲裁庭或法庭所作的证明案件事实情况的陈述。根据法律规定,除法定情形外,证人必须出庭接受当事人的质证,未出庭接受质证的证人所提供的证言不得作为定案的依据。

(7)鉴定意见,即专业鉴定机构利用专业知识对某项案件事实进行鉴定后所作意见，在劳动争议案件中使用最多的便是笔迹鉴定、相关电子资料的真伪鉴定。

（8）勘验笔录，即由劳动争议仲裁委员会或人民法院安排的勘验人员对被勘验的现场或物品所作的记录。在劳动争议案件中较少涉及勘验笔录。

2. 怎样的证据才能被仲裁庭和法庭采纳？

答：作为证据的事实材料必须具备“三性”，即合法性、客观性、关联性，只有具备这“三性”的证据才能被仲裁庭和法庭采纳。

所谓合法性，即证据必须是按照法律要求和法律程序而取得，对于以侵害他人合法权益或者违反法律禁止性规定的方法取得的证据以及不符合法定形式要求的证据都不得作为定案的依据，如强制员工签字的协议等。

所谓客观性，即证据必须是客观存在的事实材料，伪造的材料不得作为定案的依据，如冒用员工签名的资料。

所谓关联性，即证据必须与待证的案件事实有内在的关联性。企业应当明确需要证明的案件事实，并根据这些事实去收集证据，对于与案件事实无关的材料，企业没有必要去收集和提供证据，避免逻辑不清、抓不住重点。

3. 证据提供须达到怎样的标准才能达成证明目的？

答：当企业所提供的证据形成一个完整的证据链，排除了其他可能性时，企业便完成了举证责任，这样才能达到证明目的。如上述案例中，该公司为了证明马某严重违纪所收集的各项证据一环扣一环，没有任何疏漏，对各项待证事实逐一进行证明，最终得出了马某严重违纪的唯一结论。

4. 企业因客观原因无法收集证据时该如何处理？

答：根据人力资源和社会保障部《劳动人事争议仲裁办案规则》和最高人民法院《关于民事诉讼证据的若干规定》的规定，企业若因客观原因不能收集证据时，可以在举证期限内申请劳动争议仲裁委员会或法院调查收集证据。申请应当采用书面形式。申请书应当载明被调查人的姓名或者单位名称、住所地等基本情况、所要调查收集的证据的内容、需要由仲裁委或法院调查收集证据的原因及其要证明的事实。

5. 若员工可能会销毁重要证据时，企业该如何处理？

答：根据《民事诉讼法》的规定，在证据可能灭失或者以后难以取得的情况下，企业可以向劳动争议仲裁委员会或法院申请证据保全。企业申请证据保全的，应当提交书面的申请书，说明申请理由，证据所在之处等事项。

6. 企业不服仲裁裁决向人民法院起诉后，能否到原作出裁决的劳动争议仲裁委员会复印仲裁案卷？

答：可以。2009 年公布施行的《劳动人事争议仲裁办案规则》突破了《劳动争议仲裁委员会办案规则》关于“案件当事人和与当事人有利害关系的单位及个人不得查阅仲裁案卷”的规定，明确要求仲裁委员会建立案卷查阅制度，允许当事人及其代理人查阅、复印仲裁案卷中不需要保密的内容。因此，如出现题中情形，企业可以自行到劳动仲裁委员会复印仲裁案卷，而不一定要委托律师作为代理人去复印，复印的内容不但包括正卷，而且包括副卷。

[律师说法]

HR 应当树立证据意识，在日常的管理过程中就应当有防患于未然的先见之明，注意证据的固定、收集和保管，而不应该待到纠纷发生后才匆忙取证，此时由于矛盾已经凸显，员工会有很强的戒备心理，不利于证据的调取。从纠纷处理实务来看，以下材料在劳动争议案件中使用频率都非常高，HR 在平常就应当做好妥善保存。

1. 劳动合同、岗位聘用协议、培训协议、保密协议、竞业限制协议、变更劳动合同协议及企业与员工签订的其他协议。

2. 企业各项规章制度、对制度开展民主、公示程序的各项会议记录、培训记录、员工签收文件等。

3. 工资、经济补偿金、竞业限制补偿金等各种费用的支付凭证、社会保险及住房公积金缴纳凭证等，其中特别需要注意的是，根据《工资支付暂行规定》第 6 条第 3 款的规定，用人单位应当建立工资台账，“书面记录支付劳动者工资的数额、时间、领取者的姓名以及签字，并保存两年以上备查”。

4. 录用条件、岗位（职位）说明书、工作任务指标确认书等确认员工工作任务、工作要求、工作标准的各项资料。

5. 绩效考核凭证、员工谈话记录、员工工作总结等判断员工工作能力的各项资料。

6. 员工考勤记录、特殊工时制审批文件、员工休假安排、员工请假单等与考勤、休假相关的各项资料。

7. 培训费用支出凭证、员工个人学习总结等与开展培训相关的资料。

8. 协商解除劳动合同协议书、员工辞职报告、公司提前通知解除劳动合同的相关通知、员工违纪行为证据、奖惩记录等与劳动合同解除相关的各项资料。

9. 与劳动合同终止原因相关的各项资料。

10. 劳务派遣协议、专业外包协议、非全日制用工合同、向劳务派遣公司或专业外包公司支付服务费的相关凭证等。

[法条链接]

《劳动人事争议仲裁办案规则》

第二十条　当事人因客观原因不能自行收集的证据，仲裁委员会可以根据当事人的申请，参照《中华人民共和国民事诉讼法》有关规定予以收集；仲裁委员会认为有必要的，也可以决定参照《中华人民共和国民事诉讼法》有关规定予以收集。

第二十一条　仲裁委员会依法调查取证时，有关组织和个人应当协助配合。

第二十二条　争议处理中涉及证据形式、证据提交、证据交换、证据质证、证据认定等事项，本规则未规定的，参照民事诉讼证据规则的有关规定执行。

第二十四条　案件处理终结后，仲裁委员会应当将处理过程中形成的全部材料立卷归档。

第二十五条　仲裁案卷分正卷和副卷装订。

正卷包括:仲裁申请书、受理(不予受理)通知书、答辩书、法定代表人身份证明书、授权委托书、调查证据、勘验笔录、开庭通知、庭审笔录、延期通知书、仲裁建议书、调解书、裁决书、送达回执等。

副卷包括:评议记录、立案审批表、调查提纲、阅卷笔录、会议笔录、底稿、结案审批表等。

第二十六条　仲裁委员会应当建立案卷查阅制度。对不需要保密的内容,应当允许当事人及其代理人查阅、复印。

《中华人民共和国民事诉讼法》

第六十六条　证据包括:

(一)当事人的陈述;

(二)书证;

(三)物证;

(四)视听资料;

(五)电子数据;

(六)证人证言;

(七)鉴定意见;

(八)勘验笔录。

证据必须查证属实,才能作为认定事实的根据。

第八十四条　在证据可能灭失或者以后难以取得的情况下,当事人可以在诉讼过程中向人民法院申请保全证据,人民法院也可以主动采取保全措施。

因情况紧急,在证据可能灭失或者以后难以取得的情况下,利害关系人可以在提起诉讼或者申请仲裁前向证据所在地、被申请人住所地或者对案件有管辖权的人民法院申请保全证据。

证据保全的其他程序,参照适用本法第九章保全的有关规定。

三、提交证据基本规则

[场景回放]

2013年3月12日,蔡某以A公司不与之签订书面劳动合同为由向劳动争议仲裁委员会提起仲裁,要求A公司支付不签订劳动合同的赔偿金。劳动争议仲裁委员会受理蔡某申请后,向双方发出举证通知,要求双方在2013年4月21日上午10点到仲裁委员会交换证据。2013年4月21日,A公司仅提交了两份证人证言。开庭时,A公司指出公司曾经要求与蔡某签订劳动合同,但是蔡某本人当时表示拒绝签订,并向仲裁委员会提交了录像资料予以证明。仲裁委员会以该录像资料未在举证期限内提出为由没有对其组织质证。

[律师点评]

举证期限即由劳动争议仲裁委员会或法院提出的当事人提交证据的期限，若当事人在该期限内没有提交证据的，则视为放弃举证权利，对于当事人逾期提交的证据，劳动争议仲裁委员会或法院不组织质证。本案中，劳动争议仲裁委员会指定了当事人双方在 2013 年 4 月 21 日提交证据，这一天便是举证期限的最后一天，由于 A 公司在举证期限届满后才提交录像证据，因此劳动争议仲裁委员会便不再对该证据组织质证，除非蔡某本人愿意。

[拨云见日]

1. 如果企业在举证期限内不能提交证据的该如何处理？

答：根据《劳动人事争议仲裁办案规则》和最高人民法院《关于民事诉讼证据的若干规定》相关的规定，若企业在举证期限内提交证据确有困难的，企业可以在举证期限届满前以书面形式申请延期举证，劳动争议仲裁委员会或法院根据实际情况决定是否准许。

2. 由于某证据涉及公司的商业秘密，公司提交证据时向法院提出不要让作为原告的员工知晓该证据的内容。问：公司的该项要求能否得到法律的支持？

答：不能。根据 2021 年修订的《民事诉讼法》第 71 条的规定，“证据应当在法庭上出示，并由当事人互相质证”，只有经过双方当事人质证的证据才能作为定案依据。因此，对于该公司提交的所有证据，即使涉及公司的商业秘密，法院都应当向员工出示并允许员工对此提出质证意见，当然，法院和员工都有义务保守企业的商业秘密，若有泄密行为的，企业可以通过法律途径寻求救济。

[律师说法]

企业在向劳动争议仲裁委员会或法院提交证据时，应当遵守如下基本规则：

1. 一定在举证期限内提交证据。在实务中，有很多劳动争议仲裁委员会或法院并没有对举证期限作出特别要求，在这种情况下企业可以在开庭时再提交证据；一旦劳动争议仲裁委员会或法院对举证期限作出要求，企业就一定要严格把握举证期限限制，在举证期限内提交尽可能充分的证据，若确有困难无法按期提交的，应当在举证期限内及时提出延期举证的申请。

2. 须提交证据原件。实务中的处理习惯一般是开庭前提交证据复印件，开庭时出示证据原件以供质证。

3. 外文证据应附有中文。企业提交外文书证或者外文说明资料的，应当附有中文翻译件，而且该翻译件应当是由有资质的翻译机构提供并加盖该翻译机构的公章。提交翻译件的同时企业还要提供该翻译机构的营业执照等有效证件复印件。企业可以向劳动争议仲裁委员会或法院查询哪些翻译机构属于他们所认可的有资质的翻译机构。

4. 若提交的证据是在境外形成的，应当履行相关外交程序，具体程序参见最高人民法院《关于民事诉讼证据的若干规定》的规定。

5. 提供证据目录。企业在提交证据时还应当提供证据目录，对证据进行编号，并且注明证据的种类、证明目的、页数等内容。

6. 按对方当事人的人数提供证据副本。

[法条链接]

《中华人民共和国民事诉讼法》

第六十八条　证据应当在法庭上出示，并由当事人互相质证。对涉及国家秘密、商业秘密和个人隐私的证据应当保密，需要在法庭出示的，不得在公开开庭时出示。

第七十条　书证应当提交原件。物证应当提交原物。提交原件或者原物确有困难的，可以提交复制品、照片、副本、节录本。

提交外文书证，必须附有中文译本。

第一百三十九条　当事人在法庭上可以提出新的证据。

……

四、特殊证据效力说明

[场景回放]

2012 年 4 月，北京某技术开发有限公司与陈某签订劳动合同。该合同约定陈某担任公司软件工程师，月薪 8600 元。双方劳动合同将于 2014 年 4 月 23 日终止。2013 年 6 月 2 日，公司总经理及主管收到一封电子邮件，该电子邮件发件人地址为××××@ sohu. com，邮件的大体内容为：对公司将其绝大部分工资改为津贴不满，向公司的领导提出离开公司，署名为陈某。鉴于陈某的能力，公司对其进行挽留，但遭到拒绝。无奈之下公司同意陈某辞职，并为其结清了工资，办理了离职手续。同时，该公司向陈某支付了劳动报酬并额外给予其 8600 元作为工作奖励。

但是令公司感到意外的是，在双方办理完解除劳动合同手续后，陈某找到海淀区劳动争议仲裁委员会，以公司提出解除劳动合同为由，请求裁决公司向自己支付 2 个月的经济补偿金，而公司已经给予的 8600 元奖金只能算是 1 个月的，在此基础上还应再支付 1 个月的经济补偿金 8600 元。仲裁委员会支持了陈某的这一请求。公司不服，诉至法院。在庭审中，公司主张解除劳动合同由陈某首先提出，并提交了那封署名陈某的辞职电子邮件予以佐证，并出示了北京市海淀区公证处作出的公证，证明与公证书相粘连的电子邮件复印件与原件内容相符。但是面对这似乎充足的证据，陈某却有另外一番说法。陈某抗辩上述电子邮件地址确系其名下，但他从未向公司发出过该内容的电子邮件。该案经过一审、二审，最终北京市第二中级人民法院采纳了公司一方提交的电子邮件证据，依此认定陈某首先提出了解除劳动合同关系，因此判决公司无须向陈某支付解除劳动合同经济补偿金。

[律师点评]

本案的关键问题是谁先提出解除劳动合同，而确定这一问题的前提是陈某的辞职邮件是否能成为定案的依据。

虽然陈某极力否认电子邮件是他所发，但是从常理来看，只有电子邮件持有者本人才能使用其邮箱地址，尽管在技术上存在冒名顶替的可能性，但考虑陈某是软件工程师，具备较强的专业知识，他必然采取较之一般人更完备的措施来保障其电子邮箱的安全性。此外，从陈某与公司在依据电子邮件办理解除劳动关系手续的相关证据链可以看出，从陈某电子邮箱地址发出的离职申请是真实的。

该案引发了这样一个问题，即电子邮件能否作为证据以及其证明效力到底有多大。2012 年新《民事诉讼法》修订以前，我国尚无统一的立法对此作出回应，但是在实务处理中，根据不同情形，仲裁员及法官对电子邮件证据都有不同程度的采纳。2012 年，电子证据作为 8 种法定证据形式之一被新《民事诉讼法》确定，但是由于电子邮件最原始的形式是储存在计算机内磁性介质中的电子数据，电子邮件是对这些电子数据的一种抄录，并非原件，而且随着现代科学技术的发展，电子邮件很容易被删改、伪造。因此电子邮件证据的证明效力大打折扣，这就导致电子邮件证据在证据审查及采纳中处于一种很暧昧的境地。无其他证据与之相辅相成形成完整证据链，仅依靠电子邮件这一孤证，很难达到证明目的。

[拨云见日]

1. 经过公证的电子邮件是否就一定能达到证明目的？使用电子邮件证据时应注意哪些问题？

答：未必如此。公证只能证明公证时电子邮件所表现的状态和内容，即便经过公证，也不能排除电子邮件经过删改的可能性。

企业在使用电子邮件证据时，应注意以下几个问题：(1) 从技术上而言，采用电子签名等方法对电子邮件进行防伪加密保护，从而使电子邮件被删改、伪造的危险性逐步减小，增强了电子邮件证据的客观性；(2) 从形式上而言，对于由员工所发，涉及劳动关系重要方面的电子邮件，如辞职信、对公司某项决议的赞同信等，HR 最好将其转化为书面形式，如可打印后由员工在打印稿上签字确认；(3) 从证据提交上而言，应提交其他证据对电子邮件内容予以佐证，以形成完整证据链。

2. 在员工不知情的情况下进行录音、录像，录音、录像资料能否作为证据使用？

答：根据《民事诉讼法》第 66 条的规定，视听资料可以作为证据使用，因此录音、录像资料可以作为证据使用，但是收集录音、录像证据必须合法，不得侵害社会和他人的合法权益。一般而言，进行录音、录像时应当告知对方，但是对于在对方不知情的情况下收集的录音、录像资料，仲裁委员会和法院在实务处理时也并非全盘否定，只要其没有侵犯社会和他人的合法权益、与案件具有关联性、内容上清晰完整，一般都会被采纳。

3. 如何对网页证据进行保全？

答：同电子邮件证据的性质一样，网页证据也属于电子证据，在使用过程中应当注意证据的保全，具体可以采取以下两种方式：

（1）要求相关网站提供协助，从计算机系统传输、存储的环节中直接保全证据，或请有关单位专家作鉴定，对网页证据的生成、存储、传递和输出环境的可靠性提出专家意见。

（2）由于网页信息更新快，时效性强，诉讼中应注意对网页证据的保全，可通过公证、摄像、下载等形式固定网页。一般而言，经过公证的网页证据具有较强的证明力。

4. 使用传真件证据应掌握哪些技巧？

答：传真件并非原件，在使用过程中应当注意以下几点，以增强其客观性：

（1）在发送或接收传真后，通过电话等方式向对方进行确认，并采用电话录音等更为客观的方式对确认过程和确认内容加以固定；

（2）确保传真件的清晰、完整，传真件中应当包含发件人、收件人、发收传真的号码、发件时间等原始信息，为考察传真件的真实性提供依据和线索；

（3）若存在多份传真件，应突出强调传真件之间的连续性和关联性，以达到相互印证的目的；

（4）注意收集其他相关证据对传真件加以佐证，增强传真件的证明力，如双方事先就采用传真形式进行信息传递的相关约定。

［律师说法］

在企业管理实践中，"无纸化"办公确实大大提高了工作效率，但是也给证据收集造成了很大的障碍。受性质和形式之限，电子邮件、网页、手机短信等资料都存在事后取证难、认证难的问题，因此 HR 在工作中应当谨慎使用，不要事先图一时之"便捷"而导致事后的"不便捷"，尤其应当注意的是，对于比较重要的通知、文件等，最好采用纸质方式加以固定。

第五节　争议处理实用技巧

企业 HR 处于劳动争议处理的第一线，也是处理劳动争议的最早介入者，他们处理争议的方式直接影响到争议解决的最后结果，因此 HR 很有必要掌握一定的处理劳动争议的实用技巧，以为企业处理争议争取更多的主动。

一、争议发生前：未雨绸缪

具体应当做到如下几点：

1. 树立民主与沟通的管理理念，杜绝野蛮管理。

2. 建立和完善各项规章制度。企业规章制度既为员工提供工作指导和行为指引，也为员工管理和劳动关系处理提供依据，企业不仅要在内容上完善各项规章制度，还要在程序上严格执行民主和公示程序。

3. 明确 HR 工作职责和工作内容，规范员工管理，对于签订、变更、解除劳动合同以及工资支付等劳动争议多发地带尤其要提高警惕。

4. 在对员工关系进行重大处理之前，应该事先与劳动法律专业人员进行沟通，了解风险所在，以对事后的实际处理提供依据。

5. 当出现劳动争议苗头时，应该及时堵漏，在矛盾激化以前化解矛盾。

二、争议进行时：巧妙应战

一旦争议发生，HR 应主动与员工协商，争取以温和的方式解决矛盾。矛盾一旦激化到仲裁或诉讼的程度时，HR 应当掌握如下几个方面的应对技巧：

1. 由于仲裁和诉讼的专业性和技巧性较强，因此建议聘请专业律师参与仲裁和诉讼，尤其是对于一些重大案件更是如此。如果不能做到这一点，也尽量与劳动法律专业人士就案情进行沟通，明确企业优劣势所在，找准案件处理的切入点，确定案件处理思路。案件切入点的准确与否有时会对案件结果产生实质性的影响。

2. 案前仔细阅案，充分准备，找准切入点，对于答辩、质证、辩论都要做好书面的准备。

3. 抓住案件关键事实，突出重点，切忌涉及太多，言多必失。

4. 坚持自己的处理思路，避免被对方牵着鼻子走，同时也要特别关注庭审动向。

5. 开完庭之后，根据庭审的争议焦点和双方的证据情况制作一份书面答辩意见提交给仲裁庭或法庭。书面答辩意见应当突出争议焦点以及企业的观点和依据，条理清晰、简明扼要，切忌冗长。

三、争议发生后：亡羊补牢

争议发生后，HR 还有两项工作要做：一是处理本案的善后事宜，如执行等；二是也是更为关键的是从本次纠纷中总结经验教训，发现漏洞，及时“亡羊补牢”。

第六节　数智赋能严控风险

一、劳动争议案件逐年上涨

根据历年《人力资源和社会保险事业发展统计公报》数据来看，劳动争议案件仍处于一个逐年上涨的趋势，涉及的人数、金额也在同步上涨。（见表 17－1）

表 17－1　劳动争议案件情况统计

项目	2018 年	2019 年	2020 年
处理劳动人事争议案件(万件)	182.6	211.9	211.8
涉及劳动者(万人)	217.8	238.1	246.5
涉案金额(亿元)	402.6	489.7	530.7

二、劳动争议案件激增的原因

(一)变量恒生

为什么会发生劳动争议?归根结底,是由于企业和人的"关系"出现了问题。随着《劳动合同法》《个人信息保护法》等法规的陆续出台和不断规范,以及崇尚自我意识和个人权利的95后、00后渐渐成为职场新势力,如今劳动者的维权意识普遍日益增强,企业与员工之间发生劳动纠纷的风险也水涨船高。

再加上时代、政策、市场的快速变化,劳动关系面临的各种新局面和新问题层出不穷,如灵活用工模式、三胎政策、"996工作制"等。所有种种,对原本烦琐、复杂的人力资源管理工作提出了越来越高的规范化、精细化要求。

(二)事务繁杂

塑造良好的用工关系是有效开展其他人力资源管理工作的重要前提和基础,也是实现企业战略目标的根本保障。

基于一种用工关系,产生了一整套相应的人力资源管理工作,即员工在企业中的全生命周期管理。也就是说,针对固定用工、派遣用工、外包用工、灵活用工等不同的用工关系,对于员工的管理和培养是截然不同的。

从员工怎么"进"——招聘和入职管理,到怎么"管"和"用"——在职管理和在职培养,再到怎么"出"——离职管理,每个环节都涵盖大量的工作。

以固定用工为例,招聘和面试过程中要注意避免就业歧视;offer 发放与回签程序要载明有效期限与生效条件;劳动合同要注意签订时间、及时续签;员工晋升考核奖惩要注意有"规"可依、依"规"行事;员工离职时要注意程序合规、及时结算等。

每一项工作在开展的过程中,都有大量琐碎又具体的事项,包括流程推进、文件管理、期限预警、信息沟通、纠纷处理……桩桩件件无不暗藏风险,稍有不慎,即刻触发。

三、数智赋能严控劳动争议风险

企业要做好劳动争议的风险防控,不仅取决于 HR 个人的业务能力、沟通能力、风险意识,还有相关规章制度的完善、流程管理的严谨、业务处理的及时等。任何一个环节的失准、失时、失误,都可能造成难以挽回的重大事故,会给企业带来巨大的经济损失和名誉损害。

而 HR 作为一名普通员工,在开展具体工作的过程中,确实难免遗漏具体事项、错失处理时机、误读政策信息等情况的发生,这些都可能激发员工和企业之间的矛盾,造成劳动争议的发生。

为了更好地规避风险、提高效率,服务于企业人事管理的人力资源管理 SaaS 系统应运而生。以肯耐珂萨 VX HRO 云为例,通过这款数智化系统,人力资源公司针对劳务派遣、劳务外包业务中所涉及的员工管理、保费缴纳、财务管理等一系列业务环节,统一通过"总裁桌面"实现多种用工模式的标准化、流程化、一体化管理,以前海量的、琐碎的工作事务,被系统一站式统筹、数智化管理,更加精准、高效、安全、可控。基于实践中劳资纠纷比较集中高发的重大伤残伤亡赔付事件，VX HRO云系统通过对事故处理的全流程可视化管理、政策嵌入、赔付核算等，可以更好地确保事件得到法理情兼容的妥善处理，避免了矛盾的激化，减少了纠纷的产生。

依托数智系统，不仅可以帮助HR加速事务的执行、提升操作的精准，如不仅可以可视化推进员工工伤报销流程、不遗漏任何环节；还能助力企业减少成本的消耗、降低风险的发生，如及时提醒签订或续签劳动合同、规避双倍工资风险。同时员工也能随时登录该系统进行查询，减少双方沟通成本，避免因为信息不对等而产生不信任和矛盾。

在实务操作中，HR还会面临巨大的政策挑战，包括全国用工政策存在的地域性差异、对于政策及时性掌握的实际困难等，特别是跨区域性的企业在人力资源管理工作上面临的难度更大。在人力资源管理系统中动态嵌入各地最新政策，既方便了HR快速查找应用，确保了企业人事制度制定的合规性，还实现了当地政策与业务场景的高度融合，帮助企业更好地规避了劳动用工的风险。

新冠肺炎疫情之下，我国灵活用工模式获得了快速发展。未来，为了应对不断变化的市场需要和业务需要，企业以多种用工形式混合应用的用工模式将成为发展趋势。鉴于这种情况，HR、业务管理者、高层管理者要如何实现企业“一盘棋”的高效管理，实现管好人、用好人、发展人，成为企业需要提前思考和布局的重要议题。

仍以肯耐珂萨为例，除自研产品VX HRO云系统外，该公司还拥有灵活用工、人事管理、招聘管理、绩效管理、测评调研、人才管理、学习发展、组织能力建设等全流程数智化服务。通过丰富的系统服务，肯耐珂萨在为企业提供一体化、数智化人力资源管理解决方案的同时，也实现了企业劳动用工的合规管理和风险管控。所以，对于企业HR而言，也要善于运用人力资源系统，帮助其实现合规管理，减少劳动争议的发生。

[顾问点评]

——金忠律师*

“国家尊重和保障人权”，已经成为全社会的共识，并在《宪法》中得以确立，以人为本不是一句空洞的口号，随着社会经济的不断发展，凸显劳动力的价值也越来越高，有关劳动者保护的立法不断丰富和完善，国家对劳动者的保护力度是前所未有的。劳动者的权利意识也越来越强，劳动者维权的知识也越来越丰富。如何依法规范和管理用工单位与劳动者之间的关系，不但事关劳动者的权利，也关系到用工单位的生存和发展。

* 金忠律师：北京大成律师事务所高级合伙人，曾担任第一届大成劳动和人力资源管理专业委员会主任，业务范围涉及公司法律事务、破产法律事务、房地产法律事务、金融、民商事争议和劳动争议解决等，具有较为丰富的实务经验。现担任中国青年政治学院兼职法律硕士导师、教育部全国万名优秀创新创业导师、中国电力国际产能合作企业联盟法律工作委员会委员等。

毋庸置疑，和谐、稳定、良好的劳动关系无论是对于用工单位还是劳动者而言都是至关重要的，所谓“和则两利，斗则两伤”。在用工单位和劳动者发生争议和纠纷时，友好协商解决应放在首要的、最重要的位置予以考虑，这也是成本最低、负面影响最小的解决方式，要尽量通过协商化解矛盾，解决争议，协商解决的基础是诚信沟通和依法依规。

当然，协商不可能解决所有争议和矛盾，在协商解决不了的情况下，通过必要的仲裁和诉讼手段解决纠纷就成为一个必然的选择。由于有关的法律、法规以及司法解释和地方性法规越来越多，如何运用法律知识维护自身权利就成为一种复杂的“技术活”。相信本书的修订和再版对于企业 HR 了解和掌握最新的法律知识，不断增强法律意识，提升运用法律专业知识的水平和能力，积极预防和化解企业和员工的劳动纠纷，无疑会起到积极的帮助和教益作用。

第十八章

常用工具一箩筐

——助 HR 一臂之力

为了使企业HR更有效地进行劳动人事管理，笔者在本章提供了一些常用的工具，如常见的合同范本、解除或者终止合同的通知、招聘和考勤等表格、常用的法律法规以及全国各地方劳动保障网站地址等，以期助其一臂之力。

[读者来信]

娄律师：

您好！我是您的《这样做HR最有效》一书的读者，现在在公司从事人力资源管理工作。看了您的书，对自己的工作有很大的指导作用。在这里想咨询您一下，请问您提供的合同文本，如果完全参照，是不是公司方面不存在违法的内容啊？可以直接拿过来用吗？

读者：lyy_ty

— 回复 —

你好！合同文本最好根据自身情况予以修改、细化，这样才能更好地保护当事人的权益。

[律师说法]

合同是当事人或当事双方之间设立、变更、终止民事关系的协议。劳动合同是劳动者与用工单位之间确立劳动关系，明确双方权利和义务的协议。企业对于本单位使用的劳动合同、保密协议等应当根据劳动者自身、岗位、级别等不同而分别签订不同的合同。

在实践中，人力资源部门应当分类建立劳动合同范本库。例如，针对高级研发人员，需要签订《劳动合同》《保密协议》《竞业限制协议》等；而对于普通行政人员可能仅仅需要签订《劳动合同》即可。这样既免去所有入职人员千篇一律地使用同一文本导致忽视应当重点阐明的条款的风险，也简化了部分员工的入职手续。

第一节　合同类

HR常用工具之一——劳动合同

劳动合同

甲方：______________________________

法定代表人：______________________________

注册地址：______________________________

乙方：______________________________

性别：______　出生日期：________年____月____日

身份证号码：______________________________

详细家庭住址：______________________________

邮政编码:____________________ 家庭联系电话:____________________

本人现住址:____

邮政编码:____________________ 联系电话:____________________

户口所在地:________省(市)________区(县)________街道(乡镇)

个人邮箱:____________________

手　　机:____________________

工作邮箱:____________________

紧急联系人:(注明亲属关系,如配偶、父母、子女或兄弟姐妹)

联系电话:____________________

甲方聘用乙方为甲方的员工,根据《中华人民共和国劳动法》《中华人民共和国劳动合同法》和相关法律法规,以及甲方的规章制度,甲、乙双方经平等协商一致,自愿签订本合同,双方需共同遵守本合同所列条款:

一、劳动合同期限

第一条 甲、乙双方同意按以下第______种方式确定本合同期限:

1. 有固定期限:从________年____月____日起至________年____月____日止;合同期限为______年______个月;

2. 无固定期限:从________年____月____日起到法定的终止条件出现时止;

3. 以完成一定的工作任务为期限:从________年____月____日起至____工作任务完成时止,并以____工作任务完成为合同终止的标志。

第二条 试用期为______个月,从________年____月____日起至________年____月____日止。

乙方应当符合下列录用条件,试用期内乙方被证明不符合下列录用条件之一的,甲方可以解除劳动合同:

1. ____;

2. ____。

二、工作内容和工作地点

第三条 乙方同意根据甲方工作需要,担任____________________岗位的工作,工作地点在:____________________。甲方根据工作需要和乙方的工作表现、能力、经验、技能、健康状况以及其他情况,可以依据有关规定合理调整乙方的工作岗位和工作地点。乙方拒不服从甲方合理调动,拒不到新的岗位或新的工作地点工作的,甲方将给予乙方______天的待岗期,并按照标准支付生活费。待岗期内,甲方将与乙方继续沟通工作调动事宜。待岗期满,乙方仍然拒绝甲方合理调动的,视为严重违反规章制度,甲方有权单方解除劳动合同,且不支付任何经济补偿。

第四条 乙方的工作内容和工作要求参见本岗位《职位说明书》及其他甲、乙双方确定的工作标准和要求。乙方应当按甲方的要求按时按质按量完成工作任务。

《职位说明书》及其他甲、乙双方确定的工作标准和要求作为本合同的附件,是本合同的一部分。

第五条 乙方同意甲方基于下列原因之一对乙方的劳动报酬进行调整：

1. ____；

2. ____；

3. ____。

第六条 乙方不能胜任工作，或者乙方患病或非因工负伤，医疗期满不能从事原工作的，甲方可以根据乙方自身条件合理调整乙方的工作岗位。

第七条 甲方将定期或不定期对乙方工作进行考核，如不胜任工作的，甲方可以安排培训或调整工作岗位，如仍不胜任工作的，甲方可以解除本合同。

三、工作时间和休息休假

第八条 甲方安排乙方执行________工时制度。

执行标准工时制度的，乙方每日工作时间为8小时，每周工作40小时，具体作息时间根据甲方相关规章制度执行。

经劳动行政部门批准执行综合计算工时制度或不定时工作制的，工作时间按国家和本地区规定执行。

乙方加班须经甲方书面确认或审批，否则不视为加班。经过书面确认或批准的乙方加班可由甲方根据具体情况安排补休或依法支付加班费。

第九条 乙方享有按照国家法律法规及甲方相关规章制度规定的各种假期。乙方在休假期间的劳动报酬按照国家法律法规及甲方相关规章制度的规定执行。乙方按照甲方规章制度履行请假手续后方可休假。

四、劳动报酬

第十条 乙方的劳动报酬按照下列第______种方式确定：

1. 乙方工资为____________，试用期间工资为____________；

2. 乙方的工资由甲、乙双方另行协议确定，并将该补充协议作为本合同的附件。

第十一条 甲方在每月______日前向乙方支付当月/上月工资，如正常工资支付日遇节假日的则提前至节前最后一个工作日之前支付。

第十二条 乙方同意甲方基于下列原因之一对乙方的劳动报酬进行调整：

1. ____；

2. ____；

3. ____。

第十三条 甲方可以从乙方工资中代扣下列费用：由甲方代扣代缴的个人所得税、应由乙方个人承担的各项社保费用及住房公积金费用、法律法规规定的可以从员工工资中代扣或扣除的其他费用。

第十四条 乙方应遵守甲方的工资保密制度，不得向他人泄露本人的工资，也不得以非正当渠道获知他人工资。乙方关于劳动报酬方面的任何不明或不服之处应与甲方人力资源部联系，而不得与他人交流。违者将根据甲方规章制度予以处罚。

乙方泄露甲方的工资管理制度的，将被视为严重违反甲方的规章制度，甲方有权解除劳动合同。

五、社会保险

第十五条 甲、乙双方按照国家及当地有关规定缴纳各项社会保险。甲方为乙方办理有关社会保险手续。属于个人缴纳的部分由甲方在乙方工资中代为扣缴。

第十六条 乙方保证及时向甲方提交办理社会保险所必需的有关信息资料、凭证等。因乙方迟延提交、拒绝提交或提交资料不全等乙方的原因导致的任何后果，由乙方自行承担。

六、劳动保护、劳动条件和职业危害防护

第十七条 甲方为乙方提供必要的劳动条件和劳动工具，建立健全生产工艺流程，制定操作规程、工作规范和劳动安全卫生制度。

第十八条 甲方负责对乙方进行职业道德、业务技术、劳动安全、劳动纪律和甲方规章制度的教育和培训，乙方有义务接受相应的培训和考核。

第十九条 乙方应严格遵守国家有关法律法规和甲方规章制度规定的各项生产工艺流程、制度操作规程、工作规范和劳动安全卫生制度。

乙方因违反生产工艺流程、制度操作规程、工作规范和劳动安全卫生制度给甲方或他人造成经济损失的，由乙方承担赔偿责任。

七、劳动纪律

第二十条 甲方根据生产经营需要，依法制定规章制度和劳动纪律，乙方应当严格遵照执行，包括但不限于下列各项：

1. ______________________________；

2. ______________________________。

第二十一条 乙方违反公司规章制度或劳动纪律，甲方有权根据规章制度给予一定的处罚，直至解除劳动合同。因乙方违纪行为给甲方造成损失的，乙方应当承担相应的赔偿责任。

八、劳动合同的变更、解除、终止和续订

第二十二条 有下列情形之一的，甲、乙双方应变更劳动合同并及时办理变更合同手续：

1. 甲、乙双方协商一致的；

2. 订立本合同所依据的客观情况发生重大变化，致使本合同无法履行的；

3. 订立本合同所依据的法律、法规、规章发生变化的。

当事人依据本条第1款第2项的约定，一方要求变更本合同的，应将变更要求书面通知另一方，另一方应在______日内书面答复对方；______日内未书面答复的视为不同意变更本合同。

第二十三条 甲、乙双方协商一致，可以解除劳动合同。

第二十四条 乙方有下列情况之一，甲方可以随时解除本合同：

1. 在试用期内，被证明不符合录用条件的。

2. 严重违反甲方规章制度的，包括但不限于：

（1）______________________________；

（2）______________________________。

3. 严重失职、营私舞弊，给甲方利益造成重大损失的。

4. 同时与其他用人单位建立劳动关系，给完成甲方安排的工作造成严重影响，或者经甲方提出，拒不改正的。

5. 以欺诈、胁迫的手段或者乘人之危，使甲方在违背真实意思的情况下订立或变更本合同的。

6. 被依法追究刑事责任的。

第二十五条 乙方有下列情形之一的,甲方提前 30 天以书面形式通知或者额外支付一个月工资后,可以解除本劳动合同,法律另有规定的从其规定:

1. 乙方患病或者非因工负伤,在规定的医疗期满后不能从事原工作,也不能从事由甲方另行安排的工作的;

2. 乙方不能胜任工作,经过培训或者调整工作岗位,仍不能胜任工作的;

3. 劳动合同订立时所依据的客观情况发生重大变化,致使劳动合同无法履行,经甲方与乙方协商,未能就变更劳动合同内容达成协议的。

第二十六条 乙方有下列情况之一,甲方不能依据本合同第二十五条解除本合同:

1. 从事接触职业病危害作业但并未进行离岗前职业健康检查,或者为疑似职业病病人在诊断或者医学观察期间的;

2. 患病或者非因工负伤,在规定的医疗期内的;

3. 在甲方患职业病或者因工负伤并被确认丧失或部分丧失劳动能力的;

4. 女职工在孕期、产期、哺乳期内的;

5. 在甲方连续工作满十五年,且距法定退休年龄不足五年的;

6. 法律、行政法规规定的其他情形。

第二十七条 乙方解除劳动合同,需要提前 30 日(在试用期内的,需要提前 3 日)以书面形式通知甲方人力资源部或部门主管领导。

第二十八条 甲方有下列情形之一,乙方可以随时通知甲方解除本合同:

1. 未按照本合同约定提供劳动保护或者劳动条件的;

2. 因甲方原因未依法支付劳动报酬的;

3. 因甲方原因未依法为乙方缴纳社会保险费的;

4. 甲方的规章制度违反法律、法规的规定,损害乙方权益的;

5. 以欺诈、胁迫的手段或者乘人之危,使乙方在违背真实意思的情况下订立或变更本合同的;

6. 法律、行政法规规定的其他情形。

甲方以暴力、威胁或者非法限制人身自由的手段强迫乙方劳动的,或者甲方违章指挥、强令冒险作业危及乙方人身安全的,乙方可以立即解除劳动合同,不需事先告知甲方。

第二十九条 有下列情形之一的,劳动合同终止:

1. 乙方开始依法享受基本养老保险待遇的;

2. 乙方死亡,或者被人民法院宣告死亡或者宣告失踪的;

3. 乙方达到法定退休年龄的;

4. 甲方依法破产的;

5. 甲方被吊销营业执照、责令关闭、撤销或者甲方决定提前解散的;

6. 法律、行政法规规定的其他条件。

九、离职手续

第三十条 无论因何原因,劳动合同解除或终止时,乙方应履行以下离职交接手续:

1. ____;

2. ____。

第三十一条 甲方应当在解除或者终止劳动合同时出具解除或者终止劳动合同的证明，并在15日内为乙方办理档案和社会保险关系转移手续。

第三十二条 如乙方符合法定情形，甲方需支付经济补偿金的，在乙方办结所有离职交接手续时支付。乙方如未按照规定或双方约定办理离职交接手续，甲方可以暂不发放经济补偿金，给甲方造成损失的，甲方还可要求乙方予以赔偿。

十、经济补偿与赔偿

第三十三条 本合同终止或解除的经济补偿金支付问题，按照国家相关法律法规执行。

第三十四条 因乙方违反本合同或甲方规章制度，给甲方造成损失的，乙方应当承担赔偿责任。

第三十五条 甲方出资对乙方进行培训的，乙方在服务期限或本合同期限尚未届满前解除劳动合同的，双方签订《培训协议》的，按照《培训协议》中的有关条款承担违约赔偿责任；没有签订《培训协议》的，则依据平均分摊的原则赔偿其尚未履行的劳动合同期限所分摊的培训费用。

十一、其他约定

第三十六条 甲方的所有有效的规章制度作为本合同的附件，包括但不限于____；甲方新订或修订规章制度的，新订或修订后的规章制度经向乙方公示后成为本合同的附件。

第三十七条 乙方应如实向甲方提供本人的身份证、学历证、就业状况、工作经历、职业技能等人事资料，根据乙方的个人情况，乙方应当递交的材料以甲方通知为准。

乙方确认，甲方可采用直接、邮寄、短信、电子邮件或者其他合法方式通知乙方。甲方有关文书在无法直接送达给乙方的情形下（包括但不限于乙方拒收、下落不明等情形），乙方在本合同首部中填写的联系方式（包括但不限于户籍所在地或者经常居住地、手机、电子邮箱）均为甲方有效送达地址。因乙方提供或者确认的送达地址不准确、拒不提供送达地址、送达地址变更未及时通知甲方或者指定的代收人（紧急联系人）拒绝签收的，通知被退回之日视为送达日。

乙方同意，在其处于联系障碍状态（包括但不限于乙方因病住院、丧失人身自由等情形）时，委托合同首部的“紧急联系人”作为乙方的受委托人，该受委托人享有接受和解与调解，代领、签收相关文书的权限。

十二、争议处理及其他

第三十八条 甲、乙双方因订立、履行、变更、解除、终止本合同发生争议的，应通过友好协商予以解决，协商不成的，任一方可以依法向劳动争议仲裁委员会申请仲裁，对裁决不服的，可以依法向人民法院提起诉讼。如法律有新规定的，从其新规定。

第三十九条 本合同若与双方以前的任何协议有冲突，以本合同约定为准。

第四十条 本合同未尽事宜，双方另有约定的从其约定；双方没有约定的，遵照相关法律、法规、规章执行；法律、法规、规章没有规定的，双方应遵循平等自愿、协商一致的原则，另行签订协议作为本合同的补充协议。补充协议与本合同具有同等效力。

第四十一条 本合同如与现行相关法律、法规、规章不一致，应以现行相关法律、法规、规章为准。

第四十二条 本合同一式两份，甲、乙双方各执一份。在甲、乙双方签字或盖章后生效，两份合同具有同等的法律效力。

甲方（公章）：　　　　　　　　　　　　　乙方（签字或盖章）：
法定代表人或委托代理人：
（签字或盖章）
签订日期：________年____月____日　　　　签订日期：________年____月____日

HR常用工具之二——保密协议

保密协议

甲方（聘用单位）：______________________________
乙方（受聘人员）：______________________________
乙方身份证号码：______________________________
合同签约地点：______________________________

鉴于乙方在甲方任职，其在工作过程中可能知悉或接触甲方的商业秘密，双方当事人就乙方任职期间及离职以后保守甲方商业秘密的有关事项，本着自愿、公平及诚实信用原则，经协商一致，订立下列具体条款：

一、商业秘密的范围

第一条 甲、乙双方确认，乙方承担保密义务的商业秘密是指____________。

第二条 本协议所称商业秘密包括但不限于下列内容：

1. ______________________________；
2. ______________________________。

二、保密义务

第三条 乙方应履行下列保密义务：

1. ______________________________；
2. ______________________________。

三、保密期限

第四条 甲、乙双方确认，乙方的保密义务自双方签订本协议之日起到商业秘密脱密时止。乙方的保密义务并不因劳动合同的解除或终止而免除。

四、法律责任

第五条 乙方必须保守甲方保密信息，在职期间，故意或过失导致甲方保密信息泄露的，甲方可根据规章制度给予乙方相应处罚，直至解除劳动合同；情节严重的，甲方可以将乙方移送司法行政机关追究刑事责任。

第六条 乙方违反保密协议约定，给甲方造成损失的，乙方应当承担赔偿责任，同时乙方应当支付甲方调查乙方的违约行为而支出的合理费用(包括但不限于律师费)。

五、争议解决

第七条 因本合同而引起的纠纷,任何一方均有权提起劳动争议仲裁和诉讼。双方同意由甲方所在地的符合级别管辖规定的劳动争议仲裁委员会及人民法院管辖双方纠纷。

第八条 本协议第七条的约定不影响甲方请求公安、工商、知识产权等政府管理部门对乙方侵权行为或违法行为进行处理的权利。

六、其他约定

第九条 本协议若与双方以前的任何协议有冲突,以本协议约定为准。

第十条 本协议的补充和修改必须用书面达成且经双方签署后才能生效。

第十一条 本合同未尽事宜按照国家或地方的法律法规执行。

第十二条 本协议自甲、乙双方签字或盖章之日起生效。本协议一式两份,双方各执一份,具有同等效力。

甲方(签字或盖章): 乙方(签字):

法定代表人或委托代理人:

签订日期:________年____月____日 签订日期:________年____月____日

HR 常用工具之三——竞业限制协议

竞业限制协议

甲方(聘用单位):________________________________

住所:________________________________

邮编:________________________________

乙方(受聘人员):________________________________

乙方身份证号码:________________________________

合同签约地点:________________________________

住址:________________________________

邮编:________________________________

手机:________________________________

个人邮箱:________________________________

鉴于乙方系甲方(A. 高级管理人员;B. 高级技术人员;C. 其他负有保密义务的人员),现双方就乙方任职期间以及离职后一定期间内所需履行的竞业限制义务,本着自愿、公平及诚实信用原则,经协商一致,订立本协议供双方遵照执行。

一、竞业限制的定义

第一条 竞业限制是指________________________________。

二、竞业限制的期限

第二条 甲、乙双方劳动关系终止或解除之日起连续______个月的期间内，乙方负有竞业限制义务。

第三条 甲、乙双方劳动关系存续期间，乙方同样负有竞业限制义务。

三、竞业限制地域

第四条 本协议所涉竞业限制地域为____。

四、竞业限制要求

第五条 乙方不得到与甲方生产或者经营同类产品、从事同类业务的有竞争关系的其他用人单位工作或提供各种形式的服务，也不得自己开业生产或者经营同类产品、从事同类业务，具体应履行如下义务：

1. ____；

2. ____。

第六条 与甲方同类的产品或业务是指：

1. ____；

2. ____；

3. ____。

属于限制就业范围的企业包括但不限于____

____。

五、竞业限制补偿

第七条 劳动合同解除或终止后，在竞业限制期内甲方按月给予乙方经济补偿。甲方每月向乙方支付的经济补偿金数额为__________。

第八条 支付方式为________________________________。乙方应在甲方支付前提供其遵守承担竞业限制义务的相关证明文件，并配合甲方的监督与检查：

(a)提供人事档案存档机关出具的证明其劳动关系或聘用关系的证明文件，在该证明文件中应当注明该任职单位已经知悉乙方承担竞业限制义务；

(b)提供证明其任职单位为其缴纳社会保险、公积金的证明文件；

(c)提供证明其任职单位为其代扣代缴个人所得税的证明文件；

(d)乙方应于每月20日前告知甲方现在的住所地址、联系方法及工作情况，甲方可以随时去乙方的住所处核实情况（包括查看乙方的住所地的房屋租赁合同或房产证和向乙方邻居了解乙方的工作情况），乙方应当予以积极配合；

(e)其他甲方要求的证明文件：________________________________。

乙方未能按时提供上述证明文件或履行其他义务的，甲方有权停止给予乙方补偿，且不免除乙方竞业限制义务。如乙方提供证明文件与实际情况不符的（包括但不限于乙方未在证明文件中的任职单位实际工作的），视为乙方违约。

第九条 由补偿费产生的个人所得税：甲方负责为乙方代扣代缴由补偿费所产生的个人所得税，并直接在给乙方的补偿金中扣除该款项。

六、竞业限制终止

第十条 甲方违反竞业限制协议，连续三个月不支付协议约定的补偿费，经乙方请求后仍然拒绝的,乙方有权要求终止竞业限制协议。

第十一条 竞业限制期满,甲方即停止补偿费的支付。甲方也有权随时解除本协议并停止补偿费的支付,但甲方应书面告知乙方。

七、违约责任

第十二条 乙方不履行或者违反本协议规定的在职期间及离职后的竞业限制义务的,应当承担违约责任,具体规定如下:

(a)向甲方一次性支付违约金,违约金金额为________。同时,乙方的违约行为给甲方造成损失的,乙方应当赔偿甲方的损失,并且乙方所获得的收益应当全部归还甲方。

(b)损失赔偿额为甲方因乙方的违约行为所受到的实际经济损失以及可举证之期待利益损失。

(c)如果甲方的损失依照(b)款所述的计算方法难以计算的,损失赔偿额为不低于乙方因违约行为所获得的全部利润的合理数额,或者不低于甲方商业秘密许可使用费的合理数额。

(d)甲方因调查和追究乙方的违约行为而支付的合理费用(包括但不限于律师费)应当包含在损失赔偿额之内。

(e)因乙方的违约行为同时侵犯了甲方或第三方的商业秘密权利的,甲方可以选择根据本协议要求乙方承担违约责任,或者根据国家有关法律、法规要求乙方承担侵权责任。

第十三条 乙方离开甲方后不遵守本协议,给甲方造成直接或间接经济损失,经通知仍不改正或情节严重引发恶意竞争,除应支付第十二条约定的违约金和赔偿金外,另外应赔偿造成的其他经济损失。

八、其他约定

第十四条 本协议若与双方以前的任何协议有冲突,以本协议约定为准。

第十五条 本协议的补充和修改必须用书面达成且经双方签署后才能生效。

第十六条 本合同未尽事宜按照国家或地方的法律法规执行。因履行本协议发生的争议,如果无法协商解决,则由争议一方或双方向甲方所在地的劳动争议仲裁委员会及/或人民法院提起仲裁/诉讼。

第十七条 本协议自甲、乙双方签字或盖章之日起生效。本协议一式两份,双方各执一份,具有同等效力。

第十八条 本协议列明的通讯地址、电话、电子邮箱或其他联系方式均为本合同下的通知送达方式。一方如迁址或者其他联系方式变更,应当及时书面通知对方。否则,如因联系方式变更导致有关事项通知或者文件送达延误的不利后果,应由自行变更方负责。

甲方(签字或盖章):　　　　　　　　乙方(签字):

法定代表人或委托代理人:

签订日期:________年____月____日　签订日期:________年____月____日

HR 常用工具之四——培训协议

培训协议

甲方（聘用单位）：________________________________

乙方（受聘人员）：________________________________

乙方身份证号码：________________________________

合同签约地点：________________________________

为了促进甲、乙双方的共同发展，根据我国劳动法律法规，甲、乙双方在平等协商基础上特签订本协议，双方需共同遵守本协议所列各项条款。

第一条 甲方同意乙方参加________培训。该培训以________的形式进行。培训期间自________年____月____日起至________年____月____日止。

该培训旨在提高乙方的专业技术能力，培训内容如下：____。

第二条 培训结束后，即从________年____月____日起，乙方应为甲方服务______年。甲、乙双方的劳动合同期限短于服务期的，甲方有权选择将劳动合同期限延长至本服务期满止，即________年____月____日止。

第三条 甲方的责任、权利和义务

1. 根据甲、乙双方协商一致，甲方为乙方支付如下费用，总称为培训费用：

（1）培训费：____________元（包含报名费、学费、资料费），支付方式为________________。

（2）交通费：____________元，支付方式为________________________________。

（3）食宿费：____________元，支付方式为________________________________。

（4）相关的其他费用：____________。

2. 乙方培训期间的违章违纪行为，甲方有权根据国家和甲方有关规定予以处理。

第四条 乙方的权利和义务

1. ____；

2. ____。

第五条 违约责任与赔偿责任

乙方在服务期限内如出现以下任一情形，乙方须向甲方支付违约金：

（1）甲方因乙方严重违纪等乙方自身原因而解除与乙方的劳动合同；

（2）乙方提出解除劳动合同。

违约金具体计算公式：

违约金（元）=［服务期限（月）－已经履约期限（月）］/服务期限（月）×培训费用（元）

第六条 争议解决

甲、乙双方因履行本协议发生争议的,由双方协商解决,协商解决不了的,按照国家有关劳动争议处理的规定处理。

第七条 本培训协议是对甲方与乙方所订立的《劳动合同》的补充,若与《劳动合同》有冲突,则优先适用本协议。

第八条 本协议一式两份,甲、乙双方各执一份,自签订之日起生效,由甲方人力资源部监督执行。

甲方(签字或盖章): 乙方(签字或盖章):

法定代表人或委托代理人:

签订日期:________年____月____日 签订日期:________年____月____日

HR 常用工具之五——劳动合同变更协议

劳动合同变更协议

甲方:

乙方:

甲、乙双方于________年____月____日签订了劳动合同,现甲、乙双方根据《中华人民共和国劳动合同法》第三十五条的规定,在公平、平等、自愿、协商一致的基础上对上述劳动合同作如下变更,未作变更部分仍按照原合同履行:

第一条……

第二条……

……

甲方: 乙方:

法定代表人或委托代理人:

日期: 日期:

HR 常用工具之六——劳动合同解除协议

劳动合同解除协议

甲方:____________

乙方:____________

甲、乙双方于________年____月____日签订了劳动合同,现根据《中华人民共和国劳动合同法》第三十六条的规定，甲、乙双方对协商解除劳动合同相关事宜达成如下一致：

第一条　经甲方/乙方提出，甲、乙双方协商一致，甲、乙双方签订的劳动合同于________年____月____日解除。

第二条　乙方的最后工作日为________年____月____日，乙方的工资、相关补偿及抵扣等均结算至该日。工资____________元、经济补偿金____________元，其他____________元。

第三条　甲方自本协议生效之日起开始安排乙方办理工作交接事宜，乙方应配合甲方在7个工作日内完成工作交接。甲方根据公司的离职交接手续为乙方办理财务结算、开具离职证明，并在15日内为其办理保险关系转移手续等。乙方未办妥离职交接手续的，甲方有权不予支付经济补偿金（如有）。

第四条　本协议第二条执行完后，双方不存在任何争议，乙方不得向甲方主张任何权利。

第五条　乙方从甲方离职后应当保守甲方的商业秘密，保证甲方秘密资料不外泄，不得在外散播损害甲方利益形象的言论。否则视为乙方违约，甲方有权要求乙方返还本协议第一条的全部款项。

第六条　其他约定：

1. ____；
2. ____；
3. ____。

甲方：　　　　　　　　　　　　　　　　乙方：

法定代表人或委托代理人：

日期：　　　　　　　　　　　　　　　　日期：

HR常用工具之七——劳务派遣用工合同

劳务派遣用工合同

甲方：____________

乙方：____________

签订日期：________年____月____日

根据《中华人民共和国劳动法》《中华人民共和国劳动合同法》和有关法律、法规，甲、乙双方经平等自愿、协商一致签订本合同，共同遵守本合同所列条款。

一、劳动合同双方当事人基本情况

第一条　甲方：____________

法定代表人（主要负责人）或委托代理人：____________

注册地址：________________________

经营地址：________________________

第二条　乙方：________　性别：________　户籍类型（非农业、农业）：________

居民身份证号码：____________________

或者其他有效证件名称：__________ 证件号码：____________________

在甲方工作起始时间：______年____月____日

家庭住址：____________________ 邮政编码：__________

在京居住地址：____________________ 邮政编码：__________

户口所在地：__________省(市)__________区(县)__________街道(乡镇)

二、劳动合同期限

第三条 本合同为固定期限劳动合同。

本合同于______年____月____日生效，其中试用期至______年____月____日止。本合同于______年____月____日终止。

甲方派遣乙方到用工单位的派遣期限自______年____月____日开始。

三、工作内容和工作地点

第四条 甲方派遣乙方工作的用工单位______________________________。

第五条 乙方同意根据用工单位工作需要，担任__________岗位(工种)工作。

第六条 根据用工单位的岗位(工种)作业特点，乙方的工作区域或工作地点为__________。

第七条 乙方按用工单位的要求应达到__________工作标准。

四、工作时间和休息休假

第八条 用工单位安排乙方执行__________工时制度。

执行标准工时制度的，乙方每天工作时间不超过8小时，每周工作不超过40小时。每周休息日为__________。

用工单位安排乙方执行综合计算工时工作制度或者不定时工作制度的，应当事先取得劳动行政部门特殊工时制度的行政许可决定。

第九条 甲方和用工单位对乙方实行的休假制度有______________________________
______________________________。

五、劳动报酬

第十条 甲方每月_____日前以货币形式支付乙方工资，月工资为__________元。

乙方在试用期期间的工资为__________元。

甲、乙双方对工资的其他约定______________________________
______________________________。

第十一条 甲方未能安排乙方工作或者被用工单位退回期间，按照北京市最低工资标准支付乙方报酬。

六、社会保险及其他保险福利待遇

第十二条 甲、乙双方按国家和北京市的规定参加社会保险。甲方为乙方办理有关社会保险手续，并承担相应社会保险义务。

第十三条 乙方患病或非因工负伤的医疗待遇按国家、北京市有关规定执行。甲方按__________支付乙方病假工资。

第十四条 乙方患职业病或因工负伤的待遇按国家和北京市的有关规定执行。

第十五条 甲方为乙方提供以下福利待遇：________________________________

____

____

____。

七、劳动保护、劳动条件和职业危害防护

第十六条 甲方应当要求用工单位根据生产岗位的需要，按照国家有关劳动安全、卫生的规定为乙方配备必要的安全防护措施，发放必要的劳动保护用品。

第十七条 甲方应当要求用工单位根据国家有关法律、法规，建立安全生产制度；乙方应当严格遵守甲方和用人单位的劳动安全制度，严禁违章作业，防止劳动过程中的事故，减少职业危害。

第十八条 甲方应当要求用工单位建立、健全职业病防治责任制，加强对职业病防治的管理，提高职业病防治水平。

八、劳动合同的解除、终止和经济补偿

第十九条 甲、乙双方解除、终止、续订劳动合同应当依照《中华人民共和国劳动合同法》和国家及北京市的有关规定执行。

第二十条 甲方应当在解除或者终止本合同时，为乙方出具解除或者终止劳动合同的证明，并在十五日内为乙方办理档案和社会保险关系转移手续。

第二十一条 乙方应当按照双方约定，办理工作交接。应当支付经济补偿的，在办结工作交接时支付。

九、当事人约定的其他内容

第二十二条 甲、乙双方约定本合同增加以下内容：

____

____。

十、劳动争议处理及其他

第二十三条 双方因履行本合同发生争议，当事人可以向甲方劳动争议调解委员会申请调解；调解不成的，可以向劳动争议仲裁委员会申请仲裁。

当事人一方也可以直接向劳动争议仲裁委员会申请仲裁。

第二十四条 本合同的附件如下：________________________________

____

____

____。

第二十五条 本合同未尽事宜或与今后国家、北京市有关规定相悖的，按有关规定执行。

第二十六条 本合同一式两份，甲、乙双方各执一份。

甲方（公章）：____________　　　　乙方（签字或盖章）：____________

法定代表人（主要负责人）：________　（签字或盖章）：____________

签订日期：________年____月____日

HR常用工具之八——劳务派遣协议

劳务派遣协议

甲方(劳务派遣单位)全称:____________

乙方(实际用工单位)全称:____________

乙方因生产(工作)需要,与甲方本着平等自愿、协商一致、公正公平、诚实信用的原则,根据《中华人民共和国劳动合同法》及有关法律法规规定,签订本协议,并承诺共同遵守。

一、协议期限

本协议自________年____月____日起至________年____月____日止。协议期满双方应以书面方式办理续延手续。

二、派遣岗位、人数和期限

1. 乙方需要接受派遣人员(以下简称员工)的岗位和人员数量如下:

____________岗位,____________人数,工作的内容____________,工作地点____________,派遣期限自________年____月____日至________年____月____日止。

2. 甲方按照乙方用工需求,负责推荐符合条件的劳务人员供乙方择优使用。甲方承担对员工的用人单位义务,乙方承担对接受的员工的用工单位连带责任义务。

乙方承诺,以上岗位工种符合国家关于劳务派遣一般的临时性、辅助性或者替代性的工作岗位上实施的要求,并保证没有将延续用工期限分割订立数个短期劳务派遣协议的情形。

三、工作时间和休息休假

1. 工作时间:员工在乙方实行(标准、综合计算、不定时)工时工作制。其中,标准工时工作制度为每天工作____________小时,每周休息日为____________。

实行综合计算工时工作制或不定时工时工作制的,由乙方负责向甲方提供报经劳动行政部门批准的行政许可决定,并告知员工。

2. 休息、休假:按国家和乙方的____________________规定执行。

3. 乙方负责保障员工享有法定休息休假权利。乙方因工作需要安排员工延长工作时间或在节假日加班的,应当征得员工同意,并直接依法支付加班加点工资。

四、劳动报酬

1. 员工享有与乙方相同或相近岗位劳动者同工同酬和福利待遇的权利。甲方不得克扣乙方支付给员工的劳动报酬。

2. 甲方与乙方商定的员工工资发放日为每月____________日,工资发放形式为(由甲方发放、由乙方直接发放、由甲方或乙方委托银行发放)。

3. 甲方与乙方协商确定,员工的工资标准采用下列第(　　)种方式:

(1)员工实行月薪制,每月为____________元,具体办法按照乙方规定执行。

(2)员工实行基本工资和绩效资金相结合的工资分配办法,员工的基本工资为每月____________元;绩效奖金考核发放办法根据乙方规定执行。绩效资金由乙方直接发放。

(3)员工实行计件工资制，计件工资的劳动定额管理按照乙方的规定执行，定额单价为__________。乙方确定、调整劳动定额应当保证员工与本单位同岗位90%以上的劳动者在法定工作时间内能够完成。超过法定工作时间以外劳动定额，应当按照法定加班工资的标准计算计件工资。

员工在乙方连续工作的，乙方应当按照同工同酬的规定，为员工实行工资调整。

五、社会保险

1. 员工的社会保险由甲方负责，甲方和员工应当按时足额缴纳各项社会保险费，其中员工应缴纳的社会保险费由甲方代扣代缴。

2. 双方商定，员工的社会保险按照下列第(　　)种方式结算：

(1)由甲方负责发放员工工资，乙方直接发放加班工资和绩效奖金的，乙方应当每月向甲方结算一次员工的加班工资和绩效奖金应缴纳的社会保险费；

(2)由乙方负责发放员工工资、加班工资和绩效奖金的，乙方负责按月向甲方结算应缴纳的社会保险费。

六、劳动保护、劳动条件和职业危害防护

1. 乙方保证执行国家劳动标准，提供相应的劳动条件和劳动保护。甲、乙双方共同负责教育员工遵守国家和乙方规定的劳动安全规程。

2. 乙方安排员工的工作(属于、不属于)国家规定的有毒、有害、特别繁重或者其他特种作业。员工从事有职业危害作业的，乙方负责定期为员工进行健康检查，并按每月__________的标准向员工支付岗位津贴(补贴)。

3. 乙方及其管理人员负责保障员工的生命安全和身体健康。员工有权拒绝乙方管理人员违章指挥、强令冒险作业，并不视为违反本协议。员工对危害生命安全和身体健康的行为，有权提出批评、检举和控告。

4. 员工因工作遭受事故伤害或患职业病，甲、乙双方均有负责及时救治、保障员工依法享受各项工伤保险及相关待遇的连带义务。甲方应按规定为员工申请工伤认定和劳动能力鉴定。

5. 员工患病或非因工负伤，甲、乙双方共同承担保证其享受国家规定的医疗期和相应的医疗待遇的连带义务。

七、劳动合同的履行、变更、解除和终止

1. 甲、乙双方共同负责教育员工，按照本协议和劳动合同的约定，三方全面履行各自的义务。

2. 员工按约定在乙方工作期限届满，乙方需要留用的，应当与甲方及员工协商续延工作期限；乙方不留用的，员工由甲方安排。

3. 乙方未按本协议约定承担对员工义务，或者出现《劳动合同法》第三十八条的情形，致使员工行使单方解除权的，由乙方承担对员工的义务，甲方承担连带责任。

4. 员工因违反《劳动合同法》第三十条及乙方依法制定的劳动规章乙方有权退回甲方，由甲方按规定处理；员工因出现《劳动合同法》第四十条、第四十一条有关情形，乙方需退回的，应与甲方协商妥善处理办法。

5. 员工有《劳动合同法》第四十二条情形之一的，派遣期间，乙方不得退回甲方，派遣期满的，应当续延至相应的情形消失时终止。甲方和乙方承担连带责任。

八、本协议履行中相关问题的处理

1. 本协议履行过程中，若甲、乙双方或一方变更名称、法定代表人或者主要负责人、投资人等事项，不影响本协议履行；若甲、乙双方或一方发生合并或分立等情况，本协议继续有效，由承继单位继续履行。

涉及劳动者切身利益的条款内容变更时，双方应当协商一致，以书面方式变更本协议。

2. 本协议的解除或终止，应当在妥善处理好员工合法权益的基础上进行。双方或一方违反法律规定解除或终止本协议，给员工造成损失的，应当按《劳动合同法》第四十八条的规定处理。

九、劳务费用结算

1. 劳务费用的构成：劳务工工资费用、社会保险费和劳务派遣服务费。

2. 费用结算标准：

(1)劳务工工资费用由乙方按本协议约定及应发放的员工的工资总额按月支付甲方。

(2)员工的各项社会保险的参保缴费手续，由甲方负责，保险费用由乙方按月支付甲方。

(3)甲方按照派遣员工总数每人每月____________元标准或劳务派遣人员工资总额的____________%收取劳务派遣服务费。

3. 乙方每月____________日前从银行划付到甲方账户，并提供各项费用结算清单。乙方支付给甲方的劳务费及相关费用，甲方必须开具正式劳务费发票。

十、其他约定

____。

十一、本协议未尽事宜，法律法规有规定的，按法律法规规定执行；法律法规没有规定的，由双方协商解决；双方协商一致，可以变更本合同。若双方协商不成或者发生争议，应当依法处理。若因员工问题发生劳动争议，甲、乙双方应当积极协调解决，并依法承担连带责任。

十二、本协议一式两份，自双方签字盖章之日起生效；双方各执一份。甲方应按规定建立职工名册备查，向劳动部门办理备案手续，并依法将本协议内容告知员工。

甲方(盖章)：____________	乙方(盖章)：____________
法定代表人、负责人	法定代表人、负责人
或委托代理人(签名)：	或委托代理人(签名)：
________________	________________
________年____月____日	________年____月____日

HR常用工具之九——劳务用工协议

劳务用工协议

甲方(用工单位)：____

法定代表人：____

公司地址：____

联系电话：____

乙方（被派遣劳动者）：________________________________

身份证号码：______________________________________

户籍类型（非农业、农业）：____________________________

户籍地址：____

通讯地址：____

联系电话：____

紧急联系人：______________________________________

紧急联系人电话：__________________________________

鉴于乙方与公司（以下简称派遣公司）订立劳动合同，建立劳动关系，甲方与派遣公司签订劳务派遣协议，派遣公司依据劳务派遣协议将乙方派遣至甲方服务，甲、乙双方形成劳务派遣下的用工关系，根据国家和当地有关法律法规的规定，甲、乙双方本着友好合作的精神，在自愿、平等、协商一致的基础上，签订本协议。

一、工作内容及期限

1. 乙方的工作岗位为__________________，工作地点为__________________。

该岗位（属于、不属于）临时性、替代性和辅助性的工作岗位。该工作岗位（属于、不属于）国家规定的有毒、有害、特别繁重或其他特种作业。

2. 乙方的工作任务或职责：______________________________________。

3. 工作岗位的录用条件：____。

工作岗位的工作标准：____。

4. 甲方因生产经营的发展需要或其他因素及乙方的业务、工作能力和表现，可以调整乙方工作岗位和工作地点。但是应当三方协商一致并与派遣公司及乙方签订岗位聘任变更合同，三方签章确认的协议书作为本合同的附件。

5. 用工期限经双方约定，采取下列第________种方式：

（1）固定期限

合同自________年____月____日起至________年____月____日止。派遣期满，不续签合同的，甲方将乙方退回派遣公司。

试用期自________年____月____日起至________年____月____日止。试用期满前，甲方有权依照甲方规章制度及岗位要求进行考核，不符合录用条件的，甲方有权将乙方退回派遣公司。

（2）以完成一定工作任务为期限：自起工作任务完成时止，该工作任务完成的标志为________。任务完成，甲方将乙方退回派遣公司。

6. 乙方的录用、辞退手续由派遣公司办理，甲方应协助派遣公司及时办理用工、退工手续。

二、乙方之权利

1. 工作条件和劳动保护

（1）甲方对乙方承担劳动法上的劳动保护义务，甲方负责派遣劳动者入厂后的劳动纪律和安全教育，并将甲方有关的规章制度和工作行为规范及违规处理办法，以书面形式发给乙方。

（2）甲方依法保障乙方职业安全卫生权益，执行国家和省有关职业安全和劳动保护规程及标准，配备安全生产和职业病防护设施，发放符合要求的劳动保护用品，定期为乙方进行健康检查。

(3)乙方有权对用工单位及其管理人员漠视乙方安全和健康的行为，提出批评、检举、控告；有权拒绝违章指挥和强令冒险作业。

(4)甲方按照国家和当地有关规定对女职工实现特殊劳动保护。

2. 工作时间和休息休假

甲方安排乙方执行下列第________种工时制：

(1)实行标准工时制。乙方每日工作时间不超过8小时，每周工作时间不超过40小时，每周至少休息一天。

(2)实行经劳动保障行政部门批准实行的不定时工作制。

(3)实行经劳动保障行政部门批准实行的综合计算工时工作制。结算周期：按________结算。

甲方依法保证乙方的休息休假权利。

3. 加班

(1)甲方由于生产经营需要经与工会和乙方协商后可以延长乙方工作时间，一般每日不得超过1小时；因特殊原因需要延长工作时间的，每日不得超过3小时，但每月不得超过36小时。

(2)甲方确因工作需要安排乙方延长工作时间或在法定节假日、休息日安排乙方工作的，乙方应服从甲方安排。但甲方应按照国家相关法律、法规及甲方规章制度安排补休或支付加班工资。加班工资不计入甲方与派遣公司约定的基本工资，由甲方直接支付给乙方。

(3)乙方因完成工作需要，确需加班的，应当向主管提出书面申请，说明加班的理由和时间，经主管领导批准后，方可视为加班，享受加班待遇。加班时间，以实际发生的时间为准。

4. 培训及服务期

(1)甲方应对乙方进行劳动安全卫生知识、法律、法规教育和操作规程培训，及其他业务技术培训，持证上岗。乙方应参加甲方组织的各项培训，严格遵守其岗位劳动安全技术规程。

(2)鉴于乙方系劳务派遣工，甲方与乙方不约定服务期条款。但是甲方实际出资给派遣公司定向培养乙方的，派遣公司与乙方签订的服务期约定，不受限制。

5. 工资、福利及其支付

(1)乙方的基本工资为________元/月，其中试用期工资为________元/月(不得低于当地最低工资标准)，乙方基本工资由派遣公司支付。

(2)乙方的绩效奖金和加班费由甲方按照国家有关规定和甲方规章制度支付，并由甲方代扣代缴个人所得税。

(3)乙方的津贴、补贴由甲方按照国家有关规定和甲方规章制度支付。

(4)乙方社会保险相关事宜由派遣公司负责，概与甲方无涉。

(5)乙方在派遣期间，享有正常的晋升和工资增长的权利。甲方的工资调整机制适用于乙方。

6. 跨地区派遣的工资标准

跨地区派遣的(甲方和派遣公司不在同一地区的)，乙方享有的劳动报酬和劳动标准，按照甲方所在地标准执行。

三、乙方之义务

1. 规章制度

乙方服从甲方和派遣公司管理，并严格遵守甲方和派遣公司依法制定的规章制度。两个单位的规章制度有冲突时，以甲方规章制度为准。甲方对于乙方实行的监督管理权程度不低于甲方的正式职工。

2. 用工管理

(1)对于乙方违法违纪情形，甲方可以向派遣公司提出处理意见和建议，并提供违法或违纪的事实依据，由派遣公司处理，直至解除劳动合同。

(2)甲方有权对乙方业务考核，甲方有权根据甲方的表现予以相应的奖惩。

3. 知识产权归属

(1)乙方在甲方任职期间，因履行职务或者主要是利用甲方的物质技术条件、业务信息等产生的发明创造、作品、计算机软件、技术秘密或其他商业秘密信息，有关的知识产权均属于甲方享有。甲方可以在其业务范围内充分自由地利用这些发明创造、作品、计算机软件、技术秘密或其他商业秘密信息，进行生产、经营或者向第三方转让。乙方应当依甲方的要求，提供一切必要的信息和采取一切必要的行动，包括申请、注册、登记等，协助甲方取得和行使有关的知识产权。

(2)乙方在甲方任职期间所完成的、与甲方业务相关的发明创造、作品、计算机软件、技术秘密或其他商业秘密信息，乙方主张由其享有知识产权的，应当及时向甲方申明。经甲方核实，认为确属于非职务成果的，由乙方享有知识产权。

(3)乙方没有申明的，推定其属于职务成果，甲方可以使用这些成果进行生产、经营或者向第三方转让。即使日后证明实际上是非职务成果的，乙方亦不得要求甲方承担任何经济责任。

(4)乙方申明后，甲方对成果的权属有异议的，可以通过协商解决；协商不成的，通过诉讼途径解决。甲方对成果的权属无异议的，如甲方提出使用要求，乙方同意无条件授予甲方该成果法定最长期限的独占使用许可权。甲方应当给予乙方合理的补偿。

4. 商业秘密保护

(1)乙方应保守甲方的商业秘密，并采取有效的保密措施，不得泄露任何秘密给第三方。

保密期限自知晓甲方商业秘密直到本文中涉及的所有技术信息和经营信息公开发布为止。

本协议所指的商业秘密，包括但不限于：

a. 技术信息

指甲方研制开发或以其他合法方式掌握的、未公开的、能给甲方带来经济利益或竞争优势的实用性信息，包括但不限于核心技术、技术方案、技术指标、技术改良、技术发明、技术报告和文档、许可证、设计需求、服务范围和内容、实现方法、运作流程、运行环境、软件系统、软件产品源程序/代码、目标代码、软件可执行程序、数据库、研究开发记录、测试报告、测试结果、测试方法、实验数据、试验结果、图画、图像、图形、图纸、用户手册、操作手册、涉及技术转让、技术入股、技术合作、技术引进或者其他合法途径获得技术秘密的业务函电和内部文件资料等。

b. 经营信息

指与甲方经营发展战略相关的信息，包括但不限于经营战略、市场营销计划和战略、产品信息、现有客户、潜在客户、供应商、合作伙伴信息、商务机会、经营数据、服务网络、需求信息、采购资料、定价政策、业务计划、进货渠道、产销策略、招投标中的标底/标书内容、备忘录、协议书、费用预算、设备资源、人力资源、财务报表、利润指标及不公开的财务数据等。

c. 乙方因业务往来或其他任何方式所知悉的甲方所属集团其他成员企业的商业秘密，以及甲方依照法律规定（如在缔约过程中知悉的对方当事人的秘密）或有关协议的约定（如技术合同、合作协议等）对外承担保密义务的事项等。

d. 甲方依照法律规定和有关协议的约定要求乙方承担保密义务的其他事项。

（2）在被协议解除或终止后，或者于甲方提出请求时，乙方应当返还全部属于甲方的财物，包括记载着甲方秘密信息的一切载体。但当记录着秘密信息的载体是由乙方自备的，且秘密信息可以从载体上消除或复制出来时，可以由甲方将秘密信息复制到甲方享有所有权的其他载体上，并把原载体上的秘密信息消除。此种情况乙方无须将载体返还，甲方也无须给予乙方经济补偿。

（3）乙方的违约行为造成甲方的直接或间接经济损失或严重后果的，乙方应当承担违约责任，具体规定如下：

a. 损失赔偿额为甲方因乙方的违约行为所受到的实际经济损失以及可举证之期待利益损失。

b. 如果甲方的损失依照本条第 a 项所述的计算方法难以计算的，损失赔偿额为不低于乙方因违约行为所获得的全部利润的合理数额，或者不低于甲方商业秘密许可使用费的合理数额。

c. 甲方因调查和追究乙方的违约行为而支付的合理费用，包括但不限于律师费，也应当包含在损失赔偿额之内。

d. 因乙方的违约行为同时侵犯了甲方的商业秘密权利的，甲方可以选择根据本协议要求乙方承担违约责任，或者根据国家有关法律、法规要求乙方承担侵权责任。

四、双方其他约定

1. 工伤

（1）乙方在务工期间发生工伤或患职业病，由甲方与派遣公司共同处理，派遣公司负责善后工作（工伤认定、伤残鉴定）和家属安抚工作。

（2）乙方在务工期间发生工伤，甲方应首先采取急救措施，并同时通知派遣公司，派遣公司接到通知________小时内到现场并负责全程处理。

（3）甲方应向派遣公司提供工伤相关的证据资料，以便派遣公司向劳动及有关部门申报。

（4）派遣公司负责工伤的鉴定等手续的办理。____________元以内的医疗费由甲方垫资处理，超出____________元医疗费用后则由派遣公司垫资。

（5）乙方发生工伤、职业病、意外事故，派遣公司按照国家规定承担相应责任，但国家规定由甲方承担除外。

2. 侵权责任

乙方造成第三方伤害的，由乙方和派遣公司对外承担责任。

3. 病假、医疗期及待遇

乙方患病或非因公负伤的医疗期和医疗待遇，按照国家规定和当地有关规定执行。在符合国家规定的医疗期内，由派遣公司继续支付乙方病假工资、社会保险费。

4. 事假、年假及其待遇

（1）乙方可以请事假，但事假期间不计薪。乙方结婚的，按照国家规定和当地有关规定执行。

但婚嫁应当在结婚登记日前后3个月内休完。

(2)乙方在甲方工作满1年的,甲方安排一次带薪年休假,具体休假天数按国家规定执行。

5. 女职工“三期”待遇

(1)乙方在派遣期间出现孕期、产期、哺乳期等,不得降低乙方工资待遇,不得退回派遣公司,由派遣公司按照国家规定和当地规定承担工资支付。但乙方无法提供合法婚育证明及医院证明除外。

(2)派遣公司在向甲方派遣人员时,应当向甲方准确提供乙方婚育状况及“三期”情况。

五、合同的解除、终止

1. 在派遣期内,乙方有下列情形之一者,甲方可以将乙方退回派遣公司:

(1)派遣协议期满的;

(2)甲方的生产、经营情况发生变化,原派遣协议无法履行,甲方与派遣公司提前终止协议的;

(3)患病或非因工负伤,医疗期满后,不能从事原工作也不能从事由甲方另行安排工作的;

(4)不能胜任工作,通过培训仍不能胜任工作的;

(5)甲方与派遣公司订立派遣协议时依据的客观情况发生重大变化,致使与乙方协商不能达成一致的;

(6)派遣期内发现患有非务工引起的慢性病、遗传病、传染病、地方病及实质性重大疾病的;

(7)甲方的原因需要立即裁减人员或批量裁减人员占所派遣人员总数的10%以上的;

(8)甲方根据情况需要立即或无条件裁减人员的;

(9)乙方提前30日书面通知甲方(派遣公司),要求终止使用关系或劳动关系的;

(10)乙方与派遣公司终止劳动关系的;

(11)试用期被发现不符合录用条件的;

(12)严重违反甲方规章制度的;

(13)严重失职、营私舞弊,对甲方造成损害的(以甲方规章制度为准);

(14)被司法部门依法追究责任的;

(15)被证明隐瞒或虚构真实身份、事实(包括但不限于身份证/学历/年龄/婚姻状况/病史/履历)的。

2. 乙方被退回的,应当按照甲方规定办理工作交接等相关手续。

3. 甲方提前解除本合同的,对乙方的经济补偿由甲方承担,通过派遣公司及时支付乙方。

4. 发生以下情形的,甲方不得将乙方退回派遣公司:

(1)乙方从事接触职业病危害作业的劳动者未进行离岗前职业健康检查,或者疑似职业病病人在诊断或者医学观察期间的;

(2)在甲方用工期间患职业病或者因工负伤并被确认丧失或者部分丧失劳动能力的;

(3)患病或者非因工负伤,在规定的医疗期内的;

(4)乙方在派遣期间处于孕期、产期、哺乳期的;

(5)法律、行政法规规定的其他情形。

六、违约责任

1. 甲方未按劳务派遣协议约定承担对乙方义务,或者甲方有《劳动合同法》第38条情形,致使乙方行使单方解除权的,由派遣公司承担对乙方的义务,甲方承担连带责任。

2. 合同期内,乙方未经协商擅自离岗或违法违纪给甲方造成的经济损失,乙方应当承担赔偿责任,派遣公司承担连带责任。

七、争议解决

1. 甲、乙双方就《劳动合同法》第 62 条规定事项发生的纠纷,由甲方所在地劳动争议仲裁委员会解决。

2. 其他用工纠纷,由乙方向派遣公司所在地劳动争议仲裁委员会向派遣公司主张。如争议的处理结果与甲方有利害关系,甲方有参加仲裁活动的权利。

3. 乙方侵犯甲方权益的,甲方可自行或通过派遣公司追究乙方的法律责任。

八、合同的生效

1. 本合同依法订立,双方签字盖章后生效,双方必须严格履行。

2. 本协议的附件包括:

(1)派遣公司与乙方签订的《劳动合同》副本;

(2)甲方与派遣公司签订的《劳务派遣协议》;

(3)______________________________;

(4)______________________________。

3. 本合同一式三份,甲、乙双方各执一份,派遣单位留存一份,三份均具有同等法律效力。

九、其他

1. 乙方的人事档案,党团关系组织关系由派遣公司处理。

2. 乙方在签订本合同时,已仔细阅读过甲方与派遣单位签订的《劳务派遣合作协议》,派遣公司方亦对本合同及《劳务派遣合作协议》各条款给乙方进行详细解释,乙方对此并无异议。

3. 本合同未尽事项,按国家有关法律、法规执行。

4. 本合同条款如与今后国家颁布的法律、法规相抵触时,按国家新的法律法规执行。

5. 本合同列明的通讯地址、电话、电子邮箱或其他联系方式均为本合同下的通知送达方式。一方如迁址或者其他联系方式变更,应当及时书面通知对方。否则,如因联系方式变更导致有关事项通知或者文件送达延误的不利后果,应由自行变更方负责。

甲方(盖章):__________　　　　乙方(签名):__________

法定代表人(签名):__________

日期:______年___月___日　　　　日期:______年___月___日

HR 常用工具之十——非全日制劳动合同书

非全日制劳动合同书

根据《中华人民共和国劳动合同法》及相关法律、法规的规定,经用人单位与劳动者双方平等协商,签订本劳动合同,共同遵守。

一、双方当事人

第一条 用人单位(以下简称为甲方):

名称:____________________

通讯地址:____________________ 邮编:__________

法定代表人/主要负责人:____________________

电话:____________________ 传真:__________

电子邮箱:____________________

第二条 劳动者(以下简称为乙方):____________________

姓名:__________ 性别:________ 年龄:________

身份证号码:____________________

联系电话:______________;______________

通讯地址:__________ 邮编:__________

电子邮箱:____________________

社会保险个人账号:____________________

第三条 本合同第一条、第二条中甲、乙双方的联系地址(包括通讯地址、电子邮箱)为双方在履行本劳动合同期间的约定通讯地址。若在履行本合同过程中双方有任何重要文件资料需要送达时,该地址为双方约定的收件地址。若其中一方的联系地址或电子邮件发生变化,应立即书面通知对方,否则视为没有变化。

双方约定,一方在采取直接送达、邮寄送达等方式都无法送达而需要公告送达时,同意选择报纸作为公告送达的媒体。

二、劳动合同期限

第四条 经双方协商,本合同的期限为______年,自________年____月____日起至________年____月____日终止。

三、工作内容和工作地点

第五条 甲方根据生产(工作)需要,安排乙方从事岗位(工种)工作。具体生产(工作)任务:____。

乙方应按照甲方的要求,按时完成规定的工作数量,达到规定的质量标准。

工作的地点:____。

根据生产(工作)需要,乙方服从甲方临时变换工作岗位或工作地点的安排。

四、工作时间和休假

第六条 乙方在甲方平均每日工作时间不超过 4 小时,每周工作时间累计不超过 24 小时。具体工作时间安排为________时________分至________时________分。甲方可以根据工作的特殊需要临时变更乙方的工作时间。

第七条 甲方应当保证乙方每周至少休息 1 日。在下列节日期间应当依法安排乙方休假:(1)元旦;(2)春节;(3)国际劳动节;(4)国庆节;(5)法律、法规规定的其他休假节日。

五、劳动报酬

第八条 甲方向乙方支付的每小时工资标准为________元(人民币),此标准不得低于政府规定的最低小时工资标准。甲方每________(间隔最长不超过 15 天)以法定货币形式足额向乙方支付。

第九条 甲方安排乙方加班工作的，按国家相关法律的规定支付加班费。

六、社会保险

第十条 甲方支付的小时工资中已经包含其应缴纳的基本养老保险、基本医疗保险费用。乙方同意依据国家和地方有关规定自主在社保部门灵活就业人员窗口办理基本养老保险、基本医疗保险。

第十一条 甲方依照国家和地方的规定，为乙方办理工伤保险和缴纳工伤保险费用，乙方在合同期内因工负伤依法享受工伤保险待遇。

第十二条 本合同成立之日起一周内，乙方必须将办理工伤保险所需个人相关资料交给甲方，以便甲方到社保部门为乙方办理工伤保险手续，否则由此产生的所有法律责任由乙方承担。

七、劳动保护、劳动条件和职业危害防护

第十三条 甲方向乙方提供下列必需的生产(工作)和劳动防护用品：

1. ______________________________;
2. ______________________________;
3. ______________________________;
4. ______________________________。

第十四条 甲方对乙方进行下列培训：

1. 职业道德；
2. 业务技术；
3. 劳动安全卫生及规章制度教育和培训；
4. ______________________________;
5. ______________________________。

第十五条 甲方应当向乙方告知下列事项：(告知内容见本合同的附件)

1. 劳动安全卫生制度；
2. 操作规范；
3. 乙方所从事工作的职业危害因素、危害结果和应当采取的职业病防护措施及安全生产状况；
4. 凡患有职业禁忌症的，不得从事与该禁忌症相关的作业；
5. ______________________________;
6. ______________________________。

第十六条 乙方在劳动过程中必须严格遵守安全操作规程，自觉接受劳动安全教育，听从管理人员的指挥，不得违章操作、冒险作业。

第十七条 乙方对甲方管理人员违章指挥、强令冒险作业，有权拒绝执行；对危害生命安全和身体健康的劳动条件，有权提出批评、检举和控告。

八、劳动合同的变更、解除与续订

第十八条 经甲、乙双方协商同意，可以变更、解除、续订本合同。变更、解除、续订合同应当采用书面形式。

第十九条 甲、乙双方在任何情况下都可以随时通知对方终止本劳动合同，但必须提前5天以书面形式告知对方,否则应当赔偿因此给对方造成的经济损失。

第二十条 本劳动合同解除或终止的,除法律规定以外,甲方不支付经济补偿金。

第二十一条 在解除或者终止劳动合同时,乙方应在日内办理工作交接手续。拒绝移交给甲方造成损失的,应当承担赔偿责任。

乙方对移交的各种资料的合法性、真实性承担法律责任。

工作交接时乙方应当返还所使用或保管的甲方财物,包括但不仅限于办公室钥匙、办公工具、宿舍钥匙、床位、工作证件、授权资料、空白文书、公司的债权文书、款项等。如有损坏、遗失或侵占的,应当承担赔偿责任。

九、其他约定

第二十二条 在此劳动合同期间乙方也与其他企业订有劳动合同的,不得影响本劳动合同的履行,否则乙方应当赔偿因此行为给甲方造成的经济损失。乙方应当告知甲方其在其他单位的工作内容和工作时间。

第二十三条 乙方在本劳动合同存续期间及在本劳动合同解除后直至商业秘密公开期间,必须遵守甲方规定的全部保密规章制度,对其知悉的包括但不限于甲方的管理方法、产销策略、客户名单、货源情报等经营信息及与知识产权相关保密事项进行保密。如有违反,应当赔偿由此给甲方带来的经济损失。

第二十四条 本合同中任何一方违反《劳动合同法》规定或本合同的约定时,应当承担责任。

第二十五条 在履行本劳动合同期间,乙方因故意或重大过失造成第三方损失的,甲方在垫付赔偿后有权向乙方追偿。

第二十六条 甲、乙双方在履行本合同过程中发生争议,可协商解决;协商不成的,任何一方可以向劳动争议仲裁委员会申请仲裁,对裁决不服的,可以向人民法院起诉。

第二十七条 本合同未尽事宜,双方可另行协商解决,签订补充条款,补充条款与本合同具有同等法律效力。

本合同中约定的事项与今后国家法律、法规等有关规定相悖的,按国家有关规定执行。

第二十八条 本合同双方签字生效。本合同一式两份,甲、乙双方各执一份,具有同等法律效力。

甲方(盖章):__________　　　　乙方(签名):__________

法定代表人(签名):__________

日期:______年____月____日　　　　日期:______年____月____日

HR 常用工具之十一——实习协议

实习协议(适用于与学校)

甲方:____

地址:____

联系人：____

联系电话：____

传真：____

乙方：____

地址：____

联系人：____

联系电话：____

传真：____

甲、乙双方经友好协商，就乙方学生赴甲方实习事宜，根据劳动部门和教育部门等的有关规定，达成以下协议以便双方共同遵照执行。

一、双方资质认定

1. 甲方是在当地工商行政机关注册，并经劳动行政部门认可，具有用人资格的公司。

2. 乙方是经当地教育或劳动行政部门批准，具有合格办学资质的各类学校。

甲、乙双方均应提供相应证件（复印件）作为本协议的附件。

二、实习生要求

1. 实习生共________名，其中男生________名，女生________名；

2. 实习期限为________年____月____日至________年____月____日；

3. 乙方所输送实习生必须符合下列要求：____________；

4. 乙方所输送之实习生必须经过甲方面试，并在开始实习前经甲方指定医院体检，合格后方能开始实习。

三、甲方的权利和义务

1. 本着公平、公正的原则，甲方根据一定要求和标准，对乙方输送的学生进行面试及相关技能和知识培训，最终择优录取，确定正式实习的人员。

2. 甲方根据乙方的实际情况和工作需要，安排实习学生到部门，从事工作。实习期间，甲方应安排专门的技术与管理人员对实习学生进行业务培训、技术指导和日常管理，实习学生应自觉遵守劳动纪律，认真实习。

3. 实习生工资由甲方确定，因生产需要延长工作时间的，按《劳动法》有关规定支付加班工资。

4. 实习生工资由甲方按时发放，如无擅自离职、违法违纪行为或其他特殊原因的，乙方不得扣发实习生工资。

5. 甲方按照《劳动法》有关规定为乙方输送之实习生提供必要的劳动保障，负责工作期间的劳动安全；乙方输送之实习生发生工伤事故或患职业病时，甲方、乙方应当根据《工伤保险条例》等劳动法律、法规协调处理，其中甲方应承担________%，乙方承担________%。

6. 甲方为乙方输送之实习生提供有偿宿舍，并负责宿舍的日常管理。

6.1　实习生在来____________时需带足现金以支付住宿费及当月生活费。住宿费在入住当天缴纳，以后逐月交付。如不及时缴纳，将直接影响学生的实习，同时甲方将通过书面形式通知学校和当事人，同时在学生当月工资中按照实际发生费用扣除。

6.2 实习需遵守宿舍各项规章制度，若有违反且情节恶劣者将被开除出宿舍，并终止其实习行为，由乙方负责带回。

6.3 实习生如需搬出宿舍另外居住，需事先征得父母、学校的同意，并提交书面申请报甲方批准后方可搬出，同时甲方不再承担在工作时间以外的任何责任；如实习生不经允许擅自搬出宿舍，一经发现将终止其实习，同时甲方也不承担在此期间的任何责任。

7. 实习期未满而甲方无正当原因辞退实习生的，甲方负责另行安排工作。

8. 实习生不得擅自离职，如有正当原因确需离职的，需提前一周提交书面申请，经甲方批准后方可离职，学生离职后甲方不再承担任何责任；如无正当原因而离职的，乙方有权扣留学生的实习推荐表并扣发学生当月工资。

9. 在学生实习结束后，乙方负责协助为学生进行实习鉴定。

10. 实习期内，乙方要求解除本协议的，需提前________天通知甲方，并向甲方赔偿违约金__________元/人，具体金额按实际解约人数而定。

四、乙方的权利和义务

1. 乙方所输送的实习生必须是本校所属的符合实习生身份的全日制学历教育学生；

2. 乙方需保证所输送之实习生按照乙方指定时间到甲方指定医院参加体检，且学生流失率不得超过10%（剔除当地已体检不合格人员，需出具医院体检不合格证明）；

3. 体检结果需由甲方确认，体检不合格者由乙方负责带回；

4. 乙方需向甲方提供实习生实习推荐表（盖有学校公章、贴有照片）、学籍证明、身份证复印件或户籍证明复印件（户籍证明由当地派出所出具，附有本人照片并在照片上加盖派出所公章），如乙方提供的实习生有关资料与事实不符或违反有关规定，甲方有权随时通知甲方退回学生；

5. 学生从面试到体检、签订合同、报到、实习的整个过程中，乙方需指定一名教师全权负责管理并配合甲方；

6. 实习期内，考核不合格之实习生由乙方负责接回并另行安排其实习或学习，乙方提供具体考核不合格原因；

7. 在学生实习期间，乙方应定期了解学生意见、工作表现及在生活、工作中遇到的困难，协助甲方做好学生的思想工作，负责与学生家长进行沟通，保证让学生安心实习，并将意见及时反馈给甲方；

8. 乙方应向甲方支付学生安置费__________元/人，具体金额按照实际体检合格人数计算；

9. 学生发生工伤事故，乙方需主动协助甲方处理；

10. 乙方所输送实习生发生下列问题将被解除实习协议，解除实习协议之实习生由乙方负责接回，自实习协议解除之日起甲方不再承担任何责任：

10.1 学生严重违反劳动纪律或者规章制度的；

10.2 学生严重失职、营私舞弊，对乙方利益造成重大损失的；

10.3 学生发生重大违法行为，依法被追究刑事责任的；

10.4 学生有精神病、传染性疾病或正在治疗中，未向甲方在报到前如实说明或隐瞒真实情况的；

10.5 学生冒名顶替或假造学历证明、身份证明等相关证件，经查实确凿者；

10.6 学生患病或非因工负伤，在规定医疗期满后经鉴定不能从事原工作，也不能从事乙方另行安排的工作的；

11. 在履行本实习协议期间，乙方输送之实习生因故意或重大过失造成第三方损失的，甲方在垫付赔偿后有权向乙方追偿。

五、争议的解决

甲、乙双方在履行本协议的过程中发生的所有争议，双方应本着平等自愿的原则，按照协议的约定分清各自的责任，采用友好协商的办法解决；如果协商不成，各方同意按照第种方式解决：

1. 提交北京仲裁委员会，按提请仲裁时该会届时有效的仲裁规则进行仲裁。该仲裁裁决是终局的，对双方均具有拘束力；

2. 提交甲方所在地人民法院解决。

六、其他

本协议一式两份，甲、乙双方各持一份，自双方签字盖章之日起生效。在执行过程中一方如需变更条款，必须与对方协商一致，否则将承担相应的经济责任和法律责任。

甲方（盖章）：__________	乙方（盖章）：__________
甲方代表（签字）：__________	乙方代表（签字）：__________
______年___月___日	______年___月___日
签订地点：__________	签订地点：__________

实习协议（适用于与实习生）

甲方（实习单位）：____________________

地址：____________________

联系人：____________________

联系电话：____________________

传真：____________________

乙方（实习生）：____________________

年龄：____________________

性别：____________________

民族：____________________

身份证号码：____________________

户籍所在地：____________________

学生所在学校：____________________

所学专业：____________________

毕业时间：____________________

联系电话：____________________

鉴于乙方属于在校生，无法与甲方建立劳动（合同）关系。甲、乙双方经平等协商，共同决定建立劳务关系。因此，本协议不在《中华人民共和国劳动法》调整范围内，而在《中华人民共和国民法典》的调整之中。甲、乙双方在明确这一法律关系的基础上，根据《中华人民共和国民法典》等有关法律、法规，甲、乙双方本着友好合作的精神，在自愿、平等、协商一致的基础上，签订本协议。

一、实习期限

实习时间自________年____月____日至________年____月____日。

二、实习岗位

甲方根据乙方的申请和其所学专业及特长，安排乙方在____________从事工作。

三、实习管理

1. 甲方应提供实习场地及相关条件。

2. 实习期间甲方指定专人负责乙方的日常管理，实习期满后，应对乙方的实习表现作出客观鉴定。

3. 双方协商同意，实习期间甲方每月付给乙方____________元（人民币）生活补贴；如果实习期内乙方不符合甲方的工作要求，甲方有权提出解除《学生实习协议书》。

4. 实习期间乙方应遵守的规定：

（1）乙方应遵守国家的法律、法规；

（2）乙方应遵守甲方的规章制度、劳动纪律及管理规定；

（3）乙方应遵守甲方的操作规程，如有违反造成甲方财物损失，按甲方规定处理。

对于不能遵守相关制度的学生，甲方有权提出解除《学生实习协议书》，但是应提前告诉乙方和说明原因。

四、劳动保护

1. 甲方需为乙方提供符合国家规定的安全卫生的工作环境，保证其在人身安全不受危害的环境条件下工作；

2. 甲方应按《劳动法》规定的作息时间安排乙方实习工作；

3. 乙方实习期间发生工伤或患职业病的，按《工伤保险条例》规定执行。

五、保密约定

乙方因履行本协议而接触、知悉的属于甲方或者虽属于第三方但甲方承诺有保密义务的技术秘密、经营信息和其他商业秘密信息承担保密义务。除非法律、法规另有规定，劳务协议期限届满后，乙方承担保密义务的期限直到或甲方或第三方宣布解密或本协议中涉及的所有商业秘密公开发布为止。

六、知识产权

学生在实习期间开发的项目成果所有权属于企业。

七、协议终止与解除

1. 协议期满自然终止；

2. 实习期间乙方如违反协议第 3 条第 4 款规定，甲方有权根据具体情况决定对乙方作出警告、通报或单方即时解除协议，终止乙方在甲方的实习；

3. 实习期间乙方在说明原因并取得甲方同意的情况下，可以与甲方解除协议。

八、违约责任

任何一方违约，应向另一方支付违约金人民币____________元；对于未能为企业保守商业机密的行为,企业根据相关法规追究违反方的法律责任。

九、其他约定事项

十、本协议未尽事宜由甲、乙双方协商解决。因本协议而引起的纠纷,经协商或调解不能解决的,甲、乙任何一方均有权提起诉讼。甲、乙双方同意,选择甲方住所地符合级别管辖规定的人民法院作为本协议纠纷的第一审管辖法院。

十一、本协议一式二份,经各方签字或盖章后生效。甲方、乙方各执一份。

甲方(盖章):____________　　乙方(盖章):____________

甲方代表(签字):____________　　乙方代表(签字):____________

______年____月____日　　______年____月____日

签订地点:____________　　签订地点:____________

顶岗实习协议(适用于三方)

甲方(实习单位):________________________

地址:________________________

联系人:________________________

联系电话:________________________

传真:________________________

乙方(实习生):(姓名、专业、身份证号码、电话等见附表)

丙方(学校):________________________

地址:________________________

联系人:________________________

联系电话:________________________

传真:________________________

经甲、乙、丙三方友好协商,订立本协议如下:

一、实习岗位、期限

1. 三方同意乙方在______年____月____日至______年____月____日在甲方进行实习;

2. 甲方将安排乙方在甲方的部门______岗位进行实习。

二、各方的权利和义务

本协议各方在此同意和确认各方的权利和义务如下:

(一)甲方的权利和义务

1. 甲方的权利:

(1)可以根据其需要和乙方的工作能力对实习内容进行调整;

(2)在实习期内根据乙方的表现,经和丙方友好协商后甲方有权决定是否提前终止对乙方提供的实习机会;

(3)乙方在实习期间开发的项目成果所有权属于企业。

2. 甲方的义务:

(1)按照本协议规定的时间和内容为乙方提供实习机会,所安排的工作应该符合法律的规定和不损害乙方的身心健康;

(2)配合学校教学目标和要求,制订学生顶岗实习计划。有义务为丙方前往甲方实习单位对乙方进行指导或管理提供方便,向丙方提供乙方实习的真实表现等信息;

(3)在乙方严格遵守了实习时间和甲方各项规章的情况下,给予乙方每天＿＿＿＿＿＿元的生活补贴和每月＿＿＿＿＿＿元的交通补贴;

(4)在乙方实习期间,配合丙方做好实习学生的管理工作,安排具有相应专业知识、技能或工作经验的人员对乙方实习进行指导,并协助丙方对乙方进行管理,在乙方实习结束时根据实习情况对乙方作出实习考核鉴定;

(5)加强对实习学生上岗前安全防护知识、岗位操作规程的培训,落实安全防护措施,预防发生伤亡事故;

(6)为乙方提供必要的劳动保护措施。乙方在甲方实习期间,如发生意外事故,由甲方及丙方共同协助乙方获取保险公司理赔,丙方负责配合做好学生、家长等各方工作。

(二)乙方的权利和义务

1. 乙方的权利:

(1)有权在协议规定的实习时间按照甲方安排的内容参加实习;

(2)享有劳动报酬和劳动保护的权利,在严格遵守了实习时间和甲方各项规章情况下,向甲方领取每天＿＿＿＿＿＿元的生活补贴和每月＿＿＿＿＿＿元的交通补贴;

(3)在实习期间如发生意外事故时有获得赔偿的权利;

(4)如果甲方安排的工作内容违法或有损乙方身心健康,乙方有权在向甲方报告后终止在甲方的实习。

2. 乙方的义务:

(1)在实习期间认真做好岗位的本职工作,培养独立工作能力,刻苦锻炼和提高自己的业务技能,在顶岗实习的实践中努力完成专业技能的学习任务;

(2)在实习期间,遵守甲方的有关工作时间、休假制度、考勤制度、行为准则、保密制度及任何其他甲方要求乙方遵守的公司规定;

(3)应按时按质完成实习期间甲方交付的任务和工作;

(4)应遵守甲方的操作规程,如有违反造成甲方财物损失,按甲方规定处理;

(5)遵守学院关于顶岗实习的相应管理规定和要求,与校内指导教师保持联系,按照顶岗实习的教学要求做好实习日志的填写、实习报告的撰写等相关工作,并接受实习单位和学院的考核;

(6)在签订本协议时,应该将此情况向家长汇报并征得家长同意。

(三)丙方的权利和义务

1. 丙方的权利:

(1)根据乙方在甲方的实习内容和表现,自行决定是否直接给予乙方相应课程学分或直接参加丙方相应课程的考试;

(2)有权在不影响甲方正常工作的前提下前往实习单位对乙方进行指导或管理,有权向甲方了解学生的实习情况。

2. 丙方的义务：

(1)对乙方在甲方的实习给予充分的配合，做好实习学生实习前的动员与培训工作、实习中的联络、检查、协调工作，实习后的考核和其他工作。

(2)对乙方实习期间的行为予以监督和管理，以确保乙方遵守本协议及甲方的规章制度。

(3)在乙方违约的情况下，丙方有责任给予甲方积极、充分的配合，以便甲方追究乙方的违约行为。

(4)负责为乙方购买相关的人身保险，在实习期间如发生意外事故时，协助乙方与保险公司沟通，为乙方获得相关的赔偿提供帮助。

三、保密约定

协议三方都有义务为三方中的任何一方保守法律规定的相关的秘密，尤其是要对甲方的经营管理和知识产权类信息进行保密，若有违反，依据相关法律处理。

四、协议的终止与解除

1. 协议期满自然终止。

2. 因协议期限届满以外的其他原因而造成协议提前终止时，甲、乙、丙三方任何一方均应提前两天通知其他二方。

3. 乙方违反本协议第二条有关乙方义务的规定，甲方可提前终止本协议，但应通知丙方并说明原因，乙方应承担甲方由此所遭受的损失。

五、其他

其他未尽事宜由三方及时协商解决。因本协议而引起的纠纷，经协商或调解不能解决的，甲、乙、丙任何一方均有权提起诉讼。甲、乙、丙三方同意，选择甲方住所地符合级别管辖规定的人民法院作为本协议纠纷的第一审管辖法院。

六、协议的生效

1. 本协议一式三份，由甲方、乙方和丙方各执一份，经三方合法授权代表签署后生效。

2. 本协议生效后，对甲、乙、丙各方都具有法律的约束力。本协议是协议三方通过对各种问题的研究、讨论，经过友好协商达成共识后三方同意签署的；任何一方对此协议内容进行任何修正或改动，都应经过三方书面确认后方始生效。

甲方(签字盖章)：____________

日期：________年____月____日

乙方签字：____________

日期：________年____月____日

丙方(签字盖章)：____________

日期：________年____月____日

HR 常用工具之十二——返聘协议

返聘协议

甲方：________________

住所地：________________

法定代表人：________________

联系方式：________________

乙方：________________

身份证号码：________________

住所地：________________

联系方式：________________

鉴于乙方已经超过法定退休年龄，乙方无法也不愿意与甲方建立劳动（合同）关系。甲、乙双方经平等协商，共同决定建立劳务关系。因此，本协议不在《中华人民共和国劳动法》调整范围内，而在《中华人民共和国民法典》的调整之中。甲、乙双方在明确这一法律关系的基础上，根据《中华人民共和国民法典》等有关法律法规，甲、乙双方本着友好合作的精神，在自愿、平等、协商一致的基础上，签订本协议。

第一条　工作内容及期限

1. 甲方聘用乙方，为甲方负责。

2. 协议有效期限为______个月，自______年____月____日至______年____月____日止。

第二条　乙方的权利

1. 乙方在甲方任职期间，甲方支付乙方税前劳务费________元/月（元/小时）。甲方负责代扣代缴个人所得税（按照劳务所得代扣代缴）。在履行本协议期间如有劳务费调整或变化，则调整后按新标准执行。

乙方个人银行账户信息如下：

姓名：________________

开户行名称：________________

账号：________________

乙方需将个人的银行账户信息填写正确、完整，若由于乙方未按甲方的要求填写或填写的信息错误，由此所带来的损失均由乙方自行负责，与甲方无关。

2. 甲方为乙方提供保额为______元的人身意外伤害保险。如乙方在合同期内因履行本协议项下的义务而遭受人身伤害，将由保险公司承担责任。

3. 甲方为乙方提供符合国家规定的工作环境和条件。

第三条　乙方的义务

乙方保证其为甲方提供本协议项下的劳务不违反其对其原工作单位或其他主体的法定或约定义务，不会导致甲方因此而遭受损失。

乙方保证其提供给甲方的有关资料（包括但不限于退休证）真实可信，不存在任何虚假或捏造等任何有违诚信的行为。

乙方应严格遵守国家有关法律、法规，讲求职业道德。

乙方在本协议有效期内，应当接受甲方管理，认真完成甲方交付的工作任务。由此产生的知识产权归甲方所有。

甲方有权根据工作需对乙方工作进行安排和调整。乙方必须按照甲方的工作要求，尽职尽责地做好工作，乙方应遵守甲方企业或部门制定的劳动纪律及工作规范。对于因乙方过失给甲方造成经济损失的，甲方有权要求乙方承担赔偿责任。

乙方不得私自以甲方名义从事或参与未经甲方同意的任何活动。

乙方本协议有效期内，不得从事或参与有损甲方利益（包括但不限于竞争关系的）任何活动。

乙方因履行本协议而接触、知悉的属于甲方或者虽属于第三方但甲方承诺有保密义务的技术秘密、经营信息和其他商业秘密信息承担保密义务。除非法律、法规另有规定，劳务协议期限届满后，乙方承担保密义务的期限直到或甲方或第三方宣布解密或本文中涉及的所有商业秘密公开发布为止。

乙方须向甲方提供区级以上医院进行体检的合格证明；

其他诚信义务。

第四条　解除合同的规定

符合下列情况之一的，甲方有权解除本协议：

乙方违反本协议第三条约定的；

乙方未能按照甲方要求完成交付任务的；

乙方行为对甲方利益造成损害的；

本协议订立时所依据的客观情况发生重大变化，致使本协议无法履行的。

有下列情况之一的，本协议自行解除：

乙方被依法追究刑事责任的；

乙方完全或部分丧失民事行为能力的；

甲方宣告解散的。

符合下列情形之一的，乙方有权解除本协议：

甲方不按照本协议规定向乙方支付服务报酬的；

甲方不履行本协议或者违反国家有关法律、法规，侵犯乙方权益的；

甲、乙任何一方提前解除本协议的，除按照本协议约定解除协议以外，应当提前30天以书面形式通知对方。

甲、乙双方无论因何原因解除或终止本协议，乙方应立即办理工作交接、归还甲方财物等离职手续。具体程序如下：

乙方离职时应按规定交还公司的手册、洗净的完好的制服等，直到离职手续完成为止，公司才发放当月工资，如离职时没有完成离职手续而离开，公司将不能按时发放员工当月的工资，直到手续完成为止;如员工不能按公司约定时间(________天内)办理完离职手续,公司依照应扣款项、未还物品的成本价按照服务年限按比例折算予以扣除。

第五条　违约责任

甲、乙双方任何一方违反协议,给对方造成经济损失或不良影响的,须承担违约责任。

甲、乙双方承认由于违约而造成的经济损失时,视情节轻重给予赔偿。

第六条　争议解决方式

甲、乙双方在履行本协议的过程中发生的所有争议,双方应本着平等自愿的原则,按照协议的约定分清各自的责任,采用友好协商的办法解决;如果协商不成,各方同意按照第种方式解决:

1. 提交北京仲裁委员会,按提请仲裁时该会届时有效的仲裁规则进行仲裁。该仲裁裁决是终局的,对双方均具有拘束力;

2. 提交甲方所在地人民法院解决。

第七条　协议的生效与变更

本协议经甲、乙双方签字盖章后生效。

本协议一式两份,甲、乙双方各执一份,两份协议具有同等法律效力。双方必须严格遵守,如有未尽事宜,按国家有关规定办理。

本协议条款如与国家和地方的有关法律、法规政策相悖时,以国家和地方的有关法律、法规政策为准。

本协议有效期内,任何一方如有变更、终止本协议的要求,应至少提前30天书面通知对方,经双方协商同意,可以变更本协议的内容。

第八条　其他

以下作为本合同的附件,与本合同具有同等法律效力:

1. ____;

2. ____;

3. ____。

因乙方是劳务人员,故甲方《员工手册》中仅有"公司纪律、行政处分和员工申诉"一部分适用与乙方,其他部分均不使用与乙方。

本合同列明的通讯地址、电话、电子邮箱或其他联系方式均为本合同下的通知送达方式。一方如迁址或者其他联系方式变更,应当及时书面通知对方。否则,如因联系方式变更导致有关事项通知或者文件送达延误的不利后果,应由自行变更方负责。

甲方:____________　　　　乙方:____________

授权代理人签字:____________　　　　签字:____________

签订日期:________年____月____日　　签订日期:________年____月____日

HR 常用工具之十三——劳动合同中止协议

劳动合同中止协议书

甲方：____

地址：____

乙方：____

身份证号码：____________________________________

地址：____

电话：____

手机号：_______________________________________

邮箱（个人）：__________________________________

紧急联系人：____________________________________

手机号：_______________________________________

邮箱：____

因________________________原因，乙方无法正常提供劳动，乙方向甲方申请中止履行劳动合同，经双方协商，订立本协议，以便共同遵守。

一、劳动合同中止期限自________年____月____日起至________年____月____日止。

二、劳动合同中止期间，乙方不在甲方的工作时间不计算甲方的工作年限。

三、劳动合同中止期间，甲方不安排乙方劳动，乙方也不得以甲方员工名义开展工作，乙方不享受甲方的工资、奖金等各项福利待遇。

四、劳动合同中止期间，甲方无须为乙方缴纳社会保险及/或住房公积金。但经乙方申请、甲方同意，乙方的社会保险关系（含养老保险、失业保险、医疗保险、工伤保险、生育保险）及/或住房公积金仍在甲方的，则所有费用（包含单位部分和个人部分）由乙方自行承担（预缴），由甲方代收代缴。有关缴费标准按政策统一规定比例执行。如本人未及时预缴或在甲方要求的期限内补足各项社保费用的，甲方有权暂停或停止代缴。经甲方书面催告，乙方仍然未在甲方要求期限内缴纳有关费用的，视为乙方提出辞职，双方劳动关系解除。

五、本协议自双方签字盖章后生效。本协议一式两份，双方各持一份，具有同等法律效力。

六、乙方确认，甲方可采用直接、邮寄、传真、短信、电子邮件或者其他合法方式通知乙方。乙方在本合同中填写的联系方式（包括但不限于户籍所在地或者经常居住地、电子邮箱、手机号）均为甲方有效送达地址。因乙方提供或者确认的送达地址不准确、拒不提供送达地址、送达地址变更未及时通知甲方或者指定的代收人（紧急联系人）拒绝签收的，通知被退回之日视为送达日。

甲方：__________　　　　　　　　乙方：__________
代表签字：__________　　　　　　签字：__________
签订日期：______年____月____日　　签订日期：______年____月____日

第二节　通知类

HR 常用工具之十四——签订劳动合同通知书

签订劳动合同通知书

先生/女士：

你于______年____月____日入职，公司决定与你签订（□年□无固定期限）劳动合同，合同期限______年____月____日至______年____月____日。现将《劳动合同》及其附件（□《保密协议》□《竞业限制协议》）各两份交给你。请你详细阅读并理解所有条款。如同意，请于______年____月____日前公司人事行政部亲自签订该《劳动合同》及其附件。如不同意，你可就《劳动合同》及其附件中的条款与公司协商，如无法达成一致则劳动关系自你提出异议之日终止。逾期不签订的，视为个人拒绝签订劳动合同，劳动关系自期限届满之日终止，由此产生的后果由你自行承担。

特此通知！

××公司人事行政部
______年____月____日
签收人：
______年____月____日

HR 常用工具之十五——劳动合同续订意向征询书

劳动合同续订意向征询书

先生/女士：

××公司与部员工订立的劳动合同（合同期限______年____月____日至______年____月____日），即将届满。根据国家和地方法律、法规、政策以及劳动合同的相关约定，经公司管理层批准，公司同意与您不降低该到期劳动合同约定条件续订劳动合同，届时由管理部与您办理续签手续。请您于收到此《意向征询书》后______天之内（______年____月____日前）填妥回执意见并归还管理部，逾期将视为本人不同意与公司续签劳动合同。

特此通知！

××有限公司
________年____月____日

签 收 回 执

本人已收到公司于________年____月____日发出的《劳动合同续订意向征询书》。

被通知方(签名):________
________年____月____日

劳动合同续订通知书回执意见

××公司与部员工订立的劳动合同(合同期限________年____月____日至________年____月____日),即将届满。根据国家和地方法律、法规、政策以及劳动合同的相关约定,经公司管理层批准,公司同意与您不降低该到期劳动合同约定条件续订劳动合同,届时由管理部与你办理续签手续。请你于收到此《意向征询书》后________天之内(________年____月____日前)填妥回执意见并归还管理部,逾期将视为本人不同意与公司续签劳动合同。

本人意见:□同意续订　　　□不同意续订

签名:__________
________年____月____日

HR常用工具之十六——解除劳动合同通知书

解除劳动合同通知书

(适用于过错解除的情形)

____________同志:

因你____,严重违反了公司规章制度,根据《中华人民共和国劳动合同法》第三十九条的规定以及公司相关规章制度,公司决定解除劳动合同,解除决定即时生效。请你接到通知后________日内完成离职交接工作。

公司:
日期:　　　年　　月　　日

员工签收：

我已经收到上述通知。

员工：
日期：　　　年　　月　　日

解除劳动合同通知书

（适用于非过错解除中提前30日通知的情形）

____________同志：

因你____，根据《中华人民共和国劳动合同法》第四十条的规定，公司提前30日即在今日通知你解除劳动合同，劳动关系将于________年____月____日（30日后）解除。请你在随后的30日中认真完成公司交给的工作。解除劳动合同经济补偿金的支付按照国家相关法律规定执行。

公司：
日期：　　　年　　月　　日

员工签收：

我已经收到上述通知。

员工：
日期：　　　年　　月　　日

注：员工签收的时间应该是劳动合同解除30日之前。

解除劳动合同通知书

（适用于非过错解除中支付代通知金的情形）

____________同志：

因你____，根据《中华人民共和国劳动合同法》第四十条的规定，公司决定解除劳动合同，解除决定即时生效。公司向你支付一个月的工资作为未提前30日通知的补偿金。解除劳动合同经济补偿金的支付按照国家相关法律规定执行。

公司：
日期：　　　年　　月　　日

员工签收：

我已经收到上述通知。

员工：
日期：　　　　年　　月　　日

HR 常用工具之十七——终止劳动合同通知书

终止劳动合同通知书

__________同志：

我公司与您于_______年___月___日签订的劳动合同将于_______年___月___日到期，根据《中华人民共和国劳动合同法》第四十四条第（一）项的规定，公司现通知您公司与您签订的劳动合同将到期终止。

若您具备《中华人民共和国劳动合同法》第四十二条（见附件）规定情形之一的，请您于接到该通知之日起_______日内向公司说明，否则一切法律后果由您本人承担。

公司：
日期：　　　　年　　月　　日

附件：

《中华人民共和国劳动合同法》第四十二条：

劳动者有下列情形之一的，用人单位不得依照本法第四十条、第四十一条的规定解除劳动合同：

（一）从事接触职业病危害作业的劳动者未进行离岗前职业健康检查，或者疑似职业病病人在诊断或者医学观察期间的；

（二）在本单位患职业病或者因工负伤并被确认丧失或者部分丧失劳动能力的；

（三）患病或者非因工负伤，在规定的医疗期内的；

（四）女职工在孕期、产期、哺乳期的；

（五）在本单位连续工作满十五年，且距法定退休年龄不足五年的；

（六）法律、行政法规规定的其他情形。

员工签收：

我已经收到上述通知。

员工：
日期：　　　　年　　月　　日

终止劳动合同通知书

（适用于三期顺延）

__________同志：

您与我公司签订的劳动合同将于______年___月___日到期，到期后不再续签。但因您现在处于孕期/产期/哺乳期内，您的劳动合同将顺延至哺乳期结束。您的哺乳期结束之时，您与我公司的劳动合同将依法自行终止，我公司不再另行通知。

请您于哺乳期届满之日起 7 日内到我公司办理档案及社会保险转出手续。因您未按时办理档案及社会保险转出及其他与离职有关的手续，相应责任由您个人承担。

____________公司

______年___月___日

回　执

本人收到__________公司于______年___月___日发出的终止劳动合同通知，同意终止与__________公司的劳动合同。

签字：

______年___月___日

HR 常用工具之十八——终止/解除劳动合同证明

终止/解除劳动合同证明

由于______________原因，______________先生/女士与我公司签订的劳动合同已于______年___月___日终止/解除。先生/女士从______年___月___日至______年___月___日（共年月）在我公司任职。离职前任职于部门职位，兹此证明。

公司：

日期：　　年　　月　　日

HR 常用工具之十九——员工手册征求意见函

《__________公司员工手册》征求工会意见函

________公司工会委员会：

________公司就本次《员工手册》的制定于______年___月___日举行了全员会议，妥善与全体员工开展协商。公司召开会议后于________年____月____日以公司内部邮件方式向全体员工发出了《员工手册》(征求意见稿),给予全体员工充分反映个人意见和建议的条件。全体员工亦在________年____月____日(征求意见截止日)前向公司反馈了意见和建议。公司在充分考虑了所有员工的意见和建议后,根据公司的实际情况,形成《员工手册》。

现将《员工手册》(修订稿)提交工会协商确认,请工会在________年____月____日前提出修改意见。如无意见,还请工会出具《同意函》。

公司:
日期:　　　　年　　月　　日

HR 常用工具之二十——协商会议纪要

协商会议纪要

协商时间:____

协商地点:____

协商人员:____

企业方协商代表:____

职工方协商代表:____

记录情况如下:____

1. 企业方意见

(1)____;

(2)____;

(3)____。

2. 职工方意见

(1)____;

(2)____;

(3)____。

3. 共识

(1)____;

(2)____;

(3)____。

企业方首席代表　　　　　　　　职工方首席代表
(签字盖章)　　　　　　　　　　(签字盖章)
　　年　　月　　日　　　　　　　　年　　月　　日

《员工手册》同意函

__________公司：

工会于________年____月____日收到公司提交的《员工手册》。经研究，工会认为公司本次《员工手册》的制定符合法律规定，充分征求和考虑了全体员工的意见，并与工会进行了协商。工会同意《员工手册》。

特此复函！

__________公司工会委员会

（公章）

主席（签字）

年　　月　　日

HR 常用工具之二十一——剩余年休假提示

剩余年休假提示

__________：

截至________年____月____日，您尚剩余法定年休假________天，根据《员工手册》（具体条款号）之规定，您应在当年____月____日（“截止日期”）之前休完所有假期。请在________年____月____日前向您的经理提交《休假申请表》，就您全部剩余年休假作出安排，以便经理在安排整个团队的剩余年休假时能够兼顾员工的个人需求。如您未能按期提交《请假申请单》或提交的《请假申请单》未就全部剩余法定带薪年休假作出安排，公司将有权指定您在确定的工作日离岗休假。如您坚持不离岗休假的，将视为您因本人原因提出书面提出不休剩余法定带薪年休假。

特此提示！

附：《请假申请单》

__________人力资源部

年　　月　　日

备注：本《剩余年休假提示》一式两份，公司和员工各执一份。

回　执

本人收到并认可公司发出的《剩余年休假提示》。

员工（签名）

年　　月　　日

第三节 表格类

HR 常用工具之二十二——入职登记表

入职登记表

<table>
<tr><td>姓名</td><td></td><td>性别</td><td></td><td>部门</td><td></td><td>职位</td><td colspan="2"></td></tr>
<tr><td>入职日期</td><td colspan="3">________年____月____日</td><td colspan="2">试用期</td><td colspan="3">年 月 日— 年 月 日</td></tr>
<tr><td>出生日期</td><td colspan="3">________年____月____日</td><td>血型</td><td></td><td>婚否</td><td></td><td>有无子女</td></tr>
<tr><td>身份证号码</td><td colspan="8"></td></tr>
<tr><td>现居住地址</td><td colspan="5"></td><td>住宅电话</td><td colspan="2"></td></tr>
<tr><td>手机号码</td><td colspan="3"></td><td colspan="2">电子邮件</td><td colspan="3"></td></tr>
<tr><td colspan="9">紧急联系人</td></tr>
<tr><td>第一紧急联系人</td><td></td><td>关系</td><td colspan="2"></td><td>联系电话</td><td colspan="3"></td></tr>
<tr><td>第二紧急联系人</td><td></td><td>关系</td><td colspan="2"></td><td>联系电话</td><td colspan="3"></td></tr>
<tr><td colspan="9">家庭情况</td></tr>
<tr><td>姓名</td><td>关系</td><td colspan="2">出生日期</td><td colspan="2">工作单位及职务</td><td colspan="3">联系电话</td></tr>
<tr><td></td><td></td><td colspan="2">年 月 日</td><td colspan="2"></td><td colspan="3"></td></tr>
<tr><td></td><td></td><td colspan="2">年 月 日</td><td colspan="2"></td><td colspan="3"></td></tr>
<tr><td></td><td></td><td colspan="2">年 月 日</td><td colspan="2"></td><td colspan="3"></td></tr>
<tr><td></td><td></td><td colspan="2">年 月 日</td><td colspan="2"></td><td colspan="3"></td></tr>
<tr><td colspan="9">备注:1. 居住地址变更应在 3 天内及时通知公司,否则公司按原地址送达即视为有效送达。
2. “紧急联系人”享有紧急情况下接受和解与调解,代领、签收相关文书的权限。填写本表视为授权。</td></tr>
</table>

HR 常用工具之二十三——招聘人员登记表

招聘人员登记表

姓名		性别		出生年月		照　片
学历		民族		婚否		
专业			毕业学校			
健康状况			户籍所在地			
政治面貌			身份证号码			
参加工作时间			期望待遇			
联系电话			电子邮件		手机	
联系地址						
现工作单位						
离职原因						

简历	起止时间	学习/工作单位	专业/职位

家庭情况	姓名	关系	现工作单位

特别提示	1. 本人承诺保证所填写资料真实。 2. 保证遵守公司招聘有关规程和国家有关法规。 3. 请填写好招聘登记表，带齐照片、学历、职称证书等有效证件及相关复印件。

HR 常用工具之二十四——加班申请单

加班申请单

<table>
<tr><td>申请人</td><td colspan="3"></td><td>部门</td><td colspan="2"></td><td colspan="2">上级主管</td><td colspan="2"></td></tr>
<tr><td>加班事由</td><td colspan="10"></td></tr>
<tr><td>加班方式</td><td colspan="10">□加点　共　　小时　□休息日　共　　小时　□法定节假日;共　　小时</td></tr>
<tr><td rowspan="2">序号</td><td rowspan="2">姓名</td><td colspan="3">预定加班时间</td><td rowspan="2">地点</td><td rowspan="2">工作内容</td><td colspan="3">实际加班时间</td><td rowspan="2">变更预定加班时间原因</td></tr>
<tr><td>起</td><td>止</td><td>时数</td><td>起</td><td>止</td><td>时数</td></tr>
<tr><td>1</td><td></td><td colspan="3"></td><td></td><td></td><td colspan="3"></td><td></td></tr>
<tr><td>2</td><td></td><td colspan="3"></td><td></td><td></td><td colspan="3"></td><td></td></tr>
<tr><td>3</td><td></td><td colspan="3"></td><td></td><td></td><td colspan="3"></td><td></td></tr>
<tr><td>4</td><td></td><td colspan="3"></td><td></td><td></td><td colspan="3"></td><td></td></tr>
<tr><td>5</td><td></td><td colspan="3"></td><td></td><td></td><td colspan="3"></td><td></td></tr>
<tr><td>6</td><td></td><td colspan="3"></td><td></td><td></td><td colspan="3"></td><td></td></tr>
<tr><td>请选择打√</td><td colspan="10">1.(　)所需经费:共　　　元;2.(　)以调休/补休方式处理</td></tr>
<tr><td>所属部门意见</td><td colspan="10"></td></tr>
<tr><td>人事行政部复核</td><td colspan="10"></td></tr>
<tr><td>总经理批复</td><td colspan="10"></td></tr>
<tr><td colspan="11">备注:
1. 公司不鼓励加班,各部门应严格控制加班,确因生产经营需要的,可以安排加班。非公司安排或批准的加班不视为加班。(注:每日不得超过 4 小时,每月不得超过 20 小时)
2. 除应事先填写加班申请书外,须再填写该单位员工加班签到登记簿以备查核。
3. 非重大节日加班原则上安排补休。补休得以小时计(未满 1 小时者不予累计),且必须在加班后 6 个月内补休完毕,逾期不得再以任何理由要求补休。
4. 本申请表一式两份,公司、员工各执一份。</td></tr>
</table>

HR 常用工具之二十五——请假申请单

请假申请单

姓名		部门		上级主管	
事由					
假别	□年休假　□产　假　□病　假　□事　假 □探亲假　□婚　假　□调　休　□其　他				
拟定请假时间	共　　　天　　共　　　小时				
职位代理人意见	签名：　　　　日期：				
部门经理意见	签名：　　　　日期：				
人事行政部意见	签名：　　　　日期：				
分管副总核审	签名：　　　　日期：				
总经理批复	签名：　　　　日期：				
实际请假时间	共　　　天　　共　　　小时 校核人：　　　　日期：				

注：

1. 员工请假 1 天以内，由部门负责人批准；3 天以内（含 3 天），由分管副总经理批准；3 天以上，报总经理批准。部门负责人和副总经理请假，由总经理批准。
2. 病假须出具三甲以上医院医师建议休息病假条及病历报告，婚假、产假须出具结婚证书及计划生育准生证、出生证等。
3. 此单存行政人力资源部，作为考勤依据，请假人返岗后应立即向批准人销假。

HR 常用工具之二十六——考勤统计表

年　　月考勤统计表

序号	姓名	出勤天数	假类	天数	迟到早退	出差天数	备注

填写要点：
1. 出勤天数依据员工打卡记录统计；
2. 假类指婚丧假、带薪年休假、产假、公假、病假、事假等；
3. 迟到早退以次数计；
4. 备注主要填写未尽事项。

HR 常用工具之二十七——工资登记表

工资登记表

部门：　　　　　　　　　　　　　　　　　　　　　　　年　　月　　日　　页次：

序号	姓名	应得工资					工资扣款		实得工资
		基本工资	××津贴	××补贴	奖金	加班工资	扣款原因	扣款数额	
合计									

记录人：　　　　　　　　审核人：

HR 常用工具之二十八——职工名册

××有限公司职工名册

填报时间：　　年　　月　　日

序号	姓名	性别	身份证号码	户口性质	户籍地址	现住地址	联系方式	用工形式	用工起始时间	劳动合同期限	订立合同情况	合同类型	工时制度	工资	离职时间	离职类型	社会保险					公积金	备注
																	养老	医疗	工伤	失业	生育		
1																							
2																							
3																							
4																							

填表说明：

1. 户口性质：①本省/市城镇；②外省/市城镇；③本省/市农村；④外省/市农村；⑤台港澳；⑥外籍；⑦其他。
2. 用工形式：①全日制；②非全日制；③劳务派遣。
3. 订立合同情况：①首次签订劳动合同；②第一次续签劳动合同；③第二次及以上续签劳动合同。
4. 合同类型：①固定期限；②无固定期限；③以完成一定工作为期限。
5. 工时制度：①标准工时制；②不定时工作制；③综合计算工时工作制。
6. 工资：指劳动合同约定的劳动报酬，其中全日制劳动者的计酬单位为元/月，非全日制劳动者的计酬单位为元/小时。
7. 离职类型：①合同终止；②单位单方解除合同；③本人单方解除合同；④单位提出，协商解除合同；⑤本人提出，协商解除合同；⑥劳务派遣期满；⑦其他。
8. 参加社会保险：①是；②否。
9. 参加公积金：①是；②否。

第四节　常用法律法规

扫码可查阅常用人力资法律法规

读者来信评论

读者Chen Li Bin：娄律师，你好！我是您的著作《这样做HR最有效》的忠实读者，这本书给我带来了很多知识和案例。书的写作也非常务实，不会枯燥，写得非常好，谢谢您！

读者yawenzhy_1026：作为一个新入职场的HR，这本书向我展示了HR工作中各式各样的方法和技巧，它不仅带我领悟到HR工作的精髓，更让我在日常的工作中效率倍增。我的人事主管也翻阅了这本书，作为一个有一定资历的HR工作者，她也表示获益匪浅，在实践的基础上获得了理论的升华。看看这本书吧，我相信它能带给你的不仅仅是文字本身！

读者东方骏宝：这本书，在一定程度上帮了我很大的忙，在劳动合同及日常应用的一些实际案例上，对我有很大的帮助。很实用，很好。

无昵称用户：此书对HR很有帮助，晚上看得都不想睡觉，一直没有系统的学过劳动法，书里边写的很详细，案例很有针对性。

卓越亚马逊读者11：本人对人力资源很感兴趣，不管以后是否从事相关工作，了解这方面的知识都是很重要的，很多企业的做法实际是在侵犯雇员的权益，只有我们每个人都增强维权意识，中国的企业才能规范起来。这本书的质量和内容都不错，值得收藏！

卓越亚马逊读者尹亚晗：这本书真的很吸引人，不会像其他HR的书那么枯燥乏味，里面不但有案例分析，还有法律依据，对于从事人力资源工作的人来说真的是一本必要的工具书！

京东网读者锦晓落：很实用的HR工具书。心得：很全面很实用的HR工具书，适合刚入门的HR读者，对于各个模块都进行比较详细的说明。

无昵称用户（当当网）：鉴于一个非HR阅读本书看得如此投入，可见此书的足够精彩。我相信这本书会给我带来意想不到的收获，能使我喜欢HR，成为一名专业人士。

834795318_m（京东网）：这本书是在一个学习网站上，网友们介绍的，里面的内容都很实用，有案例的分析，又有案例的法律点评，通俗易懂，让我们刚入门的HR得到很大的帮助，在遇到不懂的法律知识时，可以随时寻求解答了！

无昵称读者（卓越亚马逊）：这本书上每一条处理事件，都有相关法律所依据，用起来很顺手，不必再去查各类法律、法规，直接在书里就写着哪条法律、法规的依据。

京用户东j***g：像字典一样的工具书，工作中碰到的问题从书中都可以找到答案，很棒的一本书！

当当无昵称用户：超全面的宝藏书籍，信息量很大，能够解决人力工作中存在的很多的问题，实用性强！需要耐心观看，适当笔记，多浏览几遍！